DICTIONNAIRE DES

rimes orales et écrites

DICTIONNAIRE
DES

rimes orales et écrites

Léon WARNANT
agrégé de l'enseignement supérieur
professeur ordinaire émérite à l'université de Liège

LAROUSSE

21, RUE DU MONTPARNASSE 75283 PARIS CEDEX 06

Coordination éditoriale
Janine Faure

Lecture-Correction
Service lecture-correction Larousse

Coordination technique
Claudine Ridouard

Couverture
Olivier Caldéron

Distributeur exclusif au Canada : Havas Canada
ISBN 2-03-340914-7

SOMMAIRE

INTRODUCTION

Ce Dictionnaire des rimes orales et écrites *du français se veut à la fois scientifique et utilitaire.*

Il nous a paru nécessaire de présenter avec le maximum de rigueur le trésor des mots français classés selon l'homophonie des syllabes toniques. S'il s'agit de rime, il s'agit, en effet, d'homophonie ; il s'agit de sons, non de graphies. Toute la question est là.

Un dictionnaire des rimes qui groupe les mots d'après la graphie de la syllabe tonique en suivant l'ordre alphabétique peut sans doute rendre service aux versificateurs[1], mais reste un ouvrage linguistiquement peu utilisable. Les incohérences d'un pareil rangement apparaissent au premier coup d'œil[2].

Nous nous sommes donc résolu à établir un classement des mots qui repose sur la valeur acoustique de la syllabe finale. Tel est le principe essentiel qui nous a guidé. Nous avons voulu être fidèle à la réalité phonique de la rime.

Ce n'est que secondairement, dans le cadre de ce classement phonétique, que le classement selon la graphie a repris ses droits. Nous avons estimé qu'il n'était pas inutile de distinguer, en les groupant sous le chef de la rubrique phonétique, les diverses graphies − classées selon l'ordre alphabétique − qui traduisent une même prononciation de la syllabe tonique. C'est sous ces graphies que nous rangeons les mots.

---

1. Terme employé sans aucune intention péjorative. Qui veut écrire des vers réguliers, fût-il le plus grand poète, doit se faire versificateur.
2. Nous nous limiterons à quelques exemples.
Est-il heureux de faire se succéder, sous la seule rubrique O, des mots dont le *o* graphique de la syllabe finale se prononce fermé s'il n'est pas suivi d'une consonne articulée, [o], *cacao, studio,* ouvert s'il est suivi de une ou de plusieurs consonnes articulées, [ɔ], *période, noble,* se prononce [wa], *joie, proie,* en combinaison avec *i* graphique, [wɛ̃], *foin, baragouin,* en combinaison avec *in* ou *uin* graphiques, redevient [ɔ] dans la finale *ole* ou *olle, créole, corolle,* puis [o] s'il est surmonté d'un accent circonflexe, *môle, pôle,* se transforme en voyelle nasale [ɔ̃], *trompe, bombe,* pour redevenir encore [o], *idiome, axiome,* repasser à [ɔ̃], *odéon, caméléon,* puis à [ɔ],

Nous avons, d'autre part, au début de l'ouvrage réservé de nombreuses pages à un « répertoire des rimes écrites », c'est-à-dire de toutes les syllabes toniques classées alphabétiquement. Grâce à ce répertoire, l'utilisateur du volume qui ne recourrait pas à l'ordre phonétique sera renvoyé non seulement à tous les mots dont la syllabe tonique connaît à la fois une graphie et une prononciation identiques, mais encore à tous les mots dont la syllabe tonique, quelle qu'en soit la graphie, connaît une même prononciation ; ainsi la mention (-)tique du répertoire le renverra à l'endroit où il trouvera non seulement les mots en (-)tique mais encore ceux en -thique, (-)tic, -tick et -tyque, de même prononciation.

Ce classement selon la graphie des syllabes toniques et la présentation d'un répertoire complet de celles-ci en début de volume répondent aux fins utilitaires que nous avons fixées à l'ouvrage.

Beaucoup de poètes estiment que la rime apporte à leur œuvre un élément de sonorité appréciable et qu'elle représente une difficulté technique toujours profitable à surmonter.

D'autres, ainsi que les chansonniers, paroliers et publicitaires chaque jour plus nombreux, s'ils ont assez souvent renoncé à la rime visuelle, se soumettent d'ordinaire à la rime acoustique.

Notre double classement, phonétique et alphabétique, devrait satisfaire les uns et les autres.

On remarquera que cette 2ᵉ édition comporte bien plus de mots que la 1ʳᵉ, mais que nous en avons exclu les noms propres.

L'ordre phonétique

Opérant un classement selon la phonétique, il nous appartenait d'établir un ordre phonétique. Nous avons pensé qu'il était logique de le faire de la manière suivante.

---

consonne, personne, puis de nouveau à [o], *cône, icône,* puis de nouveau à [ɔ̃], *jonque, onze,* puis à [ɔ], *bord, fort,* puis à [o], *chose, virtuose,* pour se dire de nouveau [o] dans *alcôve* et [ɔ] dans *boxe* ou *paradoxe* ?
Est-ce parce que des voyelles comme [u], écrit *ou,* [ɔ̃], écrit *on* ou [ɛ̃], écrit *in,* notamment, se rendent par un signe graphique double qu'on doit renoncer à leur accorder le même statut qu'aux autres voyelles et leur refuser une rubrique propre ? Selon les dictionnaires des rimes de nos prédécesseurs, il semblait que la langue française ne comportait que les cinq voyelles : *a, e, i, o, u.*
N'est-il pas étonnant que pour réunir toutes les rimes en [ɛ̃], par exemple, donc les mots homophones quant à la voyelle de la syllabe finale, on devait passer de la rubrique A (*aim, ain*) à la rubrique E (*ein, en*), à la rubrique I (*im, in*), à la rubrique O (*oin, ouin*), à la rubrique U (*uin*) ?

Pour les voyelles, selon le schéma ci-après,

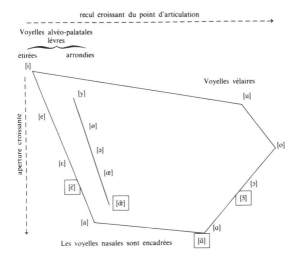

nous classons :
1. les voyelles alvéo-palatales non arrondies, en allant de la plus fermée à la plus ouverte : [i, e, ɛ, a] ;
2. les voyelles vélaires, en allant de la plus ouverte à la plus fermée pour ne pas séparer le [a] palatal du [ɑ] vélaire[1] : [ɑ, ɔ, o, u] ;
3. les voyelles alvéo-palatales arrondies, en allant de la plus fermée à la plus ouverte : [y, ø, ə[2], œ] ;
4. les voyelles nasales, en allant de l'alvéo-palatale non arrondie aux vélaires puis à l'alvéo-palatale arrondie : [ɛ̃, ɑ̃, ɔ̃, œ̃[3]].

Cette façon de faire nous fournit le classement : [i, e, ɛ, a, ɑ, ɔ, o, u, y, ø, ə, œ, ɛ̃, ɑ̃, ɔ̃, œ̃].

Pour les consonnes, suivant le tableau ci-après, où la répartition se fait selon : *a)* la distinction des orales et des nasales ; *b)* le degré d'ouverture du canal buccal en allant de l'occlusion à la constriction

---

1. Cette distinction n'est d'ordinaire pas retenue dans les dictionnaires des rimes. La répartition en [a] et [ɑ] (voir ci-après p. XVII) qu'on trouvera ici est conforme aux notations adoptées dans notre *Dictionnaire de la prononciation française dans sa norme actuelle*. Paris-Gembloux, Duculot, 1987, CXVII-988 pages.
2. Le [ə], voyelle caduque du français, dans *petit* par exemple, n'apparaît pas en position tonique.
3. La prononciation [ɛ̃] au lieu de [œ̃], dans des mots comme *un, parfum, brun, lundi,* est peut-être en train de gagner du terrain. Nous avons toutefois maintenu la distinction pour donner le plus d'informations possible (voir ci-après p. XVIII).

pour terminer par la latérale [l] et la vibrante [ʀ] et par les semi-consonnes ; *c)* la distinction des sourdes et des sonores chaque fois que les deux espèces coexistent ; *d)* le point d'articulation en partant de l'avant de la bouche,

a	b		c	Bi-labiales	Labio-dentales	Dentales	Alvéolaires		Palatales			Vélaires	
							Pré-	Post-	Pré-	Médio-	Post-	Pré-	Post-
Orales	Occlusives		sourdes	[p]		[t]¹						[k]²	
			sonores	[b]		[d]¹						[g]²	
	constrictives	Médianes	sourdes		[f]		[s]	[ʃ]					
			sonores		[v]		[z]	[ʒ]		[j]			
		Latérale	sonore				[l]						
		À battement(s)	sonore										[ʀ]
Nasales	Occlusives		sonores	[m]		[n]¹				[ɲ]		[ŋ]	

Orales	Semi-consonnes	sonores	[ɥ] et [w]³					[ɥ]³		[w]³

1. [t], [d] et [n] sont des dento-alvéolaires.
2. [k] et [g] sont des post-palatales, des pré-vélaires ou des post-vélaires selon que la voyelle de la syllabe est plus ou moins reculée dans la cavité buccale.
3. [ɥ] et [w] ont une double zone d'articulation.

nous classons :

A. Consonnes orales :
1. les consonnes occlusives, sourdes puis sonores : [p, t, k, b, d, g] ;
2. les consonnes constrictives, sourdes puis sonores : [f, s, ʃ, v, z, ʒ] ;
3. la consonne latérale : [l] ;
4. la consonne vibrante : [ʀ].

B. Consonnes nasales : [m, n, ɲ, ŋ].

À la suite de ces consonnes nous ajoutons le résultat de la consonification des voyelles [i, u, y] devant une autre voyelle, c'est-à-dire les semi-consonnes [j, w, ɥ], les deux dernières étant des composées, la première bilabio-vélaire, la seconde bilabio-palatale.

Cette façon de faire nous fournit le classement : [p, t, k, b, d, g, f, s, ʃ, v, z, ʒ, l, ʀ, m, n, ɲ, ŋ, j, w, ɥ].

Nous avons ensuite arbitrairement classé les voyelles avant les consonnes, ce qui nous donne finalement la suite des éléments phonétiques du français dont la valeur figure à la p. XX : [i, e, ɛ, a, ɑ, ɔ, o, u, y, ø, ə, œ, ɛ̃, ɑ̃, ɔ̃, œ̃, p, t, k, b, d, g, f, s, ʃ, v, z, ʒ, l, ʀ, m, n, ɲ, ŋ, j, w, ɥ].

Le classement phonétique

Nous nous fondons sur le timbre de la voyelle tonique, le *e* final caduc n'entrant pas en ligne de compte.

1. Lorsque cette voyelle est *suivie d'une seule consonne,* selon l'ordre phonétique, nous obtenons, par exemple, sous la rubrique [i], un classement [ip, it, ik, ib, id, ig, if, is], etc.

2. Lorsque cette voyelle est *suivie de deux consonnes ou plus,* toujours selon l'ordre phonétique, nous obtenons, par exemple, à la suite de [ip], un classement [ipt, ips, ipl, ipʀ].

Ce classement repose sur la prise en considération des éléments qui s'éloignent de la voyelle tonique *dans le sens descendant,* vers la droite. Il fournit les rimes phoniquement fondamentales, dites « suffisantes ». Il rassemble : *a)* les mots à même voyelle tonique nue, c'est-à-dire non suivie d'une consonne prononcée, dans notre exemple [i], et non précédée d'une consonne identique ; *b)* des mots à même voyelle tonique suivie d'une ou de plusieurs consonnes prononcées identiques, mais non précédée d'une consonne identique, dans notre exemple, [ipt, ips, ipl, ipʀ]. Nous obtenons ainsi nos rubriques principales, imprimées au milieu de la colonne, entre crochets, précédées et suivies d'un filet horizontal.

3. À l'intérieur de ce classement, en considérant les éléments qui s'éloignent de la voyelle tonique, mais cette fois *dans le sens remontant,* vers la gauche, nous opérons un sous-classement qui repose sur la consonne d'appui. Nous obtenons ainsi, par exemple, en sous-classement de [i], [pi, ti, ki, bi], etc., en sous-classement de [ip], [pip, tip, kip, dip, bip, sip], etc., en sous-classement de [ipt], [ʒipt, lipt, ʀipt], etc.

Lorsque l'appui est assuré non plus par une consonne simple, mais par un groupe de consonnes, le classement prend en considération, toujours *en remontant* à partir de la voyelle tonique, la première, puis la seconde consonne ; ainsi, par exemple, après [pip, tip, kip, ...ʀip] en sous-classement de [ip], nous obtenons en deuxième sous-classement, après la rubrique [ʀip], [tʀip, gʀip, fʀip].

La suite phonique obtenue après avoir tenu compte de la ou des consonnes d'appui représente la totalité de la syllabe tonique.

Ce classement nous fournit phoniquement les rimes dites « riches », c'est-à-dire qu'il rassemble : *a)* les mots à même voyelle tonique nue précédée d'une ou de deux consonnes identiques ; *b)* les mots à même voyelle tonique suivie d'une ou de plusieurs consonnes identiques et précédées d'une ou de deux consonnes identiques.

Nous avons, selon cette méthode, obtenu toute la suite de nos rubriques phoniques, lesquelles s'emboîtent les unes dans les autres. La rubrique principale se trouve toujours au milieu de la colonne, imprimée en gras entre deux filets horizontaux ; celle d'extension immédiatement inférieure est toujours notée plus bas, également au milieu de la colonne mais dans un corps plus petit ; celle d'extension inférieure à la précédente, encore plus bas et à gauche de la colonne. Exemples :

———————**[i]**——————— ———————**[ip]**———————
[pi]   [pip]
[ti]   [tip]
[ki]   [kip]
[li]   [lip]
                             [ʀip]
[pli]
[bli]   [tʀip]
          [ʀi]   [gʀip]
                             [fʀip]
[pʀi]   ———————**[ipl]**———————
[tʀi]
                             [tipl]
                             [sipl]
                             [ʀipl]
                   [tʀipl]

Remarques concernant le classement phonétique

1. La semi-consonne intervocalique [j] ou [w] qui commence la syllabe tonique doit être considérée comme une véritable consonne. Des mots comme *bailli* ou *pays* sont donc classés d'après leur syllabe tonique [ji] qui, selon l'ordre phonétique, vient à la suite de [mi, ni, ɲi], un mot comme *oie* [wa] est classé à la suite de [ma, na, ɲa, ja].

2. Dans les syllabes toniques comportant une suite [i, u] ou [y] + voyelle, *hier, houer, huer,* ou une suite consonne + [i, u] ou [y] + voyelle, *lier, lieur, louer, louable, tuer, tueur,* nous avons considéré qu'il y avait synérèse[1], c'est-à-dire que nos exemples se prononçaient [jɛ:ʀ, we, ɥe, lje, ljœ:ʀ, lwe, lwabl, tɥe, tɥœ:ʀ]. Il faudra chaque fois tenir compte de ce qu'une prononciation avec diérèse est toujours possible et normale, [i-ɛ:ʀ, u-e, y-e, li-e, li-œ:ʀ lu-e, lu-abl, ty-e, ty-œ:ʀ],

---

1. On sait que cette synérèse est impossible, la diérèse étant obligatoire, lorsque la suite phonétique se présente comme consonne + [l] ou [ʀ] + [i, u] ou [y] + voyelle tonique (*ouvrier, pliage, trouer, affluence*). À noter que la suite graphique *ui* entraîne toujours la synérèse : *truie, truisme, pluie* en une seule syllabe.

et que les mots contenant pareille suite en syllabe tonique peuvent, dès lors, être ajoutés à ceux qui sont consignés sous la rubrique commençant par la seule voyelle tonique : pour nos exemples, respectivement [ɛːʀ, e, e, e, œːʀ, e, abl, e, œːʀ].

3. Il arrive que, en versification, des mots qui, dans la langue courante, connaissent la synérèse, ainsi *séduction, fouet* [se-dyk-sjɔ̃, fwɛ] — et que nous classons évidemment comme tels —, soient exploités sous une forme avec diérèse [se-dyk-si-ɔ̃, fu-ɛ].

Délimitation de la syllabe tonique

1. Pour déterminer où commence la syllabe tonique, nous avons considéré que, lorsque la voyelle tonique était précédée d'une consonne phonétiquement simple et donc, si ce n'est dans les monosyllabes, intervocalique, cette consonne faisait partie de la syllabe tonique : *appétit, arracher, aller* sont donc syllabés [a-pe-ti, a-ʀa-ʃe, a-le].

2. Lorsque la voyelle tonique est précédée par un groupe disjoint de deux consonnes, par exemple [pt, lp, ʀp], nous avons considéré que la deuxième consonne appartenait à la syllabe tonique : *adapter, disculper, usurper* sont donc syllabés [a-dap-te, dis-kyl-pe, y-zyʀ-pe].

Le cas des rares monosyllabes comme *pneu* ou *djinn* posait un problème. Nous avons estimé que le mot est le plus souvent précédé d'un autre mot, au moins de l'article, *le pneu, un djinn,* et nous lui avons appliqué la même règle qu'aux polysyllabes en syllabant [lə-pnø] [œ̃d-ʒin] et en rangeant les mots respectivement sous les rubriques [nø] et [ʒin].

3. Lorsque la voyelle tonique est précédée par un groupe combiné de deux ou de trois consonnes (d'une part [p, t, k, b, d, g, f] ou [v] suivi soit d'une des consonnes [ʀ, l, j, w, ɥ] soit d'un groupe formé de [ʀ] ou [l] + [j, w] ou [ɥ], d'autre part [m, n, l] ou [ʀ] suivi de [j, w] ou [ɥ]), nous avons considéré que le groupe faisait partie de la syllabe tonique : *complet, concret, effroi, copier, émoi, détruire* sont donc syllabés [kɔ̃-plɛ, kɔ̃-kʀɛ, e-fʀwa, kɔ-pje, e-mwa, de-tʀɥiːʀ] et rangés respectivement sous les rubriques [plɛ, kʀɛ, fʀwa, pje, mwa, tʀɥiːʀ].

4. Lorsque la voyelle tonique est précédée par un groupe de trois ou de quatre consonnes dont les deux dernières forment un groupe combiné, nous avons considéré que ce groupe combiné faisait partie de la syllabe tonique. Des syllabations possibles pour *extra,* par exemple [ɛ-kstʀa, ɛk-kstʀa, ɛk-stʀa, ɛks-stʀa] et [ɛks-tʀa], nous avons adopté la dernière, arbitrairement et dans le seul but d'obtenir un classement plus simple en ne multipliant pas les rubriques ; nous rangeons donc le mot sous la rubrique [tʀa].

Le cas des rares monosyllabes comme, par exemple, *strict* pose un problème semblable à celui de *pneu* ou de *djinn*. Nous avons estimé que le mot est le plus souvent précédé d'un autre mot, *un règlement strict* [œ̃RE-glǝ-mɑ̃s-tRikt] et nous le rangeons sous la rubrique [tRikt]. Il ne nous échappe pas que dans *un règlement strict* et plus encore dans *une discipline stricte* [yn-di-si-plin-stRikt] la syllabe tonique serait plutôt [stRikt], mais, étant donné la rareté des mots de ce genre, nous avons cru préférable de ne pas compliquer notre classement.

Le classement alphabétique

Sous la suite phonique représentant la totalité de la syllabe tonique, nous avons opéré un classement selon la graphie ; ignorer ce classement nous eût notamment conduit à mêler des rimes masculines et féminines et à dissocier des séries de mots formés à l'aide des mêmes suffixes. Sous une même rubrique phonétique, on trouve donc d'ordinaire divers groupements de mots fondés sur la graphie de la syllabe tonique.

Remarques concernant le classement alphabétique

Il nous est arrivé quelquefois, lorsque nous rencontrions une assez longue série de mots, de grouper ceux-ci en tenant compte aussi de la voyelle dans la syllabe précédant la tonique : c'est ainsi, par exemple, que, parmi les mots en -*rie* [Ri], nous avons rassemblé, en les distinguant, ceux qui se terminent en [i-Ri, e-Ri, ɛ-Ri, a-Ri], etc., parmi les mots en -*ment* [mɑ̃], ceux qui se terminent en [i-mɑ̃, ig-mɑ̃, e-mɑ̃, ɛ-mɑ̃, ɛg-mɑ̃, ɛR-mɑ̃, a-mɑ̃], etc.

Formes consignées

Notre ouvrage étant destiné à des usagers qui connaissent le français ou qui, du moins, disposent d'un dictionnaire courant, nous nous abstenons systématiquement d'indiquer le sens des mots.

Nous ne notons jamais qu'une forme graphique, celle-ci représentât-elle plusieurs termes d'origine différente ou des sens très différents d'un même terme. Nous ne distinguons donc pas les homographes : le seul mot *marron* représente à la fois la châtaigne et l'esclave nègre fugitif, *coudre* à la fois le noisetier et l'action d'assembler au moyen d'une aiguille et d'un fil, *aire* à la fois le lieu où on bat le grain, la mesure d'une surface, le nid des oiseaux de proie, la direction du vent.

Bien des participes passés ou des formes en -*ant* peuvent être considérés comme des adjectifs ; nous avons intégré un grand nombre de ces mots dans nos listes.

Les substantifs et les adjectifs sont consignés au masculin singulier, les verbes à l'infinitif. Mais nous avons tenu compte des variations de formes résultant, pour les substantifs et les adjectifs, de la marque du féminin et du pluriel, pour les verbes, de la conjugaison.

Voici comment nous avons procédé.

A. Formes du féminin.

Certains mots ont une forme commune pour le masculin et le féminin : *agréable, universitaire, candide ;* ils ne nous ont donc posé aucun problème.

D'autres, terminés pas une voyelle, forment leur féminin par l'adjonction d'un *e* dans la graphie, mais la prononciation reste ce qu'elle est au masculin : *joli/jolie* se prononcent tous deux [ʒɔli], *aimé/aimée,* [ɛme] ou [eme], *flou/floue,* [flu], *absolu/absolue,* [apsɔly]. Nous n'avons pas jugé utile de charger notre ouvrage en accueillant les formes féminines de ces mots. Il suffisait, avons-nous pensé, qu'une note au début de la série graphique où devraient figurer ces formes féminines renvoie à la série comprenant les formes masculines, les deux séries, de même prononciation, ne se trouvant jamais à des pages éloignées l'une de l'autre ; nous avons donc simplement indiqué au début de la série graphique, par exemple pour les formes en -*pie* : « f. fém. de cert. mots en -*pi* », c'est-à-dire « forme féminine de certains mots en -*pi* ».

D'autres mots encore, terminés par une consonne, forment leur féminin par l'adjonction graphique d'un *e,* accompagnée parfois d'un redoublement de la consonne, mais la prononciation reste cependant encore ce qu'elle est au masculin : *banal/banale* [banal], *accidentel/accidentelle* [aksidɑ̃tɛl]. Nous n'avons pas non plus jugé utile de charger notre ouvrage en accueillant les formes féminines de ces mots et nous avons recouru, ici aussi, à la note placée au début de la série graphique où devraient figurer ces formes féminines et renvoyant à la série comprenant les formes masculines ; on trouvera, par exemple, pour les formes en -*cale* la mention : « f. fém. de cert. mots en -*cal* »[1].

D'autres mots, enfin, forment leur féminin par l'adjonction d'un *e* avec parfois, en outre, l'apparition ou la modification d'un autre élément graphique : *grand/grande* [gʀɑ̃/gʀɑ̃:d], *vif/vive* [vif/vi:v], *bon/bonne* [bɔ̃/bɔn]. La prononciation, cette fois, diffère de ce qu'elle est au masculin. Nous avons, en principe, consigné ces formes du féminin.

---

1. À noter qu'il s'agit d'une position de principe ; en fait, lorsque la série féminine ne comporte que quelques mots, nous les notons tous ; nous donnons ainsi, sous la graphie -*vile,* les trois mots *civile, incivile* et *vile,* sans recourir à la note : « f. fém. de cert. mots en -*vil* ».

B. Formes du pluriel.

Certains mots, peu nombreux, ont une forme commune pour le singulier et le pluriel : *bas, heureux, nez ;* ils ne nous ont donc posé aucun problème.

D'autres, de loin les plus nombreux, forment leur pluriel par l'adjonction d'un *s* ou d'un *x* dans la graphie, mais la prononciation reste ce qu'elle est au singulier : *garçon/garçons* [gaʀsɔ̃], *pauvre/pauvres* [poːvʀ], *moineau/moineaux* [mwano]. Nous n'avons pas jugé utile de charger notre ouvrage en accueillant la forme du pluriel de cette masse de substantifs et d'adjectifs.

Certains mots, enfin, forment leur pluriel par la modification d'un ou de plusieurs éléments graphiques. La prononciation, cette fois, diffère de ce qu'elle est au singulier : *journal/journaux* [ʒuʀnal/ʒuʀno], *corail/coraux* [kɔʀaj/kɔʀo] — pour quelques mots, cette prononciation change même lorsque, graphiquement, on n'ajoute qu'un *s* : *bœuf/ bœufs* [bœf/bø]. Nous avons consigné tous les mots de cette espèce.

On notera aussi que certains termes qui n'existent que sous une forme de pluriel, réel ou apparent, en *s* ou en *x,* sont insérés dans les séries du singulier[1].

C. Forme de la conjugaison.

Il était évidemment impossible de noter toutes les formes verbales de tous les verbes de la langue.

Nous nous sommes résolu à ne consigner dans nos listes que la forme infinitive et à reporter dans les notes, lesquelles sont consacrées tout entières et uniquement à la conjugaison, toutes les formes conjuguées[2] ; on remarquera que la syllabe tonique du verbe apporte presque toujours à elle seule les indications de mode, de temps et de personne.

Restait à savoir à quelle rubrique faire figurer les appels de note.

Lorsque la syllabe tonique de la forme verbale se termine, phoniquement, par une voyelle nue, c'est-à-dire non suivie d'une consonne prononcée, nous avons pensé pouvoir fournir un classement plus fin en tenant compte de l'appui consonantique, c'est-à-dire de la ou des consonnes qui précèdent la voyelle tonique ; c'est ainsi que les personnes 1, 2, 3, 6 de l'imparfait en [pɛ, tɛ, kɛ], etc. (*coupait, coûtait, craquait*) sont appelées sous [pɛ, tɛ, kɛ], etc.

---

1. Ici aussi, il s'agit d'une position de principe. En fait, on trouvera parfois, mais très exceptionnellement, une série tout entière consacrée à des mots au pluriel.
2. Il s'agit encore d'une position de principe ; en fait, on trouvera çà et là des formes verbales conjuguées dans les listes de mots, et parfois même elles constitueront toute une liste. Ce sont le plus souvent des formes irrégulières, qui sont retenues parce qu'elles sont seules à présenter une certaine graphie pour une certaine prononciation.

Lorsque cette syllabe tonique se termine, phoniquement, par une consonne prononcée, pour éviter une multiplication des notes, déjà abondantes en certains endroits, nous n'avons pas tenu compte de la ou des consonnes d'appui ; c'est ainsi que les personnes 6 du passé simple en [pɛːʀ, tɛːʀ, kɛːʀ] (*coupèrent, coûtèrent, craquèrent*) sont toutes appelées sous [ɛːʀ] et non sous [pɛːʀ, tɛːʀ, kɛːʀ]. L'usager qui veut un classement plus fin devra donc retourner à la liste des verbes en [pe, te, ke], etc. (*-per, -ter, -quer*), etc., et opérer les additions nécessaires.

Prononciation consignée

Les prononciations retenues reposent sur les principes que nous avons adoptés dans la 4ᵉ édition de notre *Dictionnaire de la prononciation française dans sa norme actuelle*[1].

Notons cependant que, si, dans le dictionnaire de la prononciation, nous ne consignons que la ou les prononciations les plus pratiquées aujourd'hui par les intellectuels et les gens cultivés de Paris et de la région, il nous arrive ici, dans ce dictionnaire des rimes, de tenir plus souvent compte que là, de quelques prononciations moins fréquentes, lorsque ces prononciations font entrer les mots dans des séries supplémentaires de rimes. Certains termes sont donc intégrés dans deux séries différentes, ainsi *août* apparaît sous [u] et sous [ut], *hexagone,* sous [gɔn] et sous [goːn]

Faisons remarquer que, dans les dictionnaires de rimes antérieurs au nôtre, où les mots n'étaient classés que selon la graphie, il n'était pas tenu compte de la distinction entre le [a] palatal, qu'on entend couramment dans *patte,* et le [ɑ] vélaire, qu'on entend dans *pâte*[2]. Nous avons, pour notre part, pris la peine d'enregistrer cette différence, mais nous pensons cependant devoir redire ici que cette distinction de timbre entre les deux voyelles n'est pas connue par tous les Français, et même que ceux d'entre eux qui la pratiquent ne répartissent pas toujours identiquement les deux timbres dans les mêmes mots. Les utilisateurs de cet ouvrage peuvent donc estimer, à bon droit, ne pas devoir tenir compte dans les rimes de cette distinction entre les deux voyelles.

Faisons aussi remarquer que, si la pratique soit de la synérèse, soit de la diérèse[3], ne change pas les possibilités de rimes, la première place cependant la voyelle de la syllabe finale en appui ou sur une

---

1. Ce que nous entendons par « norme actuelle » y est défini aux pp. XVIII-XXII de l'introduction.
2. Voir ci-dessus la note 1, p. IX.
3. Voir ci-dessus, pp. XII et XIII.

semi-consonne (*hier* [jɛːʀ], *houer* [we], *huer* [ɥe] ou sur une consonne suivie d'une semi consonne (*relier* [ʀə-lje], *relouable* [ʀə-lwabl], *accentuer* [ak-sɑ̃-tɥe]), tandis que la deuxième ne lui fournit aucun appui ([i-ɛːʀ], [u-e], [y-e], [ʀə-li-e], [ʀə-lu-abl], [ak-sɑ̃-tɥ-e]). D'autre part, le mot prononcé avec diérèse compte une syllabe en plus.

Mais nous voulons surtout, à l'occasion de cette nouvelle édition, attirer l'attention sur le fait que si le lexique français compte un nombre considérable de mots à prononciation stable depuis longtemps déjà, il en renferme aussi dont la prononciation peut varier d'une région à une autre, d'une classe sociale à une autre, d'un individu à un autre, et que ces variations concernent parfois le timbre des voyelles toniques.

Qu'on nous entende bien. Nous considérons que si, dans un ouvrage du genre de celui-ci, comme dans un dictionnaire de la prononciation, nous n'avons pas à favoriser certaines variations de la langue, nous ne pouvons non plus vouloir les ignorer. Nous ne préconisons donc pas ces prononciations, mais nous attirons l'attention sur leur existence, qui offre certaines possibilités supplémentaires de rimes orales.

Pour des mots comme *un, parfum, brun, défunte,* à côté de la prononciation de la voyelle en [œ̃] que nous avons seule retenue, existe une prononciation qui tend vers [ɛ̃] et même l'atteint. Elle est assez répandue, mais reste plutôt populaire et s'écarte toutefois de la norme actuelle telle que nous l'entendons.

En finale nue, c'est-à-dire lorsque la voyelle tonique n'est suivie d'aucune consonne prononcée, les finales graphiques en *-ai(s)*[1] comme dans *balai(s),* *-aid(s)* comme dans *laid(s),* *-ais* comme dans *épais, -ait(s)* comme dans *souhait(s), -aît* comme dans *plaît, -aix* comme dans *paix, -ay* comme dans *tokay, -eai(s)* comme dans *geai(s), -è* comme dans *ananké, -ect(s)* comme dans *aspect(s), -egs* comme dans *legs, -ept* comme dans *sept, es* comme dans *(tu) es, -ès* comme dans *accès, est* comme dans *(il) est, -et(s)* comme dans *caquet(s), -êt(s)* comme dans *protêt(s), -eth* comme dans *aneth, -ey(s)* comme dans *bey(s)*[2], connaissent, à côté de la prononciation en [ɛ] que nous avons seule retenue, une prononciation qui tend vers [e] et qui même l'atteint. Cette dernière existe depuis longtemps déjà et est assez répandue, mais reste cependant étrangère à la norme actuelle.

---

1. Sauf dans les formes verbales : *j'ai* se prononce [ʒe], le *-rai* du futur est souvent prononcé [ʀe] à côté de [ʀɛ].
2. Les finales nues qui se présentent graphiquement en *-é(s)* comme dans *chanté(s),* en *-ée(s)* comme dans *chantée(s),* en *-er* comme dans *chanter,* en *-ez* comme dans *chantez,* et — mais les cas sont rares — en *-e* comme dans *andante,* en *(-)eh* comme dans *eh, heimweh* et en *-ied(s)* comme dans *pied(s),* ne sont jamais prononcées que [e].

Enfin, bien que nous ayons déjà tenu compte dans cet ouvrage de la prononciation de certaines finales en -*one* et en -*ome* qui, au lieu d'être dites en [ɔn] et en [ɔm], le sont parfois en [oːn] et en [oːm], par exemple *hexagone* [gɔn], parfois [goːn], *tome* (division d'un ouvrage) [tɔm], parfois [toːm], nous voulons signaler à l'usager de ce dictionnaire que d'autres mots de mêmes finales peuvent aussi se trouver dans le même cas.

L. W.

ABRÉVIATIONS

cert.	certains	*ind.*	indicatif
cond.	conditionnel	*masc.*	masculin
f.	forme	*part.*	participe
fém.	féminin, féminine	*pers.*	personne
imp.	imparfait	*prés.*	présent
impér.	impératif	*subj.*	subjonctif
		v.	verbe.

Les deux points qui, dans la notation phonétique, suivent une voyelle précisent que celle-ci est longue.

Le signe * précédant un verbe en -*ir* (**courir*, **couvrir*) ou la terminaison verbale en -*ir* (**-ir*, **-tir*, **-vrir*) indique qu'il s'agit de la conjugaison de type *dormir*, *dormant* et non de type *finir*, *finissant*.

La syllabe tonique graphique se présente d'ordinaire précédée d'un tiret : -*cie*, -*cil*, -*cis*, -*cit*, -*cy*. Lorsque ce tiret manque, c'est que la syllabe représente un mot par elle-même : *scie*. Lorsqu'il est placé entre parenthèses, c'est que la série des mots consignés en comprend un qui est représenté par la seule syllabe tonique : (-)*ci*, (-)*si*.

Selon le même principe, les types de verbes abrégés en note sont représentés par une forme graphique précédée d'un tiret : **-ir*, **-tir*, **-vrir*. Lorsque ce tiret manque, c'est que le verbe est cité tout entier : *mourir*, *lire*. Lorsqu'il est placé entre parenthèses, c'est que la série verbale comprend un verbe qui coïncide avec une forme plus brève : (-)*courir*, (-)*quérir*.

ORDRE ET VALEUR
DES SIGNES PHONÉTIQUES

[i] *am*i

[e] *ôté*

[ɛ] *mod*è*le*

[a] *pa*tte

[ɑ] *pâ*te

[ɔ] *co*rps

[o] *b*eau

[u] *lo*up

[y] *él*u

[ø] *d*eu*x*

[ə] *pe*ti*t*

[œ] *peu*r

[ɛ̃] *ma*tin

[ɑ̃] *tem*ps

[ɔ̃] *b*on

[œ̃] *br*un

[p] *ca*p

[t] *ne*t

[k] *be*c

[b] *r*o*b*e

[d] *chau*de

[g] *ba*gue

[f] *che*f

[s] *pa*sse

[ʃ] *po*che

[v] *rê*ve

[z] *r*ose

[ʒ] *piè*ge

[l] *ba*l

[ʀ] *senti*r

[m] *po*mme

[n] *b*onne

[ɲ] *rè*gne

[ŋ] *smoki*ng

[j] *bri*lle

[w] *f*ou*i*ne

[ɥ] *n*ui*re*

RÉPERTOIRE DES RIMES ÉCRITES

Ce répertoire concerne les mots
contenus dans l'ouvrage.
Les syllabes toniques écrites y sont
présentées dans leur intégralité. Les
voyelles toniques écrites y sont
consignées avec toutes les consonnes
constitutives de la syllabe. Elles ne
représentent que très rarement, à elles
seules, une syllabe.
Il va de soi que la consignation
de plus de mots,
et particulièrement de noms propres,
augmenterait encore la liste
des syllabes toniques du français.

-deste 194
-destre 195
-det 165
-dète 177
(-)dette 177
(-)deuil 469
-deuille 469
-deur 460
-deuse 444
(-)deux 437
-dève 197
-dex 186
(-)dextre 187
dey 165
-dha 241
d'hast 277
-dhère 212
d'heure 460
-dhique 31
-dhisme 57
-dhiste 52
-d hoc 338
d'homme 359
d'hui 21
-di 4
(-)dia 247
-diable[djabl] 268
(-)diable
  [djɑ:bl] 324
-diac 261
(-)diacre 263
-diaire 219
-diait 173
-diak 261
-dial 296
-diale 296
-dian 515
-diance 539
(-)diane 316
-diant 515
-diante 528
diantre 530
diapre 255
-diaque 261
-diat 247
-diate 257
-diatre 258
-diaux 379
-dible 38
-dic 31
-dice(s) 47
-diche 60
-dict 36
(-)dicte 36
-dide 40
-die 4

-dié 153
die 153
dièdre 189
-diée 153
-dième 228
-dien 477
-dience 539
-dienne 233
-dient 515
-diente 528
-dier 153
-dière 219
-dies 64
dièse 200
-diesse 193
diète 182
(-)dieu 441
-dieuse 450
(-)dieux 441
-dif 45
-dige 66
-digme 42
(-)digne 83
(-)digue 42
-dile 68
-dille 85
dîme 77
-dime 77
(-)dimne 79
-din 472
dinde 482
d'inde 482
dîne 80
-dine(s) 80
-ding 84
(-)dingue 484
-dio 379
-diocre 339
-diole 349
-diome 388
-dion 551
-dioptre 333
-diose 386
-diot 379
-diote 337
-diou 394
-dipe 22
-dique 31
-dir 72
(-)dire 72
(-)dis[di] 5
-dis[dis] 47
disc 56
(-)dise 64
dis-je 66
-disme 57

disque 56
-disse 47
-diste 52
(-)dît 5
-dit 24
(-)dit 5
(-)dite 25
-dium 360
diurne 434
-dius 422
(-)dive 62
-dix[diks] 37
(-)dix[dis] 47
djinn 81
(-)do 370
-doc 337
-doce 343
-doche(s) 345
(-)dock 337
docte 339
d'œil 469
-d'œuvre 453
-dog 341
doge 346
dogme 342
dogre 342
(-)dogue 341
-doie 249
d'oie 250
(-)doigt(s) 250
doigte 257
-doine 317
-doir 305
-doire 305
(-)dois 250
-doise 282
dois-je 290
(-)doit 250
(-)doive 281
dol 348
-dole 348
dôle 387
-dom 359
dom 544
-dome 359
(-)dôme 388
dompte 565
(-)don 544
(-)donc 565
-donde 567
-done 362
(-)donne 362
dont 544
-donte 565
door 352
dope 332

-dopte 333
-doque 338
-dor 352
d'or 352
(-)dore 352
d'orgue 356
-dorle 357
(-)dorme 357
-dorne 358
(-)dors 352
(-)dort 352
(-)dos[do] 370
-dos[do:s] 383
(-)dose 385
(-)dosse 383
dot[dɔt] 334
-dot[do] 370
(-)dote 334
-dotte 334
-dou 391
douaire 222
(-)douait 173
-douan 517
(-)douane 317
-douant 517
-douante 529
douar 305
-douard 305
-doub[du] 391
-doub[dub] 397
-doube 397
(-)double 397
(-)douce 399
(-)douche 400
(-)doue 391
(-)doué 160
(-)douée 160
douelle 207
(-)douer 160
-d-ouest 194
-doueur 467
-douf 398
(-)douille 408
-douin 479
-douine 83
-doul 402
-doune 407
-douons 563
-dour 404
(-)doute 395
douve 401
(-)doux 391
(-)douze 401
-dow 370
-down 319
-doxe 339

-fance 536
(-)fane[fan] 315
-fane[fɑ:n] 329
(-)fange 540
-fant(s) 491
-fante 521
faon 491
farce 311
(-)fard 301
(-)farde 309
-fare 301
fart 301
fasce 275
fasse 275
-fast 453
(-)faste(s) 277
-fat[fa] 242
fat[fat] 256
-fate 256
fauche 384
-faud 371
-faude 382
(-)faune 389
(-)fausse 383
(-)faut 371
(-)faute 381
fauve 384
(-)faux 371
(-)fax 262
-fé 110
-feau 371
fèces 191
-fect 185
-fecte 185
(-)fée 110
-fe-eau 371
-fège 200
feigne 236
feindre 483
feint 472
feinte 480
fêle 203
(-)femme 313
(-)fend 491
(-)fende 532
(-)fendre 533
-fense 536
fente 521
-fèque 184
-fer[fe] 110
(-)fer[fɛ:ʀ] 212
-fère 212
(-)ferle 225
(-)ferme 226
(-)ferre 212
-fert 212

-ferte 222
-ferve 224
-fès 166
(-)fesse(s) 191
-feste 194
-fet 166
-fète 177
fête 177
-fette 177
(-)feu 437
feue 437
(-)feuil 469
(-)feuille(s) 469
-feur 460
-feuse 445
(-)feutre 443
(-)feux 437
fève 197
-fèvre 197
few 394
fez 198
(-)fi 5
-fia 247
(-)fiable 268
fiacre 263
-fiait 173
-fian 515
(-)fiance 539
-fiant 515
-fiante 528
fiasque 279
-fiasse 277
fibre 39
(-)fic 32
-fice 47
(-)fiche 60
-fide 40
(-)fie 5
-fié 153
-fiée 154
(-)fief 190
fieffe 190
fiel 206
-fielle 206
-fien 477
-fienne 233
fiente 528
-fier[fje] 154
fier[fjɛ:ʀ] 219
(-)fière 219
fieu 441
-fieuse 450
-fieux 441
(-)fièvre 198
(-)fifre 46
fige 67

-figne 83
(-)figue 42
(-)fil(s) 68
(-)file 68
(-)fille 85
(-)film 70
(-)fils 48
(-)filtre 70
-fîme 77
fîmes 77
(-)fin(s) 472
(-)fine 80
-fing 84
fiole 349
(-)fion 551
(-)fions 551
fiord 354
-fiot 379
fioul 403
-fique 32
-fir 72
-fire 72
(-)firme(s) 77
(-)fis 5
fisc 56
-fise 64
fis-je 67
-fisme 57
-fisque 56
fisse 48
-fiste 52
(-)fit 5
-fite 25
fîtes 25
-fix[fi] 6
-fix[fiks] 37
(-)fixe 37
fjord 356
(-)fla 244
-flable 267
flac 260
flache 280
-flag 273
-flage 287
flair 216
flaire 216
flambe 531
flamme 313
(-)flamme 329
flan 496
(-)flanc 496
flanche 540
flâne 329
(-)flanque 530
-flant 496
-flante 525

flaque 260
-flard 302
-flarde 310
flash 280
flasque 279
flat 256
flatte 256
-flé 131
flèche 196
-flée 131
flegme 190
flemme 227
-fler 131
-flet(s) 169
-flète 180
-flette 180
(-)fleur(s) 464
(-)fleure 464
fleurte 468
-fleuse 447
(-)fleuve 453
-flexe 186
flic 34
-flige 67
flingue 484
flirt 468
-flit 12
floche 345
-flon 547
-flonne 363
-flons 547
flop 333
-flor 353
(-)flore 353
flot 374
(-)flotte 336
flou 393
(-)floue 393
flouve 401
-flow 374
-flu 414
(-)flue 414
fluide 41
flure 432
flush 453
flûte 417
-fluve 424
(-)flux 414
-fo 371
(-)foc 338
foène 236
foi 250
foie 250
(-)foin 479
-foir 305
(-)foire 305

(-)fois 250
fol 348
-fole 348
folk 350
(-)folle 348
-fon 544
(-)fonce 569
(-)fond(s) 544
(-)fonde 567
(-)fondre 567
-fonne 362
font 544
(-)fonte 565
fonts 544
-food 397
(-)foot 395
-foque 338
for 352
(-)force(s) 356
-ford 356
(-)fore 352
(-)forge 357
(-)forme 357
fors 352
(-)fort 352
(-)forte 355
(-)fosse 383
(-)fou 391
fouace 277
(-)fouage 290
fouaille 331
-fouait 174
-fouant 517
-fouante 529
(-)foudre 398
-foue 391
-foué 160
(-)fouée 160
-fouer 160
fouet 174
(-)fouette 182
fougue 398
(-)foui 20
(-)fouie 20
(-)fouille 408
-fouin 479
(-)fouine 83
(-)fouir 75
(-)fouit 20
(-)foule 402
foulque 403
-fouons 563
(-)four 404
fourbe 405
(-)fourche 406
fourgue 405

fourme 406
-fourne 406
fourre 404
(-)foutre 396
-frable 267
(-)frac 260
-fracte 262
-frage 288
frai 170
fraîche 197
-fraie 171
-frain 475
(-)frais 171
fraise 199
-fram 314
-fran 498
franc 498
-france 538
franche 540
-frande 532
(-)frange 541
franque 530
-frant 498
-frante 526
(-)frappe 254
-fras 246
frase 327
frasque 279
-frat 246
fraude 382
(-)fraye 238
-fré 137
-frée 138
-freigne 237
(-)frein 476
-freindre 483
(-)freine 232
-freint 476
(-)freinte 481
frêle 205
frêne 232
-frène 232
-frer 138
(-)frère 216
fresque 195
-fresse 193
(-)fret[frɛ] 171
fret[frɛt] 180
(-)frète 180
-frette 180
-freur 465
-freuse 448
(-)freux 439
-frez 138
-fri 17
fric 35

-frice 50
(-)friche 60
frime 78
fringue 484
(-)fripe 23
-frir 74
frire 74
(-)frise 65
(-)frit 17
(-)frite 27
fritz 28
-fro 376
froc 339
-frogne 365
-froi[frwa] 252
-froi[frwɑ] 322
(-)froid
[frwa] 252
(-)froid
[frwɑ] 322
froide 272
-froir 307
froisse
[frwas] 277
(-)froisse
[frwɑːs] 326
frôle 387
(-)fronce 569
fronde 567
-frons 549
(-)front 549
-fronte 565
-froque 339
frotte 336
-frou 393
frousse 400
-froute 396
(-)fruit 22
-fruite 28
-frure 432
frusques 423
fruste 423
-fu 411
-fuble 419
-fue 411
fuel 403
-fuge 425
(-)fugue 420
(-)fuie 21
(-)fuir 76
(-)fuit 22
fuite 27
-fule 426
-fum 571
(-)fume 434
fûmes 434

funk 572
-funt 571
-funte 571
fur 430
-fure 430
-furque 433
(-)fus 411
(-)fuse 424
-fusque 423
(-)fut 411
(-)fût 411
-fute 417
-fûte 417
fûtes 417

G

-ga 241
gab 263
gabe 263
(-)gable 265
gâble 324
-gace 275
gâche 326
(-)gade 270
gaffe 273
gag 272
(-)gage(s) 285
(-)gagne 329
gai[ge] 109
(-)gai[gɛ] 166
-gaï 318
(-)gaie 166
-gaille[gaj] 318
-gaille[gɑ:j] 330
(-)gain 472
(-)gaine 230
-gaire 212
-gais 166
-gaise 198
(-)gal 292
galbe 298
(-)gale 293
(-)galle(s) 293
(-)gambe 530
-game 313
gamme 313
(-)gan[gan] 315
-gan[gɑ̃] 491
-gance 536
-gand 491
-gande 532
-gane 315
(-)gang 534

gangue 534
ganse 536
(-)gant 491
-gante 521
-gape 254
-gar 301
garce 311
-gard 301
(-)garde 309
(-)gare(s)
  [ga:ʀ] 301
gare[gɑ:ʀ] 328
-gargue 311
-garre 301
gars 320
-gas[gɑ] 320
-gas[gɑ:s] 325
-gase 327
-gasme 279
-gasque 279
-gasse 275
-gastre 278
-gat 241
-gât 320
(-)gate(s) 256
gâte 322
-gau 370
(-)gauche 384
-gaud 370
(-)gaude 382
gaufre 382
gaule 387
gaupe 380
gauss 383
gausse 383
-gaut 370
-gaux 370
(-)gave 281
(-)gay 166
-gaye[gɛj] 237
-gaye[gaj] 318
(-)gaz 327
gaze 327
(-)gé 123
-gea 243
-geable 266
-geade 270
-geage 287
geai 167
-geaille 330
-geais 167
-geance 537
-geant 495
-geante 524
-geard 302
-gearde 310

-geat 243
-geâtre 323
-geau 373
-geaud 373
-geaude 382
-gèbre 187
-gée 123
-geigne 236
geindre 483
geint 474
geinte 481
(-)gel 204
-geld 208
(-)gèle 204
-gelle 204
-gembre 531
-gème 227
gemme 227
-gen 230
-gence 537
-gende 532
(-)gendre 533
(-)gêne 231
(-)gène 231
genre 541
gens[ʒɛ̃:s] 485
gens[ʒɑ̃] 495
(-)gent 495
(-)gente 524
-geoir 306
-geoire 306
-geois 251
-geoise 282
-geole 348
geôle 387
-geon 546
-geonne 363
-geons 546
-geot 373
-geote 335
-geotte 335
-ger[gɛ:ʀ] 212
-ger[gœ:ʀ] 460
-ger[ʒe] 124
-ger[ʒɛ:ʀ] 214
-ger[ʒœ:ʀ] 463
(-)gerbe 223
gerce 224
(-)gère 214
germe 226
-gès 192
-gèse 199
-gesque 195
(-)gesse 192
-gest 194
(-)geste 194

-get[ʒɛ] 167
-get[ʒɛt] 179
-gète 179
-gette 179
-geur[gœ:ʀ] 460
-geur[ʒœ:ʀ] 463
-geure 431
-geuse 446
-geux 438
-gha 241
-ghan 491
-ghane 315
-ghi 5
ghilde 70
-ghize 64
-gho 371
-ghourt 405
-ghy 5
-gi[gi] 5
-gi[ʒi] 9
-gia 248
-giaire 220
-giait 173
-gial 297
-giale 297
-giant 516
-giante 528
-giaque 261
-giase 328
-giat 248
-giaux 379
-gible 39
gicle 37
-gide 41
-gie[gi] 5
-gie[ʒi] 9
-gié 157
-giée 157
-gien 478
-giène 234
-gienne 234
-gier 157
-gière 220
-gieuse 450
-gieux 441
gifle 46
gigue 42
-gil 69
gilde 70
-gile 69
(-)gille(s) 69
-gimbe 482
-gime 78
(-)gin[ʒin] 81
-gin[ʒɛ̃] 474
gindre 483

-gine 81
-ging 84
-gio 379
-gion 562
-giote 337
-gique 33
-gir 73
-gire 73
(-)girl 468
(-)gis 10
gise 64
-gisme 58
-giste 53
-gistre 55
-gît 10
-gite 26
gîte 26
-give 62
givre 63
-glable 267
glabre[glabʀ] 269
glabre[glɑ:bʀ] 324
(-)glace(s) 276
-glade 271
(-)glaire 216
-glais 169
(-)glaise 199
(-)glaive 197
-glan 496
gland 496
glande 532
glane[glan] 315
glane[glɑ:n] 329
-glant 496
-glante 525
-glas[glɑ] 244
-glas[glas] 276
(-)glas[glɑ] 320
-glas[glɑ:s] 325
glauque 381
-gle 454
-glé 130
glèbe 187
-glée 131
(-)glène 231
-gler 131
-glet 169
(-)glette 180
-gleur 464
-gleuse 447
-glier 157
-glige 67
-glin 474
-glio 379
-glione 364

-glise 65	-gnet 172	-gone[goːn] 389	-grafe 273
-glish 60	-gnette(s) 181	(-)gonfle 568	(-)grain 475
(-)glisse 49	-gneul 454	gong 567	(-)graine 232
-glo 374	-gneule 454	(-)gonne 362	-graire 216
(-)globe 340	-gneur 466	gonze 569	-grais 170
-glof 342	-gneuse 449	-gor 352	(-)graisse 193
-glogue 342	-gneux 440	gord 352	-gral 295
-gloir 306	-gnie 20	-gore 352	-grale 295
gloire 306	-gnier 147	(-)gorge 357	(-)gramme 313
glome 360	-gnier 160	-gorne 358	-gran 498
-glon 547	-gnite 27	-gos[gɔs] 343	-grance 538
-glonne 363	-gnoble 340	-gos[goːs] 383	(-)grand 498
-glons 547	-gnoche 346	gosse 343	grande 532
-gloo 393	-gnoir 307	-got 371	-grane 316
glose 385	-gnoire 307	-gote 334	(-)grange 541
-glosse 343	-gnol 349	-gothe 335	-grant 498
-glot 374	-gnole[nɔl] 349	-goths 371	-grante 526
-glote 335	gnole[noːl] 387	-gou 391	-graphe 273
(-)glotte 335	(-)gnon 550	gouache 280	(-)grappe 254
-glou 393	-gnone 364	gouaille 331	(-)gras 321
glousse 400	-gnonne 364	-gouait 174	-grass[gʀas] 276
-gloute 395	-gnons 550	-gouant 517	-grass[gʀɑːs] 326
(-)glu 413	-gnor 354	-gouante 529	grasse 326
(-)glue 414	-gnore 354	gouape 254	-grat 245
glui 22	-gnot 378	-gouar 305	-grate 257
glume 435	-gnote 336	-goue 391	(-)gratte 257
-glure 432	-gnotte 336	-goué 160	grau 376
-glyphe 46	-gnouf 399	-gouée 160	-graux 376
-gna 247	-gnure(s) 433	-gouer 160	grave[gʀɑːv] 326
-gnable 268	-gnus 422	gouet 174	(-)grave(s)
-gnac 260	(-)go 371	(-)gouffre 399	[gʀav] 281
-gnade 271	(-)goal 387	gouge 402	gray 170
gnaf 274	gobbe 340	(-)gouille 408	(-)gré 137
-gnage 290	(-)gobe 339	-gouin 479	grèbe 187
-gnal 296	-goce 343	(-)gouine 83	(-)grec 185
-gnale 296	(-)gode 341	(-)goule 402	grecque 185
-gname 314	-goge 346	goum 406	-gree 137
-gnan 514	-gogne 365	-gouons 563	(-)grée 137
-gnance 539	(-)gogue(s) 341	gourd 404	(-)greffe 190
-gnant 514	-goinces 485	(-)gourde 405	(-)grège 200
-gnante 527	goinfre 485	goure 404	grègue(s) 189
-gnard 303	-gois 250	gourme 406	(-)grêle 205
-gnarde 310	-goise 282	-gous 399	-grène 232
-gnare 303	-goisse 277	-gouse 401	-grer 137
-gnasse 277	goître 258	(-)gousse 399	(-)grès 170
-gnat 247	-gol 348	-gouste 400	-gresque 195
-gnate 257	-gole 348	-gout 391	-gresse 193
-gnaux 378	golf 350	(-)goût 391	-greste 194
-gné 147	golfe 350	(-)goûte 395	-gret 170
-gneau 378	(-)gomme 359	(-)goutte(s) 395	-grette 180
-gnée 147	(-)gomphe 568	goy 365	-greur 465
-gnel 206	-gon 544	-gra 245	-greuse 448
-gnelle 206	-gonce 568	graal 328	-greux 439
-gner 147	gond 544	-grable 267	(-)grève 197
-gnès 193	-gonde 567	(-)grâce 326	-gri 17
-gnesse 193	-gone[gɔn] 362	(-)grade 271	-grie 17

-lect 186
-lecte(s) 186
-led 188
-lée(s) 126
(-)lège 200
-lègre 189
(-)legs 168
(-)lègue 189
-le heure 464
-le home 388
-leigh 189
-leil 238
-leille 238
-leine 231
-lèle 204
-lem 227
-lème 227
(-)lemme 227
-len 231
-lence 537
-lendes 532
-lène 231
-lêne 231
-lenge 541
(-)lent 496
(-)lente 525
-lep 175
-leph 190
-lèphe 190
lèpre 176
-lepse 175
-ler[le] 127
-ler[lɛːʀ] 215
-ler[lœːʀ] 463
-lère 215
-lerne 226
-lerte 222
les[le] 129
les[lɛ] 168
lès[lɛ] 168
-lès[lɛs] 192
lèse 199
-lesque 195
-less 192
(-)lesse 192
lest 194
(-)leste 194
-lestre 195
-let[lɛ] 168
let[lɛt] 179
-lète 179
-leth 179
(-)lette 179
(-)lettre(s) 183
(-)leu 438
-leuce 443

leude 443
-leuque 443
(-)leur(s) 463
leurre 464
-leus 443
-leuse 446
-leuvre 454
-leux 438
(-)lève 197
(-)lèvre 197
-lex 186
-ley 168
(-)lez 129
-lèze 199
-lheur 464
-lhomme 360
-lhouette 182
-li 10
-lia 248
-liable 269
-liade 272
(-)liage 290
-liaire 220
liais 173
liait 173
-lial 297
-liale 297
-lïambe 531
-liance 539
liane 316
(-)liant 516
(-)liante 528
-lianthe 528
-liaque 261
(-)liard 303
(-)liarde 311
(-)lias 326
(-)liasse 277
-liaste 278
-liaux 380
(-)libre 39
-lic 33
(-)lice 48
(-)liche 60
-lide 41
(-)lie 11
(-)lié 157
lied 41
(-)liée 157
-lief(s) 190
(-)liège 201
-lième 228
-lien 478
-lience 539
-liène 235
-lienne(s) 235

-lient 516
-liente 528
(-)lier 157
-lière 220
lierre 220
(-)liesse 193
-liet 173
(-)liette 182
(-)lieu 441
(-)lieue 441
(-)lieur 467
(-)lieuse 450
(-)lieux 441
(-)lièvre 198
-liez 158
-lif 46
-life 46
(-)lige 67
-light 319
(-)ligne 84
ligue 42
-lik 33
-lim 78
limbe(s) 482
(-)lime 78
(-)lin 474
-lindre 483
-line(s)[lin] 81
-line[lajn] 319
-ling 84
(-)linge 485
-lingre 484
(-)lingue 484
-lio 380
-liole 349
(-)lion 562
lionne 364
-lions 562
-liore 354
-liorne 358
-lios 384
-liose 386
-liot 380
-liote 337
-lipe 23
lippe 23
-lique 33
-lir 73
(-)lire 74
(-)lis[li] 11
(-)lis[lis] 48
(-)lise 64
-lisme 58
-lisque 56
(-)lisse 48
(-)liste 53

(-)lit 11
-lite 26
-lith 26
-lithe 26
litre 28
-lître 28
-litte 26
-lium 361
(-)liure 433
(-)live 62
(-)livre(s) 63
-lix 37
-lixe 37
-lize 65
-lla 247
-llable 268
-llac 260
-llade 272
-llage 289
-llais 172
-llaise 200
-llan 515
-llance 539
-llane 316
-llant 515
-llante 527
-llard 303
-llarde 310
-llasse 277
-llâtre 323
-llaud 378
-llaume 388
-llé 148
-llée 148
-ller[je] 148
-ller[jɛːʀ] 217
-llère 217
-llesse 193
-llet(s) 172
-llette(s) 181
-lleul 454
-lleur 466
-lleure 466
-lleurs 466
-lleuse 449
-lleux 440
-llez 150
-lli 20
-lliage 290
-llible 39
-llie 20
-llier 150
-llière 218
-llions 551
-llir 75
-llis 20

-man[man] 316
-man[mɑ̃] 498
-mance 538
(-)manche 540
-mand 499
(-)mande 533
-mandre 534
-mane[man] 316
-mane[mɑ:n] 329
mânes 329
(-)mange 541
mangle 534
mangue 534
manne[man] 316
manne[mɑ:n] 329
manque 530
manse 538
-mant 499
(-)mante 526
(-)maque 260
-mar 302
marc[mɑ:ʀ] 302
marc[maʀk] 308
(-)marche 311
-mard 302
-marde 310
(-)mare 302
(-)marge 312
(-)mark 308
marne 312
(-)marque 308
(-)marre 302
mars 311
-mart 302
marte 308
martre 308
-mas[ma] 246
-mas[mas] 276
(-)mas[mɑ] 321
(-)mas[mɑ:s] 326
-mase 327
-mash 280
(-)masque 279
(-)masse[mas] 276
-masse[mɑ:s] 326
-mat(s)[ma] 246
(-)mat[mat] 257
-mat[mɑ] 321
(-)mât(s) 321
(-)match 258
(-)mate 257
(-)mâte 322
maths 257
-mâtre 323
matte 257
-mau 376

-maud 376
-maude 382
(-)maure 354
(-)mauve 384
(-)maux 376
-max 262
-may 171
-me 138
-mé 138
-meau 376
mec 185
(-)mèche 197
-mecte 186
(-)mède 188
-mée 139
-meil 238
-meille 238
-mel 205
-mèle 205
(-)mêle 205
-melle(s) 205
(-)membre 531
-mème 228
même 228
-men[mɛn] 232
-men[mɛ̃] 476
-mence 538
-mende 533
(-)mène(s) 232
-mens[mɛ̃:s] 485
(-)mens[mɑ̃] 499
(-)mense 538
-ment[mɛnt] 236
(-)ment(s)
[mɑ̃] 499
(-)mente 526
menthe 526
-mer[me] 139
(-)mer[mɛ:ʀ] 216
-mer[mœ:ʀ] 465
-merce 224
(-)merde 223
(-)mère 216
-merge 225
merle 225
mes[me] 140
mes[mɛ] 171
-mes[mɛs] 193
-mès 193
-mèse 199
-mesque 195
-mess 193
(-)messe 193
(-)mestre 195
(-)met(s) 171
-mète 180

(-)mètre 183
(-)mette(s) 181
(-)mettre 184
-meu 439
(-)meuble 452
meugle 452
meule[mø:l] 451
meule[mœl] 454
-meur 465
(-)meure 465
meurs 465
meurt 465
meurtre 468
(-)meuse 448
(-)meut 439
(-)meute 442
(-)meuve 453
-meux 439
(-)mi 18
-mia 248
-miable 269
-miade 272
-miaire 221
-miait 173
(-)miam 314
-mïambe 531
-miant 516
-miante 529
miasme 279
miaule 387
-mice(s) 50
miche 60
-mict[mi] 18
-mict[mikt] 36
-mide 41
(-)mie(s) 18
-mié 158
-miée 158
miel 207
-mielle 207
(-)mien 478
(-)mienne 235
-mier(s) 158
-mière 221
-miesque 196
(-)miette(s) 182
mieux 442
mièvre 198
-miez 158
-mige 67
-migre 42
(-)mil 70
-mile 70
mille[mil] 70
-mille[mij] 86
(-)mime 78

-min 476
(-)mince 485
(-)mine 82
-ming 85
-minge 486
-mingue 484
-minthe 481
-minx 482
-mio 380
mioche 346
-mion 563
-mione 365
-mions 563
-mique 35
-mir 75
(-)mire 75
(-)mis[mi] 18
-mis[mis] 51
(-)mise 65
-misme 59
miss 51
(-)misse(s) 51
-miste 54
(-)mite 27
mitre 28
-miurge 434
mixte 37
-mo 377
moche 346
-mocks 339
(-)mode 341
moelle 297
mœurs[mœ:ʀ] 465
mœurs[mœʀs] 468
-mog 342
(-)moi 252
(-)moie 252
-moigne 318
-moin 480
moindre 483
(-)moine 317
(-)moins 480
-moir 307
(-)moire(s) 307
(-)mois[mwa] 252
mois[mwɑ] 322
(-)moise 283
moite 258
(-)mol 349
-mole 349
môle 387
molle 349
-mome 360
môme 388
(-)mon 549
-monce 569

-noui 21
-nouie 21
-nouïe 21
-nouil 408
(-)nouille 408
-nouir 75
-nouisme 59
nouons 563
-noure 404
(-)nous[nu] 393
-nous[nus] 400
-nout 396
-nove 346
-nox 339
-noxe 339
(-)nu 415
-nua 253
nuage 290
-nuaille 331
-nuaire 222
-nuait 175
nuance 539
-nuant 518
-nuante 529
-nuche 424
-nude 420
(-)nue 415
-nué 163
(-)nuée 163
-nuel 207
-nuelle 207
(-)nuer 163
-nuet 175
-nueuse 451
-nueux 442
-nui 22
-nuie 22
(-)nuire 76
(-)nuise 66
(-)nuit 22
-nuite 28
nul 427
-nule 427
nulle 427
-num 360
nunc[nɔ̃:k] 565
nunc[nœ̃:k] 572
-nuons 564
-n-up 452
-nuple 416
(-)nuque 418
-nure 432
nurse 468
-nus 422
-nuse 425
-nut 415

-nût 416
-nute 417
-ny 20
-nyan 516
-nyane 316
-nyle 70
-nyme 78
(-)nymphe 485
-nyon 563
-nyx 37

O

ô 366
(-)o 366
oc 337
-oche 345
ocre 339
(-)ode 340
œil 468
œstre 194
œuf 452
œufs 436
œuvre 453
off 342
offre 343
ogre 342
oh 332
ohm 387
oie[wa] 249
oie[wɑ] 321
oigne 317
oindre 483
oint 479
ointe 481
-oir 303
-ol 346
-ole 347
omble 566
ombre 566
-omphe 568
-on[ɔn] 361
(-)on[ɔ̃] 542
onc 565
once 568
oncle 565
oncques 565
onde 566
-one 361
ongle 568
onques 565
-ons 542
ont 542
onze 569

(-)ope 332
-ops 333
(-)opte 333
(-)or 350
(-)orbe 355
orde 355
ordre 356
(-)ore(s) 351
orge 357
orgue 356
orle 357
orme 357
orne 358
orque 355
-orte 354
(-)os[ɔs] 343
(-)os[o] 366
-os[o:s] 383
(-)ose 384
osque 345
ost 344
-ot 366
-ote 334
ôte 380
-otte 334
où 390
(-)ou 390
-oua 249
ouaille 331
ouais 173
ouate 257
-ouch 400
oued 188
ouest 194
ouf 398
oui 20
ouï 20
ouïe 20
ouille 407
ouïr 75
-our 403
ourle 406
ours 405
ourse 405
-ourt 405
oust 400
out[awt] 319
-out[ut] 395
outre 396
ouvre 401
ove 346

P

-pa 239

-pable 264
-pace[pas] 275
-pace[pɑ:s] 325
-pache 279
-pack 259
-pact 261
(-)pacte 261
-pade 269
paf 273
(-)page 283
(-)pagne 317
pagre 273
paie 164
-pail 318
-paille[paj] 318
(-)paille[pɑ:j] 330
(-)pain 470
-paing 470
(-)pair 209
(-)paire 209
pairle 225
(-)pais 164
-paise 198
(-)paisse 191
(-)paît 164
-pait 164
(-)paître 183
paix 164
(-)pal 291
(-)pale 291
pâle 328
-palm 299
(-)palme 299
palpe 298
-palt 298
pâme 328
pampe 518
(-)pampre 518
(-)pan 487
-panche 539
-pand 487
-pandre 533
-pands 487
(-)pane 314
-pang 487
(-)panne 314
panse 535
-pant 487
(-)pante 519
paon 488
paonne 314
(-)pape 254
-paque 259
pâque 323

porque 355
(-)port 351
(-)porte 354
-pos[pɔs] 343
-pos[po] 367
-pos[po:s] 383
(-)pose 384
-post 344
(-)poste(s) 344
-pot[pɔt] 334
(-)pot[po] 367
-pôt 367
(-)pote 334
-pôtre 381
(-)pou 390
pouacre 263
pouah 249
-pouan 517
-pouane 316
(-)pouce 399
(-)poudre 398
-poue 390
(-)pouf 398
(-)pouffe 398
(-)pouille(s) 407
(-)poule 402
poulpe 403
pouls 390
poum 406
-pound 407
poupe 394
(-)pour 403
-pourde 405
(-)pourpre 405
-pouse 401
(-)pousse 399
(-)poutre 396
-poux 390
-pox 339
-pra 245
-prage 288
praire 216
prame 313
-prane 316
-prase 327
-prat 256
-prave 281
-pray 170
(-)pré(s) 135
prêche 196
-prède 188
-prègne 237
-preigne 237
-preindre 483
-preint 475
-preinte(s) 481

prêle 204
-prême 228
(-)prend 498
(-)prendre 533
(-)prenne 232
-prer 135
(-)près 170
presque 195
-press 192
(-)presse 192
(-)preste 194
(-)prêt 170
-pret 170
(-)prête 180
-prète 180
(-)prêtre 183
-prette 180
(-)preuse 448
(-)preuve 453
(-)preux 439
-price 49
(-)prie 16
(-)prime 78
primes 78
-prin 475
prince 485
-prine 82
-print 83
-prique 34
(-)pris[pʀi] 16
-pris[pʀis] 49
(-)prise 65
prisme 58
prisse 49
(-)prit 16
prive 63
prix 16
probe 340
-probre 340
(-)proche 345
prof 342
(-)proie
  [pʀwa] 252
(-)proie
  [pʀwɑ] 321
prompt 548
prompte 565
-pron 548
prône 389
-prons 548
-pront 548
-proof 398
(-)propre 333
-proque 338
prose 386
prote 336

prou 393
proue 393
(-)prouve 401
prude 419
-prue 414
-prun 571
prune 435
-prunt 571
-prunte 572·
-prure 432
(-)pu 409
pua 253
-puaire 222
(-)puait 174
puant 517
puante 529
pub[pyb] 418
pub[pœb] 452
(-)puce 420
(-)puche 423
-püch 418
(-)pue 409
-pué 161
-puée 161
(-)puer 161
puf 420
-pugne 435
-pui 21
-puie 21
(-)puis 21
(-)puise 66
puisque 56
puisse 51
puits 21
-pulcre 428
-pule 425
(-)pull 425
pulpe 427
-pulse 428
-pulte 427
punch[pœntʃ] 468
punch[pɔ̃:ʃ] 569
punk 572
(-)pur 428
(-)pure 428
(-)purge 434
pus[py] 409
-pus[pys] 420
-puse 424
-put[put] 395
(-)put[py] 409
-put[pyt] 416
pût 409
(-)pute 416
putsch 396

puy 21
-py 2
-pyème 228
-pyge 66
-pyle 67
-pyre 71
-pyx 37

Q

-quable 265
-quace 275
-quade 270
-quage 285
quai[ke] 103
quai[kɛ] 165
quaiche 196
-quaille 330
-quain 471
-quaine 230
-quaire 211
-quais 165
quakre 262
-qual 297
-quale 297
-quame 314
-quance 536
quand 490
(-)quant 490
-quante 520
-quard 300
-quare 305
-quarre 300
(-)quart 300
(-)quarte 308
quartz 308
-quash 280
-quat[ka] 240
-quat[kwa] 249
-quate 257
(-)quatre 258
-quaw 380
-que 160
-qué 104
-quée 104
(-)quel(s) 202
-quèle 202
(-)quelle(s) 202
quelque 208
-quence 536
-quent 490
-quente 521
-quer 104
-quère 211

-rèse 199	-riatre 258	-riole 349	-roite 258
-resque 195	-riâtre 323	-riolle 350	-rol 348
-resse 192	-riau 380	-rion 562	-role 348
reste 194	-riaux 380	(-)rions 562	(-)rôle 387
-restre 195	-rible 39	-riore 354	roll 349
(-)ret(s) 169	-ric 34	-rioste 345	-rolle(s) 349
-rêt 170	-rice 49	-riot 380	-rome 360
-rête 180	(-)riche 60	riote 337	rôme 388
-rète 180	-rick 34	ripe 23	(-)rompe 564
-rèthre 183	-ricle 37	-riple 24	(-)rompre 564
-rètre 183	(-)ride(s) 41	-rique 34	(-)romps 547
-rette(s) 180	-ridge 41	-rir 74	(-)rompt 547
-reuil 469	-rie[ʀje] 158	(-)rire 74	-ron[ʀɔn] 363
-reume 451	(-)rie(s)[ʀi] 12	(-)ris[ʀi] 16	-ron[ʀɔ̃] 548
-reur 464	-rié 158	-ris[ʀis] 49	ronce 569
-reuse 447	-riée 158	-risc 56	-roncle 566
-reute 442	-riel 206	-rise 65	(-)rond 548
-reux 439	-rielle 206	-risme 58	(-)ronde 567
rêve 197	(-)rien 478	(-)risque 56	-rone[ʀɔn] 363
-rex 186	-rience 539	-risse 49	-rone[ʀoːn] 389
-rey 170	-rienne 235	-riste 54	ronfle 568
-rez 192	-rient 516	(-)rit[ʀi] 16	-rong 568
-rhal 294	-riente 529	(-)rit[ʀit] 26	(-)ronge 570
-rhausse 383	-rier 158	(-)rite 26	-ronne 363
-rhée 135	-rière 221	-rithme 28	-rons 548
-rher 135	-riette 182	-rium 361	-ront 548
-rheux 439	(-)rieur 467	-rius 422	(-)ronte 565
-rhin 475	-rieure 467	(-)rive 62	-room 407
rhô 375	(-)rieuse 451	-rix 37	-root 395
rhombe 566	-rieux 442	rixe 37	-rop 375
r-home 388	-rif 46	riz 16	-rops 333
-rhomme 360	-rife 46	-ro 375	(-)roque 338
-rhône 389	-riffe 46	rob 340	-rore 353
-rhose 385	rifle 46	(-)robe 340	-ros[ʀɔs] 344
rhum 360	-rige 67	robre 340	-ros[ʀo] 375
(-)rhume 435	-right 319	roc 338	-ros[ʀoːs] 383
(-)ri 12	-rigne 84	-roce 344	(-)rose 385
(-)ria 248	-rigue 42	-roch 338	(-)rosse 344
-riable 269	-ril[ʀi] 16	(-)roche 345	-roste 344
-riace 277	-ril[ʀil] 69	-rochs 339	(-)rostre 345
-riade 272	-rile 69	rock 338	-rot[ʀɔt] 336
-riage 290	-rille 86	-rode 341	(-)rot(s)[ʀo] 375
(-)riait 173	-rim 78	-rofle 343	rôt 375
-rial 297	(-)rime 78	-roge 346	(-)rote 336
-riale 297	(-)rîmes 78	(-)rogne 365	-rotte 336
-riambe 531	-rin 475	(-)rogue 342	-rou 393
-rian 516	rince 485	(-)roi[ʀwa] 251	roua 252
-riance 539	-rine 82	(-)roi[ʀwɑ] 321	rouage 290
-riandre 534	(-)ring 85	roide 272	(-)rouait 174
-riane 316	-ringe 486	-roie[ʀwa] 251	-roual 297
(-)riant 516	-ringue 484	-roie[ʀwɑ] 321	rouan 517
(-)riante 528	-rint 83	-roir 306	rouanne 317
-rianthe 529	-rinthe 481	-rois 252	rouant 517
-riaque 261	-rinx 482	-roise 283	-rouante 529
-riat 248	(-)rio 380	-roisse 277	-roube 397
-riate 257	-riode 341	-roît 252	(-)rouble(s) 397

L

LIII

-trusque 423	turf[tœʀf] 468	-vaille(s)[vɑːj] 330	-vée 118
(-)trust 453	-turge 434	(-)vain 473	-ve-eau 372
truste 422	-turm 406	(-)vainc 473	-veh 118
-try 16	(-)turne 434	(-)vaincre 482	-veil 237
(-)tu 409	turpe 433	(-)vaine 231	(-)veille 237
-tua 253	turque 433	(-)vainque 482	-ve-in 81
(-)tuable 269	-tus[ty] 410	(-)vair 213	-veindre 483
-tuailles 331	-tus[tys] 421	-vaire 213	(-)veine 231
-tuaire 222	-tuse 424	(-)vais 167	-vel 203
(-)tuait 174	-tuste 422	-vaise 199	veldt 208
-tual[twɔl] 350	(-)tut 410	vais-je 200	vêle 203
-tual[twoːl] 387	tût 410	(-)val 293	-vèle 203
(-)tuant 517	-tuve 424	-vale 293	-velle 203
(-)tuante 529	tweed 41	-valle 294	(-)velte 208
tub[tyb] 418	twist 55	valse 299	-vembre 531
tub[tœb] 452	-ty 3	(-)valve 299	-ven 231
(-)tube 418	-tyle 68	vamp 518	-vence 537
-tuc 418	tymne 78	(-)van 493	-venche 540
-tuce 421	-tyon 551	-vance 537	(-)vend 494
-tude 419	(-)type 22	-vanche 540	(-)vende 532
(-)tue 409	-tyque 31	-vande 532	(-)vendre 533
(-)tué 162	-tyr 72	-vane 315	-vène 231
-tuée 162	-tyre 72	(-)vanne(s) 315	venge 541
-tuel 207	tzar 302	-vant 493	-venne 231
-tuelle 207		(-)vante 523	(-)vent 494
(-)tuer 162		vapes 254	(-)vente 523
-tuesque 196		(-)vaque 259	(-)ventre 530
-tuette 182	**U**	-var 301	vêpre(s) 176
tueur 467		-vard 301	-vêque 185
(-)tueuse 451		-varde 310	-ver[ve] 118
-tueux 442	ulve 428	-vare 301	(-)ver[vɛːʀ] 213
tuf 420	-um 358	-vart 301	(-)verbe 223
-tufe 420	-üm 359	(-)vas 242	-vercle 223
-tuffe 420	un 571	(-)vase 327	verd 214
-tui 21	une 435	vasque 279	-vère 214
tuile 70	(-)ure 428	-vass 275	(-)verge 225
-tuis 21	urge 434	-vasse 275	(-)vergne 226
-tuit 21	urne 434	(-)vaste 277	(-)vergue 223
-tuite 27	(-)us 420	-vat(s)[va] 242	-verne 226
-tule 425	use 424	-vat[vat] 256	(-)verre 214
tulle 425	ut 416	-vate(s) 256	(-)vers 214
-tum 359		-vâtre 323	(-)verse 224
-tume 434		-vats 320	verste 224
-tun 571	**V**	-vatte 256	(-)vert 214
-tune 435		vau 372	(-)verte 222
tuons 564		-vauche 384	verve 224
-tuor 354	(-)va 242	-vaude 382	vesce 191
-tuose 386	-vable 266	(-)vaut 372	-vesne 231
-tuple 416	-vace 275	vautre 381	vesse 192
-tupre 416	(-)vache 280	(-)vaux 372	(-)veste 194
(-)tuque 418	(-)vade 270	(-)vé 117	-vestre 195
-tur 428	-vage 286	-ve 117	-vet 167
(-)turbe 433	(-)vague 272	(-)veau 372	-vète 178
(-)turc 433	-vaie 167	-vec 185	-vêtre 183
-ture 429	-vail 318	-vêche 196	-vette 178
turf[tyʀf] 433	(-)vaille[vaj] 318	-vèche 196	-veu 437

LVII

W

DICTIONNAIRE DES RIMES

[i]

―――――[i]¹―――――

(-)*hi*
ahi
ébahi
envahi
hi
spahi
trahi

hie

f. fém. de cert. mots
en -*hi*
hie

-*i*
[e-i]
agnus dei
désobéi
obéi
[u-i]
ébloui
[ø-i]
bleui

-*ï*
[a-i]
aï
haï
[u-i]
inouï

-*ie*
f. fém. de cert. mots
en -*i*

y
y
[a-i]
ay

-*ye*
[e-i]
abbaye

-*ys*
[ɛ-i]
pays

[**pi**]²

(-)*pi*
accroupi
api
aspi
assoupi
champi
clapi
crépi
crispi
croupi
décrépi
déguerpi
échampi
épi
flapi
génépi
glapi
képi
okapi
pi

pipi
réchampi
rééchampi
scampi
tapi
thlaspi

(-)*pie*
f. fém. de cert. mots
en -*pi*
amblyopie
autocopie
bronchoscopie
charpie
chimiothérapie
chipie
colonoscopie
copie
cranioscopie
diplopie
électrothérapie
électrotypie
endoscopie
épie
estropie
expie
gastroscopie
harpie
héliothérapie
hippie
hydroscopie
hydrothérapie
impie
isotopie
kinésithérapie
laryngoscopie
lycanthropie
misanthropie

1. Ajouter les pers. 1, 2, 3 de l'ind. prés. et du passé simple, la pers. 2 de l'impér. prés., la pers. 3 du subj. imp. et le part. passé, masc. et fém., des v. en -*hir, -aïr, -éir, -ouir* (les pers. 1, 2, 3 de l'ind. prés. et la pers. 2 de l'impér. prés. de *haïr* exceptées).
2. Ajouter les pers. 1, 2, 3 de l'ind. prés. et du passé simple, la pers. 2 de l'impér. prés., la pers. 3 du subj. imp. et le part. passé, masc. et fém. en -*pie*, des v. en -*pir* ; ― les pers. 1, 2, 3 du passé simple et la pers. 3. du subj. imp. des v. *corrompre, interrompre* et *rompre* ; ― les pers. 1, 2, 3, 6 de l'ind. et du subj. prés. et la pers. 2 de l'impér. prés. des v. en -*pier*.

myopie
nid-de-pie
nyctalopie
œil-de-pie
orthoépie
pépie
pie
philanthropie
phototypie
physiothérapie
psychothérapie
queue-de-pie
radioscopie
radiothérapie
recopie
roupie
satrapie
scopie
sérothérapie
spectroscopie
stéréoscopie
stéréotypie
toupie
utopie

-pil

goupil

(-)pis

champis
corrompis
interrompis
pis
rompis
tapis

-pit

corrompit
décrépit
dépit
interrompit
répit
rompit

-py

guppy

hippy
papy

[ti][1]

-thie

allopathie
antipathie
apathie
cardiopathie
chrestomathie
homéopathie
myopathie
polymathie
pythie
sympathie
télépathie

-ti

abouti
abrouti
abruti
agouti
amorti
anéanti
aplati
apprenti
assorti
assujetti
asti
averti
bâti
blotti
cati
chianti
concetti
confetti
converti
corpus delicti
cristi
cuti
décati
démenti
dénanti
désassorti
diverti
empuanti

englouti
extraverti
fioretti
frichti
garanti
graffiti
hastati
interverti
introverti
inverti
investi
lacrima-christi
locati
loti
malbâti
mercanti
mi-parti
mufti
muphti
nanti
ouistiti
palma-christi
parti
patati (et)
perverti
pizzicati
porporati
pristi
ralenti
repenti
rôti
sacristi
sapristi
scaferlati
senti
serti
sorti
spaghetti
spermaceti
travesti
titi
tutti
tutti frutti
tutti quanti

-tie(s)

f. fém. de cert. mots
en *-ti*

amnistie

amortie
anaplastie
apprentie
autoplastie
charte-partie
châtie
chiropractie
contrepartie
coroplastie
départie
dynastie
épizootie
eucharistie
galvanoplastie
garantie
hématie
hostie
immodestie
mammoplastie
mi-partie
modestie
ortie
ostéoplastie
partie
pédérastie
plastie
repartie
repentie
rhinoplastie
rôtie
royalties
sacristie
scotie
sortie
sotie
tutie

-til

courtil
coutil
fraisil
gentil
outil

-tis

abatis
abattis
appentis
battis
caillebotis

cailloutis
chuchotis
clafoutis
clapotis
cliquetis
combattis
criquetis
culbutis
feuilletis
frisottis
frottis
grènetis
grignotis
lattis
locatis
mouchetis
pâtis
pilotis
piquetis
plumetis
tortis
ventis

-tit

appétit
gagne-petit
petit

-ty

fifty-fifty
garden-party
penalty

[ki][1]

-chi

gnocchi

-chie

lysimachie

-kee

yankee

-ki

après-ski
droschki
harki

kaki
maki
monoski
motoski
raki
sirtaki
ski
téléski
zakouski

-ky

husky
sulky
whisky

(-)qui

qui
riquiqui

-quie

ventriloquie

-quis

abénaquis
acquis
conquis
croquis
enquis (t')
exquis
maquis
marquis
naquis
pâquis
requis
vainquis

-quit

acquit
conquit
enquit (s')
naquit
vainquit

[bi][2]

-bi

alibi
arbi

---

1. Ajouter les pers. 1, 2, 3 du passé simple, la pers. 3 du subj. imp. des v. en *-quérir* et des v. *naître, renaître, vaincre* et *convaincre* ; − le part. passé masc. des v. en *-quérir*.
2. Ajouter les pers. 1, 2, 3 de l'ind. prés. et du passé simple, la pers. 2 de l'impér. prés., la pers. 3 du subj. imp. et le part. passé, masc. et fém., des v. en *-bir*.

3

bibi
biribi
cagibi
ébaubi
estourbi
fourbi
gourbi
grisbi
nabi
obi
rabbi
subi
urbi et orbi
vrombi

-bie
f. fém. de cert. mots
en *-bi*
agoraphobie
amphibie
anglophobie
claustrophobie
ébaubie
estourbie
fourbie
gabie
gallophobie
hydrophobie
lubie
nababie
phobie
photophobie
xénophobie
zombie

-bil
babil

(-)*bis*
bis
brebis
rubis
tabis

-bit
acabit
débit
ébaubit
gambit
habit
subit

-by
baby
derby
dolby
hobby
lobby
naby
rugby

[**di**]¹

-di
abasourdi
abâtardi
affadi
alourdi
applaudi
approfondi
après-midi
arrondi
assourdi
attiédi
bigoudi
brandi
cadi
candi
décadi
dégourdi
duodi
effendi
engourdi
enlaidi
étourdi
grandi
hardi
jeudi
lundi
mahdi
mardi
mercredi
midi
modus vivendi
nonidi
octidi
organdi
ourdi
pardi
primidi
quartidi

quintidi
ragaillardi
raidi
rebondi
samedi
septidi
sextidi
sidi
tiédi
tridi
vendredi
verdi

-die
f. fém. de cert. mots
en *-di*
amodie
caddie
callipédie
coccidie
comédie
congédie
dédie
dégourdie
dipodie
embryocardie
encyclopédie
engourdie
étourdie (à l')
étudie
expédie
gymnopédie
hardie
hypothyroïdie
incendie
irradie
logopédie
maladie
mélodie
mendie
monodie
orthopédie
palinodie
parodie
perfidie
polysynodie
prosodie
psalmodie
quadrupédie
radie

rapsodie
rebondie
remédie
répudie
rhapsodie
stipendie
tachycardie
tragédie
tragi-comédie
voïvodie

(-)*dis*

bardis
cadis
contredis
dédis
défendis
descendis
dis
fendis
fondis
hourdis
interdis
maravédis
maudis
médis
paradis
pendis
prédis
radis
redis
rendis
salmigondis
tandis
taudis
tendis
vendis
viandis

(-)*dît*

bandit
bardit
contredit
crédit
dédit
défendit
descendit
discrédit
dit

édit
érudit
fendit
inédit
interdit
lendit
lieu-dit
maudit
médit
on-dit
pandit
pendit
prédit
redit
rendit
susdit
tendit
vendit

(-)*dit*

contredît
dédît
défendît
descendît
dît
fendît
interdît
maudît
médît
pendît
prédît
redît
rendît
tendît
vendît

-*dy*

body
brandy
caddy
dandy
lady
milady

[**gi**]¹

-*ghi*

sloughi
yoghi

-*ghy*

dinghy

-*gi*

yogi

-*gie*

boogie-woogie

(-)*gui*

alangui
gui
langui

-*guie*

alanguie

-*gy*

buggy
groggy

[**fi**]²

(-)*fi*

bouffi
défi
fi
fifi
hi-fi
rififi

(-)*fie*

bouffie
fie

(-)*fis*

fis
salsifis

(-)*fit*

confit
déconfit
fit

---

1. Ajouter les pers. 1, 2, 3 de l'ind. prés. et du passé simple, la pers. 2 de l'impér. prés., la pers. 3 du subj. imp. et le part. passé, masc. et fém., des v. *alanguir (s')* et *languir*.
2. Ajouter les pers. 1, 2, 3 de l'ind. prés. et du passé simple, la pers. 2 de l'impér. prés., la pers. 3 du subj. imp. et le part. passé, masc. et fém., de *bouffir* et des v. en -*fire* ; − les pers. 1, 2, 3, 6 de l'ind. et du subj. prés. et la pers. 2 de l'impér. prés. des v. en -*fier* ; − les pers. 1, 2, 3 du passé simple et la pers. 3 du subj. imp. des v. en (-)*faire*.

profit
suffit
superprofit

-fix
crucifix

(-)phi
amphi
phi
sophi

-phie
agraphie
artériographie
atrophie
autobiographie
autographie
bibliographie
biographie
cacographie
calligraphie
cardiographie
cartographie
chalcographie
chorégraphie
chromolithographie
cinématographie
cosmographie
cryptographie
dactylographie
déipnosophie
démographie
épigraphie
ethnographie
géographie
graphie
hagiographie
héliographie
hydrographie
hypertrophie
iconographie
idéographie
lexicographie
lithographie
micrographie
monographie
muséographie
musicographie

océanographie
orographie
orthographie
paléographie
philosophie
photographie
physiographie
pornographie
radiographie
radiotélégraphie
scintigraphie
séricigraphie
sérigraphie
sigillographie
soulographie
stéganographie
sténographie
stratigraphie
tachygraphie
télégraphie
topographie
typographie
xérographie
xylographie

[si]¹

(-)ci
adouci
aminci
ceci
celle-ci
celui-ci
ceux-ci
ci
couci-couci
durci
éclairci
endurci
farci
ici
merci
missi dominici
noirci
obscurci
raccourci
radouci
ranci
rétréci

revoici
sans-souci
souci
veni, vidi, vici
voici

-cie(s)
f. fém. de cert. mots en
-ci
alopécie
apprécie
associe
bénéficie
cartomancie
chiromancie
circonstancie
cristallomancie
déprécie
différencie
disgracie
dissocie
éclaircie
épinicies
esquinancie
farcie
gracie
justicie
licencie
malacie
nécromancie
négocie
officie
oniromancie
ornithomancie
pharmacie
préjudicie
quintessencie
rabdomancie
rancie
remercie
sentencie
soucie
superficie
supplicie
turcie
vicie

-cil
sourcil

1. Ajouter les pers. 1, 2, 3 de l'ind. prés. et du passé simple, la pers. 2 de l'impér. prés., la pers. 3 du subj. imp. et le part. passé, masc. et fém. en -cie et -sie, des v. en -cir, -cire et -sir [si:ʀ] ; − les pers. 1, 2, 3, 6 de l'ind. et du subj. prés. et la pers. 2 de l'impér. prés. des v. en -cier, des v. balbutier et initier, et du v. asphyxier ; − les pers. 1, 2, 3 du passé simple et le part. passé masc. de asseoir, rasseoir, surseoir, ainsi que le part. passé masc. de seoir.

6

-cis
circoncis
concis
froncis
glacis
imprécis
incirconcis
indécis
lacis
macis
occis
précis

-cit
circoncit
occit
récit

-cy
montmorency
regency

scie
scie

(-)si
ainsi
aussi
épaissi
grossi
parsi
réussi
reversi
roussi
si

-sie
f. fém. de cert. mots
   en -si
antisepsie
apepsie
aseptie
autopsie
biopsie
bradypepsie
cassie
catalepsie
chassie
diglossie
dyspepsie

éclampsie
épilepsie
Messie
parnassie
parsie
vessie

-sil
persil

(-)sis
assis
cassis
châssis
lassis
mêlé-cassis
pressis
ramassis
rassis
retroussis
reversis
sis
sursis
troussis

-sy
gipsy

-thie
chrestomathie

-tie
acrobatie
argutie
aristocratie
autocratie
balbutie
bureaucratie
calvitie
démocratie
diplomatie
épizootie
facétie
gérontocratie
géotie
gynécocratie
hématie
idiotie
impéritie
ineptie

inertie
initie
lithotritie
médiocratie
minutie
ochlocratie
onirocritie
orthodontie
péripétie
phallocratie
physiocratie
ploutocratie
polycratie
presbytie
primatie
procuratie
prophétie
stratocratie
suprématie
théocratie
voyoucratie

(-)xi
dixi
maxi
taxi
xi

-xie
anorexie
apoplexie
asphyxie
ataraxie
ataxie
cachexie
galaxie
hétérodoxie
lexie
orthodoxie
prophylaxie

-xy
sexy

[ʃi][1]

-chee
lychee

1. Ajouter les pers. 1, 2, 3 de l'ind. prés. et du passé simple, la pers. 2 de l'impér. prés., la pers. 3 du subj. imp. et le part. passé, masc. et fém., des v. en -chir ; — les pers. 1, 2, 3, 6 de l'ind. et du subj. prés. et la pers. 2 de l'impér. prés. du v. chier.

-chi

affranchi
avachi
blanchi
chichi
défraîchi
enrichi
fléchi
franchi
gauchi
infléchi
irréfléchi
kamichi
letchi
litchi
malblanchi
mamamouchi
rafraîchi
réfléchi
rouchi

-chie(s)

f. fém. de cert. mots
  en *-chi*
affranchie
anarchie
batrachomyomachie
branchies
chie
conchie
énarchie
entéléchie
gigantomachie
heptarchie
hiérarchie
irréfléchie
logomachie
monarchie
naumachie
nomarchie
oligarchie
réfléchie
tauromachie
tétrarchie

-chis

arrachis
couchis
gâchis
guillochis
hachis
marchis
perchis
torchis

-chy

manchy
vichy

$[vi]^1$

-vi

allouvi
assouvi
bravi
carvi
couvi
envi (à l')
gravi
inasservi
inassouvi
nervi
peccavi
pehlvi
poursuivi
quid novi
ravi
renvi
servi
suivi

(-)*vie*

f. fém. de cert. mots
  en *-vi*
asservie
assouvie
convie
desservie
dévie
eau-de-vie
envie

exuvie
gravie
inassouvie
induvie
obvie
pavie
poursuivie
ravie
renvie
resservie
sauve-vie
servie
suivie
survie
synovie
vie

(-)*vis*

avis
chènevis
chervis
cochevis
contravis
dervis
devis
divis
écrivis
indivis
lavis
mauvis
parvis
préavis
pont-levis
servis
suivis
vis
vis-à-vis

(-)*vit*

poursuivit
ravit
suivit
vit

$[zi]^2$

-si

besi

---

1. Ajouter les pers. 1, 2, 3 de l'ind. prés. et du passé simple, la pers. 2 de l'impér. prés., la pers. 3 du subj. imp. et le part. passé, masc. et fém., des v. en *-vir* ; — les pers. 1, 2, 3 du passé simple, la pers. 3 du subj. imp. et le part. passé, masc. et fém., des v. en **-vir* ; — les pers. 1, 2, 3, 6 de l'ind. et du subj. prés. et la pers. 2 de l'impér. prés. des v. en *-vier* ; — les pers. 1, 2, 3 de l'ind. prés. et la pers. 2 de l'impér. prés. des v. *vivre, revivre, survivre* ; — les pers. 1, 2, 3 du passé simple, la pers. 3 du subj. imp. des v. *entrevoir, prévoir, revoir, voir, décrire, écrire, prescrire, proscrire, souscrire, inscrire, transcrire* ; — les pers. 1, 2, 3 du passé simple, la pers. 3 du subj. imp. et le part. passé, masc. et fém., des v. *ensuivre* (*s'*), *poursuivre* et *suivre*.
2. Ajouter les pers. 1, 2, 3 de l'ind. prés. et du passé simple, la pers. 2 de l'impér. prés., la pers. 3 du subj. imp. et le part. passé, masc. et fém. en *-sie*, des v. en *-sir* [zi:ʀ] ; — les pers. 1, 2, 3, 6 de l'ind. et du subj. prés. et la pers. 2 de l'impér. prés. des v. en *-sier* et du v. *razzier* ; — les pers. 1, 2, 3 du passé simple et la pers. 3 du subj. imp. des v. en *-uire* et des v. *coudre, découdre, recoudre*.

8

choisi
cramoisi
dessaisi
moisi
patési
quasi
ressaisi
rosi
saisi
transi

-sie(s)
f. fém. de cert. mots
en *-si* [zi]
ambroisie
amnésie
analgésie
anaphrodisie
anesthésie
aphasie
aphrodisies
apostasie
bourgeoisie
choisie
colocasie
courtoisie
cramoisie
dessaisie
discourtoisie
docimasie
énurésie
étisie
eucrasie
euthanasie
extasie (s')
fantaisie
fatrasie
frénésie
géodésie
géognosie
hectisie
hémoptysie
hérésie
hydropisie
hyperesthésie
hypocrisie
idiosyncrasie
isostasie
jalousie
kinésie
kinestésie

lithiasie
magnésie
malvoisie
moisie
palingénésie
paralysie
paresthésie
paronomasie
phlegmasie
phtisie
pleurésie
poésie
punaisie
radiesthésie
rassasie
ressaisie
saisie
sosie
synesthésie
tanaisie
xénélasie
xérasie

-sil
fraisil
fusil
grésil

-sis
brisis
cousis
parisis

-sy
cosy

-zi
antinazi
lazzi
scherzi
zanzi
zizi

-z-y
revenez-y

[ʒi]¹

-gi
assagi

bostangi
élargi
régi
rougi

-gie
aérophagie
allergie
amphibologie
anagogie
analogie
anthologie
anthropologie
anthropophagie
antilogie
apologie
archéologie
artériologie
assagie
assyriologie
astrologie
bactériologie
battologie
biologie
blennoragie
boggie
bougie
cacologie
cardialgie
cardiologie
céphalalgie
chirologie
chirurgie
chorégie
chronologie
clergie
cosmologie
coxalgie
créophagie
cytologie
démagogie
démonologie
dermatologie
docimologie
doxologie
dramaturgie
dysplagie
écologie
effigie
égyptologie
élégie

---

1. Ajouter les pers. 1, 2, 3 de l'ind. prés. et du passé simple, la pers. 2 de l'impér. prés., la pers. 3 du subj. imp. et le part. passé, masc. et fém., des v. en *-gir* ; — les pers. 1, 2, 3, 6 de l'ind. et du subj. prés. et la pers. 2 de l'impér. prés. des v. *effigier, privilégier* et *réfugier (se).*

embryologie
énergie
entomologie
épistémologie
ethnologie
éthologie
étiologie
étymologie
eulogie
gabegie
gastralgie
généalogie
géologie
glaciologie
graphologie
gynécologie
hagiologie
hématologie
hémiplégie
hémorragie
herpétologie
hippophagie
histologie
hyalurgie
hystérologie
ichtyologie
ichtyophagie
iconologie
idéologie
immunologie
léthargie
lexicologie
liturgie
lombalgie
magie
mégie
métallurgie
météorologie
méthodologie
métrologie
minéralogie
morphologie
muséologie
mystagogie
mythologie
nécrologie
néologie
névralgie
névrologie
noologie

nosologie
nostalgie
odontalgie
ondotologie
œnologie
ophtalmologie
orgie
ornithologie
osmologie
ostéologie
otalgie
paléontologie
papyrologie
paraplégie
pathologie
patrologie
pédagogie
périssologie
pharmacologie
phénoménologie
philologie
phraséologie
phrénologie
physiologie
plagie
politicologie
polyphagie
privilégie
psychagogie
psychologie
radiologie
réfugie
régie
scatologie
sémiologie
sidérurgie
sinologie
sismologie
sociologie
spéléologie
stratégie
synergie
syzygie
tabagie
tautologie
technologie
tératologie
terminologie
tétralogie
tétraplégie

thaumaturgie
théologie
théurgie
topologie
toxicologie
trilogie
typologie
urologie
vigie
zoologie

(-)gis

gis
logis
margis
mégis
sans-logis

-gît

ci-gît

-ji

bostandji
hadji

[li]¹

-li

aboli
ailloli
alcali
amolli
apâli
avili
bâli
bengali
brocoli
casus belli
démoli
dépoli
embelli
enseveli
hallali
impoli
joli
kali
lapilli
lapis-lazuli
népali

1. Ajouter les pers. 1, 2, 3 de l'ind. prés. et du passé simple, la pers. 2 de l'impér. prés., la pers. 3 du subj. imp. et le part. passé, masc. et fém., des v. en -lir [li:r] ; — les pers. 1, 2, 3, 6 de l'ind. et du subj. prés. et la pers. 2 de l'impér. prés. des v. en -lier ; — les pers. 1, 2, 3 de l'ind. prés. et la pers. 2 de l'impér. prés. des v. élire, lire, réélire, relire.

néroli
osmanli
pali
pâli
papabili
paroli
patchouli
pili-pili
poli
ramolli
ravioli
sali
séséli
simili
somali
souahéli
tripoli
vox populi

(-)lie

f. fém. de cert. mots
    en -li
aboulie
affilie
alalie
algalie
allie
ancolie
anglophilie
anomalie
aphélie
asystolie
aurélie
chère-lie
colombophilie
concilie
coolie
dédie
didascalie
domicilie
dulie
dyslalie
embellie
embolie
eutrapélie
exfolie (s')
floralie
folie
homélie
humilie

hyperdulie
impolie
jolie
lie
lobélie
macrocéphalie
mélancolie
mésallie
ordalie
pallie
parhélie
parmélie
périhélie
philatélie
polie
poulie
rallie
réconcilie
relie
résilie
scolie
spasmophilie
spolie
xénophilie

(-)lis

accumulis
aillolis
antiroulis
bariolis
brûlis
colis
coulis
courlis
déferlis
éboulis
échalis
élis
friselis
frôlis
gaulis
lis
mâchicoulis
nolis
osmanli
palis
réélis
relis
rossolis
roulis
torticolis

(-)lit

canapé-lit
châlit
chienlit
couvre-lit
délit
dessus-de-lit
élit
lit
pissenlit
quasi-délit
réélit
relit

-ly

grizzly
moly
monopoly

-lye

rallye

[pli]¹

(-)pli

accompli
ampli
assoupli
inaccompli
pli
rempli
repli

(-)plie(s)

accomplie
complies
déplie
multiplie
panoplie
plie
remplie
replie
supplie

-plis

surplis

---

1. Ajouter les pers. 1, 2, 3 de l'ind. prés. et du passé simple, la pers. 2 de l'impér. prés., la pers. 3 du subj. imp. et le part. passé, masc. et fém., des v. en -plir ; — les pers. 1, 2, 3, 6 de l'ind. et du subj. prés. et la pers. 2 de l'impér. prés. des v. en (-)plier.

[bli][1]

-bli

affaibli
anobli
ennobli
établi
faibli
oubli
préétabli

-blie

anoblie
connétablie
établie
oublie
publie

-blis

chablis
doublis

[fli]

-flit

conflit

[Ri][2]

-ree

jamboree

(-)ri

aguerri
ahuri
amphigouri
azéri
béribéri
bistouri
bon-henri
canari
carbonari
cari
céleri
charivari
chéri
condottieri

défleuri
émeri
endolori
équarri
favori
fleuri
fortiori (a)
guéri
guilleri
hara-kiri
houri
hourvari
kimri
manu militari
maori
mari
marri
méhari
muscari
nourri
pari
pécari
péri
pifferari
pilori
posteriori (a)
pot-pourri
pourri
priori (a)
renchéri
ri
safari
sari
tari
terri
zingari

(-)rie(s)

f. fém. de cert. mots
en *-ri*

[i-Ri]

crierie
giries (faire des)
scierie
walkyrie

[e-Ri]

aciérie
archiconfrérie

astérie
bactérie
confrérie
diphtérie
égérie
féerie
férie
hétérie
hystérie
intempérie
isomérie
mésomérie
périphérie
présérie
renchérie (faire la)
série
vespérie

[ɛ-Ri]

duché-pairie
frairie
librairie
mairie
marcairie
métairie
pairie
prairie
vicairie

[a-Ri]

apparie
avarie
bain-marie
barbarie
carie
charrie
contrarie
démarie
déparie
désapparie
équarrie
estarie
euskarie
marie
marrie
otarie
parie
remarie
rie
salarie

---

1. Ajouter les pers. 1, 2, 3 de l'ind. prés. et du passé simple, la pers. 2 de l'impér. prés., la pers. 3 du subj. imp. et le part. passé, masc. et fém., des v. en *-blir* ; − les pers. 1, 2, 3, 6 de l'ind. et du subj. prés. et la pers. 2 de l'impér. prés. des v. en *-blier*.
2. Ajouter les pers. 1,2,3 de l'ind. prés. et du passé simple, la pers. 2 de l'impér. prés., la pers. 3 du subj. imp. et le part. passé, masc. et fém., des v. en *-rir* et des v. *rire* et *sourire* ; − les pers. 1, 2, 3, 6 de l'ind. et du subj. prés. et la pers. 2 de l'impér. prés. des v. en *-rier*.

starie
surestarie
tarie
varie

[wa-ʀi]

armoiries
corroirie
hoirie
plaidoirie
soierie
voirie

[ɔ-ʀi]

allégorie
armorie
calorie
catégorie
colorie
endolorie
excorie
fantasmagorie
frigorie
historie
inventorie
pilorie
scorie
théorie
thesmophories

[u-ʀi]

flouerie
nourrie
pourrie
rouerie
sourie
tourie

[y-ʀi]

ahurie
albuminurie
anurie
centurie
curie
décurie
dysurie
écurie
furie
glycosurie
hématurie
hémoglobinurie
holothurie
incurie
injurie
mûrie
pénurie
polyurie

surie
tuerie

[œ-ʀi]

défleurie
fleurie
Pâques fleuries
refleurie
seigneurie

[ə-ʀi]

afféterie
affinerie
affronterie
agacerie
amidonnerie
ânerie
apothicairerie
argenterie
armurerie
arquebuserie
artillerie
aspergerie
aumônerie
autourserie
autrucherie
avionnerie
avocasserie
badauderie
badinerie
baraterie
batellerie
batterie
bavarderie
bégueulerie
bergerie
beurrerie
bigoterie
bijouterie
bimbeloterie
bizarrerie
blanchisserie
bluterie
boiserie
boissellerie
boiterie
bondieuserie
bonneterie
bonzerie
borderie
boucherie
bouderie
bouffonnerie
bouillerie
boulangerie
bouquinerie

bourrellerie
boutonnerie
bouverie
boyauderie
braderie
brasserie
braverie
briqueterie
broderie
brosserie
brouillerie
brûlerie
brusquerie
buanderie
buffleterie
cachotterie
cafarderie
caféterie
cagoterie
cajolerie
câlinerie
camaraderie
canaillerie
canonnerie
capitainerie
caqueterie
carderie
carrosserie
cartonnerie
cartoucherie
causerie
cavalerie
chamaillerie
chamoiserie
chancellerie
chantrerie
chapellerie
charbonnerie
charcuterie
charlatanerie
charonnerie
charpenterie
chasublerie
chatterie
chaudronnerie
chaufferie
chefferie
chemiserie
chevalerie
chicanerie
chiennerie
chinoiserie
chouannerie
chuchoterie
cidrerie
clabauderie

13

clicherie
closerie
clouterie
clownerie
coadjutorerie
cocasserie
cochonnerie
coïonnerie
cokerie
commanderie
conciergerie
confiserie
confiturerie
connerie
coquerie
coquetterie
coquinerie
corderie
cordonnerie
coterie
cotonnerie
coucherie
courtisanerie
cousinerie
coutellerie
crânerie
craquerie
crémerie
criaillerie
crierie
cristallerie
cuistrerie
damasquinerie
daterie
dentisterie
diablerie
dinanderie
distillerie
doctorerie
dominoterie
draperie
droguerie
drôlerie
duperie
dysenterie
ébénisterie
échansonnerie
écorcherie
écorniflerie
effronterie
émaillerie
épicerie
ergoterie
escobarderie
escroquerie
espièglerie

étourderie
fâcherie
factorerie
faïencerie
faisanderie
fanfaronnerie
faquinerie
fauconnerie
féculerie
fenderie
ferblanterie
ferronnerie
figuerie
filerie
filouterie
finasserie
flagornerie
flânerie
flatterie
flibusterie
folâtrerie
fonderie
forcerie
forfanterie
foulerie
fourberie
franc-maçonnerie
frelaterie
friperie
friponnerie
fripouillerie
friterie
fromagerie
fruiterie
fumerie
fumisterie
gagerie
gainerie
galanterie
galerie
gaminerie
ganterie
garderie
gâterie
gaucherie
gauloiserie
gausserie
gendarmerie
gentilhommerie
glacerie
gloutonnerie
goguenarderie
goinfrerie
gouaillerie
goujaterie
graineterie

gredinerie
grimacerie
griserie
grivèlerie
grivoiserie
grognerie
gronderie
grosserie
gueulerie
gueuserie
hâblerie
herberie
herboristerie
horlogerie
homarderie
hostellerie
hôtellerie
huilerie
huisserie
imagerie
imprimerie
indigoterie
infanterie
infirmerie
ingénierie
ivrognerie
jacasserie
jacquerie
jaserie
joaillerie
jobarderie
jocrisserie
jonglerie
juiverie
ladrerie
lainerie
laiterie
lamaserie
laminerie
lampisterie
lanternerie
lapidairerie
lavanderie
laverie
léproserie
lésinerie
lienterie
lingerie
literie
lorgnerie
loterie
loucherie
loufoquerie
lourderie
louveterie
lunetterie

14

lutherie
machinerie
maçonnerie
magnanerie
maladrerie
malingrerie
manécanterie
mangerie
maorie
marbrerie
maréchalerie
marguillerie
maroquinerie
marqueterie
matoiserie
maussaderie
mégisserie
ménagerie
menterie
menuiserie
mercerie
mesquinerie
messagerie
meunerie
mièvrerie
minauderie
minoterie
minuterie
miroiterie
moinerie
mômerie
moquerie
mousqueterie
moutonnerie
muflerie
musarderie
mutinerie
négrerie
niaiserie
nigauderie
oisellerie
orangerie
orfèvrerie
paneterie
papeterie
parcheminerie
parfumerie
parlerie
parqueterie
passementerie
pâtisserie
paysannerie
peausserie
pêcherie
pédanterie
pelleterie

penderie
pénitencerie
piaillerie
picoterie
pierreries
piètrerie
pillerie
pingrerie
piperie
piraterie
pitrerie
plaiderie
plaisanterie
plâtrerie
pleurnicherie
pleutrerie
plomberie
plumasserie
pointillerie
poissonnerie
polissonnerie
politicaillerie
poltronnerie
porcherie
poterie
poudrerie
poullerie
praguerie
provisorerie
pruderie
pudibonderie
putasserie
quincaillerie
rabâcherie
radoterie
raffinerie
raillerie
ravauderie
regratterie
reniflerie
retorderie
rêvasserie
rêverie
rhumerie
ribauderie
ricanerie
rimaillerie
rizerie
robinetterie
rosserie
rôtisserie
rouennerie
rubanerie
rustauderie
saboterie
saloperie

salpêtrerie
saunerie
saurisserie
sauterie
sauvagerie
savonnerie
sécherie
secrétairerie
seigneurie
sellerie
sénatorerie
sensiblerie
serrurerie
singerie
sommellerie
songerie
sonnerie
sorcellerie
soufflerie
soûlerie
sournoiserie
sparterie
sucrerie
supercherie
tablerie
tabletterie
taillanderie
taillerie
tannerie
tapisserie
taquinerie
tartuferie
teinturerie
tenderie
timonerie
tiraillerie
tissanderie
toilerie
tôlerie
tonnellerie
tousserie
tracasserie
traînerie
tréfilerie
tremperie
trésorerie
tricherie
trigauderie
triperie
tromperie
truanderie
tuilerie

turquerie
tuyauterie
vacherie
vaissellerie
vannerie
vanterie
vénerie
vermicellerie
verrerie
verroterie
veulerie
vieillerie
viguerie
vinaigrerie
vitrerie
voilerie
volerie
zinguerie

-ril

baril
courbaril
terril

(-)*ris*

cauris
chauve-souris
coloris
favoris
panaris
ris
souris
tamaris
tout-Paris

(-)*rit*

barrit
gabarit
prurit
rit
sourit

riz

riz

-ry

car-ferry
carry
cherry

curry
ferry
jury
lavatory
nursery
rotary
sherry
sillery
tilbury
tory

[pʀi]¹

(-)*prie*

approprie
déprie
désapproprie
exproprie
prie

(-)*pris*

compris
épris
incompris
malappris
mépris
pourpris
pris
repris

(-)*prit*

bel-esprit
entreprit
esprit
prit
Saint-Esprit

prix

prix

[tʀi]²

(-)*tri*

flétri
meurtri
pétri ·
tri

(-)*trie(s)*

aérométrie

anthropométrie
astrolâtrie
asymétrie
audiométrie
calorimétrie
chimiatrie
démonolâtrie
dioptrie
dissymétrie
échométrie
expatrie
flétrie
géométrie
gériatrie
hippiatrie
hugolâtrie
hydrométrie
hygrométrie
hypsométrie
iconolâtrie
idolâtrie
industrie
latrie
meurtrie
micrométrie
patrie
pédiatrie
pétrie
planimétrie
psychiatrie
pyrolatrie
quinquatries
rapatrie
stéréométrie
strie
symétrie
tachymétrie
thermométrie
trie
trigonométrie
zoolâtrie

-trit

contrit

-try

gentry
country
cross-country

---

1. Ajouter les pers. 1, 2, 3, 6 de l'ind. et du subj. prés. et la pers. 2 de l'impér. prés. des v. en (-)*prier* ; — les pers. 1, 2, 3 du passé simple et le part. passé masc. des v. en (-)*prendre*.
2. Ajouter les pers. 1, 2, 3 de l'ind. prés. et du passé simple, la pers. 2 de l'impér. prés., la pers. 3 du subj. imp. et le part. passé, masc. et fém., des v. en *-trir* ; — les pers. 1, 2, 3, 6 de l'ind. et du subj. prés. et la pers. 2 de l'impér. prés. des v. en (-)*trier*.

[kʀi]¹	[bʀi]²	[gʀi]⁴
-christ	*-bri*	*-gri*
Jésus-Christ	abri	aigri
	assombri	amaigri
(-)cri	cabri	grigri
cri	colibri	maigri
cricri	sans-abri	mistigri
décri		rabougri
	(-)brie	
cric	assombrie	*-grie*
cric	brie	aigrie
		maigrie
(-)crie	*-bril*	rabougrie
crie	nombril	
décrie		*gril*
écrie (s')	*(-)bris*	gril
récrie (se)	bris	
	débris	*(-)gris*
-crit	lambris	gris
circonscrit		gris-gris
conscrit	**[dʀi]³**	petit-gris
décrit		vert-de-gris
écrit	*-dri*	
inscrit	amoindri	**[fʀi]⁵**
manuscrit	attendri	
prescrit		*-fri*
proscrit	*-drie*	zofri
récrit	attendrie	
rescrit	hydrie	*(-)frit*
sanscrit	hypocondrie	frit
souscrit	monandrie	offrit
tapuscrit	octandrie	souffrit
transcrit	polyandrie	
	tétandrie	**[vʀi]⁶**
-krit	*-drix*	*-vri*
prakrit	œil-de-perdrix	appauvri
sanskrit	perdrix	orfévri

1. Ajouter les pers. 1, 2, 3 de l'ind. prés., la pers. 2 de l'impér. prés., et le part. passé masc. des v. en *-crire ;* − les pers. 1, 2, 3, 6 de l'ind. et du subj. prés. et la pers. 2 de l'impér. prés. des verbes en (-)*crier.*
2. Ajouter les pers. 1, 2, 3 de l'ind. prés. et du passé simple, la pers. 2 de l'impér. prés., la pers. 3 du subj. imp. et le part. passé, masc. et fém., du v. *assombrir ;* − les pers. 1, 2, 3, 6 de l'ind. et du subj. prés. et la pers. 2 de l'impér. prés. des v. en *-brier.*
3. Ajouter les pers. 1, 2, 3 de l'ind. prés. et du passé simple, la pers. 2 de l'impér. prés., la pers. 3 du subj. imp. et le part. passé, masc. et fém., des v. *amoindrir* et *attendrir.*
4. Ajouter les pers. 1, 2, 3 de l'ind. prés. et du passé simple, la pers. 2 de l'impér. prés., la pers. 3 du subj. imp. et le part. passé, masc. et fém., des v. en *-grir.*
5. Ajouter les pers. 1, 2, 3 de l'ind. prés. et du passé simple, la pers. 2 de l'impér. prés., la pers. 3 du subj. imp. et le part. passé, masc. et fém., des v. en *-frir* et du v. *frire*, part. passé fém. excepté.
6. Ajouter les pers. 1, 2, 3 de l'ind. prés. et du passé simple, la pers. 2 de l'impér. prés., la pers. 3 du subj. imp. et le part. passé, masc. et fém., du v. *appauvrir ;* − les pers. 1, 2, 3 du passé simple et la pers. 3 du subj. imp. des v. en **-vrir.*

-vrit
ouvrit

[mi][1]

(-)*mi*
accalmi
affermi
agami
ami
ammi
atémi
ch'timi
demi
emmi
endormi
ennemi
fourmi
lapsus calami
mi
mimi
parmi
queussi-quemi
rami
roumi
tatami
vomi

-mict
amict

(-)*mie(s)*
f. fém. de cert. mots
  en *-mi*
académie
accalmie
adynamie
affermie
agamie
agronomie
alchimie
amie
anatomie
anémie
antinomie
antonymie
arythmie
astronomie
autonomie
bigamie

biochimie
blêmie
bonhomie
boulimie
cacochymie
cadmie
chimie
craniotomie
cryptogamie
cystotomie
demie
dénie
dichotomie
dolomie
dynamie
économie
émie
endémie
endormie
ennemie
épidémie
eurythmie
exophtalmie
gastronomie
glycémie
homonymie
iatrochimie
infamie
iridectomie
ketmie
lamie
laparotomie
latomies
leucémie
leucotomie
lithochromie
lithotomie
loxodromie
mamie
métonymie
mie
momie
monogamie
ophtalmie
orthodromie
ovariotomie
palindromie
paronymie
phanérogamie
phlébotomie

physiognomonie
physionomie
polychromie
polygamie
polysémie
prud'homie
pseudonymie
raffermie
rendormie
revomie
septicémie
sodomie
stéréotomie
synonymie
taxidermie
taxinomie
thermie
thermochimie
tomie
toponymie
trachéotomie
trémie
trichromie
urémie
vidamie
vomie

(-)*mis*
admis
bien mis
commis
compromis
entremis
fidéicommis
hormis
insoumis
mis
omis
permis
promis
salmis
semis
soumis
tamis

-my
gin-rummy
mammy
shimmy
tommy

---

1. Ajouter les pers. 1, 2, 3 de l'ind. prés. et la pers. 3 du subj. imp. et le part. pass, masc. et fém., des v. en *-mir* ; − les pers. 1, 2, 3 du passé simple, la pers. 3 du subj. imp. et le part. passé, masc. et fém., des v. -*mir ; − les pers. 1, 2, 3 du passé simple, la pers. 3 du subj. imp. et le part. passé masc. des v. en (-)*mettre*.

[ni][1]

(-)*ni*

afgani
agoni
aplani
assaini
banni
béni
bikini
boni
brouillamini
bruni
cannelloni
catimini (en)
ciceroni
défini
dégarni
delphini (ad usum)
déni
désuni
embrouillamini
fantoccini
fini
fourni
garni
guarani
hindoustani
honni
impuni
indéfini
infini
jarni
jauni
lamma sabactani
lazzaroni
macaroni
martini
monokini
muni
nenni
ni
ovni
puni
raccorni
rajeuni
rani
romani
soprani
terni
uni
verni

nid

nid

(-)*nie(s)*

f. fém. de cert. mots
en -*ni*

acrimonie
actinie
agonie
amphictyonie
anglomanie
anthropogénie
aphonie
asthénie
atonie
avanie
barbituromanie
baronnie
bénie
bibliomanie
biogénie
cacophonie
calomnie
capitanie
cérémonie
chanoinie
chapellenie
châtellenie
claustromanie
cleptomanie
colonie
communie
cosmogonie
décalcomanie
décennie
démonomanie
dénie
désharmonie
diachronie
diaphonie
dipsomanie
dysharmonie
dysphonie
embryogénie
enharmonie
épiphanie
érotomanie
éthéromanie
ethnie
euphonie
excommunie
félonie

finie
francophonie
gallomanie
gémonies
génie
gorgonie
harmonie
hégémonie
hernie
héroïnomanie
hétérophonie
homophonie
hyalotechnie
hypotonie
ignominie
impunie
indéfinie
infinie
ingénie (s')
insomnie
ironie
kleptomanie
litanie
lithophanie
manie
mégalomanie
mélomanie
métromanie
misogynie
mnémotechnie
monomanie
monotonie
morphinomanie
mythomanie
nénies
néoménie
neurasthénie
nymphomanie
nie
orthophonie
parcimonie
philharmonie
phonie
physiognomonie
pneumonie
polyphonie
psychasténie
pulmonie
pyromanie
pyrotechnie
quérimonie
radiophonie
remanie

---

1. Ajouter les pers. 1, 2, 3 de l'ind. prés. et du passé simple, la pers. 2 de l'impér. prés., la pers. 3 du subj. imp. et le part. passé, masc. et fém., des v. en -*nir* ; — les pers. 1,2, 3, 6 de l'ind. et du subj. prés. et la pers. 2 de l'impér. prés. des v. en (-)*nier*.

renie
sanie
schizophrénie
simonie
stéréophonie
symphonie
synchronie
téléphonie
théogonie
théophanie
toxicomanie
tyrannie
unie
uranie
vésanie
vilenie
virginie
vitrophanie
zizanie
zootechnie

-nil

chenil
fenil
fournil

-nis

anis
tournis
vernis

-nit

bénit

-nix

chamonix

-ny

derny
jenny
penny

[ɲi][1]

-gnie

compagnie

[ji][2]

-lli

accueilli
bailli
bouilli
cueilli
failli
jailli
recueilli
tressailli
vice-bailli
vieilli

-llie

bouillie
faillie
saillie

-llis

barbouillis
bredouillis
cafouillis
chamaillis
chatouillis
dégobillis
fouillis
gargouillis
gazouillis
gribouillis
houraillis
margouillis
paillis
patrouillis
taillis
tortillis
treillis

-llit

accueillit
assaillit
bouillit
cueillit
défaillit
enorgueillit
faillit
jaillit
recueillit

saillit
tressaillit
vieillit

-lly

brouilly
chantilly
pouilly

-ys

pays

[wi]

oui
oui

ouï
ouï

ouïe
ouïe

-wi

kiwi

[bwi]

-boui(s)

boui-boui
cambouis
ribouis

[fwi][3]

(-)foui

enfoui
foui

(-)fouie

enfouie
fouie

(-)fouit

enfouit
fouit

---

1. Ajouter les pers. 1, 2, 3 du passé simple et la pers. 3 du subj. imp. des v. en *-aindre, -eindre, -oindre*.
2. Ajouter les pers. 1, 2, 3 de l'ind. prés. et du passé simple, la pers. 2 de l'impér. prés., la pers. 3 du subj. imp. et le part. passé, masc. et fém., des v. en *-llir* ; — le part. passé, masc. et fém., des v. en **-llir*.
3. Ajouter les pers. 1, 2, 3 de l'ind. prés. et du passé simple, la pers. 2 de l'impér. prés., la pers. 3 du subj. imp. et le part. passé, masc. et fém., des v. en (-)*fouir*.

[ʃwi]

-choui
méchoui

[ʒwi][1]

(-)joui
joui
réjoui

-jouie
réjouie

[Rwi][2]

roui
roui

rouie
rouie

[nwi][3]

-noui
épanoui
évanoui

-nouï
inouï

-nouie
épanouie
évanouie

-nouïe
inouïe

[ɥi]

huis
huis

[pɥi][4]

pui
appui

-puie
appuie

(-)puis
depuis
puis

puits
puits

puy
puy

[tɥi]

-tui
étui

-tuit
fortuit
gratuit

-tuis
millepertuis
pertuis

[kɥi][5]

(-)cuit
biscuit

circuit
coupe-circuit
court-circuit
cuit
précuit
recuit

[bɥi]

buis
buis

[dɥi][6]

-d'hui
aujourd'hui

-duit
conduit
déduit
éconduit
enduit
induit
introduit
méconduit
produit
reconduit
réduit
reproduit
retraduit
sauf-conduit
séduit
sous-produit
traduit

[fɥi][7]

(-)fuie

---

1. Ajouter les pers. 1, 2, 3 de l'ind. prés. et du passé simple, la pers. 2 de l'impér. prés., la pers. 3 du subj. imp. et le part. passé, masc. et fém., des v. en (-)jouir.
2. Ajouter les pers. 1, 2, 3 de l'ind. prés. et du passé simple, la pers. 2 de l'impér. prés., la pers. 3 du subj. imp. et le part. passé, masc. et fém., du v. rouir.
3. Ajouter les pers. 1, 2, 3 de l'ind. et du subj. prés., la pers. 2 de l'impér. prés. et le part. passé, masc. et fém., des v. épanouir(s') et évanouir(s').
4. Ajouter les pers. 1, 2, 3, 6 de l'ind. et du subj. prés., la pers. 2 de l'impér. prés. du v. appuyer.
5. Ajouter les pers. 1, 2, 3 de l'ind. prés., la pers. 2 de l'impér. prés. et le part. passé masc. des v. cuire, décuire, recuire.
6. Ajouter les pers. 1, 2, 3 de l'ind. prés., la pers. 2 de l'impér. prés. et le part. passé masc. des v. en -duire.
7. Ajouter les pers. 1, 2, 3, 6 de l'ind. et du subj. prés., les pers. 1, 2, 3 du passé simple, la pers. 2 de l'impér. prés., la pers. 3 du subj. imp. et le part. passé, masc. et fém., des v. enfuir(s'), fuir, refuir.

enfuie (s')
fuie

(-)*fuit*
enfuit (s')
fuit
refuit

[sɥi][1]

(-)*suie*
essuie
ressuie
suie

(-)*suis*
poursuis
suis

(-)*suit*
poursuit
suit

[lɥi][2]

(-)*lui*
celui
icelui
lui

(-)*luit*
luit
reluit

[plɥi]
(-)*pluie*
parapluie
porte-parapluie
pluie

[glɥi]
glui
glui

[Rɥi]
[tRɥi][3]
-*trui*
autrui

truie
truie

-*truit*
construit
détruit
instruit
reconstruit

[bRɥi]
(-)*bruit*
antibruit
bruit

[fRɥi]
(-)*fruit*
fruit
usufruit

[mɥi]
muid
muid

[nɥi][4]
-*nui*
ennui

-*nuie*
désennuie
ennuie

(-)*nuit*
belle de nuit

minuit
nuit

───── **[ip]**[5] ─────

[pip]
(-)*pipe(s)*
casse-pipe(s)
cure-pipe(s)
pipe

[tip]
-*tipe*
constipe
stipe

(-)*type*
archétype
daguerréotype
linotype
monotype
prototype
stéréotype
télétype
type

[kip]
-*quipe*
équipe

[dip]
-*dipe*
œdipe

[sip]
-*cipe*
anticipe

1. Ajouter les pers. 1, 2, 3, 6 de l'ind. et du subj. prés., la pers. 2 de l'impér. prés. des v. *essuyer* et *ressuyer*.
2. Ajouter les pers. 1, 2, 3 de l'ind. prés., la pers. 2 de l'impér. prés. et le part. passé des v. *entreluire, luire, reluire*.
3. Ajouter les pers. 1, 2, 3 de l'ind. prés., la pers. 2 l'impér. prés. et le part. passé masc. des v. en -*truire*.
4. Ajouter les pers. 1, 2, 3, 6 de l'ind. et du subj. prés., la pers. 2 de l'impér. prés. des v. *désennuyer* et *ennuyer* ; − les pers. 1, 2, 3 de l'ind. prés., la pers. 2 de l'impér. prés. et le part. passé des v. *entrenuire (s')* et *nuire*.
5. Ajouter les pers. 1, 2, 3, 6 de l'ind. et du subj. prés. et la pers. 2 de l'impér. prés. des v. en -*iper, -ipper, -yper*.

émancipe
excipe
municipe
participe
principe

cippe
cippe

-sippe
dissipe

[ʃip]

chipe
chipe

-ship
leadership
midship

[ʒip]

jeep
Jeep

[lip]

-lipe
tulipe

lippe
lippe

-lype
polype

[klip]

(-)*clip*
clip
vidéo-clip

[ʀip]

ripe
ripe

[tʀip]

trip
trip

(-)*tripe*
étripe
tripe

[gʀip]

(-)*grippe*
agrippe
grippe

[fʀip]

(-)*fripe*
défripe
fripe

[nip]

-nipe
guenipe

(-)*nippe*
mélanippe
nippe

——— **[ipt]**[1] ———

[lipt]

-lypte
eucalypte

[ʀipt]

[kʀipt]

-cript
script

crypte
crypte

——— **[ips]**[2] ———

[ʃips]

chips
chips

[ʒips]

gypse
gypse

[lips]

-lipse
ellipse
paralipse

-lypse
apocalypse

[klips]

-clipse
éclipse

——— **[ipl]**[3] ———

[tipl]

-teeple
steeple

-tiple
multiple
sous-multiple

---

1. Ajouter les pers. 1, 2, 3, 6 de l'ind. et du subj. prés. et la pers. 2 de l'impér. prés. du v. *décrypter*.
2. Ajouter les pers. 1, 2, 3, 6 de l'ind. et du subj. prés. et la pers. 2 de l'impér. prés. du v. *éclipser*.
3. Ajouter les pers. 1, 2, 3, 6 de l'ind. et du subj. prés. et la pers. 2 de l'impér. prés. des v. *détripler* et *tripler*.

[sipl]

-sciple
condisciple
disciple

[Ripl]

-riple
périple

[tRipl]

(-)*triple*
détriple
triple

──────**[ipR]**──────

[sipR]

cipre
cipre

──────**[it]**[1]──────

-heat
dead-heat

-ït
coït
introït

-ite
[i-it]
chiite
[e-it]
ostéite
trachéite
uvéite

-ïte
[a-it]
caraïte

[pit]

-pit
cockpit
incipit
pipit

-pite
crépite
décapite
décrépite
dépite
palpite
pépite
précipite

[tit]

-tite
aétite
aortite
clématite
cystite
hématite
hépatite
hittite
otite
panclastite
petite
quadripartite
stalactite
stéatite
tripartite

[kit]

-chite
malachite
melchite
orchite

-chyte
trachyte

-cquitte
acquitte
racquitte

quitte
quitte

kit
kit

[bit]

-bit
obit

-bite
barnabite
bite
cénobite
cohabite
cucurbite
débite
habite
jacobite
moabite
mozabite
orbite
phlébite
subite

bitte
bitte

-byte
presbyte

[dit]

-dit
audit

──────────

1. Ajouter les pers. 1, 2, 3, 6 de l'ind. et du subj. prés. et la pers. 2 de l'impér. prés. des v. en *-iter* ; − la pers. 5 du passé simple des v. en *-ir*, *tir, **-vir*, **-rir*, [(-)*courir* et *mourir* exceptés], **-vrir*, **-mir*, **-llir*, *-uir*, *-ouir*, *-ire*, (*élire, lire, réélire, relire* exceptés), *-uire*, *-andre*, *-aindre*, *-endre*, *-eindre*, *-ondre*, *-oindre*, *-rdre*, (-)*battre*, (-)*coudre*, (-)*faire*, (-)*mettre*, (-)*naître*, (-)*quérir*, (-)*rompre*, (-)*seoir*, (-)*suivre*, (-)*vaincre* et des v. *entrevoir, prévoir, revoir* et *voir* ; − la pers. 5 de l'ind. prés. des v. *dire* et *redire* ; − le part. passé fém. des v. en (-)*dire* et en *-crire*, du v. *frire* et des v. en *-uire*.

24

(-)*dite*
accrédite
cardite
commandite
contredite
crédite
décrédite
dédite
discrédite
dite
édite
endocardite
érudite
hermaphrodite
inédite
interdite
maudite
médite
prédite
prémédite
redite
réédite
saoudite
sigmoïdite
smaragdite
susdite
thyroïdite

-*dyte(s)*
troglodyte
troglodytes

[fit]

-*fite*
confite
déconfite
hyposulfite
profite
sgraffite
soffite
sulfite

fîtes
fîtes

-*phite*
anthropomorphite
graphite
orphite
phosphite

-*phyte*
lithophyte

lithozoophyte
néophyte
zoophyte

[sit]

-*cit*
déficit
satisfecit
sufficit

(-)*cite*
alucite
amalécite
anthracite
appendicite
calcite
cite
excite
explicite
félicite
illicite
implicite
incite
licite
ostracite
récite
sollicite
surexcite
suscite
tacite

-*cyte*
cocyte
leucocyte
phagocyte

-*cythe*
lécythe

-*scite*
ascite
plébiscite
ressuscite

scythe
scythe

-*sit*
accessit

(-)*site*
hussite

marcassite
nécessite
réussite
site

-*sitt*
psitt

-*xite*
bauxite

[ʃit]

-*chite*
bronchite

[vit]

-*vit*
affidavit
aquavit

(-)*vite*
conjonctivite
désinvite
évite
gingivite
gravite
invite
lévite
moscovite
réinvite
va-vite (à la)
vite
vulvite

[zit]

-*sit*
transit

-*site*
composite
contre-visite
hésite
magnésite
opposite (à l')
parasite
sinusite
transite
visite

-*xit*
exit

[ʒit]

-gite

agite
aréopagite
ingurgite
laryngite
méningite
œsophagite
phalangite
pharyngite
spongite

gîte

gîte

[lit]

-lite

alite
amygdalite
bakélite
carmélite
céphalite
colite
cosmopolite
débilite
délite
élite
encéphalite
facilite
folliculite
habilite
hétéroclite
insolite
ismaélite
israélite
lazulite
métropolite
milite
myélite
poliomyélite
réhabilite
satellite
stylite
vélite

-lith

hilith
talith

-lithe

aérolithe
chrysolithe

colithe
coprolithe
galalithe
monolithe
oolithe
phonolithe
zéolithe
zoolithe

-litte

mélitte
schlitte

-lyte

acolyte
électrolyte
prosélyte

[plit]

-plite

hoplite

[klit]

-clite

hétéroclite
périclite

[ʀit]

(-)*rit*

prétérit
prurit
rit

(-)*rite*

artérite
blépharite
coronarite
démérite
déshérite
diorite
émérite
entérite
favorite
guérite
hérite
himyarite
hypérite
irrite
marguerite
mérite

météorite
nérite
pleurite
pyrite
quirite
rite
sorite
spirite
sybarite
ypérite

-ryte

baryte

[tʀit]

-thrite

arthrite

-trite

contrite
épitrite
gastrite
métrite
nitrite

[kʀit]

-crite

circonscrite
décrite
écrite
hypocrite
inscrite
manuscrite
prescrite
proscrite
récrite
sanscrite
souscrite
transcrite

[bʀit]

-brite

abrite

[dʀit]

-drite

archimandrite
dendrite

26

[fʀit]

(-)*frite*
effrite
frite
lèchefrite

-phrite
néphrite

[mit]

(-)*mite*
adamite
annamite
antisémite
bernard-l'ermite
calamite
chattemite
comite
délimite
dermite
dolomite
dynamite
édomite
élamite
ermite
hiéronymite
imite
islamite
limite
mammite
marmite
mite
palmite
préadamite
sémite
sodomite
stalagmite
termite

mythe
mythe

[nit]

-nit
aconit
granit

-nite
ammonite
arsénite
balanite

bélemnite
bénite
bonite
eau-bénite
ébionite
ébonite
espionite
gabaonite
granite
kaïnite
maronite
mélinite
péritonite
rhinite
sélénite
sunnite
tendinite
uranite
vaginite

-nith
zénith

[ɲit]

-gnite
lignite

[jit]

-llite
faillite

[ɥit]

(-)*huit*
huit
in-huit
six-huit
super-huit
trois-huit

[tɥit]

-tuite
fortuite
gratuite
pituite

[kɥit]

(-)*cuite*
cuite
recuite

[dɥit]

-duite
conduite
déduite
éconduite
enduite
inconduite
induite
introduite
méconduite
produite
reconduite
réduite
reproduite
séduite
traduite

[fɥit]

fuite
fuite

[sɥit]

(-)*suite*
de suite
ensuite
poursuite
suite
tout de suite

[zɥit]

-suite
jésuite

-x-huit
in dix-huit

[ʀɥit]
[tʀɥit]
(-)*truite*
construite
détruite
instruite
reconstruite
truite

27

[bʀɥit]
-bruite
ébruite

[fʀɥit]
-fruite
effruite

[nɥit]

-nuite
anuite (s')

──────[its]──────

[ʀits]

[fʀits]

fritz
fritz

──────[itʃ]──────

[pitʃ]

-peech
speech

[kitʃ]

kitsch
kitsch

[vitʃ]

-vitch
tsarévitch

[witʃ]

[dwitʃ]

-dwich
homme-sandwich
sandwich

────[itʀ]¹────

[pitʀ]

(-)pitre
chapitre
pitre
pupitre

-pître
épître

[titʀ]

(-)titre
attitre
fortitre
sous-titre
titre

[bitʀ]

-bitre
arbitre
franc-arbitre

[sitʀ]

-citre
récalcitre

[vitʀ]

(-)vitre
lève-vitre
vitre

[litʀ]

litre
litre

-lître
bélître

-lytre
élytre

[mitʀ]

mitre
mitre

[nitʀ]

nitre
nitre

[ɥitʀ]

huître
huître

──────[itm]²──────

[ʀitm]

-rithme
algorithme
logarithme

(-)rythme
biorythme
rythme

──────[ik]³──────

hic
hic

-ïc
haïc
laïc

-ïck
haïck

1. Ajouter les pers. 1, 2, 3, 6 de l'ind. et du subj. prés., la pers. 2 de l'impér. prés. des v. en -itrer.
2. Ajouter les pers. 1, 2, 3, 6 de l'ind. et du subj. prés. et la pers. 2 de l'impér. prés. du v. rythmer.
3. Ajouter les pers. 1, 2, 3, 6 de l'ind. et du subj. prés. et la pers 2 de l'impér. prés. des v. en -iquer.

-*ique*

diarrhéique
oléique
protéique

-*ïque*

[a-ik]

alcaïque
altaïque
archaïque
benzoaïque
caïque
chaldaïque
choraïque
cyrénaïque
hébraïque
judaïque
laïque
monoaïque
mosaïque
oléaïque
pharisaïque
prosaïque
protéaïque
romaïque
saïque
spondaïque
trochaïque
voltaïque

[ɔ-ik]

dioïque
euboïque
héroïque
stoïque
typhoïque

[**pik**]

(-)*pic*

à-pic
aspic
pic
porc-épic
repic
spic

(-)*pique*

dépique
épique
éthiopique
gyroscopique
hippique
hydropique
hydrothérapique

macroscopique
microscopique
misanthropique
olympique
périscopique
philanthropique
philippique
pique
repique
spectroscopique
stéréoscopique
télescopique
topique
tropique
typique
utopique

[**tik**]

-*thique*

allopathique
antipathique
apathique
électrolythique
éthique
gothique
homéopathique
idiopathique
lithique
mégalithique
mésolithique
mythique
néolithique
oolithique
paléolithique
philomathique
pythique
scythique
sympathique
zoolithique

(-)*tic*

astic
diagnostic
loustic
mastic
plastic
pronostic
tic

-*tick*

stick

(-)*tique(s)*

acatalectique

acataleptique
acétique
achérontique
achromatique
acoustique
acrobatique
adiabatique
aéronautique
aérostatique
agostique
agonistique
aloétique
alphabétique
anacréontique
analeptique
analytique
anapestique
anecdotique
anévrismatique
antarctique
antibiotique
antiémétique
antiphlogistique
antique
antiscorbutique
antisémitique
antiseptique
antisyphilitique
antithétique
aphoristique
apocalyptique
apodictique
apolitique
apologétique
apoplectique
aquatique
arctique
argotique
aristocratique
arithmétique
aromatique
arrière-boutique
arthritique
artistique
ascétique
aseptique
asiatique
asthmatique
astique
asymptotique
athlétique
atlantique
atomistique
attique
authentique
autistique

autocratique
autocritique
automatique
axiomatique
azotique
balistique
baltique
basaltique
boutique
bronchitique
bureaucratique
bureautique
cabalistique
cachectique
cantique
caractéristique
casuistique
catalectique
cataleptique
catalytique
cathartique
cathérétique
caustique
celtique
cénobitique
céroplastique
chaotique
charismatique
chlorotique
christique
chromatique
cinématique
climatique
cosmétique
crétique
critique
cybernétique
cynégétique
cystique
dalmatique
décortique
démastique
démocratique
démotique
despotique
diabétique
diacritique
diagnostique
dialectique
diaphorétique
diaphragmatique
didactique
diététique
diplomatique
distique
diurétique

dogmatique
domestique
dramatique
drastique
drolatique
dynastique
dyseptique
dyspeptique
ecclésiastique
éclectique
écliptique
élastique
éléatique
électrolytique
électrostatique
éléphantique
elliptique
emblématique
émétique
emphatique
emphytéotique
empyreumatique
encaustique
enclitique
énergétique
énigmatique
épenthétique
épigrammatique
épileptique
épispastique
épizootique
érémitique
éristique
érotique
erratique
esthétique
étatique
étique
eucharistique
exégétique
exotique
extatique
fanatique
fantastique
fantomatique
flegmatique
frénétique
génétique
géostatique
glottique
glyptique
gnostique
granitique
gymnastique
gynécocratique
halieutique

hanséatique
hectique
hellénistique
helvétique
hémostatique
hépatique
hérétique
herméneutique
hermétique
herpétique
heuristique
hiératique
hippocratique
humoristique
hydrostatique
hypercatalectique
hypercritique
hypnotique
hypostatique
hypothétique
identique
idiomatique
impolitique
inauthentique
informatique
jésuitique
journalistique
kystique
lactique
lévitique
linguistique
logistique
lunatique
lymphatique
magnétique
maïeutique
marotique
massorétique
mastique
mathématique
mathématiques
médiatique
mélodramatique
méphitique
miasmatique
mimétique
monastique
monostique
morganatique
moustique
muriatique
mystique
narcotique
nautique
néphrétique
neuroleptique

névritique
névrotique
numismatique
onomastique
ontogénétique
optique
orchestique
outre-atlantique
pancréatique
panthéistique
paradigmatique
paralytique
paraphrastique
parasitique
parénétique
pathétique
patriotique
patristique
péripatétique
périphrastique
péristaltique
phallocratique
pharmaceutique
philogénétique
phlogistique
phonétique
plastique
pléonastique
pleurétique
ploutocratique
pneumatique
poétique
poliorcétique
politique
pontique
portique
pragmatique
pratique
prismatique
probatique
problématique
proclitique
procéleusmatique
programmatique
proleptique
pronostique
propédeutique
prophétique
prophylactique
prosthétique
pugilistique
rachitique
rhétique
robotique
romantique
rustique

sabbatique
sarcastique
sceptique
schématique
schismatique
sciatique
sidatique
sclérotique
scolastique
scorbutique
sémantique
séméiotique
sémiotique
sémitique
septique
signalétique
socratique
somatique
sophistique
spasmatique
spermatique
sphéristique
sphragistique
splénétique
squelettique
statique
statistique
styptique
sybaritique
syllogistique
sylvatique
symptomatique
synallagmatique
synoptique
syntactique
synthétique
syphilitique
systématique
tactique
thématique
théocratique
thérapeutique
tique
toreutique
touristique
transatlantique
transgangétique
traumatique
urbanistique
viatique
zététique
zygomatique

-tyque
diptyque

polyptyque
triptyque

[bik]

-bic
aérobic
alambic
bic

(-)*bique*
alambique
antirabique
arabique
ascorbique
bique
cubique
décasyllabique
dissyllabique
dithyrambique
iambique
imparisyllabique
monosyllabique
mozarabique
octosyllabique
parisyllabique
polysyllabique
quadrisyllabique
rabique
syllabique
tétrasyllabique
trisyllabique

-byque
libyque

[dik]

-dhique
bouddhique

-dic
indic
syndic

-dique
abdique
anodique
antispasmodique
bardique
cathodique
druidique
encyclopédique

épisodique
fatidique
héraldique
impudique
indique
iodique
juridique
médique
mélodique
méthodique
modique
monodique
nordique
numidique
orthopédique
parodique
périodique
prosodique
pudique
revendique
sadique
spasmodique
sporadique
syndique
synodique
talmudique
védique
vélocipédique
véridique

[fik]

(-)*fic*
fic
trafic

-*fique*
aurifique
béatifique
bénéfique
calorifique
couffique
déifique
frigorifique
honorifique
horrifique
magnifique
maléfique
mirifique
morbifique
pacifique
prolifique
scientifique
soporifique
spécifique

substantifique
sudorifique
tragique
vivifique

-*phique*
anthropomorphique
atrophique
bibliographique
biographique
cacographique
calligraphique
chalcographique
chorégraphique
chromolithographique
cinématographique
cosmographique
cryptographique
dactylographique
delphique
démographique
discographique
épigraphique
ethnographique
géographique
graphique
hagiographique
héliographique
hiéroglyphique
hydrographique
hypertrophique
ichnographique
iconographique
lexicographique
lithographique
micrographique
monographique
océanographique
orographique
orphique
orthographique
paléographique
philosophique
phonographique
photographique
physiographique
pictographique
pornographique
radiographique
saphique
scénographique
séraphique
sténographique
stéréographique
stylographique

tachygraphique
télégraphique
théosophique
thyphique
topographique
typographique
xylographique

[sik]

-*cique*
cacique
thoracique

sic
sic

-*sique*
classique
jurassique
massique
narcissique
persique
potassique
prussique

-*xique*
anorexique
ataxique
dyslexique
intoxique
lexique
syntaxique
toxique

[ʃik]

chic
chic

-*chick*
aparatchick

(-)*chique*
anarchique
bachique
béchique
bronchique
chique
colchique
hiérarchique
logomachique

32

métapsychique
monarchique
naumachique
oligarchique
parapsychique
psychique
stomachique
tauromachique

[vik]

-*vique*
atavique
batavique
bolchevique
civique
incivique
moldavique

[zik]

-*sic*
basic
pop music
soul music

-*sique*
amnésique
anesthésique
antiphysique
aphasique
basique
bibasique
cellulosique
éléphantiasique
génésique
géodésique
géophysique
hémoptysique
idiosyncrasique
liasique
métaphysique
musique
palingénésique
phtisique
physique
triasique
tribasique

[ʒik]

-*gique*
amphibologique

anagogique
analogique
antalgique
apologique
astrologique
biologique
chirurgique
chronologique
cosmologique
démagogique
déontologique
dialogique
écologique
énergique
épistémologique
ethnologique
étymologique
généalogique
géologique
géorgique
graphologique
hémiplégique
hémorragique
hippophagique
idéologique
illogique
léthargique
liturgique
logique
magique
métallurgique
météorologique
minéralogique
mythologique
nécrologique
néologique
névralgique
nostalgique
odontalgique
ophtalmologique
paléontologique
paragogique
paralogique
paraplégique
pathologique
pédagogique
pélagique
pélasgique
philologique
physiologique
psychagogique
psychologique
scatologique
sidérurgique
sociologique
stratégique

synergique
tautologique
technologique
thaumaturgique
théologique
théurgique
tragique
tropologique
zoologique

-*jik*
moujik

[lik]

-*lic*
basilic
ombilic

-*lik*
beylik
kayserlik
pachalik
selamlik

-*lique*
alcoolique
amylique
angélique
apostolique
archangélique
aristotélique
aulique
basilique
botulique
bucolique
catholique
céphalique
colique
cyrillique
dactylique
diabolique
encéphalique
éolique
évangélique
famélique
gaélique
gallique
hydraulique
hyperbolique
idyllique
italique
ityphallique
machiavélique

33

majolique
malique
mélancolique
méphistophélique
métallique
méthylique
mongolique
oxalique
pantagruélique
parabolique
pentélique
phallique
pyrogallique
raphaélique
relique
salicylique
salique
silique
somnambulique
symbolique
variolique
vitriolique
vocalique

[plik]

(-)*plique*
applique
complique
duplique
explique
implique
plique
rapplique
réplique
supplique

[klik]

(-)*clic*
clic
déclic

(-)*clique*
clique
cyclique
encyclique

[blik]

-*blic*
public

-*blique*
biblique

jamblique
oblique
publique
république

[flik]

flic
flic

[ʀik]

-*ric*
agaric
ric-à-ric

-*rick*
carrick
derrick

-*rique*
allégorique
amphigourique
atmosphérique
aurique
barbiturique
barrique
borique
bourrique
butyrique
cadavérique
calorique
catégorique
charivarique
chimérique
chlorique
cholérique
climatérique
colérique
darique
diphtérique
dorique
dysentérique
empirique
entérique
ésotérique
exotérique
falarique
fantasmagorique
féerique
fluorique
folklorique
générique
hémisphérique

historique
homérique
hystérique
ibérique
ictérique
isomérique
kymrique
lientérique
lyrique
madréporique
margarique
métaphorique
météorique
norique
numérique
onirique
panégyrique
parégorique
périphérique
phosphorique
pindarique
pléthorique
préhistorique
prévarique
psorique
psyrrhique
pythagorique
rhétorique
satirique
satyrique
sciatérique
sphérique
stagirique
stéarique
sulfurique
téléphérique
tellurique
théorique
urique
vampirique

[pʀik]

-*prique*
cuprique

[tʀik]

trick
trick

(-)*trique*
asymétrique
barométrique
calorimétrique

catadioptrique
catoptrique
chronométrique
critique
concentrique
diélectrique
dioptrique
dissymétrique
égocentrique
électrique
épigastrique
étrique
excentrique
gastrique
géocentrique
géométrique
gériatrique
héliocentrique
hippiatrique
homocentrique
hydrométrique
hygrométrique
hypogastrique
hypsométrique
idolâtrique
kilométrique
métrique
nitrique
obstétrique
palestrique
pédiatrique
psychiatrique
spectrométrique
symétrique
tartrique
thermométrique
trigonométrique
trique
volumétrique

[kʀik]

cric
cric

(-)*crique*
crique
picrique

[bʀik]

-*bric*
lombric

brick
brick

(-)*brique*
algébrique
brique
cimbrique
fabrique
imbrique
lubrique
rubrique

[dʀik]

-*drique*
chlorhydrique
cyanhydrique
cylindrique
diandrique
fluorhydrique
polyédrique
sulfhydrique
triandrique

[fʀik]
fric
fric

[mik]

-*mique*
académique
aérodynamique
agronomique
alchimique
algorithmique
anatomique
anémique
antinomique
arythmique
astronomique
atomique
balsamique
boulimique
bromique
céramique
chimique
chromique
comique
cosmique
cyclothymique
dermique
dynamique
économique

endémique
épidémique
épidermique
euphémique
eurythmique
formique
gastronomique
gnomique
héroï-comique
homonymique
hydrodynamique
hypodermique
islamique
isthmique
leucémique
logarithmique
loxodromique
médianimique
mimique
opéra-comique
ophtalmique
orgasmique
pandémique
panoramique
patronymique
pétrochimique
polémique
rythmique
séismique
sismique
synonymique
thermique
totémique
tragi-comique
vitrocéramique
vomique

[nik]

-*nic*
arsenic

-*nick*
schnick

-*nik*
beatnik
refuznik

(-)*nique*
adonique
amphictyonique
anachronique
architectonique

35

asténique
balkanique
bernique
botanique
brahmanique
britannique
cacophonique
canonique
carbonique
chronique
clinique
communique
conique
coranique
cosmogonique
cyclonique
cynique
diatonique
édénique
électronique
enharmonique
ethnique
euphonique
fornique
fulminique
galvanique
génique
germanique
glyconique
gnomonique
gymnique
harmonique
hellénique
hispanique
hygiénique
inique
inorganique
ionique
ironique
laconique
macaronique
maçonnique
manique
mécanique
messianique
microtechnique
mnémonique
mnémotechnique
neurasthénique
nique
océanique
œcuménique
olympionique

organique
orphéonique
ossianique
panique
pathognomonique
phagédénique
pharaonique
phénique
philharmonique
phonique
photogénique
physiognomonique
pique-nique
platonique
plutonique
pneumonique
polyclinique
polyphonique
polytechnique
pulmonique
punique
pyrotechnique
rabbinique
radiophonique
runique
sardonique
sarracénique
satanique
scénique
schizophrénique
sélénique
sonique
sorbonique
stéréophonique
supersonique
symphonique
synchronique
talismanique
technique
téléphonique
tétanique
teutonique
titanique
tonique
transocéanique
tunique
tyrannique
unique
véronique
vinique
volcanique
zénonique

[wik]

[kwik]

couic

couic

quick

quick

———**[ikt]**[1]———

[dikt]

-*dict*

verdict

(-)*dicte*

dicte
édicte
vindicte

[vikt]

-*vict*

convict

[ʀikt]

[tʀikt]

-*trict*

district
strict

-*tricte*

stricte

[mikt]

-*mict*

amict

———**[iks]**[2]———

x

x

---

1. Ajouter les pers. 1, 2, 3, 6 de l'ind. et du subj. prés. et la pers. 2 de l'impér. prés. des v. *dicter* et *édicter*.
2. Ajouter les pers. 1, 2, 3, 6 de l'ind. et du subj. prés. et la pers. 2 de l'impér. prés. du v. *fixer*.

[piks]

-pyx
japyx

[biks]

-byx
bombyx
cérambyx

[diks]

-dix
sandix

[fiks]

-fix
préfix

(-)fixe
affixe
antéfixe
fixe
préfixe
suffixe

[liks]

-lix
hélix

-lixe
prolixe

[ʀiks]

-rix
larix
tamarix

rixe
rixe

-ryx
aptéryx
oryx

[tʀiks]

-trix
strix

[niks]

-nix
phénix

-nyx
onyx
pnyx
sardonyx
trionyx

————**[ikst]**————

[sikst]

sixte
sixte

[mikst]

mixte
mixte

————**[ikl]**[1]————

[tikl]

-ticle
article

[sikl]

(-)cycle
bicycle
cycle
épicycle

hémicycle
kilocycle
motocycle
tricycle

sicle
sicle

[ʃikl]

chicle
chicle

[zikl]

-sicles
bésicles

[ʒikl]

gicle
gicle

[ʀikl]

-ricle
béricle
véricle

[nikl]

-nicle
manicle
sanicle

————**[ib]**[2]————

-hibe
[ə-ib]
prohibe

-ib
[a-ib]
naïb

---

1. Ajouter les pers. 1, 2, 3, 6 de l'ind. et du subj. prés. et la pers. 2 de l'impér. prés. du v. *gicler*.
2. Ajouter les pers. 1, 2, 3, 6 de l'ind. et du subj. prés. et la pers. 2 de l'impér. prés. des v. en -*iber*.

37

-ïbe
[a-ib]
caraïbe

[bib]

-bib
toubib

-bibe
imbibe

[zib]

-xhibe
exhibe

[Rib]

[tRib]

-tribe
diatribe

[kRib]

-cribe
scribe

[bRib]

bribe
bribe

[nib]

-nib
algenib

———**[ibl]**[1]———

[tibl]

-ïble
combustible
comestible

compatible
conductible
convertible
corruptible
digestible
imperceptible
imperfectible
imprescriptible
imprévisible
incombustible
incompatible
inconvertible
incorruptible
indéfectible
indescriptible
irréductible
irrésistible
perceptible
perfectible
prescriptible
réductible
reproductible
susceptible

[bibl]

bible
bible

[dibl]

-dible
audible
crédible
inaudible

[gibl]

-guible
inextinguible

[sibl]

(-)cible
cible
coercible
incoercible
indicible
invincible

-scible
concupiscible
fermentescible
immarcescible
imputrescible
irascible
miscible
putrescible

-sible
accessible
admissible
appréhensible
cessible
compréhensible
compressible
expansible
extensible
fissible
hypersensible
impassible
impossible
inaccessible
inadmissible
inamissible
incessible
incompréhensible
incompressible
inexpressible
inextensible
insensible
insubmersible
intransmissible
irrémissible
irrépréhensible
irrépressible
irréversible
ostensible
passible
possible
rémissible
répréhensible
répressible
réversible
sensible
submersible
successible
suprasensible
transmissible

-xible
flexible

1. Ajouter les pers. 1, 2, 3, 6 de l'ind. et du subj. prés. et la pers. 2 de l'impér. prés. du v. *cribler*.

38

inflexible
réflexible

[vibl]

-*vible*
amovible
inamovible

[zibl]

-*sible*
divisible
explosible
fusible
illisible
imprévisible
indivisible
inexplosible
infusible
intraduisible
invisible
lisible
loisible
nuisible
paisible
plausible
prévisible
risible
traduisible
visible

[ʒibl]

-*gible*
corrigible
éligible
exigible
fongible
incorrigible
inéligible
inexigible
infrangible
inintelligible
intangible
intelligible
rééligible
réfrangible
tangible

[ʀibl]

-*rible*
horrible
terrible

[kʀibl]

crible
crible

[dʀibl]

dribble
dribble

[nibl]

-*nible*
disponible
indisponible
pénible

[jibl]

-*llible*
faillible
infaillible

———— **[ibʀ]**[1] ————

[fibʀ]

fibre
fibre

[vibʀ]

vibre
vibre

[libʀ]

(-)*libre*
calibre

déséquilibre
équilibre
félibre
libre

———— **[id]**[2] ————

-*ïd*
[a-id]
caïd
[ɔ-id]
celluloïd
polaroïd
rhodoïd

(-)*ide*
ide
[e-id]
nucléide
ophicléide
protéide
séide

-*ïde(s)*
[a-id]
danaïde
thébaïde
[ɔ-id]
adénoïde
alcaloïde
androïde
anéroïde
anthropoïde
arachnoïde
astéroïde
atlantoïde
bizarroïde
chancroïde
choroïde
cissoïde
coracoïde
corroïde
cristalloïde
cycloïde
cylindroïde
deltoïde
ellipsoïde
ethmoïde

1. Ajouter les pers. 1, 2, 3, 6 de l'ind. et du subj. prés. et la pers. 2 de l'impér. prés. des v. en -*ibrer*.
2. Ajouter les pers. 1, 2, 3, 6 de l'ind. et du subj. prés. et la pers. 2 de l'impér. prés. des v. en -*ider*.

39

glénoïde
hélicoïde
hémorroïdes
héroïde
hyoïde
mastoïde
métalloïde
mongoloïde
négroïde
odontoïde
ovoïde
rhomboïde
sigmoïde
sinusoïde
solénoïde
spermatozoïde
sphénoïde
sphéroïde
styloïde
trochoïde
thyphoïde
thyroïde
tyroïde
xyphoïde

[pid]

-pide
argyraspide
crépide
cupide
cuspide
dilapide
hispide
insapide
insipide
intrépide
lapide
limpide
lipide
rapide
sapide
stupide
torpide
tricuspide
turpide

[tid]

-tide(s)
bastide
cariatide
carotide
fétide

hiérophantide
parotide
sans-culottides

[kid]

kid
kid

-quide
liquide

[bid]

-bide
albide
morbide
tabide
turbide

[did]

-dide
candide
sordide
splendide

[gid]

(-)*guide*
guide
languide

[fid]

-fide
bifide
multifide
perfide
trifide

-phide
sylphide

[sid]

-cide
acide
bactéricide

coïncide
coricide
décide
déicide
élucide
extralucide
fratricide
génocide
glucide
herbicide
homicide
infanticide
insecticide
lapicide
liberticide
lucide
matricide
microbicide
parricide
pesticide
placide
régicide
suicide
translucide
tyrannicide
vermicide

-scide
proboscide

-side
abside
apside
subside

-xyde
bioxyde
désoxyde
dioxyde
époxyde
oxyde
protoxyde

[ʃid]

-chide
arachide

[vid]

(-)*vide*
avide

40

dévide
évide
gravide
impavide
livide
survide
vide

[zid]

-side
chryside
glucoside
préside
réside
subside

[ʒid]

-gide
algide
égide
frigide
rigide
turgide

[lid]

-lide
annélide
bolide
chrysalide
consolide
élide
éphélide
invalide
oxalide
périscélide
solide
valide

lied
lied

[klid]

-clide
nuclide

[ʀid]

(-)ride(s)
antirides

aride
ascaride
cantharide
déride
éphéméride
glycéride
léporide
piéride
ride
saccharide
taurides
torride

[tʀid]

-tride
antiputride
apatride
putride

[bʀid]

(-)bride
bride
débride
hybride
nébride
rebride
tournebride

[mid]

-mide
amide
cnémide
cyanamide
gnomide
humide
intimide
numide
polyamide
pyramide
sulfamide
thalidomide
timide

-myde
chlamyde

[nid]

-nide(s)
achéménide

alfénide
amphyctionide
arachnides
océanide
sassanides
titanides

[wid]

[twid]

tweed
tweed

[ɥid]

[lɥid]

[flɥid]
fluide
fluide

[ʀɥid]

[dʀɥid]
druide
druide

————**[idʒ]**————

[ʀidʒ]

-ridge
porridge

[bʀidʒ]

bridge
bridge

————**[idʀ]**————

hydre
hydre

[sidʀ]

cidre
cidre

41

-sydre	*zig*	*bigle*
clepsydre	zig	bigle

<table>
<tr><td>

[nidʀ]

-nhydre
anhydre
</td><td>

(-)*zigue*
mézigue
sézigue
tézigue
zigue
</td><td>

[sigl]

sigle
sigle
</td></tr>
</table>

——**[ig]**¹—— [ʒig] ——**[igʀ]**³——

<table>
<tr><td>

[tig]

-tigue
fatigue
</td><td>

gigue
gigue

[lig]
</td><td>

[tigʀ]

(-)*tigre*
chat-tigre
œil-de-tigre
tigre
</td></tr>
<tr><td>

[big]

bigue
bigue
</td><td>

ligue
ligue

[ʀig]
</td><td>

[bigʀ]

bigre
bigre
</td></tr>
<tr><td>

[dig]

(-)*digue*
bordigue
digue
endigue
prodigue
</td><td>

-rigue
garrigue
irrigue
sarigue

[tʀig]
</td><td>

[migʀ]

-migre
émigre
immigre
</td></tr>
<tr><td>

[fig]

(-)*figue*
becfigue
figue
</td><td>

-trigue
intrigue

[bʀig]

brigue
brigue
</td><td>

[nigʀ]

-nigre
dénigre

——**[igm]**——
</td></tr>
<tr><td>

[vig]

-vigue
navigue
</td><td>

[wig]

whig
whig
</td><td>

[digm]

-digme
paradigme
</td></tr>
<tr><td>

[zig]

-sigue
bésigue
</td><td>

——**[igl]**²——

[bigl]
</td><td>

[ʀigm]

-rygme
borborygme
</td></tr>
</table>

---

1. Ajouter les pers. 1, 2, 3, 6 de l'ind. et du subj. prés. et la pers. 2 de l'impér. prés. des v. en *-iguer*.
2. Ajouter les pers. 1, 2, 3, 6 de l'ind. et du subj. prés. et la pers. 2 de l'impér. prés. du v. *bigler*.
3. Ajouter les pers. 1, 2, 3, 6 de l'ind. et du subj. prés. et la pers. 2 de l'impér. prés. des v. *dénigrer, émigrer, immigrer*.

-nigme
énigme

——— **[if]**[1] ———

if
if

-if
[a-if]
naïf

[pif]

pif
pif
pif paf pif

[tif]

tif
tif
[i-tif]
accréditif
additif
apéritif
auditif
coercitif
complétif
définitif
dispositif
dormitif
expéditif
factitif
fugitif
génitif
infinitif
inhibitif
intransitif
lénitif
nutritif
partitif
plumitif
positif
prépositif

primitif
prohibitif
récognitif
répétitif
résolutif
révolutif
sensitif
transitif
transpositif
volitif
vomitif
[ɥi-tif]
intuitif
[ip-tif]
descriptif
[ik-tif]
afflictif
constrictif
fictif
restrictif
[e-tif]
chétif
complétif
explétif
réplétif
rétif
supplétif
[ɛp-tif]
aperceptif
conceptif
contraceptif
perceptif
réceptif
[ɛk-tif]
adjectif
affectif
collectif
correctif
défectif
directif
effectif
électif
intellectif
objectif
perspectif
présélectif
prospectif
respectif

rétrospectif
sélectif
subjectif
téléobjectif
[ɛs-tif]
congestif
digestif
intempestif
suggestif
[ɛR-tif]
assertif
[a-tif]
ablatif
abréviatif
accusatif
adjudicatif
administratif
admiratif
adversatif
affirmatif
agglutinatif
agrégatif
alternatif
ampliatif
appellatif
appréciatif
approbatif
approximatif
augmentatif
bourratif
carminatif
causatif
collatif
combatif
commémoratif
communicatif
commutatif
comparatif
confédératif
confirmatif
confortatif
consultatif
contemplatif
coopératif
copulatif
corporatif
corrélatif
corroboratif
créatif
cumulatif

---

1. Ajouter les pers. 1, 2, 3, 6 de l'ind. et du subj. prés. et la pers. 2 de l'impér. prés. des v. en -*ifer* et -*iffer*.

43

curtif
datif
déclaratif
décoratif
délibératif
démonstratif
dénominatif
dépilatif
dépréciatif
dépuratif
dérivatif
désignatif
dessiccatif
déterminatif
dubitatif
éducatif
énonciatif
énumératif
estimatif
exagératif
excitatif
exclamatif
expectatif
explicatif
facultatif
fédératif
figuratif
fixatif
fréquentatif
génératif
germinatif
gustatif
hâtif
illuminatif
imaginatif
imitatif
impératif
inchoatif
incitatif
indicatif
infirmatif
interprétatif
interrogatif
itératif
justificatif
laudatif
laxatif
législatif
limitatif
locatif
lucratif
maturatif
méditatif
mémoratif
minoratif
modificatif

narratif
natif
négatif
nominatif
non-figuratif
numératif
nuncupatif
opilatif
optatif
palliatif
péjoratif
pénétratif
performatif
pignoratif
portatif
préparatif
préservatif
privatif
prorogatif
pulsatif
purgatif
putatif
qualificatif
qualitatif
quantitatif
rébarbatif
récapitulatif
récitatif
récréatif
rectificatif
réduplicatif
réfrigératif
réitératif
relatif
remémoratif
représentatif
revendicatif
roboratif
sédatif
ségrégatif
séparatif
siccatif
significatif
soporatif
spéculatif
sternulatif
superlatif
suppuratif
translatif
végétatif
vindicatif
vocatif
[ap-tif]
captif
[ak-tif]
abstractif

actif
attractif
coactif
extractif
inactif
olfactif
putréfactif
radioactif
raréfactif
réactif
réfractif
rétractif
rétroactif
[ɔ-tif]
émotif
leitmotif
motif
votif
[ɔp-tif]
adoptif
[ɔʀ-tif]
abortif
fortifs
sportif
[o-tif]
fautif
[y-tif]
attributif
consécutif
constitutif
contributif
diminutif
distributif
évolutif
exécutif
involutif
résolutif
[yp-tif]
éruptif
[yk-tif]
adductif
déductif
destructif
improductif
inductif
instructif
introductif
obstructif
productif
réductif
reproductif

44

[yʀ-tif]
furtif

[ɛ̃-tif]
craintif
plaintif

[ɛ̃k-tif]
distinctif
instinctif

[ã-tif]
attentif
inattentif
inventif
pendentif
préventif
substantif

[ɔ̃p-tif]
consomptif
présomptif

[ɔ̃k-tif]
conjonctif
disjonctif
subjonctif

-tife
anatife
attife
pontife

-tiv
leitmotiv

[kif]

(-)kif
kif
kif-kif

(-)kiff
kiff
skiff

-quif
esquif

[bif]

-beef
corned-beef
roast-beef

-bif
rosbif

(-)biffe
biffe
débiffe
rebiffe (se)

[dif]

-dif
gérondif
maladif
tardif

[sif]

-cif
nocif
poncif
récif

-scif
lascif

-sif
abstersif
agressif
appréhensif
avulsif
compréhensif
compressif
convulsif
cursif
défensif
dégressif
détersif
digressif
discursif
émissif
émulsif
excessif
expansif
expressif
expulsif
extensif
impressif
impulsif
inexpressif
inoffensif
intensif
massif
offensif

oppressif
passif
pensif
possessif
poussif
processif
progressif
récessif
régressif
répercussif
répréhensif
répressif
répulsif
responsif
révulsif
subversif
successif
suspensif

[ʃif]

chiffe
chiffe

[vif]

vif
vif

[zif]

-sif
abrasif
abusif
adhésif
allusif
conclusif
corrosif
décisif
dissuasif
dolosif
érosif
évasif
exclusif
explosif
implosif
incisif
inclusif
occlusif
oisif
persuasif

45

[lif]	[gʀif]	[ʒifl]
-lif	*(-)griffe*	*gifle*
gélif	agriffe	gifle
-life	escogriffe	
calife	griffe	
	hipogriffe	**[ʀifl]**
[glif]	*-griphe*	*rifle*
	logogriphe	rifle
(-)glyphe		
anaglyphe		
glyphe	**[nif]**	**[nifl]**
hiéroglyphe		
triglyphe	*-nif*	*-nifle*
	canif	écornifle
[ʀif]	manif	mornifle
		renifle
(-)rif	**[ɥif]**	
chérif		
périf	**[sɥif]**	———[ifʀ]² ———
rif		
shérif	*suif*	**[pifʀ]**
tarif	suif	
-rife		*(-)piffre*
tarife	*suife*	empiffre
	suife	piffre
-riffe		
ébouriffe	**[ʒɥif]**	*(-)fifre*
		fifre
[tʀif]	*juif*	sous-fifre
	juif	
-trif		*(-)chiffre*
estrif		chiffre
	———[ifl]¹ ———	déchiffre
[kʀif]		échiffre
	[sifl]	quatre-de-chiffre
-cryphe		
apocryphe	*-sifle*	
	persifle	———[is]³ ———
[bʀif]		
	siffle	*hisse*
brife	siffle	hisse
brife		

---

1. Ajouter les pers. 1, 2, 3, 6 de l'ind. et du subj. prés. et la pers. 2 de l'impér. prés. des v. en *-ifler* et *-iffler*.
2. Ajouter les pers. 1, 2, 3, 6 de l'ind. et du subj. prés. et la pers. 2 de l'impér. prés. des v. en *-iffrer*.
3. Ajouter les pers. 1, 2, 3, 6 de l'ind. et du subj. prés. et la pers. 2 de l'impér. prés. des v. en *-isser* ; − la pers. 6 de l'ind. prés. et les pers. 1, 2, 3, 6 du subj. prés. des v. en *-ir* et du v. *maudire* ; − les pers. 1, 2, 6 du subj. imp. des v. en *-ir*, *-tir*, *-vir*, *-vrir*, *-mir*, *-ire* (*élire*, *lire*, *réélire*, *relire* exceptés), *-uire*, *-andre*, *-aindre*, *-endre*, *-eindre*, *-ondre*, *-oindre*, *-rdre*, *(-)coudre*, *(-)faire*, *(-)mettre*, *(-)naître*, *(-)quérir*, *(-)rompre*, *(-)seoir*, *(-)suivre*, *(-)vaincre* et des v. *entrevoir*, *prévoir*, *revoir* et *voir*.

46

-is
[e-is]
éléis
néréis
reis

-ïs
[a-is]
laïs
maïs
raïs

-isse
[ɔ-is]
hémorroïsse

[pis]

-pice(s)
aruspice
auspice
épice
frontispice
haruspice
hospice
pain d'épice
précipice
propice
quatre-épices

-pis
lapis

(-)pisse
chaude-pisse
compisse
corrompisse
épisse
interrompisse
pisse
rompisse
tapisse

[tis]

-tice
adventice
armistice
cotice
factice
injustice
interstice

justice
notice
obreptice
solstice
subreptice

-tis
gratis
isatis
locatis
métis
mitis
myosotis
orarystis
pastis
rachitis

(-)tisse
abatisse
aboutisse
apetisse
bâtisse
boutisse
combatisse
détisse
emboutisse
mantisse
métisse
pâtisse
rapetisse
ratisse
tisse
tontisse

[kis]

-chis
orchis

-quisse
esquisse
naquisse
vainquisse

[bis]

(-)bis
bis
cannabis
ibis
pubis

bisse
bisse

(-)bysse
abysse
bysse

[dis]

-dice(s)
appendice
blandices
immondice
indice
préjudice

-dis
cadédis
calédis
de profundis
jadis
maravédis
mutatis mutandis

-disse
maudisse

(-)dix
dix
passe-dix

[gis]

-guis
unguis

[fis]

-fice
artifice
bénéfice
box-office
édifice
maléfice
office
orifice
sacrifice
Saint-Office
vénéfice

47

(-)*fils*
beau-fils
fils
petit-fils

fisse
fisse

[sis]

-*cice*
exercice

-*cis*
cacis

(-)*cisse*
abscisse
cisse
narcisse
saucisse

-*cyx*
coccyx

-*sis*
arsis
cassis
catharsis
coréopsis
corylopsis
galéopsis
synopsis
théarsis

(-)*six*
double-six
six
trois-six

-*xis*
axis
épistaxis
lexis
praxis

[ʃis]

-*chis*
rachis

[vis]

(-)*vice(s)*
libre-service
novice
self-service
service
sévices
station-service
vice

(-)*vis*
pas-de-vis
pelvis
tournevis
vis

(-)*visse*
clovisse
dévisse
écrevisse
écrivisse
entrevisse
prévisse
suivisse
visse

[zis]

-*sis*
éléphantiasis
mycosis
oasis
parisis
phimosis
phtyasis
pityasis
psoriasis
pyrosis
satyriasis
thésis

-*sisse*
cousisse
séduisisse

[lis]

(-)*lice*
basse-lice
calice
cardinalice
cilice
délice

haute-lice
hélice
lice
malice
milice
police
silice
songe-malice

(-)*lis*
amaryllis
anagallis
fleur-de-lis
genlis
lis
nolis
propolis
syphilis
volubilis

(-)*lisse*
coulisse
délisse
dépalisse
eau-de-mélisse
lisse
mélisse
palisse
pelisse

lys
lys

-*lysse*
alysse

[plis]

-*plice*
complice
duplice
quadrulice
supplice
triplice

(-)*plisse*
déplisse
plisse

[klis]

(-)*clisse*
clisse
éclisse

[glis]

(-)*glisse*
antiglisse
glisse
réglisse

[ʀis]

-*rice*
avarice
nourrice
varice

-*ris*
ascaris
clitoris
cypris
doris
hespéris
iris
pretium doloris
sui generis
tamaris

-*risse*
clarisse
hérisse
sarisse

[pʀis]

-*price*
caprice

-*pris*
cypris

prisse
prisse

[tʀis]

-*trice*
accélératrice
acclamatrice
accompagnatrice
accumulatrice
accusatrice
actrice
administratrice
admiratrice

adoratrice
adulatrice
aératrice
agitatrice
altératrice
animatrice
annonciatrice
approbatrice
aspiratrice
auditrice
automotrice
aviatrice
bienfaitrice
bissectrice
blasphématrice
calculatrice
calomniatrice
cantatrice
cicatrice
civilisatrice
coadjutrice
collaboratrice
collectrice
commentatrice
compensatrice
compétitrice
compilatrice
compositrice
conciliatrice
conductrice
conservatrice
consolatrice
consommatrice
conspiratrice
constructrice
contemplatrice
continuatrice
coopératrice
correctrice
corruptrice
créatrice
cultivatrice
curatrice
débitrice
déclaratrice
décoratrice
dégustatrice
délatrice
démobilisatrice
démystificatrice
désapprobatrice
dessinatrice
destructrice
détectrice
détentrice
dévastatrice

directrice
diffamatrice
dispensatrice
dissimulatrice
dissipatrice
distributrice
dominatrice
donatrice
éditrice
éducatrice
électrice
élévatrice
éliminatrice
émancipatrice
émulatrice
examinatrice
excavatrice
excitatrice
exécutrice
expéditrice
expérimentatrice
expiatrice
explicatrice
exploratrice
exportatrice
exterminatrice
extinctrice
fabulatrice
factrice
falsificatrice
fascinatrice
fautrice
filatrice
fomentatrice
fondatrice
généralisatrice
génératrice
glorificatrice
imitatrice
impératrice
imprécatrice
improbatrice
improvisatrice
incitatrice
indicatrice
informatrice
inspectrice
inspiratrice
instigatrice
institutrice
interlocutrice
interpellatrice
interprétatrice
interrogatrice
interruptrice
introductrice

inventrice
investigatrice
invocatrice
irrigatrice
justificatrice
laudatrice
lectrice
législatrice
libératrice
liquidatrice
locomotrice
machinatrice
manipulatrice
matrice
médiatrice
médicatrice
migratrice
modératrice
modificatrice
modulatrice
monitrice
moralisatrice
motrice
mystificatrice
narratrice
navigatrice
négatrice
négociatrice
novatrice
observatrice
opératrice
ordonnatrice
organisatrice
oscillatrice
patrice
perceptrice
perforatrice
persécutrice
perturbatrice
planificatrice
pondératrice
préceptrice
prédicatrice
préparatrice
présentatrice
préservatrice
prévaricatrice
productrice
profanatrice
programmatrice
promotrice
promulgatrice
pronatrice
propagatrice
puéricultrice

protectrice
provocatrice
purificatrice
réalisatrice
récapitulatrice
réconciliatrice
récriminatrice
rectificatrice
rectrice
récupératrice
rédactrice
rédemptrice
réformatrice
réfutatrice
régénératrice
régulatrice
réparatrice
répétitrice
réprobatrice
reproductrice
résonatrice
révélatrice
revendicatrice
sacrificatrice
sanctificatrice
scrutatrice
séductrice
sensibilisatrice
séparatrice
simplificatrice
simulatrice
spectatrice
spéculatrice
spoliatrice
stimulatrice
tabulatrice
tectrice
temporisatrice
tentatrice
testatrice
totalisatrice
traductrice
tutrice
unificatrice
usurpatrice
utilisatrice
vénératrice
vérificatrice
violatrice
vocératrice
vociératrice
vulgarisatrice
zélatrice

trisse
trisse

[kʀis]

criss
criss

(-)*crisse*
crisse
jocrisse

kriss
kriss

[bʀis]

-*bris*
ex-libris

-*brisse*
lambrisse
vibrisse

[dʀis]

-*drice*
ambassadrice

drisse
drisse

[fʀis]⁻

-*frice*
dentifrice

-*phrys*
ophrys

[mis]

-*mice(s)*
comices
immisce
prémices

-*mis*
in extremis

miss
miss

-*misse(s)*
misse
misses
prémisse

[nis]

-*nice*
lanice

-*nis*
adonis
lawn-tennis
pénis
tennis

-*nisse*
génisse
jaunisse
pythonisse
tournisse
vernisse

[jis]

-*llisse*
treillisse

[ɥis]

[pɥis]

puisse
puisse

[kɥis]

(-)*cuisse*
cuisse
écuisse

[sɥis]

(-)*suisse*
petit-suisse
suisse

———[isp]¹———

[ʀisp]

[kʀisp]

crispe
crispe

———[ist]²———

-*iste*
[e-ist]
absentéiste
déiste
épéiste
monothéiste
panthéiste
polythéiste
théiste

-*ïste*
[a-ist]
dadaïste
mosaïste
[ɔ-ist]
égoïste
hautboïste
maoïste
oboïste

[pist]

(-)*piste*
alpiste
copiste
dépiste
harpiste

lampiste
papiste
piste
pompiste
trappiste
utopiste

[tist]

-*tiste*
absolutiste
adventiste
altiste
anabaptiste
anagrammatiste
aquafortiste
artiste
attentiste
baptiste
batiste
bonapartiste
chartiste
clarinettiste
computiste
concertiste
contraltiste
contrapontiste
contrepointiste
cornettiste
défaitiste
dentiste
dogmatiste
donatiste
dramatiste
duettiste
égotiste
épigrammatiste
espérantiste
flûtiste
grammatiste
instrumentiste
indépendantiste
je-m'en-foutiste
kantiste
librettiste
modérantiste
obscurantiste
piétiste
portraitiste
quiétiste
salutiste

---

1. Ajouter les pers. 1, 2, 3, 6 de l'ind. et du subj. prés. et la pers. 2 de l'impér. prés. du v. *crisper*.
2. Ajouter les pers. 1, 2, 3, 6 de l'ind. et du subj. prés. et la pers. 2 de l'impér. prés. des v. en -*ister*.

sancritiste
scientiste
scotiste
séparatiste
sonnettiste
thérapeutiste
trompettiste

-thyste
améthyste

[kist]

-ckiste
gluckiste

-kiste
lakiste
tankiste
trotskiste

(-)kyste
enkyste (s')
kyste

-quiste
banquiste

[bist]

-biste
barbiste
cambiste
cibiste
clubiste
cubiste
unijambiste

[dist]

-dhiste
bouddhiste

-diste
bollandiste
encyclopédiste
eudiste
feudiste
héraldiste
lampadiste
mahdiste
mélodiste

méthodiste
modiste
nordiste
nudiste
orthopédiste
parodiste
propagandiste
rhapsodiste
standardiste
sudiste
talmudiste
tiers-mondiste
vélocipédiste

[gist]

-guiste
droguiste

[fist]

-fiste
pacifiste
turfiste

-phiste
déipnosophiste
épigraphiste
graphiste
gymnosophiste
néographiste
orthographiste
philosophiste
sophiste
télégraphiste

[sist]

(-)ciste
angliciste
antiraciste
atticiste
belliciste
ciste
criticiste
exorciste
publiciste
raciste

-sciste
fasciste

-siste
bassiste

congressiste
contrebassiste
controversiste
grossiste
insiste
persiste
progressiste

-xiste
laxiste
marxiste
sexiste
télexiste

xyste
xyste

[ʃist]

-chiste
affichiste
anarchiste
catéchiste
fétichiste
gauchiste
je-m'en-fichiste
machiste
masochiste
monarchiste
perchiste
planchiste
sado-masochiste
tachiste

(-)schiste
micaschiste
putschiste
schiste

[vist]

-viste
activiste
archiviste
arriviste
babouviste
bolcheviste
caviste
claviste
collectiviste
conclaviste
étuviste

gréviste
improviste (à l')
médiéviste
panslaviste
positiviste
récidiviste
relativiste
réserviste

[zist]

-siste
anesthésiste
désiste (se)
fantaisiste
radiesthésiste
résiste
spinosiste

-xiste
coexiste
existe
préexiste

zist
zist

-ziste
trapéziste

[ʒist]

-giste
antiesclavagiste
apanagiste
apologiste
aubergiste
bagagiste
bandagiste
biologiste
chauffagiste
chronologiste
écologiste
élogiste
engagiste
entomologiste
esclavagiste
étalagiste
étymologiste
gagiste
garagiste
généalogiste
ichtyologiste

idéologiste
légiste
libre-échangiste
liturgiste
logiste
métallurgiste
météorologiste
minéralogiste
mythologiste
orangiste
paléontologiste
pathologiste
paysagiste
physiologiste
phrénologiste
pongiste
sociologiste
stratégiste
trismégiste
visagiste
zoologiste

[list]

(-)liste
annaliste
aquarelliste
automobiliste
baliste
bicycliste
buraliste
cabaliste
capitaliste
carliste
colonialiste
communaliste
criminaliste
cycliste
distributionnaliste
documentaliste
dualiste
duelliste
éditorialiste
électoraliste
évangéliste
existentialiste
fabuliste
fédéraliste
finaliste
fonctionnaliste
fondamentaliste
formaliste
gaulliste
généraliste

idéaliste
immoraliste
impérialiste
individualiste
internationaliste
irréaliste
journaliste
légaliste
libelliste
liste
loyaliste
machiavéliste
matérialiste
maximaliste
mémorialiste
minimaliste
modéliste
moraliste
motocycliste
mutualiste
nationaliste
naturaliste
nihiliste
nominaliste
nouvelliste
oculiste
orientaliste
pantagruéliste
pastelliste
paternaliste
pénaliste
philatéliste
pluraliste
populiste
probabiliste
pugiliste
rationaliste
réaliste
régionaliste
ritualiste
royaliste
sansfiliste
sensualiste
simpliste
socialiste
soliste
spécialiste
spiritualiste
styliste
symboliste
syndicaliste
traditionaliste
universaliste
vaudevilliste
violiste
violoncelliste

53

vitaliste
vocabuliste
vocaliste
-lyste
analyste

[plist]

-pliste
simpliste

[klist]

-cliste
cycliste
motocycliste

[blist]

-bliste
ensembliste

[Rist]

-riste
allégoriste
aoriste
armoriste
calembouriste
cámériste
caricaturiste
choriste
cithariste
coloriste
courriériste
évhémériste
figuriste
fleuriste
folkloriste
futuriste
guitariste
herboriste
humoriste
juriste
lazariste
liquoriste
mariste
méhariste
mékhitariste
militariste
miniaturiste
moliériste
naturiste

panégyriste
particulariste
pleinairiste
pépiniériste
puriste
rédemptoriste
rigoriste
satiriste
secouriste
séminariste
sinécuriste
soiriste
terroriste
touriste
utilitariste
volontariste

[tRist]

(-)triste
attriste
contriste
triste

[kRist]

(-)christ
antéchrist
christ

[bRist]

-briste
algébriste
équilibriste

[gRist]

-griste
intégriste

[mist]

-miste
académiste
adamiste
alarmiste
alchimiste
anatomiste
animiste
atomiste
céramiste
chimiste

chou-palmiste
conformiste
dynamiste
économiste
extrémiste
fumiste
iatro-chimiste
islamiste
légitimiste
non-conformiste
optimiste
palmiste
pessimiste
phlébotomiste
physionomiste
polémiste
psalmiste
réclamiste
réformiste
thomiste
transformiste
unanimiste

myste
myste

[nist]

-niste
abolitionniste
abstentionniste
accordéoniste
agoniste
aliéniste
alpiniste
antagoniste
antoiniste
ascensionniste
bâtonniste
botaniste
bouquiniste
calviniste
canoniste
claveciniste
communiste
congréganiste
convulsionniste
corniste
darwiniste
déterministe
deutéragoniste
ébéniste
évolutionniste
excursionniste
expressionniste

54

feuilletonniste
féministe
fusionniste
galéniste
germaniste
harmoniste
helléniste
hispaniste
humaniste
hygiéniste
hymniste
illusionniste
impressionniste
indianiste
janséniste
laniste
latiniste
léniniste
machiniste
martiniste
moderniste
moliniste
opportuniste
organiste
orléaniste
ornemaniste
orphéoniste
pangermaniste
perfectionniste
pianiste
picciniste
prohibitionniste
protagoniste
protectionniste
rabbiniste
révisionniste
romaniste
sioniste
sopraniste
sorboniste
symphoniste
téléphoniste
tritagoniste
unioniste
urbaniste
violoniste

[jist]

-lliste
éventailliste

médailliste
pointilliste
travailliste

-yiste
essayiste

[wist]

whist
whist

whiste
whiste

[twist]

twist
twist

[ɥist]

[kɥist]

-quiste
ubiquiste

[gɥist]

-guiste
linguiste

[vɥist]

-vuiste
revuiste

[zɥist]

-suiste
casuiste

[Rɥist]
[tRɥist]

-truiste
altruiste

————**[istʀ]**[1]————

[bistʀ]

bistre
bistre

[sistʀ]

cistre
cistre

sistre
sistre

[ʒistʀ]

-gistre
enregistre
registre

[nistʀ]

-nistre
administre
ministre
sinistre

[ɥistʀ]

[kɥistʀ]

cuistre
cuistre

————**[isk]**[2]————

[tisk]

-tisque
lentisque

1. Ajouter les pers. 1, 2, 3, 6 de l'ind. et du subj. prés. et la pers. 2 de l'impér. prés. des v. en *-istrer*.
2. Ajouter les pers. 1, 2, 3, 6 de l'ind. et du subj. prés. et la pers. 2 de l'impér. prés. des v. en *-isquer*.

[bisk]

bisque
bisque

[disk]

disc
Compact Disc

disque
disque

[fisk]

fisc
fisc

-fisque
confisque

[sisk]

-cisque
francisque

[lisk]

-lisque
falisque
obélisque
odalisque

[ʀisk]

-risc
tamarisc

(-)risque
astérisque
marisque
risque

[bʀisk]

brisque
brisque

[nisk]

-nisque
chénisque
lemnisque
ménisque
sphénisque

[ɥisk]

[pɥisk]

puisque
puisque

───────[ism]───────

isthme
isthme

-isme
[e-ism]
absentéisme
athéisme
déisme
épicuréisme
manichéisme
monothéisme
panthéisme
polythéisme
sabéisme
saducéisme
séisme
théisme

[a-ism]
archaïsme
dadaïsme
hébraïsme
judaïsme
lamaïsme
mosaïsme
pharasaïsme
prosaïsme

[ɔ-ism]
égoïsme
héroïsme
shintoïsme
taoïsme

[pism]

-pisme
géotropisme
héliotropisme
papisme
priapisme
sinapisme

[tism]

-thisme
prognathisme

-tisme
absolutisme
achromatisme
acrobatisme
anachorétisme
antisémitisme
arthritisme
ascétisme
athlétisme
automatisme
banditisme
béotisme
bigotisme
bonapartisme
cagotisme
comtisme
cosmopolitisme
défaitisme
despotisme
dilettantisme
dogmatisme
donatisme
donquichottisme
éclectisme
égotisme
élitisme
éréthisme
érotisme
exotisme
fanatisme
favoritisme
gâtisme
helvétisme
hermétisme
huguenotisme
hypnotisme
idiotisme
ignorantisme
ilotisme
intolérantisme

jésuitisme
kantisme
lymphatisme
magnétisme
mahométisme
méphitisme
mimétisme
modérantisme
mutisme
narcotisme
népotisme
obscurantisme
occultisme
parachutisme
parasitisme
patriotisme
pédantisme
péripatétisme
phonétisme
piétisme
pragmatisme
presbytisme
prosélytisme
protestantisme
proxénétisme
quiétisme
rachitisme
rhumatisme
romantisme
scientisme
scotisme
scoutisme
sémitisme
séparatisme
sémistisme
spiritisme
sybaritisme
syncrétisme
tarentisme
tolérantisme
traumatisme

[bism]

-bisme
arabisme
lesbisme
monosyllabisme
snobisme
strabisme
syllabisme

[dism]

-dhisme
bouddhisme

-disme
badaudisme
druidisme
hermaphrodisme
mahdisme
méthodisme
monadisme
nudisme
paludisme

-dysme
dandysme

[fism]

-fisme
pacifisme
puffisme

-phisme
anthropomorphisme
graphisme
métamorphisme
néographisme
orphisme
philosophisme
polymorphisme
saphisme
sophisme
théosophisme

[sism]

-cisme
agnosticisme
anglicisme
atticisme
belgicisme
catholicisme
classicisme
criticisme
exorcisme
gallicisme
gnosticisme
grécisme
iotacisme
labdacisme
laïcisme
lambdacisme
mysticisme
ostracisme
psittacisme

rhotacisme
scepticisme
solécisme
stoïcisme

-scisme
fascisme

-sisme
narcissisme
progressisme

-xisme
marxisme

-xysme
paroxysme

[ʃism]

-chisme
anarchisme
catéchisme
fétichisme
gauchisme
je-m'en-fichisme
masochisme
monachisme
monarchisme

schisme
schisme

[vism]

-visme
arrivisme
atavisme
babouvisme
bolchevisme
civisme
collectivisme
exclusivisme
incivisme
panslavisme
positivisme
relativisme
suivisme

[zism]

-sisme
nervosisme

-gisme
analogisme
dialogisme
magisme
néologisme
paralogisme
syllogisme
tabagisme

[lism]

-lisme
alcoolisme
angélisme
animalisme
aristotélisme
automobilisme
cannibalisme
capitalisme
caporalisme
catabolisme
cléricalisme
colonialisme
communalisme
conceptualisme
cyclisme
distributionnalisme
dualisme
évangélisme
existentialisme
fatalisme
fédéralisme
fonctionnalisme
fondamentalisme
formalisme
gaullisme
idéalisme
impérialisme
individualisme
industrialisme
journalisme
libéralisme
loyalisme
maboulisme
machiavélisme
marginalisme
matérialisme
mélisme
mercantilisme
métabolisme
nationalisme

naturalisme
nihilisme
noctambulisme
nominalisme
orientalisme
panmuflisme
pantagruélisme
parallélisme
paternalisme
personnalisme
probabilisme
provincialisme
ptyalisme
radicalisme
rationalisme
réalisme
régionalisme
royalisme
sensualisme
sentimentalisme
socialisme
somnambulisme
spiritualisme
symbolisme
syndicalisme
traditionalisme
triomphalisme
universalisme
vandalisme
verbalisme
vitalisme
vocalisme

[plism]

-plisme
simplisme

[klism]

-clisme
cyclisme

-clysme
cataclysme

[ʀism]

-risme
affairisme
aphorisme
astérisme
autoritarisme

barbarisme
carbonarisme
césarisme
charisme
égalitarisme
empirisme
éphémérisme
épicurisme
ésotérisme
évhémérisme
figurisme
fonctionnarisme
gargarisme
gongorisme
hitlérisme
humorisme
isomérisme
lyrisme
maniérisme
mesmérisme
météorisme
militarisme
naturisme
onirisme
parlementarisme
particularisme
paupérisme
pindarisme
purisme
pythagorisme
quakérisme
rigorisme
terrorisme
totalitarisme
tourisme
unitarisme
utilitarisme
vampirisme
volontarisme

-rysme
bovarysme
torysme

[pʀism]

prisme
prisme

[tʀism]

-trisme
centrisme
égocentrisme
illettrisme

-*vrisme*
anévrisme

-*vrysme*
anévrysme

[mism]

-*misme*
académisme
animisme
atomisme
conformisme
dynamisme
euphémisme
islamisme
légitimisme
non-conformisme
optimisme
panislamisme
pessimisme
thomisme
totémisme
transformisme
unanimisme

[nism]

-*nisme*
albinisme
alpinisme
américanisme
anachronisme
anglicanisme
antagonisme
arianisme
baconisme
bohémianisme
brahmanisme
byzantinisme
calvinisme
cartésianisme
charlatanisme
chauvinisme
christianisme
communisme
crétinisme
culturisme
cynisme
daltonisme
darwinisme
déterminisme

donjuanisme
épicurisme
eugénisme
évolutionnisme
féminisme
futurisme
galénisme
gallicanisme
galvanisme
gasconisme
germanisme
hédonisme
hégélianisme
hégémonisme
héllénisme
hispanisme
humanisme
illuminisme
impressionisme
indianisme
isochronisme
italianisme
jacobinisme
jansénisme
japonisme
laconisme
latinisme
luthéranisme
lyrisme
machinisme
mahométanisme
mandarinisme
mécanisme
modernisme
molinisme
monisme
mormonisme
nanisme
napoléonisme
naturisme
nestorianisme
newtonianisme
œcuménisme
onanisme
opportunisme
organisme
ossianisme
paganisme
pangermanisme
panhellénisme
parachronisme
parisianisme
pélagianisme
philhellénisme
platonisme
presbytéranisme

presbytérianisme
protectionnisme
purisme
puritanisme
pyrrhonisme
rabbinisme
renanisme
républicanisme
romanisme
saint-simonisme
satanisme
saturnisme
sionisme
socinianisme
synchronisme
ultramontanisme
urbanisme
voltairianisme
voyeurisme
vulcanisme
wallonisme
zénonisme

[wism]

[nwism]

-*nouisme*
vichnouisme

[ɥism]

[gɥism]

-*guisme*
bilinguisme
monolinguisme

[fɥism]

-*phuisme*
euphuisme

[ʀɥism]

[tʀɥism]
(-)*truisme*
altruisme
truisme

—————— [iʃ]¹ ——————

[tiʃ]

-tiche
acrostiche
entiche
fétiche
fortiche
hémistiche
pastiche
postiche
potiche
ouiche
potiche

-tisch
scottisch

[kiʃ]

quiche
quiche

[biʃ]

(-)biche
barbiche
biche
cibiche
matabiche
pied-de-biche
ventre-de-biche

[diʃ]

-diche
godiche

[fiʃ]

(-)fiche
affiche
contrefiche
fiche

[ʃiʃ]

-chich
bakchich
hachich

(-)chiche
chiche
poids-chiche

-schisch
haschisch

[viʃ]

-vich
tsarévich

-viche
derviche

[liʃ]

(-)liche
liche
pouliche
pourliche

[kliʃ]

cliche
cliche

[gliʃ]

-glish
english

[ʀiʃ]

(-)riche
bourriche
riche

[tʀiʃ]

triche
triche

[fʀiʃ]

(-)friche
défriche
friche

[miʃ]

miche
miche

[niʃ]

(-)niche
boniche
caniche
corniche
déniche
niche
péniche
pleurniche

-nish
finish
photo-finish

[wiʃ]

[dwiʃ]

-dwich
homme-sandwich
sandwich

—————— [i:v]² ——————

ive
ive

1. Ajouter les pers. 1, 2, 3, 6 de l'ind. et du subj. prés. et la pers. 2 de l'impér. prés. des v. en -icher.
2. Ajouter les pers. 1, 2, 3, 6 de l'ind. et du subj. prés. et la pers. 2 de l'impér. prés. des v. en -iver ; — la pers. 6 de l'ind. prés. et les pers. 1, 2, 3, 6 du subj. prés. des v. revivre, survivre et vivre.

-*ïve*

[a-i:v]

naïve

[ti:v]

-*tive*

abortive
abréviative
abrogative
abstractive
acclimative
accréditive
active
additive
adjective
administrative
admirative
adoptive
affective
affirmative
apéritive
appellative
appréciative
approbative
approximative
assertive
attentive
attractive
attributive
auditive
bourrative
captive
chétive
collective
combative
commémorative
communicative
comparative
complétive
confirmative
congestive
conjonctive
coopérative
consécutive
conservative
constitutive
constrictive
constructive
consultative
contemplative
contraceptive
copulative
corporative
corrective
corrélative

craintive
créative
cumulative
curative
décorative
déductive
définitive
démonstrative
dépréciative
dépurative
dérivative
descriptive
destructive
détective
déterminative
diapositive
digestive
diminutive
directive
disjonctive
distinctive
distributive
dubitative
éducative
effective
élective
émotive
énonciative
énumérative
éruptive
estive
évolutive
exclamative
exécutive
expectative
expéditive
explicative
facultative
fautive
fédérative
fictive
figurative
fricative
fugitive
furtive
générative
gustative
hâtive
imaginative
imitative
impérative
inattentive
incitative
indicative
inductive
inhibitive

initiative
inquisitive
instinctive
instructive
intempestive
interrogative
introductive
introspective
intuitive
invective
inventive
itérative
justificative
laudative
laxative
législative
lénitive
limitative
locative
locomotive
lucrative
méditative
modificative
narrative
native
négative
nutritive
objective
olfactive
palliative
péjorative
performative
perspective
plaintive
portative
positive
prérogative
préservative
présomptive
préventive
primitive
privative
productive
prohibitive
prorogative
prospective
provocative
purgative
putative
qualificative
qualitative
quantitative
rébarbative
récapitulative
réceptive
récréative

rectificative
réductive
réitérative
relative
répétitive
réplétive
représentative
respective
rétive
rétrospective
révélative
revendicative
roborative
rotative
sédative
ségrégative
sélective
sensitive
significative
spéculative
sportive
subjective
tentative
végétative
vindicative
volitive
vomitive
votive

[ki:v]

-*quive*
esquive

[di:v]

(-)*dive*
dive (bouteille)
endive
khédive
maladive
récidive
tardive

[si:v]

(-)*cive*
cive
gencive
nocive
vacive

-*scive*
lascive

-*sive*
agressive
censive
compréhensive
contre-offensive
convulsive
coursive
cursive
défensive
dégressive
digressive
discursive
excessive
expansive
expressive
extensive
impressive
impulsive
inoffensive
lessive
massive
missive
offensive
oppressive
passive
pensive
possessive
poussive
progressive
récessive
régressive
répréhensive
répressive
répulsive
révulsive
subversive
successive
suppressive
suspensive

[ʃi:v]

-*chives*
archives

[vi:v]

(-)*vive*
avive
convive
qui-vive
ravive
revive

survive
vive

[zi:v]

-*sive*
abrasive
abusive
adhésive
allusive
corrosive
décisive
dissuasive
érosive
évasive
exclusive
explosive
implosive
incisive
inclusive
oisive
persuasive

[ʒi:v]

-*give*
ogive

[li:v]

(-)*live*
enjolive
gélive
live
olive
salive
solive

[kli:v]

(-)*clive*
clive
déclive
proclive

[ʀi:v]

(-)*rive*
arrive
dérive
mésarrive
rive

[pʀi:v]	———[i:vʀ]¹———	[sɥi:vʀ]

[pʀi:v]

prive
prive

[kʀi:v]

-crive
décrive
écrive
inscrive
prescrive
proscrive
récrive
souscrive
transcrive

[gʀi:v]

grive
grive

[ni:v]

-nive
connive

[ji:v]

-llive
baillive

[ɥi:v]

[sɥi:v]

(-)suive
ensuive
suive
poursuive

[ʒɥi:v]

juive
juive

———[i:vʀ]¹———

ivre
ivre

[gi:vʀ]

guivre
guivre

[vi:vʀ]

(-)vivre(s)
revivre
savoir-vivre
survivre
vivre
vivres

[ʒi:vʀ]

givre
givre

[li:vʀ]

(-)livre(s)
couvre-livre
délivre
demi-livre
grand-livre
livre
serre-livres

[ni:vʀ]

-nivre
désenivre
enivre

[ɥi:vʀ]

[kɥi:vʀ]

cuivre
cuivre

[sɥi:vʀ]

(-)suivre
ensuivre
suivre
poursuivre

———[i:z]²———

-ïse

[a-i:z]

hébraïse
judaïse
prosaïse

[ɔ-i:z]

éboïse
moïse
Moïse

-yse

dépayse
payse

[ti:z]

-tise

accortise
altise
anathématise
aromatise
attise
baptise
bêtise
contre-expertise
convoitise
cotise
courtise
cytise
débaptise
dogmatise
dramatise

---

1. Ajouter les pers. 1, 2, 3, 6 de l'ind. et du subj. prés. et la pers. 2 de l'impér. prés. des v. en
-ivrer.
2. Ajouter les pers. 1, 2, 3, 6 de l'ind. et du subj. prés. et la pers. 2 de l'impér. prés. des verbes en
-iser et en *-uiser* ; — la pers. 6 de l'ind. prés. et les pers. 1, 2, 3, 6 du subj. prés. des v. en *-uire*,
des v. *contredire, dédire, dire, interdire, médire, prédire, redire* et des v. *confire, déconfire* et *suffire* ;
— le part. passé fém. des v. en *-quérir,* (-)*seoir,* (-)*prendre,* (-)*mettre* et des v. *circoncire* et *occire.*

expertise
fainéantise
fanatise
feintise
galantise
hantise
hypnotise
magnétise
mignotise
pactise
pédantise
poétise
prophétise
puantise
rebaptise
sottise
stigmatise
sympathise
vaillantise

[ki:z]

-quise
acquise
banquise
conquise
emmarquise
enquise
exquise
marquise
reconquise
requise

[bi:z]

(-)bise
bise
brise-bise

-biz
show-biz

[di:z]

-dies
ladies

(-)dise
balourdise
bâtardise
cafardise
cagnardise
chalandise

couardise
débrouillardise
dédise
dise
emparadise
friandise
gaillardise
goguenardise
gourmandise
interdise
jobardise
marchandise
médise
mignardise
musardise
paillardise
papelardise
prédise
redise
ronsardise
roublardise
vantardise

[gi:z]

-guise
aiguise
déguise
guise

-ghize
kirghize

[fiz]

-fise
confise
déconfise
suffise

-physe
apophyse
épiphyse
hypophyse
symphyse

[si:z]

-cise
accise
catholicise
circoncise
concise

excise
exorcise
francise
grécise
imprécise
incise
indécise
laïcise
occise
précise
racise

(-)sise(s)
assise
assises
rassise
sise

[ʃiz]

-chise
catéchise
franchise

[vi:z]

(-)vise
avise
devise
divise
improvise
indivise
ravise (se)
revise
révise
slavise
subdivise
trévise
vise

[ʒi:z]

gise
gise

[li:z]

(-)lise
alise
animalise
balise
brutalise

canalise
centralise
civilise
coalise
cristallise
démoralise
dévalise
égalise
élise
enlise
évangélise
fertilise
fleurdelise
formalise (se)
généralise
idéalise
immobilise
immortalise
légalise
lise
matérialise
mobilise
moralise
naturalise
neutralise
nolise
réalise
réélise
relise
ridiculise
rivalise
scandalise
spiritualise
stérilise
subtilise
symbolise
tranquillise
utilise
valise
verbalise
vocalise
volatilise

-lize

alize

-lyse

analyse
dialyse
diélyse
catalyse
électrolyse
hydrolyse
paralyse
psychanalyse

[gli:z]

-glise

église

[ʀi:z]

-rise

allégorise
autorise
caractérise
cautérise
cerise
dépopularise
familiarise
favorise
gargarise
herborise
irise
martyrise
merise
monseigneurise
particularise
pindarise
popularise
pulvérise
régularise
satirise
sécularise
singularise
temporise
terrorise
thésaurise
vaporise
vulgarise

[pʀi:z]

(-)*prise*

apprise
comprise
déprise
désapprise
emprise
entreprise
éprise
incomprise
malapprise
méprise
prise
rapprise
reprise
surprise

[tʀi:z]

-trise

cicatrise
électrise
maîtrise
prêtrise
symétrise
traîtrise

[kʀi:z]

crise

crise

[bʀi:z]

(-)*brise*

brise
pare-brise

[gʀi:z]

(-)*grise*

dégrise
grise

[fʀi:z]

(-)*frise*

défrise
frise

[mi:z]

(-)*mise*

admise
anatomise
chemise
commise
compromise
démise
économise
émise
entremise
insoumise
mainmise
mise
omise
permise
promise

65

remise
soumise
tamise
thomise
transmise

[ni:z]

-*nise*
adonise
agonise
anise
canonise
colonise
désorganise
divinise
éternise
féminise
fraternise
galvanise
harmonise
humanise
impatronise
indemnise
intronise
latinise
mécanise
organise
préconise
solennise
tympanise
tyrannise

[ji:z]

-*yse*
dépayse
payse

[wi:z]

[mwi:z]

mouise
mouise

[ɥi:z]

[pɥi:z]

(-)*puise*

épuise
puise

[kɥi:z]

(-)*cuise*
cuise
recuise

[dɥi:z]

-*duise*
conduise
déduise
éconduise
enduise
induise
introduise
produise
reconduise
réduise
reproduise
séduise
traduise

[gɥi:z]

-*guise*
aiguise

[lɥi:z]

(-)*luise*
entreluise
luise
reluise

[ʀɥi:z]
[tʀɥi:z]

-*truise*
construise
déconstruise
détruise
instruise
reconstruise

[nɥi:z]

(-)*nuise*
amenuise
menuise
nuise

─────**[i:ʒ]**[1]─────

[piʒ]

pige
pige

-*pyge*
callipyge
stéatopyge

[tiʒ]

(-)*tige*
Coton-Tige
demi-tige
fustige
litige
mitige
prestige
tige
vertige
vestige
voltige

[biʒ]

bige
bige

[diʒ]

-*dige*
prodige
redige

dis-je
dis-je

---

1. Ajouter les pers. 1, 2, 3, 6 de l'ind. et du subj. prés. et la pers. 2 de l'impér. prés. des v. en -*iger* ; − avec l'inversion du sujet, la pers. 1 des v. à l'ind. prés. en -*is* (v. en -*ir*, -*uir*, -*ouir*, -*ire*, -*uire*) et des v. à passé simple en -*is* (voir la liste à la note relative à [itʃ]) ; toutes les formes sont loin d'être usuelles, mais certaines sont très fréquentes, ainsi *dis-je, fis-je, puis-je, suis-je, vis-je,* etc.

[fi:ʒ]

fige
fige

fis-je
fis-je

[zi:ʒ]

-sige
transige

-xige
exige

[li:ʒ]

(-)*lige*
calige
lige
recollige
volige

[bli:ʒ]

-blige
désoblige
oblige

[gli:ʒ]

-glige
néglige

[fli:ʒ]

-flige
afflige
inflige

[ʀi:ʒ]

-rige
aurige
corrige
dirige

érige
recorrige

[tʀi:ʒ]

-trige
strige

[bʀi:ʒ]

-brige
félibrige

[dʀi:ʒ]

-drige
quadrige

[mi:ʒ]

-mige
fumige
rémige

——————**[il]**[1]——————

(-)*hile*
hile
[i-il]
annihile

il
il

-ïl
oïl (langue d')

île
île

-ïle
[ɔ-il]
zoïle

ils
ils

[pil]

-peal
sex-appeal

-pil
goupil

(-)*pile*
compile
dépile
désopile
empile
épile
horripile
pile
primipile

-pille
pupille

-pyle
éolipyle
micropyle

[til]

-thyle
éthyle
méthyle

-t-il
ainsi soit-il
dit-il
est-il

-til
bissextil
pistil
sextil
subtil
tortil
volatil

-tile
aquatile
bissextile
contractile
ductile

---

1. Ajouter les pers. 1, 2, 3, 6 de l'ind. et du subj. prés. et la pers. 2 de l'impér. prés. des v. en
-iler et des v. *distiller, instiller, osciller, scintiller, titiller* et *vaciller*.

érectile
fertile
fluviatile
futile
hostile
infantile
infertile
intactile
inutile
mercantile
mutile
nautile
plicatile
pluviatile
projectile
reptile
rétractile
rutile
saxatile
subtile
tactile
textile
utile
ventile
versatile
vibratile
volatile

-tille

distille
instille
titille

-tyle

aérostyle
bétyle
cotyle
dactyle
épistyle
hypostyle
modern-style
péristyle
prostyle
ptérodactyle
style

[kil]

-qu'île

presqu'île

-quille

tranquille

[bil]

-bil

babil

(-)*bile*

aéromobile
alibile
atrabile
automobile
bile
débile
délébile
habile
hippomobile
immobile
indélébile
inhabile
jubile
labile
locomobile
malhabile
mobile
nubile
obnubile
sébile
strobile
volubile

bill

bill

-byle

kabyle

-bylle

sibylle

[dil]

-dile

crocodile
édile

-dyle

condyle
épicondyle
spondyle

-dylle

idylle

[fil]

(-)*fil(s)*

chenil
compte-fils
contre-fil
coupe-fil
droit-fil
faufil
fenil
fil
fil-à-fil
fournil
morfil
profil
sans-fil

(-)*file*

affile
défaufile
défile
désenfile
éfaufile
effile
enfile
faufile
file
parfile
profile
renfile
serre-file
surfile
tranchefile
tréfile

-phile

anglophile
bédéphile
bibliophile
cinéphile
francophile
germanophile
hémophile
hydrophile
nécrophile
négrophile
œnophile
pédophile
scatophile
spasmophile
xénophile

-phylle

chlorophylle

[sil]

(-)*cil*
cil
stencil

-*cile*
ancile
concile
difficile
docile
domicile
facile
gracile
imbécile
indocile
pœcile

-*cille*
bacille
codicille
colibacille
vacille
verticille

(-)*scille*
oscille
scille

sil
sil

-*sile*
fissile
fossile
missile
préhensile
scissile
sessile
ustensile

sille
sille

-*sylle*
psylle

[ʃil]

-*chille*
tendon d'Achille

chyle
chyle

[vil]

(-)*vil*
civil
incivil
vil

(-)*vile*
civile
incivile
servile
vile

(-)*ville*
baise-en-ville
bidonville
calville
decauville
vaudeville
ville

[zil]

-*sil*
brésil
croisil
frasil
grésil

-*sile*
asile

-*xil*
exil

-*xile*
exile

-*zil*
alguazil

[ʒil]

-*gil*
vigil

-*gile*
agile

arbile
évangile
fragile
strigile
vigile

(-)*gille(s)*
aspergille
gille
gilles
spongille

[Ril]

-*ril*
amaril
baril
béril
courbaril
gril
péril
puéril
terril
toril
viril

-*rile*
puérile
virile
scurrile
stérile

-*ryl*
béryl
chrysobéryl

[bRil]

-*bril*
nombril

-*brile*
antifébrile
fébrile

-*brille*
fibrille

[dRil]

(-)*drill*
drill
mandrill

69

[gʀil]

gril
gril

grill
grill

[vʀil]

-vril
avril

[mil]

(-)*mil*
grémil
mil
tamil

-mile
assimile
désassimile

mille
mille

-myle
amyle

[nil]

-nil
anil
chenil
conil
fenil
fournil
ménil
pénil

-nile
aquamanile
campanile
juvénile
présénile
sénile

-nyle
polyvinyle

-nille
campanille

[ɥil]

huile
huile

[tɥil]

tuile
tuile

————[ilt]————

[tilt]

tilt
tilt

[kilt]

kilt
kilt

————[iltʀ]¹————

[filtʀ]

(-)*filtre*
filtre
infiltre

philtre
philtre

————[ild]————

[tild]

tilde
tilde

[gild]

ghilde
ghilde

guilde
guilde

[ʒild]

gilde
gilde

————[ilf]————

[silf]

silphe
silphe

sylphe
sylphe

————[ilv]————

[silv]

silves
silves

sylve
sylve

————[ilm]————

[film]

(-)*film*
film
microfilm
téléfilm

---

1. Ajouter les pers. 1, 2, 3, 6 de l'ind. et du subj. prés. et la pers. 2 de l'impér. prés. des v. *filtrer* et *infiltrer*.

———— [i:ʀ]¹ ————

-hir

[a-i:ʀ]

dahir
ébahir
envahir
trahir

-ir

[e-i:ʀ]

désobéir
obéir

[ø-i:ʀ]

bleuir

[u-i:ʀ]

brouir
éblouir
écrouir
ouïr

-ïr

[a-i:ʀ]

entre-haïr (s')
haïr

[y-i:ʀ]

amuïr (s')

ire

ire

-ïre

hétaïre
pécaïre
zaïre

[pi:ʀ]

-pir

accroupir
assoupir
charpir
clapir
crépir
croupir
décrépir

déguerpir
demi-soupir
échampir
glapir
réchampir
recrépir
soupir
tapir
tapir (se)

(-)pire

aspire
conspire
empire
expire
inspire
pire
respire
soupire
spire
transpire
vampire

-pyre

apyre
lampyre

[ti:ʀ]

(-)tir

abêtir
aboutir
abrutir
alentir
amatir
amoitir
amortir
anéantir
aplatir
appesantir
appointir
*assentir
assortir
assujettir
avertir
bâtir
blettir
blottir (se)
catir
clatir

compatir
*consentir
convertir
cotir
débâtir
débrutir
décatir
déglutir
démentir
dénantir
*départir
désabrutir
désassortir
désinvestir
dessertir
*dévêtir
divertir
emboutir
empuantir
engloutir
entravertir
garantir
glatir
impartir
intervertir
invertir
investir
lotir
matir
*mentir
moitir
nantir
*partir
pâtir
pervertir
*pressentir
rabêtir
raboutir
ralentir
ramoitir
raplatir
rappointir
rassortir
réassortir
rebâtir
reconvertir
*repartir
répartir
repentir
*repentir (se)
*ressentir

---

1. Ajouter les pers. 1, 2, 3, 6 de l'ind. et du subj. prés. et la pers. 2 de l'impér. prés. des v. en *-irer* ; − la pers. 6 de tous les v. à passé simple en *-is* à la pers. 1 (voir la liste à la note relative à [it]), ex. *ils finirent*.

ressortir
*ressortir
retentir
*revêtir
rôtir
*sentir
sertir
*sortir
subvertir
tir
travestir
*vêtir

(-)tire
attire
détire
étire
retire
satire
soutire
tire

-tyr
martyr

-tyre
martyre
satyre

[ki:ʀ]

(-)kir
fakir
kir

-quire
esquire

-quire
squirre

[bi:ʀ]

-bir
ébaubir
estourbir
fourbir
sabir
subir
vrombir

-bire
sbire

[di:ʀ]

-dir
abalourdir
abasourdir
abâtardir
accouardir
affadir
agrandir
alourdir
anordir
applaudir
approfondir
arrondir
assourdir
attiédir
baudir
blondir
bondir
brandir
candir
dégourdir
déraidir
désenlaidir
déroidir
désourdir
ébaudir (s')
engourdir
enhardir
enlaidir
étourdir
froidir
gaudir
grandir
nadir
nordir
ourdir
ragaillardir
ragrandir
raidir
rebaudir
rebondir
refroidir
resplendir
reverdir
roidir
tiédir
verdir

(-)dire
bien-dire
c'est-à-dire

contredire
dédire (se)
dire
interdire
maudire
médire
ouï-dire
prédire
redire

[gi:ʀ]

-guir
alanguir
languir

[fi:ʀ]

-fir
bouffir

-fire
confire
déconfire
suffire

-phir
képhir
saphir

-phyr
zéphyr

-phyre
lamprophyre
phyre
porphyre

[si:ʀ]

-cir
accourcir
adoucir
amincir
chancir
doucir
durcir
éclaircir
endurcir
enforcir
étrécir
farcir

72

forcir
mincir
noircir
obscurcir
raccourcir
radoucir
rancir
rendurcir
renforcir
renoircir
rétrécir

(-)cire
circoncire
cire
occire
poncire

cirre
cirre

(-)sir
dégrossir
désépaissir
épaissir
grossir
rassir
regrossir
réussir
roussir
sir

(-)sire
messire
sire

-xir
élixir

[ʃiːʀ]

-chir
affranchir
avachir (s')
blanchir
défléchir
défraîchir
dégauchir
enrichir
fléchir
fraîchir
franchir
gauchir

infléchir
louchir
rafraîchir
reblanchir
réfléchir

-chire
déchire

[viːʀ]

-vir
asservir
assouvir
centumvir
*chauvir
décemvir
*desservir
duumvir
élzévir
gravir
havir
quindécemvir
ravir
*resservir
septemvir
*servir
sévir
triumvir

(-)vire
chavire
dévire
navire
revire
trévire
vau-de-vire
vire

[ziːʀ]

-sir
choisir
déplaisir
désir
dessaisir
*gésir
loisir
moisir
plaisir
ressaisir
rosir
saisir
transir
visir

-sire
désire

-zir
vizir

[ʒiːʀ]

-gir
agir
allégir
assagir
dérougir
élargir
élégir
interagir
mégir
mugir
réagir
régir
rélargir
resurgir
rétroagir
rougir
rugir
surgir
vagir

-gire
autogire
hégire

-gyre
autogyre
dextrogyre
hydrargyre
sénestrogyre

[liːʀ]

-lir
abolir
amollir
aveulir
avilir
démolir
dépolir
désensevelir
embellir
ensevelir
mollir

73

pâlir
polir
ramollir
ravilir
repolir
resalir
salir
tripolir

(-)*lire*
délire
élire
lire
réélire
relire
tirelire

(-)*lyre*
collyre
lyre
oiseau-lyre
tétras-lyre

[pli:ʀ]

-*plir*
accomplir
assouplir
désemplir
emplir
remplir

[bli:ʀ]

-*blir*
affaiblir
ameublir
anoblir
ennoblir
établir
faiblir
préétablir
rétablir

[ʀi:ʀ]

-*rir*
*accourir
*acquérir
aguerrir
ahurir
amerrir
aterrir
barrir

chérir
*concourir
*conquérir
*courir
défleurir
dépérir
*discourir
effleurir
enchérir
*encourir
endolorir
*enquérir (s')
entre-secourir
équarrir
*férir
fleurir
guérir
*mourir
mûrir
nourrir
*parcourir
périr
pourrir
*quérir
*reconquérir
*recourir
refleurir
renchérir
*requérir
saurir
*secourir
surenchérir
sûrir
tarir
terrir

(-)*rire*
pince-sans-rire
rire
sourire

[tʀi:ʀ]

-*trir*
flétrir
meurtrir
pétrir

[kʀi:ʀ]

-*crire*
circonscrire
décrire
écrire
inscrire

prescrire
proscrire
récrire
réécrire
réinscrire
retranscrire
souscrire
transcrire

[bʀi:ʀ]

-*brir*
assombrir

[dʀi:ʀ]

-*drir*
amoindrir
attendrir
ramoindrir

[gʀi:ʀ]

-*grir*
aigrir
amaigrir
démaigrir
emmaigrir
maigrir
rabougrir
ramaigrir

[fʀi:ʀ]

-*frir*
*mésoffrir
*offrir
*souffrir

frire
frire

[vʀi:ʀ]

-*vrir*
appauvrir
*couvrir
*découvrir
*entrouvrir
*ouvrir
*recouvrir
*redécouvrir
*rentrouvrir
*rouvrir

[mi:ʀ]

-mir

affermir
blêmir
calmir
casimir
*dormir
émir
*endormir
frémir
gémir
raffermir
*redormir
*rendormir
revomir
vomir

(-)mire

admire
cachemire
jalon-mire
mire
point-de-mire

myrrhe

myrrhe

[ni:ʀ]

-nhir

menhir

-nir

abonnir
abstenir (s')
*advenir
agonir
alunir
aplanir
*appartenir
assainir
*avenir
bannir
bénir
*bienvenir
brunir
*circonvenir
*contenir
*contrevenir
*convenir
définir
dégarnir

démunir
désunir
*détenir
*devenir
dévernir
*disconvenir
embrunir
*entretenir
finir
fournir
garnir
hennir
honnir
*intervenir
jaunir
*maintenir
*mésadvenir
*mésavenir
munir
*obtenir
*obvenir
*parvenir
préfinir
prémunir
*prévenir
*provenir
punir
rabonnir
racornir
rajeunir
rebénir
redéfinir
*redevenir
regarnir
rembrunir
ressouvenir
*ressouvenir (se)
*retenir
réunir
*revenir
revernir
*soutenir
souvenir
*souvenir (se)
*subvenir
*tenir
ternir
unir
*venir
vernir

[ji:ʀ]

-llir

*accueillir

*assaillir
*bouillir
*cueillir
*débouillir
*défaillir
enorgueillir
envieillir
faillir
jaillir
*rebouillir
*recueillir
rejaillir
*saillir
*tressaillir
vieillir

[wi:ʀ]

ouïr

ouïr

[fwi:ʀ]

(-)fouir

enfouir
fouir
refouir
serfouir

[vwi:ʀ]

-vouir

servouir

[ʒwi:ʀ]

(-)jouir

conjouir
éjouir
jouir
réjouir

[ʀwi:ʀ]

rouir

rouir

[nwi:ʀ]

-nouir

épanouir (s')
évanouir (s')

75

[ɥi:ʀ]

luire
reluire

[kɥi:ʀ]

(-)*cuir*
cuir
rond-de-cuir
similicuir

(-)*cuire*
cuire
décuire
recuire

[bɥi:ʀ]

buire
buire

[dɥi:ʀ]

-*duire*
conduire
coproduire
déduire
éconduire
enduire
induire
introduire
méconduire (se)
produire
reconduire
réduire
réintroduire
reproduire
retraduire
séduire
surproduire
traduire

[fɥi:ʀ]

(-)*fuir*
enfuir (s')
fuir
refuir

[lɥi:ʀ]

(-)*luire*
entre-luire

[ʀɥi:ʀ]

[tʀɥi:ʀ]

-*truire*
construire
déconstruire
détruire
entre-détruire
instruire
reconstruire

[bʀɥi:ʀ]
bruir
bruir

bruire
bruire

[mɥi:ʀ]

-*muir*
amuir (s')

muire
muire

[nɥi:ʀ]

(-)*nuire*
entre-nuire (s')
nuire

——— **[irp]**[1] ———

[tiʀp]

-*tirpe*
extirpe

[siʀp]

scirpe
scirpe

——— **[iʀt]** ———

[siʀt]

syrtes
syrtes

[miʀt]

myrte
myrte

——— **[iʀk]** ———

[siʀk]

cirque
cirque

——— **[iʀb]** ———

[biʀb]

birbe
birbe

——— **[iʀf]** ———

[siʀf]

syrphe
syrphe

——— **[iʀs]** ———

[tiʀs]

thyrse
thyrse

[siʀs]

cirse
cirse

---

1. Ajouter les pers. 1, 2, 3, 6 de l'ind. et du subj. prés. et la pers. 2 de l'impér. prés. du v. *extirper*.

—————— **[iʀʃ]** ——————

[kiʀʃ]

kirsch
kirsch

—————— **[iʀm]**[1] ——————

[fiʀm]

(-)firme(s)
affirme (s')
confirme(s)
firme
infirme
infirme(s)

—————— **[im]**[2] ——————

-ïm
[a-im]
zaïm

[pim]

-pimes
opimes

[tim]

team
team

-thyme
cyclothyme
schizothyme

-tim
toutim

-time
centime
estime
illégitime

intime
légitime
maritime
mésestime
optime
septime
ultime
victime

[bim]

-bim
kéroubim

-bîme
abîme

[dim]

-dime
rédime

dîme
dîme

-dyme
didyme

[fim]

-fime
infime

fîmes
fimes

[sim]

(-)cime
cime
décime
écime

cyme
cyme

(-)sim
passim
sim

-sime
amiralissime
amplissime
bellissime
clarissime
éminentissime
excellentissime
fourbissime
généralissime
grandissime
gravissime
ignorantissime
illustrissime
nobilissime
pédantissime
rarissime
révérendissime
richissime
savantissime
sérénissime

-xime
maxime
oxime

[ʃim]

(-)chyme
cacochyme
chyme
mésenchyme
parenchyme

[vim]

vîmes
vîmes

[zim]

-sime
millésime

---

1. Ajouter les pers. 1, 2, 3, 6 de l'ind. et du subj. prés. et la pers. 2 de l'impér. présent des v. en *-irmer*.
2. Ajouter les pers. 1, 2, 3, 6 de l'ind. et du subj. prés. et la pers. 2 de l'impér. prés. des v. en *-imer, -îmer* ; — la pers. 4 de tous les v. à passé simple en *-is* (voir la liste à la note relative à [it]), ex. *nous finîmes*.

77

nonagésime
quadragésime
quinquagésime
septuagésime
sexagésime

(-)*zyme*
azyme
enzyme
zyme

[ʒim]

-*gime*
régime

gym
gym

[lim]

-*lim*
kilim
olim

(-)*lime*
élime
lime
millime

-*lyme*
élyme

[blim]

-*blime*
sublime

[ʀim]

-*rim*
intérim

(-)*rime*
arrime
désarrime
monorime

périme
rime

(-)*rimes*
nourrîmes
rîmes

[pʀim]

(-)*prime*
comprime
déprime
exprime
imprime
opprime
prime
réimprime
réprime
supprime
surprime

prîmes
prîmes

[tʀim]

trime
trime

[kʀim]

-*cream*
cold-cream
ice-cream
jet-cream

(-)*crime*
crime
escrime

[bʀim]

brime
brime

[gʀim]

grime
grime

[fʀim]

frime
frime

[mim]

(-)*mime*
mime
pantomime

[nim]

-*nime*
anime
désenvenime
envenime
longanime
magnanime
minime
pusillanime
ranime
unanime

(-)*nîmes*
finîmes

-*nyme*
abdolonyme
acronyme
anonyme
antonyme
éponyme
homonyme
paronyme
patronyme
pseudonyme
synonyme

[jim]

-*yim*
goyim

———**[imn]**———

hymne
hymne

[timn]

tymne
tymne

(-)*dimne*
dimne
médimne

───── **[in]**[1] ─────

-*ine*
[e-in]
caféine
caséine
codéine
oléine
ostéine
protéine
théine

-*ïne*
[a-in]
cocaïne
procaïne
[ɔ-in]
ambroïne
héroïne

[pin]

-*pine*
alépine
alpine
atropine
aubépine
chopine
cisalpine
clampine
clopine
copine
crépine
épine
galopine
héliotropine
lapine
opine
philippine
poupine
préopine

rapine
rupine
sapine
subalpine
terpine
transalpine
turlupine

pinne
pinne

[tin]

-*thine*
thérébenthine

(-)*tine(s)*
aconitine
adamantine
agglutine
argentine
augustine
barbotine
bénédictine
bisontine
bottine
brigantine
brillantine
buratine
butine
byzantine
cabotine
cantine
carbatine
castine
cavatine
chevrotine
chitine
chryséléphantine
clandestine
clémentine
conglutine
courtine
crétine
dentine
destine
diamantine
diétine
églantine
éléphantine
enfantine

festine
feuillantine
florentine
galantine
gâtine
gélatine
guillotine
intestine
laborantine
langoustine
latine
levantine
libertine
lutine
mâtine
matines
mutine
narcotine
nicotine
nougatine
obstine (s')
ouatine
palatine
patine
pectine
philistine
piétine
platine
pontine
prédestine
ratatine (se)
ratine
rétine
routine
rustine
sabbatine
sacristine
satine
scarlatine
sentine
serpentine
sixtine
sonatine
tantine
tarentine
tartine
tétine
tine
tontine
trappistine
trottine

---

1. Ajouter les pers. 1, 2, 3, 6 de l'ind. et du subj. prés. et la pers. 2 de l'impér. prés. des v. en -*iner*.

[kin]

-chine
trichine

-kine
moleskine

(-)*quine*
acoquine
arlequine
basquine
bouquine
coquine
damasquine
esquine (eau d')
majorquine
mesquine
minorquine
quine
rouquine
taquine

[bin]

(-)*bine*
babine
bambine
bibine
bine
bobine
cabine
carabine
colombine
combine
concubine
débine
embobine
hémoglobine
jacobine
lambine
larbine
maghrébine
maugrabine
rabobine
radine
sabine
trombine
turbine

[din]

-dine(s)
amandine

anodine
badine
baladine
bernadine
blondine
boudine
brigandine
burgaudine
citadine
comptadine
crapaudine
dandine
dodine
gabardine
girondine
gourgandine
gredine
grenadine
incarnadine
jardine
muscadine
nundines
ondine
pardine
périgourdine
rondine
sardine
smaragdine
sourdine
visitandine

dîne
dîne

dyne
dyne

[gin]

-guine
béguine
biguine
consanguine
embéguine
sanguine

[fin]

(-)*fine*
affine
confine
demi-fine
extra-fine

fine
génovéfine
paraffine
raffine
superfine
surfine

-phine
dauphine
morphine

[sin]

-cine(s)
aruspicine
auspicine
balancine
buccine
calcine
capucine
colchicine
coupe-racines
déracine
doucine
enracine
glycine
hallucine
médecine
officine
patrocine
porcine
racine
ratiocine
revaccine
semencine
streptomycine
tire-racine
vaccine
vaticine

-scine
fascine
piscine

-sin
khamsin

-sine
abyssine
alsine
assassine
bassine
bécassine
cassine

80

coussine
crapoussine
dessine
extissine
fuchsine
houssine
messine
moissine
oursine
pepsine

-xine

toxine

(-)*chin*

tchin
tchin-tchin

(-)*chine*

apalachine
archine
chine
échine
machine
trichine

-ve-in

drive-in

(-)*vine*

alévine
angevine
avine
bovine
chauvine
devine
divine
ovine
poitevine
ravine
vine

-sine

asine

avoisine
bloc-cuisine
circonvoisine
cousine
cuisine
emmagasine
gésine
lésine
limousine
magasine
mélusine
résine
saisine
sarrasine
usine
voisine

-zin

muezzin

-zine

benzine
magazine

(-)*gin*

gin
pidgin

-gine

angine
asparagine
aubergine
frangine
imagine
origine
plombagine
rugine
sagine
sauvagine

-gyne

androgyne
misogyne

(-)*jean*

blue-jean
jean

-jinn

djinn

-line(s)

adrénaline
agneline
alcaline
aniline
aquiline
armeline
aveline
bengaline
berline
bouline
câline
cameline
capeline
carline
carmeline
chevaline
colline
coralline
cornaline
crinoline
cristalline
dégouline
digitaline
dodeline
embobeline
encline
féline
figuline
gazoline
géline
gibeline
gosseline
grimeline
insuline
javeline
lanoline
malines
mandoline
manuéline
masculine
micheline
morgeline
mousseline
naphtaline
opaline
orpheline
papaline
pateline
pénicilline

81

percaline
popeline
pouline
praline
ptyaline
saline
santoline
sibylline
taupeline
tourmaline
ursuline
vaseline
vitelline
zibeline
zinzoline

[plin]

-*pleen*
spleen

-*pline*
discipline
indiscipline

[klin]

-*cline*
décline
encline
incline
isocline

[ʀin]

-*rine*
adultérine
aigue-marine
alizarine
amarine
antipyrine
aspirine
aventurine
ballerine
barine
burine
butyrine
castorine
cholérine
clarine
criste-marine
czarine
enfarine
entérine

farine
figurine
glycérine
héparine
mandarine
margarine
marine
monténégrine
narine
nectarine
nitroglycérine
pèlerine
purpurine
saccharine
serine
sous-marine
stéarine
surine
tambourine
taurine
terrine
tsarine
urine
utérine
vérine
verrine
vipérine

[pʀin]

-*prine*
caprine

[tʀin]

(-)*trine(s)*
citrine
dextrine
doctrine
endoctrine
latrines
lèche-vitrines
lettrine
lustrine
poitrine
trine
vitrine

[kʀin]

-*crine*
endocrine
exocrine
sucrine

[bʀin]

-*brine*
ambrine
colubrine
fibrine

[dʀin]

-*drine*
alexandrine
flandrine

-*grine*
chagrine
monténégrine

[vʀin]

-*vrine*
couleuvrine

[min]

(-)*mine*
abomine
achemine
albumine
alumine
amine
amphétamine
balsamine
benjamine
brahmine
calamine
cardamine
chaumine
chemine
condamine
contamine
contre-hermine
contre-mine
culmine
détermine
dissémine
domine
effémine
élimine
enlumine
étamine
examine
extermine
famine

82

flamine
gamine
hémine
hermine
histamine
illumine
incrimine
lamine
mélamine
mine
plaquemine
porte-mine
prédétermine
prédomine
récrimine
rumine
scopolamine
termine
vermine
vitamine

[nin]

-nine

canine
féminine
fescennine
léonine
mezzanine
quinine
santonine
saturnine
strychnine

[win]

[bwin]

-bouine

ambouine
babouine

[dwin]

-douine

bédouine

[gwin]

(-)*gouine*

baragouine

gouine
sagouine

[fwin]

(-)*fouine*

chafouine
fouine

[lwin]

-louine

malouine

[ɥin]

[ʀɥin]

ruine

ruine

[bʀɥin]

bruine

bruine

———**[int]**———

[ʀint]

-rint

forint

[pʀint]

-print

reprint
sprint

———**[ink]**———

[ʀink]

[dʀink]

(-)*drink*

drink

long-drink
soft-drink

———**[iɲ]**[1]———

[piɲ]

(-)*pigne*

pigne
trépigne

[tiɲ]

-tigne

égratigne

[biɲ]

(-)*bigne*

bigne
esbigne (s')

[diɲ]

(-)*digne*

condigne
digne
indigne

[giɲ]

(-)*guigne*

barguigne
guigne

[fiɲ]

-figne

graffigne

[siɲ]

(-)*cygne*

col-de-cygne
cygne

---

1. Ajouter les pers. 1, 2, 3, 6 de l'ind. et du subj. prés. et la pers. 2 de l'impér. prés. des v. en
-igner.

(-)*signe*
assigne
consigne
contresigne
insigne
intersigne
réassigne
signe

[ʃiɲ]

-*chigne*
rechigne

[viɲ]

(-)*vigne*
provigne
vigne

[ziɲ]

-*signe*
désigne
résigne

[liɲ]

(-)*ligne*
aligne
bréviligne
curviligne
entre-ligne
forligne
interligne
ligne
longiligne
maligne
rectiligne
souligne
tire-ligne

[kliɲ]

cligne
cligne

[ʀiɲ]

-*rigne*
érigne

[niɲ]

-*nigne*
bénigne

————[iŋ]————

[piŋ]

-*ping*
antidoping
camping
doping
dumping
jumping
kidnapping
looping
shoping
sleeping
stripping
zapping

[tiŋ]

-*ting*
baby-sitting
betting
footing
karting
lasting
lifting
listing
marketing
meeting
rewriting
sherting
shirting
skating
trotting
yachting

[kiŋ]

-*cking*
cracking
shocking

-*king*
coking
parking
smoking
starking
viking

[diŋ]

-*ding*
antifading
building
fading
holding
plum-pudding
pouding
pudding
standing

[giŋ]

-*ging*
jogging

[fiŋ]

-*fing*
briefing

[ʃiŋ]

-*ching*
dispatching
stretching

-*shing*
brushing

[viŋ]

-*ving*
living

[liŋ]

-*ling*
bowling
curling
feeling
riesling
schelling
schilling
sterling
travelling
yearling

84

[ʀiŋ]

(-)*ring*

clearing
engineering
monitoring
ring
sponsoring

[wiŋ]

-*wing*

rowing
swing

[miŋ]

-*ming*

brainstorming
timing

[niŋ]

-*ning*

aquaplanning
browning
caravaning
planning
training

——————**[ij]**[1]——————

[pij]

(-)*pille*

chou-pille
éparpille
épontille
estampille
étoupille
gaspille
goupille
grappille
houspille
lance-torpille
pampille
papille
pille

roupille
torpille

[tij]

(-)*tille(s)*

apostille
bastille
béatille(s)
broutille
cannetille
cantatille
courtille
croustille
détortille
écoutille
émoustille
entortille
épontille
flottille
frétille
gentille
lentille
mantille
mercantille
myrtille
outille
pacotille
pastille
pétille
pille
pointille
sapotille
sautille
scintille
tille
tormentille
tortille
vétille

[kij]

(-)*quille*

béquille
coquille
écarquille
esquille
jonquille
maquille
quille
resquille
roquille

[bij]

(-)*bille*

babille
bille
bisbille
brusquembille
déshabille
escarbille
gambille
habille
rhabille

[dij]

-*dille*

armadille
brandille
brindille
cédille
fendille
godille
grenadille
mandille
mordille
peccadille
pendille
séguedille
spadille

[gij]

-*guille*

anguille

[fij]

(-)*fille*

belle-fille
fille
fifille
petite-fille

[sij]

(-)*cille*

cille
décille

---

1. Ajouter les pers. 1, 2, 3, 6 de l'ind. et du subj. prés. et la pers. 2 de l'impér. prés. des v. en -*iller*.

85

faucille
sourcille

-sille
boursille
dessille

[vij]

-ville
cheville
recroqueville

[zij]

-sille
bousille
brésille
égosille (s')
fusille
grésille
nasille
résille

[ʀij]

-rille
banderille
essorille

gorille
morille
zorille

[tʀij]

(-)*trille*
étrille
trille

[bʀij]

(-)*brille*
brille
fibrille

[dʀij]

(-)*drille*(s)
drille
effondrilles
escadrille
espadrille
quadrille
soudrille

[gʀij]

grille
grille

[vʀij]

vrille
vrille

[mij]

-mille
armille
belle-famille
camomille
charmille
famille
fourmille
ormille
ramille
smille

[nij]

-nille
autochenille
chenille
cochenille
coronille
dégueunille
échenille
guenille
mancenille
manille
souquenille
vanille

[ɥij]

[gɥij]

-guille
aiguille
anguille
porte-aiguille

[e]

ai
ai

-é
[i-e]
approprié
crié
démultiplié
expatrié
exproprié
inapproprié
oublié
plié
prié
publié
rapatrié
strié
trié

[e-e]
agréé
créé
incréé
recréé

[a-e]
hippophaé

[ɔ-e]
méloé
zoé

[u-e]
cloué
écroué
encroué

floué
rabroué
troué

[ɥ-e]
englué
obstrué

-ë
canoë

-ée
[i-e]
criée

[e-e]
agréée
créée
incréée
recréée

[u-e]
brouée
clouée
écrouée
flouée
rabrouée
trouée

eh
eh

-er
[i-e]
approprier
arbalétrier
baudrier
bersaglier

bouclier
câblier
calendrier
camphrier
câprier
cendrier
chambrier
chanvrier
chartrier
chasublier
chevrier
chiffrier
cloîtrier
coudrier
crier
décrier
démultiplier
dépatrier
déplier
déprier
désapproprier
destrier
doublier
écrier (s')
encrier
ensemblier
épinglier
étrier
expatrier
exproprier
fablier
février
gaufrier
genévrier
giroflier
huîtrier
lévrier
madrier

1. Ajouter la pers. 5 de l'ind. et de l'impér. prés., la pers. 1 du passé simple et le part. passé, masc. et fém., des v. en *-éer, -blier,* (-)*plier,* (-)*crier,* (-)*prier,* (-)*trier,* (-)*clouer,* (-)*flouer, -brouer, -crouer,* (-)*trouer, -bluer,* (-)*fluer,* (-)*gluer, -truer* et des v. *frouer* et *interviewer* ; — la pers. 5 de l'ind. imp. et du subj. prés. des v. en *-bler, -cler, -fler, -gler, -pler, -brer, -crer, -drer, -frer, -grer, -prer* et *-trer* ; — la pers. 5 du cond. prés. des v. en (-)*tenir,* (-)*venir, -loir,* (-)*voir* (*pouvoir* excepté), *-andre, -aindre, -endre, -eindre, -ondre,* (-)*oindre, -ordre, -oudre,* (-)*battre,* (-)*mettre,* (-)*perdre,* (-)*rompre* et du v. *sourdre.*

87

manglier
manœuvrier
manouvrier
marbrier
ménétrier
meurtrier
muflier
multiplier
néflier
négrier
onglier
oublier
ouvrier
peuplier
plâtrier
plier
poivrier
poudrier
prier
publier
rapatrier
rapproprier
récrier (se)
remplier
replier
sablier
salpêtrier
sanglier
scaphandrier
semestrier
strier
sucrier
supplier
tablier
templier
trier
vinaigrier
vitrier

[e-e]

agréer
béer
créer
dégréer
désagréer
énucléer
gréer
guéer
maugréer
procréer
ragréer
recréer

réer
regréer
suppléer
toréer

[u-e]

afflouer
clouer
déclouer
désenclouer
ébrouer (s')
écrouer
enclouer
flouer
frouer
rabrouer
reclouer
renflouer
trouer

[y-e]

abluer
affluer
confluer
décruer
dégluer
désobstruer
engluer
fluer
gluer
influer
obstruer
refluer
tonitruer

et

et

-ez

[i-e]

massacriez
pendriez
renâcliez
sembliez
sombriez
souffriez
tiendriez
vaincriez
viendriez
voudriez

(-)hé
hé
évohé
ohé

[pe][1]

(-)pé
adipé
agrippé
anticipé
apocopé
attrapé
campé
canapé
chaloupé
coïnculpé
constipé
coupé
crêpé
crispé
croupé
découpé
désoccupé
développé
dissipé
drapé
dupé
échappé
écharpé
éclopé
émancipé
entrecoupé
enveloppé
équipé
escarpé
estompé
étripé
extirpé
frappé
fripé
grippé
groupé
handicapé
harpé
houppé
huppé
inculqué
inoccupé
jaspé
lampé

---

1. Ajouter la pers. 5 de l'ind. et de l'impér. prés., la pers. 1 du passé simple et le part. passé, masc. et fém., des v. en -*per* ; − la pers. 5 de l'ind. et de l'impér. prés. des v. *corrompre, interrompre* et *rompre*.

lapé
loupé
nippé
occupé
palpé
pé
pépé
pipé
préoccupé
râpé
récipé
rescapé
sapé
soupé
sous-développé
stéréotypé
syncopé
tapé
taupé
trempé
trompé
typé
usurpé

-pée

f. fém. de cert. mots
    en *-pé*
après-soupée
cassiopée
cépée
coupée
développée
échappée
enveloppée
épée
épopée
équipée
éthopée
flopée
grimpée
houpée
lampée
lippée
mélopée
napée
onomatopée
pépée
pharmacopée
pipée
porte-épée
poupée
priapée
prosopopée
recépée
ripopée

tapée
trempée

-per

[i-pe]

agripper
anticiper
chiper
constiper
défriper
dégripper
dissiper
émanciper
équiper
étriper
exciper
flipper
friper
gripper
nipper
participer
piper
riper
stéréotyper
typer

[ir-pe]

extirper

[is-pe]

crisper
décrisper

[e-pe]

recéper

[ɛ-pe]

crêper
décrêper
encrêper
stepper

[a-pe]

attraper
clapper
décaper
déraper
dérâper
draper
échapper
écharper
égrapper
entre-frapper(s')
étraper
frapper
gouaper
handicaper

happer
japper
kidnapper
laper
napper
râper
rattraper
rechaper
réchapper
refrapper
retaper
saper
taper
zapper

[as-pe]

jasper

[al-pe]

désalper
inalper (s')
palper
scalper

[aʀ-pe]

écharper
escarper
harper

[ɔ-pe]

achopper
choper
développer
doper
droper
échopper
écloper
écoper
envelopper
galoper
magnétoscoper
radioscoper
renvelopper
saloper
stopper
syncoper
télescoper
toper
varloper

[u-pe]

après-souper
attrouper
chalouper
couper
découper
dégrouper
détouper

éhoupper
entrecouper
étouper
grouper
houper
houpper
louper
recouper
regrouper
souper
surcouper

[y-pe]
duper
occuper
préoccuper
réoccuper

[yl-pe]
dépulper
disculper
inculper
pulper

[yʀ-pe]
usurper

[ə-pe]
receper

[ɛ̃-pe]
grimper
guimper
regrimper

[ɑ̃-pe]
attremper
camper
décamper
détremper
escamper
estamper
étamper
lamper
ramper
retremper
tremper

[ɔ̃-pe]
détromper
estomper
pomper
tromper

[te][1]

-tae
curriculum vitae

-te
al dente
andante
exante
farniente
forte
pianoforte

(-)té
té

[i-te]
abrité
absurdité
acceptabilité
accessibilité
acerbité
acidité
acquisivité
acquitté
activité
actualité
acuité
adhésivité
adiposité
admissibilité
adversité
affabilité
affectivité
affinité
agilité
agité
agressivité
alacrité
aliénabilité
alité
altérabilité
amabilité
aménité
amoralité
amovibilité
anfractuosité
animalité
animosité
annualité
annuité

antériorité
antiquité
applicabilité
aquosité
aridité
aspérité
atomicité
atrocité
audibilité
austérité
authenticité
automaticité
autorité
avidité
banalité
bénédicité
bénignité
bestialité
bisexualité
blésité
brévité
brutalité
caducité
calamité
callosité
canonicité
capacité
capillarité
captivité
catholicité
causalité
causticité
cavité
cécité
célébrité
célérité
cessibilité
charité
chronicité
cité
civilisé
clandestinité
coercibilité
collectivité
collégialité
combativité
combustibilité
comestibilité
comité
commodité
communicabilité

---

1. Ajouter la pers. 5 de l'ind. et de l'impér. prés., la pers. 1 du passé simple et le part. passé, masc. et fém., des v. en -ter ; — la pers. 5 de l'ind. et de l'impér. prés. des v. en *-tir, (-)battre et (-)mettre.

compacité
compatibilité
compétitivité
complémentarité
complexité
complicité
compréhensibilité
compressibilité
comptabilité
concavité
conductibilité
conductivité
confiscabilité
conformité
confraternité
connexité
consanguinité
constitutionnalité
consubstantialité
contagiosité
contemporanéité
contractilité
contre-vérité
conventualité
convertibilité
convexité
convivialité
cordialité
corporalité
corrigibilité
corruptibilité
créativité
crédibilité
crédulité
criminalité
crudité
culpabilité
cupidité
curabilité
curiosité
débilité
débité
décapité
déclivité
défectuosité
dégressivité
déité
densité
dépité
déshabité
déshérité
destructibilité
destructivité
dextérité
diaphanéité
difformité

digestibilité
digité
dignité
dilatabilité
discrédité
disparité
disponibilité
diversité
divinité
divisibilité
docilité
domesticité
dualité
ductibilité
duplicité
durabilité
édilité
édité
éducabilité
efficacité
effrité
égalité
élasticité
électivité
électricité
éligibilité
ellipticité
émotivité
énormité
entité
équité
étanchéité
été
éternité
éventualité
évité
évocabilité
excentricité
excitabilité
excité
exclusivité
exemplarité
exhaustivité
exigibilité
exorbité
expansibilité
expansivité
explicabilité
expressivité
exquisité
extensibilité
extériorité
exterritorialité
extrémité
facilité
faillibilité

familiarité
fatalité
fébrilité
fécondité
félicité
féminité
féodalité
fermentescibilité
férocité
fertilité
festivité
fétidité
fiabilité
fidélité
finalité
fiscalité
fixité
flaccidité
flatuosité
flexibilité
flexuosité
flottabilité
fluidité
fongibilité
fongosité
formalité
fragilité
francité
fraternité
friabilité
frigidité
frilosité
frivolité
frugalité
fugacité
fusibilité
futilité
généralité
générosité
gentilité
gibbosité
gîté
globalité
gracilité
granité
gravidité
gravité
grécité
habilité
habitalité
habité
haute-fidélité
hérédité
hérité
héroïcité
hétérogénéité

hététicité
hilarité
historicité
homogénéité
homosexualité
honorabilité
horizontalité
hospitalité
hostilité
humanité
humidité
humilité
idéalisé
identité
illégalité
illégitimité
illimité
illisibilité
imbécillité
imité
immatérialité
immaturité
immensité
immérité
immobilité
immoralité
immortalité
immuabilité
immunité
immutabilité
imparité
impartialité
impassibilité
impeccabilité
impécuniosité
impénétrabilité
imperceptibilité
imperfectibilité
imperméabilité
impersonnalité
imperturbabilité
impétuosité
implacabilité
impondérabilité
impopularité
importunité
impossibilité
impraticabilité
imprescriptibilité
impressionnabilité
improbabilité
improbité
impudicité
impulsivité
impunité
imputabilité

imputrescibilité
inabrité
inaccessibilité
inactivité
inadmissibilité
inaliénabilité
inaltérabilité
inamissibilité
inamovibilité
inanité
inapplicabilité
incapacité
incessibilité
incivilité
incoercibilité
incombustibilité
incommensurabilité
incommodité
incommunicabilité
incommutabilité
incompatibilité
incompréhensibilité
incompressibilité
inconciliabilité
inconstitutionnalité
incorrigibilité
incorruptibilité
incrédibilité
incrédulité
incurabilité
incuriosité
indéfectibilité
indemnité
indescriptibilité
indestructibilité
indignité
indisponibilité
indissolubilité
individualité
indivisibilité
indocilité
ineffabilité
inefficacité
inégalité
inéligibilité
inéluctabilité
inexigibilité
inexplicabilité
inextensibilité
inextricabilité
infaillibilité
infatigabilité
infécondité
infériorité
infertilité
infidélité

infinité
infirmité
inflammabilité
inflexibilité
infusibilité
ingéniosité
inhabité
inhospitalité
inhumanité
inintelligibilité
iniquité
innéité
inopportunité
insalubrité
insanité
insatiabilité
insécurité
insensibilité
inséparabilité
insipidité
insociabilité
insolubilité
insolvabilité
instabilité
instantanéité
insubmersibilité
insularité
intangibilité
intégralité
intégrité
intellectualité
intelligibilité
intensité
intériorité
intimité
intransitivité
intransmissibilité
intrépidité
inusité
inutilité
invalidité
invariabilité
invendabilité
invincibilité
inviolabilité
invisibilité
invité
invulnérabilité
irascibilité
irréalité
irréductibilité
irrégularité
irrémissibilité
irrépréhensibilité
irréprochabilité
irrésistibilité

irresponsabilité
irréversibilité
irrévocabilité
irritabilité
irrité
isolabilité
jovialité
judaïcité
juvénilité
laïcité
lascivité
latinité
légalité
légitimité
libéralité
limité
limpidité
linéarité
liquidité
lisibilité
littéralité
lividité
localité
longanimité
longévité
loquacité
lubricité
lucidité
luminosité
magnanimité
majorité
malignité
malléabilité
maniabilité
marginalité
marmité
masculinité
matérialité
maternité
matité
maturité
médiocrité
médité
mendicité
mensualité
mentalité
mérité
méticulosité
minorité
mixité
mobilité
modalité
modernité
modicité
mondanité
monstruosité

moralité
morbidité
mordacité
morosité
mortalité
motilité
motricité
mucosité
multiplicité
municipalité
musicalité
mutabilité
mutité
mutualité
mysticité
natalité
nationalité
nativité
naturalité
navigabilité
nébulosité
nécessibilité
nécessité
nervosité
neutralité
nocivité
nodosité
normalité
notabilité
nubilité
nudité
nuisibilité
nullité
obésité
objectivité
obscénité
obscurité
obséquiosité
œcuménicité
officialité
onctuosité
opacité
opportunité
oralité
originalité
paisibilité
parité
partialité
particularité
passibilité
passivité
paternité
pénalité
pénétrabilité
perceptibilité
pérégrinité

pérennité
perfectibilité
périodicité
perméabilité
permissivité
permittivité
permutabilité
perpendicularité
perplexité
personnalité
perspicacité
perversité
pilosité
placidité
plasticité
plausibilité
pluralité
polarité
ponctualité
popularité
porosité
possibilité
postériorité
postérité
praticabilité
précarité
préciosité
précipité
précité
précocité
prémédité
prescriptibilité
prévisibilité
priorité
probabilité
probité
proclivité
prodigalité
progressivité
prolixité
proportionnalité
prospérité
proximité
publicité
pudicité
puérilité
pugnacité
pupillarité
pusillanimité
putrescibilité
putridité
qualité
quantité
quiddité
quitté
quotité

radioactivité
rancidité
rapacité
rapidité
rationalité
raucité
réactivité
réalité
réceptivité
recevabilité
réciprocité
récité
réductibilité
rééligibilité
réflexibilité
réfrangibilité
régularité
réhabilité
relativité
religiosité
rémissibilité
rentabilité
représentativité
reproductibilité
résistivité
respectabilité
responsabilité
rétivité
rétractilité
rétroactivité
réversibilité
révocabilité
ridiculité
rigidité
risibilité
rivalité
romanité
rotondité
rugosité
rusticité
sagacité
sagitté
salacité
salinité
salubrité
sapidité
scolarité
scurrilité
sécularité
sécurité
sédentarité
sélectivité
sénilité
séniorité
sensibilité
sensualité

sentimentalité
sérénité
sérosité
serviabilité
servilité
sévérité
sexualité
siccité
similarité
simplicité
simultanéité
sincérité
singularité
sinuosité
sociabilité
solennité
solidarité
solidité
solubilité
solvabilité
sommité
somptuosité
sonorité
sordidité
spécialité
spécificité
spéciosité
sphéricité
spiritualité
spongiosité
spontanéité
sportivité
stabilité
stérilité
stupidité
suavité
subalternité
subjectivité
sublimité
substantialité
subtilité
successibilité
supériorité
surdi-mutité
surdité
susceptibilité
taciturnité
tactilité
tangibilité
technicité
témérité
temporalité
ténacité
territorialité
théâtralité
timidité

tonalité
tonicité
tortuosité
totalité
toxicité
tranquillité
transidité
translucidité
transmissibilité
transmutabilité
triennalité
trinité
triplicité
trivialité
tubérosité
turbidité
unanimité
unicité
uniformité
unité
universalité
université
univocité
urbanité
usité
utilité
validité
vanité
variabilité
vassalité
velléité
vélocité
vénalité
vendabilité
ventosité
véracité
verbosité
véridicité
vérité
versatilité
verticalité
viabilité
vicinalité
villosité
vinosité
virginité
virilité
virtualité
virtuosité
viscosité
visibilité
vitalité
vivacité
volatilité
volubilité
voracité

vulgarité
vulnérabilité
[ɥi-te]
acuité
ambiguïté
annuité
assiduité
congruité
contiguïté
continuité
discontinuité
ébruité
exiguïté
fatuité
fruité
gratuité
incongruité
ingénuité
innocuité
nocuité
obliquité
perpétuité
perspicuité
promiscuité
saugrenuité
superfluité
ténuité
truité
ubiquité
vacuité
viduité

[ik-te]
dicté
édicté

[is-te]
assisté
attristé
dépisté
désisté
enkysté
résisté

[e-te]
affété
affrété
copropriété
décrété
ébriété
été
gaieté
gaîté
hébété
impropriété
interprété

nue-propriété
propriété
répété
sobriété

[je-te]
anxiété
contrariété
impiété
mont-de-piété
notoriété
piété
satiété
société
variété

[ɛ-te]
aigretté
allaité
apprêté
arrêté
bretté
crêté
embêté
endetté
entêté
fêté
gaieté
guetté
laité
levretté
prêté
quêté
regretté
retraité
souhaité
traité

[jɛ-te]
émietté

[wɛ-te]
fouetté
pirouetté

[ɛp-te]
accepté
excepté

[ɛk-te]
affecté
désaffecté
humecté
injecté
inspecté
respecté

[ɛs-te]
admonesté
attesté
contesté
détesté
empesté
incontesté
lèse-majesté
lesté
majesté
manifesté
prétexté
resté

[ɛʀ-te]
cherté
concerté
déconcerté
déserté
fierté
liberté
puberté

[jɛʀ-te]
fierté

[a-te]
acclimaté
casematé
chocolaté
constaté
cravaté
daté
dératé
déshydraté
dilaté
éclaté
épaté
flatté
frelaté
horodaté
hydraté
karaté
mandaté
maté
natté
ouaté
phosphaté
raté
relaté
sulfaté

[wa-te]
convoité
doigté
emboîté
exploité
inexploité

95

miroité
ouaté

[ap-te]

adapté
capté
inadapté

[ak-te]

autotracté
cataracté
contracté
décontracté
lacté
rétracté

[as-te]

contrasté
dévasté
hasté

[al-te]

exalté

[aʀ-te]

aparté
clarté
écarté

[α-te]

bâté
démâté
empâté
gâté
hâté
pâté

[ɔ-te]

abricoté
aligoté
azoté
ballotté
botté
cacaoté
coté
cotté
crotté
culotté
débotté (au)
dorloté
doté
emberlificoté
emmotté
émotté
empoté
ensaboté
ergoté
escamoté
fagoté

flotté
frisotté
frotté
grignoté
mijoté
noté
numéroté
picoté
piloté
raboté
ravigoté
saboté
santé
tarabiscoté
taroté
tricoté
tripoté

[ɔp-te]

adopté

[ɔk-te]

décocté

[ɔs-te]

posté

[ɔl-te]

récolté
révolté

[ɔʀ-te]

aéroporté
apporté
avorté
déporté
emporté
escorté
héliporté
porté
rapporté
réconforté
transporté

[o-te]

à-côté
amirauté
bas-côté
beauté
biseauté
chapeauté
communauté
côté
cruauté
nouveauté
ôté
papauté
point-de-côté

prévôté
primauté
principauté
privauté
sauté
vice-amirauté

[jo-te]

déloyauté
loyauté
royauté
tuyauté
vice-royauté

[u-te]

ajouté
clouté
débouté
dégoûté
dérouté
écouté
égoutté
encroûté
envoûté
redouté
velouté
voûté

[uʀ-te]

écourté

[y-te]

affûté
amputé
buté
butté
convoluté
député
discuté
disputé
exécuté
flûté
futé
inexécuté
irréfuté
permuté
persécuté
réfuté
réputé
verjuté

[yp-te]

volupté

[ys-te]

ajusté
incrusté

vénusté
vétusté
[yl-te]
consulté
difficulté
exulté
faculté
insulté
sculpté
[ø-te]
ameuté
bleuté
[œR-te]
heurté
[ə-te]
acheté
âcreté
ancienneté
âpreté
breveté
brièveté
briqueté
cacheté
chasteté
chétivité
citoyenneté
cochonceté
colleté
croiseté
débonnaireté
déchiqueté
décolleté
déjeté
démoucheté
déshonnêteté
dureté
duveté
échiqueté
empaqueté
entièreté
étiqueté
étrangeté
expérimenté
fausseté
fermeté
feuilleté
fleureté
gileté
gracieuseté
grièveté
grossièreté
habileté
hâtiveté

honnêteté
impureté
inhabileté
jarreté
jeté
joyeuseté
lâcheté
lasciveté
légèreté
malhabileté
malhonnêteté
malpropreté
marqueté
méchanceté
mitoyenneté
mocheté
moucheté
naïveté
netteté
oisiveté
opiniâtreté
pailleté
parqueté
pauvreté
piqueté
plumeté
pocheté
pommeté
propreté
pureté
rareté
recroiseté
sainteté
saleté
soudaineté
souffleté
souveraineté
sûreté
suzeraineté
tacheté
tardiveté
tendreté
tiqueté
vergeté
vileté
[ɛ̃ -te]
absinthé
éreinté
esquinté
reinté
teinté
tinté
[jɛ̃ -te]
chrétienté

[wɛ̃ -te]
accointé
appointé
court-jointé
désappointé
épointé
jointé
long-jointé
pointé
[ɑ̃ -te]
accidenté
agrémenté
aimanté
alimenté
apparenté
argenté
assermenté
augmenté
charpenté
cimenté
comté
denté
désargenté
désorienté
documenté
ébouillanté
édenté
enchanté
endenté
endiamanté
enrégimenté
ensanglanté
enté
épouvanté
éventé
exempté
expérimenté
fermenté
fomenté
fragmenté
fréquenté
ganté
hanté
inexpérimenté
infréquenté
insermenté
intenté
inventé
mouvementé
orienté
ornementé
parenté
patenté
pigmenté
pimenté

97

planté
présenté
renté
rudenté
santé
tenté
tourmenté
vanté
venté

[ɑ̃-te]

brillanté

[ɔ̃-te]

affronté
bonté
compté
comté
conté
déhonté
démonté
effronté
éhonté
incompté
indompté
monté
ponté
raconté
remonté
surmonté
vicomté
volonté

[œ̃-te]

emprunté

-tée

f. fém. de cert. mots
  en -té

assiettée
bractée
brouettée
butée
cactée
charretée
chattée
déculottée
dentée
dictée
flûtée
frottée
futée
hottée
jattée
jetée
jointée

lactée
litée
montée
nitée
nuitée
pâtée
pelletée
platée
pochetée
portée
potée
protée
remontée
tétée
tripotée

(-)thé

passe-thé
synthé
thé

-thée

athée
panthée

-ter

[i-te]

abriter
accréditer
acquitter
agiter
aliter
citer
cogiter
cohabiter
coïter
commanditer
créditer
crépiter
débiliter
débiter
décapiter
décréditer
dégurgiter
délimiter
déliter
démériter
déparasiter
dépiter
déshériter
désinviter
discréditer
dynamiter
éditer
effriter

éviter
exciter
expliciter
faciliter
féliciter
gîter
graniter
graviter
habiliter
habiter
hériter
hésiter
imiter
inciter
ingurgiter
inviter
irriter
liciter
limiter
méditer
mériter
militer
miter (se)
nécessiter
palpiter
péricliter
précipiter
préméditer
profiter
quitter
racquitter
réciter
rééditer
régurgiter
réhabiliter
réinviter
ressusciter
solliciter
surexciter
susciter
transiter
visiter

[ɥi-te]

annuiter (s')
cuiter (se)
ébruiter
effruiter

[ip-te]

crypter
décrypter

[ik-te]

dicter
édicter

98

[if-te]
lifter

[is-te]
assister
attrister
coexister
consister
contrister
dépister
désattrister
désister (se)
enkyster (s')
exister
insister
persister
pister
préexister
résister
subsister

[in-te]
sprinter

[wis-te]
twister

[e-te]
affréter
appéter
compéter
compléter
décompléter
décréter
excréter
fréter
hébéter
interpréter
péter
refléter
répéter
rouspéter
secréter
sécréter
téter
végéter

[je-te]
empiéter
inquiéter
piéter

[ε-te]
affaiter
affaîter
allaiter
apprêter
arrêter

brouetter
désentêter
écrêter
embêter
endetter
enfaîter
enquêter
entêter
étêter
facetter
fêter
fretter
gretter
guetter
maltraiter
prêter
quêter
racketter
rapprêter
regretter
retraiter
souhaiter
tempêter
toiletter
traiter

[jε-te]
émietter

[wε-te]
fouetter
pirouetter
silhouetter
souhaiter

[εp-te]
accepter
excepter
intercepter

[εk-te]
affecter
becter
collecter
connecter
débecter
déconnecter
délecter (se)
désaffecter
désinfecter
éjecter
humecter
infecter
injecter
inspecter
interjecter
objecter

prospecter
respecter
suspecter

[εk-ste]
prétexter

[εs-te]
admonester
attester
contester
contre-manifester
délester
détester
empester
ester
infester
lester
manifester
molester
pester
prester
protester
rester
tester
zester

[εR-te]
alerter
concerter
déconcerter
déserter
disserter
fauberter

[a-te]
acclimater
antidater
baratter
calfater
carapater (se)
casemater
chatter
colmater
constater
cravater
dater
délatter
dénatter
dérater
dilater
éclater
empatter
épater
érater
flatter
frelater

99

gratter
latter
mandater
mater
natter
ouater
pirater
postdater
rater
regratter
relater
sulfater
translater

[wa-te]

boiter
convoiter
déboîter
doigter
emboîter
exploiter
miroiter
ouater
remboîter
squatter

[ap-te]

adapter
capter
réadapter

[ak-te]

compacter
contacter
contracter
décontracter
détracter
jacter
réfracter
rétracter

[as-te]

contraster
dévaster

[al-te]

asphalter
calter
exalter
malter

[aʀ-te]

écarter
encarter
essarter
farter
quarter

[aj-te]

rewriter

[aw-te]

lock-outer

[ɑ-te]

appâter
bâter
débâter
démâter
embâter
empâter
gâter
hâter
mâter
retâter
tâter

[ɔ-te]

accoter
annoter
argoter
assoter
asticoter
bachoter
baisoter
balloter
barboter
bécoter
bibeloter
botter
boulotter
boursicoter
boycotter
buvoter
caboter
cachotter
cahoter
calotter
cameloter
canoter
capoter
carotter
chènevotter
chevroter
chicoter
chipoter
chuchoter
clapoter
clignoter
comploter
connoter
coter
crachoter
crotter

culotter
débotter
décalotter
décapoter
décrotter
déculotter
dégoter
dénoter
dépoter
dorloter
doter
emberlificoter
emmenotter
émotter
empoter
ergoter
escamoter
fagoter
flotter
fricoter
frisotter
frotter
gargoter
garrotter
gigoter
gobelotter
grelotter
grignoter
gringotter
jaboter
ligoter
mangeotter
marcotter
margoter
marmotter
mégoter
mendigoter
menotter
mignoter
mijoter
motter (se)
noter
nageoter
numéroter
papoter
peloter
pianoter
picoter
piloter
pinçoter
pissoter
pivoter
raboter
radoter
ragoter
ravigoter

reculotter
remmailloter
rempoter
riboter
roter
saboter
sangloter
siffloter
siroter
suçoter
tapoter
tarabiscoter
tournicoter
toussoter
traficoter
trembloter
tricoter
tripoter
trotter
vivoter
voter
zozoter

[jɔ-te]

agioter
charioter
démailloter
emmailloter
folioter
papilloter
rabioter
rioter
travailloter

[ɔp-te]

adopter
coopter
opter

[ɔk-te]

concocter

[ɔs-te]

accoster
aposter
composter
déposter
poster
riposter

[ɔl-te]

récolter
révolter
survolter
virevolter
volter

[ɔR-te]

apporter
avorter
colporter
comporter
conforter
déconforter
déporter
emporter
escorter
exhorter
exporter
importer
porter
prêt-à-porter
rapporter
réconforter
réexporter
réimporter
remporter
reporter
supporter
transporter

[o-te]

biseauter
chapeauter
fauter
ôter
panneauter
poireauter
ressauter
sauter
sursauter
tressauter

[jo-te]

dénoyauter
dépiauter
noyauter
tuyauter

[os-te]

toaster

[u-te]

abouter
ajouter
aoûter
arc-bouter
bouter
brouter
caoutchouter
chouchouter
clouter
contre-bouter
coûter
croûter

débouter
dégoûter
dégoutter
dérouter
douter
écouter
écroûter
égoutter
encroûter
envoûter
filouter
froufrouter
glouglouter
goûter
goutter
jouter
lock-outer
mazouter
ragoûter
rajouter
rebouter
redouter
shooter
surajouter
velouter
voûter

[ju-te]

caillouter

[uf-te]

moufter

[uk-ste]

jouxter

[uR-te]

écourter

[y-te]

affûter
amputer
bizuter
bluter
buter
butter
chahuter
charcuter
chuter
computer
culbuter
débuter
déluter
députer
discuter
disputer
électrocuter
exécuter

101

flûter
hutter (se)
imputer
juter
luter
lutter
minuter
muter
parachuter
percuter
permuter
persécuter
rebuter
rechuter
recruter
rediscuter
réfuter
répercuter
réputer
scruter
supputer
taluter
transbahuter
transmuter
verjuter

[yk-te]

éructer

[ys-te]

ajuster
déguster
désajuster
flibuster
incruster
rajuster
réajuster
tarabuster

[yl-te]

ausculter
catapulter
consulter
exulter
insulter
occulter
résulter
sculpter

[ø-te]

ameuter
bleuter
queuter
rameuter

[jø-te]

pieuter (se)

zieuter
zyeuter

[œs-te]

truster

[œʀ-te]

aheurter (s')
flirter
heurter

[ə-te]

acheter
aiguilleter
aveter
banqueter
becqueter
béqueter
billeter
bonneter
breveter
briqueter
cacheter
cailleter
caleter
caqueter
claqueter
cliqueter
colleter (se)
coqueter
corseter
coupleter
craqueter
crocheter
cureter
débecqueter
décacheter
déchiqueter
décolleter
déjeter
démoucheter
dépaqueter
duveter (se)
empaqueter
époussseter
étiqueter
feuilleter
fileter
fleureter
forjeter
fureter
gileter
gobeter
guillemeter
haleter
hoqueter
interjeter
jarreter

jeter
louveter
marqueter
moucheter
moufeter
mugueter
paqueter
parqueter
pelleter
piqueter
pocheter
projeter
racheter
recacheter
rejeter
saveter
souffleter
surjeter
tacheter
trompeter
valeter
vergeter
voleter

[jə-te]

pailleter

[ɛ̃-te]

absinther
éreinter
esquinter
feinter
pinter
teinter
tinter

[wɛ̃-te]

accointer (s')
ajointer
appointer
contre-pointer
désappointer
épointer
pointer

[ɥɛ̃-ter]

chuinter
suinter

[ɑ̃-te]

absenter (s')
accidenter
adenter
agrémenter
aimanter
alimenter
apparenter (s')
argenter

102

argumenter
arpenter
arrenter
assermenter
attenter
augmenter
bonimenter
brillanter
brocanter
chanter
charpenter
cimenter
commenter
compartimenter
complimenter
contenter
contingenter
décanter
déchanter
déganter (se)
déjanter
denter
déplanter
désaimanter
désargenter
désenchanter
désorienter
diamanter
diligenter
documenter
édenter
enchanter
endenter
enfanter
enrégimenter
ensanglanter
enter
épouvanter
éventer
exempter
expérimenter
fainéanter
fermenter
fomenter
fragmenter
fréquenter
ganter
hanter
implanter
incidenter

innocenter
instrumenter
intenter
inventer
lamenter (se)
mécontenter
médicamenter
mouvementer
ornementer
parlementer
passementer
patenter
pédanter
pigmenter
pimenter
plaisanter
planter
présenter
réargenter
régenter
réglementer
réinventer
renter
replanter
représenter
segmenter
serpenter
soixanter
sous-alimenter
supplanter
suralimenter
sustenter
tenter
tourmenter
transplanter
vanter
venter
violenter

[jɑ̃-te]

désorienter
ébouillanter
fienter
impatienter
orienter
patienter
réorienter

[ɔ̃-te]

affronter
apponter

compter
confronter
conter
décompter
démonter
dompter
escompter
mécompter
monter
ponter
précompter
prêt-à-monter
raconter
recompter
remonter
surmonter

[ɔ̃k-te]

disjoncter

[œ̃-te]

emprunter
shunter

tes

tes

[ke][1]

-cker

stocker

-cquer

abecquer
embecquer
sacquer

-cquée

becquée

-ké

saké

-ker

jerker
polker

quai

quai

---

1. Ajouter la pers. 5 de l'ind. et de l'impér. prés., la pers. 1 du passé simple et le part. passé, masc. et fém., des v. en -quer, -cquer, et -ker ; — la pers. 5 de l'ind. et de l'impér. prés. des v. *convaincre* et *vaincre*.

-qué

alambiqué
appliqué
arqué
astiqué
attaqué
baraqué
bloqué
boriqué
braqué
busqué
calqué
casqué
chiqué
choqué
cloqué
communiqué
compliqué
confisqué
contre-indiqué
contreplaqué
cornaqué
critiqué
croqué
débarqué
décortiqué
défroqué
détraqué
disséqué
domestiqué
éduqué
efflanqué
embarqué
embusqué
estomaqué
étriqué
évoqué
expliqué
fabriqué
flanqué
hypothéqué
imbriqué
inappliqué
inculqué
indiqué
inexpliqué
interloqué
intoxiqué
invoqué
laqué
manqué
marqué
masqué
mastiqué
mosaïqué

musqué
offusqué
phéniqué
piqué
planqué
plaqué
pratiqué
préfabriqué
pronostiqué
provoqué
remarqué
requinqué
révoqué
risqué
sophistiqué
suffoqué
syndiqué
toqué
traqué
tronqué
troqué

-quée

f. fém. de cert. mots
en *-qué*
barquée
craquée
flaquée
mosquée

-quer

[i-ke]

abdiquer
alambiquer
appliquer
astiquer
authentiquer
briquer
chiquer
claudiquer
communiquer
compliquer
critiquer
décortiquer
démastiquer
dépiquer
désintoxiquer
diagnostiquer
domestiquer
dupliquer
encaustiquer
éradiquer
étriquer
expliquer
fabriquer

forniquer
imbriquer
impliquer
indiquer
intoxiquer
mastiquer
métaphysiquer
musiquer
obliquer
paniquer
pique-niquer
piquer
polémiquer
politiquer
pratiquer
prévariquer
pronostiquer
rappliquer
repiquer
répliquer
revendiquer
rubriquer
rustiquer
sophistiquer
surpiquer
syndiquer
tiquer
tourniquer
trafiquer
triquer

[is-ke]

bisquer
confisquer
risquer

[e-ke]

abéquer
déféquer
disséquer
hypothéquer
rebéquer (se)
reséquer

[a-ke]

arnaquer
attaquer
baraquer
bivaquer
braquer
caquer
claquer
contre-attaquer
contre-braquer
contreplaquer
cornaquer
craquer

détraquer
flaquer
encaquer
estomaquer
laquer
matraquer
plaquer
saquer
taquer
traquer
vaquer

[wa-ke]

bivouaquer

[as-ke]

casquer
démasquer
masquer

[al-ke]

calquer
décalquer
défalquer
talquer

[aR-ke]

arquer
débarquer
démarquer
déparquer
désembarquer
embarquer
marquer
parquer
remarquer
rembarquer

[ɔ-ke]

bloquer
choquer
cloquer
colloquer
convoquer
croquer
débloquer
défroquer
disloquer
effiloquer
emberlucoquer
enfroquer
entrechoquer
équivoquer
escroquer

évoquer
interloquer
invoquer
moquer
ploquer
provoquer
réciproquer
retoquer
révoquer
roquer
stoquer
suffoquer
toquer (se)
troquer

[ɔR-ke]

détorquer
extorquer
remorquer
rétorquer

[o-ke]

rauquer

[u-ke]

bouquer
débouquer
embouquer
souquer

[y-ke]

éduquer
rééduquer
reluquer
stuquer
truquer

[ys-ke]

brusquer
busquer
débusquer
embusquer
musquer
offusquer

[yl-ke]

conculquer
inculquer

[yR-ke]

bifurquer

[ɛ̃-ke]

requinquer
trinquer

[ɑ̃-ke]

débanquer
efflanquer
flanquer
manquer
planquer

[ɔ̃-ke]

tronquer

[be][1]

(-)*bé*

abbé
absorbé
barbé
bé
bébé
bombé
carabé
conglobé
courbé
dérobé
embourbé
enjambé
enrobé
flambé
galbé
gobé
jambé
jubé
lobé
nimbé
perturbé
pèse-bébé
plombé
prohibé
recourbé
résorbé
retombé
tombé

(-)*bée*

f. fém. de cert. mots
  en -*bé*
abée
amébée
bée
cobée
dérobée (à la)
enjambée

105

flambée
gerbée
jacobée
macchabée
plombée
retombée
scarabée
sigisbée
tombée
trabée

-ber

[i-be]

désinhiber
exhiber
imbiber
inhiber
prohiber

[ɛʀ-be]

désherber
engerber
enherber
exacerber
gerber
herber

[a-be]

gaber
syllaber

[al-be]

galber

[aʀ-be]

barber
ébarber

[ɔ-be]

dérober
englober
engober
enrober
gober
lober
snober

[ɔʀ-be]

absorber
adsorber
réabsorber
résorber

[o-be]

dauber
endauber

[u-be]

adouber
radouber

[uʀ-be]

courber
débourber
désembourber
embourber
fourber
recourber
tourber

[y-be]

cuber
entuber
incuber
intuber
tituber
tuber

[yʀ-be]

perturber

[ɛ̃-be]

nimber
regimber

[ɑ̃-be]

enjamber
flamber

[ɔ̃-be]

bomber
déplomber
incomber
plomber
retomber
succomber
surplomber
tomber

[de][1]

(-)dé

abordé
accommodé
accordé
accoudé
achalandé

affidé
aidé
amandé
amendé
appréhendé
attardé
bandé
bardé
bien-fondé
blindé
bondé
bordé
bovidé
bridé
brodé
cervidé
clandé
commandé
condé
consolidé
cordé
corvidé
coudé
dé
débordé
débridé
décédé
décidé
dégingandé
dégradé
demandé
démodé
dénudé
dévergondé
dilapidé
échafaudé
échaudé
embrigadé
emmerdé
enguirlandé
entrelardé
évadé
évidé
excédé
fadé
faisandé
fardé
félidé
fondé
gardé
glandé

---

1. Ajouter la pers. 5 de l'ind. et de l'impér. prés., la pers. 1 du passé simple et le part. passé, masc. et fém., des v. en -der ; — la pers. 5 de l'ind. et de l'impér. prés. des v. en -andre, -endre, -ondre, -erdre et -ordre.

gradé
grondé
guidé
guindé
hasardé
incommodé
inféodé
inondé
iodé
iradé
léopardé
lézardé
mansardé
marchandé
mondé
obsédé
ondé
oxydé
pédé
persuadé
poignardé
pommadé
possédé
prébendé
précédé
présidé
procédé
raccommodé
raccordé
ravaudé
recommandé
regardé
réprimandé
retardé
ridé
saccadé
scandé
scindé
soldé
soudé
suédé
suicidé
tailladé
validé
vidé
vilipendé

-dée(s)
f. fém. de cert. mots
    en *-dé*
abordée
accordée
bordée
cordée
coudée

dévergondée
embardée
glandée
idée
iridées
ondée
orchidée
ridée
spondée

-der

[i-de]

brider
coïncider
consolider
débrider
décider
dérider
désoxyder
dévider
dilapider
élider
élucider
évider
guider
hybrider
intimider
invalider
lapider
liquider
oxyder
présider
pyramider
radioguider
rebrider
résider
rider
suicider (se)
survider
téléguider
transvider
trépider
trucider
valider
vider

[e-de]
abcéder
accéder
céder
concéder
décéder
déposséder
dépréder
excéder
exhéréder

intercéder
obséder
posséder
précéder
prédécéder
procéder
recéder
rétrocéder
succéder

[ɛ-de]
aider
entraider (s')
plaider

[ɛʀ-de]
démerder (se)
emmerder
merder

[a-de]
balader
barricader
brader
cascader
cavalcader
chiader
dégrader
dérader
dissuader
embrigader
escalader
estafilader
estocader
estrapader
évader (s')
extrader
gambader
grenader
palissader
panader (se)
parader
pétarader
pommader
rader
rétrograder
saccader
taillader
torsader

[ɥa-de]
dissuader
persuader

[aʀ-de]
acagnarder
attarder (s')
barder

107

bavarder
bazarder
billarder
bocarder
bombarder
brancarder
brocarder
cacarder
cafarder
cagnarder
canarder
carder
cauchemarder
chambarder
chaparder
darder
débarder
délarder
embarder
entrelarder
escobarder
farder
flemmarder
garder
goguenarder
harder
hasarder
jobarder
larder
lézarder
mignarder
moucharder
musarder
nasarder
paillarder
pétarder
placarder
pocharder (se)
poignarder
regarder
renarder
rencarder
retarder
ringarder
sauvegarder
tarder
trimarder

[jaʀ-de]

caviarder
débillarder
liarder
vieillarder

[ɔ-de]

accommoder

broder
corroder
démoder (se)
encoder
éroder
goder
incommoder
inféoder
raccommoder
rebroder
rhapsoder
roder
transcoder

[jɔ-de]

ioder

[ɔl-de]

solder

[ɔʀ-de]

aborder
accorder
border
concorder
corder
déborder
décorder (se)
désaccorder
discorder
encorder (s')
raccorder
reborder
recorder
saborder
transborder

[o-de]

badauder
baguenauder
brétauder
clabauder
courtauder
échafauder
échauder
frauder
galvauder
marauder
marivauder
minauder
nigauder
ravauder
renauder
rôder
tarauder

[u-de]

accouder (s')

bouder
couder
dessouder
ressouder
souder

[uʀ-de]

bourder
hourder
lourder

[y-de]

colluder
dénuder
éluder
exsuder
extruder
préluder
transsuder

[ɛ̃-de]

blinder
guinder
rescinder
scinder

[ɑ̃-de]

achalander
affriander
amender
appréhender
bander
brelander
brigander
commander
contremander
débander
décommander
dégingander
demander
désachalander
émender
enguirlander
faisander
gourmander
légender
mander
marchander
quémander
ramender
rebander
recommander
redemander
réprimander
scander
télécommander
transcender

truander
vilipender

[jɑ̃-de]

viander (se)

[ɔ̃-de]

abonder
bonder
débonder
dévergonder (se)
émonder
exonder (s')
féconder
fonder
fronder
gronder
inonder
monder
onder
redonder
surabonder
seconder
sonder
vagabonder

des

des

[ge][1]

gai

gai

(-)*gué*

allégué
bagué
catalogué
conjugué
délégué
distingué
divulgué
drogué
endigué
fatigué
fugué
gué
harangué
intrigué
irrigué
jarnigué
légué

ligué
meringué
morgué
nargué
pargué
prodigué
promulgué
relégué
ségrégué
subdélégué
tatigué
tétigué

(-)*guée*

f. fém. de cert. mots
    en -*gué*
conjuguée
guée

-*guer*

[i-ge]

briguer
défatiguer
endiguer
fatiguer
instiguer
intriguer
investiguer
irriguer
liguer
naviguer
prodiguer

[e-ge]

alléguer
déléguer
léguer
préléguer
reléguer
subdéléguer

[ɛʀ-ge]

désenverguer
enverguer

[a-ge]

baguer
blaguer
daguer
divaguer
draguer
élaguer
extravaguer

raguer
vaguer
zigzaguer

[aʀ-ge]

alarguer
carguer
larguer
narguer
targuer (se)

[ɔ-ge]

cataloguer
dialoguer
doguer (se)
droguer
épiloguer
homologuer
jogger
monologuer
voguer

[ɔʀ-ge]

morguer

[uʀ-ge]

fourguer

[y-ge]

conjuguer
fuguer
subjuguer

[yl-ge]

divulguer
promulguer

[ɛ̃-ge]

bastinguer
bourlinguer
bringuer
chlinguer
déglinguer
détalinguer
dinguer
distinguer
élinguer
embringuer
étalinguer
flinguer
fringuer
meringuer
ralinguer
seringuer
talinguer
zinguer

---

1. Ajouter la pers. 5 de l'ind. et de l'impér. prés., la pers. 1 du passé simple et le part. passé, masc.
et fém., des v. en -*guer*.

109

[ɑ̃-ge]
écanguer
haranguer
tanguer
[ɔ̃-ge]
diphtonguer

[fe][1]

-fé
agrafé
assoiffé
attifé
autodafé
café
coiffé
dégriffé
ébouriffé
échauffé
épouffé
étoffé
étouffé
fieffé
greffé
griffé
nafé
pause-café
pousse-café
réchauffé
tarifé
truffé

(-)fée
bouffée
étouffée
fée

-fer
[i-fe]
agriffer
attifer
biffer
brifer
débiffer
ébouriffer
griffer
pifer

rebiffer (se)
sniffer
tarifer
[ɥi-fe]
ensuifer
suiffer
[ɛ-fe]
greffer
regreffer
[jɛ-fe]
fieffer
[a-fe]
agrafer
dégrafer
esclaffer (s')
gaffer
parafer
ragrafer
[ja-fe]
piaffer
[wa-fe]
assoiffer
coiffer
décoiffer
recoiffer
[ɔ-fe]
étoffer
lofer
[o-fe]
chauffer
échauffer
préchauffer
réchauffer
surchauffer
[u-fe]
bouffer
épouffer (s')
esbroufer
étouffer
pouffer
[y-fe]
truffer

[œ-fe]
bluffer
surfer

-phé
paraphé

-phée
coryphée
nymphée
paraphée
trophée

-pher
[a-fe]
parapher
[ɔ-fe]
apostropher
catastropher
philosopher
[ɛ̃-fe]
paranympher
[ɔ̃-fe]
triompher

[se][2]

-ce
in pace

(-)cé
agacé
agencé
alliacé
amoncé
amorcé
amylacé
annoncé
arénacé
avancé
balancé
cadencé
cé
censé
cétacé
chassé
commencé

---

1. Ajouter la pers. 5 de l'ind. et de l'impér. prés., la pers. 1 du passé simple et le part. passé, masc. et fém., des v. en -fer, -pher.
2. Ajouter la pers. 5 de l'ind. et de l'impér. prés., la pers. 1 du passé simple et le part. passé, masc. et fém., des v. en -cer, -scer, -ser [se], -xer ; − La pers. 5 de l'ind. et de l'impér. prés. des v. en -aître, -oître, -ir et des v. bruire et maudire.

coriacé
courroucé
crétacé
crustacé
décontenancé
défoncé
dénoncé
déplacé
distancé
divorcé
effacé
élancé
émincé
enfoncé
engoncé
énoncé
ensemencé
épicé
espacé
évincé
exaucé
exercé
facé
fascé
fiancé
financé
foliacé
foncé
forcé
froncé
gallinacé
gercé
glacé
herbacé
inexaucé
influencé
lancé
manigancé
menacé
micacé
nuancé
opiacé
ostracé
percé
pincé
placé
policé
poncé
potencé
prononcé
racé
rapiécé
renforcé
rincé
saucé
sébacé

sucé
testacé
tiercé
tracé
verglacé
violacé

-cée
f. fém. de cert. mots
en *-cé*
alcée
avancée
caducée
convolvuliacée
cucurbitacée
fiancée
gynécée
jacée
liliacée
lycée
malvacée
panacée
papavéracée
percée
pincée
renonculacée
resucée
rincée
rosacée
saucée
théodicée

-cer
[i-se]
épicer
policer
[je-se]
dépiécer
rapiécer
[ɛ-se]
coalescer
[jɛ-se]
acquiescer
[ɛʀ-se]
bercer
commercer
entre-percer (s')
exercer
gercer
percer
repercer
transpercer

[jeʀ-se]
tiercer
[a-se]
agacer
dédicacer
déglacer
délacer
déplacer
désenlacer
effacer
enlacer
entrelacer
espacer
glacer
grimacer
lacer
menacer
placer
préfacer
racer
remplacer
replacer
retracer
surfacer
tracer
verglacer
[aʀ-se]
farcer
[ɔ-se]
nocer
[ɔʀ-se]
amorcer
désamorcer
divorcer
écorcer
efforcer (s')
forcer
réamorcer
renforcer
[o-se]
exaucer
saucer
[u-se]
courroucer
[uʀ-se]
ressourcer (se)
[y-se]
épucer
resucer
sucer

111

[ə-se]
clamecer
dépecer

[ɛ̃-se]
émincer
épincer
évincer
grincer
pincer
repincer
rincer

[wɛ̃-se]
coincer
décoincer

[ɑ̃-se]
agencer
avancer
balancer
cadencer
commencer
concurrencer
contrebalancer
décontenancer
devancer
distancer
élancer
ensemencer
fiancer
financer
forlancer
garancer
influencer
lancer
manigancer
mordancer
ordonnancer
quittancer
recenser
recommencer
relancer
romancer
sérancer
tancer

[jɑ̃-se]
ambiancer
fiancer

[ɥɑ̃-se]
nuancer

[ɔ̃-se]
annoncer
défoncer

défroncer
dénoncer
enfoncer
engoncer
énoncer
foncer
froncer
poncer
prononcer
renfoncer
renoncer
semoncer

[jɔ̃-se]
pioncer

ces

ces

sais

sais

-scer

acquiescer
immiscer (s')

-sé

abaissé
adossé
adressé
affaissé
amassé
angoissé
ansé
autopropulsé
blessé
bouleversé
brassé
brossé
cadenassé
caressé
cassé
censé
chassé
chaussé
clissé
compassé
compensé
condensé
controversé
convulsé
corsé
coulissé
crevassé

crossé
cuirassé
damassé
débarrassé
déboursé
déchaussé
déclassé
décompensé
délaissé
dépassé
dépensé
désintéressé
désossé
dévissé
dispensé
dispersé
dressé
éclaboussé
éclipsé
écossé
embarrassé
embrassé
émoussé
empressé
encaissé
enchâssé
encrassé
endossé
esquissé
expansé
expulsé
faussé
fossé
fracassé
fricassé
froissé
glissé
graissé
harassé
hérissé
hissé
insensé
intéressé
laissé
lambrissé
lampassé
lassé
lissé
massé
matelassé
métissé
offensé
oppressé
outrepassé

112

pansé
passé
plissé
poissé
poussé
pressé
professé
ramassé
rapetassé
ratissé
rebroussé
récépissé
récompensé
remboursé
renversé
repoussé
retroussé
révulsé
rossé
sensé
surbaissé
surhaussé
tassé
terrassé
thermopropulsé
tissé
transgressé
traversé
treillissé
trépassé
tressé
troussé
tsé-tsé
turbocompressé
vernissé
versé
vissé

-sée(s)

f. fém. de cert. mots
   en *-sé*
arrière-pensée
brassée
brossée
carrossée
chaussée
extradossée
fessée
fricassée
laissées
libre-pensée
maréchaussée
odyssée
passée
pensée

poussée
pressée
rez-de-chaussée
rossée
sénéchaussée
tabassée
traversée

-ser

[i-se]
apetisser
bisser
clisser
compisser
coulisser
crisser
délisser
dépalisser
déplisser
détisser
dévisser
éclisser
entre-tisser
épisser
esquisser
glisser
hérisser
hisser
lambrisser
lisser
mégisser
métisser
palisser
pâtisser
pisser
plisser
rapetisser
ratisser
replisser
retisser
revisser
tapisser
tisser
treillisser
trisser (se)
vernisser
visser

[ɥi-se]
bruisser
écuisser

[ip-se]
éclipser

[ɛ-se]
abaisser

adresser
affaisser
agresser
baisser
blesser
caresser
cesser
compresser
confesser
décaisser
décompresser
dégraisser
délaisser
désintéresser
détresser
dresser
empresser (s')
encaisser
engraisser
fesser
graisser
intéresser
laisser
oppresser
paresser
presser
professer
progresser
rabaisser
rebaisser
redresser
régresser
relaisser (se)
rencaisser
rengraisser
stresser
surbaisser
transgresser
tresser
vesser

[jɛ-se]
acquiescer

[ɛR-se]
bouleverser
controverser
converser
déverser
disperser
herser
inverser
malverser
renverser
reterser
retraverser

reverser
tergiverser
traverser
verser
[a-se]
avocasser
brasser
brouillasser
brumasser
cadenasser
chasser
coasser
compasser
crasser
crevasser
croasser
cuirasser
culasser
damasser
débarrasser
décadenasser
décarcasser (se)
déchasser
décrasser
déculasser
désencrasser
échalasser
écrivasser
embarrasser
embrasser
encrasser
encuirasser
estrapasser
finasser
fracasser
fricasser
grognasser
harasser
jacasser
masser
matelasser
outrepasser
paperasser
pleuvasser
potasser
pourchasser
prélasser (se)
putasser
rapetasser
rechasser
rêvasser
rimasser
tabasser
terrasser
tirasser

tracasser
traînasser
[ja-se]
enliasser
[wa-se]
angoisser
défroisser
empoisser
froisser
poisser
[al-se]
valser
[am-se]
clamser
ramser
[α-se]
amasser
casser
classer
compasser
concasser
damasser
déclasser
délasser
dépasser
enchâsser
entasser
laissez-passer
lasser
outrepasser
passer
prélasser (se)
ramasser
recasser
reclasser
repasser
ressasser
sasser
surclasser
surpasser
tasser
trépasser
[ɔ-se]
bosser
brosser
cabosser
carosser
cosser
crosser
désosser
drosser
écosser

embosser
rosser
[ɔR-se]
corser
rencorser
[o-se]
adosser
chausser
déchausser
défausser
dégrosser
enchausser
endosser
engrosser
exhausser
fausser
gausser (se)
hausser
rechausser
rehausser
rendosser
surhausser
[u-se]
débrousser
détrousser
éclabousser
émousser
glousser
housser
mousser
pousser
rebrousser
repousser
retrousser
tousser
trémousser (se)
trousser
[uR-se]
courser
débourser
embourser
rembourser
[y-se]
laïusser
musser
[jy-se]
laïusser
[yl-se]
compulser

114

convulser
expulser
impulser
propulser
pulser
révulser

[ɑ̃-se]

compenser
condenser
danser
dépenser
dispenser
encenser
ganser
maître-à-danser
offenser
panser
penser
recenser
récompenser
repenser

ses

ses

-sez

assez

-xé

axé
complexé
désaxé
fixé
luxé
malaxé
préfixé
relaxé
taxé
vexé

-xée

f. fem. des mots en *-xé*

-xer

[ik-se]

fixer
mixer
préfixer
suffixer

[ɛk-se]

annexer
complexer
décomplexer
désindexer
duplexer
indexer
télexer
vexer

[ak-se]

axer
désaxer
détaxer
faxer
malaxer
relaxer
retaxer
surtaxer
taxer

[ɔk-se]

boxer

[yk-se]

luxer

[ʃe][1]

-ce

dolce
duce
in-pace
mezza voce

-ché

accroché
affiché
alléché
amouraché
approché
archevêché
archiduché
arraché
attaché
bâché
bêché
bon marché
bouché
branché
brioché
broché
caché

cherché
cléché
cliché
couché
craché
cravaché
débauché
débouché
défriché
déhanché
démanché
dépêché
détaché
douché
duché
ébauché
écorché
effarouché
effiloché
éhanché
embauché
embouché
embroché
éméché
empanaché
empêché
empoché
endimanché
enguiché
ensaché
entaché
entiché
épanché
épluché
étanché
évêché
fâché
fanfreluché
fauché
fiché
fléché
fourché
gâché
grand-duché
haché
harnaché
huché
hypermarché
jonché
juché
lâché
léché
liché

---

1. Ajouter la pers. 5 de l'ind. et de l'impér. prés., la pers. 1 du passé simple et le part. passé, masc. et fém., des v. en *-cher*.

115

lynché
mâché
marché
miché
mouché
niché
panaché
pastiché
péché
pêché
peluché
penché
perché
pioché
pluché
poché
prêché
psyché
rabâché
recherché
relâché
reproché
séché
supermarché
taché
tâché
torché
touché
tranché

-chée

f. fém. de cert. mots
    en *-ché*
accouchée
archée
bâchée
bouchée
brochée
chevauchée
couchée
cruchée
effilochée
fauchée
fourchée
jonchée
juchée
nichée
perchée
pochée
ruchée
sachée
trachée
tranchée
trochée

-cher

[i-ʃe]
afficher
aguicher
bicher
clicher
contreficher (se)
défricher
dénicher
enticher (s')
ficher
licher
nicher
pasticher
pleurnicher
tricher

[e-ʃe]
allécher
assécher
crécher
dessécher
ébrécher
émécher
flécher
lécher
mécher
pécher
pourlécher (se)
sécher

[ɛ-ʃe]
bêcher
dépêcher
empêcher
maraîcher
pêcher
prêcher
repêcher

[ɛʀ-ʃe]
chercher
hercher
percher
rechercher

[a-ʃe]
amouracher (s')
arracher
attacher
cacher
cracher
cravacher
déharnacher
détacher
écacher
empanacher

enharnacher
ensacher
entacher
hacher
harnacher
panacher
rattacher
recracher
soutacher
tacher
vacher

[wα-ʃe]
gouacher

[at-ʃe]
catcher
matcher
scotcher
scratcher
tchatcher

[aʀ-ʃe]
archer
démarcher
franc-archer
marcher
remarcher

[α-ʃe]
bâcher
débâcher
défâcher
fâcher
gâcher
lâcher
mâcher
rebâcher
relâcher
remâcher
tâcher

[ɔ-ʃe]
accrocher
anocher
approcher
bambocher
bavocher
boulocher
brocher
clocher
cocher
crocher
débrocher
décocher
décrocher
dérocher
effilocher

embrocher
empocher
encocher
enrocher
épinocher
filocher
flânocher
guillocher
hocher
locher
nocher
pinocher
pocher
rabibocher
raccrocher
rapprocher
rempocher
reprocher
ricocher
rocher
talocher

[jɔ-ʃe]

guillocher
piocher
riocher

[ɔʀ-ʃe]

écorcher
porcher
torcher

[o-ʃe]

chevaucher
côcher
débaucher
ébaucher
embaucher
faucher
gaucher
réembaucher

[u-ʃe]

aboucher
accoucher
boucher
coucher
déboucher
découcher
doucher
effaroucher
emboucher
émoucher

escarmoucher
essoucher
loucher
moucher
reboucher
recoucher
retoucher
toucher

[uʀ-ʃe]

affourcher
désaffourcher
enfourcher
fourcher

[y-ʃe]

bûcher
débucher
déjucher
embûcher
éplucher
hucher
jucher
pelucher
plucher
rembucher
rucher
trébucher
trucher

[ɛ̃-ʃe]

guincher
lyncher

[ɑ̃-ʃe]

brancher
débrancher
déclencher
déhancher
démancher
désemmancher
ébrancher
embrancher
emmancher
enclencher
endimancher (s')
épancher
étancher
flancher
hancher
pencher

plancher
rancher
remmancher
retrancher
revancher (se)
trancher

[ɔ̃-ʃe]

broncher
embroncher
joncher

[œ̃-ʃe]

luncher

chez

chez

-sher

crasher
flasher
smasher

[ve][1]

-ve

ave
salve

(-)*vé*

abreuvé
achevé
activé
aggravé
approuvé
arrivé
avivé
champ-levé
conservé
controuvé
couvé
crevé
cultivé
décavé
délavé
démotivé
dépavé
dépravé
déprivé
dérivé

---

1. Ajouter la pers. 5 de l'ind. et de l'impér. prés., la pers. 1 du passé simple et le part. passé, masc. et fém., des v. en -*ver* ; − la pers. 5 de l'ind. et de l'impér. prés. des v. en *-*vir*, *voir* (*dépourvoir*, *entrevoir*, *pouvoir*, *prévoir*, *revoir* et *voir* exceptés), (-)*boire*, -*crire*, -*soudre*, (-)*suivre* et (-)*vivre*.

élavé
élevé
enclavé
endêvé
énervé
enjolivé
enlevé
entravé
éprouvé
étuvé
gavé
gravé
grevé
immotivé
inachevé
inobservé
invectivé
larvé
lavé
lessivé
levé
lové
motivé
névé
observé
œuvé
ové
pavé
préservé
privé
prouvé
ravivé
relevé
repavé
réprouvé
réservé
rivé
sauvé
seing-privé
sénevé
suractivé
trouvé
valvé
vé

-vée

f. fém. de cert. mots
en *-vé*
aggravée
architravée
arrivée
cavée
corvée
couvée
cuvée

dérivée
étuvée
étuvée (à l')
levée
mainlevée
relevée
travée
uvée

-veh

heimveh

-ver

[i-ve]

activer
arriver
aviver
captiver
cliver
conniver
cultiver
démotiver
dériver
driver
enjoliver
esquiver
estiver
invectiver
lessiver
mésarriver
motiver
objectiver
priver
raviver
réactiver
récidiver
river
saliver
subjectiver

[ɛ-ve]

endêver
rêver

[ɛR-ve]

conserver
énerver
innerver
nerver
observer
préserver
réserver

[a-ve]

aggraver
baver

braver
caver
décaver
délaver
dépaver
dépraver
désenclaver
désentraver
emblaver
encaver
enclaver
engraver
entraver
excaver
gaver
graver
haver
laver
paver
pyrograver
relaver
remblaver
repaver

[aj-ve]

driver

[ɔ-ve]

innover
lover
rénover

[ɔR-ve]

morver

[o-ve]

sauver

[u-ve]

approuver
controuver
couver
désapprouver
éprouver
improuver
louver
mouver
prouver
reprouver
réprouver
retrouver
trouver

[y-ve]

cuver

décuver
encuver
étuver
[yʀ-ve]
incurver
[œ-ve]
abreuver
[ə-ve]
achever
champlever
crever
dégrever
élever
enlever
grever
lever
parachever
prélever
rachever
relever
soulever
surélever

-vez

absolvez
buvez
écrivez
servez

-wé

interviewé

-wer

interviewer

[ze]¹

-sé

abusé
accusé
aiguisé
aisé
alcoolisé
alésé
alphabétisé
analysé
anisé

ankylosé
apprivoisé
arborisé
ardoisé
arrosé
aseptisé
atomisé
attisé
autorisé
avisé
baptisé
basé
biaisé
blasé
boisé
braisé
brisé
canalisé
canonisé
caractérisé
caramélisé
carbonisé
cautérisé
centralisé
chassé-croisé
cicatrisé
civilisé
coalisé
colonisé
composé
couperosé
cristallisé
croisé
décomposé
défrisé
déguisé
démoralisé
déniaisé
dépaysé
déphasé
désabusé
désorganisé
diffusé
disposé
divinisé
divisé
dosé
économisé
écrasé
égrisé

électrisé
embrasé
empesé
épousé
épuisé
éternisé
évasé
excusé
expertisé
exposé
extravasé
familiarisé
favorisé
fertilisé
fleurdelisé
formalisé
franchisé
francisé
frisé
généralisé
grisé
harmonisé
hypnotisé
idéalisé
immortalisé
imposé
improvisé
inapaisé
incivilisé
indisposé
individualisé
inutilisé
irisé
irréalisé
jalousé
légalisé
lésé
localisé
macadamisé
maîtrisé
malaisé
malavisé
martyrisé
matérialisé
mécanisé
médusé
méprisé
métamorphosé
minéralisé
mobilisé

1. Ajouter la pers. 5 de l'ind. et de l'impér. prés., la pers. 1 du passé simple et le part. passé, masc. et fém., des v. en *-ser* [ze] et *-zer* ; − la pers. 5 de l'ind. et de l'impér. prés. des v. en *-aire* [ceux en (-)*traire* exceptés], (-)*coudre, -ire* [ceux en (-)*rire* et *maudire* exceptés], *-uire* (*bruire* excepté) ; − la pers. 5 de l'ind. prés. du v. *gésir*.

modernisé
monopolisé
motorisé
nationalisé
naturalisé
neutralisé
névrosé
normalisé
opposé
organisé
osé
paralysé
particularisé
pavoisé
pesé
phrasé
pisé
poétisé
polarisé
popularisé
posé
préposé
présupposé
prisé
prophétisé
puisé
pulvérisé
rasé
réalisé
récusé
refusé
régularisé
reposé
ridiculisé
rosé
rusé
sclérosé
sécularisé
spécialisé
stérilisé
stigmatisé
subtilisé
supposé
symbolisé
tamisé
toisé
transvasé
uniformisé
usé
utilisé
vert-de-grisé
visé
voisé
volcanisé
vulcanisé

-sée(s)

f. fém. de cert. mots
en -sé [ze]
billevesée
brisées
composée
croisée
éclusée
égrisée
épousée
fratrisée
frisée
fusée
imposée
musée
nausée
osée
pesée
prisée
privatisée
reposée
rétrofusée
risée
rosée
transposée
visée

-ser

[i-ze]
achromatiser
actualiser
adoniser
africaniser
agoniser
aiguiser
alcaliser
alcooliser
allégoriser
alphabétiser
américaniser
analyser
anathématiser
anatomiser
angliciser
animaliser
aniser
aristocratiser
aromatiser
aseptiser
atomiser
attiser
automatiser
autoriser
avaliser
aviser

baliser
balkaniser
banaliser
baptiser
bémoliser
biser
botaniser
briser
brutaliser
canaliser
cancériser (se)
canoniser
capitaliser
caporaliser
caractériser
caraméliser
carboniser
catéchiser
catholiciser
cautériser
centraliser
champagniser
chloroformiser
christianiser
cicatriser
civiliser
claveliser
climatiser
clochardiser
coaliser
coloniser
concrétiser
cotiser (se)
courtiser
crétiniser
criminaliser
cristalliser
culpabiliser
débaptiser
décatholiciser
décentraliser
déchristianiser
décoloniser
déculpabiliser
dédramatiser
défavoriser
défriser
dégriser
déguiser
démilitariser
démobiliser
démocratiser
démonétiser
démoraliser
dénationaliser
dénaturaliser

dépénaliser
dépersonnaliser
dépoétiser
dépopulariser
dépriser
désolidariser
désorganiser
dévaliser
dévaloriser
déverginiser
deviser
diviniser
diviser
dogmatiser
dramatiser
dynamiser
économiser
égaliser
égoïser
égriser
électriser
émétiser
emmarquiser
enliser
érotiser
étatiser
éterniser
éthériser
évangéliser
exciser
exorciser
expertiser
extérioriser
familiariser
fanatiser
favoriser
fédéraliser
féminiser
fertiliser
fleurdeliser
formaliser (se)
forpayser
franciser
fraterniser
friser
galantiser
galvaniser
gargariser
généraliser
germaniser
globaliser
gréciser
griser
harmoniser
hébraïser
helléniser

herboriser
hospitaliser
humaniser
hypnotiser
idéaliser
immobiliser
immortaliser
immuniser
impatroniser (s')
improviser
inciser
indemniser
individualiser
infantiliser
insensibiliser
insonoriser
introniser
iriser
ironiser
italianiser
judaïser
laïciser
latiniser
légaliser
libéraliser
localiser
macadamiser
magnétiser
maîtriser
marginaliser
martyriser
matérialiser
materniser
mécaniser
médiatiser
menuiser
mépriser
métalliser
météoriser
militariser
minéraliser
minimiser
miser
mobiliser
moderniser
monopoliser
monseigneuriser
moraliser
motoriser
nasaliser
nationaliser
naturaliser
nébuliser
neutraliser
noliser
normaliser

opaliser
organiser
orientaliser
ostraciser
pactiser
paganiser
paralyser
particulariser
pasteuriser
paupériser
pédantiser
pénaliser
phlébotomiser
pindariser
piser
platoniser
poétiser
polariser
populariser
porphyriser
préciser
préconiser
priser
privatiser
prophétiser
prosaïser
pulvériser
radicaliser
raviser (se)
réaliser
rebaptiser
régionaliser
régulariser
remiser
réorganiser
repriser
républicaniser
revaloriser
réviser
ridiculiser
rivaliser
sacraliser
satiriser
scandaliser
séculariser
sensibiliser
sinapiser
singulariser
slaviser
socialiser
solenniser
solidariser
sonoriser
spécialiser
spiritualiser
sponsoriser

stabiliser
stériliser
stigmatiser
styliser
subdiviser
subtiliser
symboliser
symétriser
sympathiser
synthétiser
systématiser
tabiser
tamiser
temporiser
terroriser
thésauriser
totaliser
tranquilliser
traumatiser
trivialiser
tympaniser
tyranniser
uniformiser
universaliser
urbaniser
utiliser
valoriser
vampiriser
vaporiser
verbaliser
viriliser
viser
vocaliser
volatiliser
vulcaniser
vulgariser

[ji-ze]

dépayser

[ɥi-ze]

aiguiser
amenuiser
épuiser
puiser

[e-ze]

aléser
bléser
léser

[je-ze]

diéser

[ɛ-ze]

apaiser
baiser
braiser

emmortaiser
entre-baiser (s')
forpaiser
fraiser
glaiser
mortaiser
punaiser

[jɛ-ze]

biaiser
déniaiser
niaiser

[wa-ze]

apprivoiser
ardoiser
boiser
chamoiser
chinoiser
croiser
déboiser
débourgeoiser
décroiser
dégoiser
embourgeoiser
entrecroiser
framboiser
moiser
patoiser
pavoiser
ratiboiser
reboiser
toiser
voiser

[ɑ-ze]

araser
baser
blaser
braser
caser
ébraser
écraser
embraser
envaser
évaser
extravaser (s')
jaser
paraphraser
périphraser
phraser
raser
transvaser

[o-ze]

anastomoser
ankyloser

apposer
arroser
causer
composer
couperoser
décomposer
déposer
disposer
doser
ecchymoser
entreposer
exploser
exposer
gloser
imploser
imposer
indisposer
interposer
juxtaposer
métamorphoser
nécroser
opposer
oser
pauser
poser
postposer
prédisposer
préposer
présupposer
proposer
proser
réapposer
recomposer
réimposer
reposer
roser
scléroser
superposer
supposer
surimposer
transposer

[u-ze]

blouser
épouser
jalouser
ventouser

[y-ze]

abuser
accuser
amuser
arquebuser
décruser
désabuser
diffuser

écluser
entr'accuser (s')
excuser
fuser
infuser
méduser
muser
perfuser
récuser
refuser
ruser
transfuser
user

[ø-ze]

creuser
gueuser

[jø-ze]

gracieuser

[ə-ze]

désempeser
empeser
peser
soupeser

-sez

cousez
décousez
recousez
taisez

-zé

alizé
bronzé
chimpanzé
gazé
poudrederizé

-zée

bronzée
gazée
poudrederizée

-zer

[a-ze]

gazer

[ɔ̃-ze]

bronzer

[ʒe][1]

(-)gé

abrégé
abrogé
affligé
âgé
agrégé
allégé
allongé
arrangé
aspergé
assiégé
avantagé
changé
chargé
clergé
congé
corrigé
dégagé
dérangé
dévisagé
égorgé
émergé
encagé
encouragé
endommagé
engagé
engorgé
enneigé
enragé
envisagé
épongé
érigé
essangé
étagé
exigé
figé
forgé
frangé
fustigé
gagé
gé
gorgé
grugé
hébergé
imagé
immergé
infligé
insurgé
interrogé
jaugé

jugé
laryngé
lithargé
logé
longé
losangé
louangé
maljugé
mangé
mélangé
ménagé
mitigé
naufragé
négligé
obligé
ombragé
orangé
outragé
ouvragé
partagé
pigé
plongé
pongé
préjugé
présagé
propagé
prorogé
protégé
purgé
rangé
ravagé
rédigé
rengagé
rongé
saccagé
sergé
soulagé
submergé
subrogé
surchargé
usagé
vengé
vergé

-gée

f. fém. de cert. mots
   en -gé
apogée

---

1. Ajouter la pers. 5 de l'ind. et de l'impér. prés., la pers. 1 du passé simple et le part. passé, masc. et fém., des v. en -ger.

123

augée
cagée
dragée
escourgée
gorgée
hypogée
nagée
périgée
plongée
pongée
protégée
rangée

-ger

[i-ʒe]
affliger
colliger
corriger
défiger
désobliger
diriger
ériger
exiger
figer
fumiger
fustiger
infliger
mitiger
négliger
obliger
piger
récolliger
recorriger
rédiger
transiger
voltiger

[id-ʒe]
bridger

[e-ʒe]
abréger
agréger
alléger
arpéger
chevau-léger
désagréger
léger
passéger
protéger
rengréger

[je-ʒe]
assiéger
piéger
siéger

[ɛ-ʒe]
déneiger
enneiger
neiger
pleiger

[ɛʀ-ʒe]
absterger
asperger
berger
converger
déterger
diverger
émerger
enverger
gamberger
goberger (se)
héberger
immerger
submerger
verger

[a-ʒe]
aménager
apanager
avantager
bocager
décourager
dédommager
dégager
déménager
départager
dérager
désavantager
désengager
dévisager
emménager
encager
encourager
endommager
engager
enrager
envisager
étager
fourrager
fromager
gager
harbager
hommager
imager
lignager
ménager
messager
nager
naufrager
ombrager

outrager
ouvrager
pacager
partager
passager
péager
potager
présager
propager
rager
ramager
ravager
rengager
saccager
soulager
surnager
usager

[ja-ʒe]
grillager
treillager
verbiager
viager
voyager

[wa-ʒe]
affouager

[ya-ʒe]
ennuager

[aʀ-ʒe]
charger
décharger
émarger
encharger
marger
recharger
surcharger

[ɔ-ʒe]
abroger
arroger (s')
déloger
déroger
horloger
interroger
limoger
loger
proroger
reloger
subroger

[ɔʀ-ʒe]
dégorger
désengorger
égorger
engorger

entr'égorger (s')
forger
gorger
reforger
regorger
rengorger (se)

[o-ʒe]

bauger (se)
jauger
patauger

[u-ʒe]

bouger

[y-ʒe]

adjuger
déjuger (se)
égruger
épurger
expurger
gruger
ignifuger
juger
méjuger
préjuger

[yʀ-ʒe]

expurger
insurger (s')
purger
repurger
urger

[ɛ̃-ʒe]

linger
singer

[ɑ̃-ʒe]

arranger
blanc-manger
boulanger
changer
danger
démanger
déranger
échanger
effranger
engranger
entre-manger (s')
essanger
étranger
franger
garde-manger

langer
manger
mélanger
oranger
prêt-à-manger
ranger
rechanger
vendanger
venger
vidanger

[wɑ̃-ʒe]

louanger

[ɔ̃-ze]

allonger
élonger
éponger
forlonger
longer
mensonger
plonger
prolonger
rallonger
replonger
ronger
songer

j'ai
j'ai

-jer
galéjer

[le][1]

-le

cantabile

(-)*lé*

acculé
accumulé
acidulé
adulé
affalé
affilé
affolé
ailé
alvéolé
ampoulé
annelé

appelé
aréolé
articulé
assimilé
attelé
auréolé
avalé
barbelé
bariolé
bosselé
bourrelé
brûlé
burelé
cadelé
calculé
calé
campanulé
cannelé
carrelé
clavelé
collé
consolé
constellé
contrôlé
corrélé
côtelé
coulé
craquelé
crénelé
dallé
déboulé
défilé
démantelé
démantibulé
démêlé
dénivelé
dentelé
désarticulé
désolé
dessalé
dévoilé
dissimulé
ébranlé
écartelé
écervelé
échauboulé
échevelé
écoulé
écroulé
éculé
effilé
égalé

---

1. Ajouter la pers. 5 de l'ind. et de l'impér. prés., la pers. 1 du passé simple et le part. passé, masc.
et fém., des v. en *-ler* ; — la pers. 5 de l'ind. et de l'impér. prés. des v. en *-loir* et (-)*moudre*.

égueulé
éludé
émasculé
emballé
emmiellé
enfiellé
enfilé
engueulé
enrôlé
ensellé
ensorcelé
épaulé
esseulé
étalé
étincelé
étiolé
étoilé
exilé
fac-similé
fasciculé
fêlé
ficelé
fignolé
filé
flagellé
formulé
foulé
fuselé
gelé
gondolé
granulé
grêlé
grivelé
hâlé
harcelé
huilé
immaculé
immatriculé
immolé
inarticulé
inconsolé
inégalé
installé
interpellé
intitulé
isolé
jubilé
jumelé
lamellé
lancéolé
lenticulé
lé
libellé
maculé
manipulé
martelé

mêlé
miellé
miraculé
modelé
modulé
morcelé
moulé
muselé
mutilé
narghilé
narguilé
nickelé
niellé
nivelé
obnubilé
ocellé
ondulé
onguiculé
ongulé
operculé
ourlé
palé
parlé
pédiculé
pédonculé
pelé
pénicillé
perlé
pétiolé
pilé
pommelé
postulé
potelé
pré-salé
profilé
rappelé
recelé
reculé
refoulé
régalé
renouvelé
ressemelé
réticulé
révélé
rissolé
roulé
roulé-boulé
salé
scellé
sigillé
signalé
simulé
sphacélé
stipulé
stylé
subulé

surgelé
télé
toilé
tollé
tubulé
urcéolé
vermiculé
vérolé
verticillé
violé
vitriolé
voilé
volé
zélé

-lée(s)

f. fém. de cert. mots
en -lé

achillée
affilée (d')
allée
azalée
batelée
battelée
boisselée
bolée
bougainvillée
clavelée
contre-allée
coulée
culée
dégelée
écuellée
envolée
épaulée
foulée
galée
gantelée
gelée
giboulée
goulée
grivelée
gueulée
mausolée
mêlée
miellée
palée
pellée
poêlée
propylées
râtelée
reculée
roulée
saulée
truellée

126

vallée
volée

-ler

[i-le]
affiler
annihiler
assimiler
biler (se)
compiler
défaufiler
défiler
dépiler
désenfiler
désopiler
distiller
éfaufiler
effiler
empiler
enfiler
ensiler
épiler
exiler
faufiler
filer
instiller
jubiler
horripiler
mutiler
obnubiler
opiler
osciller
parfiler
piler
profiler
rempiler
renfiler
rutiler
scintiller
styler
surfiler
titiller
tréfiler
vaciller
ventiler

[ɥi-le]
huiler
tuiler

[e-le]
héler
recéler
révéler

[ɛ-le]
bêler
consteller
coupeller
démêler
desceller
desseller
emmêler
entremêler
entre-quereller (s')
exceller
fêler
flageller
grêler
interpeller
libeller
mêler
parceller
quereller
rebeller (se)
remêler
sceller
seller
vêler

[jɛ-le]
démieller
emmieller
enfieller
nieller
vieller

[ɛʀ-le]
déferler
emperler
ferler
perler

[a-le]
affaler
aller
avaler
baller
brimbaler
bringuebaler
cabaler
caler
cavaler
daller
déballer
décaler
dédaller
désemballer
dessaler
détaler
dévaler
écaler

égaler
emballer
empaler
escaler
étaler
exhaler
haler
inhaler
installer
intercaler
laisser-aller
pédaler
pis-aller
raller
ravaler
recaler
régaler
réinstaller
remballer
resaler
saler
signaler
taler
taller
trimbaler

[ja-le]
chialer

[wa-le]
désentoiler
dévoiler
entoiler
étoiler
poêler
poiler (se)
rentoiler
voiler

[aʀ-le]
déparler
franc-parler
parler
pourparlers
reparler

[ɑ-le]
déhâler
hâler
râler

[ɔ-le]
accoler
affoler
affrioler
assoler
auréoler
barioler

batifoler
bricoler
cabrioler
cajoler
cambioler
caracoler
caramboler
coller
consoler
convoler
déboussoler
décoller
dégringoler
désoler
dessoler
déviroler
doler
encoller
envoler (s')
équipoler
extrapoler
fignoler
flageoler
gnoler
gondoler
grisoller
immoler
interpoler
isoler
pétroler
picoler
racoler
rafistoler
raffoler
récoler
recoller
revoler
rigoler
rissoler
rossignoler
somnoler
survoler
viroler
vitrioler
voler

[jɔ-le]

barioler
étioler
violer

[o-le]

chauler
contrôler
crawler
enjôler

enrôler
entôler
épauler
frôler
gauler
rôler
trôler

[jo-le]

miauler
piauler

[u-le]

abouler
blackbouler
bouler
chambouler
couler
crouler
débagouler
débouler
découler
défouler
démouler
dérouler
dessaouler
dessoûler
ébouler
écouler
écrouler (s')
engouler
enrouler
fouler
mouler
refouler
roucouler
rouler
sabouler
saouler
surmouler
soûler
tournebouler
vermouler (se)

[uʀ-le]

ourler

[y-le]

acculer
accumuler
aciduler
aduler
affabuler
annuler
articuler
basculer
bousculer

brûler
calculer
canuler
capituler
capsuler
circuler
coaguler
confabuler
congratuler
copuler
crapuler
craticuler
culer
cumuler
déambuler
démantibuler
désarticuler
dissimuler
éculer
éjaculer
émasculer
encelluler
fabuler
féculer
formuler
gesticuler
granuler
graticuler
hululer
immatriculer
infibuler
inoculer
intituler
juguler
maculer
manipuler
moduler
onduler
postuler
pulluler
rebrûler
récapituler
reculer
simuler
spéculer
stimuler
stipuler
tintinnabuler
ululer
véhiculer

[yd-le]

puddler

[yʀ-le]

hurler

[ø-le]
feuler
meuler

[ə-le]
agneler
amonceler
anneler
appeler
atteler
bateler
bosseler
botteler
bourreler
bretteler
cadeler
canneler
capeler
carreler
celer
chanceler
chapeler
ciseler
congeler
cordeler
craqueler
créneler
cuveler
débosseler
décapeler
décarreler
déceler
décerveler
décheveler
décongeler
déficeler
dégeler
dégraveler
démanteler
démuseler
déniveler
denteler
dépuceler
désensorceler
dételer
écarteler
écheveler
emmuseler
encasteler (s')
engrumeler
enjaveler
ensorceler

entr'appeler (s')
épanneler
épeler
étinceler
ficeler
gabeler
geler
graveler
griveler
grommeler
grumeler (se)
harceler
interpeller
javeler
jumeler
marteler
modeler
morceler
museler
nickeler
niveler
oiseler
panteler
peler
pommeler (se)
rappeler
râteler
réatteler
receler
regeler
renouveler
ressemeler
ruisseler
sauteler
taveler
tonneler

[œ-le]
dégueuler
égueuler
engueuler
gueuler
meuler

[ɑ̃-le]
branler
ébranler

les
les

(-)*lez*
lez

moulez
valez
voulez

[**ple**]¹

-*plé*

accouplé
contemplé
couplé
découplé
décuplé
peuplé
quadruplé
quintuplé
surpeuplé
triplé

-*plée*

f. fém. des mots en -*plé*
supplée

-*pler*

[i-ple]
détripler
tripler

[u-ple]
accoupler
coupler
découpler
désacoupler

[y-ple]
centupler
décupler
quadrupler
quintupler
septupler
sextupler

[œ-ple]
dépeupler
peupler
repeupler

[ɑ̃-ple]
contempler

---

1. Ajouter la pers. 5 de l'ind. et de l'impér. prés., la pers. 1 du passé simple et le part. passé, masc. et fém., des v. en -*pler*.

129

[kle][1]

(-)*clé(s)*
bâclé
bouclé
cerclé
clé(s)
musclé
porte-clés
raclé
sarclé

-*clée*
f. fém. de cert. mots
  en -*clé*
giclée
raclée

clef(s)
clef
contreclef
mot-clef
porte-clefs

-*cler*
[i-kle]
gicler
[ɛʀ-kle]
cercler
décercler
encercler
recercler
[aʀ-kle]
sarcler
[ɑ-kle]
bâcler
débâcler
racler
renâcler
[u-kle]
boucler
déboucler
reboucler
[ys-kle]
muscler

[ble][2]

-*ble*
paso-doble

(-)*blé*
accablé
affublé
assemblé
attablé
blé
câblé
comblé
criblé
dédoublé
doublé
endiablé
ensablé
meublé
râblé
redoublé
sablé
tremblé
troublé

-*blée*
f. fém. de cert. mots
  en -*blé*
assemblée
emblée (d')
tablée

-*bler*
[i-ble]
cibler
cribler
dribbler
[a-ble]
attabler (s')
enjabler
entabler
établer
jabler
scrabbler
tabler
[ɑ-ble]
accabler

câbler
désabler
désensabler
dessabler
endiabler
ensabler
hâbler
sabler
[u-ble]
dédoubler
doubler
encoubler (s')
redoubler
rendoubler
troubler
[y-ble]
affubler
[œ-ble]
démeubler
meubler
remeubler
[ɑ̃-ble]
ambler
assembler
désassembler
embler
rassembler
ressembler
sembler
trembler
[ɔ̃-ble]
combler

[gle][3]

-*glé*
cinglé
déréglé
épinglé
étranglé
onglé
réglé
sanglé

---

1. Ajouter la pers. 5 de l'ind. et de l'impér. prés., la pers. 1 du passé simple et le part. passé, masc. et fém., des v. en -*cler*.
2. Ajouter la pers. 5 de l'ind. et de l'impér. prés., la pers. 1 du passé simple et le part. passé, masc. et fém., des v. en -*bler*.
3. Ajouter la pers. 5 de l'ind. et de l'impér. prés., la pers. 1 du passé simple et le part. passé, masc. et fém., des v. en -*gler*.

-glée
f. fém. de cert. mots
   en *-glé*
onglée

-gler
[i-gle]
bigler

[e-gle]
dérégler
prérégler
régler

[ø-gle]
beugler
meugler

[œ-gle]
aveugler
désaveugler

[ɛ̃-gle]
cingler
épingler
tringler

[ɑ̃-gle]
dessangler
étrangler
sangler

[ɔ̃-gle]
jongler

[fle][1]

-flé
boursouflé
dégonflé
emmitouflé
enflé
éraflé
giflé
gonflé
mafflé
raflé
renflé
sifflé
soufflé
tréflé

-flée
f. fém. des mots en *-flé*
emmitouflée
giroflée
soufflée

-fler
[i-fle]
écornifler
gifler
persifler
renifler
rifler
siffler

[ɑ-fle]
érafler
rafler

[u-fle]
boursoufler
camoufler
démaroufler
emmitoufler
époustoufler
essouffler
maroufler
pantoufler
souffler

[y-fle]
insuffler

[ɑ̃-fle]
désenfler
enfler
renfler

[ɔ̃-fle]
dégonfler
gonfler
regonfler
ronfler

[Re][2]

-rae
dies irae

-re
a latere
condottiere
de jure
miserere
monsignore
noli-me-tangere
pécaïre

(-)*ré*
accaparé
accéléré
acéré
admiré
adoré
adultéré
aéré
affairé
aggloméré
ajouré
altéré
amélioré
apeuré
arriéré
aspiré
assuré
autogéré
aventuré
avéré
azuré
barré
beurré
bigarré
bourré
carré
ceinturé
censuré
chaviré
ciré
clôturé
coloré
comparé
confédéré
conjuré
considéré
courbaturé

---

1. Ajouter la pers. 5 de l'ind. et de l'impér. prés., la pers. 1 du passé simple et le part. passé, masc. et fém., des v. en *-fler*.
2. Ajouter la pers. 5 de l'ind. et de l'impér. prés., la pers. 1 du passé simple et le part. passé, masc. et fém., des v. en *-rer* ; — les pers. 1 et 5 du futur simple des v. en *er*, *-ir*, **-ir*, *-ire*, *-aire*, (-)*clore*, *-clure* et des v. *être, avoir, dépourvoir, pouvoir, prévoir, ravoir, revoir, savoir, voir, asseoir, rasseoir, surseoir, accroire, croire, décroire, mécroire, boire* ; — la pers. 5 de l'ind. et de l'impér. prés. des v. en **-rir*.

couturé
curé
déchiré
déclaré
décoloré
déconsidéré
décoré
dégénéré
délibéré
déluré
démesuré
demeuré
dénaturé
désemparé
désespéré
désiré
déterré
détiré
dévoré
différé
digéré
doré
éclairé
écœuré
édulcoré
effaré
égaré
élaboré
énamouré
enduré
enfoiré
enterré
entouré
éploré
épuré
espéré
éthéré
évaporé
exagéré
exaspéré
exonéré
exploré
fédéré
ferré
figuré
fiorituré
fleuré
fourré
fracturé
garé
géré
honoré
ignoré
immodéré
inaltéré
incarcéré

inconsidéré
indélibéré
induré
inespéré
inexploré
inséré
inspiré
intempéré
invétéré
ioduré
juré
labouré
lacéré
lauré
libéré
ligaturé
liseré
macéré
mâchuré
majoré
maniéré
mesuré
miniaturé
minoré
miré
miséréré
modéré
moiré
mordoré
mouluré
muré
murmuré
narré
obéré
oblitéré
opéré
paré
peinturluré
perforé
perré
pestiféré
phosphoré
phylloxéré
pleuré
poiré
pondéré
préféré
prématuré
préparé
pressuré
prieuré
procuré
proféré
raturé
ré
référé

réfrigéré
régénéré
réitéré
rembourré
réméré
réparé
repéré
resserré
restauré
retiré
réverbéré
révéré
saint-honoré
saturé
savouré
séparé
serré
sidéré
structuré
sulfuré
sursaturé
taré
tempéré
terré
timoré
tiré
toléré
tonsuré
torturé
transféré
trituré
ulcéré
vairé
vénéré
verré

-ree
jamboree

(-)rée
f. fém. de cert. mots
   en *-ré*
aiguiérée
airée
beurrée
borée
bourrée
carrée
centaurée
charrée
chasse-marée
chicorée
chorée
cuillerée
curée

132

denrée
diarrhée
dorée
durée
échauffourée
empyrée
hyperborée
marée
mijaurée
orée
panerée
picorée
pierrée
poirée
purée
raz-de-marée
rée
soirée
spirée
urée
virée
verrée

-rer

[i-ʀe]

adirer
admirer
aspirer
attirer
chavirer
cirer
conspirer
déchirer
décirer
délirer
désirer
détirer
dévirer
empirer
entre-déchirer (s')
étirer
expirer
inspirer
mirer
respirer
retirer
revirer
soupirer
soutirer
tirer
tournevirer
transpirer
virer

[e-ʀe]

accélérer

acérer
adhérer
adultérer
aérer
agglomérer
altérer
avérer (s')
cogérer
commérer
confédérer
conférer
conglomérer
considérer
coopérer
déblatérer
décélérer
décolérer
déconsidérer
déférer
dégénérer
délibérer
désaltérer
désespérer
différer
digérer
dilacérer
énumérer
espérer
éviscerer
exagérer
exaspérer
exonérer
exubérer
exulcérer
fédérer
galérer
générer
gérer
incamérer
incarcérer
incinérer
indifférer
inférer
ingérer (s')
insérer
interférer
invétérer (s')
jachérer
lacérer
légiférer
libérer
lisérer
macérer
modérer
obérer
oblitérer

obtempérer
opérer
persévérer
pondérer
préférer
proférer
proliférer
prospérer
récupérer
référer
réfrigérer
régénérer
réinsérer
réitérer
rémunérer
repérer
réverbérer
révérer
sidérer
suggérer
tempérer
tolérer
transférer
ulcérer
vénérer
vitupérer
vociférer

[je-ʀe]

aciérer
arriérer
dépoussiérer
désaciérer
empoussiérer
maniérer

[ɛ-ʀe]

aberrer
affairer (s')
airer
appairer
atterrer
blairer
déferrer
desserrer
déterrer
éclairer
enferrer
enserrer
épierrer
enterrer
errer
ferrer
flairer
referrer
resserrer

133

serrer
terrer

[jɛ-ʀe]

empierrer
épierrer

[a-ʀe]

accaparer
amarrer
bagarrer
barrer
bigarrer
chamarrer
comparer
contrecarrer
débarrer
déclarer
démarrer
déparer
désemparer
effarer
égarer
emparer (s')
fanfarer
garer
marrer (se)
narrer
parer
préparer
rembarrer
remparer
réparer
séparer
tarer
tintamarrer

[wa-ʀe]

foirer
moirer

[ɑ-ʀe]

barrer
débarrer
embarrer
rembarrer

[ɔ-ʀe]

abhorrer
accorer
adorer
améliorer
arborer
collaborer
colorer
commémorer
corroborer
décolorer

décorer
dédorer
déflorer
déplorer
déshonorer
désincorporer
dévorer
dorer
édulcorer
élaborer
entre-dévorer (s')
essorer
évaporer
expectorer
explorer
forer
honorer
ignorer
implorer
incorporer
instaurer
majorer
mordorer
odorer
perforer
pérorer
phosphorer
picorer
redorer
réincorporer
remémorer
restaurer
revigorer
saurer
subodorer
surdorer

[jɔ-ʀe]

améliorer
détériorer

[u-ʀe]

ajourer
bourrer
débourrer
défourrer
embourrer
enamourer (s')
énamourer (s')
entourer
fourrer
gourer (se)
labourer
lourer
rembourrer
savourer

[y-ʀe]

abjurer
acculturer
adjurer
amurer
apurer
architecturer
assurer
augurer
aventurer
azurer
biturer (se)
bouturer
capturer
carburer
caricaturer
ceinturer
censurer
claquemurer
clôturer
configurer
conjecturer
conjurer
contremurer
courbaturer
couturer
curer
défigurer
démurer
dénaturer
dépurer
durer
écurer
embordurer
emmurer
endurer
épurer
facturer
figurer
fissurer
fracturer
fulgurer
hachurer
inaugurer
indurer
jurer
ligaturer
mâchurer
manucurer
manufacturer
moulurer
mesurer
murer
murmurer
nervurer

obturer
parjurer (se)
pâturer
peinturer
peinturlurer
perdurer
portraiturer
préfigurer
pressurer
procurer
rainurer
rassurer
raturer
récurer
saturer
suppurer
sursaturer
susurrer
suturer
tonsurer
torturer
transfigurer
triturer
villégiaturer
voiturer

[ə-ʀe]

liserer

[œ-ʀe]

affleurer
apeurer
beurrer
demeurer
désheurer
écœurer
effleurer
fleurer
leurrer
pleurer
tuteurer

-rhée

blennorrhée
bronchorrhée
diarrhée
gonorrhée
leucorrhée
logorrhée
séborrhée

-rher

arrher

[pʀe][1]

(-)*pré(s)*

beaupré
diapré
empourpré
pourpré
pré
reine-des-prés
rosé-des-prés

-prer

[a-pʀe]

diaprer

[ɑ̃-pʀe]

épamprer

[uʀ-pʀe]

empourprer

[tʀe][2]

-tré

accoutré
administré
archiprêtré
attiré
bistré
calamistré
calfeutré
centré
châtré
cintré
cloîtré
concentré
défenestré
dépêtré
empêtré
enchevêtré
éventré
fenestré
feutré
filtré
frustré
idolâtré

illettré
illustré
lettré
lustré
métré
millimétré
mitré
montré
outré
pénétré
perpétré
pétré
plâtré
prémontré
prostré
rencontré
rentré
rostré
senestré
séquestré
sinistré
tartré
titré
vautré
vitré

-trée

f. fém. de cert. mots
en *-tré*

astrée
contrée
entrée
rentrée
ventrée

-trer

[i-tʀe]

arbitrer
attitrer
chapitrer
fortitrer
mitrer
récalcitrer
sous-titrer
titrer
vitrer

[is-tʀe]

administrer
bistrer

---

1. Ajouter la pers. 5 de l'ind. et de l'impér. prés., la pers. 1 du passé simple et le part. passé, masc. et fém., des v. en *-prer* ; − les pers. 1 et 5 du futur simple des v. en (-)*rompre*.
2. Ajouter la pers. 5 de l'ind. et de l'impér. prés., la pers. 1 du passé simple et le part. passé, masc. et fém., des v. en *-trer* ; − les pers. 1 et 5 du futur simple des v. en *-aître*, (-)*battre*, (-)*croître*, (-)*mettre* et du v. *foutre*.

enregistrer
registrer

[il-tʀe]

filtrer
infiltrer (s')

[e-tʀe]

chronométrer
impétrer
interpénétrer (s')
kilométrer
métrer
pénétrer
perpétrer

[ɛ-tʀe]

dépêtrer
enchevêtrer
empêtrer
guêtrer
salpêtrer

[ɛs-tʀe]

défenestrer
orchestrer
réorchestrer
séquestrer

[wa-tʀe]

cloîtrer
décloîtrer

[as-tʀe]

castrer
cadastrer
encastrer

[aʀ-tʀe]

détartrer
entartrer

[ɑ-tʀe]

châtrer
déplâtrer
emplâtrer
flâtrer
folâtrer
idolâtrer
opiniâtrer (s')
plâtrer
replâtrer

[o-tʀe]

vautrer (se)

[os-tʀe]

claustrer

[u-tʀe]

accoutrer
outrer
raccoutrer

[ys-tʀe]

balustrer
délustrer
frustrer
illustrer
lustrer

[ø-tʀe]

calfeutrer
feutrer

[ɛ̃-tʀe]

cintrer
décintrer

[ɑ̃-tʀe]

centrer
concentrer
décentrer
déconcentrer
entrer
éventrer
excentrer
recentrer
rentrer

[ɔ̃-tʀe]

contrer
démontrer
montrer
remontrer
rencontrer

[kʀe][1]

-cré

ancré
consacré
échancré
exécré
massacré
nacré

ocré
sacré
sucré

(-)crée

f. fém. de cert. mots
    en *-cré*

crée
procrée
recrée
récrée

-crer

[e-kʀe]

exécrer

[a-kʀe]

consacrer
massacrer
nacrer
sacrer

[ɔ-kʀe]

ocrer

[y-kʀe]

sucrer

[ɑ̃-kʀe]

ancrer
désancrer
échancrer
encrer

[bʀe][2]

-bré

ambré
cabré
calibré
cambré
célébré
chambré
délabré
démembré
déséquilibré
encombré
équilibré
invertébré
marbré
membré

---

1. Ajouter la pers. 5 de l'ind. et de l'impér. prés., la pers. 1 du passé simple et le part. passé, masc.
   et fém., des v. en *-crer* ; − les pers. 1 et 5 du futur simple des v. *convaincre* et *vaincre*.
2. Ajouter la pers. 5 de l'ind. et de l'impér. prés., la pers. 1 du passé simple et le part. passé, masc.
   et fém., des v. en *-brer*.

nombré
ombré
timbré
vertébré
zébré

-brée

f. fém. des mots
    en *-bré*
chambrée
hombrée
ombrée
sombrée

-brer

[i-bʀe]

calibrer
déséquilibrer
équilibrer
pervibrer
vibrer

[e-bʀe]

célébrer
enténébrer
zébrer

[a-bʀe]

palabrer

[aʀ-bʀe]

marbrer

[α-bʀe]

cabrer
délabrer
sabrer

[y-bʀe]

élucubrer

[ɛ̃-bʀe]

timbrer

[α̃-bʀe]

ambrer
cambrer
chambrer
démembrer
remembrer

[ɔ̃-bʀe]

décombrer
dénombrer
désencombrer
encombrer
nombrer
obombrer
ombrer
sombrer

[dʀe][1]

-dré

cendré
effondré
encadré
engendré
madré
poudré

-drée

f. fém. de cert. mots
    en *-dré*
cendrée
cylindrée
germandrée

-drer

[α-dʀe]

cadrer
encadrer

[u-dʀe]

dépoudrer
poudrer
saupoudrer

[ɛ̃-dʀe]

cylindrer

[α̃-dʀe]

calandrer
engendrer

[ɔ̃-dʀe]

effondrer

[gʀe][2]

(-)*gré*

degré
émigré
gré
immigré
intégré
malgré
tigré
vinaigré

-gree

pedigree

(-)*grée*

f. fém. de cert. mots
    en *-gré*
agrée
dégrée
grée
maugrée
ragrée
simagrée

-grer

[i-gʀe]

dénigrer
émigrer
immigrer
tigrer

[e-gʀe]

désintégrer
intégrer
réintégrer

[ɛ-gʀe]

vinaigrer

[ɔ̃-gʀe]

hongrer

[fʀe][3]

-fré

balafré

---

1. Ajouter la pers. 5 de l'ind. et de l'impér. prés., la pers. 1 du passé simple et le part. passé, masc.
   et fém., des v. en *-drer* ; — les pers. 1 et 5 du futur simple des v. en *-andre, -aindre, -endre,*
   -eindre, -ondre, -oindre, -oudre, -rdre, (-)*tenir,* (-)*venir,* (-)*valoir,* et (-)*vouloir.*
2. Ajouter la pers. 5 de l'ind. et de l'impér. prés., la pers. 1 du passé simple et le part. passé, masc.
   et fém., des v. en *-grer.*
3. Ajouter la pers. 5 de l'ind. et de l'impér. prés., la pers. 1 du passé simple et le part. passé, masc.
   et fém., des v. en *-frer* et du v. *camphrer* ; — la pers. 5 de l'ind. et de l'impér. prés. des v. en
   *-*frir.*

chiffré
engouffré
gaufré

-frée

f. fém. de cert. mots
  en -fré
bâfrée
galimafrée

-frer
[i-fRe]
chiffrer
déchiffrer
empiffrer (s')
fifrer

[a-fRe]
balafrer

[ɑ-fRe]
bâfrer
balafrer

[o-fRe]
gaufrer

[ɔ-fRe]
coffrer
décoffrer
encoffrer

[u-fRe]
engouffrer
ensoufrer
soufrer

[wɛ̃-fRe]
goinfrer

-frez
offrez
souffrez

-phré
camphré

-phrer
[ɑ̃-fRe]
camphrer

[vRe]¹

-vré
cuivré
délivré
désœuvré
enivré
givré
livré
navré
orfévré
ouvré
poivré
sevré

-vrée

f. fém. des mots
  en -vré
livrée
ouvrée

-vrer

[i-vRe]
dégivrer
délivrer
désenivrer
enivrer
givrer
livrer

[ɥi-vRe]
cuivrer

[je-vRe]
enfiévrer

[a-vRe]
navrer

[wa-vRe]
poivrer

[u-vRe]
ouvrer
recouvrer

[œ-vRe]
désœuvrer
manœuvrer
œuvrer

[ə-vRe]
sevrer

-vrez
couvrez
ouvrez

[me]²

-me
optime

-mé
abîmé
acclamé
accoutumé
affamé
affermé
affirmé
aimé
allumé
amalgamé
amé
animé
armé
assommé
baumé
bien-aimé
bout-rimé
brimé
calmé
chômé
clairsemé
comprimé
confirmé
conformé
consommé
consumé
corné
costumé
décimé
déclamé
déformé
dénommé
déplumé
déprimé
désarmé
diadémé
diffamé

1. Ajouter la pers. 5 de l'ind. et de l'impér. prés., la pers. 1 du passé simple et le part. passé, masc. et fém., des v. en -vrer ; — les pers. 1 et 5 du futur simple des v. en -cevoir, (-)devoir, (-)mouvoir, (-)pleuvoir, (-)suivre et (-)vivre ; — la pers. 5 de l'ind. et de l'impér. prés. des v. en *-vrir.
2. Ajouter la pers. 5 de l'ind. et de l'impér. prés., la pers. 1 du passé simple et le part. passé, masc. et fém., des v. en -mer ; — la pers. 5 de l'ind. et de l'impér. prés. des v. en *-mir.

diplômé
écumé
élimé
embaumé
embrumé
empaumé
emplumé
enfermé
enflammé
enrhumé
entamé
enthousiasmé
épitomé
essaimé
estimé
étamé
exhumé
exophtalmé
exprimé
famé
fermé
flammé
formé
fumé
gemmé
germé
géromé
gommé
gourmé
grimé
imprimé
inaccoutumé
inanimé
inexprimé
infirmé
informé
inhumé
innommé
intimé
lamé
légitimé
limé
mal-aimé
malfamé
mimé
mousmé
nommé
normé
opprimé
palmé
pâmé
parfumé
paumé
périmé
plumé
pommé

prénommé
présumé
primé
proclamé
programmé
pygmé
ramé
réclamé
refermé
réformé
renfermé
renommé
réprimé
résumé
rimé
rythmé
Salomé
semé
sommé
sublimé
surnommé
susnommé
transformé
vidamé

-mée

f. fém. de cert. mots
   en *-mé*
accoutumée (à l')
almée
armée
camée
framée
fumée
gammée
hommée
paumée
plumée
pygmée
ramée
renommée
transformée

-mer
[i-me]
abîmer
animer
arrimer
brimer
comprimer
décimer
décomprimer
déprimer
désarrimer
désenvenimer

dîmer
écimer
élimer
envenimer
escrimer
estimer
exprimer
grimer
imprimer
intimer
légitimer
limer
mésestimer
millésimer
mimer
opprimer
périmer (se)
primer
ranimer
réanimer
rédimer (se)
réimprimer
réprimer
rimer
sous-estimer
sublimer
supprimer
surcomprimer
surestimer
trimer
victimer
vidimer

[it-me]
rythmer
[il-me]
filmer
microfilmer

[iʀ-me]
affirmer
confirmer
infirmer
réaffirmer

[e-me]
blasphémer
crémer
écrémer

[ɛ-me]
aimer
décarêmer (se)
entr'aimer (s')
essaimer
gemmer
raimer

[ɛR-me]
affermer
enfermer
fermer
germer
refermer
renfermer
sous-affermer

[a-me]
acclamer
affamer
amalgamer
bramer
camer (se)
clamer
damer
déclamer
dédamer
diffamer
enflammer
entamer
étamer
exclamer (s')
proclamer
programmer
ramer
réclamer
renflammer
rétamer
tramer

[jas-me]
enthousiasmer

[wa-me]
desquamer (se)

[ag-me]
diaphragmer

[as-me]
fantasmer

[al-me]
calmer
empalmer
palmer
spalmer

[aR-me]
alarmer
armer
charmer
désarmer

gendarmer (se)
réarmer

[ɑ-me]
blâmer
clamer
diffamer
enflammer
pâmer (se)
proclamer
réclamer
renflammer

[ɔ-me]
assommer
consommer
dégommer
dénommer
gommer
nommer
pommer
prénommer
renommer
sommer
surnommer

[ɔR-me]
chloroformer
conformer
déformer
difformer
former
informer
reformer
réformer
transformer

[o-me]
chaumer
chômer
déchaumer
diplômer
embaumer
empaumer
paumer

[u-me]
boumer
zoomer

[uR-me]
gourmer

[y-me]
accoutumer

allumer
assumer
bitumer
brumer
consumer
costumer
déplumer
désaccoutumer
désenrhumer
écumer
embrumer
embumer
emplumer
enfumer
enrhumer
exhumer
fumer
humer
inhumer
parfumer
plumer
présumer
rallumer
réaccoutumer (se)
réaccoutumer
remplumer (se)
résumer
transhumer

[ə-me]
parsemer
ressemer
semer
sursemer

mes

mes

[ne]¹

-*ne*

canzone
cicerone
in fine
lazzarone
mezzo-termine
nota bene

(-)*né(s)*

abandonné
abonné

---

1. Ajouter la pers. 5 de l'ind. et de l'impér. prés., la pers. 1 du passé simple et le part. passé, masc. et fém., des v. en -*ner* ; — la pers. 5 de l'ind. et de l'impér. prés. des v. en -**nir*.

acharné
acheminé
acné
acoquiné
actionné
acuminé
additionné
affectionné
affiné
agglutiné
aiguillonné
aîné
ajourné
aliéné
alterné
ambitionné
amené
archidiaconé
artisonné
assaisonné
assassiné
assené
attentionné
aveugle-né
aviné
badigeonné
baleiné
ballonné
basané
bastionné
bétonné
bichonné
blasonné
borné
bouchonné
boudiné
bourgeonné
boutonné
buriné
calciné
canné
cantonné
capuchonné
carabiné
caréné
carminé
carné
cartonné
cerné
chagriné
chevronné
chiffonné
chiné
ciné
citronné
clariné

cloisonné
combiné
componé
condamné
conditionné
confiné
congestionné
consterné
contorsionné
contourné
contusionné
coordonné
corné
couronné
crayonné
cuisiné
cutané
damasquiné
damné
daphné
déchaîné
décharné
décliné
découronné
déjeuné
déraciné
dernier-né
désincarné
désordonné
dessiné
destiné
déterminé
détourné
deviné
dîné
discipliné
disproportionné
disséminé
dominé
donjonné
donné
doyenné
drainé
échelonné
échidné
écorné
efféminé
effréné
éliminé
émané
embéguiné
embruiné
émerillonné
empenné
empoisonné
emprisonné

encapuchonné
enchaîné
enchifrené
encorné
enfariné
enguignonné
enjuponné
enluminé
enraciné
enrubanné
ensoutané
enturbanné
enviné
environné
envoisiné
éperonné
erroné
étalonné
étrenné
examiné
extemporané
façonné
fané
filigrané
fleuronné
foraminé
forcené
fortuné
fractionné
fredonné
frictionné
fusionné
gainé
galonné
gangrené
gélatiné
géminé
gêné
gironné
glané
goudronné
gouvernés
gratiné
grené
griffonné
guillotiné
halbrené
halluciné
henné
hérissonné
herminé
igné
illuminé
imaginé
incarné
incliné

inconditionné
incriminé
indéterminé
indiscipliné
infortuné
inné
innominé
inopiné
insoupçonné
instantané
insubordonné
intentionné
interné
irraisonné
lazaroné
lionné
lotionné
luné
mâchonné
maçonné
magasiné
malintentionné
mamelonné
mariné
mâtiné
mené
mentionné
mitonné
moissonné
momentané
morigéné
morné
mort-né
moutonné
mutiné
né
néné
nouveau-né
obstiné
ordonné
orné
orsonné
oxygéné
pané
panné
parcheminé
pardonné
passionné
patronné
peiné
pelotonné
pensionné
perfectionné
péroné
piétiné
pistonné

pomponné
praliné
précautionné
prédestiné
premier-né
profané
prôné
proportionné
prosterné
puîné
quaterné
raffiné
raisiné
raisonné
rançonné
rasséréné
ratatiné
rationné
raviné
rayonné
réquisitionné
résiné
retourné
révolutionné
rubané
ruiné
sacchariné
safrané
sanctionné
satané
satiné
saumoné
sélectionné
séné
seriné
sillonné
simultané
siphonné
solutionné
sonné
soupçonné
sous-cutané
spontané
subordonné
subventionné
succédané
suggestionné
suranné
talonné
tanné
terné
tisonné
tourné
traîné
trépané
turbiné

vacciné
vahiné
vallonné
vanné
veiné
vitaminé
zoné

-née(s)

f. fém. de cert. mots
  en *-né*
aînée
amenée
ânée
année
apnée
après-dînée
aunée
carillonnée
charbonnée
chaudronnée
cheminée
cochonnée
coordonnée
cornée
destinée
dînée
dionée
donnée
dulcinée
dyspnée
échinée
fournée
graminée
gratinée
guinée
halenée
haquenée
hyménée
journée
macaronée
maisonnée
matinée
menée
menées
miscellanées
ordonnée
panathénées
périnée
poêlonnée
prytanée
randonnée
romanée
scammonée
senée

142

simultanée
solanée
tannée
taupinée
terrinée
tournée
traînée
vannée
vinée

-ner

[i-ne]

abominer
abonner
acheminer
acoquiner (s')
affiner
agglutiner
aleviner
amariner
après-dîner
assassiner
aviner
avoisiner
badiner
baratiner
bassiner
biner
bobiner
boudiner
bouliner
bouquiner
brillantiner
buriner
butiner
cabotiner
calaminer (se)
calciner
câliner
carabiner
chagriner
cheminer
chiner
chopiner
chouriner
clopiner
coltiner
combiner
confiner
conglutiner
contaminer
contre-miner
copiner
cousiner
coussiner

crachiner
cuisiner
culminer
damasquiner
dandiner (se)
débiner (se)
débobiner
décliner
décontaminer
dégouliner
déminer
déraciner
dessiner
destiner
déterminer
deviner
dîner
discipliner
discriminer
disséminer
dodeliner
dodiner
dominer
ébousiner
échiner (s')
efféminer
éliminer
embéguiner
embobeliner
embobiner
emmagasiner
emmannequiner
endoctriner
enfariner
enluminer
enquiquiner
enraciner
entériner
épépiner
examiner
exterminer
fariner
fasciner
festiner
fulminer
fuschsiner
gaminer
gratiner
grimeliner
guillotiner
halluciner
houssiner
illuminer
imaginer
incliner
incriminer

inséminer
jardiner
jaspiner
lambiner
laminer
lapiner
lésiner
libertiner
limousiner
lutiner
machiner
magasiner
mannequiner
marginer
mariner
maroquiner
mâtiner
médeciner
miner
mouliner
mutiner (se)
nominer
obstiner (s')
opiner
ouatiner
paginer
pateliner
patiner
patrociner
peaufiner
piétiner
pleuviner
poitriner
potiner
pouliner
praliner
prédestiner
prédéterminer
prédominer
préopiner
rabobiner
raciner
radiner (se)
raffiner
rapiner
ratatiner (se)
ratiner
ratiociner
raviner
récriminer
revacciner
rondiner
ruginer
ruminer
satiner
seriner

suriner
tambouriner
tapiner
taquiner
tartiner
terminer
trottiner
turbiner
turlupiner
uriner
usiner
vacciner
vaticiner
viner
voisiner

[wi-ne]

babouiner
baragouiner
couiner
embabouiner
fouiner

[ɥi-ne]

bruiner
ruiner

[e-ne]

asséner
caréner
créner
désoxygéner
ébéner
morigéner
oxygéner
rasséréner
refréner
réfréner

[je-ne]

aliéner

[ɛ-ne]

chaîner
chanfreiner
chienner
déchaîner
dégainer
désenchaîner
drainer
égrainer
empenner
enchaîner
engainer
entraîner
étrenner
freiner
gainer

gêner
grainer
lainer
moyenner
parrainer
peiner
rengainer
traîner
veiner

[ɛR-ne]

alterner
baliverner
berner
caserner
cerner
concerner
consterner
décerner
discerner
externer
gouverner
hiberner
hiverner
interner
lanterner
materner
prosterner (se)

[a-ne]

ahaner
banner
basaner
boucaner
cancaner
caner
canner
charlataner
chicaner
condamner
damner
dédouaner
dépanner
douaner
effaner
émaner
empanner
enrubanner
faner
faonner
filigraner
glaner
haubaner
paner
paonner
pavaner (se)

planer
profaner
ricaner
rubaner
safraner
tanner
trépaner
vanner

[wa-ne]

dédouaner
douaner

[ag-ne]

stagner

[aR-ne]

acharner (s')
décharner
désincarner (se)
écharner
incarner
marner
réincarner (se)

[ɑ-ne]

condamner
crâner
damner
flâner

[ɔ-ne]

abandonner
abonner
adonner (s')
amidonner
ânonner
arraisonner
assaisonner
assoner
badigeonner
bâillonner
ballonner
barytonner
bâtonner
bedonner
bétonner
biberonner
billonner
bichonner
bidonner (se)
blasonner
bondonner
bouchonner
bouffonner
bougonner
boulonner
bourdonner

bourgeonner
boutonner
braconner
brandonner
brouillonner
canonner
cantonner
caparaçonner
capitonner
caponner
cartonner
chansonner
chantonner
chaperonner
chaponner
charbonner
chatonner
chiffonner
claironner
cloisonner
cloner
cochonner
contorsionner (se)
coordonner
cordonner
cotillonner
cotonner (se)
couillonner
couronner
cramponner
débondonner
déboulonner
déboutonner
décapuchonner
déchaperonner
décloisonner
déconner
découronner
dégasconner
dépelotonner
déraisonner
désabonner
désarçonner
désenguignonner
désordonner
dessaisonner
détoner
détonner
dindonner
dissonner
donner
drageonner
ébourgeonner
échardonner
échelonner
écussonner

égravillonner
embâtonner
empoisonner
empoissonner
emprisonner
encapuchonner
enchaperonner
enjuponner
entonner
entre-donner (s')
environner
éperonner
époumonner (s')
escadronner
espadonner
estramaçonner
étalonner
étançonner
étonner
étronçonner
façonner
fanfaronner
festonner
fleuronner
foisonner
folichonner
fourgonner
fransquillonner
fredonner
friponner
frissonner
galonner
garçonner
gasconner
gazonner
godronner
goudronner
graillonner
griffonner
grisonner
grognonner
guerdonner
gueuletonner
harponner
hérisonner
houblonner
jalonner
jargonner
juponner
klaxonner
lantiponner
lardonner
liaisonner
mâchonner
maçonner
maquignonner

marmonner
marronner
mitonner
moissonner
molletonner
moucheronner
moutonner
nasillonner
ordonner
œilletonner
parangonner
pardonner
patronner
pelotonner
pigeonner
pilonner
pistonner
plafonner
plastronner
poinçonner
polissonner
pomponner
postillonner
pouponner
prôner
quarderonner
raisonner
ramoner
rançonner
randonner
reboutonner
redonner
refaçonner
regazonner
rempoissonner
réordonner
résonner
rognonner
ronchonner
ronronner
sablonner
saucissonner
savonner
sermonner
siphonner
sonner
soupçonner
subordonner
talonner
tamponner
tâtonner
téléphoner
testonner
tire-bouchonner
tisonner
tonner

torchonner
trognonner
tronçonner
vagabonner
valonner
vermillonner
violoner

[jɔ-ne]

actionner
additionner
affectionner
aiguillonner
ambitionner
approvisionner
auditionner
bouillonner
camionner
carillonner
cautionner
collationner
collectionner
commissionner
comotionner
conditionner
confectionner
congestionner
contusionner
convulsionner
crayonner
démissionner
désaffectionner
désillusionner
dimensionner
échantillonner
écouvillonner
égravillonner
émotionner
émulsionner
encommissionner
espionner
étrésillonner
fonctionner
fractionner
frictionner
fusionner
gabionner
illusionner
impressionner
lotionner
mentionner
mixtionner
occasionner
ovationner
papillonner
passionner

pensionner
perfectionner
perquisitionner
pétitionner
pionner
ponctionner
postillonner
précautionner
proportionner
questionner
rationner
rayonner
réceptionner
réquisitionner
réveillonner
révolutionner
sanctionner
sectionner
sélectionner
sillonner
solutionner
soumissionner
stationner
subventionner
suggestionner
tatillonner
tourbillonner

[ɔR-ne]

aborner
adorner
borner
bigorner
corner
décorner
écorner
encorner
flagorner
orner
suborner

[o-ne]

auner
détrôner
prôner
sauner
trôner

[uR-ne]

ajourner
atourner
bistourner
chantourner
contourner
défourner
détourner
enfourner

réajourner
retourner
ristourner
séjourner
tourner

[y-ne]

aluner
faluner
importuner
pétuner

[yg-ne]

impugner

[ø-ne]

jeûner

[ə-ne]

amener
démener (se)
désengrener
ébrener
égrener
embrener
emmener
enchifrener
engrener
gangrener
grener
halener
malmener
mener
promener
ramener
remener
remmener
rengrener
surmener
vener

[œ-ne]

déjeuner
petit-déjeuner

(-)nez

cache-nez
nez
pince-nez
prenez
sonnez
tenez
tonnez
tord-nez
venez

[ɲe][1]

-gné

accompagné
aligné
assigné
baigné
consigné
dédaigné
dépeigné
désigné
éborgné
égratigné
éloigné
embesogné
empoigné
enseigné
épargné
gagné
guigné
imprégné
indigné
lorgné
malpeigné
peigné
rechigné
renfrogné
résigné
saigné
signé
soigné
soussigné

-gnée

f. fém. de cert. mots
en *-gné*
araignée
cognée
lignée
peignée
poignée
saignée

-gner

[i-ɲe]

aligner
assigner

barguigner
cligner
consigner
contresigner
déconsigner
désaligner
désigner
égraffigner
égratigner
enligner
esbigner (s')
forligner
grafigner
guigner
harpigner
indigner
interligner
provigner
réassigner
rechigner
résigner
signer
souligner
trépigner

[e-ɲe]

imprégner
régner

[ɛ-ɲe]

baigner
châtaigner
daigner
dédaigner
dépeigner
engeigner
enseigner
peigner
renseigner
repeigner
ressaigner
saigner

[a-ɲe]

accompagner
raccompagner

[wa-ɲe]

éloigner

empoigner
soigner
témoigner

[aʀ-ɲe]

épargner
hargner

[ɑ-ɲe]

gagner
regagner

[ɔ-ɲe]

besogner
cogner
grogner
ivrogner
recogner
refrogner
rencogner
renfrogner
rogner

[ɔʀ-ɲe]

éborgner
lorgner

[y-ɲe]

impugner
répugner

-gnier

châtaignier
guignier

[je][2]

-hier

cahier

-ier

caféier
copaier
planchéier

---

1. Ajouter la pers. 5 de l'ind. et de l'impér. prés., la pers. 1 du passé simple et le part. passé, masc. et fém., des v. en *-gner* ; − la pers. 5 de l'ind. et de l'impér. prés. des v. en *-aindre, -eindre, (-)oindre*.
2. Ajouter la pers. 5 de l'ind., du subj. et de l'impér. prés., la pers. 5 de l'ind. imp., la pers. 1 du passé simple et le part. passé, masc. et fém., des v. en *-ller* et *-yer* ; − la pers. 5 de l'ind., du subj. et de l'impér. prés., la pers. 5 de l'ind. des v. en (-)*choir*, (-)*croire*, (-)*fuir*, (-)*seoir*, (-)*traire*, des v. *oïr, dépourvoir, entrevoir, pourvoir, prévoir, revoir* et *voir* ; − la pers. 5 de l'ind. imp. et du subj. prés. des v. en *-ier, -ouer, -uer, -clure*, *-*llir* et des v. *rire* et *sourire* ; − la pers. 5 du subj. et de l'impér. prés. des v. *avoir* et *être* ; − la pers. 5 de l'impér. prés. du v. *vouloir*.

-iez

châtiez
voyiez

-llé

aiguillé
appareillé
barbouillé
bastillé
brouillé
caillé
chenillé
chevillé
conseillé
débraillé
déguenillé
dépareillé
dépenaillé
dépoitraillé
dépouillé
déraillé
déshabillé
détaillé
écaillé
effeuillé
embastillé
embouteillé
embrouillé
embroussaillé
émerveillé
émoustillé
empaillé
endeuillé
ensoleillé
ensommeillé
entortillé
entripaillé
éparpillé
éraillé
estampillé
éveillé
fendillé
feuillé
fouillé
fusillé
gaspillé
grappillé
gribouillé
grillé
habillé
maquillé
médaillé
mitraillé
mouillé
outillé

paillé
persillé
pillé
pointillé
pouillé
quadrillé
raillé
ravitaillé
recroquevillé
réveillé
rouillé
souillé
taillé
tenaillé
tiraillé
torpillé
tortillé
travaillé
vanillé
vrillé

-llée

f. fém. de cert. mots
    en -llé
aiguillée
dérouillée
feuillée
quenouillée
veillée
vrillée

-ller

[i-je]

accastiller
aiguiller
apostiller
babiller
béguiller
béquiller
biller
boitiller
boursiller
bousiller
brandiller
brasiller
brésiller
briller
cheviller
ciller
cocheniller
coquiller
croustiller
décaniller
déciller
dégobiller

dégoupiller
dégueniller
démaquiller
déshabiller
dessiller
détortiller
driller
écarquiller
écheniller
égosiller (s')
embariller
embastiller
émoustiller
entortiller
éparpiller
épontiller
essoriller
estampiller
étoupiller
étriller
fendiller
fondiller
fourmiller
frétiller
fusiller
gambiller
gaspiller
godiller
goupiller
grapiller
grésiller
griller
habiller
houspiller
maquiller
mordiller
nasiller
outiller
pendiller
pétiller
piller
pointiller
quadriller
quiller
recoquiller
recroqueviller (se)
remaquiller
resquiller
rhabiller
roupiller
sautiller
scintiller
sémiller
siller
smiller
sourciller

148

tiller
titiller
torpiller
tortiller
toupiller
tourniller
triller
vaciller
vermiller
vétiller
vriller

[ɛ-je]

appareiller
bouteiller
conseiller
déconseiller
dépareiller
désappareiller
désembouteiller
embouteiller
émerveiller
ensoleiller
éveiller
oreiller
rappareiller
réveiller
sommeiller
surveiller
teiller
veiller

[a-je]

avitailler
bailler
brétailler
carcailler
détailler
émailler
emmailler
harpailler
médailler
travailler

[ɑ-je]

bâiller
batailler
brailler
cailler
carcailler
chamailler (se)
cisailler
couchailler
courailler
courcailler
crailler
criailler

criticailler
débrailler (se)
débroussailler
démailler
dépailler
dérailler
discutailler
disputailler
écailler
écrivailler
égailler (s')
embroussailler
emmouscailler
empailler
encanailler (s')
enfutailler
entailler
entrebâiller
érailler
ferrailler
fouailler
godailler
gouailler
grailler
grenailler
grisailler
gueusailler
hourailler
intrigailler
jouailler
mailler
mitrailler
murailler
pailler
piailler
pinailler
poulailler
railler
ravitailler
remmailler
rempailler
répétailler
retailler
rimailler
ripailler
rouscailler
routailler
sonnailler
tailler
tenailler
tirailler
tournailler
toussailler
traînailler
tripotailler
volailler

[u-je]

affouiller
agenouiller (s')
andouiller
bafouiller
barbouiller
bredouiller
bouiller
brouiller
cafouiller
charbouiller
chatouiller
cornouiller
crachouiller
débarbouiller
débrouiller
dégrouiller (se)
dépatouiller (se)
dépouiller
dérouiller
déverrouiller
écrabouiller
emarbouiller
embrouiller
enrouiller
épouiller
escarbouiller
farfouiller
fouiller
gargouiller
gazouiller
glandouiller
grenouiller
gribouiller
grouiller
houiller
magouiller
mouiller
ouiller
patouiller
patrouiller
pouiller
rabouiller
refouiller
rouiller
souiller
touiller
trifouiller
tripatouiller
vadrouiller
vasouiller
ventrouiller (se)
verrouiller
zigouiller

[œ-je]

défeuiller

effeuiller
endeuiller
enfeuiller (s')
feuiller

-llez

accueillez
assaillez
baillez
défaillez
tressaillez
veuillez

-llier

aiguillier
boutillier
chevillier
coquillier
écaillier
groseillier
joaillier
mancenillier
marguillier
médaillier
paillier
quillier
quincaillier
sapotillier
vanillier

-yé

apitoyé
appuyé
atermoyé
balayé
coudoyé
déblayé
délayé
déployé
dévoyé
effrayé
égayé
embrayé
employé
ennuyé
enrayé
envoyé
éployé
essayé
essuyé
étayé
foudroyé
fourvoyé
impayé

inemployé
monnayé
nettoyé
noyé
octroyé
ondoyé
payé
ployé
rayé
soudoyé

-yée

f. fém. de cert. mots
en *-yé*

-yer

[ɥi-je]

appuyer
désennuyer
écuyer
ennuyer
essuyer
ressuyer

[e-je]

barbéyer

[ɛ-je]

aigayer
balayer
barbeyer
bégayer
bordeyer
brayer
cartayer
déblayer
débrayer
défrayer
délayer
dérayer
désenrayer
effrayer
égayer
embrayer
enrayer
essayer
étayer
frayer
grasseyer
langueyer
layer
métayer
monnayer
pagayer
payer
rayer

réessayer
relayer
remblayer
surpayer
zézayer

[a-je]

bayer
copayer
papayer

[wa-je]

aboyer
apitoyer
atermoyer
avoyer
bornoyer
broyer
cacaoyer
caloyer
charroyer
chatoyer
choyer
convoyer
corroyer
côtoyer
coudoyer
déployer
destroyer
dévoyer
employer
envoyer
festoyer
flamboyer
fossoyer
foudroyer
fourvoyer
foyer
giboyer
grossoyer
guerroyer
hongroyer
jointoyer
larmoyer
louvoyer
loyer
merdoyer
nettoyer
noyer
octroyer
ondoyer
paumoyer
plaidoyer
ployer
poudroyer
réemployer

rejointoyer
remployer
renvoyer
reployer
rougeoyer
rudoyer
soudoyer
tournoyer
tutoyer
verdoyer
voussoyer
vouvoyer
voyer

[ɔ-je]

cacaoyer

[u-je]

rocouyer

-yez

asseyez
croyez
fuyez
rasseyez
voyez

[pje][1]

(-)pié

épié
estropié
expié
inexpié
pié
polycopié

-piée

f. fém. des mots en -pié

(-)pied(s)

arrache-pied (d')
casse-pied
chauffe-pieds
chausse-pied
chèvre-pied
cloche-pied (à)
contre-pied
cou-de-pied
couvre-pieds

croche-pied
marchepied
mille-pieds
nu-pieds
passe-pied
pied
plain-pied (de)
repose-pied
sous-pied
tire-pied
trépied
va-nu-pieds

-pier

chapier
clapier
copier
coupe-papier
crêpier
croupier
drapier
épier
équipier
estropier
étapier
expier
fripier
gâte-papier
gratte-papier
guêpier
papier
pépier
photocopier
polycopier
polypier
pompier
pourpier
presse-papier
recopier
taupier
tripier
troupier
tulipier

-piez

rompiez

[tje][2]

-thier

luthier

-tié

amitié
amnistié
châtié
inimitié
moitié
pitié

-tiée

f. fém. de cert. mots
en -tié

-tier

abricotier
aérostier
aiguilletier
allumettier
altier
amnistier
anecdotier
arêtier
argentier
argotier
autoroutier
avocatier
bahutier
balaustier
banqueroutier
bâtier
bénitier
bergamotier
bigarreautier
bijoutier
bimbelotier
biscuitier
blatier
boîtier
bonnetier
bottier
bouquetier
boursicotier
boutiquier
briquetier
brouettier
buffetier
bustier
buvetier

---

1. Ajouter la pers. 5 de l'ind. et de l'impér. prés., la pers. 1 du passé simple et le part. passé, masc.
   et fém., des v. en -pier ; — la pers. 5 de l'ind. imp. et du subj. prés. des v. en -per et (-)rompre.
2. Ajouter la pers. 5 de l'ind. et de l'impér. prés., la pers. 1 du passé simple et le part. passé, masc.
   et fém., des v. en -tier [tje] ; — la pers. 5 de l'ind. imp. et du subj. prés. des v. en -ter, *-tir,
   (-)battre et (-)mettre ; — la pers. 5 de l'ind. imp. du v. être.

cabaretier
cabotier
cacaotier
cachottier
cactier
cafetier
canotier
carottier
cartier
casquettier
chaînetier
chalutier
chantier
charcutier
charpentier
charretier
châtier
chaussetier
chipotier
chocolatier
cimentier
cloutier
cocotier
coffretier
cohéritier
colistier
compotier
contrehâtier
coquetier
corsetier
côtier
courtier
croûtier
calottier
dattier
demi-setier
dentier
devantier
doigtier
dominotier
droitier
échotier
églantier
égoutier
émeutier
entier
étier
faîtier
ferblantier
flibustier
florestier

forestier
franc-quartier
fruitier
gantier
gargotier
gâte-métier
gazetier
giletier
gobeletier
grainetier
gravatier
grenetier
griottier
grutier
guichetier
guttier
haquetier
hâtier
héritier
indigotier
laitier
layetier
limetier
liftier
littier
lotier
louvetier
lunetier
luthier
malletier
maltôtier
métier
minotier
miroitier
mortier
morutier
moutier
muletier
nattier
noisetier
panetier
papetier
passementier
pelletier
pontier
portier
postier
potier
primesautier
psautier
puisatier

quartier
raquetier
ratier
regrattier
rentier
robinetier
routier
sabotier
sagoutier
sapotier
savetier
sébestier
sentier
setier
soutier
tabletier
tissutier
tripotier
usufruitier
vergetier

-tiers

volontiers

-tiez

battiez
châtiez
étiez

[kje]¹

-quier

banquier
boutiquier
chéquier
créquier
échiquier
perruquier
piquier
reverquier
sérasquier
vomiquier

-quiez

vainquiez

[bje]²

-bié

labié

---

1. Ajouter la pers. 5 de l'ind. imp. et du subj. prés. des v. en -ker, -quer et des v. convaincre et vaincre.
2. Ajouter la pers. 5 de l'ind. imp. et du subj. prés. des v. en -ber.

moucharabié
stibié

-biée

labiée

-bieh

galabieh
moucharabieh

-bier

aubier
barbier
bourbier
caroubier
colombier
écubier
gabier
gerbier
gibier
herbier
jambier
jujubier
obier
plombier
sorbier

biez

biez

[dje][1]

die

sine die

-dié

congédié
dédié
étudié
expédié
incendié
mendié
radié
stipendié

-diée

f. fém. de cert. mots
en *-dié*

-dier

amandier
amodier
anacardier
baguenaudier
billardier
bombardier
bordier
boulevardier
boyaudier
brancardier
brelandier
brigadier
buandier
cocardier
congédier
contrebandier
cordier
dédier
dinandier
étudier
expédier
faisandier
fardier
grenadier
hallebardier
incendier
irradier
landier
lavandier
limonadier
mendier
merdier
minaudier
moutardier
muscadier
paludier
parodier
pétardier
prébendier
prévendier
psalmodier
radier
rapsodier
réexpédier

remédier
renardier
répudier
saladier
stipendier
subsidier
taillandier
verdier
vivandier

[gje][2]

-guier

baguier
droguier
figuier
languier
manguier
viguier

[fje][3]

-fié

certifié
confié
crucifié
dignifié
diversifié
édifié
falsifié
fortifié
frigorifié
glorifié
gratifié
identifié
injustifié
justifié
liquéfié
lubrifié
modifié
mortifié
notifié
ossifié
pacifié
personnifié
putréfié
qualifié
quantifié

---

1. Ajouter la pers. 5 de l'ind. et de l'impér. prés., la pers. 1 du passé simple et le part. passé, masc. et fém., des v. en *-dier* ; − la pers. 5 de l'ind. imp. et du subj. prés. des v. en *-der, -andre, -endre* [ceux en (-)*prendre* exceptés], *-ondre, -erdre* et *-ordre.*
2. Ajouter la pers. 5 de l'ind. imp. et du subj. prés. des v. en *-guer.*
3. Ajouter la pers. 5 de l'ind. et de l'impér. prés., la pers. 1 du passé simple et le part. passé, masc. et fém., des v. en *-fier* et *-phier* ; − la pers. 5 de l'ind. imp. et du subj. prés. des v. en *-fer* et *-pher.*

ramifié
raréfié
sacrifié
sanctifié
signifié
simplifié
stratifié
terrifié
tuméfié
vérifié

-fiée

f. fém. de cert. mots
  en -fié

-fier

acidifier
amplifier
aurifier
authentifier
barbifier
béatifier
bêtifier
bonifier
cafier
carnifier
certifier
chosifier
clarifier
classifier
cocufier
codifier
confier
corporifier
crucifier
décalcifier
défier
déifier
démystifier
disqualifier
diversifier
dulcifier
édifier
escoffier
estafier
falsifier
fier (se)
fortifier
fructifier
gazéifier

glorifier
gratifier
greffier
horrifier
humidifier
identifier
intensifier
justifier
lénifier
liquéfier
lubrifier
madéfier
magnifier
méfier (se)
modifier
mollifier
momifier
mondifier
mortifier
mystifier
mythifier
nidifier
nitrifier
notifier
opacifier
ossifier (s')
pacifier
panifier
personnifier
pétrifier
planifier
pontifier
purifier
putréfier
qualifier
quantifier
ramifier
raréfier
ratifier
rectifier
réédifier
réunifier
revivifier
rubéfier
sacrifier
sanctifier
saponifier
scarifier
scorifier
signifier

simplifier
solfier
solidifier
spécifier
statufier
stratifier
stupéfier
télégraphier
terrifier
tonifier
torréfier
truffier
tufier
tuméfier
unifier
vérifier
versifier
vinifier
vitrifier
vivifier

-phié

atrophié
autographié
hypertrophié
orthographié
photographié

-phiée

f. fém. des mots
  en -phié

-phier

atrophier (s')
autographier
calligraphier
cartographier
dactylographier
hypertrophier
lithographier
orthographier
phonographier
photographier
radiographier
sténographier
télégraphier

[sje][1]

-cié

apprécié

---

1. Ajouter la pers. 5 de l'ind. et de l'impér. prés., la pers. 1 du passé simple et le part. passé, masc. et fém., des v. en -cier, -tier [sje] et -xier ; — la pers. 5 du subj. imp. de tous les verbes ; — la pers. 5 de l'ind. imp. et du subj. prés. des v. en -cer, -ser [se], -xer, des v. en -ir, des v. en -aître, (-)croître et des v. bruire et maudire ; — la pers. 5 du subj. prés. du v. faire ; — les pers. 1, 2, 3 de l'ind. prés. et la pers. 2 de l'impér. prés., lorsqu'elles sont employées, des v. asseoir, messeoir, rasseoir, seoir et surseoir.

associé
circonstancié
déprécié
différencié
disgracié
émacié
gracié
licencié
maléficié
négocié
supplicié
vicié

-ciée

f. fém. des mots en *-cié*

-cier

acier
ambulancier
annoncier
apprécier
artificier
associer
audiencier
balancier
bénéficier
besacier
chevecier
circonstancier
conférencier
créancier
crédencier
déprécier
devancier
différencier
disgracier
dissocier
échéancier
émacier
épicier
faïencier
fatracier
financier
foncier
glacier
grimacier
justicier
lancier
licencier
mercier
négocier
nourricier
obédiencier
officier
outrancier

peaucier
pénitencier
placier
plaisancier
policier
poncier
populacier
préfacier
préjudicier
primicier
princier
pucier
quintessencier
redevancier
remercier
romancier
roncier
saucier
sorcier
soucier (se)
sourcier
sous-officier
supplicier
survivancier
tenancier
tréfoncier
vacancier
vicier

(-)scié

scié
fascié

(-)sciée

sciée
fasciée

scier

scier

(-)sied

assied
messied
rassied
sied

-sieds

assieds

-sier

autopsier
autoursier
avocassier
baissier

boursier
brossier
caissier
calebassier
carnassier
carrossier
cassier
censier
cognassier
coulissier
coursier
crassier
cuirassier
dépensier
dossier
échassier
écrivassier
fatrassier
fessier
filassier
finassier
grossier
haussier
huissier
jacassier
lessier
lissier
massier
matelassier
mégissier
messier
mulassier
paperassier
pâtissier
peaussier
plumassier
poussier
pressier
putassier
quassier
tapissier
tarsier
terrassier
tracassier
traversier

-siez

bruissiez
croissiez
finissiez
naissiez
paissiez
paraissiez

-tié

initié

-tiée

initiée

-tier

balbutier
différentier
initier

-xié

asphyxié

-xiée

asphyxiée

-xier

asphyxier

[ʃje]¹

chiée

chiée

(-)*chier*

cartouchier
chier
fichier
pistachier

[vje]²

-vié

convié
dévié
envié

-viée

f. fém. des mots
en *-vié*

-vier(s)

betteravier

bouvier
cervier
clavier
convier
cuvier
davier
dévier
envier
épervier
évier
février
goyavier
gravier
janvier
levier
loup-cervier
obvier
olivier
palétuvier
pithiviers
pluvier
ravier
renvier
sous-clavier
terre-neuvier
vivier

-viez

buviez
serviez

[zje]³

-sié

extasié
rassasié

-siée

extasiée
rassasiée

-sier

alisier
anesthésier
apostasier

arbousier
ardoisier
argousier
arquebusier
balisier
bêtisier
bousier
braisier
brasier
cambusier
casier
cerisier
chaisier
chemisier
éclusier
extasier (s')
fraisier
framboisier
gésier
gosier
hypostasier
lisier
menuisier
merisier
obusier
osier
paradisier
phrasier
rassasier
remisier
rosier
sottisier
tamisier

-siez

cousiez
lisiez
taisiez

-zier

alizier
bronzier
gazier
razzier

---

1. Ajouter la pers. 5 de l'ind. et de l'impér. prés., la pers. 1 du passé simple et le part. passé, masc. et fém., du v. *chier* ; − la pers. 5 de l'ind. imp. et du subj. prés. des v. en *-cher* ; − la pers. 5. du subj. prés. du v. *savoir*.
2. Ajouter la pers. 5 de l'ind. et de l'impér. prés., la pers. 1 du passé simple et le part. passé, masc. et fém., des v. en *-vier* ; − la pers. 5 de l'ind. imp. et du subj. prés. des v. en *-ver*, *-vir*, *-crire*, *-soudre*, (-)*suivre*, (-)*vivre*, *-voir* (*dépourvoir, entrevoir, pourvoir, prévoir, revoir* et *voir* exceptés) et du v. *boire* ; − la pers. 5 de l'ind. imp. du v. *savoir*.
3. Ajouter la pers. 5 de l'ind. et de l'impér. prés., la pers. 1 du passé simple et le part. passé, masc. et fém., des v. en *-sier* [zje] et *-zier* ; − la pers. 5 de l'ind. imp. et du subj. prés. des v. en *-ser* [ze], *-zer*, *-sir* [ziːʀ], *-aire* [ceux en (-)*traire* exceptés], *-ire* [ceux en (-)*rire*, *-crire* et *maudire* exceptés], *-uire* (*bruire* excepté), (-)*clore* et (-)*coudre* ; − la pers. 5 de l'ind. imp. des v. en (-)*faire*.

[ʒje][1]

-gié

fastigié
plagié
privilégié
réfugié

-giée

f. fém. des mots
en *-gié*

-gier

albergier
effigier
imagier
langagier
plagier
privilégier
réfugier (se)

[lje][2]

-glier

bersaglier

(-)*lié*

affilié
allié
délié
domicilié
folié
humilié
interfolié
lié
rallié

(-)*liée*

f. fém. des mots
en (-)*lié*
ciliée

-lier

affilier
ailier
allier
animalier
atelier

azerolier
bachelier
bandoulier
batelier
bélier
boisselier
bougainvillier
boulier
bourrelier
bricolier
cannelier
cavalier
cellier
céréalier
chamelier
chancelier
chandelier
chapelier
chevalier
cigalier
collier
concilier
cordelier
corossolier
coulier
coutelier
croulier
cymbalier
défolier
délier
dentellier
domicilier
échalier
écolier
enlier
épistolier
escalier
espalier
étalier
exfolier
familier
fourmilier
frontalier
fusilier
geôlier
gondolier
hallier
hospitalier
hôtelier
huilier

humilier
immobilier
inhospitalier
interfolier
irrégulier
journalier
lier
madrigalier
magnolier
mésallier (se)
micocoulier
millier
minéralier
mobilier
oiselier
palier
pallier
parolier
particulier
pédalier
perlier
pétrolier
pilier
pincelier
poêlier
prunellier
rallier
râtelier
réconcilier
régulier
relier
résilier
roulier
sandalier
séculier
sellier
singulier
sommelier
soulier
sourcilier
spolier
taulier
timbalier
toilier
tôlier
tonnelier
tuilier
tunnelier
vaisselier
vermicellier

1. Ajouter la pers. 5 de l'ind. et de l'impér. prés., la pers. 1 du passé simple et le part. passé, masc. et fém., des v. en *-gier* ; − la pers. 5 de l'ind. imp. et du subj. prés. des v. en *-ger*.
2. Ajouter la pers. 5 de l'ind. et de l'impér. prés., la pers. 1 du passé simple et le part passé, masc. et fém., des v. en *-lier* ; − la pers. 5 de l'ind. imp. et du subj. prés. des v. en *-ler, (-)loir, (-)moudre* et des v. *aller* et *raller*.

violier
voilier

-liez

valiez
vouliez

[ʀje]¹

-rie

kyrie

-rié

armorié
avarié
carié
charrié
contrarié
férié
historié
injurié
inventorié
marié
notarié
parié
salarié
varié

-riée

f. fém. de cert. mots
en -rié

-rier

apparier
armorier
armurier
avant-courrier
avarier
aventurier
beurrier
bull-terrier
camérier
carier
carrier
cellérier
ceinturier

charrier
cirier
colorier
confiturier
contrarier
courrier
couturier
couverturier
démarier
déparier
désapparier
excorier
facturier
fourrier
fox-terrier
friturier
gabarier
guerrier
hauturier
historier
injurier
inventorier
ivoirier
laurier
long-courrier
manufacturier
marier
mûrier
ordurier
parier
pierrier
pilorier
poirier
procédurier
rapparier
remarier (se)
répertorier
roturier
salarier
sérier
serrurier
teinturier
terrier
trésorier
usurier
varier
verdurier

verrier
voiturier

[mje]²

-mié

anémié

-miée

anémiée

-mier(s)

anémier
balsamier
baumier
cimier
cormier
costumier
coulommiers
coutumier
crémier
damier
émier
fermier
formier
fumier
gommier
goumier
heaumier
infirmier
lamier
larmier
légumier
limier
palmier
paumier
plumier
pommier
premier
ramier
sommier

-miez

aimiez
dormiez

1. Ajouter la pers. 5 du cond. prés. des v. en -er, -ir, *-ir, -ire, -aire, (-)clore, -clure et des v. avoir, être, dépourvoir, entrevoir, pourvoir, pouvoir, prévoir, ravoir, revoir, savoir, voir, asseoir, rasseoir, surseoir, accroire, croire, décroire, mécroire, boire ; — la pers. 5 de l'ind. et de l'impér. prés., la pers. 1 du passé simple et le part. passé, masc. et fém., des v. en -rier ; — la pers. 5 de l'ind., du subj. et de l'impér. prés. des v. rire et sourire ; — la pers. 5 de l'ind. imp. et du subj. prés. des v. en -rer, *-rir.
2. Ajouter la pers. 5 de l'ind. et de l'impér. prés., la pers. 1 du passé simple et le part. passé, masc. et fém., des v. en -mier ; — la pers. 5 de l'ind. imp. et du subj. prés. des v. en -mer et (-)dormir.

[nje][1]

(-)nié
excommunié
manié
nié

-niée
f. fém. des mots
en *(-)nié*

(-)nier
acconier
alénier
amidonnier
ânier
aumônier
avant-dernier
avelinier
baleinier
ballonier
bananier
bâtonnier
boucanier
bouchonnier
boutonnier
braconnier
brelandinier
buissonnier
calomnier
cancanier
canonnier
cantinier
cantonnier
cap-hornier
capronier
capronnier
carabinier
caravanier
carnier
cartonnier
casanier
centenier
chansonnier
charbonnier
charnier
chaudronnier
chaufournier
chicanier
chiffonnier
cinquantenier

citronnier
communier
cordonnier
cornier
cotonnier
crinier
cuisinier
denier
dénier
dernier
dindonnier
dizainier
dizenier
douanier
dragonnier
ébénier
éperonnier
épinier
étaminier
excommunier
façonnier
farinier
fauconnier
faux-ébénier
faux-saunier
ferronnier
fontainier
fontenier
fournier
frangipanier
gagne-denier
gainier
galonnier
garçonnier
garennier
gonfalonier
gonfanonier
grainier
granier
grenier
harmonier
houblonnier
hunier
ingénier (s')
jardinier
lainier
lanier
lanternier
latanier
limonier
linier

magasinier
magnanier
mandarinier
manier
marinier
maroquinier
marronnier
matinier
mentonnier
méthanier
meunier
minier
moulinier
moutonnier
nautonier
nier
palefrenier
palonnier
panier
parcheminier
piétonnier
pigeonnier
pionnier
plafonnier
plaqueminier
plénier
poissonnier
pontonnier
porcelainier
pot-de-vinier
printanier
prisonnier
prunier
quartenier
quartinier
rancunier
remanier
renier
robinier
routinier
rubanier
rudânier
sablonnier
saisonnier
salinier
salonnier
sardinier
saunier
savonnier
semainier
sizainier

---

1. Ajouter la pers. 5 de l'ind. et de l'impér. prés., la pers. 1 du passé simple et le part. passé, masc. et fém., des v. en *-nier* ; — la pers. 5 de l'ind. imp. et du subj. prés. des v. en *-ner*, *-nir* et *(-)prendre*.

sous-marinier
tamarinier
taminier
tavernier
tétonnier
thonier
timonier
tisonnier
tontinier
usinier
vannier
vernier

-niez
preniez
teniez
veniez

[ɲje][1]

-gnier
châtaignier
guignier

[we][2]

houer
houer

[twe][3]

-toué
tatoué

(-)touée
tatouée
touée

(-)touer
tatouer
touer

[kwe][4]

-que
tu quoque

-coué
secoué

-couée
secouée

-couer
accouer
coucouer
écouer
rocouer
secouer

[bwe][5]

-boué
emboué

(-)bouée
bouée
embouée

-bouer
ébouer
embouer

[dwe][6]

(-)doué
amadoué
doué
surdoué

(-)douée
amadouée
douée

(-)douer
amadouer
douer

[gwe][7]

-goué
engoué

-gouée
engouée

-gouer
engouer

-guae
lapsus linguae

[fwe][8]

-foué
bafoué

(-)fouée
bafouée
fouée

-fouer
bafouer

[swe]

-souée
pimpesouée

---

1. Ajouter la pers. 5 de l'ind. imp. et du subj. prés. des v. en *-gner, -aindre, -cindre* et (-)*oindre*.
2. Ajouter la pers. 5 de l'ind. et de l'impér. prés., la pers. 1 du passé simple et le part. passé, masc. et fém., du v. *houer*.
3. Ajouter la pers. 5 de l'ind. et de l'impér. prés., la pers. 1 du passé simple et le part. passé, masc. et fém., des v. *tatouer* et *touer*.
4. Ajouter la pers. 5 de l'ind. et de l'impér. prés., la pers. 1 du passé simple et le part. passé, masc. et fém., des v. en *-couer*.
5. Ajouter la pers. 5 de l'ind. et de l'impér. prés., la pers. 1 du passé simple et le part. passé, masc. et fém., du v. *embouer*.
6. Ajouter la pers. 5 de l'ind. et de l'impér. prés., la pers. 1 du passé simple et le part. passé, masc. et fém., des v. *amadouer* et *douer*.
7. Ajouter la pers. 5 de l'ind. et de l'impér. prés., la pers. 1 du passé simple et le part. passé, masc. et fém., du v. *engouer*.
8. Ajouter la pers. 5 de l'ind. et de l'impér. prés., la pers. 1 du passé simple et le part passé, masc. et fém., du v. *bafouer*.

[ʃwe][1]

-choué
échoué

-chouée
échouée

-chouer
déchouer
déséchouer
échouer

[vwe][2]

-voué
avoué
dévoué
inavoué

-vouée
avouée
dévouée
inavouée

(-)vouer
avouer
désavouer
dévouer (se)
vouer

[ʒwe][3]

(-)joué
enjoué
joué

(-)jouée
enjouée
jouée

(-)jouer
déjouer
jouer
rejouer

[lwe][4]

(-)loué
alloué
loué
reloué
sous-loué

(-)louée
f. fém. des mots
en (-)loué

(-)louer
allouer
louer
relouer
sous-louer

[ʀwe][5]

(-)roué
enroué
roué

(-)rouée
enrouée
rouée

(-)rouer
désenrouer
enrouer
rouer

[nwe][6]

(-)noué
dénoué
noué
renoué

(-)nouée
dénouée
nouée
renouée

(-)nouer
dénouer
nouer
renouer

[ɥe][7]

hué
hué

huée
huée

huer
huer

[pɥe][8]

-pué
conspué

-puée
conspuée

(-)puer
conspuer
puer

---

1. Ajouter la pers. 5 de l'ind. et de l'impér. prés., la pers. 1 du passé simple et le part. passé, masc. et fém., des v. en -chouer.
2. Ajouter la pers. 5 de l'ind. et de l'impér. prés., la pers. 1 du passé simple et le part. passé, masc. et fém., des v. en (-)vouer.
3. Ajouter la pers. 5 de l'ind. et de l'impér. prés., la pers. 1 du passé simple et le part. passé, masc. et fém., des v. en (-)jouer.
4. Ajouter la pers. 5 de l'ind. et de l'impér. prés., la pers. 1 du passé simple et le part. passé, masc. et fém., des v. en (-)louer.
5. Ajouter la pers. 5 de l'ind. et de l'impér. prés., la pers. 1 du passé simple et le part. passé, masc. et fém., des v. en (-)rouer.
6. Ajouter la pers. 5 de l'ind. et de l'impér. prés., la pers. 1 du passé simple et le part. passé, masc. et fém., des v. en (-)nouer.
7. Ajouter la pers. 5 de l'ind. et de l'impér. prés., la pers. 1 du passé simple et le part. passé, masc. et fém., du v. huer.
8. Ajouter la pers. 5 de l'ind. et de l'impér. prés., la pers. 1 du passé simple et le part. passé, masc. et fém., des v. conspuer et puer.

[tɥe][1]

(-)*tué*

accentué
constitué
destitué
effectué
habitué
infatué
institué
perpétué
ponctué
prostitué
restitué
situé
substitué
tué

-*tuée*

prostituée

(-)*tuer*

accentuer
constituer
déshabituer
désinfatuer
destituer
effectuer
entre-tuer (s')
évertuer (s')
fluctuer
habituer
infatuer (s')
instituer
perpétuer
ponctuer
prostituer
reconstituer
réhabituer
restituer
situer
statuer

substituer
tortuer
tuer

[kɥe][2]

-*cué*
évacué

-*cuée*
évacuée

-*cuer*
évacuer

[bɥe][3]

-*bué*
distribué
rétribué

(-)*buée*
buée
distribuée
rétribuée

-*buer*
attribuer
contribuer
désembuer
distribuer
écobuer
embuer
redistribuer
rétribuer

[dɥe][4]

-*dué*
gradué

-*duée*
graduée

-*duer*
graduer

[gɥe][5]

-*guer*
arguer
rédarguer

[sɥe][6]

-*sué*
bossué

(-)*suée*
bossuée
suée

(-)*suer*
bossuer
ressuer
suer

-*xué*
asexué
bisexué
sexué
unisexué

-*xuée*
asexuée
bissexuée
sexuée
unisexuée

[lɥe][7]

-*lué*
dilué

---

1. Ajouter la pers. 5 de l'ind. et de l'impér. prés., la pers. 1 du passé simple et le part. passé, masc. et fém., des v. en (-)*tuer*.
2. Ajouter la pers. 5 de l'ind. et de l'impér. prés., la pers. 1 du passé simple et le part. passé, masc. et fém., du v. *évacuer*.
3. Ajouter la pers. 5 de l'ind. et de l'impér. prés., la pers. 1 du passé simple et le part. passé, masc. et fém., des v. en -*buer*.
4. Ajouter la pers. 5 de l'ind. et de l'impér. prés., la pers. 1 du passé simple et le part. passé, masc. et fém., du v. *graduer*.
5. Ajouter la pers. 5 de l'ind. et de l'impér. prés., la pers. 1 du passé simple et le part. passé, masc. et fém., des v. *arguer* et *rédarguer*.
6. Ajouter la pers. 5 de l'ind. et de l'impér. prés., la pers. 1 du passé simple et le part. passé, masc. et fém., des v. en (-)*suer* [sɥe].
7. Ajouter la pers. 5 de l'ind. et de l'impér. prés., la pers. 1 du passé simple et le part. passé, masc. et fém., des v. en -*luer* [lɥe].

éberlué	[ʀɥe]¹	[nɥe]³
évalué		
évolué	*ruée*	*-nué*
pollué	ruée	atténué
salué		continué
		dénué
	ruer	diminué
-luée	ruer	exténué
		insinué
f. fém. des mots		nué
en *-lué*	[mɥe]²	sinué
		(-)*nuée*
-luer	*-mué*	f. fém. des mots en *-nué*
dépolluer	remué	nuée
dévaluer		
diluer	*-muée*	(-)*nuer*
éberluer	remuée	atténuer
évaluer		continuer
évoluer		dénuer (se)
polluer	(-)*muer*	diminuer
réévaluer	commuer	discontinuer
saluer	muer	éternuer
sous-évaluer	remuer	exténuer
surévaluer	transmuer	insinuer
		nuer
		sinuer

---

1. Ajouter la pers. 5 de l'ind. et de l'impér. prés., la pers. 1 du passé simple et le part. passé, masc. et fém., du v. *ruer*.
2. Ajouter la pers. 5 de l'ind. et de l'impér. prés., la pers. 1 du passé simple et le part. passé, masc. et fém., des v. en (-)*muer*.
3. Ajouter la pers. 5 de l'ind. et de l'impér. prés., la pers. 1 du passé simple et le part. passé, masc. et fém., des v. en (-)*nuer*.

[ε]

————— [ε]¹ —————

aie
aie

aies
aies

ais
ais

ait
ait

es
es

est
est

hai
hai

haie
haie

hais
hais

(-)hait
hait
souhait

-et

[uε]
brouet

[y-ε]
bluet
fluet

[ø-ε]
bleuet

[pε]²

paie
paie

(-)pais
épais
pais
repais

-pait
rompait
soupait

(-)paît
paît
repaît

paix
paix

-pect
aspect
circonspect
irrespect

porte-respect
respect
suspect

(-)pet
clapet
parapet
pet
toupet

[tε]³

-tai
étai

(-)taie
futaie
taie

(-)tais
charentais
maltais
mantais
nantais
piémontais
ponantais
tais

tait
tait

tes
tes

-tet
fustet

---

1. Ajouter les pers. 1, 2, 3, 6 de l'ind. imp. des v. en -éer, -blier, (-)plier, (-)crier, (-)prier, (-)trier, (-)clouer, (-)flouer, -brouer, -crouer, (-)trouer, -bluer, (-)fluer, (-)gluer, -truer et des v. frouer et interviewer.
2. Ajouter les pers. 1, 2, 3, 6 de l'ind. imp. des v. en -per et du v. rompre ; − les pers. 1, 2, 3 de l'ind. prés. des v. en (-)paître ; − les pers. 1, 2, 3, 6 de l'ind. et du subj. prés. et la pers. 2 de l'impér. prés. des v. en (-)payer.
3. Ajouter les pers. 1, 2, 3, 6 de l'ind. imp. des v. en -ter, *-tir, (-)battre, (-)mettre et des v. être et foutre ; − les pers. 1, 2, 3 de l'ind. prés. du v. taire ; − les pers. 1, 2, 3, 6 de l'ind. et du subj. prés. et la pers. 2 de l'impér. prés. des v. cartayer et étayer.

164

motet
pontet
tantet

(-)têt
protêt
têt

[kɛ][1]

-cket
cricket
ticket

-ckey
disc-jockey
hockey
jockey

-kais
new-yorkais

-kay
tokay

-kè
anankè

quai
quai

-*quais*
laquais

quet
affiquet
banquet
baquet
bec-de-perroquet
becquet
béquet
bilboquet
biquet
bistoquet
bosquet
bouquet
bourriquet

braquet
briquet
caquet
chiquet
chouquet
claquet
cliquet
coquet
criquet
croquet
foutriquet
freluquet
friquet
frisquet
haquet
hoquet
jacquet
loquet
loriquet
mastroquet
mousquet
paltoquet
paquet
parquet
perroquet
piquet
porte-paquet
potron-jaquet
quinquet
roquet
saupiquet
sobriquet
taquet
toquet
tourniquet
traquet

(-)*quêt*
acquêt
quêt

[bɛ][2]

bai
bai

baie
baie

-*bais*
montalbais
rabais

-*bet*
alphabet
barbet
carbet
débet
galoubet
gibet
gobet
quolibet
sorbet

bey
bey

[dɛ][3]

(-)*dais*
bâbordais
dadais
dais
finlandais
groenlandais
hollandais
irlandais
islandais
landais
néerlandais
tribordais

-*day*
faraday

des
des

dès
dès

-*det*
baudet
bidet
cadet
farfadet

---

1. Ajouter les pers. 1, 2, 3, 6 de l'ind. imp. des v. en -*quer, -cquer, - ker* et des v. *convaincre* et *vaincre*.
2. Ajouter les pers. 1, 2, 3, 6 de l'ind. imp. des v. en -*ber* ; − les pers. 1, 2, 3, 6 de l'ind. et du subj. prés. et la pers. 2 de l'impér. prés. du v. *bayer*.
3. Ajouter les pers. 1, 2, 3, 6 de l'ind. imp. des v. en -*der, -andre, -endre, -ondre, -erdre* et -*ordre*.

godet
grandet
muscadet
verdet

dey
dey

[gɛ][1]

(-)*gai*
gai
papegai

(-)*gaie*
gaie
pagaie
sagaie
zagaie

-*gais*
lauragais
portugais

guai
guai

(-)*gay*
gay
margay

-*guais*
lauraguais

(-)*guet(s)*
aguets
boguet
daguet
droguet
guet
longuet
muguet

[fɛ][2]

fais
fais

(-)*fait*
bienfait
contrefait
défait
étouffait
fait
forfait
imparfait
insatisfait
méfait
parfait
plus-que-parfait
refait
satisfait
stupéfait
surfait
tôt-fait

(-)*faix*
arrière-faix
faix
portefaix
surfaix

-*fès*
confès
profès

-*fet*
attifet
buffet
défet
effet
en effet
préfet
sous-préfet

[sɛ][3]

-*çais*
français

-*çay*
valençay

ces
ces

-*cès*
abcès
accès
décès
excès
insuccès
prédécès
procès
succès

c'est
c'est

-*cet*
doucet
exocet
lacet
passe-lacet
placet
tercet

-*sai*
contre-essai
essai

(-)*saie*
buissaie
houssaie
saie
saussaie

(-)*sais*
écossais
sais

sait
sait

ses
ses

-*set*
basset

---

1. Ajouter les pers. 1, 2, 3, 6 de l'ind. des v. en -*guer* ; − les pers. 1, 2, 3, 6 de l'ind. et du subj. prés. et la pers. 2 de l'impér. prés. des v. en -*gayer*.
2. Ajouter les pers. 1, 2, 3, 6 de l'ind. imp. des v. en -*fer* et -*pher* ; − les pers. 1, 2, 3 de l'ind. prés. et la pers. 2 de l'impér. prés. des v. en (-)*faire*.
3. Ajouter les pers. 1, 2, 3, 6 de l'ind. imp. des v. en -*cer*, -*scer*, -*ser* [se], -*xer*, -*ir*, -*aître*, -*oître* et des v. *bruire* et *maudire* ; − les pers. 1, 2, 3, 6 de l'ind. et du subj. prés. et la pers. 2 de l'impér. prés. du v. *essayer*

corset
fausset
gousset
grasset
verset

[ʃɛ]¹

chai

chai

-chaie

jonchaie

chais

chais

-chet

archet
bichet
blanchet
bréchet
brochet
cachet
cochet
colifichet
crochet
déchet
échet
émouchet
fauchet
fichet
flanchet
fourchet
guichet
hochet
huchet
jonchet
louchet
montrachet
nichet
pichet
ricochet
rochet

sachet
souchet
tranchet
trébuchet
trochet
tronchet

[vɛ]²

-vaie

olivaie

(-)vais

mauvais
vais

-vet

bouvet
brevet
cavet
chevet
chasse-nivet
chou-navet
civet
couvet
duvet
louvet
navet
nivet
olivet
orvet
ravet
rivet

[zɛ]³

-saie

cerisaie

-set

biset
creuset
griset

liset
marmouset

-sey

jersey

-zet

bizet

[ʒɛ]⁴

geai

geai

-geais

saintongeais

-get

auget
budget
rouget

jais

jais

(-)jet

brise-jet
jet
objet
projet
rejet
sujet
surjet
trajet

[lɛ]⁵

(-)lai

balai
délai
lai
malai

---

1. Ajouter les pers. 1, 2, 3, 6 de l'ind. imp. des v. en *-cher* ; − la pers. 3 de l'ind. prés. de *échoir*.
2. Ajouter les pers. 1, 2, 3, 6 de l'ind. imp. des v. en *-ver*, **-vir*, *-voir* (*dépourvoir, entrevoir, pourvoir, prévoir, revoir* et *voir* exceptés), (-)*boire, -crire, -soudre,* (-)*suivre* et (-)*vivre* ; − les pers. 1, 2, 3, de l'ind. prés. et la pers. 2 de l'impér. prés. des v. en (-)*vêtir*.
3. Ajouter les pers. 1, 2, 3, 6 de l'ind. imp. des v. en *-ser* [ze], *-zer, -aire* [ceux en (-)*traire* et *braire* exceptés], *-ire* [ceux en (-)*rire, -crire* et *maudire* exceptés], *-uire* (*bruire* excepté), (-)*clore* et (-)*coudre* et du v. *gésir* ; − les pers. 1, 2, 3, 6 de l'ind. et du subj. prés. et la pers. 2 de l'impér. prés. du v. *zézayer.*
4. Ajouter les pers. 1, 2, 3, 6 de l'ind. imp. des v. en *-ger.*
5. Ajouter les pers. 1, 2, 3, 6 de l'ind. imp. des v. en *-ler, -loir* et (-)*moudre* ; − les pers. 1, 2, 3, 6 de l'ind. et du subj. prés. et la pers. 2 de l'impér. prés. des v. en (-)*layer.*

relai
virelai

laid
laid

(-)*laie*
boulaie
prunelaie
laie
saulaie

(-)*lais*
angolais
balais
beaujolais
bordelais
charolais
cinghalais
congolais
lais
malais
montréalais
népalais
palais
relais
sénégalais

(-)*lait*
caille-lait
lait
petit-lait
tire-lait

(-)*legs*
legs
prélegs

les
les

lès
lès

-*let*
agnelet
aigrelet
angelet
annelet
articulet

ballet
batelet
bavolet
bolet
boulet
bourlet
bourrelet
bracelet
cabriolet
cacolet
capelet
capulet
carrelet
cassoulet
cervelet
chalet
chapelet
châtelet
chevalet
ciselet
collet
contre-filet
coquelet
corselet
drôlet
entrefilet
faux-filet
feu-follet
filet
flageolet
follet
galet
gantelet
gibelet
gilet
gobelet
goulet
grandelet
gringalet
guignolet
jalet
maigrelet
mantelet
marjolet
martelet
miquelet
mollet
mulet
oiselet
orgelet
osselet
ourlet

palet
piolet
pipelet
pistolet
porcelet
potelet
poulet
prestolet
récollet
roitelet
rôlet
rondelet
rossignolet
rousselet
ruisselet
serpolet
seulet
stérilet
sterlet
stylet
surmulet
tiercelet
tonnelet
triboulet
triolet
ultraviolet
valet
varlet
verdelet
versiculet
violet
volet

-*ley*
colley
trolley
volley

[**plɛ**][1]

plaid
plaid

plaie
plaie

plais
plais

(-)*plaît*
complaît

---

1. Ajouter les pers. 1, 2, 3, 6 de l'ind. imp. des v. en -*pler* ; — les pers. 1, 2, 3 de l'ind. prés. et la pers. 2 de l'impér. prés. des v. en (-)*plaire*.

168

déplaît
plaît

-play
fair-play
match-play
medal play

-plet
complet
couplet
incomplet
replet
simplet

[klɛ][1]

claie
claie

-clet
paraclet

[blɛ][2]

-blai
déblai
remblai

-blaie
tremblaie

(-)blet
blet
doublet

[glɛ][3]

-glais
anglais
franglais

-glet
anglet

onglet
réglet

[flɛ][4]

-flet(s)
antireflet
camouflet
huit-reflets
mouflet
reflet
sifflet
soufflet

-phlet
pamphlet

[Rɛ][5]

(-)rai
minerai
rai

(-)raie(s)
bananeraie
châtaigneraie
cocoteraie
fougeraie
fraiseraie
joncheraie
milleraies
noiseraie
oliveraie
orangeraie
oseraie
palmeraie
peupleraie
pineraie
pommeraie
raie
ronceraie
roseraie

(-)rais
marais
navarrais
parais
rais
vivarais

-raît
paraît

(-)ret(s)
ableret
banneret
béret
cabaret
caret
chardonneret
clairet
coqueret
coupe-jarret
couperet
dameret
dosseret
duret
ferret
feuilleret
fleuret
foret
furet
goret
gorgeret
guéret
guilleret
houret
jarret
lameret
laneret
lavaret
lazaret
libouret
mascaret
minaret
muret
rets
sauret
savouret

---

1. Ajouter les pers. 1, 2, 3, 6 de l'ind. imp. des v. en *-cler*.
2. Ajouter les pers. 1, 2, 3, 6 de l'ind. imp. des v. en *-bler* ; − les pers. 1, 2, 3, 6 de l'ind. et du subj. prés. et la pers. 2 de l'impér. prés. des v. *déblayer* et *remblayer*.
3. Ajouter les pers. 1, 2, 3, 6 de l'ind. imp. des v. en *-gler*.
4. Ajouter les pers. 1, 2, 3, 6 de l'ind. imp. des v. en *-fler*.
5. Ajouter les pers. 1, 2, 3, 6 de l'ind. imp. des v. en voy. + *-rer*, **-rir* ; − les pers. 1, 2, 3 de l'ind. prés. et la pers. 2 de l'impér. prés. des v. en *-raître* ; − les pers. 1, 2, 3, 6 de l'ind. et du subj. prés. et la pers. 2 de l'impér. prés. des v. en (-)*rayer* ; − les pers. 1, 2, 3, 6 du cond. prés. des v. en *-er*, *ir*, *-ire*, *-aire*, (-)*clore*, *-clure* et des v. *être*, *avoir*, *dépourvoir*, *entrevoir*, *pourvoir*, *pouvoir*, *prévoir*, *ravoir*, *revoir*, *savoir*, *voir*, *asseoir*, *rasseoir*, *surseoir*, *accroire*, *croire*, *décroire*, *mécroire* et *boire*.

soleret
suret
tabouret
taret
tiret
touret
traceret

-rêt

arrêt
désintérêt
forêt
intérêt
saisie-arrêt

-rey

harrey
mercurey

[pʀɛ]¹

-pray

spray

(-)près

à-peu-près
après
auprès
ci-après
exprès
près

-pret

propret

(-)prêt

apprêt
prêt

[tʀɛ]²

-traie

hêtraie

(-)trait

abstrait
attrait
distrait
extrait
portrait
retrait
soustrait
trait

très

très

-tret

cotret
sotret

[kʀɛ]³

craie

craie

-cret

concret
décret
discret
indiscret
sacret
secret

[bʀɛ]⁴

brai

brai

braie

braie

(-)brais

brais
calabrais

brait

brait

-bret

vergobret

[dʀɛ]⁵

-draie

coudraie

-dret

adret

[gʀɛ]⁶

-grais

engrais
ségrais

gray

gray

(-)grès

agrès
congrès
grès
progrès

-gret

aigret
magret
maigret
regret

[fʀɛ]⁷

frai

frai

---

1. Ajouter les pers. 1, 2, 3, 6 de l'ind. imp. des v. en -prer ; — les pers. 1, 2, 3, 6 du cond. prés. des v. en (-)rompre.
2. Ajouter les pers. 1, 2, 3, 6 de l'ind. imp. des v. en -trer ; — les pers. 1, 2, 3, 6 de l'ind. et du subj. prés. des v. en -traire et les pers. 1, 2, 3 du cond. prés. des v. en (-)paraître ; — les pers. 1, 2, 3, 6 du cond. prés. des v. en -aître, (-)battre, (-)croître, (-)mettre et du v. foutre.
3. Ajouter les pers. 1, 2, 3, 6 de l'ind. imp. des v. en -crer ; — les pers. 1, 2, 3, 6 du cond. prés. des v. vaincre et convaincre.
4. Ajouter les pers. 1, 2, 3, 6 de l'ind. imp. des v. en -brer ; la pers. 3 de l'ind. prés. du v. braire ; — les pers. 1, 2, 3, 6 de l'ind. et du subj. prés. et la pers. 2 de l'impér. prés. des v. en (-)brayer.
5. Ajouter les pers. 1, 2, 3, 6 de l'ind. imp. des v. en -drer ; — les pers. 1, 2, 3, 6 du cond. prés. des v. en -andre, -aindre, -endre, -eindre, -ondre, -oindre, -oudre, -rdre, (-)tenir, (-)venir, (-)valoir et (-)vouloir.
6. Ajouter les pers. 1, 2, 3, 6 de l'ind. imp. des v. en -grer.
7. Ajouter les pers. 1, 2, 3, 6 de l'ind. imp. des v. en -frer et *-frir ; — les pers. 1, 2, 3, 6 de l'ind. et du subj. prés. et la pers. 2 de l'impér. prés. des v. en (-)frayer.

-*fraie*
effraie
orfraie

(-)*frais*
faux-frais
frais

(-)*fret*
coffret
fret

[VRɛ]¹

vrai
vrai

(-)*vraie*
ivraie
rouvraie
vraie

-*vrais*
havrais

-*vray*
vouvray

-*vret*
livret
pauvret

[mɛ]²

mai
mai

(-)*maie*
maie
ormaie

(-)*mais*
désormais

jamais
mais

-*may*
gamay

mes
mes

(-)*met(s)*
armet
calumet
compromet
entremets
fumet
gourmet
guillemet
met
mets
ormets
plumet
remet
sommet
soumet
transmet

[nɛ]³

-*naie*
aulnaie
aunaie
cannaie
chênaie
épinaie
frênaie
monnaie
papier-monnaie
porte-monnaie

(-)*nais*
albanais
aragonais
ardennais
aveyronnais
avignonnais
barcelonais
bayonnais

béarnais
bolonais
boulonnais
bourbonnais
caennais
camerounais
cantonais
ceylanais
chalonnais
connais
dijonnais
gabonais
garonnais
guyanais
havanais
japonais
javanais
libanais
lisbonnais
lyonnais
mâconnais
mayennais
méconnais
milanais
morbihanais
nais
narbonnais
nivernais
omanais
oranais
orléanais
ornais
pakistanais
panais
perpignanais
polonais
punais
reconnais
renais
rennais
réunionais
rouennais
roussillonnais
sénonais
séquanais
soudanais
taiwanais
toulonnais
villeurbannais

---

1. Ajouter les pers. 1, 2, 3, 6 de l'ind. imp. des v. en -*vrer* et *-*vrir* ; − les pers. 1, 2, 3, 6 du cond. prés. des v. en -*cevoir*, (-)*devoir*, (-)*mouvoir*, (-)*pleuvoir*, (-)*suivre* et (-)*vivre*.
2. Ajouter les pers. 1, 2, 3, 6 de l'ind. imp. des v. en -*mer*, *-*mir* ; − les pers. 1, 2, 3 de l'ind. prés. et la pers. 2 de l'impér. prés. des v. en (-)*mettre*.
3. Ajouter les pers. 1, 2, 3, 6 de l'ind. imp. des v. en -*ner*, *-*nir* et (-)*prendre* ; − les pers. 1, 2, 3 de l'ind. prés. et la pers. 2 de l'impér. prés. des v. en (-)*naître* ; les pers. 1, 2, 3, 6 de l'ind. et du subj. prés. et la pers. 2 de l'impér. prés. du v. *monnayer*.

171

-nait
prenait
tenait
venait

(-)naît
connaît
méconnaît
naît
reconnaît
renaît

-nay
chardonnay
volnay

-net
balconnet
ballonnet
baronet
baronnet
bassinet
bâtonnet
binet
blondinet
bonnet
bourdonnet
brunet
cabernet
cabinet
carnet
casernet
chenet
cochonnet
cordonnet
cornet
coussinet
cramponnet
estaminet
farinet
finet
garçonnet
genet
jardinet
jaunet
jeunet
lansquenet
martinet
mentonnet

mignonnet
minet
moulinet
oignonet
patron-minet
patronnet
potron-minet
raisinet
robinet
sansonnet
sonnet
tantinet (un)
tristounet
wagonnet

-nêt
benêt
genêt

-ney
attorney
chutney
cockney
poney

[ɲɛ][1]

-gnet
beignet
poignet
signet

[jɛ][2]

-ïet
jaïet

-llais
antillais
marseillais
versaillais

-llet(s)
baillet
barillet
billet
courcaillet

douillet
épillet
fenouillet
feuillet
gaillet
gentillet
grassouillet
grenouillet
juillet
maillet
millet
œillet
paillet
porte-billets
sillet

-yet
jayet
vilayet

[pjɛ][3]

-piait
copiait

[tjɛ][4]

-tiais
bastiais

-tiait
châtiait

[kjɛ]

(-)quiet
inquiet
quiet

[bjɛ]

biais
biais

---

1. Ajouter les pers. 1, 2, 3, 6 de l'ind. imp. des v. en *-gner*, *-aindre*, *-eindre* et (-)*oindre*.
2. Ajouter les pers. 1, 2, 3, 6 de l'ind. imp. des v. en *-ller* [-je], *-yer*, *-llir*, (-)*choir*, (-)*croire*, (-)*fuir*, (-)*seoir*, (-)*traire* et des v. *dépourvoir*, *entrevoir*, *pourvoir*, *prévoir*, *revoir* et *voir*.
3. Ajouter les pers. 1, 2, 3, 6 de l'ind. imp. des v. en *-pier*.
4. Ajouter les pers. 1, 2, 3, 6 de l'ind. imp. des v. en *-tier* [tje].

[**djɛ**]¹

-diait
étudiait

[**fjɛ**]²

-fiait
confiait

[**sjɛ**]³

-ciait
appréciait

-ciet
vaciet

-tiait
balbutiait

-xiait
asphyxiait

[**ʃjɛ**]⁴

chiait
chiait

[**vjɛ**]⁵

-viait
enviait

[**zjɛ**]⁶

-siais
jersiais

-siait
extasiait

-ziait
razziait

[**ʒjɛ**]⁷

-giait
privilégiait

[**ljɛ**]⁸

liais
liais

liait
liait

-liet
joliet

[**ʀjɛ**]⁹

(-)*riait*
pariait
riait

[**mjɛ**]¹⁰

-miait
anémiait

[**njɛ**]¹¹

(-)*niais*
attrape-niais
niais

[**wɛ**]¹²

houait
houait

-houet
minahouet

ouais
ouais

-way
ferway
railway
tramway

[**twɛ**]¹³

(-)*touait*
tatouait
touait

[**kwɛ**]¹⁴

-couait
secouait

[**bwɛ**]¹⁵

-bouait
embouait

[**dwɛ**]¹⁶

(-)*douait*
amadouait
douait

---

1. Ajouter les pers. 1, 2, 3, 6 de l'ind. imp. des v. en *-dier*.
2. Ajouter les pers. 1, 2, 3, 6 de l'ind. imp. des v. en *-fier* et *-phier*.
3. Ajouter les pers. 1, 2, 3, 6 de l'ind. imp. des v. en *-cier*, *-tier* [sje] et *-xier*.
4. Ajouter les pers. 1, 2, 3, 6 de l'ind. imp. du v. *chier*.
5. Ajouter les pers. 1, 2, 3, 6 de l'ind. imp. des v. en *-vier*.
6. Ajouter les pers. 1, 2, 3, 6 de l'ind. imp. des v. en *-sier* [zje] et *-zier*.
7. Ajouter les pers. 1, 2, 3, 6 de l'ind. imp. des v. en *-gier*.
8. Ajouter les pers. 1, 2, 3, 6 de l'ind. imp. des v. en voy. + *lier*.
9. Ajouter les pers. 1, 2, 3, 6 de l'ind. imp. des v. en voy. + *rier*.
10. Ajouter les pers. 1, 2, 3, 6 de l'ind. imp. des v. en *-mier*.
11. Ajouter les pers. 1, 2, 3, 6 de l'ind. imp. des v. en *-nier*.
12. Ajouter les pers. 1, 2, 3, 6 de l'ind. imp. du v. *houer*.
13. Ajouter les pers. 1, 2, 3, 6 de l'ind. imp. des v. en *-touer*.
14. Ajouter les pers. 1, 2, 3, 6 de l'ind. imp. des v. en *-couer*.
15. Ajouter les pers. 1, 2, 6 de l'ind. imp. du v. *embouer*.
16. Ajouter les pers. 1, 2, 3, 6 de l'ind. imp. des v. en (-)*douer*.

[gwɛ]¹

-gouait
engouait

gouet
gouet

[fwɛ]²

-fouait
bafouait

fouet
fouet

[swɛ]

souhait
souhait

[ʃwɛ]³

-chouait
échouait

[vwɛ]⁴

(-)vouait
avouait
vouait

[ʒwɛ]⁵

jouait
jouait

jouet
jouet

[lwɛ]⁶

(-)louait
allouait
louait

[ʀwɛ]⁷

(-)rouait
enrouait
rouait

rouet
rouet

[nwɛ]⁸

nouait
nouait

nouet
nouet

[ɥɛ]⁹

huait
huait

[pɥɛ]¹⁰

(-)puait
conspuait
puait

[tɥɛ]¹¹

(-)tuait
restituait
tuait

[kɥɛ]¹²

-cuait
évacuait

[bɥɛ]¹³

-buait
embuait

[dɥɛ]¹⁴

-duait
graduait

[gɥɛ]¹⁵

-guait
arguait

[sɥɛ]¹⁶

(-)suait
bossuait
suait

-suet
désuet

[lɥɛ]¹⁷

-luait
diluait

---

1. Ajouter les pers. 1, 2, 6 de l'ind. imp. du v. *engouer*.
2. Ajouter les pers. 1, 2, 6 de l'ind. imp. du v. *bafouer*.
3. Ajouter les pers. 1, 2, 3, 6 de l'ind. imp. des v. en -*chouer*.
4. Ajouter les pers. 1, 2, 3, 6 de l'ind. imp. des v. en (-)*vouer*.
5. Ajouter les pers. 1, 2, 3, 6 de l'ind. imp. des v. en (-)*jouer*.
6. Ajouter les pers. 1, 2, 3, 6 de l'ind. imp. des v. en voy. + *louer*.
7. Ajouter les pers. 1, 2, 3, 6 de l'ind. imp. des v. en voy. + *rouer*.
8. Ajouter les pers. 1, 2, 3, 6 de l'ind. imp. des v. en (-)*nouer*.
9. Ajouter les pers. 1, 2, 3, 6 de l'ind. imp. du v. *huer*.
10. Ajouter les pers. 1, 2, 3, 6 de l'ind. imp. des v. en (-)*puer*.
11. Ajouter les pers. 1, 2, 3, 6 de l'ind. imp. des v. en (-)*tuer*.
12. Ajouter les pers. 1, 2, 3, 6 de l'ind. imp. des v. en -*cuer*.
13. Ajouter les pers. 1, 2, 3, 6 de l'ind. imp. des v. en -*buer*.
14. Ajouter les pers. 1, 2, 3, 6 de l'ind. imp. des v. en -*duer*.
15. Ajouter les pers. 1, 2, 3, 6 de l'ind. imp. des v. en -*guer* [gɥe].
16. Ajouter les pers. 1, 2, 3, 6 de l'ind. imp. des v. en (-)*suer* [sɥe].
17. Ajouter les pers. 1, 2, 3, 6 de l'ind. imp. des v. en voy. + *luer*.

[Rɥɛ][1]

ruait
ruait

[mɥɛ][2]

(-)*muait*
muait
remuait

(-)*muet*
muet
sourd-muet

[nɥɛ][3]

-*nuait*
éternuait

-*nuet*
menuet

──────[ɛp][4]──────

hep
hep

[tɛp]

-*tep*
one-step

-*teppe*
steppe

[gɛp]

guêpe
guêpe

[sɛp]

cep
cep

(-)*cèpe*
cèpe
recèpe

sep
sep

[lɛp]

-*lep*
julep
salep

[Rɛp]

[kRɛp]

crêpe
crêpe

[nɛp]

-*nep*
turnep

nèpe
nèpe

──────[ɛpt][5]──────

[dɛpt]

-*depte*
adepte

[sɛpt]

-*cept*
concept
percept

(-)*cepte*
accepte

cepte
excepte
intercepte
précepte

-*sept*
transept

[nɛpt]

-*nepte*
inepte

──────[ɛptR]──────

[sɛptR]

sceptre
sceptre

──────[ɛps]──────

[sɛps]

-*ceps*
biceps
forceps
princeps
quadriceps
triceps

seps
seps

[lɛps]

-*lepse*
métalepse
prolepse
syllepse

[klɛps]

clebs
clebs

───────────

1. Ajouter les pers. 1, 2, 6 de l'ind. imp. du v. *ruer*.
2. Ajouter les pers. 1, 2, 3, 6 de l'ind. imp. des v. en (-)*muer*.
3. Ajouter les pers. 1, 2, 3, 6 de l'ind. imp. des v. en -*nuer*.
4. Ajouter les pers. 1, 2, 3, 6 de l'ind. et du subj. prés. et la pers. 2 de l'impér. prés. des v. en -*eper*, -*éper* et *epper*.
5. Ajouter les pers. 1, 2, 3, 6 de l'ind. et du subj. prés. et la pers. 2 de l'impér. prés. des v. en -*epter*.

175

[Rɛps]

reps
reps

[nɛps]

-neps
turneps

———**[ɛpR]**———

[vɛpR]

vêpre(s)
vêpre
vêpres

[lɛpR]

lèpre
lèpre

———**[ɛt]**[1]———

-ète
[a-ɛt]
circaète
gaète
gypaète
[ɔ-ɛt]
poète

êtes
êtes

-ette
[i-ɛt]
oubliette
[u-ɛt]
brouette
[y-ɛt]
bluette
fluette

[pɛt]

(-)pète(s)
adjupète
agapète(s)
appète
centripète
compète
perpète (à)
pète
répète
rouspète
trompète

-pête
tempête

-pette(s)
carpette
entourloupette
escampette
escopette
galipette
grimpette
houppette
jupette
lopette
pepettes
perpette (à)
pipette
pompette
recoupette
salopette
saperlipopette
serpette
tapette
topette
trempette
tripette
trompette

[tɛt]

-tet
quintet

(-)tête
appuie-tête

casse-tête
coupe-tête
désentête
en-tête
étête
lave-tête
repose-tête
serre-tête
tête
tête-à-tête
tue-tête (à)

(-)tette
quartette
quintette
tette

-thète
agonothète
épithète
esthète
thesmothète

[kɛt]

-cket
cricket
jacket
pick-pocket
racket
rocket

-cquette
socquette

-ket
basket

-quète
banquète
béquète
briquète
caquète
cliquète
coquète
craquète
déchiquète
empaquète

---

1. Ajouter les pers. 1, 2, 3, 6 de l'ind. et du subj. prés.et la pers. 2 de l'impér. prés. des v. en *-aiter, -eter, -éter, -èter* et *-êter* ; — la pers. 6 de l'ind. prés. et les pers. 1, 2, 3, 6 du subj. prés. des v. en (-)*vêtir* et (-)*mettre*.

étiquète
marquète
parquète
piquète

(-)quête(s)
conquête
contre-enquête
enquête
quête
reconquête
requête

-quette(s)
banquette
barquette
biquette
blanquette
bloquette
briquette
broquette
casquette
chiquette
claquette
cliquette
coquette
croquette
disquette
étiquette
franquette (à la bonne)
frisquette
jaquette
lance-roquettes
liquette
loquette
maquette
marquette
moquette
musiquette
piquette
plaquette
raquette
roquette
rouflaquette
torquette
trinquette
turquette

[bɛt]

-bète
alphabète
analphabète
diabète
hébète

(-)bête
bébête
bête
embête
malebête
pense-bête

(-)bette
barbette
bette
courbette
gambette
herbette
jambette

[dɛt]

-dète
asyndète

(-)dette
cadette
dette
endette
studette
vedette

[gɛt]

(-)guette
baguette
braquette
échauguette
ginguette
goguette
guette
guinguette
languette
longuette
muguette
ringuette

[fɛt]

fait

fait

(-)faite(s)
affaite
contrefaite

défaite
entrefaites
faite
faites
imparfaite
insatisfaite
parfaite
refaite
satisfaite
stupéfaite
surfaite

(-)faîte
affaîte
faîte
sous-faîte

-fète
préfète
sous-préfète
suffète

(-)fête
fête
trouble-fête

-fette
bouffette
estaffette
mofette
moufette

-phète
prophète

-phette
nymphette

[sɛt]

(-)cette(s)
avocette
bourcette
cette
doucette
esparcette
facette
garcette
lancette
piécette
pincette
placette
poucettes

177

recette
rincette
sucette

-scète

ascète

sept

sept

(-)*set*

offset
set
twin-set

-sète

époussète
ossète

-sette(s)

aissette
amassette
ansette
assette
bassette
bossette
caissette
cassette
chaussette
cossette
crossette
cuissettes
époussette
essette
fossette
grassette
massette
poussette
radiocassette
ramassette
roussette
tassette
vidéocassette

[ʃɛt]

-chète

achète
cachète
catéchète
crochète
décachète
mouchète

rachète
recachète
tachète

-chette

affichette
autocouchette
barbichette
bichette
blanchette
branchette
brochette
bûchette
cachette
clochette
couchette
crochette
décachette
démouchette
émouchette
épeichette
épluchette
fauchette
fléchette
fourchette
gâchette
hachette
lichette
machette
manchette
mouchette
planchette
pochette
recachette
souchette
tachette
torchette
touchette
vachette
zuchette

[vɛt]

-vète

brevète
helvète
olivète

(-)*vête*

dévête
revête
vête

-vette

avette

bavette
bébé-éprouvette
brevette
buvette
civette
clavette
corvette
crevette
cuvette
divette
échevette
éprouvette
fauvette
ivette
lavette
navette
olivette
sauvette (à la)

[zɛt]

-set

water-closet

-sette(s)

amusette
anisette
bisette
casse-noisettes
causette
cerisette
chemisette
cligne-musette
cousette
croisette
cruchette
disette
épuisette
fraisette
frisette
grisette
infusette
mosette
musette
noisette
pesette
risette
rosette

-zette

gazette
mazette
sizette

178

[ʒɛt]

-get
gadget

-gète
exégète
indigète
musagète
périégète
tagète
végète
vergète

-gette
cagette
courgette
logette
orangette
phalangette
rougette
sagette
sergette
suffragette
sujette
tagette
targette
tigette
vendangette
vergette

(-)jet
jet
jumbo-jet

(-)jette
déjette
forjette
interjette
jette
projette
rejette
sujette
surjette

[lɛt]

(-)laite
allaite
laite

let
let

-lète
arbalète
athlète
décollète
filète
halète
obsolète
valète
volète

-leth
schibbloleth
talleth

(-)lette
aigrelette
ailette
amulette
bachelette
bandelette
belette
boulette
cassolette
chevilette
ciboulette
cordelette
côtelette
croûtelette
drôlette
échelette
épaulette
escarpolette
espagnolette
femmelette
folette
galette
gargoulette
gigolette
goélette
goulette
gouttelette
grandelette
houlette
lette
maigrelette
mallette
margoulette
merlette
mimolette
mobylette
molette
mollette
odelette
omelette

palette
paulette
pendulette
pétrolette
pipelette
poulette
psallette
rondelette
roulette
sandalette
sellette
seulette
squelette
starlette
tartelette
toilette
tuilette
ultraviolette
vaguelette
verdelette
villette
violette
voilette

[plɛt]

-plète
complète
décomplète
incomplète
replète

-plette
emplette
quadruplette
simplette
triplette

[klɛt]

-clette
bicyclette
bouclette
motocyclette
raclette
sarclette

[blɛt]

(-)blette
ablette
blette
doublette

gimblette
griblette
tablette

[glɛt]

-glette
aiglette
aveuglette (à l')
épinglette
onglette
réginglette
réglette
tringlette

[flɛt]

-flète
reflète
soufflète

-flette
mouflette

[Rɛt]

-rète
anachorète
corète
furète
massorète
philarète

-rête
arête
arrête

-rette(s)
amourette
amourettes
barrette
bergerette
burette
castorette
charrette
chaufferette
cigarette
clairette
collerette
courette
curette
durette
fleurette

gorgerette
guillerette
lorette
lurette
majorette
mirettes
opérette
pâquerette
percerette
pierrette
porte-cigarette
serrette
sœurette
supérette
surette
tirette
turlurette
voiturette

[pRɛt]

-prète
interprète

(-)prête
apprête
prête

-prette
proprette

[tRɛt]

(-)traite
abstraite
distraite
extraite
fortraite
maltraite
retraite
soustraite
traite

-trette
strette

[kRɛt]

-crète
concrète
décrète
discrète
indiscrète
secrète

(-)crête
crête
écrête

-crette
sucrette

[bRɛt]

-bret
celebret

(-)brette
ambrette
brette
chambrette
ombrette
soubrette

[dRɛt]

-drette
caudrette
poudrette
quadrette

[gRɛt]

-grette
aigrette
regrette
vinaigrette

[fRɛt]

fret
fret

(-)frète
affrète
frète

(-)frette
frette
gaufrette

[vRɛt]

-vrette
chevrette

180

levrette
œuvrette
pauvrette
poivrette

[mɛt]

-*mète*
comète

(-)*mette(s)*
admette
allumette
commette
compromette
démette
émette
entremette (s')
fermette
flammette
gourmette
guillemette
mette
omette
palmette
permette
pommette
porte-allumettes
prommette
ramette
réadmette
réformette
remette
soumette
tommette
transmette

[nɛt]

net
net

-*nète*
planète
proxénète
saynète

-*nête*
déshonnête
honnête
malhonnête

-*neth*
aneth

(-)*nette(s)*
baïonnette
banette
barcelonnette
bercelonnette
bergeronnette
binette
blondinette
bobinette
bonnette
brunette
cadenette
camionnette
canette
cannette
cardonnette
catherinette
chaînette
chansonnette
chardonnette
clarinette
clopinettes
colonnette
cornette
crépinette
cressonnette
devinette
dînette
dunette
épinette
épine-vinette
erminette
finette
fourgonnette
genette
grenette
herminette
jaunette
jeannette
jeunette
lunette
madelonnettes
maisonnette
manette
mannette
marionnette
midinette
mignonnette
minette
moulinette
nénette
nette
nonnette

orcanette
patinette
pichenette
rainette
reinette
satinette
savonnette
saynette
serinette
snobinette
sonnette
sornette
talonnette
tinette
tournette
tristounette
trotinette
vannette
venette
vinette

[ɲɛt]

-*gnette(s)*
castagnettes
lignette
lorgnette
vignette

[jɛt]

-*llette(s)*
aiguillette
andouillette
billette
caillette
chenillette
chevillette
cueillette
douillette
fenouillette
feuillette
fillette
gentillette
grassouillette
grenouillette
gribouillette
mitraillette
mouillette
œillette
oreillette
paillette
quenouillette
quillette
rillettes

181

-yette
balayette
brayette
clayette
layette

[pjɛt]

(-)*piète*
empiète
piète

[kjɛt]

(-)*quiète*
inquiète
quiète

[djɛt]

diète
diète

[sjɛt]

-siette
assiette
pique-assiette

[vjɛt]

-viet
soviet

-viette
mauviette
serviette

[ljɛt]

(-)*liette*
joliette
liette

[ʀjɛt]

-riette
ariette
gloriette
historiette
sarriette

[mjɛt]

(-)*miette(s)*
émiette
miette
ramasse-miettes

[wɛt]

-houète
cacahouète

[bwɛt]

boette
boette

[kwɛt]

couette
couette

[fwɛt]

(-)*fouette*
fouette
serfouette

[swɛt]

souhaite
souhaite

[ʃwɛt]

chouette
chouette

[lwɛt]

-louette
alouette
pied-d'alouette

-lhouette
silhouette

[ʀwɛt]

-rouette
girouette
marouette
pirouette

[mwɛt]

mouette
mouette

[ɥɛt]

-huète
cacahuète

huette
huette

[tɥɛt]

-tuette
statuette

[sɥɛt]

-suète
désuète

suette
suette

[lɥɛt]

luette
luette

[mɥɛt]

(-)*muette*
muette
sourde-muette

———————[ɛtʃ]———————

[kɛtʃ]

(-)*ketsch*
ketsch
sketsch

[wɛtʃ]

[kwɛtʃ]

quetsche
quetsche

———— [ɛtR]¹ ————

aîtres
aîtres

être(s)
être
êtres

hêtre
hêtre

[pɛtR]

(-)paître
forpaître
paître
repaître

-pètre(s)
glossopètres
impètre
perpètre

-pèthre
hypèthre

-pêtre
champêtre
dépêtre
empêtre
garde-champêtre
salpêtre

[tɛtR]

-t-être
peut-être

[gɛtR]

guêtre
guêtre

[sɛtR]

(-)cêtre
ancêtre
cêtre

[vɛtR]

-vêtre
chevêtre
enchevêtre

[lɛtR]

(-)lettre(s)
belles-lettres
contre-lettre
gendelettre
gens de lettres
homme de lettres
lettre

[plɛtR]

plèthre
plèthre

[RɛtR]

-raître
apparaître
comparaître
disparaître
paraître
reparaître
transparaître

reître
reître

-rètre
urètre

-rèthre
pyrèthre

[pRɛtR]

(-)prêtre
archiprêtre
bonnet-de-prêtre
grand-prêtre
prêtre

[tRɛtR]

traître
traître

[mɛtR]

(-)maître
contremaître
grand-maître
maître
petit-maître
quartier-maître
sous-maître

(-)mètre
aéromètre
altimètre
ampèremètre
anémomètre
applaudimètre
aréomètre
audiomètre
baromètre
bolomètre
calorimètre
centimètre
chronomètre
curvimètre
décamètre
décimètre
diamètre
dimètre
eudiomètre
gazomètre
géomètre
goniomètre
graphomètre
hectomètre
hexamètre

---

1. Ajouter les pers. 1, 2, 3, 6 de l'ind. et du subj. prés. et la pers. 2 de l'impér. prés. des v. en *-étrer* et *-êtrer*.

hydromètre
hygromètre
hypsomètre
kilomètre
manomètre
mètre
micromètre
millimètre
monomètre
myriamètre
paramètre
pentamètre
périmètre
pluviomètre
podomètre
pyromètre
radiogoniomètre
taximètre
télémètre
tétramètre
thermomètre
trimètre

(-)*mettre*
admettre
commettre
compromettre
démettre
émettre
entremettre (s')
mettre
omettre
permettre
promettre
remettre
soumettre
transmettre

[nɛtʀ]

(-)*naître*
connaître
méconnaître
naître
reconnaître
renaître

-*nètre*
pénètre

-*nêtre*
entrefenêtre

fenêtre
porte-fenêtre

-*n-être*
bien-être
non-être

[jɛtʀ]

[pjɛtʀ]

piètre
piètre

————**[ɛk]**[1]————

[pɛk]

pec
pec

-*peck*
kopeck

pecque
pecque

-*pect*
anspect

-*pèque*
sapèque

[tɛk]

-*teak*
steak

(-)*teck*
bifteck
romsteck
teck

-*tèque*
aztèque

métèque
pastèque

-*thèque*
bibliothèque
cercopithèque
cinémathèque
discothèque
filmothèque
galéopithèque
glyptothèque
hypothèque
médiathèque
pinacothèque
vidéothèque

[kɛk]

(-)*cake*
cake
plum-cake

[bɛk]

(-)*bec*
arrière-bec
avant-bec
bec
blanc-bec
bon-bec
caquet-bon-bec
chébec
gros-bec
rebec

-*bèque*
rebèque (se)

[dɛk]

(-)*deck*
deck
spardeck

[fɛk]

-*fèque*
défèque

---

1. Ajouter les pers. 1, 2, 3, 6 de l'ind. et du subj. prés. et la pers. 2 de l'impér. prés. des v. en -*ecquer* et -*équer*.

[sɛk]

-sake
keepsake

(-)sec
martin-sec
parsec
pète-sec
sec

(-)sèque(s)
dissèque
extrinsèque
intrinsèque
obsèques
resèque

[ʃɛk]

-chec(s)
échec
échecs

(-)chèque(s)
chèque
compte-chèques
tchèque

cheik
cheik

-shake
milk-shake

[vɛk]

-vec
avec

-vêque
archevêque
évêque
pont-l'évêque

[lɛk]

-lecs
salamalecs

-lech
cromlech

[ʀɛk]

-rec
arec

-rech
varech

[bʀɛk]

break
break

[gʀɛk]

(-)grec
fenugrec
grec
néogrec
Y grec

grecque
grecque

[mɛk]

-make
remake

mec
mec

[nɛk]

-nec
fennec

———**[ɛkt]**[1]———

[pɛkt]

-pect
circonspect
prospect

-pecte
circonspecte
inspecte
respecte
suspecte

[tɛkt]

-tecte
architecte

[dɛkt]

-decte(s)
latrodecte
pandectes

[fɛkt]

-fect
affect
infect

-fecte
affecte
désinfecte
infecte

[sɛkt]

(-)secte
insecte
secte

[ʒɛkt]

-ject
abject

-jecte
abjecte
injecte
objecte

---

1. Ajouter les pers. 1, 2, 3, 6 de l'ind. et du subj. prés. et la pers. 2 de l'impér. prés. des v. en -ecter.

[lɛkt]

-lect
intellect
sélect

-lecte(s)
analectes
catalectes
collecte
délecte
dialecte
idiolecte

[Rɛkt]

-rect
correct
direct
incorrect
indirect

-recte
correcte
directe
incorrecte
indirecte

[mɛkt]

-mecte
humecte

[nɛkt]

-necte
eunecte
notonecte
pleuronecte

——— [ɛktR] ———

[pɛktR]

-pectre
spectre

[lɛktR]

[plɛktR]

plectre
plectre

——— [ɛks]¹ ———

aix
aix

[tɛks]

-tex
latex
lastex
télétex
vertex
vidéotex

-thex
narthex

[dɛks]

-dex
cedex
codex
index

[sɛks]

(-)sexe
cache-sexe
sexe
unisexe

[vɛks]

(-)vexe
biconvexe
convexe
vexe

[lɛks]

-lex
culex
silex
Solex
télex

[plɛks]

-plex
duplex
simplex

-plexe
complexe
implexe
incomplexe
perplexe
simplexe

[flɛks]

-flexe
circonflexe
réflexe
rétroflexe

[Rɛks]

-rex
carex
murex
Pyrex

[nɛks]

-nex
Kleenex

-nexe
annexe
connexe

——— [ɛkst]² ———

[tɛkst]

(-)texte
contexte

---

1. Ajouter les pers. 1, 2, 3, 6 de l'ind. et du subj. prés. et la pers. 2 de l'impér. prés. des v. en -*exer*.
2. Ajouter les pers. 1, 2, 3, 6 de l'ind. et du subj. prés. et la pers. 2 de l'impér. prés. du v. *prétexter*.

186

hors-texte
prétexte
télétexte
texte

[sɛkst]

(-)sexte
bissexte
sexte

———— [ɛkstʀ] ————

[dɛkstʀ]

(-)dextre
ambidextre
dextre

———— [ɛkl] ————

[tɛkl]

thècle
thècle

[jɛkl]

[sjɛkl]

siècle
siècle

———— [ɛkʀ]¹ ————

[sɛkʀ]

-xècre
exècre

———— [ɛb] ————

[kɛb]

-cheb
acheb

[bɛb]

-bèbe
cubèbe

[fɛb]

-phèbe
éphèbe

[lɛb]

-leb
mahaleb
taleb

[plɛb]

plèbe
plèbe

[glɛb]

glèbe
glèbe

[ʀɛb]

[gʀɛb]

grèbe
grèbe

———— [ɛbl] ————

[fɛbl]

faible
faible

[jɛbl]

hièble
hièble

yèble
yèble

———— [ɛbʀ]² ————

[tɛbʀ]

-tèbre
vertèbre

[gɛbʀ]

guèbre
guèbre

[zɛbʀ]

zèbre
zèbre

[ʒɛbʀ]

-gèbre
algèbre

[lɛbʀ]

-lèbre
célèbre

[nɛbʀ]

-nèbre(s)
funèbre
ténèbres

———— [ɛd]³ ————

aide
aide

1. Ajouter les pers. 1, 2, 3, 6 de l'ind. et du subj. prés. et la pers. 2 de l'impér. prés. du v. *exécrer*.
2. Ajouter les pers. 1, 2, 3, 6 de l'ind. et du subj. prés. et la pers. 2 de l'impér. prés. des v. en *-ébrer*.
3. Ajouter les pers. 1, 2, 3, 6 de l'ind. et du subj. prés. et la pers. 2 de l'impér. prés. des v. en *-aider,
-éder* et *-èder*.

-*ède*
aède

[pɛd]

-*pède*
bipède
cirripède
fissipède
lagopède
logopède
maxillipède
palmipède
parallélépipède
parallélipipède
pinipède
quadrupède
solipède
vélocipède

[tɛd]

-*ted*
œrsted

-*theid*
apartheid

[gɛd]

guède
guède

[sɛd]

(-)*cède*
accède
cède
concède
décède
excède
intercède
précède
procède
recède
rétrocède
succède

-*sède*
dépossède

obsède
possède

[zɛd]

zed
zed

[lɛd]

laide
laide

-*led*
ouled
taled

[plɛd]

plaid
plaid

plaide
plaide

[blɛd]

bled
bled

[ʀɛd]

raid
raid

raide
raide

-*rède*
citharède
exhérède

[pʀɛd]

-*prède*
déprède

[tʀɛd]

-*traide*
entraide

[mɛd]

-*maid*
barmaid

(-)*mède*
intermède
mède
remède

[nɛd]

-*nède*
pinède

[jɛd]

-*yède*
samoyède

[tjɛd]

tiède
tiède

[wɛd]

oued
oued

[ɥɛd]

[sɥɛd]

suède
suède

———**[ɛdʀ]**———

-*èdre*
dièdre
dodécaèdre
hexaèdre
icosaèdre
polyèdre
rhomboèdre
tétraèdre
trièdre

[tɛdR]

-thèdre
cathèdre

[sɛdR]

cèdre
cèdre

[zɛdR]

-xèdre
exèdre

[jɛdR]

[djɛdR]

dièdre
dièdre

[ljɛdR]

-lyèdre
polyèdre

————[ɛg]¹————

[bɛg]

bègue
bègue

[vɛg]

-weg
thalweg

[lɛg]

(-)lègue
allègue

collègue
délègue
lègue
relègue
télègue

-leigh
bobsleigh

[Rɛg]

(-)reg
reg
touareg

[gRɛg]

grègue(s)
grègues

————[ɛgl]²————

aigle
aigle

[sɛgl]

seigle
seigle

[Rɛgl]

(-)règle(s)
dérègle
règle
règles

[jɛgl]

[pjɛgl]

-piègle
espiègle

————[ɛgR]³————

aigre
aigre

[pɛgR]

pègre
pègre

[tɛgR]

-tègre
intègre
réintègre

[sɛgR]

-saigre
besaigre
staphisaigre

[lɛgR]

-lègre
allègre

[mɛgR]

maigre
maigre

[nɛgR]

-naigre
pisse-vinaigre
vinaigre

(-)nègre
nègre
petit-nègre
tête-de-nègre

---

1. Ajouter les pers. 1, 2, 3, 6 de l'ind. et du subj. prés. et la pers. 2 de l'impér. prés. des v. en -éguer.
2. Ajouter les pers. 1, 2, 3, 6 de l'ind. et du subj. prés. et la pers. 2 de l'impér. prés. des v. dérégler et régler.
3. Ajouter les pers. 1, 2, 3, 6 de l'ind. et du subj. prés. et la pers. 2 de l'impér. prés. des v. vinaigrer, intégrer et réintégrer.

—————— [ɛgm] ——————

[tɛgm]

-tegme
apophtegme

[lɛgm]

[flɛgm]

flegme
flegme

—————— [ɛf]¹ ——————

-ef
brief
grief

[ʃɛf]

(-)chef
adjudant-chef
brigadier-chef
caporal-chef
chef
couvre-chef
derechef
marchef
méchef
sergent-chef
sous-chef

[zɛf]

-sef
bésef

-zef
bézef

[lɛf]

-leph
aleph

-lèphe
synalèphe

[Rɛf]

[bRɛf]

bref
bref

[gRɛf]

(-)greffe
greffe
porte-greffe

[nɛf]

(-)nef(s)
aéronef
astronef
bénef
nef
porte-aéronefs
spationef

[jɛf]

[kjɛf]

kief
kief

kiev
kiev

[bjɛf]

bief
bief

[fjɛf]

(-)fief
arrière-fief

fief
franc-fief

fieffe
fieffe

[ljɛf]

-lief(s)
bas-relief
demi-relief
haut-relief
relief(s)

—————— [ɛft] ——————

[lɛft]

[klɛft]

clephte
clephte

—————— [ɛfl] ——————

[Rɛfl]

[tRɛfl]

trèfle
trèfle

[nɛfl]

nèfle
nèfle

—————— [ɛs]² ——————

(-)ès
ès

---

1. Ajouter les pers. 1, 2, 3, 6 de l'ind. et du subj. prés. et la pers. 2 de l'impér. prés. des v. *fieffer* et *greffer*.
2. Ajouter les pers. 1, 2, 3, 6 de l'ind. et du subj. prés. et la pers. 2 de l'impér. prés. des v. en *-aisser, -ecer, écer, -escer* et *esser* ; — la pers. 6 de l'ind. prés. et les pers. 1, 2, 3, 6 du subj. prés. des v. en (-)*paître*, (-)*paraître* et (-)*naître*.

[ɔ-ɛs]
aloès
cacatoès

(-)esse
esse
[e-ɛs]
déesse
[u-ɛs]
prouesse

est-ce
est-ce

[pɛs]

(-)paisse
épaisse
paisse
repaisse

-pèce
dépèce
espèce

-peiss
speiss

-pès
herpès

(-)pesse
papesse
pesse
typesse

[tɛs]

-tait-ce
était-ce

-tes
cortes

-tès
sirventès

-tesse
altesse
bretesse

casse-vitesse
comtesse
délicatesse
étroitesse
hautesse
hôtesse
impolitesse
indélicatesse
justesse
petitesse
poétesse
politesse
prestesse
prophétesse
robustesse
scélératesse
survitesse
sveltesse
tristesse
vicomtesse
vitesse

-thèce
périthèce

-thès
népenthès

[kɛs]

(-)caisse
caisse
décaisse
encaisse
rencaisse
tiroir-caisse

-quès
pataquès

qu'est-ce
qu'est-ce

[bɛs]

(-)baisse
abaisse
baisse
bouillabaisse
rabaisse
rebaisse

-bès
tabès

-besse
abbesse

[dɛs]

-desse
druidesse
grandesse
morbidesse
rudesse

[fɛs]

-faisse
affaisse

fèces
fèces

(-)fesse(s)
confesse
fesse
professe
terfesse
tire-fesses

[sɛs]

(-)cesse
cesse
princesse

-sesse
bassesse
grossesse

[ʃɛs]

-chesse
archiduchesse
duchesse
grande-duchesse
richesse

[vɛs]

vesce
vesce

191

vesse
vesse

-weiss
edelweiss

[zɛs]

-zesse
gonzesse

[ʒɛs]

-gès
aspergès

(-)gesse
gesse
largesse
sagesse
sauvagesse

[lɛs]

(-)laisse
délaisse
laisse
sot-l'y-laisse

-lès
balès

-less
hammerless
topless
tubeless

(-)lesse
drôlesse
lesse
mollesse

[plɛs]

-plesse
simplesse
souplesse

[blɛs]

(-)blesse
blesse
diablesse
faiblesse
noblesse

[ʀɛs]

-raisse
apparaisse
comparaisse
disparaisse
paraisse
reparaisse

-rait-ce
serait-ce

(-)res
honores
juniores
mores
res
seniores

-rès
florès (faire)
palmarès
verrès
xérès

-resse
bailleresse
caresse
charmeresse
chasseresse
couresse
défenderesse
demanderesse
désintéresse
devineresse
doctoresse
dogaresse
enchanteresse
forteresse
guinderesse
intéresse
mairesse
notairesse
pairesse
panneresse
paresse
pécheresse

quakeresse
sécheresse
singeresse
stratoforteresse
superforteresse
venderesse
vengeresse

-rez
jerez

[pʀɛs]

-press
express

(-)presse
compresse
empresse (s')
expresse
filtre-presse
oppresse
presse

[tʀɛs]

-tres
ad patres

-tress
stress

(-)tresse
détresse
maîtresse
ministresse
mulâtresse
prêtresse
sous-maîtresse
traîtresse
tresse

[kʀɛs]

-cresse
diacresse

[dʀɛs]

-drès
londrès

-dress
battle-dress

192

(-)*dresse*
adresse
dresse
ladresse
maladresse
redresse
tendresse

[gRɛs]

(-)*graisse*
dégraisse
engraisse
graisse
rengraisse

-*gresse*
allégresse
négresse
ogresse
progresse
tigresse
transgresse

[fRɛs]

-*fresse*
piffresse

[vRɛs]

-*vresse*
ivresse
pauvresse

[mɛs]

-*mes*
limes

-*mès*
alkermès
chermès
hermès
kermès

mess
mess

(-)*messe*
grand-messe

kermesse
messe
promesse

[nɛs]

(-)*naisse*
connaisse
méconnaisse
naisse
reconnaisse
renaisse

-*ness*
business
show-business

-*nesse*
aînesse
ânesse
chanoinesse
clownesse
diaconesse
faunesse
finesse
jeunesse
larronnesse
moinesse
patronnesse
vanesse

-*neiss*
gneiss

[ɲɛs]

-*gnès*
agnès

-*gnesse*
borgnesse
ivrognesse

[jɛs]

-*llesse*
gentillesse
vieillesse

[pjɛs]

(-)*pièce(s)*
demi-pièce
dépièce
deux-pièces
emporte-pièce
pièce
rapièce

[kjɛs]

-*quiesce*
acquiesce

[djɛs]

-*diesse*
hardiesse

[sjɛs]

-*ciès*
faciès

[ljɛs]

(-)*liesse*
joliesse
liesse

[njɛs]

nièce
nièce

———— **[ɛst]**[1] ————

est
est

este
este

[pɛst]

(-)*peste*
anapeste

---

1. Ajouter les pers. 1, 2, 3, 6 de l'ind. et du subj. prés. et la pers. 2 de l'impér. prés. des v. en -*ester*.

empeste
malepeste
peste

[tɛst]

(-)test
alcootest
baby-test
étylotest
test

(-)teste
atteste
conteste (sans)
déteste
proteste
teste

[bɛst]

(-)beste
asbeste
beste
sébeste

[dɛst]

-d-est
sud-est

-deste
immodeste
modeste

[fɛst]

-feste
infeste
manifeste

[sɛst]

(-)ceste
ceste
inceste

-seste
palimpseste

[vɛst]

(-)veste
soubreveste
veste

[zɛst]

zest
zest

zeste
zeste

[ʒɛst]

-gest
digest

(-)geste
almageste
digeste
geste
indigeste

[lɛst]

lest
lest

(-)leste
céleste
déleste
leste
moleste

[ʀɛst]

rd-est
nord-est

reste
reste

[pʀɛst]

(-)preste
bupreste
preste

[bʀɛst]

-brest
paris-brest

[gʀɛst]

-greste
agreste

[nɛst]

-neste
admoneste
funeste

[jɛst]

[sjɛst]

sieste
sieste

[wɛst]

ouest
ouest

[dwɛst]

-d-ouest
sud-ouest

[ʀwɛst]

-rd-ouest
nord-ouest

——— **[ɛstʀ]**[1] ———

œstre
œstre

---

1. Ajouter les pers. 1, 2, 3, 6 de l'ind. et du subj. prés. et la pers. 2 de l'impér. prés. des v. en -estrer.

[pɛstR]

-pestre
alpestre
rupestre

[kɛstR]

-chestre
homme-orchestre
orchestre
réorchestre

-questre
équestre
séquestre

[dɛstR]

-destre
pédestre

[vɛstR]

-vestre
sylvestre

[lɛstR]

-lestre
palestre

[RɛstR]

-restre
aéroterrestre
circumterrestre
extraterrestre
supraterrestre
terrestre

[mɛstR]

(-)mestre
bimestre
bourgmestre
mestre
semestre

trimestre
vaguemestre

[nɛstR]

-nestre
senestre

———**[ɛsk]**———

[tɛsk]

-tesque(s)
dantesque
éléphantesque
gigantesque
giottesque
grotesque
grotesques
pédantesque
soldatesque

[bɛsk]

-besque
arabesque

[dɛsk]

desk
desk

-desque
cauchemardesque
tudesque

[ʒɛsk]

-gesque
caravagesque
michelangesque

[lɛsk]

-lesque
animalesque
burlesque
cannibalesque
carnavalesque
funambulesque

grand-guignolesque
raphaélesque
rocambolesque
sardanapalesque
vaudevillesque

[Rɛsk]

-resque
barbaresque
canularesque
chevaleresque
churrigueresque
hispano-moresque
mauresque
molièresque
moresque
picaresque
pittoresque
plateresque
tintamarresque

[pRɛsk]

presque
presque

[gRɛsk]

-gresque
ingresque

[fRɛsk]

fresque
fresque

[vRɛsk]

-vresque
livresque

[mɛsk]

-mesque
hippopotamesque
prud'hommesque

[nɛsk]

-nesque
aristophanesque

caméléonesque
chaplinesque
charlatanesque
clownesque
courtisanesque
donjuanesque
faunesque
feuilletonesque
florianesque
hoffmanesque
paysannesque
rembranesque
romanesque
titanesque

[jɛsk]

[mjɛsk]

-*miesque*
simiesque

[ɥɛsk]

[tɥɛsk]

-*tuesque*
gargantuesque

[bɥɛsk]

-*buesque*
ubuesque

——————**[ɛʃ]**[1]——————

aiche
aiche

-*èche*
pie-grièche

[pɛʃ]

pèche
pèche

(-)*pêche*
campêche
dépêche
empêche
garde-pêche
pêche
repêche

-*peiche*
épeiche

[tɛʃ]

-*tèche*
bretèche

[kɛʃ]

quaiche
quaiche

[bɛʃ]

-*bèche*
bobèche
cabèche
escabèche
maubèche

(-)*bêche*
bêche
pelle-bêche
pimbêche
tête-bêche

[dɛʃ]

dèche
dèche

[sɛʃ]

saiche
saiche

(-)*sèche*
antisèche

assèche
dessèche
ressèche
sèche

seiche
seiche

[vɛʃ]

-*vèche*
livèche

-*vêche*
chevêche
revêche

[lɛʃ]

laîche
laîche

(-)*lèche*
allèche
calèche
lèche
pourlèche (se)

[flɛʃ]

flèche
flèche

[ʀɛʃ]

rêche
rêche

[pʀɛʃ]

prêche
prêche

[kʀɛʃ]

crèche
crèche

———————————

1. Ajouter les pers. 1, 2, 3, 6 de l'ind. et du subj. prés. et la pers. 2 de l'impér. prés. des v. en -*écher*
et -*êcher*.

[bʀɛʃ]

(-)brèche
brèche
ébrèche

[dʀɛʃ]

drèche
drèche

[fʀɛʃ]

fraîche
fraîche

[mɛʃ]

maiche
maiche

(-)mèche
flammèche
mèche

──── **[ɛ:v]**[1] ────

(-)ève
Eve
[i-ɛ:v]
briève
griève

[dɛ:v]

-dève
endève

[fɛ:v]

fève
fève

[sɛ:v]

sève
sève

[ʃɛ:v]

-chève
achève
parachève

-shave
after-shave

[lɛ:v]

(-)lève
élève
enlève
lève
prélève
relève
sacolève
soulève
surélève

[glɛ:v]

(-)glaive
glaive
porte-glaive

[ʀɛ:v]

rêve
rêve

[tʀɛ:v]

trêve
trêve

[kʀɛ:v]

crève
crève

[bʀɛ:v]

brève
brève

[gʀɛ:v]

(-)grève
antigrève
dégrève
grève

──── **[ɛ:vʀ]**[2] ────

[fɛ:vʀ]

-fèvre
orfèvre

[sɛ:vʀ]

sèvre(s)
sèvre
sèvres

[ʃɛ:vʀ]

chèvre
chèvre

[lɛ:vʀ]

(-)lèvre
balèvre
lèvre

[plɛ:vʀ]

plèvre
plèvre

[jɛ:vʀ]

[bjɛ:vʀ]

bièvre
bièvre

───────

1. Ajouter les pers. 1, 2, 3, 6 de l'ind. et du subj. prés. et la pers. 2 de l'impér. prés. des v. en -ever et -éver.
2. Ajouter les pers. 1, 2, 3, 6 de l'ind. et du subj. prés. et la pers. 2 de l'impér. prés. du v. enfiévrer.

197

[fjɛːvR]

(-)*fièvre*
enfièvre
fièvre

[ljɛːvR]

(-)*lièvre*
bec-de-lièvre
lièvre

[mjɛːvR]

mièvre
mièvre

[njɛːvR]

-*nièvre*
genièvre

——— **[ɛːz]**[1] ———

aise
aise

[pɛːz]

-*paise*
apaise

(-)*pèse*
désempèse
empèse
pèse
repèse
soupèse

(-)*pèze*
pèze
trapèze

[tɛːz]

(-)*taise*
charentaise

foutaise
maltaise
mantaise
mortaise
nantaise
piémontaise
taise

(-)*thèse*
antithèse
diathèse
épenthèse
hypothèse
métathèse
nucléosynthèse
parenthèse
photosynthèse
prothèse
synthèse
thèse

[kɛːz]

-*kaise*
new-yorkaise

[bɛːz]

(-)*baise*
baise
montalbaise

-*bèse*
obèse

[dɛːz]

-*daise*
fadaise
finlandaise
groenlandaise
hollandaise
irlandaise
islandaise
landaise
néerlandaise

[gɛːz]

-*gaise*
lauragaise
portugaise

-*guaise*
lauraguaise

-*guez*
merguez

[fɛːz]

fez
fez

[sɛːz]

-*çaise*
française
garde-française

-*cèse*
archidiocèse
diocèse

-*saise*
écossaise

-*scèse*
ascèse

(-)*seize*
in-seize
seize

[ʃɛːz]

(-)*chaise*
chaise
fichaise

-*chase*
steeple-chase

-*chèse*
catéchèse

---

1. Ajouter les pers. 1, 2, 3, 6 de l'ind. et du subj. prés. et la pers. 2 de l'impér. prés. des v. en -*aiser*, -*eser* et -*éser*.

198

[vɛːz]

-vaise
mauvaise

[zɛːz]

-saise
mésaise

[ʒɛːz]

-gèse
exégèse

[lɛːz]

-laise
alaise
angolaise
balaise
beaujolaise
bordelaise
charolaise
congolaise
falaise
malaise
montréalaise
népalaise
sénégalaise

laize
laize

lèse
lèse

-lèze
alèze
balèze
mélèze

[plɛːz]

(-)plaise
complaise
déplaise
plaise

[blɛːz]

blaise
blaise

blèse
blèse

[glɛːz]

(-)glaise
anglaise
glaise

[ʀɛːz]

-raise
navarraise
vivaraise

-rèse
anurèse
aphérèse
diérèse
diurèse
électrophorèse
exérèse
synérèse

[tʀɛːz]

treize
treize

[kʀɛːz]

-chrèse
antichrèse
catachrèse

[bʀɛːz]

(-)braise
braise
calabraise
tire-braise

[fʀɛːz]

fraise
fraise

[vʀɛːz]

-vraise
hâvraise

[mɛːz]

-maise
cimaise

-mèse
hématémèse
tmèse

[nɛːz]

-naise
albanaise
aragonaise
ardennaise
aveyronnaise
avignonnaise
barcelonaise
bayonnaise
béarnaise
bolonaise
boulonnaise
bourbonnaise
caennaise
camerounaise
cantonaise
ceylanaise
chalonnaise
dijonnaise
fournaise
gabonaise
garonnaise
guyanaise
havanaise
japonaise
javanaise
libanaise
lisbonnaise
lyonnaise
mâconnaise
mayennaise
mayonnaise
milanaise
morbihanaise
narbonnaise
nivernaise
omanaise
oranaise
orléanaise
ornaise
pakistanaise
perpignanaise

199

| polonaise | ——— $[\varepsilon{:}ʒ]^1$ ——— | $[l\varepsilon{:}ʒ]$ |

polonaise
punaise
rennaise
réunionnaise
rouennaise
roussillonnaise
sénonaise
séguanaise
soudanaise
taiwanaise
toulonnaise
villeurbannaise

——— $[\varepsilon{:}ʒ]^1$ ———

ai-je
ai-je

$[l\varepsilon{:}ʒ]$

(-)lège
allège
collège
florilège
lège
privilège
sacrilège
sortilège
spicilège

$[p\varepsilon{:}ʒ]$

-pège
arpège

-nèse
biogenèse
genèse
manganèse
parthénogenèse
photogenèse
thermogenèse

$[t\varepsilon{:}ʒ]$

-tège
cortège
protège
stratège

$[R\varepsilon{:}ʒ]$

-rège
barège
chorège

$[br\varepsilon{:}ʒ]$

$[j\varepsilon{:}z]$

-llaise
antillaise
marseillaise
versaillaise

$[b\varepsilon{:}ʒ]$

beige
beige

-brège
abrège

$[dr\varepsilon{:}ʒ]$

$[pj\varepsilon{:}z]$

pièze

$[f\varepsilon{:}ʒ]$

-fège
solfège

drège
drège

$[bj\varepsilon{:}z]$

biaise
biaise

$[s\varepsilon{:}ʒ]$

-sé-je
dussé-je
puissé-je

$[gr\varepsilon{:}ʒ]$

(-)grège
agrège
désagrège
grège
rengrège

$[dj\varepsilon{:}z]$

dièse
dièse

$[v\varepsilon{:}ʒ]$

vais-je
vais-je

$[n\varepsilon{:}ʒ]$

$[zj\varepsilon{:}z]$

-siaise
jersiaise

-nège
manège

$[nj\varepsilon{:}z]$

$[z\varepsilon{:}ʒ]$

niaise
niaise

-sais-je
disais-je

(-)neige
auto-neige
boule-de-neige
chasse-neige

---

1. Ajouter les pers. 1, 2, 3, 6 de l'ind. et du subj. prés. et la pers. 2 de l'impér. prés. des v. en -*éger* et -*eiger* ; − avec l'inversion du sujet, la pers. 1 de l'ind. prés. des v. en -*er*, de tous les v. à l'ind. imp., au futur simple et au cond. prés., ainsi que *ai-je, fais-je, sais-je, vais-je, puissé-je, dussé-je*.

motoneige
neige
perce-neige

[jɛ:ʒ]

[pjɛ:ʒ]

piège
piège

[sjɛ:ʒ]

(-)*siège(s)*
assiège
bloc-sièges
saint-siège
siège
télésiège

[ljɛ:ʒ]

(-)*liège*
chêne-liège
liège

———— [ɛl]¹ ————

ale
ale
pale ale

aile
aile

-el
[i-ɛl]
bimestriel
industriel
préindustriel
postindustriel
semestriel
trimestriel
[e-ɛl]
déréel
idéel
irréel

réel
surréel
[a-ɛl]
tael
[y-ɛl]
cruel
menstruel
prémenstruel

(-)*elle(s)*
elle
[i-ɛl]
industrielle
semestrielle
trimestrielle
[e-ɛl]
réelle
[u-ɛl]
écrouelles
[y-ɛl]
cruelle
menstruelle
truelle

-ël
[a-ɛl]
taël
[ɔɛl]
noël

hêle
hêle

[pɛl]

-pel
appel
archipel
contre-appel
coupel
estopel
gospel
napel
rappel

sapropel
scalpel

(-)*pèle*
épèle
érésipèle
érysipèle
pèle
sapropèle

(-)*pelle*
appelle
carpelle
chapelle
coupelle
épelle
interpelle
pelle
rappelle
roue-pelle

[tɛl]

-tail
cocktail

(-)*tel*
accidentel
artel
autel
bétel
cartel
castel
chaumontel
cheptel
hôtel
immortel
listel
maître-autel
maître d'hôtel
martel (en tête)
minitel
mortel
motel
neuchâtel
pastel
rastel
ratel
sacramentel
tel
télétel
untel

———————

1. Ajouter les pers. 1, 2, 3, 6 de l'ind. et du subj. prés. et la pers. 2 de l'impér. prés. des v. en *-eler,
-eller, -éler* et *-êler*.

201

-tèle

arantèle
atèle
attèle
bottèle
cautèle
clientèle
démantèle
détèle
écartèle
martèle
orbitèle
pantèle
parentèle
protèle
réattèle
sittèle
stèle
tubitèle

tell

tell

(-)telle(s)

accidentelle
attelle
bagatelle
bretelle
brocatelle
cascatelle
catelle
constelle
cotutelle
crételle
crocatelle
curatelle
dentelle
dételle
dit-elle
entelle
euplectelle
granitelle
grattelle
hâtelle
immortelle
jarretelle
martelle
mistelle
mortelle
moscatelle
pantelle
patelle
porte-jarretelles
rapatelle
sacramentelle

sautelle
sittelle
tagliatelle
tarentelle
telle
turritelle
tutelle
unetelle
vantelle

[kɛl]

-ckel

nickel
teckel

-kel

schnorkel

(-)quel(s)

auquel
auxquels
desquels
duquel
lequel
quel
tel quel

-quèle

loquèle

(-)quelle(s)

auxquelles
desquelles
laquelle
quelle
séquelle

[bɛl]

(-)bel

bel
décibel
djebel
feldwebel
label
lambel
lebel
obel

-bèle

obèle

bêle

bêle

(-)belle

belle
colombelle
escabelle
gabelle
glabelle
isabelle
labelle
libelle
mirabelle
ombelle
poubelle
rebelle
rebelle (se)
ribambelle
sabelle
sac-poubelle
tabelle
térébelle
tombelle

[dɛl]

-d'aile

tire-d'aile (à)

-del

aludel
blondel
bordel
mindel
rondel
strudel

-dèle

asphodèle
cicindèle
fidèle
infidèle
modèle
urodèle

-delle

arondelle
bardelle
bondelle
chandelle
citadelle
cordelle
fricadelle
haridelle

202

hirondelle
judelle
mardelle
mordelle
mortadelle
morvandelle
prédelle
ridelle
rondelle
tendelle
videlle

[fɛl]

fêle
fêle

[sɛl]

-cel
cancel
carcel
chancel
jouvencel
recel
septmoncel

(-)cèle
amoncèle
cèle
colpocèle
décèle
désensorcèle
ensorcèle
étincèle
ficèle
harcèle
hématocèle
hydrocèle
isocèle
morcèle
recèle
sphacèle
varicocèle

(-)celle(s)
amoncelle
balancelle
brucelles
celle
chancelle
crécelle
désensorcelle
ensorcelle
escarcelle

étincelle
excelle
ficelle
icelle
involucelle
jouvencelle
lenticelle
mancelle
micelle
morcelle
nacelle
navicelle
nucelle
ocelle
parcelle
pare-étincelles
pédicelle
pucelle
radicelle
rocelle
rubicelle
sarcelle
testacelle
tunicelle
universelle
varicelle
vermicelle
violoncelle
volucelle
vorticelle

(-)scel
contre-scel
scel

scelle
scelle

(-)sel
bissel
croque-au-sel (à la)
demi-sel
missel
pèse-sel
riz-pain-sel
sel
universel

-sèle
bossèle

(-)selle
aisselle
asselle
boute-selle

capselle
desselle
faisselle
lave-vaisselle
ruisselle
selle
tesselle
universelle
vaisselle

-xel
axel
pixel

[ʃɛl]

-chel
romanichel

-chelle
échelle
lumachelle

[vɛl]

-vel
javel (eau de)
machiavel
navel
nouvel
tavel

-vèle
déchevèle
échevèle
grivèle
nivèle
révèle

vêle
vêle

-velle
bartavelle
caravelle
cervelle
civelle
déchevelle
douvelle
échevelle
enjavelle
gravelle

grivelle
helvelle
javelle
manivelle
nivelle
nouvelle
novelle
renouvelle
taravelle
vervelle

[zɛl]

-sel
carrousel
diesel
damoisel
fusel

-sèle
cisèle
gisèle

-selle(s)
baselle
damoiselle
demoiselle
démuselle
filoselle
giselle
limoselle
mademoiselle
mam'selle
mesdemoiselles
muselle
oiselle
piloselle
touselle

-zel
arzel
bretzel

zèle
zèle

-zell
appenzell

-zelle
algazelle
donzelle

gazelle
mam'zelle

[ʒɛl]

(-)gel
antigel
dégel
gel
hydrogel
pagel
permagel
plastigel
regel

(-)gèle
congèle
dégèle
gèle

-gelle
flagelle
margelle
nigelle
pagelle
tigelle
tourangelle

[lɛl]

-lèle
allèle
parallèle

[ʀɛl]

-rel
atemporel
barrel
biculturel
conjoncturel
corporel
culturel
incorporel
intemporel
interculturel
multiculturel
naturel
picarel
socio-culturel
spatio-temporel
structurel
surnaturel

temporel
transculturel

-rèle
bourrèle
burèle
carrèle

-relle
airelle
aquarelle
bourelle
burelle
chanterelle
coquerelle
corporelle
craterelle
crécerelle
entre-querelle (s')
girelle
incorporelle
intemporelle
magnanarelle
maquerelle
marelle
maurelle
morelle
mozzarelle
naturelle
parelle
passerelle
pastourelle
puntarelle
querelle
saltarelle
sauterelle
surelle
surnaturelle
temporelle
téterelle
tourelle
tourterelle

[pʀɛl]

prêle
prêle

[tʀɛl]

-trel
ménestrel
pétrel

-trelle
pipistrelle
poutrelle

[bʀɛl]

-brelle
ombrelle

[gʀɛl]

(-)grêle
grêle
paragrêle

[fʀɛl]

frêle
frêle

[mɛl]

-mel
béchamel
calomel
caramel
formel
hydromel
informel
jumel
kummel
murmel
oxymel
Rimmel
trommel

-mèle
chrosomèle
grommèle
péramèle
philomèle
phocomèle
ressemèle

(-)mêle
démêle
emmêle
entremêle
mêle
pêle-mêle

-melle(s)
alumelle

animelles
béchamelle
camelle
cannamelle
chamelle
columelle
coucoumelle
coulemelle
femelle
formelle
gamelle
glumelle
grommelle
jumelle
jumelles
lamelle
mamelle
paumelle
pommelle
ressemelle
semelle

[nɛl]

-nel
additionnel
anticonstitutionnel
ascensionnel
charnel
coéternel
colonel
conditionnel
confessionnel
confraternel
constitutionnel
conventionnel
correctionnel
corrélationnel
criminel
dimensionnel
directionnel
éducationnel
émotionnel
éternel
exceptionnel
fonctionnel
fractionnel
fraternel
impersonnel
inconditionnel
inconstitutionnel
informationnel
institutionnel
insurrectionnel
intentionnel

irrationnel
juridictionnel
lésionnel
lieutenant-colonel
lieutenant criminel
maternel
multidimensionnel
notionnel
obsessionnel
occasionnel
opérationnel
originel
panel
passionnel
paternel
personnel
possessionnel
pluridimensionnel
processionnel
professionnel
promotionnel
proportionnel
provisionnel
rationnel
reconventionnel
sempiternel
sensationnel
shrapnel
solennel
traditionnel
transactionnel
tunnel
unidimensionnel
unidirectionnel
unipersonnel

-nell
brinell
shrapnell

-nèle
annèle
cannèle
carnèle
crénèle

-nelle
f. fém. de cert. mots
  en *-nel*
campanelle
cannelle
cenelle
charnelle
citronnelle
coccinelle

colonelle
coronelle
criminelle
dauphinelle
éternelle
flanelle
fontanelle
fraternelle
fraxinelle
fustanelle
gonelle
impersonnelle
irrationnelle
maternelle
organelle
originelle
passionnelle
paternelle
péronnelle
personnelle
pimprenelle
polichinelle
prunelle
quenelle
rationnelle
ravenelle
ritournelle
salmonelle
sardinelle
sentinelle
soldanelle
solennelle
soutanelle
spinelle
tonnelle
tournelle
trigonelle
valérianelle
vannelle
venelle
villanelle

[ɲɛl]

-gnel
agnel

-gnelle
agnelle

[jɛl]

-yelle
voyelle

[bjɛl]

bielle
bielle

[fjɛl]

fiel
fiel

-fielle
enfielle

[sjɛl]

(-)*ciel*
arc-en-ciel
artificiel
cicatriciel
ciel
circonstanciel
didacticiel
gratte-ciel
indiciel
logiciel
matriciel
progiciel
officiel
préjudiciel
révérenciel
superficiel
tendanciel

-cielle
f. fém. de cert. mots
    en *-ciel*

-tiel
carentiel
concurrentiel
confidentiel
consubstantiel
démentiel
différentiel
essentiel
événementiel
excrémentiel
existentiel
exponentiel
interstitiel
partiel
pénitentiel

pestilentiel
potentiel
préférentiel
présidentiel
providentiel
référentiel
résidentiel
séquentiel
substantiel
tangentiel
torrentiel

-tielle
f. fém. de cert. mots
    en *-tiel*

[vjɛl]

-viel
lessiviel
lixiviel

vielle
vielle

[ʀjɛl]

-riel
artériel
caractériel
catégoriel
factoriel
immatériel
matériel
mémoriel
mercuriel
ministériel
oriel
pluriel
sectoriel
sensoriel
sériel
tensoriel
vectoriel

-rielle
f. fém. de cert. mots
    en *-riel*
kyrielle

[mjɛl]

miel
miel

-mielle
emmielle

[njɛl]

-niel
cérémoniel
véniel

nielle
nielle

[wɛl]

[dwɛl]

douelle
douelle

[Rwɛl]

-rouel
sarouel

rouelle
rouelle

[ɥɛl]

[tɥɛl]

-tuel
actuel
conceptuel
conflictuel
contextuel
contractuel
conventuel
cultuel
délictuel
éventuel
gestuel
habituel
inactuel
inhabituel
intellectuel
mutuel

perpétuel
ponctuel
rituel
spirituel
textuel
virtuel

-tuelle
f. fém. de cert. mots
  en *-tuel*
noctuelle

[kɥɛl]

-cuelle
écuelle

[dɥɛl]

(-)*duel*
duel
graduel
individuel
résiduel

-duelle
graduelle
individuelle

[sɥɛl]

-suel
bimensuel
censuel
consensuel
mensuel
sensuel

-suelle
censuelle
mensuelle
sensuelle

-xuel
bissexuel
hétérosexuel
homosexuel
sexuel
transsexuel
unisexuel

-xuelle
bissexuelle

hétérosexuelle
homosexuelle
sexuelle
transsexuelle
unisexuelle

[zɥɛl]

-suel
audiovisuel
casuel
inusuel
télévisuel
usuel
visuel

-suelle
casuelle
usuelle
visuelle

[Rɥɛl]

ruelle
ruelle

[nɥɛl]

-nuel
annuel
bisannuel
continuel
manuel
pluriannuel
trisannuel

-nuelle
f. fém. de cert. mots
  en *-nuel*

———— **[ɛlt]** ————

[pɛlt]

pelte
pelte

[gɛlt]

guelte
guelte

207

[sɛlt]

celte
celte

[vɛlt]

veldt
veldt

(-)velte
svelte
velte

───── [ɛlk] ─────

[kɛlk]

quelque
quelque

───── [ɛld] ─────

[gɛld]

-geld
trinkgeld
wergeld

───── [ɛlf] ─────

elfe
elfe

[dɛlf]

-delphe
didelphe
monadelphe

[gɛlf]

guelfe
guelfe

[sɛlf]

self
self

───── [ɛls] ─────

[sels]

seltz
eau de Seltz

───── [ɛlʒ] ─────

[bɛlʒ]

belge
belge

───── [ɛːʀ]¹ ─────

air
air

(-)aire(s)
aire
[i-ɛːʀ]
triaires
[e-ɛːʀ]
antinucléaire
balnéaire
extralinéaire
interlinéaire
juxtalinéaire
linéaire
nucléaire
thermonucléaire
[ɔ-ɛːʀ]
entomozoaire
hématozoaire
microzoaire

protozoaire
spermatozoaire
sporozoaire

-hair
[ɔ-ɛːʀ]
mohair

haire
haire

-er
[i-ɛːʀ]
hier

(-)ère
ère
[i-ɛːʀ]
arbalétrière
câblière
câprière
chambrière
chanvrière
chasublière
chevrière
combrière
cyprière
ensemblière
épinglière
fondrière
huîtrière
marbrière
meurtrière
nacrière
nitrière
ouvrière
plâtrière
poivrière
poudrière
prière
sablière
salpêtrière
soufrière
sous-ventrière
sucrière
tréflière
trière
ventrière

───────────

1. Ajouter les pers. 1, 2, 3, 6 de l'ind. et du subj. prés. et la pers. 2 de l'impér. prés. des v. en *-airer*, *-errer*, *-érer* et **quérir* ; − la pers. 6 du passé simple des v. en *-er* ; − le part. passé masc. des v. en **(-)couvrir*, **(-)offrir* et **(-)ouvrir* et du v. *souffrir*.

vinaigrière
vitrière

[a-ɛ:ʀ]

aère

erre

erre

ers

ers

hère

hère

[pɛ:ʀ]

(-)*pair*

épair
impair
pair

(-)*paire*

impaire
paire
pulpaire
repaire

-*peire*

épeire

-*per*

clipper
imper
ripper
scraper
stepper
super

(-)*perd*

perd
reperd

(-)*perds*

perds
reperds

(-)*père*

ampère
beau-père
compère
coopère
désespère

espère
exaspère
grand-père
milliampère
obtempère
opère
pépère
père
point de repère
prospère
récupère
repère
saint-père
supère
tempère
vipère
vitupère
voltampère

pers

pers

-*pert*

appert (il)
expert
inexpert

[tɛ:ʀ]

(-)*taire(s)*

adjudicataire
agroalimentaire
alimentaire
allocataire
antiparlementaire
antiréglementaire
attributaire
auto-immunitaire
autoritaire
baptistaire
budgétaire
capacitaire
cataire
cataphractaire
caudataire
cavitaire
célibataire
censitaire
cicutaire
colégataire
colocataire
commanditaire
commendataire
commentaire

communautaire
complémentaire
concordataire
consignataire
contestataire
contresignataire
copropriétaire
cosignataire
dataire
déficitaire
délégataire
dentaire
dépositaire
destinataire
diamantaire
dignitaire
distributaire
documentaire
donataire
édilitaire
égalitaire
élémentaire
élitaire
entrepositaire
éventaire
excédentaire
extraparlementaire
extrastatutaire
feudataire
forfaitaire
fragmentaire
grabataire
hastaire
héréditaire
humanitaire
immunitaire
instrumentaire
interplanétaire
inventaire
involontaire
lactaire
légataire
libertaire
locataire
majoritaire
mandataire
médicamentaire
militaire
minoritaire
monétaire
mousquetaire
nectaire
nominataire
notaire
nu-propriétaire
obligataire

orbitaire
pamphlétaire
paramilitaire
parasitaire
pariétaire
paritaire
parlementaire
pigmentaire
pituitaire
placentaire
planétaire
plantaire
plébiscitaire
prestataire
prioritaire
prolétaire
propriétaire
protestataire
protonotaire
pubertaire
publicitaire
réfractaire
régimentaire
réglementaire
reliquataire
réservataire
résignataire
retardataire
rudimentaire
sabbataire
sacramentaire
sagittaire
saint-nectaire
salutaire
sanitaire
sanitaires
secrétaire
sectaire
sécuritaire
sédentaire
sédimentaire
segmentaire
serpentaire
signataire
sociétaire
solitaire
sous-locataire
sous-prolétaire
sous-secrétaire
statutaire
supplémentaire
sursitaire
taire
tégumentaire
testamentaire
totalitaire

transitaire
tributaire
trinitaire
ubiquitaire
unitaire
universitaire
utilitaire
vacataire
velléitaire
vestimentaire
volontaire
voltaire

(-)ter

acétobacter
aster
auster
azotobacter
bitter
blister
booster
canter
carter
cathéter
charter
chester
cluster
cotonéaster
crémaster
cutter
éther
frater
gangster
gauleiter
globe-trotter
hamster
hunter
inter
linter
magister
masséter
mater
messer gaster
munster
pater
polyester
porter
poster
quater
reporter
roadster
scooter
setter
sphincter
sprinter

squatter
stabat mater
starter
téléreporter
ter
trochanter
trochiter
ulster
welter
winchester

-tère

acrotère
adultère
altère
aptère
archiptère
artère
austère
baptistère
caractère
cautère
cheiroptère
chiroptère
climatère
clystère
coléoptère
cratère
critère
déblatère
délétère
désaltère
diptère
électrocautère
équilatère
estère
familistère
galvanocautère
haltère
hélicoptère
hélictère
hémiptère
hyménoptère
ictère
invétère (s')
isoptère
lépidoptère
magistère
mastère
mégaloptère
mésentère
ministère
monastère
monoptère
mystère

névroptère
oblitère
orthoptère
patère
périptère
phalanstère
phénicoptère
phylactère
polyptère
postère
presbytère
quadrilatère
réitère
sphéristère
statère
stère
tétraptère
trachée-artère
thermocautère
trilitère
uretère
zostère

(-)*terre*

atterre
cimeterre
déterre
enterre
fumeterre
parterre
pied-à-terre
pomme de terre
terre
terre à terre

-*ters*

waters

-*ther*

éther

-*thère*

anthère
mégathère
panthère
pinnothère

[kɛ:ʀ]

-*caire*

apothicaire
bancaire
bibliothécaire
calcaire

cercaire
cimicaire
discothécaire
ficaire
filmothécaire
hypothécaire
lecticaire
loricaire
matricaire
persicaire
précaire
provicaire
publicaire
salicaire
sicaire
suburbicaire
urticaire
vaccaire
vicaire

-*cker*

cocker
corn-picker
cracker
docker
knicker
rocker

-*ker*

bookmaker
bunker
joker
pacemaker
poker
quaker
shaker
speaker
spinnaker
strip-poker
supertanker
tanker

-*kère*

moukère

-*kheer*

jonkheer

-*quaire*

antiquaire
disquaire
moutisquaire
reliquaire

-*quère*

mouquère

-*querre*

enquerre (à)
équerre

[bɛ:ʀ]

-*baire*

bulbaire
limbaire
lobaire
lombaire
sullabaire
tubaire

-*ber*

aber
ber
fauber
liber
scrubber
suber
weber

-*bère*

aubère
berbère
cerbère
délibère
exhubère
ibère
impubère
libère
obère
pubère
réverbère

-*bert*

camembert
faubert
haubert
robert

[dɛ:ʀ]

-*dair*

Canadair

-*daire*

abécédaire
dromadaire

211

frigidaire
hebdomadaire
lampadaire
lapidaire
légendaire
milliardaire
multimilliardaire
podaire
récipiendaire
référendaire
secondaire
solidaire
suicidaire

(-)*der*

afrikaander
breeder
calender
der
eider
feeder
gentleman-rider
highlander
leader
outsider
polder
raider
spider
stathouder
tender

-*dère*

bayadère
belvédère
cardère
confédère
considère
débarcadère
déconsidère
embarcadère
fédère
madère
modère
pondère

-*dhère*

adhère

[gɛ:ʀ]

-*gaire*

grégaire
vulgaire

-*ger*

burger

hamburger
minnesänger

(-)*guère(s)*

guère
guères
naguère

(-)*guerre*

après-guerre
avant-guerre
guéguerre
guerre

[fɛ:ʀ]

(-)*faire*

affaire
contrefaire
défaire
faire
laisser-faire
forfaire
malfaire
méfaire
parfaire
redéfaire
refaire
satisfaire
savoir-faire
stupéfaire
surfaire
tarifaire

(-)*fer*

brise-fer
chemin de fer
enfer
fer
mâchefer
mi-fer (à)

-*fère*

aérifère
alunifère
aquifère
argentifère
argilifère
aurifère
calorifère
carbonifère
célérifère
chylifère

confère
conifère
corallifère
crucifère
cuprifère
défère
diamantifère
diffère
florifère
fossilifère
fructifère
infère
lactifère
latifère
légifère
léthifère
mammifère
mellifère
métallifère
mortifère
oléifère
ombellifère
pestifère
pétrolifère
plombifère
préfère
profère
prolifère
réfère
résinifère
rotifère
saccharifère
séminifère
somnifère
soporifère
stannifère
sudorifère
transfère
unguifère
uranifère
vocifère

(-)*ferre*

déferre
enferre
ferre
referre

-*fert*

lettre-transfert
offert
souffert
transfert

-*phaire*
chirographaire

-*phère*
atmosphère
bathysphère
biosphère
hémisphère
hydrosphère
ionosphère
mésosphère
photosphère
planisphère
sphère
strastosphère
thermosphère

[sɛ:ʀ]

-*çaire*
tierçaire

-*cer*
cancer
placer
racer
spencer

-*cère(s)*
acère
brachycère
dilacère
incarcère
lacère
macère
sincère
ulcère

cerf
cerf

-*cert*
café-concert
concert
navicert

-*cerre*
sancerre

-*saire*
adversaire
anniversaire

bouc-émissaire
commissaire
corsaire
dispensaire
émissaire
faussaire
fidéicommissaire
glossaire
haut-commissaire
janissaire
nécessaire
pessaire

-*scère*
viscère

-*ser*
messer

-*sère*
insère
tessère

serf
serf

(-)*serre*
desserre
enserre
resserre
serre

(-)*sers*
dessers
sers

(-)*sert*
dessert
insert
ressert
sert

-*xer*
boxer
mixer

[ʃɛ:ʀ]

(-)*chair*
chair
happe-chair
rocking-chair

chaire
chaire

(-)*cher*
cher
dispatcher
pinscher
voucher

(-)*chère*
archère
bouchère
cachère
chère
cochère
dextrochère
enchère
enchère (folle)
gauchère
jachère
jonchère
maraîchère
phacochère
porchère
sinistrochère
surenchère
torchère
vachère

-*sher*
casher

[vɛ:ʀ]

(-)*vair*
contre-vair
menu-vair
vair

-*vaire*
calvaire
clavaire
larvaire
olivaire
ovaire
salivaire
valvaire
volvaire
vulvaire

(-)*ver*
cantilever
hiver

213

papaver
pull-over
revolver
ver
vétiver

verd
verd

-vère
avère
persévère
primevère
révère
sévère
trouvère

(-)*verre*
sous-verre
verre

(-)*vers*
avers
convers
devers (par-)
dévers
divers
envers
fait-divers
obvers
pervers
revers
travers
univers
vers

(-)*vert*
colvert
couvert
découvert
entrouvert
ouvert
pic-vert
pivert
recouvert
rouvert
sievert
vauvert (au diable)
vert

-wehr
landwehr

[zɛːʀ]

-saire
apophysaire
garnisaire
hypophysaire
rosaire

-ser
blaser
cabin-cruiser
cruiser
geyser
kaiser
laser
maser
mauser

-sère
cache-misère
misère
traîne-misère

-sert
désert
disert

-zer
blazer
bulldozer
freezer
kreutzer
panzer
schnauzer
squeezer

-zère
zeuzère

[ʒɛːʀ]

-ger
agger
manager

(-)*gère*
bergère
bocagère
boulangère
congère
digère
étagère
étrangère
exagère

fougère
fourragère
fromagère
gère
gougère
harengère
herbagère
horlogère
imagère
ingère
lanigère
légère
lingère
mégère
ménagère
mensongère
messagère
orangère
passagère
phalangère
potagère
proligère
réfrigère
suggère
usagère
viagère

[lɛːʀ]

-l'air
monte-en-l'air
pet-en-l'air

laird
laird

-laire
adulaire
alvéolaire
ancillaire
angulaire
annulaire
aréolaire
armillaire
articulaire
asilaire
atrabilaire
auréolaire
auriculaire
avunculaire
axillaire
bacillaire
badelaire
biloculaire
binoculaire

bipolaire
bullaire
caniculaire
capillaire
capitulaire
capsulaire
cardio-vasculaire
cartulaire
cédulaire
cellaire
cellulaire
circulaire
circumpolaire
circumstellaire
codicillaire
consulaire
corollaire
corpusculaire
crépusculaire
cymbalaire
épistolaire
fibrillaire
fistulaire
flagellaire
folliculaire
formulaire
fritillaire
funiculaire
gémellaire
glandulaire
globulaire
granulaire
hétéropolaire
homopolaire
impopulaire
insulaire
intercalaire
interstellaire
jubilaire
jugulaire
lamellaire
lanlaire
lenticulaire
lobulaire
loculaire
luni-solaire
macromoléculaire
malléolaire
mamillaire
mandibulaire
manipulaire
matriculaire
maxillaire
médullaire
modulaire
molaire

moléculaire
monoculaire
multiloculaire
musculaire
naviculaire
nodulaire
nummulaire
oculaire
operculaire
orbiculaire
ovalaire
ovulaire
papillaire
parascolaire
parcellaire
patibulaire
pédiculaire
pédonculaire
pelliculaire
péninsulaire
périscolaire
perpendiculaire
piaculaire
pilaire
pilulaire
polaire
populaire
postscolaire
prémolaire
primipilaire
proconsulaire
protocolaire
pullaire
pupillaire
quadrangulaire
radiculaire
rectangulaire
réticulaire
salaire
scalaire
scapulaire
scolaire
scrofulaire
scutellaire
séculaire
sigillaire
similaire
solaire
sous-axillaire
sous-maxillaire
spectaculaire
spéculaire
stellaire
talaire
tentaculaire
tétrapolaire

titulaire
transpolaire
triangulaire
tripolaire
tubulaire
tumulaire
tutélaire
utriculaire
vallaire
vasculaire
véhiculaire
vélaire
ventriculaire
vermiculaire
vernaculaire
vésiculaire
vexillaire
vocabulaire

-ler
best-seller
thaler
thriller

-lère
accélère
colère
décolère
filère
galère
phalère
tolère

[plɛ:ʀ]

(-)*plaire*
complaire
déplaire
exemplaire
plaire

[klɛ:ʀ]

(-)*clair*
clair
éclair

(-)*claire*
claire
éclaire

(-)*clerc*
clerc
maître-clerc

mauclerc
premier clerc

[blɛːʀ]

blair
blair

-bler
sherry-cobbler

[glɛːʀ]

(-)*glaire*
glaire
veuglaire

[flɛːʀ]

flair
flair

flaire
flaire

[ʀɛːʀ]

(-)*raire(s)*
araire
cinéraire
funéraire
honoraire
honoraires
horaire
itinéraire
laraire
littéraire
madréporaire
numéraire
onéraire
paralittéraire
raire
stercoraire
surnuméraire
téméraire
temporaire
thuriféraire
usuraire
vulnéraire

-rer
führer

[pʀɛːʀ]

praire
praire

[tʀɛːʀ]

(-)*traire*
abstraire
arbitraire
attraire
contraire
distraire
extraire
portraire
rentraire
retraire
soustraire
traire

[bʀɛːʀ]

(-)*braire*
braire
libraire

[gʀɛːʀ]

-graire
agraire

[fʀɛːʀ]

(-)*frère*
beau-frère
confrère
demi-frère
faux-frère
frère

[mɛːʀ]

(-)*maire*
brumaire
frimaire
grammaire
intérimaire
légitimaire
lord-maire
maire
mammaire
palmaire

primaire
sommaire
ulmaire
victimaire

(-)*mer*
amer
bêche-de-mer
bessemer
doux-amer
gentleman-farmer
khmer
mer
oreille-de-mer
outremer
outre-mer
steamer
taille-mer
trimmer
vomer

(-)*mère*
agglomère
amère
belle-mère
chimère
commère
conglomère
douce-amère
dure-mère
énumère
éphémère
grand-mère
isomère
mémère
mère
pie-mère
polymère
tétramère
trimère

[nɛːʀ]

-naire(s)
actionnaire
alluvionnaire
antiphonaire
antirévolutionnaire
apollinaire
autogestionnaire
bicentenaire
bimillénaire
binaire
caténaire

catilinaire
centenaire
cessionnaire
cinquantenaire
commissionnaire
concentrationnaire
concessionnaire
concussionnaire
contre-révolutionnaire
convulsionnaire
coreligionnaire
coronaire
culinaire
débonnaire
demi-pensionnaire
démissionnaire
dépressionnaire
dénaire
dictionnaire
disciplinaire
discrétionnaire
divisionnaire
doctrinaire
duodénaire
embryonnaire
expéditionnaire
extraordinaire
factionnaire
fluxionnaire
fonctionnaire
fractionnaire
ganglionnaire
gestionnaire
imaginaire
interdisciplinaire
légionnaire
lésionnaire
liminaire
limonaire
linaire
luminaire
lunaire
manutentionnaire
mercenaire
millénaire
millionnaire
missionnaire
multidisciplinaire
multimillionnaire
munitionnaire
nonagénaire
novénaire
octogénaire
octonaire
ordinaire
originaire

partenaire
pavillonnaire
pensionnaire
permissionnaire
pétitionnaire
pluridisciplinaire
poitrinaire
préliminaire
préliminaires
probationnaire
processionnaire
pulmonaire
quadragénaire
quarantenaire
quaternaire
questionnaire
quinaire
quinquagénaire
réactionnaire
réceptionnaire
réclusionnaire
religionnaire
révolutionnaire
sanguinaire
saponaire
scissionnaire
sectionnaire
séminaire
sénaire
septénaire
septuagénaire
sermonnaire
sexagénaire
soumissionnaire
stationnaire
subliminaire
sublunaire
tambourinaire
ternaire
tortionnaire
trentenaire
tricentenaire
urinaire
valétudinaire
vétérinaire
vinaire
visionnaire

-ner

africaner
ampli-tuner
container
corner
coroner
gewurztraminer

liner
partner
scanner
schooner
sylvaner
tuner

-nère

congénère
dégénère
exonère
incinère
monère
phanère
régénère
rémunère
scorsonère
vénère

(-)*nerf*

entre-nerf
nerf
tire-nerf

-nerre

paratonnerre
tonnerre

[jɛːʀ]

hier

hier

-ière

caféière
théière

-ller

cuiller

-llère

angillère
bétaillère
conseillère
cordillère
crémaillère
cuillère
écaillère
genouillère
grenouillère
houillère
œillère
persillère

217

rabouillère
tortillère

-llière
joaillière
ouillière
quincaillière
serpillière

-yère
bruyère
cacaoyère
caloyère
clayère
cloyère
crayère
écuyère
frayère
gruyère
métayère
rayère
tuyère

[pjɛ:ʀ]

-pière
crêpière
croupière
drapière
équipière
fripière
guêpière
paupière
rapière
soupière
taupière
tripière

(-)pierre(s)
carton-pierre
casse-pierres
chasse-pierre(s)
empierre
épierre
lance-pierre
perce-pierre
pierre
saint-pierre
tourne-pierre

[tjɛ:ʀ]

-t-hier
avant-hier

-tiaire
bestiaire
revestiaire
vestiaire

-tiere
condottiere

-tière
altière
anecdotière
antimatière
artichautière
autoroutière
banqueroutière
barbotière
bijoutière
biscuitière
bleuetière
bonnetière
bouquetière
boursicotière
boutiquière
buffetière
buvetière
cabaretière
cabotière
cacaotière
cachotière
cafetière
canepetière
canetière
canotière
carottière
casquettière
charcutière
charretière
chatière
chipotière
chocolatière
cimetière
cohéritière
colistière
corsetière
costière
côtière
courtière
culottière
devantière
droitière
échotière
émeutière
entière
escargotière

faîtière
forestière
frontière
fruitière
gantière
gargotière
gazetière
genêtière
giletière
gouttière
grainetière
grenetière
héritière
jarretière
jésuitière
laitière
langoustière
lingotière
litière
lunetière
matière
miroitière
molletière
muletière
panetière
pantière
papetière
parmentière
passementière
pelletière
pissotière
portière
postière
primesautière
ratière
regrattière
rentière
routière
sabotière
savetière
sorbetière
tabatière
termitière
têtière
tourtière
tripotière
turbotière
usufruitière
yaourtière

tiers
tiers

[kjɛ:ʀ]

-cquière
acquière

-cquiers
acquiers

-cquiert
acquiert

-quière
banquière
bauquière
boutiquière
conquière
enquière (s')
perruquière
reconquière
requière

-quiers
acquiers
conquiers
enquiers (t')
reconquiers
requiers

-quiert
conquiert
enquiert (s')
reconquiert
requiert

[bjɛ:ʀ]

(-)*bière(s)*
bière
corbières
daubière
gerbière
herbière
jambière
jerbière
plombières
rombière
tourbière

[djɛ:ʀ]

-diaire
incendiaire
intermédiaire

radiaire
stipendiaire
subsidiaire

-dière
bandière
bordière
boulevardière
brancardière
brelandière
buandière
canardière
chaudière
civadière
cocardière
contrebandière
cordière
coudière
crapaudière
faisandière
filandière
grenadière
hebdomadière
lavandière
limonadière
minaudière
pétaudière
pissaladière
renardière
vivandière

[gjɛ:ʀ]

-guière
aiguière

[fjɛ:ʀ]

fier
fier

(-)*fière*
fière
montgolfière
truffière
tufière

[sjɛ:ʀ]

-ciaire
bénéficiaire
extrajudiciaire
fiduciaire
glaciaire

indiciaire
judiciaire

-cière
acière
ambulancière
annoncière
conférencière
créancière
désacière
devancière
épicière
faïencière
financière
foncière
garancière
gibecière
glacière
grimacière
justicière
mercière
nourricière
officière
outrancière
pénitencière
placière
plaisancière
policière
populacière
princière
redevancière
romancière
roncière
saucière
sorcière
sourcière
souricière
tenancière
tréfoncière
vacancière

-sière
aussière
avocassière
baissière
boursière
brassière
cache-brassière
cache-poussière
caissière
carnassière
carrossière
coulissière
coursière
cuissière

dépensière
dossière
écrivassière
fatrassière
fessière
filassière
finassière
glissière
grossière
haussière
jacassière
massière
matelassière
mulassière
paperassière
pâtissière
plumassière
poussière
tapissière
tracassière
traversière

-tiaire
partiaire
pénitentiaire
plénipotentiaire
rétiaire
silentiaire
tertiaire

[ʃjɛːʀ]

-chière
archière
cartouchière
douchière

[vjɛːʀ]

-viaire
aviaire
bréviaire
ferroviaire

-vière
betteravière
bouvière
chènevière
civière
épervière
étrivière
garde-rivière
gravière
porte-étrivière
ravière

rivière
sansevière

[zjɛːʀ]

-sière
ardoisière
bousière
braisière
chaisière
chemisière
croisière
éclusière
fraisière
glaisière
lisière
phrasière
rosière
vasiaire
visière

-zière
rizière

[ʒjɛːʀ]

-giaire
congiaire
plagiaire
spongiaire
stagiaire

-gière
imagière
langagière

[ljɛːʀ]

-liaire
auxiliaire
biliaire
ciliaire
domiciliaire
évangéliaire
immobiliaire
miliaire
milliaire
mobiliaire
nobiliaire

-lière
allière
animalière
bachelière

bandoulière
batelière
bélière
cavalière
céréalière
chancelière
chapelière
chevalière
cordelière
courtilière
coutelière
croulière
culière
dentellière
écolière
épaulière
épistolière
familière
féculière
filière
fourmilière
frontalière
géôlière
gondolière
hospitalière
hôtelière
immobilière
inhospitalière
irrégulière
journalière
lavallière
mâchelière
meulière
mobilière
muselière
oiselière
parolière
particulière
perlière
pétrolière
régulière
rôlière
roselière
roulière
salière
séculière
singulière
sommelière
sourcilière
taulière
tellière
toilière
volière

lierre
lierre

-rière

arrière
avant-courrière
aventurière
barrière
beurrière
carrière
cellérière
cigarière
cirière
clairière
confiturière
courrière
couturière
derrière
douairière
empérière
facturière
ferrière
fourrière
garde-barrière
guerrière
manufacturière
ordurière
procédurière
roturière
tarière
teinturière
tourière
trésorière
usurière
verrière

[mjɛ:R]

-miaire

vendémiaire

-mière

chaumière
costumière
coutumière
crémière
fermière
gentilhommière
heaumière
infirmière
jaumière
larmière
lumière
première
trémière

-niaire

herniaire
pécuniaire

-nière

alevinière
alunière
ânière
aumonière
avant-dernière
aveinière
baleinière
bannière
bétonnière
bonbonnière
boudinière
boutonnière
braconnière
buissonnière
cancanière
canonnière
cantinière
cantonnière
caponnière
capucinière
cartonnière
casanière
champignonnière
chansonnière
chaponnière
charbonnière
charnière
chaudronnière
chicanière
chiffonnière
cordonnière
cornière
cotonnière
cousinière
cressonnière
crinière
cuisinière
dernière
dindonnière
douanière
épinière
façonnière
falunière
fauconnière
ferronnière
garçonnière
gazinière
goujonnière

grainière
héronnière
houblonnière
jardinière
lainière
lanière
lapinière
limonière
linière
luzernière
magasinière
manière
marinière
marnière
matinière
melonnière
mentonnière
meunière
minière
moutonnière
oignonière
ornière
panière
pépinière
piétonnière
pinière
pionnière
plénière
poissonnière
porcelainière
porte-bannière
potinière
poulinière
pouponnière
poussinière
printanière
prisonnière
rancunière
résinière
routinière
rubanière
rudânière
sablonnière
safranière
saisonnière
salonnière
sapinière
saunière
semainière
talonnière
tanière
taupinière
tavernière
tétonnière
tisanière

tontinière
visonnière
zonière

[wɛːʀ]

[kwɛːʀ]

-quouère
rastaquouère

[dwɛːʀ]

douaire
douaire

[ɥɛːʀ]

[pɥɛːʀ]

-puaire
ripuaire

[tɥɛːʀ]

-tuaire
actuaire
aéroportuaire
électuaire
estuaire
mortuaire
obituaire
portuaire
promptuaire
sanctuaire
somptuaire
statuaire
textuaire
tumultuaire
usufructuaire
voluptuaire

[dɥɛːʀ]

-duaire
résiduaire

[sɥɛːʀ]

(-)suaire
ossuaire
suaire

[lɥɛːʀ]

-luaire
belluaire

[nɥɛːʀ]

-nuaire
annuaire

———**[ɛʀp]**———

herpe
herpe

[sɛʀp]

serpe
serpe

———**[ɛʀt]**[1]———

[pɛʀt]

(-)perte
experte
inexperte
perte

[bɛʀt]

-berte
fauberte

berthe
berthe

[fɛʀt]

-ferte
offerte
soufferte

[sɛʀt]

(-)certe(s)
certes
concerte
déconcerte

(-)serte
desserte
disserte
serte

[vɛʀt]

(-)verte
couverte
découverte
entrouverte
ouverte
recouverte
redécouverte
rouverte
verte

[zɛʀt]

-serte
déserte
diserte

[lɛʀt]

-lerte
alerte

[nɛʀt]

-nerte
inerte

———**[ɛʀtʀ]**———

[tɛʀtʀ]

tertre
tertre

---

1. Ajouter les pers. 1, 2, 3, 6 de l'ind. et du subj. prés. et la pers. 2 de l'impér. prés. des v. en *-erter*.

222

──────[ɛʀk]──────

[sɛʀk]

-cerque
cysticerque
hétérocerque
homocerque

[ʒɛʀk]

jerk
jerk

──────[ɛʀkl]¹──────

[sɛʀkl]

(-)cercle
cercle
décercle
demi-cercle
encercle
recercle

[vɛʀkl]

-vercle
couvercle

──────[ɛʀb]²──────

herbe
herbe

[pɛʀb]

-perbe
superbe

[bɛʀb]

-berbe
imberbe

[sɛʀb]

-cerbe
acerbe

serbe
serbe

[vɛʀb]

(-)verbe
adverbe
proverbe
verbe

[zɛʀb]

-sherbe
désherbe

[ʒɛʀb]

(-)gerbe
engerbe
gerbe

[nɛʀb]

-nherbe
enherbe

──────[ɛʀd]³──────

[pɛʀd]

(-)perde
perde
reperde
saperde

[lɛʀd]

laird
laird

[mɛʀd]

(-)merde
démerde
emmerde
merde

──────[ɛʀdʀ]──────

[pɛʀdʀ]

(-)perdre
perdre
reperdre

──────[ɛʀg]⁴──────

erg
erg

[bɛʀg]

-berg
iceberg
inselberg

[vɛʀg]

(-)vergue
désenvergue
envergue
vergue

[zɛʀg]

-xergue
exergue

---

1. Ajouter les pers. 1, 2, 3, 6 de l'ind. et du subj. prés. et la pers. 2 de l'impér. prés. des v. en -ercler.
2. Ajouter les pers. 1, 2, 3, 6 de l'ind. et du subj. prés. et la pers. 2 de l'impér. prés. des v. en -erber.
3. Ajouter les pers. 1, 2, 3, 6 de l'ind. et du subj. prés. et la pers. 2 de l'impér. prés. des v. en -erder.
4. Ajouter les pers. 1, 2, 3, 6 de l'ind. et du subj. prés. et la pers. 2 de l'impér. prés. des v. en -erguer.

——————— **[ɛRf]** ———————

[sɛRf]

cerf
cerf

serf
serf

——————— **[ɛRS]**[1] ———————

erse
erse

herse
herse

[pɛRS]

(-)*perce*
entre-perce (s')
perce
perce (en)
reperce
transperce

(-)*perse*
disperse
perse

[tɛRS]

-terce
sesterce

[bɛRS]

berce
berce

[sɛRS]

cerce
cerce

[vɛRS]

(-)*verse*
adverse
averse
bouleverse
controverse
converse
déverse
diverse
inverse
malverse
obverse
perverse
renverse
renverse (à la)
reverse
tergiverse
transverse
traverse
verse
verse (à)

[zɛRS]

-xerce
exerce

[ʒɛRS]

gerce
gerce

[mɛRS]

-merce
commerce

[jɛRS]

[tjɛRS]

tierce
tierce

——————— **[ɛRst]** ———————

[vɛRst]

verste
verste

——————— **[ɛRʃ]**[2] ———————

[pɛRʃ]

(-)*perche*
étamperche
perche

[ʃɛRʃ]

(-)*cherche*
cherche
recherche

——————— **[ɛRv]**[3] ———————

[fɛRv]

-ferve
conferve

[sɛRv]

(-)*serve*
conserve
desserve
observe
serve

[vɛRv]

verve
verve

---

1. Ajouter les pers. 1, 2, 3, 6 de l'ind. et du subj. prés. et la pers. 2 de l'impér. prés. des v. en -*ercer* et *erser*.
2. Ajouter les pers. 1, 2, 3, 6 de l'ind. et du subj. prés. et la pers. 2 de l'impér. prés. des v. en -*ercher*.
3. Ajouter les pers. 1, 2, 3, 6 de l'ind. et du subj. prés. et la pers. 2 de l'impér. prés. des v. en -*erver*.

224

[zɛRv]

-serve
préserve
réserve

[nɛRv]

(-)nerve
énerve
innerve
minerve
nerve

———— [ɛRʒ]¹ ————

[pɛRʒ]

-perge
asperge

[tɛRʒ]

-terge
absterge
déterge
manuterge

[bɛRʒ]

(-)berge
alberge
auberge
autoberge
berge
canneberge
flamberge
gamberge
goberge (se)
héberge

[sɛRʒ]

serge
serge

[vɛRʒ]

(-)verge
converge
diverge
enverge
porte-verge
sous-verge
verge

[mɛRʒ]

-merge
émerge
immerge
submerge

[jɛRʒ]

[sjɛRʒ]

(-)cierge
cierge
concierge

[vjɛRʒ]

(-)vierge
demi-vierge
vierge

———— [ɛRl]² ————

[pɛRl]

pairle
pairle

(-)perle
emperle
gris-perle
perle

[bɛRl]

berle
berle

[fɛRl]

(-)ferle
déferle
ferle

[mɛRl]

merle
merle

———— [ɛRm]³ ————

[pɛRm]

(-)perme
angiosperme
asperme
endosperme
gymnosperme
monosperme
périsperme
perme
sperme

[tɛRm]

terme
terme

(-)therme(s)
aérotherme
diatherme
isotherme
thermes

[bɛRm]

(-)berme
berme
risberme

[dɛRm]

(-)derme
blastoderme

---

1. Ajouter les pers. 1, 2, 3, 6 de l'ind. et du subj. prés. et la pers. 2 de l'impér. prés. des v. en -erger.
2. Ajouter les pers. 1, 2, 3, 6 de l'ind. et du subj. prés. et la pers. 2 de l'impér. prés. des v. en -erler.
3. Ajouter les pers. 1, 2, 3, 6 de l'ind. et du subj. prés. et la pers. 2 de l'impér. prés. des v. en -ermer.

derme
échinoderme
endoderme
épiderme
hypoderme
mélanoderme
pachyderme
phelloderme
synderme

[fɛʀm]

(-)*ferme*
afferme
enferme
ferme
referme
renferme
terre-ferme

[ʒɛʀm]

germe
germe

[nɛʀm]

-*nerme*
inerme

———**[ɛʀn]**[1]———

[tɛʀn]

-*tern*
pattern
western

(-)*terne(s)*
alaterne
alterne
avion-citerne
basterne
bateau-citerne

camion-citerne
citerne
consterne
externe
interne
lanterne
lectisterne
navire-citerne
paterne
poterne
prosterne
quaterne
sauternes
sterne
subalterne
terne
wagon-citerne

[kɛʀn]

cairn
cairn

[bɛʀn]

(-)*berne*
berne
berne (en)
giberne
hiberne

[dɛʀn]

-*derne*
baderne
moderne
ultramoderne

[sɛʀn]

(-)*cerne*
cerne
concerne
décerne
discerne
lacerne

[vɛʀn]

-*verne*
baliverne
caverne
gouverne
hiverne
taverne
verne

[zɛʀn]

-*serne*
caserne

-*zerne*
luzerne

[lɛʀn]

-*lerne*
falerne
galerne
hydre de Lerne

———**[ɛʀɲ]**———

[vɛʀɲ]

(-)*vergne*
auvergne
vergne

———**[ɛm]**[2]———

aime
aime

-*em*
requiem

-*ème*
poème
quatrième

---

1. Ajouter les pers. 1, 2, 3, 6 de l'ind. et du subj. prés. et la pers. 2 de l'impér. des v. en -*erner*.
2. Ajouter les pers. 1, 2, 3, 6 de l'ind. et du subj. prés. et la pers. 2 de l'impér. prés. des v. en -*aimer*, -*emer* -*émer* et -*êmer*.

hem
hem

-hème
bohème

hême
bohême

[tɛm]

-tem
ad litem
item
star-system
stem
sweating-system
totem

-tème
abstème
apostème
système

-tême
baptême

(-)thème
anathème
apothème
chrysanthème
énanthème
épithème
érythème
exanthème
hélianthème
thème
xéranthème

[dɛm]

-dam
goddam

-dem
ibidem
idem
modem
mokkadem
tandem

(-)dème(s)
dème

diadème
myxœdème
nicodème
œdème
pandèmes

[fɛm]

-phème
blasphème

[sɛm]

-saime
essaime

(-)sème
parsème
ressème
sème
sursème

[ʃɛm]

-chem
sachem

schème
schème

[zɛm]

-sème
emphysème

[ʒɛm]

-gème
stratagème

gemme
gemme

[lɛm]

-lem
chelem
hululem

mathusalem
schelem

-lème
névrilème
xylème

(-)lemme
dilemme
lemme

[blɛm]

bleime
bleime

(-)blème
astroblème
blème
emblème
problème

blême
blême

[flɛm]

flemme
flemme

[ʀɛm]

-rem
ad rem
ad valorem
harem

-rème
barème
birème
catégorème
épichérème
quadrirème
quinquérème
théorème
trirème

-rême
birême
carême
décarême
mi-carême

227

-remme
maremme

[pʀɛm]

-prême
suprême

[tʀɛm]

-trème
monotrème

-trême
extrême

[kʀɛm]

chrême
chrême (saint-)

(-)crème
crème
double-crème
écrème

[bʀɛm]

brème
brème

[mɛm]

-mème
enthymème

même
même

[nɛm]

(-)nem
ad hominem
nem

-nème
archiphonème
épiphonème
monème

œdicnème
phonème
technème
tréponème

[jɛm]

[pjɛm]

-pyème
empyème

[tjɛm]

-tième
antépénultième
centième
cinquantième
cinquième
combientième
dix-huitième
dix-septième
huitième
pénultième
quantième
quarantième
quatre-vingtième
septième
soixantième
tantième
trentième
ultième
vingtième

[kjɛm]

quiem
quiem

-quième
cinquième

[djɛm]

-dième
milliardième

[vjɛm]

-vième
dix-neuvième
neuvième

[zjɛm]

-sième
troisième

-xième
deuxième
dixième
quatre-vingt-dixième
sixième
soixante-dixième

-zième
douzième
onzième
quatorzième
quinzième
seizième
treizième

[ljɛm]

-lième
millième

[njɛm]

-nième
énième
millionième
unième

———— **[ɛmn]** ————

[tɛmn]

-temne
contemne

[dɛmn]

-demne
indemne

228

─────── **[ɛn]**[1] ───────

aine
aine

haine
haine

-henne
géhenne

-ène
foène
troène

-enne

[i-ɛn]
andrienne
hanovrienne
ombrienne
sévrienne

[e-ɛn]
achéenne
arachnéenne
araméenne
cadméenne
céruléenne
chaldéenne
coréenne
cornéenne
criméenne
cyclopéenne
éburnéenne
élyséenne
européenne
ghanéenne
guadeloupéenne
guinéenne
herculéenne
hyperboréenne
lycéenne
mancéenne
manichéenne
marmoréenne
méditerranéenne
nectaréenne
nietzschéenne
paludéenne
panaméenne

phocéenne
prométhéenne
pygméenne
pyrénéenne
saducéenne
vendéenne

[pɛn]

(-)*peine*
grand-peine (à)
peine

-pen
open

(-)*pène*
pène
polypropène
propène
scorpène

pêne
pêne

(-)*penne*
bipenne
empenne
penne
planipenne

[tɛn]

-taine
aquitaine
auscitaine
bellifontaine
borne-fontaine
capitaine
centaine
certaine
châtaine
cheftaine
cinquantaine
croque-mitaine
fontaine
futaine
hautaine

huitaine
incertaine
lointaine
lusitaine
métropolitaine
mitaine
miton mitaine
mussipontaine
napolitaine
prétentaine
puritaine
quarantaine
quartaine
quintaine
samaritaine
soixantaine
tibétaine
tiretaine
trentaine
turlutaine
valdotaine
vingtaine

-ten
gluten
pecten

-tène
carotène
pantène
patène
tungstène

-tenne
antenne
pantenne (en)

-thaine
élisabéthaine

-thène
dysthène
polythène
ruthène
sthène

[kɛn]

-caine
africaine

─────────────

1. Ajouter les pers. 1, 2, 3, 6 de l'ind. et du subj. prés. et la pers. 2 de l'impér. prés. des v. en *-ainer, -aîner, -einer, -ener, -enner. -éner* et *-êner* ; − les pers. 1, 2, 3, 6 du subj. prés. des v. en (-)*tenir,* (-)*venir* et (-)*prendre.*

229

américaine
antirépublicaine
armoricaine
dominicaine
franciscaine
marocaine
mexicaine
républicaine

-cane
hurricane

-chen
lichen

-ken
kraken

-kène
akène
polyakène

-quaine
jamaïquaine

[bɛn]

-baine
aubaine
cubaine
suburbaine
thébaine
urbaine

-ben
graben

-bène
amphisbène
boulbène
ébène

(-)*benne*
benne
télébenne

[dɛn]

-daine
bedaine
bedondaine

bourdaine
calembredaine
daine
demi-mondaine
dondaine
faridondaine (la)
fredaine
mondaine
soudaine

-den
bigouden
éden
golden
gulden
loden

-dène
cadène
indène

[gɛn]

(-)*gaine*
dégaine
engaine
gaine
rengaine

-gen
rœntgen

-guenne
morguenne
parguenne

[fɛn]

(-)*faine*
faine
rifaine

-phène
acouphène
coryphène
phosphène
saphène
sphène
xylophène

[sɛn]

(-)*cène*
alcène

anthracène
cène
éocène
épicène
holocène
lycène
mécène
miocène
oligocène
paléocène
pléistocène
pliocène

(-)*saine*
malsaine
saine

(-)*scène*
avant-scène
obscène
scène

seine
seine

-sen
larsen
shamisen

-sène
assène

senne
senne

-xène
axène
proxène
pyroxène

[ʃɛn]

-chaine
achaine
briochaine
prochaine

(-)*chaîne*
chaîne
déchaîne
désenchaîne

enchaîne
minichaîne
renchaîne

chêne
chêne

[vɛn]

(-)*vaine*
chevaine
neuvaine
vaine

(-)*veine*
aveine
déveine
porte-veine
veine
verveine

-*ven*
aven
peulven

-*vène*
slovène

-*venne*
chevenne

-*vesne*
chevesne

[zɛn]

-*saine*
archidiocésaine
diocésaine
misaine
toulousaine

-*sène*
kérosène
misène

-*zaine*
dizaine
douzaine
quinzaine
treizaine

(-)*zen*
maghzen
zen

-*zène*
benzène
ozène

[ʒɛn]

(-)*gène*
aborigène
androgène
antigène
autogène
cancérigène
cyanogène
électrogène
endogène
frigorigène
fumigène
gazogène
gène
hallucinogène
halogène
hétérogène
homogène
hydrogène
indigène
lacrymogène
morigène
oxygène
pathogène
thermogène

(-)*gêne*
gêne
sans-gêne

[lɛn]

(-)*laine*
châtelaine
laine
marjolaine
porcelaine
poulaine
rivelaine
tire-laine
vilaine

-*leine*
baleine

haleine
madeleine
phaleine

-*len*
pollen
solen

-*lène*
acétylène
alène
amylène
cantilène
éthylène
galène
gazolène
hellène
madrilène
méthylène
molène
parasélène
phalène
philhellène
polyéthylène
scalène
silène
xylène

-*lène*
alène

[plɛn]

(-)*plaine*
pédiplaine
pénéplaine
plaine

pleine
pleine

[glɛn]

(-)*glène*
euglène
glène

[ʀɛn]

(-)*raine*
contemporaine
foraine
lorraine

231

marraine
montpelliéraine
moraine
raine
riveraine
souterraine
souveraine
suzeraine

(-)reine
reine
sereine

-rène
arène
carène
isocarène
murène
polyrène
polystyrène
pyrène
rassérène
sirène
styrène

rêne
rêne

(-)renne(s)
garenne
marennes
renne
varenne

[pRɛn]

(-)prenne
apprenne
comprenne
désapprenne
entreprenne
éprenne (s')
méprenne (se)
prenne
rapprenne
reprenne
surprenne

[tRɛn]

thrène
thrène

-traine
chartraine

(-)traîne
entraîne
traîne

-trenne
étrenne

[kRɛn]

-crène
hippocrène

[bRɛn]

-brène
ébrène
embrène

brenn
brenn

[dRɛn]

draine
draine

[gRɛn]

(-)graine
casse-graine
graine
migraine

-grène
désengrène
égrène
engrène
gangrène
rengrène

[fRɛn]

(-)freine
chanfreine
freine

-frène
enchifrène
refrène

frêne
frêne

-phrène
oligophrène
paraphrène
schizophrène

[mɛn]

-maine
domaine
germaine
humaine
inhumaine
romaine
roumaine
semaine
surhumaine

-men
abdomen
albumen
aldermen
amen
barmen
cérumen
clinamen
clubmen
cyclamen
dictamen
dolmen
duramen
englishmen
gentlemen
germen
gramen
hymen
lumen
policemen
recordmen
recordwomen
rumen
spécimen
sportsmen
wattmen
yeomen

(-)mène(s)
amène
catéchumène
démène (se)
écoumène
emmène
énergumène

eumène
malmène
mène
noumène
périspomène
phénomène
prolégomènes
promène
ramène
remène
remmène
surmène

[nɛn]

naine

naine

[jɛn]

hyène

hyène

-ienne

hawaiienne
kafkaienne
plébéienne
pompéienne
tarpéienne

yen

yen

-yenne

cayenne
citoyenne
concitoyenne
doyenne
mitoyenne
moyenne
payenne
troyenne

[pjɛn]

-pienne

appienne
aspienne
carpienne
caspienne
éthiopienne
œdipienne
olympienne

[tjɛn]

-thienne

corinthienne
pythienne

(-)*tienne*

antichrétienne
antienne
appartienne
chrétienne
contienne
entretienne
haïtienne
helvétienne
judéo-chrétienne
maintienne
néochrétienne
obtienne
retienne
rhétienne
soutienne
tienne

[bjɛn]

-bienne

bessarabienne
colombienne
danubienne
lesbienne
macrobienne
microbienne
nubienne
pubienne

-byenne

libyenne

[djɛn]

-dienne

acadienne
amérindienne
arachnoïdienne
arcadienne
canadienne
comédienne
dravidienne
euclidienne
gardienne
holywoodienne
indienne
lydienne

mastoïdienne
méridienne
mordienne
numidienne
obsidienne
ophidienne
pardienne
proboscidienne
quotidienne
rachidienne
rhodienne
saoudienne
scaldienne
tchadienne
thyroïdienne
tragédienne

[gjɛn]

-guienne

morguienne
palsanguienne
parguienne

[fjɛn]

-fienne

chérifienne

-phienne

delphienne
philadelphienne

[sjɛn]

-cienne(s)

académicienne
alsacienne
ancienne
aristotélicienne
arithméticienne
balzacienne
cartomancienne
chiromancienne
cistercienne
clinicienne
copernicienne
dialecticienne
électricienne
électronicienne
esthéticienne
francienne
galicienne
hydraulicienne

233

informaticienne
languedocienne
logicienne
lutécienne
magicienne
mathématicienne
mauricienne
mécanicienne
métaphysicienne
milicienne
musicienne
nécromancienne
néo-platonicienne
omnipraticienne
oniromancienne
opticienne
patricienne
péripatéticienne
pharmacienne
phéacienne
phénicienne
physicienne
platonicienne
politicienne
praticienne
pythagoricienne
rhétoricienne
stoïcienne
sulpicienne
technicienne
théoricienne
valenciennes

(-)sienne
jurassienne
métatarsienne
parnassienne
paroissienne
persienne
prussienne
sienne
tarsienne

-tienne
aoutienne
béotienne
capétienne
dalmatienne
égyptienne
haïtienne
helvétienne
laotienne
lilliputienne
martienne
tahitienne

tribunitienne
vénitienne

[ʃjɛn]

(-)chienne
autrichienne
basochienne
cabochienne
chienne

[vjɛn]

(-)vienne
antédiluvienne
avienne
bolivienne
contrevienne
convienne
cracovienne
devienne
diluvienne
disconvienne
intervienne
jovienne
mésavienne
minervienne
parvienne
pavlovienne
pelvienne
péruvienne
prévienne
provienne
redevienne
resouvienne
revienne
souvienne (se)
subvienne
survienne
terre-neuvienne
varsovienne
vésuvienne
vienne

[zjɛn]

-sienne
ambrosienne
arlésienne
artésienne
beauvaisienne
calaisienne
cambrésienne
cartésienne
caucasienne

clunisienne
dionysienne
douaisienne
draisienne
eurasienne
falaisienne
indonésienne
malthusienne
mélanésienne
milésienne
parisienne
pharisienne
polynésienne
rabelaisienne
salésienne
savoisienne
silésienne
tournaisienne
tunisienne
vénusienne
vespasienne

-zienne
forézienne
hertzienne

[ʒjɛn]

-giène
hygiène

-gienne
argienne
cambodgienne
carlovingienne
carolingienne
carolorégienne
chirurgienne
coccygienne
collégienne
fuégienne
géorgienne
laryngienne
mérovingienne
norvégienne
œsophagienne
pélagienne
pélasgienne
pharyngienne
phrygienne
stygienne
vosgienne

[ljɛn]

-liène

aliène

-lienne(s)

australienne
brésilienne
chilienne
cornélienne
délienne
élienne
éolienne
éoliennes
étolienne
gaullienne
hégélienne
israélienne
italienne
julienne
mongolienne
normalienne
ouralienne
pascalienne
régalienne
salienne
sicilienne
somalienne
stendhalienne
thessalienne
tyrolienne
vénézuélienne
virgilienne
westphalienne

[ʀjɛn]

-rienne

aérienne
agrarienne
algérienne
arienne
assyrienne
asturienne
bactérienne
baudelairienne
césarienne
coronarienne
dorienne
elzévirienne
épicurienne
faubourienne
grammairienne
grégorienne
historienne

hitlérienne
icarienne
illyrienne
ivoirienne
jupitérienne
ligurienne
luthérienne
ovarienne
phalanstérienne
presbytérienne
prétorienne
prolétarienne
saharienne
shakespearienne
sibérienne
silurienne
syrienne
tellurienne
terrienne
thermidorienne
transsaharienne
tyrienne
vaurienne
végétarienne
vénérienne
victorienne
voltairienne
wagnérienne
zéphyrienne

-ryenne

aryenne

[mjɛn]

(-)mienne

bohémienne
mienne
samienne
simienne
vietnamienne

[njɛn]

-nienne

abussienne
alcyonienne
appolinienne
aquitanienne
arménienne
athénienne
augustinienne
ausonienne
babylonienne
bourbonienne

byronienne
calédonienne
californienne
chtonienne
cicéronienne
crânienne
daltonienne
dardanienne
darwinienne
dévonienne
draconienne
essénienne
esthonienne
hercynienne
huronienne
ionienne
iranienne
jordanienne
lacédémonienne
laconienne
lamartinienne
liburnienne
lithuanienne
livonienne
londonienne
lusitanienne
macédonienne
mauritanienne
messénienne
mycénienne
napoléonienne
néronienne
newtonienne
océanienne
palestinienne
plutonienne
poméranienne
pyrrhonienne
racinienne
rhodanienne
saint-simonienne
saturnienne
socinienne
stalinienne
tironienne
touranienne
transylvanienne
tritonienne
tyrrhénienne
ukrainienne
vulcanienne

[kwɛn]

couenne
couenne

[fwɛn]

foène
foène

———**[ɛnt]**———

[kɛnt]

-chent
pschent

[mɛnt]

-ment
establishment
impeachment
management
self-government

———**[ɛnd]**———

end
happy end

[kɛnd]

-k end
week end

———**[ɛns]**———

[pɛns]

-pense
suspense

———**[ɛʃ]**———

[ʀɛʃ]

[tʀɛʃ]

trench
trench

———**[ɛɲ]**¹———

-haigne
bréhaigne

[pɛɲ]

(-)*peigne*
dépeigne
empeigne
peigne
repeigne

[tɛɲ]

-taigne
châtaigne

(-)*teigne*
atteigne
déteigne
éteigne
reteigne
teigne

[bɛɲ]

baigne
baigne

beigne
beigne

[dɛɲ]

(-)*daigne*
daigne
dédaigne

[fɛɲ]

feigne
feigne

[sɛɲ]

(-)*ceigne*
ceigne
enceigne

saigne
saigne

-seigne
enseigne
porte-enseigne
renseigne

[ʒɛɲ]

-geigne
engeigne

[lɛɲ]

[plɛɲ]

plaigne
plaigne

[ʀɛɲ]

-raigne
araigne
musaraigne
varaigne

(-)*règne*
interrègne
règne

---

1. Ajouter les pers. 1, 2, 3, 6 de l'ind. et du subj. prés. et la pers. 2 de l'impér. prés. des v. en *-aigner, -eigner* et *-égner* ; — les pers. 1, 2, 3, 6 du subj. prés. des v. en *-aindre* et *-eindre*.

[pʀɛɲ]	—————[ɛj]¹—————	[sɛj]

-prègne
imprègne

[pɛj]

-saye
essaye

(-)*paye*
haute-paye
paye
surpaye

-preigne
empreigne
épreigne

-seil
conseil
ingénieur-conseil
médecin-conseil

[tʀɛɲ]

peille
peille

-traigne
contraigne

(-)*seille*
conseille
déconseille
orseille
seille

[tɛj]

-treigne
astreigne
étreigne
restreigne

taye
taye

(-)*seye*
asseye
raseye
seye

-teil
méteil
orteil

[kʀɛɲ]

craigne
craigne

[vɛj]

(-)*teille(s)*
bouteille
dessous-de-bouteille
ouvre-bouteilles
porte-bouteilles
rince-bouteilles
teille
vide-bouteille

[fʀɛɲ]

-veil
éveil
radioréveil
réveil

-freigne
enfreigne

(-)*veille*
avant-veille
émerveille
éveille
merveille
réveille
surveille
tire-veille
veille

[ɥɛɲ]

[dɥɛɲ]

[bɛj]

duègne
duègne

-beille(s)
abeille
corbeille
nid-d'abeilles

—————[ɛŋ]—————

[gɛj]

[zɛj]

[sɛŋ]

-gaye
bégaye
égaye

-seille
groseille
oseille

-seng
ginseng

237

[lɛj]

-laye
balaye
délaye
relaye

-leil
après-soleil
brise-soleil
pare-soleil
soleil

-leille
ensoleille

[blɛj]

-blaye
déblaye
remblaye

[ʀɛj]

(-)*raye*
désenraye
enraye
raye

-reil
appareil
nonpareil
pareil

-reille(s)
appareille
cure-oreille
dépareille
désappareille
nonpareille
oreille
pareille
pince-oreilles
perce-oreille
salsepareille
zoreille

[tʀɛj]

treille
treille

[fʀɛj]

(-)*fraye*
défraye
effraye
fraye

[mɛj]

-meil
demi-sommeil
sommeil
vermeil

-meille
ensommeille
sommeille
vermeille

[nɛj]

-naye
monnaye

-neille
corneille

[jɛj]

[vjɛj]

vieil
vieil

vieille
vieille

[a]

a

a

[i-a]

maestria

quia (à)

sangria

[e-a]

aléa

alinéa

althaea

cobéa

collectanea

épicéa

fovéa

hévéa

miscellanea

nymphéa

picéa

réa

[a-a]

djemaa

[ɔ-a]

balboa

boa

quinoa

à

à

ah

ah

as

as

-at

baccalauréat

béat

lauréat

méat

(-)*ha*

ha

brouhaha

cahin-caha

hah

hah

[pa]¹

-pa

ajoupa

bon-papa

cappa

catalpa

coppa

grand-papa

grappa

mea culpa

pampa

papa

pipa

prépa

sapa

sherpa

spa (barres de)

stoupa

stupa

sympa

vespa

-pas

compas

gyrocompas

radiocompas

-pat

archiépiscopat

épiscopat

principat

[ta]²

(-)*ta*

analecta

aqua-tinta

balata

basta

bêta

canasta

celesta

cuesta

chipolata

delta

desiderata

dolce vita

duplicata

errata

êta

excreta

feta

fiesta

gutta

huerta

impedimenta

iota

magenta

maranta

mechta

méta

mita

muleta

naphta

nepeta

nota

omerta

patati patata

---

1. Ajouter les pers. 2, 3, du passé simple et la pers. 3 du subj. imp. des v. en *-per*.
2. Ajouter les pers. 2, 3 du passé simple et la pers. 3 du subj. imp. des v. en *-ter*.

persona grata
peseta
pita
placenta
polenta
prorata (au)
quanta
quota
rasta
rata
recta
ricotta
robusta
señorita
ta
taratata
tata
thêta
toccata
triplicata
turista
vendetta
zêta

-t à

quant à

-tà

pietà

-tas

galetas
taffetas

-tat

acolytat
aérostat
aoûtat
apostat
archontat
attentat
comitat
comtat
constat
despotat
éméritat
état
gyrostat
habitat
hastat
héliostat
homéostat

hygrostat
intestat
intestat (ab)
lombostat
manostat
photostat
podestat
potentat.
pressostat
résultat
rhéostat
sidérostat
thermostat

-tha

gotha

[ka][1]

-ca

abaca
alla polacca
alpaca
arabica
arnica
caca
carioca
coca
déca
decca
formica
harmonica
inca
ipéca
maraca
mélodica
mica
panca
pica
raca
sonica
spica
tacca
tapioca
vis comica
yucca

-cas

fracas
incas
tracas

-cat

avocat
beylicat
canonicat
certificat
clinicat
délicat
ducat
indélicat
laïcat
matriarcat
muscat
patriarcat
pontificat
prédicat
scolasticat
syndicat

-cha

gutta-percha

-chat

exarchat
tétrarchat

-ka

balalaïka
baraka
bazooka
briska
chapka
chapska
derbouka
eurêka
karatéka
mazurka
moka
paprika
parka
pérestroïka
polka
romaïka
stuka
svastika
terlenka
tonka
troïka
vedika
vodka

-quat

reliquat

---

1. Ajouter les pers. 2, 3, du passé simple et la pers. 3 du subj. imp. des v. en *-quer*.

-ba
aucuba
baba
caramba
casauba
cordoba
djellaba
gamba
isba
macumba
mamba
mastaba
nouba
prima gamba
rumba
samba
simaruba
tromba
tuba

-bac
antitabac
tabac

(-)bah
bah
casbah

(-)bat(s)
abat
abats
bat
célibat
close-combat
combat
débat
ébat
ébats
ébat (s')
grabat
rabat
rebat
sabbat
wombat

[da]²

(-)da
addenda

agenda
anaconda
armada
asa fœtida
barda
barracuda
bermuda
bredi-breda
canada
candida
coda
corrida
czarda
da
dada
fada
flagada
gouda
hacienda
hamada
jacaranda
jangada
lambda
mumda
nenni-da
olla-podrida
oui-da
panda
pignada
posada
réséda
sida
soda
sursum corda
vanda
véda
véranda

-das
judas

-dat
accomodat
candidat
commodat
concordat
exsudat
mandat

soldat
transsudat
voïévodat

-dha
bouddha

[ga]³

-ga
aga
alpaga
bach-aga
becabunga
bélouga
conga
fellaga
gaga
galanga
galéga
malaga
méga
oméga
rutabaga
saga
saïga
seringa
souimanga
syringa
taïga
téléga
yoga

-gat
ablégat
agrégat
camerlingat
dogat
légat
nougat
renégat
rouergat
seringat
vice-légat

-gha
agha
bachagha
fellagha

---

1. Ajouter les pers. 2, 3 du passé simple et la pers. 3 du subj. imp. des v. en -ber.
2. Ajouter les pers. 2, 3 du passé simple et la pers. 3 du subj. imp. des v. en -der.
3. Ajouter les pers. 2, 3 du passé simple et la pers. 3 du subj. imp. des v. en -guer.

[fa][1]

(-)*fa*
alfa
difa
diffa
fa
fetfa
sofa

-*fat*
calfat
califat
chérifat
kalifat

-*pha*
alpha

[sa][2]

(-)*ça*
ça
couci-couça
décrochez-moi-ça

(-)*çà*
ah çà
çà
deçà
deçà (en)
or çà

-*çat*
forçat

(-)*sa*
assa
bassa
chi lo sa
haoussa
madrasa
medersa
mesa
raspoutitsa
sa
salsa
sensa
vice versa

yakusa
yassa

-*sah*
poussah
tussah

-*sat*
pissat
polycondensat

-*xa*
moxa
vexa

[ʃa][3]

-*cha*
bacha
cachucha
cha-cha-cha
datcha
kacha
pacha
padicha
prêchi-prêcha

(-)*chah*
chah
padichah

chas
chas

(-)*chat(s)*
achat
chat
crachat
entrechat
galuchat
herbe-aux-chats
langue-de-chat
œil-de-chat
poisson-chat
rachat
téléachat

-*schah*
padischah
schah

-*sha*
geisha

shah
shah

[va][4]

(-)*va*
baklava
bossa-nova
brava
bréva
calva
carva
cueva
déva
diva
halva
java
kava
nova
piassava
sacoléva
selva
supernova
va

(-)*vas*
canevas
terre-neuvas
vas

-*vat(s)*
adjuvat
coacervat
gravats
khédivat
vivat

-*wa*
all'ottowa
kawa
rédowa

---

1. Ajouter les pers. 2, 3 du passé simple et la pers. 3 du subj. imp. des v. en -*fer* et -*pher*.
2. Ajouter les pers. 2, 3 du passé simple et la pers. 3 du subj. imp. des v. en -*cer* et -*ser* [se].
3. Ajouter les pers. 2, 3 du passé simple et la pers. 3 du subj. imp. des v. en -*cher*.
4. Ajouter les pers. 2, 3 du passé simple et la pers. 3 du subj. imp. des v. en -*ver*.

-sa

balsa
honoris causa
mimosa
spina ventosa
visa

-sat

marquisat
rosat

-za

alcaraza
banza
colza
coryza
influenza
piazza
pizza
sanza

-xact

exact

[ʒa]²

-gea

mangea
vengea

-geat

orangeat
orgeat

-ja

maharaja
naja
navaja
raja
rioja
soja
tupaja

(-)jà

jà
déjà

-jah

maharadjah
radjah
rajah

-jat

goujat

[la]³

(-)la

a capella
anomala
aula
bamboula
blastula
brucella
calla
candela
capella
cela
cella
chinchilla
chincilla
coca-cola
cola
dioula
falbala
favela
gala
gastrula
gorgonzola
guzla
impala
kamala
koala
kola
la
lala
macula
mandala
marsala
paella
palla
panatela
pergola
quinola
ravenala
roccella
scola

ségala
smala
tala
tequila
tombola
tralala
uvula
valpolicella
villa
zarzuela
zingarella

(-)là

au-delà
celle-là
celui-là
ceux-là
delà
être-là
halte-là
holà
là
par-delà
revoilà
voilà

-lah

ayatollah
fellah
mellah
mollah
mullah
smalah

-las

cervelas
chasselas
échalas
matelas

-lat

alcoolat
amiralat
apostolat
avunculat
bénévolat
burlat
cancrelat
capitoulat
cardinalat

---

1. Ajouter les pers. 2, 3 du passé simple et la pers. 3 du subj. imp. des v. en -ser [ze] et -zer.
2. Ajouter les pers. 2, 3 du passé simple et la pers. 3 du subj. imp. des v. en -ger.
3. Ajouter les pers. 2, 3 du passé simple et la pers. 3 du subj. imp. des v. en -ler.

chocolat
consulat
corrélat
distillat
généralat
isolat
maréchalat
miellat
oléolat
péculat
postulat
prélat
principalat
proconsulat
provincialat
pugilat
vice-consulat
violat

[pla][1]

(-)*plat*(s)

accroche-plat
aplat
à-plat
chauffe-plat
couvre-plat
dessous-de-plat
méplat
monte-plats
passe-plat
pied-plat
plat
replat
sous-plat

[kla][2]

-*clat*(s)

éclat
pare-éclats

[bla][3]

-*bla*

blabla
tabla

-*blat*

oblat

[gla][4]

-*glas*

verglas

[fla][5]

(-)*fla*

fla
fla-fla

[Ra][6]

-*ra*

achoura
agora
angora
angustura
apsara
ara
aura
aymara
baccara
bambara
bandera
barbara
bora
caldeira
caméra
camerera
camorra
cascara
chistera
choléra
daïra
datura
diaspora
droséra
escuara
et caetera

et cetera
euscara
gandoura
habanera
hourra
jettatura
jura
lampira
libera
mascara
montera
nomenklatura
opéra
para
phylloxéra
psora
purpura
rémora
samara
señora
serra
sierra
soap opera
sophora
surah
tangara
tradéridéra
vitchoura
zingara

-*rah*

hurrah
massorah
surah
syrah

-*ras*

débarras
embarras
pataras

(-)*rat*(s)

agglomérat
apparat
assessorat
auditorat

---

1. Ajouter les pers. 2, 3 du passé simple et la pers. 3 du subj. imp. des v. en -*pler*.
2. Ajouter les pers. 2, 3 du passé simple et la pers. 3 du subj. imp. des v. en -*cler*.
3. Ajouter les pers. 2, 3 du passé simple et la pers. 3 du subj. imp. des v. en -*bler*.
4. Ajouter les pers. 2, 3 du passé simple et la pers. 3 du subj. imp. des v. en -*gler*.
5. Ajouter les pers. 2, 3 du passé simple et la pers. 3 du subj. imp. des v. en -*fler*.
6. Ajouter les pers. 2, 3 du passé simple et la pers. 3 du subj. imp. des v. en -*rer* ; − les pers. 2, 3 du futur simple des v. en -*er*, -*ir*, *-*ir*, -*ire*, -*aire*, (-)*clore*, -*clure* et des v. *être, avoir, dépourvoir, entrevoir, pourvoir, pouvoir, prévoir, ravoir, revoir, savoir, voir, asseoir, rasseoir, surseoir, accroire, croire, décroire, mécroire, boire*.

baccarat	$[pRa]^1$	$[bRa]^4$
bérat		
burat	-pra	-bra
carat	copra	abracadabra
censorat	supra	cobra
centumvirat		sabra
cérat	$[tRa]^2$	
conglomérat		(-)bras
décemvirat	-tra	appuie-bras
directorat	aspidistra	avant-bras
doctorat	claustra	bras
duumvirat	extra	dessous-de-bras
électorat	fouchtra	fier-à-bras
émirat	mantra	rebras
éphorat	mohatra	
inspectorat	nec plus ultra	$[dRa]^5$
jurat	ondatra	
lectorat	semen-contra	-dra
lévirat	soutra	alexandra
majorat	sutra	aphélandra
monitorat	tantra	ex cathedra
mort-aux-rats	ultra	faudra
nacarat		mudra
odorat	-tras	toundra
pastorat	fatras	vaudra
préceptorat	matras	
presbytérat	patatras	(-)drap
priorat	plâtras	drap
professorat	tétras	sparadrap
protectorat		
provisorat	-trat	-drat
queue-de-rat	castrat	cadrat
rat	contrat	cédrat
rectorat	filtrat	
répétitorat	infiltrat	$[gRa]^6$
scélérat	magistrat	
sororat	substrat	-gra
sponsorat		tanagra
stathoudérat	$[kRa]^3$	
triumvirat		-grat
tutorat	-crat	ingrat
verrat	oxycrat	regrat
vizirat		

---

1. Ajouter les pers. 2, 3 du passé simple et la pers. 3 du subj. imp. des v. *diaprer, épamprer* et *empourprer* ; − les pers. 2, 3 du futur simple des v. en *-rompre.*
2. Ajouter les pers. 2, 3 du passé simple et la pers. 3 du subj. imp. des v. en *-trer* ; − les pers. 2, 3 du futur simple des v. en *-aître,* (-)*battre,* (-)*croître,* (-)*mettre* et du v. *foutre.*
3. Ajouter les pers. 2, 3 du passé simple et la pers. 3 du subj. imp. des v. en *-crer* ; − les pers. 2, 3 du futur simple des v. *convaincre* et *vaincre.*
4. Ajouter les pers. 2, 3 du passé simple et la pers. 3 du subj. imp. des v. en *-brer.*
5. Ajouter les pers. 2, 3 du passé simple et la pers. 3 du subj. imp. des v. en *-drer* ; − les pers. 2, 3 du futur simple des v. en *-andre, -aindre, -endre, -eindre, -ondre, -oindre, -oudre, -rdre,* (-)*tenir,* (-)*venir,* (-)*valoir* et (-)*vouloir.*
6. Ajouter les pers. 2, 3 du passé simple et la pers. 3 du subj. imp. des v. en *-grer.*

[fʀa][1]

-*fras*
sassafras

-*frat*
malfrat

[vʀa][2]

-*vra*
lavra
manœuvra

[ma][3]

(-)*ma*
alisma
chiasma
cinéma
cinérama
coma
comma
cosmorama
curcuma
dalaï-lama
digamma
diorama
douma
eczéma
famma
fatma
gamma
hygroma
karma
lama
ma
magma
mahatma
maxima
minima
ouléma
panama
panorama
parma
plasma
pro forma
puma
pyjama

schéma
shama
sigma
stéréorama
télécinéma
terza rima
tréma
uléma
zeugma
zygoma

-*mac*
estomac

-*mas*
damas

-*mat(s)*
anonymat
bioclimat
climat
deux-mats
économat
format
intérimat
microclimat
paléoclimat
primat
quatre-mats
trois-mats

[na][4]

(-)*na*
acqua-toffana
ana
apadana
asana
bandana
bella-dona
buna
cagna
cappa magna
deus ex machina
donna
dracena
fana
gitana
gomina

gymkhana
hosanna
ipécacuana
lacerna
maïzena
marihuana
marijuana
médina
mischna
na
nana
nirvana
ocarina
pourana
prima donna
quina
quinquina
salve regina
regina
sana
zona

-*nach*
almanach

-*nas*
ananas
cadenas
jaconas

-*nat*
agnat
alternat
archidiaconat
artisanat
assassinat
assistanat
banat
bâtonnat
catéchuménat
championnat
cognat
colonat
combinat
décanat
diaconat
externat
grenat
imanat
incarnat

---

1. Ajouter les pers. 2, 3 du passé simple et la pers. 3 du subj. imp. des v. en -*frer* et -*phrer*.
2. Ajouter les pers. 2, 3 du passé simple et la pers. 3 du subj. imp. des v. en -*vrer*.
3. Ajouter les pers. 2, 3 du passé simple et la pers. 3 du subj. prés. des v. en -*mer*.
4. Ajouter les pers. 2, 3 du passé simple et la pers. 3 du subj. imp. des v. en -*ner*.

indigénat
internat
juvénat
magnat
mandarinat
mécénat
orphelinat
palatinat
patronat
paysannat
pensionnat
rabbinat
raffinat
résidanat
salariat
sénat
septennat
sous-diaconat
stellionat
sultanat
tribunat
triennat

-nha
piranha

[ɲa]¹

-gna
cagna

-gnat
assignat
auvergnat
bougnat
cognat
cotignat
pan-bagnat

-ña
doña

-nha
piranha

[ja]²

-ia
alleluia
chouia
maestria
quia
sangria
séquoia

-ïa
maïa
paranoïa
raïa
tupaïa
zaouïa

-lla
camarilla
guérilla
manzanilla
quadrilla
seguedilla

-ya
cattleya
maya
piraya
soya
thuya
wilaya

-yat
broyat
oyat

[pja]³

-pia
sépia

-piat
galapiat
opiat
rapiat
stropiat

[tja]⁴

-thia
forsythia

-tia
galimatias

[bja]

-bia
charabia
protège-tibia
tibia

[dja]⁵

(-)dia
cardia
dia
mass media
média
multimédia
rhodia
sédia

-diat
immédiat
médiat

[fja]⁶

-fia
mafia
ratafia
tafia

-phia
raphia

[sja]⁷

-cia
acacia

---

1. Ajouter les pers. 2, 3 du passé simple et la pers. 3 du subj. imp. des v. en *-gner*.
2. Ajouter les pers. 2, 3 du passé simple et la pers. 3 du subj. imp. des v. en *-ller* et *yer*.
3. Ajouter les pers. 2, 3 du passé simple et la pers. 3 du subj. imp. des v. en *-pier*.
4. Ajouter les pers. 2, 3 du passé simple et la pers. 3 du subj. imp. des v. en *-tier* [tje].
5. Ajouter les pers. 2, 3 du passé simple et la pers. 3 du subj. imp. des v. en *-dier*.
6. Ajouter les pers. 2, 3 du passé simple et la pers. 3 du subj. imp. des v. en *-fier* et *-phier*.
7. Ajouter les pers. 2, 3 du passé simple et la pers. 3 du subj. imp. des v. en *-cier, -tier* [sje] et *-xier*.

estancia
valencia

-*ciat*
noviciat
officiat
patriciat

-*sia*
fuchsia
hortensia
intelligentsia
quassia
thapsia
tillandsia

-*thia*
forsythia

-*tia*
opuntia

-*xia*
ixia

[ʃja]¹

-*chia*
chéchia

[vja]²

(-)*via*
batavia
via

-*viat*
burgraviat
khédiviat
landgraviat
margraviat

[zja]³

-*sia*
ecclésia

fantasia
freesia

-*zia*
razzia

[ʒja]⁴

-*gia*
loggia

-*giat*
plagiat

[lja]⁵

-*lia*
aralia
camélia
dahlia
juvenilia
magnolia
melia
régalia
saintpaulia

[ʀja]⁶

(-)*ria*
araucaria
aria
Ave Maria
cafétéria
charia
cochléaria
furia
ganaderia
gloria
malaria
noria
paria
pizzeria
ria
sedia gestatoria

trattoria
varia
victoria

-*riat*
actionnariat
actuariat
auxiliariat
commissariat
fonctionnariat
haut-commissariat
honorariat
interprétariat
lumpenprolétariat
mercenariat
notariat
partenariat
prolétariat
salariat
secrétariat
sociétariat
sous-prolétariat
sous-secrétariat
titulariat
vedettariat
vicariat
volontariat

[mja]⁷

-*mia*
anémia
tamia
zamia

[nja]⁸

-*nia*
bégonia
calpurnia
christiania
gardénia
gloxinia
leishmania
paulownia
pétunia
ténia
zinnia

---

1. Ajouter les pers. 2, 3 du passé simple et la pers. 3 du subj. imp. du v. *chier.*
2. Ajouter les pers. 2, 3 du passé simple et la pers. 3 du subj. imp. des v. en -*vier.*
3. Ajouter les pers. 2, 3 du passé simple et la pers. 3 du subj. imp. des v. en -*sier* [zje] et -*zier.*
4. Ajouter les pers. 2, 3 du passé simple et la pers. 3 du subj. imp. des v. en -*gier.*
5. Ajouter les pers. 2, 3 du passé simple et la pers. 3 du subj. imp. des v. en -*lier.*
6. Ajouter les pers. 2, 3 du passé simple et la pers. 3 du subj. imp. des v. en -*rier.*
7. Ajouter les pers. 2, 3 du passé simple et la pers. 3 du subj. imp. des v. en -*mier.*
8. Ajouter les pers. 2, 3 du passé simple et la pers. 3 du subj. imp. des v. en -*nier.*

-*nhia*

ratanhia

[wa][1]

-*oua*

caoua

houa

houa

oie

oie

[pwa]

(-)*poids*

avoirdupoids
barrage-poids
contrepoids
poids
surpoids

(-)*pois*

dieppois
empois
fécampois
petit pois
pois

(-)*poix*

mirepoix
poix

pouah

pouah

[twa][2]

-*thois*

sarthois

(-)*toi*

chez-toi
toi

-*toie*

apitoie
chatoie
côtoie
festoie
nettoie
tutoie

-*tois*

brestois
cacatois
clermontois
comtois
courtois
crétois
dartois
discourtois
franc-comtois
francfortois
gantois
lotois
matois
montois
pantois
patois
putois
serventois

(-)*toit*

avant-toit
toit

[kwa][3]

coi

coi

-*cois*

québécois

-*chois*

munichois
zurichois

-*coua*

secoua

-*quat*

adéquat
inadéquat

(-)*quoi*

je-ne-sais-quoi
pourquoi
quoi

-*quois*

carquois
dacquois
iroquois
narquois
souriquois

[bwa][4]

-*boi*

aboi

-*boie*

aboie
flamboie
giboie

(-)*bois*

abois (aux)
antibois
aubois
bois
gâte-bois
hautbois
mi-bois (à)
mort-bois
petit-bois
sainbois
sous-bois

boit

boit

[dwa][5]

-*doie*

coudoie

---

1. Ajouter les pers. 2, 3 du passé simple et la pers. 3 du subj. imp. du v. *houer*.
2. Ajouter les pers. 2, 3 du passé simple et la pers. 3 du subj. imp. des v. *tatouer* et *touer* ; − les pers. 1, 2, 3, 6 de l'ind. et du subj. prés. et la pers. 2 de l'impér. prés. des v. en -*toyer*.
3. Ajouter les pers. 2, 3 du passé simple et la pers. 3 du subj. imp. des v. en -*couer*.
4. Ajouter les pers. 2, 3 du passé simple et la pers. 3 du subj. imp. du v. *embouer* ; − les pers. 1, 2, 3, 6 de l'ind. et du subj. prés. et la pers. 2 de l'impér. prés. des v. *boire* et *emboire*.
5. Ajouter les pers. 2, 3 du passé simple et la pers. 3 du subj. imp. des v. *amadouer* et *douer* ; − les pers. 1, 2, 3, 6 de l'ind. et du subj. prés. et la pers. 2 de l'impér. prés. des v. en -*doyer* ; − les pers. 1, 2, 3 de l'ind. prés. et la pers. 2 de l'impér. prés. des v. *devoir* et *redevoir*.

ondoie
plaidoie
rudoie
soudoie
verdoie

-d'oie

patte-d'oie

(-)*doigt(s)*

doigt
rince-doigts

(-)*dois*

audois
badois
dois
gardois
meldois
redois
suédois
vaudois

(-)*doit*

doit
redoit

[**gwa**]¹

-gois

guingois (de)
pragois

[**fwa**]²

foi

foi

foie

foie

(-)*fois*

autrefois

fois
parfois
quelquefois
souventefois
souventes fois
toutefois

[**swa**]³

-çois

aperçois
conçois
déçois
niçois
perçois
reçois

-çoit

aperçoit
conçoit
déçoit
perçoit
reçoit

(-)*soi*

chez-soi
en-soi
pour-soi
quant-à-soi
soi

(-)*soie*

assoie
fossoie
grossoie
pout-de-soie
soie
ver-à-soie

(-)*sois*

anversois
assois
gersois
hessois

rassois
sois
sursois
vichyssois

(-)*soit*

assoit
rassoit
soit
sursoit

-xois

aixois

[**ʃwa**]⁴

choie

choie

(-)*chois*

anchois
ardéchois
cauchois
chois
déchois
échois

(-)*choit*

choit
déchoit
échoit

(-)*choix*

choix
surchoix

[**vwa**]⁵

-voi

convoi
envoi
pourvoi
renvoi

---

1. Ajouter les pers. 2, 3 du passé simple et la pers. 3 du subj. imp. du v. *engouer*.
2. Ajouter les pers. 2, 3 du passé simple et la pers. 3 du subj. imp. du v. *bafouer*.
3. Ajouter les pers. 1, 2, 3, 6 de l'ind. et du subj. prés. et la pers. 2 de l'impér. prés. des v. *fossoyer*, *grossoyer* et des v. *asseoir*, *rasseoir* et *surseoir* ; − les pers. 1, 2, 3 de l'ind. prés. et la pers. 2 de l'impér. prés. des v. en *-cevoir*.
4. Ajouter les pers. 2, 3 du passé simple et la pers. 3 du subj. imp. des v. en *-chouer* ; − les pers. 1, 2, 3 de l'ind. et du subj. prés. et la pers. 2 de l'impér. prés. des v. *choir*, *choyer* et *déchoir* ; − la pers. 3 de l'ind. prés. du v. *échoir*.
5. Ajouter les pers. 2, 3 du passé simple et la pers. 3 du subj. imp. des v. en (-)*vouer* ; − les pers. 1, 2, 3, 6 de l'ind. et du subj. prés. et la pers. 2 des v. en (-)*voyer* et des v. *entrevoir*, *pourvoir*, *prévoir*, *revoir* et *voir*.

(-)*voie*
claire-voie
contre-voie
convoie
dévoie
entrevoie
envoie
fourvoie
garde-voie
louvoie
multivoie
pourvoie
prévoie
renvoie
revoie
voie

(-)*vois*
entrevois
genevois
gravois
grivois
minervois
pavois
pourvois
prévois
revois
vois

(-)*voit*
entrevoit
pourvoit
prévoit
revoit
voit

(-)*voix*
abat-voix
mi-voix (à)
porte-voix
voix

[zwa]

-*sois*
blésois

creusois
tunisois

[ʒwa]¹

-*geoie*
rougeoie

-*geois*
albigeois
ariégeois
bourgeois
brandebourgeois
brugeois
franc-bourgeois
grégeois
hambourgeois
liégeois
petit-bourgeois
strasbourgeois
villageois
wurtembourgeois

(-)*joie*
joie
mont-joie
rabat-joie

joua
joua

[lwa]²

(-)*loi*
aloi
hors-la-loi
loi

-*lois*
abbevillois
bâlois
bruxellois
gallois
gaulois
lillois
palois

seychellois

[plwa]³

-*ploi*
emploi
plein-emploi
réemploi
remploi
sans-emploi

(-)*ploie*
déploie
emploie
ploie
remploie
reploie

-*ploit*
exploit

[blwa]

-*blois*
grenoblois

[ʀwa]⁴

(-)*roi*
antiroi
arroi
charroi
corroi
désarroi
interroi
paroi
pied-de-roi
roi
vice-roi

-*roie*
charroie
corroie
courroie
guerroie

---

1. Ajouter les pers. 2, 3 du passé simple et la pers. 3 du subj. imp. des v. en (-)*jouer* ; — les pers. 1, 2, 3, 6 de l'ind. et du subj. prés. et la pers. 2 de l'impér. prés. du v. *rougeoyer*.
2. Ajouter les pers. 2, 3 du passé simple et la pers. 3 du subj. imp. des v. en (-)*louer*.
3. Ajouter les pers. 1, 2, 3, 6 de l'ind. et du subj. prés. et la pers. 2 de l'impér. prés. des v. en (-)*ployer*.
4. Ajouter les pers. 2, 3 du passé simple et la pers. 3 du subj. imp. des v. en (-)*rouer* ; — les pers. 1, 2, 3, 6 de l'ind. et du subj. prés. et la pers. 2 de l'impér. prés. des v. *charroyer, corroyer* et *guerroyer*.

251

-rois
algérois
audomarois
bavarois
navarrois
norois
norrois
sarrois
trégorois
varois
zaïrois

-roît
noroît
suroît

roua
roua

[pRwa]
(-)proie
lamproie
proie

[tRwa]¹
-troi
martroi
octroi

-troie
octroie

(-)trois
montmartrois
trois

-troit
détroit
étroit
étroit (à l')

[kRwa]²
croie
croie

(-)crois
accrois
crois
décrois
mécrois
recrois
surcrois

croîs
croîs

(-)croit
croit
décroit
mécroit

(-)croît
accroît
croît
décroît
recroît
surcroît

(-)croix
chemin de croix
croix
grand-croix
porte-croix
rose-croix

[bRwa]³
broie
broie

[dRwa]⁴
-droie
baudroie
foudroie
poudroie

(-)droit
adroit
ayant-droit
droit
endroit
maladroit

non-droit
passe-droit
pied-droit

[gRwa]
-grois
angrois
hongrois

[fRwa]
-froi
beffroi
effroi
orfroi
palefroi

(-)froid
chaud-froid
froid
pisse-froid
sang-froid

[mwa]⁵
(-)moi
chez-moi
émoi
moi
non-moi
surmoi

(-)moie
altermoie
charmoie
larmoie
moie
ormoie

(-)mois
chamois
drômois
mois
nîmois
rémois
siamois

---

1. Ajouter les pers. 1, 2, 3, 6 de l'ind. et du subj. prés. et la pers. 2 de l'impér. prés. du v. *octroyer*.
2. Ajouter les pers. 1, 2, 3, 6 de l'ind. et du subj. prés. et la pers. 2 de l'impér. prés. du v. *croire* ;
   — les pers. 1, 2, 3 de l'ind. prés. et la pers. 2 de l'impér. prés. des v. en (-)*croître*.
3. Ajouter les pers. 1, 2, 3, 6 de l'ind. et du subj. prés. et la pers. 2 de l'impér. prés. du v. *broyer*.
4. Ajouter les pers. 1, 2, 3, 6 de l'ind. et du subj prés. et la pers. 2 de l'impér. prés. des v. *foudroyer*
   et *poudroyer*.
5. Ajouter les pers. 1, 2, 3, 6 de l'ind. et du subj prés. et la pers. 2 de l'impér. prés. des v. *atermoyer*
   et *larmoyer*.

moye	tournois	[**dɥa**]⁷
moye	turinois	
	valenciennois	*-dua*
[**nwa**]¹	valentinois	tamandua
	viennois	
-noi	*-noît*	[**gɥa**]⁸
tournoi	benoît	*-gua*
(-)*noie*	(-)*noix*	argua
bornoie	casse-noix	
noie	noix	[**sɥa**]⁹
tournoie	terre-noix	*sua*
-nois		sua
alénois	[**ɥa**]²	
amiénois		[**lɥa**]¹⁰
béninois	(-)*hua*	*-lua*
berlinois	chihuahua	évolua
bernois	hua	
carthaginois	nahua	[**Rɥa**]¹¹
champenois		
chinois	[**pɥa**]³	*rua*
constantinois		rua
danois	*pua*	
dauphinois	pua	[**mɥa**]¹²
finnois		
génois	[**tɥa**]⁴	*mua*
harnois		mua
indochinois	*-tua*	
kinois	gargantua	[**nɥa**]¹³
malinois		
minois	[**kɥa**]⁵	*-nua*
pékinois		éternua
provinois	*-cua*	
quercinois	évacua	
ruthénois		———[**ap**]¹⁴———
sournois	[**bɥa**]⁶	
stéphanois		*happe*
tapinois (en)	*-bua*	happe
tonkinois	embua	

1. Ajouter les pers. 2, 3 du passé simple et la pers. 3 du subj. imp. des v. en (-)*nouer* ; − les pers. 1, 2, 3, 6 de l'ind. et du subj. prés. et la pers. 2 de l'impér. prés. des v. *bornoyer, noyer* et *tournoyer*.
2. Ajouter les pers. 2, 3 du passé simple et la pers. 3 du subj. imp. du v. *huer*.
3. Ajouter les pers. 2, 3 du passé simple et la pers. 3 du subj. imp. des v. *conspuer* et *puer*.
4. Ajouter les pers. 2, 3 du passé simple et la pers. 3 du subj. imp. des v. en (-)*tuer*.
5. Ajouter les pers. 2, 3 du passé simple et la pers. 3 du subj. imp. du v. *évacuer*.
6. Ajouter les pers. 2, 3 du passé simple et la pers. 3 du subj. imp. des v. en *-buer*.
7. Ajouter les pers. 2, 3 du passé simple et la pers. 3 du subj. imp. du v. *graduer*.
8. Ajouter les pers. 2, 3 du passé simple et la pers. 3 du subj. imp. des v. *arguer* et *rédarguer*.
9. Ajouter les pers. 2, 3 du passé simple et la pers. 3 du subj. imp. des v. en (-)*suer*.
10. Ajouter les pers. 2, 3 du passé simple et la pers. 3 du subj. imp. des v. en *-luer*.
11. Ajouter les pers. 2, 3 du passé simple et la pers. 3 du subj. imp. du v. *ruer*.
12. Ajouter les pers. 2, 3 du passé simple et la pers. 3 du subj. imp. des v. en (-)*muer*.
13. Ajouter les pers. 2, 3 du passé simple et la pers. 3 du subj. imp. des v. en (-)*nuer*.
14. Ajouter les pers. 1, 2, 3, 6 de l'ind. et du subj. prés. et la pers. 2 de l'impér. prés. des v. en *-aper* et *-apper*.

[pap]

(-)*pape*
antipape
monnaie-du-pape
pape
soupape

[tap]

(-)*tape*
étape
retape
tape

[kap]

(-)*cap*
cap
handicap

(-)*cape*
cape
décape
escape
handicape

[gap]

-*gape*
agape

[sap]

sape
sape

[ʃap]

(-)*chape*
chape
porte-chape

-*chappe*
échappe
réchappe

[vap]

vapes
vapes

[ʒap]

jappe
jappe

[lap]

-*lap*
jalap

(-)*lape*
esculape
lape

lappe
lappe

[klap]

clap
clap

clape
clape

[ʀap]

-*rape*
dérape

râpe
râpe

-*rappe*
varappe

[tʀap]

-*trap*
ball-trap

-*trape*
attrape
chausse-trape
étrape
rattrape
strape

(-)*trappe*
chausse-trappe
trappe

[dʀap]

drape
drape

[gʀʀap]

(-)*grappe*
égrappe
grappe

[fʀap]

(-)*frappe*
frappe
refrappe

[nap]

-*nap*
hanap

nappe
nappe

[wap]

[gwap]

gouape
gouape

———**[apt]**[1]———

apte
apte

---

1. Ajouter les pers. 1, 2, 3, 6 de l'ind. et du subj. prés. et la pers. 2 de l'impér. prés. des v. *adapter* et *capter*.

254

[kapt] ——————**[at]²**—————— **[tat]**

capte
capte

-at
exeat

-tat
diktat

[dapt]

-ate
[e-at]
aculéate
béate
éléate
lauréate
oléate
[ɔ-at]
benzoate
croate
[u-at]
ouate

-tate
acétate
apostate
astate
azotate
cantate
constate
épistate
lactate
patate
prostate
tungstate

[Rapt]

rapt
rapt

[napt]

[kat]

-napte
inapte

[pat]

-cat
magnificat

——————**[aps]**——————

pat
pat

-cate
avocate
délicate
duplicate
lemniscate
silicate
suricate

[laps]

-pate
épate

(-)*laps*
laps
relaps

-path
feldspath
spath

[naps]

-pathe
allopathe
étiopathe
homéopathe
hydropathe
myopathe
névropathe
ostéopathe
psychopathe
spathe
télépathe

[bat]

-bat
stabat

-naps
schnaps

-bate
acrobate
andabate
hyperbate
stéréobate
stylobate

——————**[apR]**¹——————

[japR]

(-)*patte*(*s*)
casse-pattes
croche-patte
mille-pattes
patte

bath
bath

[djapR]

batte
batte

diapre
diapre

---

1. Ajouter les pers. 1, 2, 3, 6 de l'ind. et du subj. prés. et la pers. 2 de l'impér. prés. du v. *diaprer*.
2. Ajouter les pers. 1, 2, 3, 6 de l'ind. et du subj. prés. et la pers. 2 de l'impér. prés. des v. en *-ater*, *-atter*, *-oiter*, *-oîter* et *-ouater* ; — la pers. 6 de l'ind. prés. et les pers. 1, 2, 3, 6 du subj. prés. des v. en (-)*battre* ; — la pers. 5 du passé simple des v. en *-er*.

255

[dat]

-dat
samizdat

(-)date
antidate
candidate
date
iodate
mandate
postdate
soldate

datte
datte

[gat]

-gate(s)
agate
espargates
frégate
régate
renégate
rouergate
vulgate

[fat]

fat
fat

-fate
bisulfate
calfate
sulfate

-phate
phosphate
superphosphate

[ʃat]

chatte
chatte

[vat]

-vat
vivat

-vate(s)
cravate
savate
traîne-savates

-vatte
effarvatte

[zat]

-sat
transat

[ʒat]

(-)jatte
jatte
cul-de-jatte

[lat]

-late
chélate
dilate
écarlate
frelate
galate
oxalate
relate
salicylate
translate

(-)latte
chanlatte
délatte
latte

[plat]

(-)plate
méplate
plate
vaisselle plate
omoplate

-plathe
coroplathe

[klat]

-clate
éclate

[blat]

-blate
oblate

blatte
blatte

[flat]

flat
flat

flatte
flatte

[Rat]

-rat
ziggourat

(-)rate
borate
chlorate
dérate
disparate
perborate
perchlorate
pirate
rate
scélérate
stéarate
surate
urate

-ratte
baratte

[pRat]

-prat
sprat

[tRat]

-trate
citrate
nitrate
strate
tartrate

256

[kʀat]

-crate

aristocrate
autocrate
bureaucrate
démocrate
eurocrate
phallocrate
physiocrate
picrate
ploutocrate
sucrate
technocrate
théocrate

[dʀat]

-drate

hydrate

[gʀat]

-grate

ingrate

(-)gratte

gratte
regratte

[mat]

(-)mat

audimat
mat

(-)mate

acclimate
aromate
astigmate
automate
casemate
dalmate
diplomate
mate
numismate
primate
stigmate
stomate
tomate

maths

maths

matte

matte

[nat]

-nate(s)

annate
carbonate
fulminate
incarnate
pénates
permanganate
sonate

-nathe

agnathe
prognathe
syngnathe

(-)natte

dénatte
natte

[ɲat]

-gnate

auvergnate

[jat]

[pjat]

-piate

rapiate

[djat]

-diate

immédiate
médiate

[sjat]

-tiate

spartiate

[ʀjat]

-riate

curiate
muriate

[njat]

-niate

arséniate
contorniate

[wat]

ouate

ouate

(-)watt

hectowatt
kilowatt
watt

[kwat]

coite

coite

-quate

adéquate
inadéquate

[bwat]

boite

boite

(-)boîte(s)

boîte
déboîte
emboîte
ouvre-boîtes

boitte

boitte

[dwat]

doigte

doigte

[vwat]

-voite

convoite

[lwat]

-louate

alouate

257

[plwat]

-*ploite*
exploite

[Rwat]

-*roite*
miroite

[tRwat]

-*troite*
étroite

[dRwat]

(-)*droite*
adroite
droite
eurodroite
maladroite

[mwat]

moite
moite

[nwat]

-*noîte*
benoîte

───────[atʃ]───────

[katʃ]

catch
catch

[Ratʃ]

[kRatʃ]

-*cratch*
scratch

[matʃ]

(-)*match*
match
test-match

───────[atR]¹───────

[katR]

(-)*quatre*
deux-quatre
quatre
quatre-quatre
trois-quatre
vingt-quatre

[batR]

(-)*battre*
abattre
battre
combattre
débattre
ébattre (s')
embattre
entrebattre (s')
rabattre
rebattre

[RatR]

-*rathre*
barathre

[jatR]

[pjatR]

-*piatre*
hippiatre

[kjatR]

-*chiatre*
archiatre

neuropsychiatre
pédopsychiatre
psychiatre

[djatR]

-*diatre*
pédiatre

[RjatR]

-*riatre*
gériatre

[njatR]

-*niatre*
phoniatre

[watR]

[gwatR]

goitre
goitre

[lwatR]

[klwatR]

(-)*cloître*
cloître
décloître

[RwatR]

[kRwatR]

(-)*croître*
accroître
croître
décroître
recroître
surcroître

───────[ak]²───────

-*ac*
[e-ak]
réac

---

1. Ajouter les pers. 1, 2, 3, 6 de l'ind. et du subj. prés. et la pers. 2 de l'impér. prés. des v. *cloîtrer* et *décloîtrer*.
2. Ajouter les pers. 1, 2, 3, 6 de l'ind. et du subj. prés. et la pers. 2 de l'impér. prés. des v. en -*aquer*.

-aque
[i-ak]
hypocondriaque
mithriaque
[ɔ-ak]
cloaque

hac
ab hoc et ab hac

[pak]

-pack
talpack

-paque
opaque

[tak]

tac
du tac au tac
du tic au tac
tac tac
tic tac

(-)*taque*
attaque
bastaque
contre-attaque
taque

[kak]

(-)*caque*
caque
encaque
icaque
macaque

[bak]

(-)*bac*
bac
calambac
colbac
scubac
tombac
ubac
usquebac

-back
colback
come-back
drawback
feed-back
flash-back
play-back

-baque
abaque

[dak]

-dak
Kodak

[fak]

fac
fac

[sak]

(-)*sac*
bissac
cul-de-sac
fronsac
havresac
monte-sac
ressac
sac

saque
saque

[ʃak]

chaque
chaque

[vak]

(-)*vaque*
slovaque
tchécoslovaque
vaque

[zak]

-saque
casaque
cosaque

[ʒak]

-jac
muntjac

(-)*jack*
black-jack
jack

-jak
sandjak

jaque
jaque

[lak]

lac
lac

-lak
koulak

(-)*laque*
brucolaque
gomme-lac
laque
polaque
valaque

[plak]

plaque
plaque

[klak]

clac
clic clac

claque
claque

[blak]

black
black

259

[flak]

flac
flac
flic flac

flaque
flaque

[Rak]

-rac
arac
cétérac
ric-rac
sérac

-rach
cétérach

-rack
arack

-rak
anorak

(-)raque
baraque
caraque
ouraque
raque
sandaraque

[tRak]

(-)trac
trac
trac (tout à)
trictrac

-track
half-track

(-)traque
détraque
foutraque
matraque
patraque
traque

[kRak]

crac
crac
cric crac

crack
crack

krak
krak

craque
craque

krach
krach

[bRak]

-brac
bric-à-brac

(-)braque
albraque
braque
chabraque
schabraque
tribraque

[fRak]

(-)frac
frac
fric-frac

[vRak]

vrac
vrac (en)

[mak]

(-)mac
hamac
mac
micmac
sumac
tarmac

mach
mach

macque
macque

-mak
tohamak

(-)maque
alexipharmaque
épimaque
estomaque
iconomaque
lysimaque
maque

[nak]

-nac
cornac

-nack
snack

-nak
kanak

-naque
arnaque
canaque

[ɲak]

-gnac
armagnac
cognac
cotignac
polignac

[jak]

-ïac
gaïac

-ïaque
paranoïaque

-llac
catillac
tillac

yack
yack

(-)*yak*
canoë-kayak
kayak
yak

[tjak]

-*tiak*
ostiak

-*tiaque*
éléphantiaque

[bjak]

-*biac*
koulibiac

-*diac*
Zodiac

[djak]

-*diak*
kodiak

-*diaque*
cardiaque
zodiaque

[zjak]

-*siaque*
ambrosiaque
anaphrodisiaque
antiaphrodisiaque
aphrodisiaque
dionysiaque
génésiaque
isiaque
paradisiaque
pelusiaque

[ʒjak]

-*giaque*
élégiaque
orgiaque

[ljak]

-*liaque*
céliaque
généthliaque
héliaque
iliaque

[ʀjak]

-*riaque*
syriaque
thériaque

[njak]

-*niac*
ammoniac

-*niaque*
ammoniaque
bosniaque
démoniaque
érotomaniaque
hypersomniaque
insomniaque
maniaque
monomaniaque
simoniaque
toxicomaniaque

[wak]

[kwak]

couac
couac

quoique
quoique

[vwak]

-*vouac*
bivouac

-*vouaque*
bivouaque

——————**[akt]**[1]——————

(-)*acte(s)*
acte
rétroactes

[pakt]

-*pact*
compact
impact

(-)*pacte*
compacte
épacte
pacte

[takt]

(-)*tact*
contact
intact
tact

-*tacte*
intacte

[dakt]

-*dacte*
autodidacte

[fakt]

-*fact*
artefact

[zakt]

-*xact*
exact
inexact

-*xacte*
exacte
inexacte

---

1. Ajouter les pers. 1, 2, 3, 6 de l'ind. et du subj. prés. et la pers. 2 de l'impér. prés. des v. en -*acter*.

[ʀakt]

-racte
cataracte

[tʀakt]

(-)*tract*
abstract
tract

-tracte
contracte
détracte
entracte
rétracte

[fʀakt]

-fracte
réfracte

———[aks]¹———

axe
axe

[taks]

(-)*taxe*
détaxe
parataxe
surtaxe
syntaxe
taxe

[faks]

(-)*fax*
fax
téléfax

[saks]

saxe
saxe

[zaks]

-saxe
désaxe

[laks]

-lax
relax
smilax
spalax

-laxe
malaxe
parallaxe
relaxe

[ʀaks]

-rax
borax
furax
pneumothorax
storax
styrax
thorax

[tʀaks]

-thrax
anthrax

[maks]

-max
climax
contumax

[naks]

-nax
opoponax

[waks]

-wacs
awacs

———[akl]———

[takl]

(-)*tacle*
conceptacle
habitacle
obstacle
pentacle
réceptacle
spectacle
tacle

[ʀakl]

(-)*racle*
miracle
oracle
racle
spiracle

[makl]

macle
macle

[nakl]

-nacle
bernacle
cénacle
pinacle
tabernacle

———[akʀ]²———

acre
acre

[kakʀ]

quakre
quakre

---

1. Ajouter les pers. 1, 2, 3, 6 de l'ind. et du subj. prés. et la pers. 2 de l'impér. prés. des v. en *-axer*.
2. Ajouter les pers. 1, 2, 3, 6 de l'ind. et du subj. prés. et la pers. 2 de l'impér. prés. des v. en *-acrer*.

262

[sakʀ]

(-)*sacre*
consacre
massacre
sacre

[lakʀ]

-*lacre*
ambulacre
polacre
simulacre

[makʀ]

macre
macre

[nakʀ]

nacre
nacre

[jakʀ]

[djakʀ]

(-)*diacre*
archidiacre
diacre
sous-diacre

[fjakʀ]

fiacre
fiacre

[wakʀ]

[pwakʀ]

pouacre
pouacre

───**[akm]**───

[ʀakm]

[dʀakm]

(-)*drachme*
drachme
tétradrachme

───**[ab]**¹───

[kab]

cab
cab

[bab]

-*bab*
baobab
nabab
rebab

[dab]

(-)*dab*
dab
serdab

dabe
dabe

[gab]

gab
gab

gabe
gabe

[lab]

-*labe*
astrolabe

décasyllabe
dissyllabe
dodécasyllabe
ennéasyllabe
hendécasyllabe
heptasyllabe
monosyllabe
octosyllabe
polysyllabe
quadrisyllabe
syllabe
tétrasyllabe
trisyllabe

[ʀab]

(-)*rab*
mihrab
rab

(-)*rabe*
arabe
carabe
interarabe
mozarabe
rabe

[kʀab]

crabe
crabe

───**[abl]**²───

(-)*able*
able
[i-abl]
friable
impliable
impubliable
inoubliable
multipliable
oubliable
pliable
publiable
rapatriable
repliable

---

1. Ajouter les pers. 1, 2, 3, 6 de l'ind. et du subj. prés. et la pers. 2 de l'impér. prés. des v. en -*aber*.
2. Ajouter les pers. 1, 2, 3, 6 de l'ind. et du subj. prés. et la pers. 2 de l'impér. prés. des v. en -*abler* [a-ble].

[e-abl]
agréable
congéable
corvéable
désagréable
guéable
imperméable
irréméable
malléable
opéable
perméable

[pabl]

-*pable*
capable
coupable
développable
extirpable
impalpable
incapable
inculpable
irrattrapable
palpable
papable
rattrapable

[tabl]

(-)*table*
abattable
acceptable
acclimatable
accostable
achetable
adaptable
adoptable
attable (s')
augmentable
cartable
chantable
charitable
commutable
comptable
confortable
connectable
connétable
constable
constatable
consultable
contestable
convoitable
cotable
crochetable

décachetable
décapotable
délectable
démontable
dessous-de-table
détectable
détestable
dilatable
discutable
disputable
domptable
écartable
éjectable
emboîtable
entable
épouvantable
équitable
escamotable
escomptable
étable
évitable
excitable
exécutable
exploitable
exportable
flottable
fréquentable
habitable
illimitable
imbattable
imitable
impermutable
importable
imputable
inacceptable
inaccostable
inadaptable
incommutable
inconfortable
incontestable
incrochetable
incrustable
indécachetable
indécrottable
indémontable
indétectable
indiscutable
indomptable
indubitable
inéluctable
inéquitable
inévitable
inexécutable
inexploitable
infréquentable
inhabitable

inimitable
injectable
inmettable
instable
insupportable
insurmontable
interprétable
intraitable
intransportable
invivable
irrachetable
irréfutable
irritable
jetable
lamentable
limitable
mainmortable
mettable
mutable
notable
orientable
patentable
permutable
portable
potable
présentable
profitable
rachetable
racontable
rapportable
ratable
redoutable
réfutable
regrettable
rejetable
rentable
respectable
retable
rétractable
scrutable
sortable
souhaitable
stable
supportable
surexcitable
surmontable
table
testable
tractable
traitable
transportable
trottable
végétable
véritable

264

-*cable*

accable
applicable
communicable
confiscable
domesticable
éducable
évocable
explicable
hypothécable
impeccable
implacable
impraticable
inapplicable
incommunicable
inéducable
inexplicable
inextricable
insécable
irrévocable
peccable
praticable
révocable
sécable
vocable

câble

câble

-*quable*

attaquable
critiquable
immanquable
inattaquable
manquable
remarquable
risquable

[babl]

-*bable*

absorbable
équiprobable
imperturbable
improbable
probable

[dabl]

-*dable*

abordable

accommodable
accordable
amendable
biodégradable
défendable
éludable
fécondable
formidable
gardable
imperdable
implaidable
inabordable
inaccommodable
inaccordable
inamendable
indécidable
indéfendable
inéludable
indémodable
inoxydable
insondable
intimidable
invendable
liquidable
oxydable
pendable
perdable
plaidable
raccommodable
recommandable
réprimendable
vendable

[gabl]

(-)*gable*

fatigable
gable
infatigable
innavigable
irréfragable
irrigable
largable
navigable
rélégable

-*guable*

distinguable

[fabl]

-*fable*

affable

inchauffable
ineffable

[sabl]

-*çable*

effaçable
imprononçable
ineffaçable
influençable
irremplaçable
prononçable
remplaçable

(-)*sable*

amortissable
bannissable
carrossable
cassable
chérissable
compensable
connaissable
controversable
convertissable
définissable
désensable
dessable
dispensable
encaissable
ensable
franchissable
froissable
guérissable
haïssable
impensable
impérissable
incassable
inconnaissable
indéfinissable
indépassable
indispensable
infranchissable
infroissable
inguérissable
inlassable
insaisissable
insurpassable
intarissable
internissable
inversable
irresponsable
irrétrécissable
méconnaissable
passable
pensable
périssable

265

pétrissable
punissable
reconnaissable
remboursable
responsable
sable
saisissable
tarissable
traversable

-xable

taxable

[ʃabl]

-chable

approchable
défrichable
détachable
inapprochable
indéfrichable
intouchable
irréprochable
reprochable

[vabl]

-vable

achevable
apercevable
buvable
clivable
concevable
conservable
cultivable
décevable
imbuvable
inapercevable
inconcevable
inconservable
increvable
incultivable
inobservable
insolvable
introuvable
invivable
irrecevable
lavable
lessivable
observable
percevable
poursuivable
prouvable
recevable

redevable
réprouvable
solvable
trouvable
vivable

[zabl]

-sable

académisable
accusable
amusable
analysable
apprivoisable
canalisable
canonisable
capitalisable
cicatrisable
civilisable
colonisable
commercialisable
composable
cristallisable
décomposable
dosable
électrisable
épousable
épuisable
excusable
faisable
fertilisable
généralisable
imposable
inapaisable
incomposable
indécomposable
indéfrisable
indemnisable
inépuisable
inexcusable
infaisable
inusable
inutilisable
irréalisable
irrécusable
juxtaposable
lassable
localisable
maîtrisable
méprisable
mobilisable
opposable
organisable
posable
prisable

privatisable
proposable
pulvérisable
réalisable
récusable
rentabilisable
réutilisable
révisable
superposable
supposable
transposable
utilisable
volatilisable

[ʒabl]

-geable

abrogeable
aménageable
dirigeable
dommageable
échangeable
envisageable
forgeable
immangeable
impartageable
interchangeable
logeable
mangeable
négligeable
partageable
rechargeable

[labl]

-lable

annulable
assimilable
brûlable
calculable
congelable
consolable
contrôlable
cumulable
décelable
égalable
formulable
gouvernable
inassimilable
incalculable
incollable
incongelable
inconsolable
incontrôlable

266

indiscernable
inébranlable
inégalable
ingouvernable
inoculable
inviolable
isolable
préalable
rafistolable
renouvelable
valable
violable
volable

[klabl]

-clable

cyclable
recyclable
sarclable

[blabl]

-blable

dissemblable
doublable
invraisemblable
semblable
vraisemblable

[glabl]

-glable

indéréglable
réglable

[flabl]

-flable

gonflable
sifflable

[Rabl]

-rable

admirable
adorable
altérable
améliorable
arable
attirable
censurable
commensurable

comparable
considérable
curable
déchirable
décorable
défavorable
déplorable
désirable
détériorable
durable
endurable
énumérable
érable
étirable
évaporable
exorable
favorable
gérable
honorable
imparable
impondérable
inaltérable
incommensurable
incomparable
incurable
indéchirable
indémontrable
indésirable
inénarrable
inexorable
inséparable
intolérable
invulnérable
irrécupérable
irréparable
irrespirable
labourable
libérable
mémorable
mesurable
misérable
opérable
paturable
perdurable
pondérable
préférable
quérable
récupérable
réparable
repérable
requérable
respirable
saturable
secourable
séparable
structurable

tolérable
transférable
triturable
vénérable
vulnérable

[tRabl]

-trable

démontrable
enregistrable
impénétrable
impétrable
indémontrable
infeutrable
ministrable
montrable
pénétrable

[kRabl]

-crable

exécrable

-crabble

Scrabble

[bRabl]

-brable

dénombrable
indénombrable
innombrable

[gRabl]

-grable

intégrable

[fRabl]

-frable

déchiffrable
indéchiffrable

[vRabl]

-vrable

irrécouvrable
livrable
manœuvrable
ouvrable
recouvrable

[mabl]

-mable

aimable
blâmable
chômable
comprimable
consommable
consumable
décimable
estimable
exprimable
fermable
fumable
imprimable
incomprimable
inconsommable
indéformable
inestimable
inexprimable
infermable
inflammable
infumable
ininflammable
innommable
irréformable
présumable
réformable
transformable

[nabl]

-nable

abominable
aliénable
combinable
concevable
condamnable
convenable
damnable
déclinable
déracinable
déraisonnable
devinable
disciplinable
fashionable
gouvernable
imaginable
impardonnable
imprenable
impressionnable
inaliénable
incontournable
incriminable
incunable
indéclinable
indéracinable
indéterminable
indiscernable
indisciplinable
inexpugnable
ingouvernable
inimaginable
insoupçonnable
insoutenable
intenable
interminable
irraisonnable
minable
oxygénable
pardonnable
prenable
raisonnable
ramenable
soupçonnable
soutenable
tenable

[ɲabl]

-gnable

assignable
contraignable
dédaignable
enseignable
gagnable
imprégnable
inexpugnable
ingagnable

[jabl]

-llable

conseillable
habillable
indébrouillable
indémaillable
mortaillable
taillable

-yable

croyable
délayable
effroyable
employable
impayable
impitoyable
imployable
incroyable
inemployable
monnayable
nettoyable
payable
pitoyable
ployable

[pjabl]

-piable

expiable
inexpiable

[tjabl]

-tiable

châtiable

[djabl]

-diable

congédiable
irrémédiable
remédiable
répudiable

[fjabl]

(-)fiable

fiable
injustifiable
inqualifiable
invérifiable
justifiable
liquéfiable
modifiable
panifiable
putréfiable
qualifiable
quantifiable
rectifiable
vérifiable
vitrifiable

[sjabl]

-ciable

appréciable
dissociable
graciable
inappréciable
indissociable
insociable

268

justiciable
négociable
préjudiciable
sociable

-tiable
insatiable
présidentiable

[vjabl]

(-)viable
enviable
serviable
viable

[ljabl]

-liable
conciliable
inalliable
inconciliable
irréconciliable
réconciliable
résiliable

[Rjabl]

-riable
charriable
invariable
mariable
variable

[mjabl]

-miable
amiable

[njabl]

(-)niable
indéniable
maniable
niable
remaniable
reniable

[wabl]

[vwabl]

-vouable
avouable
inavouable

[ʒwabl]

(-)jouable
injouable
jouable

[lwabl]

(-)louable
allouable
louable

[ɥabl]

[tɥabl]

(-)tuable
destituable
restituable
tuable

[bɥabl]

-buable
attribuable
contribuable
distribuable

[lɥabl]

-luable
évaluable

[mɥabl]

(-)muable
commuable
immuable
muable
remuable
transmuable

————[abʀ]¹————

[tabʀ]

-tabre
cantabre

[kabʀ]

-cabre
macabre

[labʀ]

(-)labre
labre
palabre

[glabʀ]

glabre
glabre

[nabʀ]

-nabre
cinabre

————[ad]²————

-ade
[i-ad]
dryade
hamadryade
triade
[e-ad]
ennéade
oréade

-had
djihad

[pad]

-pade
attrapade

1. Ajouter les pers. 1, 2, 3, 6 de l'ind. et du subj. prés. et la pers. 2 de l'impér. prés. du v. *palabrer*.
2. Ajouter les pers. 1, 2, 3, 6 de l'ind. et du subj. prés. et la pers. 2 de l'impér. prés. des v. en *-ader*.

croupade
échappade
escapade
estrapade
galopade

[tad]

-tade
bonnetade
boutade
capilotade
croustade
incartade
mousquetade
pintade
rodomontade
souffletade
stade

[kad]

(-)cade
alcade
arcade
barricade
cacade
cade
cascade
cavalcade
décade
embuscade
estacade
estocade
foucade
muscade
rocade
saccade
tocade

-quade
croquade
toquade

[bad]

-bade
aubade
dérobade
gambade
soubarbade
tribade
troubade

[dad]

-dade
alidade
brandade
débandade
rondade

[gad]

(-)gade
bourgade
brigade
embrigade
fougade
gade

-guade
aiguade

[fad]

(-)fade
estouffade
étouffade
fade
griffade
rebuffade

[sad]

-çade
façade

-sade
ambassade
anspessade
cassade
dipsade
embrassade
glissade
lapalissade
maussade
palissade
passade
rassade
soubressade
torsade

[ʃad]

-chade
bambochade

bronchade
pochade

[vad]

(-)vade
bravade
couvade
évade
vade

[zad]

-sade
arquebusade
camisade
croisade
pavesade
pesade
rasade
septembrisade

-zade
cruzade

[ʒad]

-geade
orangeade

(-)jade
galéjade
jade

[lad]

lad
lad

-lade
accolade
balade
ballade
bousculade
calade
chalade
défilade
dégringolade

270

désescalade
enfilade
engueulade
escalade
estafilade
garde-malade
malade
marmelade
pelade
pholade
pistolade
reculade
régalade
rémolade
rémoulade
reniflade
rigolade
rossignolade
roucoulade
roulade
salade

[plad]

-plade
peuplade

[klad]

(-)clade
clade
mouclade

[glad]

-glade
sanglade

[Rad]

(-)rad
farad
rad

(-)rade
algarade
bigarade
bourrade
camarade
charade
daurade
dérade
dorade
ferrade

foirade
hit-parade
mascarade
parade
pétarade
piperade
rade
retirade
revirade
séfarade
tirade

[tRad]

-trade
autostrade
balustrade
estrade
extrade
tétrade

[gRad]

(-)grade
centigrade
dégrade
digitigrade
grade
plantigrade
rétrograde
sans-grade
tardigrade

[vRad]

-vrade
poivrade

[mad]

-made
brimade
chamade
gourmade
grimade
nomade
pommade

[nad]

-nade
arlequinade
bastonnade

berquinade
caleçonnade
canonnade
cantonade
capucinade
carabinade
carbonade
caronade
cassonade
chiffonnade
citronnade
claironnade
coïonnade
colonnade
cotonnade
couillonnade
dégoulinade
dragonnade
esplanade
fanfaronnade
gasconnade
grenade
limonade
manade
marinade
mazarinade
ménade
monade
oignonade
panade
pantalonnade
pasquinade
promenade
ratonnade
satinade
sérénade
talonnade
tamponnade
tornade
trivelinade
turlupinade

[ɲad]

-gnade
baignade
empoignade
pignade

[jad]

-iade
pléiade

-ïade
anchoïade
naïade

-llade
aiguillade
aillade
anguillade
appareillade
fusillade
gargouillade
grillade
mitraillade
œillade
persillade
poincillade
taillade

-yade
noyade

[pjad]

-piade
asclépiade
olympiade

[tjad]

-thiade
pythiade

thyade
thyade

[sjad]

-ciade
annonciade

[ljad]

-liade
chiliade
péliade

[ʀjad]

-riade
myriade
pariade

[mjad]

-miade
jérémiade

[wad]

[kwad]

-couade
escouade

[ʀwad]

roide
roide

[fʀwad]

froide
froide

[ɥad]

[sɥad]

-suade
dissuade
persuade

[lɥad]

-luade
saluade

[ʀɥad]

ruade
ruade

———**[adʀ]**———

[kadʀ]

-cadre
escadre

[ladʀ]

ladre
ladre

———**[ag]**[1]———

[tag]

-tag
bundestag
landtag
reichstag

[kag]

cague
cague

[bag]

bague
bague

[dag]

dague
dague

[gag]

gag
gag

[vag]

(-)vague
divague
extravague
gyrovague
noctivague
vague

[zag]

-zag
zigzag

---

1. Ajouter les pers. 1, 2, 3, 6 de l'ind. et du subj. prés. et la pers. 2 de l'impér. prés. des v. en *-aguer*.

-zague
zigzague

————[agʀ]————

[pagʀ]

pagre
pagre

[lag]

-lag
goulag
stalag

[dagʀ]

-dagre
podagre

-lague
élague

[lagʀ]

[blag]

-lagre
pellagre

blague
blague

[ʀagʀ]

[flag]

-ragre
chiragre

-flag
oflag

[ʃlag]

[nagʀ]

schlague
schlague

-nagre
onagre

[ʀag]

————[agm]————

[dʀag]

[ʀagm]

drag
drag

[fʀagm]

-phragme
diaphragme

(-)*drague*
drague
madrague
valdrague

————[af]¹————

[paf]

[nag]

paf
paf
pif paf

-nague
pastenague

[taf]

-taff
staff

-taphe
cénotaphe
épitaphe

[kaf]

-caphe
bathyscaphe
podoscaphe

[baf]

baffe
baffe

[gaf]

gaffe
gaffe

[ʀaf]

-rafe
carafe
girafe
parafe
patarafe

-raphe
paraphe

[gʀaf]

-grafe
agrafe
dégrafe
ragrafe

-graphe
aérographe
anépigraphe
apographe

---

1. Ajouter les pers. 1, 2, 3, 6 de l'ind. et du subj. prés. et la pers. 2 de l'impér. prés. des v. en *-afer* et du v. *parapher*.

273

autographe
barographe
bibliographe
biographe
calligraphe
cardiographe
cartographe
chalcographe
chorégraphe
cinématographe
cosmographe
cryptographe
dactylographe
démographe
épigraphe
ethnographe
géographe
hagiographe
héliographe
historiographe
hodographe
holographe
hydrographe
lexicographe
lithographe
logographe
manographe
maréographe
micrographe
mimographe
mythographe
néographe
odographe
olographe
ondographe
orthographe
oscillographe
paléographe
pantographe
paragraphe
phonographe
photographe
polygraphe
pornographe
sismographe
spectrographe
sphygmographe
spirographe
sténographe
stylographe

tachygraphe
télégraphe
topographe
typographe
xylographe

[naf]

naffe
naffe (eau de)

[ɲaf]

gnaf
gnaf

[pjaf]

piaf
piaf

piaffe
piaffe

[waf]

[kwaf]

(-)*coiffe*
coiffe
décoiffe
recoiffe

[swaf]

(-)*soif*
boit-sans-soif
soif

-*soiffe*
assoiffe

——————**[aft]**——————

aphte
aphte

[naft]

naphte
naphte

——————**[afl]**——————

[bafl]

baffle
baffle

——————**[afʀ]**[1]——————

affres
affres

[kafʀ]

cafre
cafre

[safʀ]

safre
safre

[lafʀ]

-*lafre*
balafre
goulafre

——————**[as]**[2]——————

-*ace*
[e-as]
galéace

---

1. Ajouter les pers. 1, 2, 3, 6 de l'ind. et du subj. prés. et la pers. 2 de l'impér. prés. du v. *balafrer*.
2. Ajouter les pers. 1, 2, 3, 6 de l'ind. et du subj. prés. et la pers. 2 de l'impér. prés. des v. en -*acer*, -*asser* [ase] et -*oisser* [wa-se] ; — la pers. 6 de l'ind. prés. et les pers. 1, 2, 3, 6 du subj. prés. des v. en (-)*croître* ; — les pers. 1, 2, 6 du subj. imp. des v. en -*er*.

-asse
[e-as]
galéasse
[ɔ-as]
coasse
croasse

[pas]

-pace
carapace
espace
rapace

-pas
papas

-passe
compasse
impasse
outrepasse

[tas]

(-)*tasse(s)*
bêtasse
potasse
putasse
rapetasse
savantasse
tasse
tétasses

[kas]

-cace
dédicace
efficace
inefficace
perspicace

-cas
mêlé-cass

(-)*casse*
arcasse
avocasse
barcasse
bas-de-casse
bécasse
carcasse
casse

cocasse
décarcasse
ducasse
fracasse
fricasse
jacasse
jocasse
madécasse
rascasse
tracasse

-quace
loquace

[bas]

-bace
rubace

-basse
calebasse

[das]

(-)*dace*
audace
cordace
dace
thridace

-dasse
bidasse
blondasse
fadasse
godasse
laidasse
tiédasse

[gas]

-gace
agace
fugace
sagace

-gasse
agasse
bagasse
bogasse
fougasse
sargasse

[fas]

(-)*face*
biface
efface
face
face-à-face
postface
préface
surface
volte-face

fasce
fasce

fasse
fasse

[sas]

-sass
sensass

(-)*sasse*
ressasse
sasse

[ʃas]

(-)*chasse*
chasse
déchasse
échasse
garde-chasse
pourchasse
rechasse

[vas]

-vace
vivace

-vass
cavass

-vasse
crevasse
lavasse
rêvasse

275

-was
kwas

[zas]

-sace
alsace
besace
rosace

[las]

(-)lace
délace
enlace
entrelace
fallace
lace
lovelace
palace
populace
salace
villace

-lass
schlass

-lasse
culasse
dégueulasse
échalasse
filasse
folasse
matelasse
mêlasse
molasse

[plas]

(-)place
biplace
déplace
monoplace
place
remplace
replace
surplace

[glas]

(-)glace(s)
brise-glaces
essuie-glace
glace

lave-glace
lève-glace

-glas
Plexiglas

[Ras]

(-)race
race
vorace

-ra-ce
sera-ce

-rasse
borasse
carasse
cuirasse
débarrasse
embarrasse
encuirasse
harasse
morasse
paperasse
terrasse
tirasse

[tRas]

thrace
thrace

(-)trace
monotrace
retrace
trace

-trass
strass

-trasse
strasse

[kRas]

-crace
pancrace

(-)crasse
crasse

décrasse
encrasse

[bRas]

(-)brasse
brasse
embrasse

[gRas]

-grass
ray-grass

[mas]

-mace
contumace
grimace
limace

-mas
palmas

(-)masse
brumasse
damasse
hommasse
masse
rimasse

[nas]

-nace
bonace
menace
panace
pugnace
tenace

-nas
ananas

(-)nasse
bonasse
cadenasse
conasse
finasse
nasse
pinasse
vinasse

276

[ɲas]

-gnasse
cognasse
grognasse
ragougnasse
tignasse

[jas]

-llasse
bouillasse
brouillasse
caillasse
fillasse
paillasse

[tjas]

-tiasse
bestiasse

[fjas]

-fiasse
pouffiasse

[ʃjas]

chiasse
chiasse

[ljas]

(-)liasse
liasse
milliasse

[ʀjas]

-riace
coriace

[was]

[pwas]

(-)poisse
empoisse
poisse

[gwas]

-goisse
angoisse

[fwas]

fouace
fouace

[ʀwas]

-roisse
paroisse

[kʀwas]

(-)croisse
accroisse
croisse
décroisse
recroisse
surcroisse

[fʀwas]

froisse
froisse

———— **[asp]**[1] ————

[ʒasp]

jaspe
jaspe

———— **[ast]**[2] ————

-aste
[e-ast]
cinéaste
vidéaste

hast
hast

haste
haste

[tast]

-taste
peltaste

[kast]

caste
caste

[bast]

(-)baste
baste
sébaste

[dast]

d'hast
arme d'hast

[fast]

(-)faste(s)
faste
fastes
néfaste

[ʃast]

chaste
chaste

[vast]

(-)vaste
dévaste
vaste

---

1. Ajouter les pers. 1, 2, 3, 6 de l'ind. et du subj. prés. et la pers. 2 de l'impér. prés. du v. *jasper*.
2. Ajouter les pers. 1, 2, 3, 6 de l'ind. et du subj. prés. et la pers. 2 de l'impér. prés. des v. *contraster* et *dévaster*.

[last]	[jast]	[zastʀ]

| [last] | [jast] | [zastʀ] |

[last]

-last
ballast
water-ballast

[plast]

(-)plaste
aminoplaste
coroplaste
plaste

[klast]

-claste
iconoclaste
ostéoclaste

[blast]

-blaste
ectoblaste
endoblaste
mégaloblaste
myéloblaste
neuroblaste

[ʀast]

-raste
céraste
pédéraste

[tʀast]

-traste
contraste

[nast]

-naste
dynaste
gymnaste

[jast]

[zjast]

-siaste
ecclésiaste
enthousiaste

[ljast]

-liaste
héliaste
scoliaste

———**[astʀ]**¹———

(-)astre
astre
oléastre

[tastʀ]

-tastre
poétastre

[kastʀ]

-castre
encastre
médicastre
musicastre

[dastʀ]

-dastre
cadastre

[gastʀ]

-gastre
épigastre
hypogastre

[zastʀ]

-sastre
désastre

[lastʀ]

-lastre
palastre
pilastre

[nastʀ]

-nastre
pinastre

[jastʀ]

[pjastʀ]

piastre
piastre

———**[ask]**²———

asque
asque

[task]

-tasque
fantasque

[kask]

casque
casque

[bask]

basque
basque

---

1. Ajouter les pers. 1, 2, 3, 6 de l'ind. et du subj. prés. et la pers. 2 de l'impér. prés. des v. *cadastrer* et *encastrer.*
2. Ajouter les pers. 1, 2, 3, 6 de l'ind. et du subj. prés. et la pers. 2 de l'impér. prés. des v. *casquer, démasquer* et *masquer.*

[gask]

-gasque
monégasque

[pasm]

-pasme
spasme

[nasm]

-nasme
pléonasme

[vask]

vasque
vasque

[tasm]

-tasme
fantasme

[jasm]

[kjasm]

chiasme
chiasme

[lask]

[flask]

flasque
flasque

[kasm]

-casme
sarcasme

[zjasm]

-siasme
enthousiasme

[Rask]

-rasque
bourrasque
marasque
tarasque

[gasm]

-gasme
orgasme

[mjasm]

miasme
miasme

[fRask]

frasque
frasque

[lasm]

[plasm]

————[aʃ]² ————

ache
ache

hache
hache

[mask]

(-)masque
bergamasque
démasque
masque

-plasme
cataplasme
ectoplasme
endoplasme
métaplasme
néoplasme
protoplasme

hasch
hasch

[jask]

[fjask]

fiasque
fiasque

[klasm]

-clasme
iconoclasme

[paʃ]

-pache
apache

[taʃ]

(-)tache
attache
détache
entache

————[asm]¹ ————

asthme
asthme

[Rasm]

-rasme
marasme

1. Ajouter les pers. 1, 2, 3, 6 de l'ind. et du subj. prés. et la pers. 2 de l'impér. prés. du v. *enthousiasmer*.
2. Ajouter les pers. 1, 2, 3, 6 de l'ind. et du subj. prés. et la pers. 2 de l'impér. prés. des v. en -*acher* [a-ʃe].

eustache
moustache
patache
pistache
potache
rattache
sabretache
soutache
tache

[kaʃ]

(-)*cache*
cache
cache-cache
écache
macache
viscache

cash
cash

[baʃ]

-*bache*
courbache

[daʃ]

-*dache*
bardache
mordache
rondache

[gaʃ]

-*gache*
malgache

[saʃ]

(-)*sache*
ensache
sache

[vaʃ]

(-)*vache*
bravache

cravache
gavache
vache

[laʃ]

-*lache*
allache
goulache

[klaʃ]

clash
clash

[flaʃ]

flache
flache

flash
flash

[Raʃ]

-*rache*
arrache
bourrache

rash
rash

[kRaʃ]

(-)*crache*
crache
recrache

crash
crash

[maʃ]

-*mash*
smash

[naʃ]

-*nache*
barnache
bernache
déharnache
empanache
enharnache
ganache
grenache
harnache
panache

[waʃ]

houache
houache

[kwaʃ]

-*quash*
squash

[gwaʃ]

gouache
gouache

———**[a:v]**[1]———

[pa:v]

(-)*pave*
dépave
épave
pave
repave

[ta:v]

-*tave*
batave
octave

[ka:v]

(-)*cave*
biconcave

---

1. Ajouter les pers. 1, 2, 3, 6 de l'ind. et du subj. prés. et la pers. 2 de l'impér. prés. des v. en -*aver*.

cave
concave
décave
encave
excave
rat-de-cave
veine-cave
vide-cave

[ba:v]

bave
bave

[da:v]

-dave
moldave

[ga:v]

(-)*gave*
agave
gave

[la:v]

(-)*lave*
délave
lave
panslave
relave
slave
vellave
yougoslave

[kla:v]

-clave
angusticlave
autoclave
conclave
enclave
esclave
laticlave

[bla:v]

-blave
emblave

[ʀa:v]

(-)*rave*
betterave
chou-rave
morave
rave

[pʀa:v]

-prave
déprave

[tʀa:v]

-trave
architrave
désentrave
entrave
étrave

[kʀa:v]

crave
crave

[bʀa:v]

brave
brave

[dʀa:v]

drave
drave

[gʀa:v]

(-)*grave*(*s*)
aggrave
burgrave
grave
graves
landgrave
margrave
rhingrave

[na:v]

-nave

scandinave**[ja:v]**

-yave
goyave

[wa:v]

[bwa:v]

boive
boive

[dwa:v]

(-)*doive*
doive
redoive

[swa:v]

-çoive
aperçoive
conçoive
déçoive
perçoive
reçoive

[zwa:v]

zouave
zouave

[ɥa:v]

[sɥa:v]

suave
suave

———**[a:vʀ]**[1]———

[wa:vʀ]

[pwa:vʀ]

poivre
poivre

---

1. Ajouter les pers. 1, 2, 3, 6 de l'ind. et du subj. prés. et la pers. 2 de l'impér. prés. des v. *navrer* et *poivrer*.

——————— **[aːz]**[1] ———————

[ʒaːz]

jazz
jazz

[waːz]

[pwaːz]

(-)*poise*
dieppoise
empoise
fécampoise
poise

[twaːz]

-*thoise*
sarthoise

(-)*toise*
brestoise
clermontoise
comtoise
courtoise
crétoise
dauphinoise
discourtoise
entretoise
finnoise
franc-comtoise
francfortoise
gantoise
lotoise
matoise
montoise
pantoise
patoise
toise

[kwaːz]

-*choise*
munichoise
zurichoise

-*coise(s)*
québécoise
tricoises

-*quoise*
iroquoise
narquoise
souriquoise
turquoise

[bwaːz]

(-)*boise*
boise
déboise
emboise
framboise
gerboise
reboise

[dwaːz]

-*doise*
ardoise
audoise
badoise
gardoise
meldoise
suédoise
vandoise
vaudoise

[gwaːz]

-*goise*
dégoise
pragoise

[swaːz]

-*çoise*
niçoise

-*soise*
anversoise
gersoise
hessoise
vichyssoise

-*xoise*
aixoise

[ʃwaːz]

-*choise*
ardéchoise
cauchoise

[vwaːz]

-*voise*
apprivoise
cervoise
genevoise
grivoise
pavoise

[zwaːz]

-*soise*
creusoise
tunisoise

[ʒwaːz]

-*geoise*
albigeoise
ariégeoise
bourgeoise
brandebourgeoise
brugeoise
embourgeoise
hambourgeoise
liégeoise
mecklembourgeoise
petite-bourgeoise
vergeoise
villageoise
wurtembourgeoise

[lwaːz]

-*loise*
abbevilloise
bâloise
bruxelloise
galloise
gauloise
lilloise
paloise
seychelloise

---

1. Ajouter les pers. 1, 2, 3, 6 de l'ind. et du subj. prés. et la pers. 2 de l'impér. prés. des v. en -*oiser* [wa-ze].

[blwa:z]

-bloise

grenobloise

[Rwa:z]

-roise

algéroise
audomaroise
barroise
bavaroise
navarroise
sarroise
trégoroise
varoise
zaïroise

[tRwa:z]

-troise

montmartroise

[kRwa:z]

(-)croise

croise
décroise
entre-croise

[gRwa:z]

-groise

hongroise

[mwa:z]

(-)moise

armoise
chamoise
drômoise
moise
nîmoise
rémoise
siamoise

[nwa:z]

(-)noise

amiénoise
béninoise
berlinoise
bernoise

carthaginoise
champenoise
chinoise
constantinoise
danoise
dauphinoise
finnoise
génoise
kinoise
malinoise
noise
pélinoise
provinoise
quercinoise
ruthénoise
sournoise
stéphanoise
tonkinoise
turinoise
valenciennoise
valentinoise
viennoise

————[a:ʒ]¹————

(-)age

age

[i-a:ʒ]

dépliage
pliage
rapatriage
triage

[e-a:ʒ]

agréage
aréage
féage
marchéage
mazéage
paréage
péage

[u-a:ʒ]

clouage
enclouage
renflouage

[y-aʒ]

décruage
engluage
fluage

âge

âge

[pa:ʒ]

(-)page

alpage
aréopage
attrapage
cépage
coupage
crêpage
décapage
découpage
décrêpage
dérapage
dopage
droppage
égrappage
équipage
estampage
estompage
étripage
grippage
nappage
page
pompage
propage
râpage
rattrapage
recépage
rechapage
retapage
stoppage
tapage
télescopage
trempage

[ta:ʒ]

-tage

abattage
accostage
afflûtage
affûtage
agiotage
ajoutage
ajustage
aoûtage
appointage
appontage

---

1. Ajouter les pers. 1, 2, 3, 6 de l'ind. et du subj. prés. et la pers. 2 de l'impér. prés. des v. en -ager.

283

arpentage
asphaltage
avantage
bachotage
ballottage
barattage
barbotage
battage
biseautage
bizutage
blutage
boursicotage
boycottage
briquetage
brocantage
bruitage
cabotage
cachetage
cahotage
cailletage
cailloutage
calfatage
canotage
capotage
captage
caquetage
catapultage
chantage
charcutage
chipotage
chouchoutage
chuchotage
clabotage
clapotage
cloutage
colmatage
colportage
comptage
cottage
courtage
crochetage
culottage
curetage
davantage
débitage
décachetage
décantage
déchiquetage
décolletage
décrottage
décryptage
déculottage
démâtage
démontage
dénoyautage
dépaquetage

départage
dépistage
déplantage
dépotage
désavantage
dynamitage
égouttage
emboîtage
empaquetage
empotage
équeutage
éreintage
ergotage
ermitage
escamotage
essartage
étage
étêtage
étiquetage
factage
fagotage
faîtage
fartage
feuilletage
filetage
filoutage
flirtage
flottage
frelatage
fricotage
frottage
furetage
gargotage
grattage
grignotage
héritage
jabotage
laitage
lattage
lestage
ligotage
marcottage
marmottage
montage
noyautage
numérotage
otage
papillotage
papotage
paquetage
parachutage
parentage
parquetage
partage
pelotage
pelletage

pilotage
piratage
plantage
pointage
pontage
portage
potage
pourcentage
rabattage
rabotage
racontage
radotage
rapiécetage
ratage
remportage
rempotage
reportage
sabotage
sauvetage
stage
sulfatage
survoltage
toilettage
tricotage
tripotage
tuyautage
valetage
veltage
voltage

[ka:ʒ]

(-)cage

amour-en-cage
blocage
bocage
cage
déblocage
décorticage
démarcage
dépicage
encage
lit-cage
marécage
masticage
pacage
parcage
picage
placage
saccage
stucage
trucage

-ckage

package
stockage

-quage

astiquage
braquage
claquage
démarquage
dépiquage
marquage
mastiquage
matraquage
piquage
plaquage
plastiquage
remorquage
repiquage
truquage

[ba:ʒ]

-bage(s)

ambages
bombage
colombage
cubage
désherbage
déplombage
enrobage
flambage
gerbage
herbage
jambage
plombage
tubage

[da:ʒ]

-dage

abordage
accommodage
achalandage
adage
badaudage
bandage
bardage
bavardage
blindage
bordage
bradage
brigandage
cafardage
cardage
caviardage
clabaudage
codage
cordage

décodage
dévergondage
dévidage
échafaudage
échaudage
émondage
encodage
épandage
étendage
évidage
faisandage
galandage
galvaudage
glandage
grenadage
guidage
guindage
hourdage
maraudage
marchandage
marivaudage
mouchardage
raccommodage
radioguidage
ravaudage
ringardage
rodage
sabordage
sondage
taraudage
vagabondage

[ga:ʒ]

(-)gage(s)

bagage
bastingage
catalogage
dégage
dragage
élagage
engage
gage
langage
largage
méringage
porte-bagages
rengage
seringage
tangage
zingage

[fa:ʒ]

-fage

agrafage

chauffage
étouffage
greffage

-phage

anthropophage
bactériophage
coprophage
créophage
dendrophage
hippophage
ichthyophage
lithophage
nécrophage
œsophage
sarcophage
xylophage

[sa:ʒ]

-çage

amorçage
coinçage
défonçage
dépeçage
écorçage
forçage
glaçage
laçage
lançage
mordançage
perçage
pinçage
ponçage
rapiéçage
rinçage
surfaçage
traçage

(-)sage

amerissage
apprentissage
atterrissage
blanchissage
bleuissage
bossage
brassage
brossage
bruissage
brunissage
carrossage

285

cassage
corsage
crépissage
cuissage
décatissage
décrépissage
dégarnissage
dégraissage
dégrossissage
déplissage
dépolissage
dévissage
dressage
embossage
emboutissage
emplissage
engraissage
équarrissage
finissage
fourbissage
garnissage
graissage
hersage
lambrissage
lissage
massage
message
métissage
moussage
mûrissage
nourrissage
ourdissage
palissage
pansage
passage
pétrissage
plissage
polissage
pourrissage
pressage
ramassage
ratissage
redressage
remplissage
repassage
rôtissage
rouissage
sage
saurissage
serfouissage
sertissage
tissage
tressage
troussage
vernissage
vissage

-*xage*
fixage
malaxage
mixage

[ʃaːʒ]

-*chage*
accrochage
affichage
arrachage
bouchage
boulochage
branchage
brochage
clichage
couchage
débauchage
débouchage
décrochage
défrichage
démarchage
dérochage
ébauchage
ébranchage
effilochage
embauchage
épluchage
fauchage
fichage
gâchage
guillochage
lâchage
panachage
piochage
rabâchage
repêchage
séchage

[vaːʒ]

-*vage*
abreuvage
arrivage
avivage
balivage
breuvage
clivage
couvrage
cuvage
décuvage
délavage

dépavage
élevage
emblavage
encavage
encuvage
enlevage
esclavage
estivage
étuvage
gavage
lavage
lessivage
levage
pavage
ravage
repavage
rivage
salvage
sauvage
sevage
solivage
veuvage

[zaːʒ]

-*sage*
aiguisage
alésage
arrosage
attisage
balisage
boisage
braisage
brasage
creusage
déboisage
déphasage
dévisage
dosage
éclusage
égrisage
empesage
entreposage
envisage
franchisage
paysage
pesage
posage
présage
puisage
rasage
reboisage
remisage
reprisage
surdosage

tamisage
usage
visage

-zage
bronzage
gazage

[ʒaːʒ]

-geage
calorifugeage
épongeage
jaugeage
limogeage

[laːʒ]

-lage
affilage
agnelage
attelage
avalage
bariolage
batelage
batifolage
blackboulage
bosselage
bottelage
bricolage
brûlage
calage
cambriolage
capsulage
carambolage
carrelage
cartilage
chaulage
collage
coulage
craquelage
cuvelage
dallage
déballage
décalage
défilage
démêlage
démoulage
dépucelage
désemballage
détalage
dételage
écolage
effilage

emballage
embiellage
énallage
encollage
enfilage
entôlage
étalage
faufilage
ficelage
fignolage
filage
foulage
fuselage
gabelage
gaulage
geôlage
gondolage
halage
huilage
hypallage
javelage
jumelage
maquerellage
martelage
modelage
moulage
mucilage
naulage
nickelage
nivelage
parfilage
parlage
pelage
pucelage
puddlage
racolage
rafistolage
râtelage
recalage
rentoilage
ressemelage
roulage
salage
satinage
soulage
surfilage
surmoulage
tréfilage
trimbalage
tussilage
vasselage
vêlage
village
vitriolage
volage
voilage

[plaːʒ]

(-)plage
accouplage
couplage
plage
remplage

[klaːʒ]

-clage
bâclage
bouclage
cerclage
raclage
recyclage
sarclage

[blaːʒ]

-blage
assemblage
câblage
criblage
dédoublage
doublage

[glaːʒ]

-glage
cinglage
épinglage
réglage

[flaːʒ]

-flage
boursouflage
camouflage
gonflage
marouflage
persiflage
sifflage
soufflage

[ʀaːʒ]

(-)rage(s)
aciérage
aérage
affleurage
amarrage

287

ampérage
arrérages
atterrage
barrage
bourrage
bouturage
cirage
commérage
compérage
courage
couturage
curage
décourage
démarrage
dépoussiérage
dorage
éclairage
écurage
effleurage
encourage
enrage
entourage
épierrage
essorage
étirage
ferrage
forage
fourrage
garage
goal-average
labourage
mesurage
mirage
moirage
monitorage
orage
parage
parages
passerage
pâturage
peinturage
peinturlurage
pressurage
rage
raturage
récurage
rembourrage
repérage
soutirage
terrage
tirage
tuteurage
virage
voiturage

[pʀaːʒ]

-prage
épamprage

[tʀaːʒ]

-trage
arbitrage
calfeutrage
centrage
chronométrage
cintrage
court-métrage
fenêtrage
feutrage
filtrage
kilométrage
lettrage
long-métrage
lustrage
métrage
outrage
plâtrage
replâtrage
salpêtrage
sous-titrage
survitrage
titrage
vitrage

[kʀaːʒ]

-crage
ancrage
encrage
sucrage

[bʀaːʒ]

-brage
cabrage
calibrage
cambrage
équilibrage
ombrage
sabrage
timbrage
vibrage

[dʀaːʒ]

-drage
cadrage

calandrage
cylindrage
poudrage

[fʀaːʒ]

-frage
chiffrage
coffrage
déchiffrage
gaufrage
naufrage
saxifrage
soufrage
suffrage

[vʀaːʒ]

-vrage
cuivrage
dégivrage
givrage
ouvrage
sevrage

[maːʒ]

(-)mage
allumage
arrimage
chaumage
chômage
chromage
déchaumage
dédommage
dommage
écimage
écrémage
écumage
endommage
essaimage
étamage
fermage
filmage
fromage
fumage
gommage
grimage
hommage
humage
image
limage
mage

288

plumage
ramage
rétamage

[na:ʒ]

(-)*nage*
affinage
alevinage
alunage
amarinage
aménage
amidonnage
apanage
aquaplanage
aunage
badigeonnage
badinage
baladinage
baragouinage
baronnage
bassinage
béguinage
bétonnage
bichonnage
binage
bobinage
bornage
bouchonnage
boutonnage
braconnage
cabotinage
camionnage
cannage
canonnage
capitonnage
caravanage
carénage
carnage
cartonnage
charbonnage
charronnage
chiffonnage
clayonnage
cloisonnage
coltinage
compagnonnage
concubinage
copinage
cornage
cousinage
crayonnage
damasquinage
débinage
déboulonnage

dédouanage
déménage
déminage
dépannage
drainage
échevinage
égrenage
emmagasinage
emménage
engrenage
espionnage
étalonnage
façonnage
fanage
fournage
freinage
gainage
gardiennage
glanage
griffonnage
hivernage
jardinage
lainage
lamanage
laminage
lantiponnage
libertinage
limousinage
maçonnage
magasinage
maquignonnage
marinage
marnage
marronnage
maternage
ménage
minage
moissonnage
moulinage
nage
panage
papillonnage
parangonnage
parrainage
patelinage
patinage
patronage
pèlerinage
pennage
personnage
pilonnage
plafonnage
poinçonnage
pontonage
racinage
raffinage

rayonnage
remue-ménage
sassenage
satinage
saunage
savonnage
surmenage
surnage
tabarinage
tambourinage
tamponnage
tannage
tatillonnage
tonnage
tournage
traînage
tronçonnage
usinage
vannage
vinage
voisinage

[ɲa:ʒ]

-*gnage*
barguignage
gagnage
lignage
peignage
provignage
rognage
témoignage

[ja:ʒ]

-*llage*
accastillage
aiguillage
appareillage
babillage
bafouillage
barbouillage
bousillage
bredouillage
brouillage
cafouillage
coquillage
débarbouillage
dégobillage
dépaillage
déshabillage
échenillage
écrabouillage
effeuillage

embouteillage
empaillage
enfantillage
entortillage
estampillage
feuillage
gaspillage
grappillage
grenouillage
gribouillage
grillage
habillage
magouillage
maquillage
mitraillage
mordillage
mouillage
orpaillage
outillage
patrouillage
pillage
pinaillage
pointillage
quadrillage
quillage
rempaillage
resquillage
rhabillage
sillage
torpillage
tortillage
touillage
treillage
tripatouillage
verrouillage

-lliage
bailliage

-yage
balayage
broyage
convoyage
corroyage
débrayage
délayage
embrayage
enrayage
essayage
essuyage
fossoyage
métayage
monnayage
nettoyage
quayage

remblayage
rentrayage
voyage

[tja:ʒ]

-tiage
étiage

[bja:ʒ]

-biage
verbiage

[sja:ʒ]

sciage
sciage

[lja:ʒ]

(-)*liage*
alliage
liage

[ʀja:ʒ]

-riage
charriage
coloriage
mariage

[wa:ʒ]

[twa:ʒ]

(-)*touage*
tatouage
touage

[dwa:ʒ]

dois-je
dois-je

[fwa:ʒ]

(-)*fouage*
affouage
fouage
serfouage

[ʃwa:ʒ]

-chouage
échouage

[vwa:ʒ]

vois-je
vois-je

[lwa:ʒ]

louage
louage

[ʀwa:ʒ]

rouage
rouage

[kʀwa:ʒ]
crois-je
crois-je

[ɥa:ʒ]

[kɥa:ʒ]

-cuage
cocuage

[bɥa:ʒ]

-buage
désembuage
écobuage

[mɥa:ʒ]

-muage
remuage

[nɥa:ʒ]

nuage
nuage

————— [al]¹ —————

-al
[i-al]
trial
[e-al]
boréal
féal
floréal
franc-réal
idéal
iléal
linéal
nivéal
périnéal
réal
trachéal
unguéal
[a-al]
kraal

-ale
f. fém. de cert. mots
    en -al
céréale
pinéale

hale
hale

halle
halle

[pal]

(-)*pal*
archiépiscopal
copal
épiscopal
grippal
municipal
nopal
pal
papal
principal
syncopal

(-)*pale*
f. fém. de cert. mots
    en -pal
empale
opale
pale
sépale

[tal]

-tal
aéropostal
azimutal
barbital
brutal
capital
comportemental
comtal
congénital
continental
costal
cristal
cubital
dental
départemental
dialectal
digital
dotal
étal
expérimental
fatal
fœtal
fondamental
frontal
génital
gouvernemental
hiatal
hôpital
horizontal
instrumental
intercostal
marital
mental
métal
monumental
natal
occidental
occipital
orbital
oriental
ornemental

parastatal
pariétal
piédestal
pointal
postal
postnatal
prénatal
prévôtal
quintal
récital
rectal
sacerdotal
sacramental
sagittal
santal
sentimental
total
transcendental
transcontinental
végétal
vital

-tale(s)
f. fém. de cert. mots
    en -tal
amentale
apétale
capitale
crotale
décrétale
dentale
détale
digitale
éristale
étale
palatale
parentales
pétale
scytale
tale
tantale
totale
vestale

(-)*talle*
installe
stalle
talle

-thal
emmenthal
pentothal
zénithal

---

1. Ajouter les pers. 1, 2, 3, 6 de l'ind. et du subj. prés. et la pers. 2 de l'impér. prés. des v. en -*aler* et -*aller* [a-le].

291

[kal]

(-)cal
afocal
amical
ammoniacal
anticlérical
archiducal
arsenical
bancal
basilical
beylical
bocal
buccal
caecal
cal
canonical
caracal
cervical
chacal
chirurgical
clérical
cloacal
cortical
dominical
ducal
fécal
fiscal
focal
grammatical
grand-ducal
inamical
intertropical
lexical
local
matriarcal
médical
monacal
musical
obstétrical
ombilical
parafiscal
paramédical
pascal
patriarcal
pontifical
radical
stomacal
subtropical
syndical
thériacal
tropical
vertical
vésical
vocal
zodiacal

(-)cale(s)
f. fém. de cert. mots
   en -cal
cale
cancale
chorodidascale
chrysocale
décale
discale
écale
escale
hémérocale
intercale
lupercales
percale
recale
urticale
verticale

[bal]

(-)bal
bal
global
procès-verbal
sortie-de-bal
tombal
tribal
verbal

(-)bale
f. fém. de cert. mots
   en -bal
bale
brimbale
bubale
cabale
cannibale
cymbale
timbale
trimbale

-ball
handball

(-)balle(s)
balle
déballe
désemballe
emballe
pare-balles
porteballe

triballe
trinqueballe
triqueballe

[dal]

-dael
groenendael

-dal
absidal
caudal
colloïdal
féodal
hélicoïdal
hémorroïdal
modal
nodal
ovoïdal
pyramidal
rhomboïdal
sinusoïdal
sphénoïdal
sphéroïdal
spiroïdal
synodal
trapézoïdal

-dale
f. fém. de cert. mots
   en -dal
amygdale
chippendale
dédale
kamtchadale
mandale
pédale
rixdale
sandale
scandale
vandale

dalle
dalle
dalle (que)

[gal]

(-)gal
conjugal
égal
extralégal
frugal

gal
illégal
inégal
jugal
légal
madrigal
pharyngal
régal
tagal
Tergal
théologal
vagal

(-)gale

f. fém. de cert. mots
   en -gal
astragale
cigale
égale
espringale
fringale
gale
martingale
mygale
ornithogale
régale
tergale

(-)galle(s)

archigalle
galle
prince-de-galles

[fal]

-fal
récifal

-fale
affale
rafale

-phal
nymphal
triomphal

-phale
acéphale
acrocéphale
androcéphale
autocéphale
bicéphale
brachycéphale

cynocéphale
dolichocéphale
encéphale
hydrocéphale
macrocéphale
microcéphale
nymphale
philosophale
tricéphale
trigonocéphale
triomphale

[sal]

-çal
provençal

-çale
provençale

-saal
kursaal

-sal
abyssal
amensal
bursal
colossal
commensal
dorsal
transversal
versal

(-)sale

f. fém. de cert. mots
   en -sal
dessale
dorsale
ressale
sale
succursale
transversale

-sall
tattersall

(-)salle
arrière-salle
salle

-xal
affixal
coxal

paradoxal
préfixal
suffixal

-xale
coxale
paradoxale

[ʃal]

-chal
archal (fil d')
feld-maréchal
maréchal
sénéchal

-chale
maréchale
sénéchale

[val]

(-)val
aéronaval
aval
carnaval
cheval
conjonctival
estival
festival
gingival
médiéval
narval
naval
nerval
ogival
pied-de-cheval
queue-de-cheval
rival
serval
uval
val

-vale

f. fém. de cert. mots
   en -val
avale
cavale
dévale
orvale
ovale
ravale
rivale

293

-*valle*

faim-valle
intervalle

[zal]

-*sal*

basal
causal
nasal
pluricausal
sinusal

-*sale*

causale
nasale

-*xhale*

exhale

[Ral]

-*ral*

amiral
amoral
antisudoral
antiviral
archipresbytéral
architectural
augural
auroral
bilaréral
caporal
carcéral
caricatural
catarrhal
chloral
choral
collatéral
confédéral
conjectural
contre-amiral
corporal
corral
crural
décemviral
doctoral
électoral
équilatéral
fédéral
fémoral
floral

général
guttural
huméral
humoral
immoral
inaugural
intersidéral
latéral
libéral
littéral
littoral
minéral
moral
multilatéral
mural
neural
numéral
oral
pastoral
pectoral
pictural
pleural
plural
pondéral
préceptoral
préfectoral
presbytéral
professoral
puerpéral
rectoral
rostral
rudéral
rural
scriptural
sculptural
sidéral
spiral
temporal
triumviral
tumoral
unilatéral
vespéral
vice-amiral
viral
viscéral

-*rale*

f. fém. de cert. mots
   en -*ral*
morale
pastorale
pyrale
spirale
tubérale

-*rhal*

catarrhal

[tRal]

-*tral*

ancestral
arbitral
astral
austral
cadastral
central
chapitral
claustral
diamétral
foutral
géométral
lustral
magistral
métral
mistral
orchestral
spectral
théâtral
urétral
ventral

-*trale*

f. fém. de cert. mots
   en -*tral*
centrale

[kRal]

-*cral*

sacral
sépulcral

-*crale*

sépulcrale

[bRal]

-*bral*

cérébral
intervertébral
palpébral
septembral
vertébral

294

-brale
f. fém. de cert. mots
en *-bral*

[dʀal]

-dral
cathédral

-drale
cathédrale

[gʀal]

-gral
intégral

-grale
intégrale

[mal]

(-)*mal*
anévrismal
animal
anomal
anormal
aromal
baptismal
brumal
centésimal
décimal
demi-mal
duodécimal
haut-mal
hiémal
infinitésimal
lacrymal
mal
maximal
minimal
normal
optimal
paranormal
paroxysmal
quadragésimal
rhumatismal
thermal
vicésimal

-male
f. fém. de cert. mots
en *-mal*

décimale
normale
tithymale

malle
malle

[nal]

-nal
abdominal
anal
annal
arsenal
artisanal
automnal
bacchanal
banal
biennal
canal
cantonal
cardinal
cérébro-spinal
chenal
communal
confessionnal
coronal
cyclonal
décagonal
décanal
décennal
diaconal
diagonal
diurnal
doctrinal
fanal
final
gardénal
gastro-intestinal
germinal
heptagonal
hexagonal
hivernal
hormonal
infernal
inguinal
intercommunal
international
interrégional
intestinal
isogonal
journal
latitudinal
libidinal
longitudinal

machinal
marginal
matinal
matutinal
médicinal
méridional
mikadonal
multinational
national
neuronal
nominal
obsidional
octogonal
officinal
ordinal
original
orthogonal
patronal
pénal
pentagonal
phénoménal
polygonal
processionnal
pronominal
quadriennal
quinquennal
racinal
rational
régional
rénal
séminal
septennal
septentrional
sincipital
spiral
subliminal
surrénal
terminal
tonal
tribunal
triennal
tympanal
uninominal
urinal
vaccinal
vaginal
vénal
vernal
véronal
vicennal
vicinal
virginal
zonal

-nale(s)
f. fém. de cert. mots
    en *-nal*
annales
bacchanale
biennale
communale
demi-finale
diagonale
finale
saturnales

[ɲal]

-gnal
orignal
signal

-gnale
signale

[jal]

-yal
déloyal
gayal
loyal
royal

-yale
déloyale
loyale
noyale
royale

[pjal]

-pial
marsupial

-piale
marsupiale

[tjal]

-tial
bestial

-tiale
bestiale

[kjal]

-chial
brachial

-chiale
brachiale

[bjal]

-bial
adverbial
labial
proverbial
tibial

-biale
adverbiale
labiale
proverbiale
tibiale

[djal]

-dial
absidial
allodial
cordial
médial
mondial
prandial
précordial
présidial
primordial
radial

-diale
f. fém. de cert. mots
    en *-dial*
médiale
radiale

[sjal]

-cial
antisocial
asocial
commercial
crucial
facial
féçial
glacial
interracial
official
provincial

racial
social
solsticial
spécial

-ciale(s)
f. fém. de cert. mots
    en *-cial*
commerciale
onciales
provinciale
spéciale

-sial
paroissial

-siale
paroissiale

-tial
abbatial
comitial
impartial
initial
martial
nuptial
partial
prénuptial
primatial
spatial

-tiale
f. fém. de cert. mots
    en *-tial*
abbatiale
initiale

-xial
axial
équinoxial

-xiale
équinoxiale

[ʃjal]

-chial
branchial
bronchial

-chiale
branchiale
bronchiale

[vjal]

-*vial*

alluvial
convivial
diluvial
fluvial
gavial
jovial
pluvial
synovial
trivial

-*viale*

f. fém. de cert. mots
   en -*vial*

[ʒjal]

-*gial*

collégial

-*giale*

collégiale

[ljal]

-*lial*

épithélial
familial
filial
lilial

-*liale*

familiale
filiale
liliale

[Rjal]

-*rial*

armorial
censorial
consistorial
curial
dictatorial
directorial
éditorial
équatorial
extraterritorial
férial
immémorial

impérial
inquisitorial
marial
mémorial
monitorial
notarial
partenarial
prairial
salarial
seigneurial
sénatorial
sensorial
sérial
territorial
tinctorial
vicarial

-*riale*

f. fém. de cert. mots
   en -*rial*
impériale
mercuriale

[njal]

-*nial*

antimonial
canonial
cérémonial
colonial
domanial
génial
matrimonial
monial
patrimonial
testimonial

-*niale*

f. fém. de cert. mots
   en -*nial*
moniale

[wal]

[pwal]

poêle
poêle

(-)*poil*

contre-poil (à)
passepoil
poil
rebrousse-poil (à)

poile
poile

[twal]

(-)*toile*

entoile
entretoile
entoile
étoile
toile

[kwal]

-*qual*

rorqual

-*quale*

squale

[gwal]

-*gual*

lingual
sublingual

-*guale*

linguale
sublinguale

[vwal]

(-)*voile*

dévoile
grand-voile
voile

[Rwal]

-*roual*

séroual

[mwal]

moelle

moelle

——— **[alp]**[1] ———

alpe
alpe

[palp]

palpe
palpe

[kalp]

-calp
scalp

-calpe
scalpe

——— **[alt]**[2] ———

halte
halte

[palt]

-palt
spalt

[balt]

-balt
cobalt

balte
balte

[falt]

-phalte
asphalte

[zalt]

-salte
basalte

-xalte
exalte

[malt]

(-)*malt*
malt
smalt

——— **[alk]**[3] ———

[talk]

talc
talc

[kalk]

(-)*calque*
calque
décalque
papier-calque

-chalque
chrysochalque
orichalque

[falk]

-falque
catafalque
défalque

——— **[alb]**[4] ———

[galb]

galbe
galbe

——— **[ald]** ———

[kald]

-calde
scalde

-kalde
smalkalde

——— **[alg]** ———

algue
algue

——— **[alf]** ———

[kalf]

(-)*calf*
box-calf
calf

——— **[als]**[5] ———

[bals]

balse
balse

[sals]

salse
salse

---

1. Ajouter les pers. 1, 2, 3, 6 de l'ind. et du subj. prés. et la pers. 2 de l'impér. prés. des v. *palper* et *scalper*.
2. Ajouter les pers. 1, 2, 3, 6 de l'ind. et du subj. prés. et la pers. 2 de l'impér. prés. du v. *exalter*.
3. Ajouter les pers. 1, 2, 3, 6 de l'ind. et du subj. prés. et la pers. 2 de l'impér. prés. des v. *calquer*, *décalquer* et *défalquer*.
4. Ajouter les pers. 1, 2, 3, 6 de l'ind. et du subj. prés. et la pers. 2 de l'impér. prés. du v. *galber*.
5. Ajouter les pers. 1, 2, 3, 6 de l'ind. et du subj. prés. et la pers. 2 de l'impér. prés. du v. *valser*.

[vals]

valse
valse

──────**[alv]**──────

[salv]

salve
salve

[valv]

(-)*valve*
bivalve
électrovalve
trivalve
univalve
valve

──────**[alm]**[1]──────

alme
alme

[palm]

-*palm*
napalm

(-)*palme*
palme
spalme

[kalm]

calme
calme

──────**[a:ʀ]**[2]──────

-*ar*
[ɔ-a:ʀ]
casoar

-*ard*
[i-a:ʀ]
briard
criard
[ɔ-a:ʀ]
bézoard

are
are

arrhes
arrhes

art
art

(-)*hart*
hart
rohart

[pa:ʀ]

(-)*par*
épar
espar
par

-*pard*
caméléopard
guépard
léopard
poupard
salopard

(-)*pare*
accapare
compare
dépare
désempare
empare
fissipare
gémellipare
ovipare
ovovivipare
pare
prépare
primipare

rempare
répare
sépare
spare
sudoripare
vivipare

-*parre*
sparre

(-)*pars*
épars
pars
repars

(-)*part*
champart
départ
épart
faire-part
frère frappart
part
plupart (la)
quote-part
rempart
repart

-*p art*
pop art

[ta:ʀ]

-*tar*
avatar
coaltar
colcotar
costar
instar (à l')
nectar
patar
racontar
star
superstar

(-)*tard*
bâtard
costard
fêtard

---

1. Ajouter les pers. 1, 2, 3, 6 de l'ind. et du subj. prés. et la pers. 2 de l'impér. prés. des v. *calmer, palmer* et *spalmer*.
2. Ajouter les pers. 1, 2, 3, 6 de l'ind. et du subj. prés. et la pers. 2 de l'impér. prés. des v. en -*arer*, -*arrer* [a-ʀe] et -*oirer*.

299

flottard
fouettard
mitard
motard
moutard
patard
patriotard
pétard
pistard
quarante-huitard
retard
soixante-huitard
tard
têtard
vantard

(-)tare

guitare
hectare
solfatare
tare
tartare

-tarrhe

catarrhe

-thare

cathare
cithare

[ka:ʀ]

(-)car

autocar
camping-car
car
lascar
minicar
oscar
side-car
sleeping-car
stock-car

-card

bécard
bocard
brancard
briscard
brocard
chicard
faucard
frocard
picard
placard

politicard
rancard
smicard
tocard

-care

palicare
scare

(-)carre

bécarre
carre
contrecarre
escarre

-cart

brocart
dog-cart
écart
encart
rancart
trocart

-chare

eschare

-cquard

jacquard

-kare

palikare

-quarre

esquarre

-quard

brisquard
chéquard
coquard
paniquard

(-)quart

avant-quart
demi-quart
quart

[ba:ʀ]

(-)bar

bar
escobar
liquidambar

loubar
malabar
milk-bar
millibar
piano-bar
snack-bar
zanzibar

(-)bard

bard
bobard
chambard
clébard
flambard
furibard
jobard
lombard
loubard

-bare

barbare
gabare
isobare

(-)barre(s)

barre
barres (jeu de)
débarre
gabarre
rembarre

-bart

flambart
tribart

[da:ʀ]

-dar

antiradar
cheddar
hospodar
radar
sirdar

(-)dard

dard
étendard
pendard
porte-étendard
soudard
standard

300

-dare
dare-dare

[ga:ʀ]

-gar
agar-agar
hangar
réalgar

-gard
bégard
égard
hagard
regard
ringard
sagard

(-)gare(s)
aérogare
allume-cigares
bulgare
cigare
coupe-cigares
égare
fume-cigare
gare
héligare
porte-cigare

-garre
bagarre
bigarre

[fa:ʀ]

(-)fard
blafard
cafard
chauffard
fard
giffard
griffard
soiffard

-fare
effare
fanfare

fart
fart

-phar
nénuphar

(-)phare
bateau-phare
gyrophare
phare
radiophare

[sa:ʀ]

-çard
chançard
pinçard

(-)sar
pulsar
sar
tsar

-sard
brassard
broussard
cambroussard
cossard
cuissard
dossard
froussard
hussard
pansard
poissard
rossard

(-)sart(s)
essarts
sart

czar
czar

tzar
tzar

[ʃa:ʀ]

(-)char(s)
achars
antichar
char
échars

-chard
bambochard

cabochard
clochard
déchard
louchard
mouchard
pinchard
pleurnichard
pochard
revanchard
richard
vachard

charre
charre

[va:ʀ]

-var
bolivar
samovar

-vard
bavard
boulevard
bouvard
buvard
crevard

-vare
avare

-vart
javart
louvart
savart

[za:ʀ]

-sar
balthasar
césar
quasar

-sard
ballusard
banlieusard
busard
cambrousard
camisard
dreyfusard
grisard

301

gueusard
hasard
housard
isard
maquisard
musard
nasard
puisard
thésard
vasard

-x-arts
beaux-arts

-zar
alcazar
balthazar
bazar
falzar
salmanazar

-zard
balbuzard
blizzard
houzard
lézard

-zarre
bizarre

[ʒaːʀ]

-geard
pigeard

jarre
jarre

jars
jars

[laːʀ]

-lar
canular
dollar
eurodollar
pétrodollar
polar
vélar

(-)*lard*
cagoulard
capitulard
cumulard
épaulard
foulard
gueulard
lard
nullard
papelard
pelard
rigolard
soûlard
tôlard
tranchelard

(-)*lare*
hilare
lare

-lart
malart
prélart

[klaːʀ]

-clard
binoclard

-clare
déclare

[blaːʀ]

-blard
doublard
faiblard
roublard

[flaːʀ]

-flard
mouflard
pantouflard
reniflard
riflard
soufflard

[ʀaːʀ]

-rard
pleurard
surard

(-)*rare*
carrare
curare
rare
tarare

[maːʀ]

-mar
calamar
calmar
cauchemar
coquemar
lupanar
timar

marc
marc

-mard
camard
chaumard
flemmard
homard
plumard
pommard
trimard

(-)*mare*
mare
samare
terramare

(-)*marre*
amarre
chamarre
démarre
marre
simarre
tintamarre

-mart
braquemart
jaquemart
jumart
plumart

[naːʀ]

-nar
anar

302

canar
dinar
lupanar
nanar
thénar

(-)*nard*
bénard
binard
canard
combinard
communard
conard
cornard
épinard
fouinard
goguenard
léonard
nard
panard
peinard
penard
pinard
renard
queue-de-renard
salonnard
snobinard
sorbonnard
traînard
traquenard
veinard
zonard

narre
narre

[ɲa:ʀ]

-*gnard*
bagnard
cagnard
campagnard
charognard
geignard
grignard
grognard
guignard
lignard
mignard
montagnard
poignard

-*gnare*
ignare

[ja:ʀ]

-*llard*
antibrouillard
babillard
béquillard
billard
braillard
brouillard
catillard
chevillard
chevrillard
colin-maillard
coquillard
corbillard
couillard
cumulard
débrouillard
douillard
égrillard
feuillard
franchouillard
fripouillard
gaillard
nasillard
œillard
oreillard
paillard
piaillard
pillard
pouillard
rondouillard
scribouillard
souillard
tortillard
trouillard
vétillard
vieillard

-*yard*
boyard
fayard
foyard
fuyard
savoyard

[tja:ʀ]

(-)*tiare*
centiare
tiare

[gja:ʀ]

-*gyar*
magyar

[ʃja:ʀ]

chiard
chiard

[vja:ʀ]

-*viar*
caviar

[lja:ʀ]

(-)*liard*
liard
milliard

[wa:ʀ]

-*oir*
plioir

hoir
hoir

-*lloir*
agenouilloir
cueilloir
échenilloir
grilloir
mouilloir
tailloir

-*lloire*
bouilloire

[pwa:ʀ]

-*poir*
coupoir
découpoir
désespoir
égrappoir
espoir
guipoir

(-)*poire*
attrapoire
poire

[**twa:R**]

-*toir*
abattoir
accotoir
ajoutoir
ajustoir
arrêtoir
battoir
blutoir
boutoir
butoir
buttoir
cité-dortoir
comptoir
coup-de-boutoir
décrottoir
déplantoir
dépotoir
égouttoir
émottoir
entoir
éventoir
foutoir
frottoir
grattoir
heurtoir
matoir
montoir
plantoir
présentoir
rabattoir
radiotrottoir
remontoir
sautoir
trottoir
ville-dortoir

-*toire*
abrogatoire
absolutoire
aléatoire
ambulatoire
anticipatoire
aratoire
attentatoire
auditoire
blasphématoire
circulatoire
combinatoire
comminatoire

compensatoire
congratulatoire
conservatoire
consistoire
contradictoire
crématoire
déambulatoire
déclamatoire
déclaratoire
déclinatoire
dédicatoire
dépilatoire
dépuratoire
dérogatoire
diffamatoire
dilatoire
dînatoire
directoire
discrétoire
discriminatoire
distillatoire
divinatoire
échappatoire
écritoire
élévatoire
éliminatoire
émonctoire
épilatoire
évaporatoire
évocatoire
excrétoire
exécutoire
expiatoire
expiratoire
exutoire
frustratoire
fulminatoire
fumigatoire
génitoire
gestatoire
giratoire
hallucinatoire
histoire
impératoire
imprécatoire
incantatoire
inflammatoire
inquisitoire
inspiratoire
interlocutoire
interrogatoire
invitatoire
invocatoire
jaculatoire
juratoire

laboratoire
lacrymatoire
libératoire
machinatoire
masticatoire
méritoire
migratoire
monitoire
moratoire
natatoire
notoire
obligatoire
observatoire
offertoire
ondulatoire
opératoire
oratoire
oscillatoire
ostentatoire
péremptoire
pétitoire
préhistoire
prémonitoire
préparatoire
prétoire
probatoire
promontoire
propitiatoire
protohistoire
purgatoire
purificatoire
récriminatoire
rédhibitoire
réfectoire
rémunératoire
répertoire
réquisitoire
résolutoire
respiratoire
révocatoire
rogatoire
rotatoire
sacrificatoire
sécrétoire
sternutatoire
subrogatoire
superfétatoire
suppositoire
surérogatoire
territoire
trajectoire
transitoire
usurpatoire
vésicatoire
vexatoire
vibratoire

victoire
vomitoire

[kwa:ʀ]

couard
couard

-quare
square

-quoir
claquoir
marquoir
piquoir
taquoir

[bwa:ʀ]

-boir
ébarboir
plomboir

(-)boire(s)
boire
ciboire
déboires
emboire (s')
imboire
pourboire

[dwa:ʀ]

-doir
accordoir
accoudoir
boudoir
dévidoir
échaudoir
émondoir
étendoir
évidoir
fendoir
pondoir
tendoir
tordoir

-doire
lardoire
radoire

douar
douar

-douard
gadouard

[gwa:ʀ]

-gouar
cougouar

-guar
couguar
jaguar

[fwa:ʀ]

-foir
chauffoir
étouffoir
greffoir
réchauffoir

(-)foire
clifoire
foire

[swa:ʀ]

-çoir
amorçoir
linçoir
perçoir
rinçoir
suçoir
traçoir

-çoire
balançoire

(-)seoir
asseoir
messeoir
rasseoir
seoir
surseoir

(-)soir
aspersoir
bonsoir
bossoir
brunissoir
déversoir
dressoir
encensoir
épissoir

équarissoir
fossoir
houssoir
lissoir
ostensoir
ourdissoir
pissoir
polissoir
pourrissoir
poussoir
pressoir
repoussoir
reversoir
rouissoir
soir
suspensoir
versoir
voussoir

-soire
accessoire
compulsoire
dimissoire
épissoire
glissoire
passoire
pâtissoire
périssoire
polissoire
possessoire
ramassoire
ratissoire
récursoire
rôtissoire

[ʃwa:ʀ]

(-)choir
arrachoir
bouchoir
choir
couchoir
crachoir
débouchoir
déchoir
ébauchoir
ébranchoir
échoir
embauchoir
embouchoir
émouchoir
épluchoir
fichoir
gâchoir
hachoir

juchoir
mouchoir
nichoir
perchoir
pochoir
séchoir
tranchoir

-choire

mâchoire

[vwa:R]

(-)voir
abreuvoir
apercevoir
assavoir
avoir
bateau-lavoir
concevoir
contre-pouvoir
couvoir
décevoir
dépourvoir
devoir
émouvoir
entrevoir
lavoir
mouvoir
non-recevoir
percevoir
pleuvoir
pourvoir
pouvoir
prévoir
promouvoir
ramentevoir
ravoir
revoir
recevoir
redevoir
réservoir
revoir
rivoir
savoir
venez-y-voir
vivoir
voir

(-)voire
ivoire
voire

[zwa:R]

-soir
aiguisoir
alésoir
arrosoir
brisoir
clysoir
égrisoir
grésoir
musoir
rasoir
reposoir

-soire(s)
amusoire
cisoires
collusoire
décisoire
dérisoire
illusoire
infusoire
provisoire
rescisoire

[ʒwa:R]

-geoir
bougeoir
dégorgeoir
drageoir
égrugeoir
grugeoir
mélangeoir
plongeoir
purgeoir

-geoire
mangeoire
nageoire
pataugeoire

[lwa:R]

(-)loir
affiloir
à-valoir
bouloir
brûloir
condouloir (se)
couloir
démêloir
équivaloir
faire-valoir
falloir

fouloir
gueuloir
hâloir
isoloir
loir
nonchaloir
parloir
prévaloir
racloir
ravaloir
refouloir
revaloir
revouloir
rouloir
saloir
souloir
valoir
vouloir

-loire
avaloire
branloire
couloire
doloire
hiloire

[klwa:R]

-cloir
racloir
sarcloir

-cloire
racloire

[glwa:R]

-gloir
étrangloir
régloir

gloire
gloire

[Rwa:R]

-roir
apparoir
comparoir
miroir
mouroir
paroir
terroir
tiroir

[kRwa:R]

(-)croire
accroire

croire
décroire
ducroire
mécroire

[fRwa:r]

-froir

gaufroir
soufroir

[vRwa:R]

-vroir

ouvroir

[mwa:R]

-moir

allumoir
assommoir
fermoir
fumoir
germoir
semoir

(-)moire(s)

aide-mémoire
armoire
écumoire
grimoire
mémoire
mémoires
moire

[nwa:R]

(-)noir

affinoir
bobinoir
cabinet-noir
ébourgeonnoir
échardonnoir
écharnoir
écussonnoir
entonnoir
laminoir
manoir
noir
pied-noir
promenoir
tamanoir

tamponoir
urinoir

(-)noire

bande-noire
bassinoire
noire
patinoire

[ɲwa:R]

-gnoir

éteignoir
peignoir
rognoir
saignoir

-gnoire

baignoire

[ɥa:R]

huard

huard

———— [aRp]¹ ————

harpe

harpe

[kaRp]

(-)carpe

acarpe
carpe
contrescarpe
endocarpe
épicarpe
escarpe
mésocarpe
métacarpe
péricarpe

[ʃaRp]

-charpe

écharpe

———— [aRt]² ————

[paRt]

-part

spart

-p art

op art
pop art

(-)parte

parte
reparte
sparte

parthe

parthe

[taRt]

tarte

tarte

-tharte

catharte

[kaRt]

-cart

dog-cart

(-)carte

carte
écarte
encarte
mandat-carte
pancarte
porte-carte
télécarte

kart

kart

1. Ajouter les pers. 1, 2, 3, 6 de l'ind. et du subj. prés. et la pers. 2 de l'impér. prés. des v. *écharper,
escarper* et *harper.*
2. Ajouter les pers. 1, 2, 3, 6 de l'ind. et du subj. prés. et la pers. 2 de l'impér. prés. des v. en *-arter* ;
— les pers. 1, 2, 3, 6 du subj. prés. des v. *départir, partir* et *repartir.*

(-)*quarte*
fièvre-quarte
quarte

[baʀt]

-*barte*
jubarte

[saʀt]

-*sarte*
essarte

[ʃaʀt]

charte
charte

[maʀt]

marte
marte

[waʀt]

-*ward*
steward

———**[aʀts]**———

[waʀts]

[kwaʀts]

quartz
quartz

———**[aʀtʀ]**———

[taʀtʀ]

tartre
tartre

[daʀtʀ]

dartre
dartre

[ʃaʀtʀ]

chartre
chartre

[maʀtʀ]

martre
martre

———**[aʀk]**[1]———

arc
arc

arque
arque

[paʀk]

parc
parc

(-)*parque*
déparque
éparque
hipparque
parque

[taʀk]

-*tarque*
aristarque

[baʀk]

(-)*barque*
barque
débarque
embarque
rembarque

[zaʀk]

-*xarque*
exarque

[laʀk]

[klaʀk]

clarke
clarke

[ʀaʀk]

-*rarque*
hiérarque
triérarque

[tʀaʀk]

-*trarque*
tétrarque

[maʀk]

marc
marc

(-)*mark*
mark
reichsmark
télémark

(-)*marque*
contremarque
démarque
marque
nomarque
polémarque
remarque
sous-marque

[naʀk]

-*narque*
monarque

[jaʀk]

[zjaʀk]

-siarque
asiarque
gymnasiarque
hérésiarque

──── [aʀkl]¹ ────

[saʀkl]

sarcle
sarcle

──── [aʀb]² ────

[baʀb]

(-)barbe
barbe
ébarbe
joubarbe
rhubarbe
sainte-barbe
sous-barbe

──── [aʀbʀ]³ ────

arbre
arbre

[maʀbʀ]

marbre
marbre

──── [aʀd]⁴ ────

-arde
briarde
criarde

harde(s)
harde
hardes

[taʀd]

(-)tarde
attarde
bâtarde
motarde
moutarde
outarde
patriotarde
pétarde
quarante-huitarde
retarde
soixante-huitarde
tarde
vantarde

[kaʀd]

(-)carde
anacarde
brocarde
cacarde
carde
cocarde
endocarde
myocarde
péricarde
picarde
placarde

[baʀd]

(-)barde
barde
bombarde
chambarde
débarde
embarde
escobarde
flambarde
guimbarde

hallebarde
jobarde
lombarde
rambarde

[daʀd]

(-)darde
darde
pendarde

[gaʀd]

(-)garde
arrière-garde
avant-garde
cent-garde
chef-garde
contre-garde
corps de garde
flanc-garde
garde
grand-garde
hagarde
mégarde (par)
regarde
sauvegarde
sous-garde

-guard
horse-guard

[faʀd]

(-)farde
blafarde
bouffarde
cafarde
farde
soiffarde

[saʀd]

-çarde
chançarde
pinçarde

───────────

1. Ajouter les pers. 1, 2, 3, 6 de l'ind. et du subj. prés. et la pers. 2 de l'impér. prés. du v. sarcler.
2. Ajouter les pers. 1, 2, 3, 6 de l'ind. et du subj. prés. et la pers. 2 de l'impér. prés. des v. ébarber
et barber.
3. Ajouter les pers. 1, 2, 3, 6 de l'ind. et du subj. prés. et la pers. 2 de l'impér. prés. du v. marbrer.
4. Ajouter les pers. 1, 2, 3, 6 de l'ind. et du subj. prés. et la pers. 2 de l'impér. prés. des v. en -arder.

(-)sarde
cossarde
cuissarde
froussarde
hussarde (à la)
mansarde
poissarde
rossarde
sarde

[ʃaʀd]

-charde
boucharde
cabocharde
clocharde
décharde
écharde
loucharde
moucharde
pincharde
pocharde
richarde

[vaʀd]

-varde
bavarde
crevarde

[zaʀd]

-sarde
banlieusarde
dreyfusarde
gueusarde
hasarde
musarde
nasarde
thésarde
vasarde

-zarde
bazarde
hazarde
lézarde

[ʒaʀd]

-gearde
pigearde

jarde
jarde

[laʀd]

(-)larde
cumularde
délarde
entrelarde
gueularde
larde
nullarde
papelarde
poularde
rigolarde
soûlarde
tôlarde

[klaʀd]

-clarde
binoclarde

[blaʀd]

-blarde
faiblarde
roublarde

[flaʀd]

-flarde
mouflarde
pantouflarde

[ʀaʀd]

-rarde
pleurarde

[maʀd]

-marde
camarde
colichemarde
flemmarde

[naʀd]

-narde
bénarde

canarde
combinarde
communarde
conarde
fouinarde
goguenarde
renarde
salonnarde
snobinarde
sorbonnarde
traînarde
veinarde
zonarde

[ɲaʀd]

-gnarde
acagnarde
cagnarde
campagnarde
geignarde
grignarde
grognarde
guignarde
mignarde
montagnarde
poignarde

[jaʀd]

-llarde
babillarde
béquillarde
billarde
braillarde
débrouillarde
douillarde
égrillarde
franchouillarde
gaillarde
nasillarde
oreillarde
paillarde
piaillarde
pillarde
rondouillarde
souillarde
trouillarde
vétillarde
vieillarde

yard
yard

310

-*yarde*
fuyarde
savoyarde

[ljaʀd]

(-)*liarde*
liarde
montbéliarde

[waʀd]

-*ward*
steward

[kwaʀd]

couarde
couarde

[gwaʀd]

-*guard*
horse-guard

———**[aʀdʀ]**———

ardre
ardre

———**[aʀg]**[1]———

[taʀg]

(-)*targue*
boutargue
poutargue
targue (se)

[kaʀg]

(-)*cargue*
cargue
subrécargue

[gaʀg]

-*gargue*
pygargue

[laʀg]

largue
largue

[naʀg]

nargue
nargue

———**[aʀs]**[2]———

[paʀs]

(-)*parse*
parse
comparse
éparse

[taʀs]

(-)*tarse*
métatarse
tarse

[daʀs]

darse
darse

[gaʀs]

garce
garce

[faʀs]

farce
farce

[maʀs]

mars
mars

———**[aʀʃ]**[3]———

(-)*arche*
arche
patriarche

[maʀʃ]

(-)*marche*
contremarche
démarche
marche

———**[aʀv]**———

[laʀv]

larve
larve

———**[aʀʒ]**[4]———

[taʀʒ]

targe
targe

-*tharge*
litharge

[baʀʒ]

barge
barge

---

1. Ajouter les pers. 1, 2, 3, 6 de l'ind. et du subj. prés. et la pers. 2 de l'impér. prés. des v. en -*arguer*.
2. Ajouter les pers. 1, 2, 3, 6 de l'ind. et du subj. prés. et la pers. 2 de l'impér. prés. du v. *farcer*.
3. Ajouter les pers. 1, 2, 3, 6 de l'ind. et du subj. prés. et la pers. 2 de l'impér. prés. du v. *marcher*.
4. Ajouter les pers. 1, 2, 3, 6 de l'ind. et du subj. prés. et la pers. 2 de l'impér. prés. des v. en -*arger*.

[ʃaʀʒ]

(-)*charge*
boute-charge
charge
décharge
monte-charge
recharge
surcharge

[laʀʒ]

large
large

[maʀʒ]

(-)*marge*
émarge
marge

——— **[aʀl]**[1] ———

[paʀl]

(-)*parle*
déparle
parle
reparle

[baʀl]

barle
barle

——— **[aʀm]**[2] ———

arme
arme

[paʀm]

parme
parme

[kaʀm]

(-)*carme*
carme
vacarme

[daʀm]

-*darme*
gendarme

[ʃaʀm]

(-)*charme*
charme
épicharme

[zaʀm]

-*sarme*
désarme

[laʀm]

(-)*larme*
alarme
autoalarme
larme

——— **[aʀn]**[3] ———

[kaʀn]

(-)*carne*
carne
incarne
lucarne

[daʀn]

darne
darne

[ʃaʀn]

(-)*charne*
acharne
charne
décharne
écharne

[maʀn]

marne
marne

——— **[aʀɲ]**[4] ———

hargne
hargne

[paʀɲ]

-*pargne*
épargne

——— **[am]**[5] ———

-*am*
[ɔ-am]
jéroboham

[tam]

-*tam*
aspartam
bantam
tam-tam

---

1. Ajouter les pers. 1, 2, 3, 6 de l'ind. et du subj. prés. et la pers. 2 de l'impér. prés. des v. en -*arler*.
2. Ajouter les pers. 1, 2, 3, 6 de l'ind. et du subj. prés. et la pers. 2 de l'impér. prés. des v. en (-)*armer*.
3. Ajouter les pers. 1, 2, 3, 6 de l'ind. et du subj. prés. et la pers. 2 de l'impér. prés. des v. en -*arner*.
4. Ajouter les pers. 1, 2, 3, 6 de l'ind. et du subj. prés. et la pers. 2 de l'impér. prés. des v. *épargner* et *hargner*.
5. Ajouter les pers. 1, 2, 3, 6 de l'ind. et du subj. prés. et la pers. 2 de l'impér. prés. des v. en -*amer* [a-me] ; − la pers. 4 du passé simple des v. en -*er*.

-tame
dictame
entame
étame
hippopotame
lactame
rétame

-thame
carthame

[kam]

cam
cam

came
came

[dam]

(-)*dam*
dam
édam
goddam
macadam
quidam
ramdam
schiedam
tarmacadam

(-)*dame(s)*
belle-dame
croque-madame
cuisse-madame
dame
madame
mesdames
tredame
trique-madame
trou-madame
vidame

[gam]

-game
amalgame
bigame
cryptogame
monogame
phanérogame
polygame

gamme
gamme

[fam]

-fame
affame
diffame

(-)*femme*
bonne-femme
femme
sage-femme

[zam]

-same
sésame

[lam]

-lam
islam
madapolam
sélam

(-)*lame(s)*
brise-lames
calame
épithalame
lame

-lamm
sehlamm

[klam]

clam
clam

(-)*clame*
acclame
clame
déclame
proclame
réclame

[flam]

flamme
flamme

[ʀam]

-ram
baïram

(-)*rame*
cérame
rame

[pʀam]

prame
prame

[tʀam]

tram
tram

trame
trame

[bʀam]

brame
brame

[dʀam]

(-)*drame*
ciné-drame
drame
mélodrame
mimodrame
sociodrame

[gʀam]

(-)*gramme*
anagramme
audiogramme
bélinogramme
câblogramme
calligramme
cardiogramme
centigramme
chronogramme
cryptogramme
diagramme
électroencéphalogramme
épigramme
gramme
hectogramme

hologramme
kilogramme
lipogramme
métagramme
milligramme
monogramme
myriagramme
organigramme
oscillogramme
parallélogramme
pictogramme
programme
radiogramme
spectrogramme
télégramme
vidéogramme

[fRam]

-fram
wolfram

[mam]

-mam
hammam
imam

[nam]

-name
cinname
igname
paname

[ɲam]

-gname
igname

[jam]

[kjam]

-quiame
jusquiame

[mjam]

(-)miam
miam
miam-miam

[wam]

[kwam]

-quame
desquame
squame

[gwam]

-gwam
wigwam

———— **[ams]**[1] ————

[Rams]

rams
rams

———— **[an]**[2] ————

-ane
[e-an]
océane

(-)hane
ahane
hane

[pan]

(-)pane
campane
frangipane
pane
propane
trépane

(-)panne
empanne
panne

paonne
paonne

[tan]

-tane
butane
capitane
charlatane
gitane
mahométane
occitane
octane
pentane
platane
prytane
soutane
sultane
tarlatane
tartane
titane
tramontane

tanne
tanne

(-)thane
éthane
lanthane
méthane
penthane
polyuréthane
thane

[kan]

(-)cane
alcane
anglicane
arcane
barbacane
bécane
bec-de-cane
boucane
cancane
cane
chicane

1. Ajouter les pers. 1, 2, 3, 6 de l'ind. et du subj. prés. et la pers. 2 de l'impér. prés. du v. *ramser*.
2. Ajouter les pers. 1, 2, 3, 6 de l'ind. et du subj. prés. et la pers. 2 de l'impér. prés. des v. en *-aner* [a-ne] et des v. *dédouaner* et *douaner*.

314

gallicane
hurricane
jerricane
lucane
pacane
ricane
sarbacane
tocane
toscane
vaticane

(-)*canne*

arcanne
canne

[ban]

-*bane*

cabane
hanebane
mirbane
rabane

(-)*banne*

banne
enrubanne
scribanne

[dan]

-*damne*

condamne

-*dane*

bardane
bédane
bigourdane
cerdane
cispadane
transpadane

[gan]

(-)*gan*

gan
hooligan

-*gane*

gourgane
organe
salangane

tsigane
tzigane

-*ghane*

afghane

[fan]

(-)*fan*

fan
propfan

(-)*fane*

effane
fane
profane

-*phane*

Cellophane
colophane
diaphane
épiphane

[san]

-*sane*

bressane
crassane
insane
persane

[van]

-*vane*

caravane
havane
pavane
pavane (se)
savane

(-)*vanne(s)*

eaux-vannes
vanne

[zan]

-*sane*

artisane
basane
cartisane
courtisane

faisane
mosane
parmesane
pertuisane
pisane
tisane
valaisane

-*sanne*

paysanne

-*zane*

alezane
balzane
filanzane

[ʒan]

(-)*jane*

colonne trajane
jane

(-)*jeanne*

jeanne
dame-jeanne
marie-jeanne

[lan]

-*lane(s)*

atellanes
balane
catalane
forlane
macfarlane
mosellane
pouzzolane
silane
soulane

[plan]

(-)*plane*

aéroplane
aquaplane
deltaplane
hydroplane
naviplane
plane

[glan]

glane

glane

315

[Ran]

-rane
andorrane
borane
cisjurane
transjurane
urane

[pRan]

-prane
soprane

[kRan]

-crane
bucrane
olécrane

[bRan]

-brane
membrane

-branne
fibranne

[gRan]

-grane
bugrane
filigrane

[fRan]

-frane
safrane

[man]

-man
alderman
barman
businessman
clergyman
clubman
crossman
crosswoman
doberman
englishman
gagman
gentleman
hetman
policeman
pullman
recordman
recordwoman
rugbyman
self-made-man
sportsman
superman
taximan
tennisman
walkman
wattman
woman
yachtman
yeoman

-mane
anglomane
balletomane
bibliomane
bimane
birmane
brahmane
cleptomane
cocaïnomane
dipsomane
émane
éthéromane
gallo-romane
héroïnomane
hippomane
mégalomane
mélomane
métromane
monomane
morphinomane
musulmane
mythomane
nymphomane
opiomane
ottomane
pédimane
pyromane
quadrumane
romane
toxicomane

manne
manne

[nan]

-nane
banane

cisrhénane
rhénane
transrhénane

[jan]

-llane
castillane
sévillane

[djan]

(-)diane
badiane
diane
médiane
obsidiane

[sjan]

-tiane
gentiane
nicotiane
strontiane

[ljan]

liane
liane

[Rjan]

-riane
nigériane

[njan]

-nyane
kenyane

[wan]

[pwan]

-pouane
capouane

[twan]

-toine
bétoine
cétoine
péritoine

[kwan]

couenne
couenne

[dwan]

-doine
calcédoine
chélidoine
idoine
macédoine
sardoine

(-)douane
cordouane
douane
padouane

[gwan]

-guane
iguane

[vwan]

-voine
avoine
pivoine

[ʀwan]

rouanne
rouanne

[mwan]

(-)moine
aigremoine
antimoine
moine

patrimoine
stramoine

[nwan]

-noine
chanoine

———— **[ants]** ————

[vants]

-wanz
breitschwanz

———— **[aɲ]**[1] ————

[paɲ]

(-)pagne
accompagne
campagne
champagne
charlemagne
compagne
pagne
tissu-pagne

[taɲ]

-tagne
montagne
passe-montagne
tranche-montagne

[kaɲ]

-cagne
cagne
cocagne

(-)khâgne
hypokhâgne
khâgne

[baɲ]

bagne
bagne

[faɲ]

fagne
fagne

[zaɲ]

-zagne
lazagne

[ʀaɲ]

-ragne
aragne

[waɲ]

oigne
oigne

[pwaɲ]

(-)poigne
empoigne
poigne

[swaɲ]

soigne
soigne

[ʒwaɲ]

(-)joigne
adjoigne
conjoigne
déjoigne
disjoigne
enjoigne
joigne
rejoigne

---

1. Ajouter les pers. 1, 2, 3, 6 de l'ind. et du subj. prés. et la pers. 2 de l'impér. prés. du v. *accompagner* et des v. en *oigner* [wa-ɲe].

317

[lwaɲ]

-loigne
éloigne

[mwaɲ]

-moigne
témoigne

───── **[aj]**[1] ─────

aïe
aïe

ail
ail

aille
aille

[paj]

-pail
harpail

-paille
harpaille

-paye
cipaye
papaye

[taj]

-tail
batail
bétail
détail
épouvantail
éventail
frontail
portail
vantail
ventail

(-)taille
détaille
taille

thaï
thaï

[kaj]

-cail
bercail

-kaï
haïkaï
skaï

-kaj
tokaj

[baj]

(-)bail
bail
crédit-bail

baille
baille

(-)baye
baye
cobaye

(-)bye
bye
bye-bye

[daj]

-dail
chandail

-daille
médaille

[gaj]

-gaï
congaï

-guail
aiguail

-gaille
pagaille

-gaye
congaye
pagaye

[faj]

(-)faille
défaille
faille

[saj]

-sai
assai

-saille
assaille
tressaille

[vaj]

-vail
télétravail
travail

(-)vaille
travaille
vaille

[zaj]

-saï
bonsaï

-zail
mézail

[Raj]

-raï
samouraï

─────────────

1. Ajouter les pers. 1, 2, 3, 6 de l'ind. et du subj. prés. des v. en -ailler [a-je].

318

-rail
aspirail
attirail
caravansérail
corail
foirail
sérail
soupirail

[tʀaj]

-trail
poitrail
vitrail

[dʀaj]

-dry
extra-dry

[maj]

(-)*mail*
camail
émail
fermail
gemmail
mail
tramail
trémail

-maille
émaille

[naj]

-nail
gouvernail
trénail

———**[ajt]**———

[sajt]

-sight
insight

[lajt]

-light
sunlight

[ʀajt]

-right
copyright

———**[ajs]**———

[vajs]

-weiss
edelweiss

———**[ajm]**———

[tajm]

-time
ragtime

———**[ajn]**———

[zajn]

-sign
design

[lajn]

-line
pipe-line
sea-line
strip-line

———**[awt]**———

out
out

[tawt]

-tout
stout

[kawt]

-ck-out
black-out
knock-out
lock-out

[bawt]

-bout
runabout

———**[awn]**———

[dawn]

-down
break-down
knock-down

319

[ɑ]

a
a (lettre de l'alphabet)

[pɑ]

(-)*pas*
appas
compas
compte-pas
contre-pas
entrepas
faux-pas
gyrocompas
lampas
panier-repas
pas
plateau-repas
radiocompas
repas
trépas

-*pât*
appât

[tɑ]

tas
tas

[kɑ]

(-)*cas*
altercas
cas
choucas
en-cas
en-tout-cas

[bɑ]

bah
bah

(-)*bas*
à bas
bas
branle-bas
cabas
contrebas (en)
demi-bas
ici-bas
là-bas
mi-bas
passe-bas
protège-bas
sous-bas

bât
bât

[dɑ]

-*das*
judas

[gɑ]

gars
gars

-*gas*
gingas

-*gât*
dégât

[sɑ]

sas
sas

[ʃɑ]

-*chas*
pourchas

[vɑ]

-*vats*
gravats

[ʒɑ]

jas
jas

[lɑ]

(-)*lacs*
entrelacs
lacs

(-)*las*
coutelas
échalas
las
lilas
soulas

-*lat*
chocolat
prélat

[glɑ]

(-)*glas*
glas
verglas

[Rɑ]

(-)ras
haras
ras

raz
raz

[tRɑ]

-tras
matras
patatras
tétras

[dRɑ]

-dras
balandras

[gRɑ]

(-)gras
dégras
gras
mardi-gras

[mɑ]

(-)mas
amas
damas
frimas
mas
ramas

-mat
climat

(-)mât(s)
bas-mât
deux-mâts
mât
quatre-mâts
trois-mâts

[nɑ]

-nas
faguenas
jaconas

[wɑ]

oie
oie

[pwɑ]

(-)poids
contre-poids
poids
surpoids

(-)pois
avoirdupois
petit pois
pois

poix
poix

[bwɑ]

(-)bois
antibois
bois
gâte-bois
hautbois
mort-bois
petit-bois
sainbois
sous-bois

[vwɑ]

(-)voix
abat-voix
porte-voix
voix

[Rwɑ]

(-)roi
arroi
charroi

désarroi
interroi
pied-de-roi
roi
vice-roi

-roie
courroie

[pRwɑ]

(-)proie
lamproie
proie

[tRwɑ]

-troi
octroi

-troit
détroit
étroit
étroit (à l')

[kRwɑ][1]

croie
croie

(-)crois
accrois
crois
décrois
mécrois
recrois
surcrois

(-)croit
croit
décroit
mécroit

(-)croît
accroît
croît
décroît
recroît
surcroît

(-)croix
chemin de croix

---

1. Ajouter les pers. 1, 2, 3, 6 de l'ind. et du subj. prés. et la pers. 2 de l'impér. prés. du v. *croire* ;
— les pers. 1, 2, 3 de l'ind. prés. et la pers. 2 de l'impér. prés. des v. en (-)*croître*.

croix
grand-croix
porte-croix
rose-croix

[dʀwɑ]

-droie
baudroie

(-)droit
adroit
droit
endroit
maladroit
passe-droit
pied-droit

[gʀwɑ]

-grois
hongrois

[fʀwɑ]

-froi
beffroi
effroi
orfroi
palefroi

(-)froid
chaud-froid
froid
pisse-froid
sang-froid

[mwɑ]

mois
mois

[nwɑ]

(-)noix
casse-noix
noix
terre-noix

———[ɑ:p]———

[ʀɑ:p]

-rape
dérape

râpe
râpe

———[ɑ:pʀ]———

âpre
âpre

[kɑ:pʀ]

câpre
câpre

———[ɑ:t]¹———

hâte
hâte

[pɑ:t]

(-)pâte
appâte
carton-pâte
coupe-pâte
empâte
pâte

[tɑ:t]

(-)tâte
tâte
retâte

[bɑ:t]

(-)bâte
bâte

débâte
embâte

[gɑ:t]

gâte
gâte

[mɑ:t]

(-)mâte
démâte
mâte

———[ɑ:tʀ]²———

(-)âtre
âtre
café-théâtre
[e-ɑ:tʀ]
amphithéâtre
théâtre
[ø-ɑ:tʀ]
bleuâtre

[pɑ:tʀ]

pâtre
pâtre

[bɑ:tʀ]

-bâtre
albâtre

[dɑ:tʀ]

-dâtre
verdâtre

[sɑ:tʀ]

-ceâtre
douceâtre

---

1. Ajouter les pers. 1, 2, 3, 6 de l'ind. et du subj. prés. et la pers. 2 de l'impér. prés. des v. en -âter.
2. Ajouter les pers. 1, 2, 3, 6 de l'ind. et du subj. prés. et la pers. 2 de l'impér. prés. des v. en -âtrer.

-sâtre
roussâtre

plâtre
replâtre

pâque
pâque

[ʃɑ:tʀ]

(-)châtre
blanchâtre
châtre

[Rɑ:tʀ]

-râtre
marâtre
noirâtre
parâtre

[ʒɑ:k]

jacques
jacques

[vɑ:tʀ]

-vâtre
olivâtre

[mɑ:tʀ]

-mâtre
saumâtre

──────[ɑ:kl][1]──────

[bɑ:kl]

[zɑ:tʀ]

-sâtre
grisâtre
rosâtre

[nɑ:tʀ]

-nâtre
brunâtre
jaunâtre

(-)bâcle
bâcle
débâcle
embâcle

[ʒɑ:tʀ]

-geâtre
beigâtre
rougeâtre

[jɑt:ʀ]

-llâtre
gentillâtre

[Rɑ:kl]

(-)racle
miracle
oracle
racle

[lɑ:tʀ]

-lâtre
astrolâtre
bellâtre
écolâtre
folâtre
gentillâtre
hugolâtre
iconolâtre
idolâtre
mulâtre
palâtre
violâtre
zoolâtre

[pjɑ:tʀ]

-piatre
hippiatre

[nɑ:kl]

-nâcle
renâcle

[Rjɑ:tʀ]

-riâtre
acariâtre

──────[ɑ:kʀ]──────

âcre
âcre

[njɑ:tʀ]

-niâtre
opiniâtre

[plɑ:tʀ]

(-)plâtre
emplâtre

──────[ɑ:k]──────

[pɑ:k]

──────[ɑ:bl][2]──────

hâble
hâble

---

1. Ajouter les pers. 1, 2, 3, 6 de l'ind. et du subj. prés. et la pers. 2 de l'impér. prés. des v. en *-âcler* et du v. *racler*.
2. Ajouter les pers. 1, 2, 3, 6 de l'ind. et du subj. prés. et la pers. 2 de l'impér. prés. des v. en *-âbler* et *-abler* [ɑ-ble].

[ka:bl]

-cable
accable

(-)câble
câble
monocâble
multicâble

[ga:bl]

gâble
gâble

[fa:bl]

(-)fable
chantefable
fable

[sa:bl]

(-)sable
désensable
dessable
ensable
sable

[ʒa:bl]

jable
jable

[Ra:bl]

râble
râble

[ja:bl]

[dja:bl]

(-)diable
diable
tue-diable

——— **[a:bR]**[1] ———

[ka:bR]

(-)cabre
cabre
macabre

[sa:bR]

sabre
sabre

[la:bR]

-labre
candélabre
délabre

[gla:bR]

glabre
glabre

——— **[a:d]** ———

-hâd
djihâd

——— **[a:dR]**[2] ———

[ka:dR]

(-)cadre
cadre
encadre
escadre
loi-cadre

——— **[a:fl]**[3] ———

[Ra:fl]

(-)rafle
érafle
rafle

——— **[a:fR]**[4] ———

affres
affres

[ba:fR]

bâfre
bâfre

[la:fR]

-lafre
balafre

——— **[a:s]**[5] ———

(-)as
as
[i-a:s]
hamadrias
trias
[e-a:s]
pancréas

---

1. Ajouter les pers. 1, 2, 3, 6 de l'ind. et du subj. prés. et la pers. 2 de l'impér. prés. des v. *cabrer*, *délabrer* et *sabrer*.
2. Ajouter les pers. 1, 2, 3, 6 de l'ind. et du subj. prés. et la pers. 2 de l'impér. prés. des v. *cadrer* et *encadrer*.
3. Ajouter les pers. 1, 2, 3, 6 de l'ind. et du subj. prés. et la pers. 2 de l'impér. prés. des v. *érafler* et *rafler*.
4. Ajouter les pers. 1, 2, 3, 6 de l'ind. et du subj. prés. et la pers. 2 de l'impér. prés. des v. *bâfrer* et *balafrer*.
5. Ajouter les pers. 1, 2, 3, 6 de l'ind. et du subj. prés. et la pers. 2 de l'impér. prés. des v. en *-asser* [a-se].

[ɔ-ɑ:s]
psoas

[pɑ:s]

-*pace*
espace

-*pas*
catoblépas
lampas
lépas
papas
upas

(-)*passe*
bipasse
compasse
dépasse
estrapasse
impasse
outrepasse
passe
passe-passe
repasse
surpasse
trépasse

[tɑ:s]

-*tas*
vasistas

(-)*tasse*
entasse
sous-tasse
tasse

[kɑ:s]

-*cas*
cycas

(-)*casse*
bas-de-casse
casse
concasse
recasse

[bɑ:s]

-*bas*
anabas

(-)*basse*
basse
contrebasse

[dɑ:s]

-*das*
czardas
vindas

[gɑ:s]

-*gas*
argas

[sɑ:s]

(-)*sas*
sas
sensas

(-)*sasse*
ressasse
sasse

-*xas*
abraxas

[ʃɑ:s]

-*chasse*
échasse

(-)*châsse(s)*
châsse
châsses
enchâsse

[zɑ:s]

-*sas*
ambesas

-*zas*
alcarazas

[lɑ:s]

(-)*lace*
délace

enlace
entrelace
lace

(-)*las*
atlas
las
hélas

(-)*lasse*
délasse
lasse
prélasse

[klɑ:s]

(-)*classe*
classe
déclasse
interclasse
reclasse

[glɑ:s]

-*glas*
flint-glas
Plexiglas

[ʀɑ:s]

[tʀɑ:s]

-*tras*
stras
tétras

[kʀɑ:s]

-*cras*
hypocras

[bʀɑ:s]

(-)*brasse*
brasse (subst.)
embrasse

[dʀɑ:s]

-*dras*
madras

325

[gʀɑ:s]

(-)*grâce*
disgrâce
grâce

-*grass*
ray-grass

grasse
grasse

[mɑ:s]

(-)*mas*
mas
palmas

-*masse*
amasse
damasse
ramasse

[nɑ:s]

-*nas*
ananas
ninas

nasse
nasse

[jɑ:s]

[ljɑ:s]

(-)*lias*
alias
lias
pater familias

[wɑ:s]

[ʀwɑ:s]

[kʀwɑ:s]

(-)*croisse*
accroisse

croisse
décroisse
recroisse
surcroisse

[fʀwɑ:s]

(-)*froisse*
froisse
défroisse

———— **[ɑ:ʃ]**[1] ————

[tɑ:ʃ]

(-)*tâche*
multitâche
tâche

[bɑ:ʃ]

(-)*bâche*
bâche
débâche
rabâche

[gɑ:ʃ]

gâche
gâche

[fɑ:ʃ]

(-)*fâche*
défâche (*se*)
fâche

[lɑ:ʃ]

(-)*lâche*
lâche
relâche

[mɑ:ʃ]

(-)*mâche*
mâche
remâche

———— **[ɑ:v]** ————

hâve
hâve

[lɑ:v]

[klɑ:v]

-*clave*
esclave

[ʀɑ:v]

[gʀɑ:v]

grave
grave

———— **[ɑ:vʀ]** ————

havre
havre

[dɑ:vʀ]

-*davre*
cadavre

[nɑ:vʀ]

navre
navre

———— **[ɑ:z]**[2] ————

(-)*ase*
ase
nucléase
protéase

hase
hase

---

1. Ajouter les pers. 1, 2, 3, 6 de l'ind. et du subj. prés. et la pers. 2 de l'impér. prés. des v. en -*âcher*.
2. Ajouter les pers. 1, 2, 3, 6 de l'ind. et du subj. prés. et la pers. 2 de l'impér. prés. des v. en -*aser* et -*oiser* [wɑ-ze].

326

[pɑ:z]

-pase
lipase

-paze
topaze

[tɑ:z]

-tase
catastase
diastase
épitase
extase
hémostase
hypostase
iconostase
lactase
maltase
métastase
pétase
protase
stase

[kɑ:z]

(-)*case*
case
colocase
occase

-kase
ukase

-kaze
oukaze

[bɑ:z]

(-)*base*
base
embase
monobase
parabase

[dɑ:z]

-dase
oxydase

peroxydase
viédase

[gɑ:z]

-gase
ligase
pégase

(-)*gaz*
allume-gaz
Camping-Gaz
gaz

gaze
gaze

[fɑ:z]

(-)*phase*
anaphase
emphase
interphase
phase
télophase

[vɑ:z]

(-)*vase*
envase
évase
extravase
transvase
vase

[ʒɑ:z]

jase
jase

jazz
jazz

[lɑ:z]

-laze
chalaze

[blɑ:z]

blase
blase

[ʀɑ:z]

(-)*rase*
estérase
isomérase
rase
saccharase

[pʀɑ:z]

-prase
chrysoprase

[kʀɑ:z]

(-)*crase*
crase
écrase
sucrase

[bʀɑ:z]

(-)*brase*
brase
ébrase
embrase

[fʀɑ:z]

frase
frase

(-)*phrase*
antiphrase
métaphrase
paraphrase
périphrase
phrase

[mɑ:z]

-mase
antonomase
paronomase

327

[nɑːz]	[pɑːl]	[bɑːR]

[nɑːz]

-nase
gymnase
insulinase
kinase
pénicillinase
urokinase
synase

[jɑːz]

[tjɑːz]

-thiase
lithiase

[ʒjɑːz]

-giase
gorgiase (se)

[wɑːz]

[Rwɑːz]

[gRwɑːz]

-groise
hongroise

———[ɑːʒ]———

âge
âge

[naːʒ]

-n âge
moyen âge

———[ɑːl]———

(-)*hâle*
déhâle
hâle

[pɑːl]

pâle
pâle

[ʃɑːl]

châle
châle

[Rɑːl]

râle
râle

[gRɑːl]

graal
Graal

[mɑːl]

mâle
mâle

[wɑːl]

[pwɑːl]

poêle
poêle

———[ɑːR]¹———

are
are

[kɑːR]

(-)*carre*
carre
contrecarre

[bɑːR]

(-)*barre*
barre
débarre
rembarre

[gɑːR]

gare
gare

[RɑːR]

rare
rare

———[ɑːm]²———

âme
âme

[pɑːm]

pâme
pâme

[tɑːm]

-tame
dictame

[fɑːm]

-fame
diffame

-fâme
infâme

---

1. Ajouter les pers. 1, 2, 3, 6 de l'ind. et du subj. prés. et la pers. 2 de l'impér. prés. des v. en -*arrer* [ɑ-Re].
2. Ajouter les pers. 1, 2, 3, 6 de l'ind. et du subj. prés. et la pers. 2 de l'impér. prés. des v. en -*âmer*, -*amer* et -*ammer* [ɑ-me].

[lɑːm]

[klɑːm]

(-)*clame*
acclame
clame
déclame
proclame
réclame

[blɑːm]

blâme
blâme

[flɑːm]

(-)*flamme*
cache-flamme
enflamme
flamme
lance-flamme
oriflamme
renflamme

[ʀɑːm]

[bʀɑːm]

brame
brame

brahme
brahme

[jɑːm]

[kjɑːm]

-*quiame*
jusquiame

——— **[ɑːn]**[1] ———

âne
âne

[dɑːn]

(-)*damne*
condamne
damne

-*d'âne*
dos-d'âne
pas-d'âne

-*de-âne*
guide-âne

[fɑːn]

-*fane*
profane

[ʒɑːn]

-*jeanne*
dame-jeanne
marie-jeanne

[lɑːn]

-*l'âne*
coq-à-l'âne

[plɑːn]

plane
plane

[flɑːn]

flâne
flâne

[glɑːn]

glane
glane

[ʀɑːn]

[kʀɑːn]

(-)*crâne*
crâne
péricrâne

[mɑːn]

-*mane*
émane

mânes
mânes

manne
manne

——— **[ɑːɲ]**[2] ———

[kɑːɲ]

(-)*khâgne*
hypokhâgne
khâgne

[gɑːɲ]

(-)*gagne*
gagne
regagne

——— **[ɑːj]**[3] ———

-*aille*
criaille

---

1. Ajouter les pers. 1, 2, 3, 6 de l'ind. et du subj. prés. et la pers. 2 de l'impér. prés. des v. en -*âner* et -*amner*.
2. Ajouter les pers. 1, 2, 3, 6 de l'ind. et du subj. prés. et la pers. 2 de l'impér. prés. des v. *gagner* et *regagner*.
3. Ajouter les pers. 1, 2, 3, 6 de l'ind. et du subj. prés. et la pers. 2 de l'impér. prés. des v. en -*ailler* [ɑ-je].

[pɑːj]

(-)*paille*
carton-paille
empaille
hache-paille
harpaille
paille
ripaille
tripaille

[tɑːj]

(-)*taille*
avitaille
basse-taille
bataille
bretaille
contre-taille
entaille
entretaille
futaille
haute-taille
intaille
mortaille
piétaille
prétintaille
ravitaille
retaille
taille
valetaille
ventaille

[kɑːj]

(-)*caille*
blocaille
caille
clincaille
écaille
frocaille
monacaille
passacaille
quincaille
racaille
rocaille

-*quaille*
antiquaille

[bɑːj]

(-)*bâille*
bâille
entrebâille

[dɑːj]

(-)*daille(s)*
accordailles
daille
godaille
merdaille
ribaudaille
tondaille
truandaille

[gɑːj]

-*gaille*
gogaille
margaille
pagaille

[sɑːj]

-*çaille(s)*
fiançailles
fonçaille

-*saille*
broussaille

[ʃɑːj]

-*chaille*
blanchaille

[vɑːj]

-*vaille(s)*
crevaille
relevailles
retrouvailles
trouvaille

[zɑːj]

-*saille(s)*
bleusaille
cisaille
épousailles
grisaille
gueusaille

menuisaille
représailles
trésaille

[ʒɑːj]

-*geaille*
mangeaille

[lɑːj]

-*laille*
volaille

[ʀɑːj]

(-)*rail*
autorail
monorail
rail

(-)*raille(s)*
déraille
éraille
ferraille
funérailles
moraille(s)
muraille
perce-muraille
pierraille
raille
tiraille
touraille

[tʀɑːj]

(-)*traille(s)*
entrailles
mitraille
prêtraille
traille

[bʀɑːj]

(-)*braille*
braille
débraille

[dʀɑːj]

draille
draille

330

[mɑːj]

(-)maille(s)
aumailles
chamaille
fesse-maille
limaille
maille
marmaille
pince-maille
rimaille
ronge-maille
semailles

sonnaille
tenaille
tenailles
tournaille

[nɑːj]

-naille(s)
canaille
cochonnaille
encanaille
grenaille
moinaille
penaille
poissonnaille

[jɑːj]

[pjɑːj]

piaille
piaille

[wɑːj]

ouaille
ouaille

[twɑːj]

touaille
touaille

[gwɑːj]

gouaille
gouaille

[fwɑːj]

fouaille
fouaille

[ʒwɑːj]

jouaille
jouaille

[ɥɑːj]

[tɥɑːj]

-tuailles
victuailles

[nɥɑːj]

-nuaille
menuaille

[ɔ]

————— [ɔ] —————

oh
oh

————— [ɔp]¹ —————

hop
hop

(-)ope
amblyope
ope

[pɔp]

pop
pop

pope
pope

[tɔp]

(-)top
auto-stop
hard-top
non stop
stop
top

(-)tope
biotope
isotope
métope
radio-isotope
stoppe
tope

[kɔp]

-cope
apocope
bronchoscope
Caméscope
CinémaScope
écope
électroscope
escope
gastroscope
gyroscope
hélioscope
horoscope
hydroscope
hygroscope
kaléidoscope
kinescope
kinétoscope
laryngoscope
magnétoscope
microscope
ophtalmoscope
oscilloscope
périscope
radiotélescope
spectroscope
stéréoscope
stroboscope
syncope
télescope
trombinoscope

-koop
boskoop

[bɔp]

(-)bop
be-bop
bop

[dɔp]

dope
dope

[ʃɔp]

-chop
mutton-chop

chope
chope

(-)choppe
achoppe
choppe
échoppe

-shop
bishop
ciné-shop
free-shop
sex-shop

[zɔp]

-sope
hysope

[lɔp]

(-)lope
antilope
escalope
galope
héméralope

---

1. Ajouter les pers. 1, 2, 3, 6 de l'ind. et du subj. prés. et la pers. 2 de l'impér. prés. des v. en *-oper* et *-opper*.

interlope
lope
marie-salope
nyctalope
salope
varlope

-loppe
développe
enveloppe

[klɔp]

(-)clope
clope
cyclope

[flɔp]

flop
flop

[Rɔp]

[pRɔp]

-prop
agit-prop

[tRɔp]

(-)trope
amétrope
emmétrope
épitrope
héliotrope
hypermétrope
isotrope
trope

-thrope
atlanthrope
lycanthrope
misanthrope
paranthrope
philanthrope
pitécanthrope
sinanthrope
théophilanthrope

[dRɔp]

drop
drop

[nɔp]

-nope
canope

[jɔp]

[mjɔp]

myope
myope

——— **[ɔpt]**[1] ———

(-)opte
opte
coopte

[kɔpt]

(-)copte
copte
sarcopte

[dɔpt]

-dopte
adopte

——— **[ɔptR]** ———

[jɔptR]

[djɔptR]

-dioptre
catadioptre

——— **[ɔps]** ———

-ops
chéops

[rɔps]

-rops
chamérops

[lɔps]

-lops
anchilops

[mɔps]

-mops
rollmops

[jɔps]

[tjɔps]

-thiops
éthiops

[Rjɔps]

-ryopse
caryopse

——— **[ɔpl]** ———

[nɔpl]

-nople
andrinople
sinople

——— **[ɔpR]** ———

[RɔpR]

[pRɔpR]

(-)propre
amour-propre
impropre
malpropre
propre

---

1. Ajouter les pers. 1, 2, 3, 6 de l'ind. et du subj. prés. et la pers. 2 de l'impér. prés. des v. en *-opter*.

—————**[ɔt]**[1]—————

hot
hot

-hote
cahote

hotte
hotte

-ote
[i-ɔt]
agriote
compatriote
cypriote
maigriote
patriote
[e-ɔt]
emphythéote

-otte
[i-ɔt]
griotte
[e-ɔt]
péotte

[pɔt]

-pot
jack-pot
spot

(-)*pote*
capote
chipote
clapote
compote
dépote
despote
empote
papote
popote
pote
sapote
tapote
tripote

[tɔt]

-tote
asymptote
hottentote
litote

[kɔt]

-cott
boycott

(-)*cote*
accote
asticote
bécote
boursicote
chicote
cote
décote
emberlificote
fricote
hors-cote
picote
tarabiscote
tricote

(-)*cotte(s)*
biscotte
chicotte
chocottes
cocotte
cotte
marcotte
mascotte

(-)*quote*
aliquote
quote

[bɔt]

(-)*bote*
barbote
bote
cabote
jabote
nabote
rabote

ribote
sabote

(-)*botte(s)*
barbotte
botte
caillebotte
débotte
demi-botte
lèche-bottes
tire-botte

[dɔt]

dot
dot

(-)*dote*
anecdote
antidote
dote
épidote
radote
sacerdote

-dotte
wyandotte

[gɔt]

-gote
argote
bigote
cagote
défagote
dégote
ergote
fagote
gargote
gigote
gringote
hétérozygote
homozygote
ligote
mendigote
parigote
ragote
ravigote
redingote

---

1. Ajouter les pers. 1, 2, 3, 6 de l'ind. et du subj. prés. et la pers. 2 de l'impér. prés. des v. en *-oter*, *-otter* et *-ioter*.

334

-gothe
ostrogothe
visigothe
wisigothe

[fɔt]

phot
phot

-phote
cataphote

[sɔt]

-çote
pinçote
suçote

-sote
assote
pissote

(-)*sotte*
sotte
toussotte

[ʃɔt]

-chote
chuchote
crachote
manchote

chott
chott

-chotte
bachotte
chochotte
don Quichotte

-shot
passing-shot
stock-shot

[vɔt]

(-)*vote*
buvote

dévote
indévote
pivote
velvote
vivote
vote

-votte
chènevotte
gavotte

[zɔt]

-sote
baisote
créosote

-sotte
frisotte

-zote
azote

[ʒɔt]

-geote
jugeote

-geotte
bougeotte

-jote
mijote

[lɔt]

-lote
ballote
bateau-pilote
belote
camelote
dorlote
échalote
falote
gyropilote
hilote
ilote
matelote
parlote
pelote
pilote

rigolote
saprelote
zélote

(-)*lotte*
ballotte
bellotte
belotte
bibelotte
boulotte
calotte
camelotte
charlotte
couche-culotte
culotte
décalotte
déculotte
gaine-culotte
gibelotte
gobelotte
goulotte
grelotte
hulotte
jupe-culotte
lotte
masselotte
pâlotte
parlotte
poulotte
roulotte
sans-culotte
saprelotte
vitelotte

[plɔt]

-plote
complote

[blɔt]

-blote
tremblote

[glɔt]

-glote
sanglote

(-)*glotte*
épiglotte
glotte
polyglotte

335

[flɔt]

(-)*flotte*
flotte
sifflotte

[Rɔt]

-*rot*
black-rot

(-)*rote*
cairote
épirote
fiérote
numérote
pleurote
rote
sclérote
sirote

-*rotte*
cagerotte
carotte
garrotte
marotte
poil-de-carotte

[pRɔt]

prote
prote

[tRɔt]

-*trot*
fox-trot

trotte
trotte

[kRɔt]

-*crote*
dicrote

(-)*crotte*
crotte
décrotte
garde-crotte
paracrotte

-*ck roth*
black roth

[gRɔt]

(-)*grotte*
grotte
palangrotte

[fRɔt]

frotte
frotte

[vRɔt]

-*vrote*
chevrote
poivrote

-*vrotte*
fiévrotte

[mɔt]

-*mote*
bergamote
escamote
golmote

(-)*motte(s)*
brise-mottes
chamotte
émotte
marmotte
motte
rase-mottes

[nɔt]

(-)*note(s)*
actinote
annote
bank-note
bloc-notes
canote
croque-note
dénote
garde-note
gymnote
huguenote
note
pique-notes

-*notte*
emmenotte
gelinotte
jeunotte
kichenotte
linotte
menotte
quenotte
quichenotte

[ɲɔt]

-*gnote*
clignote
gnognote
grignote
mignote
solognote

-*gnotte*
bourguignotte
cagnotte
gagnotte
gnognotte

[jɔt]

-*llote*
démaillotte
emmaillote
paillote
papillote
parpaillote
remmaillote

-*llotte*
bouillotte
vieillotte

yacht
yacht

-*yote*
coyote

[pjɔt]

-*piote*
lépiote
loupiote

[tjɔt]

-tiote
petiote

[bjɔt]

-biote
rabiote
symbiote

[djɔt]

-diote
idiote

[ʃjɔt]

chiotte
chiotte

[vjɔt]

-viotte
cheviotte

[ʒjɔt]

-giote
agiote

[ljɔt]

-liote
foliote
galiote
italiote
massaliote
pholiote
psalliote

[Rjɔt]

riote
riote

[njɔt]

-niote
amniote

————[ɔtʃ]————

[kɔtʃ]

-cotch
scotch

————[ɔtR]————

[kɔtR]

cotre
cotre

[vɔtR]

votre
votre

[nɔtR]

notre
notre

————[ɔk]¹————

oc
oc

[pɔk]

-pok
kapok

-poque
époque

[tɔk]

(-)toc
estoc

étoc
mastoc
nostoc
toc

-tock
alpenstock
stock

(-)toque
chinetoque
toque

[kɔk]

coke
coke

(-)coq
coq
crête-de-coq
maître-coq

(-)coque
bicoque
coque
emberlucoque
gonocoque
microcoque
monocoque
multicoque
salicoque
staphylocoque
streptocoque

[bɔk]

bock
bock

[dɔk]

-doc
langue d'oc
médoc

(-)dock
dock
haddock

---

1. Ajouter les pers. 1, 2, 3, 6 de l'ind. et du subj. prés. et la pers. 2 de l'impér. prés. des v. en -oquer.

opodeldock
paddock

-d hoc
ad hoc

-doque
cholédoque
diadoque
synecdoque

[fɔk]

(-)*foc*
clinfoc
foc

-foque
loufoque
suffoque

phoque
phoque

[sɔk]

(-)*soc*
polysoc
radsoc
soc
trisoc

socque
socque

[ʃɔk]

(-)*choc*
antichoc
choc
contre-choc
électrochoc
pare-choc

choque
choque

[vɔk]

-voque
convoque

équivoque
évoque
invoque
provoque
révoque
univoque

[lɔk]

(-)*loch*
loch
moloch

-lock
interlock

looch
looch

(-)*loque*
amerloque
berloque
breloque
cloque
colloque
disloque
effiloque
grandiloque
interloque
loque
pendeloque
soliloque
ventriloque

[plɔk]

ploc
plic et ploc
ploc

ploque
ploque

[klɔk]

clock
five o'clock

cloque
cloque

[blɔk]

(-)*bloc*
bloc
monobloc
Silentbloc

(-)*block*
block
starting-block

(-)*bloque*
bloque
débloque

[ʀɔk]

roc
roc

-roch
auroch

rock
rock

(-)*roque*
baroque
roque

[pʀɔk]

-proque
réciproque

[tʀɔk]

troc
troc

troque
troque

[kʀɔk]

(-)*croque*
croque
escroque

338

[bʀɔk]

broc
bric et de broc (de)

[fʀɔk]

froc
froc

-froque
défroque
enfroque

[mɔk]

-mocks
smocks

moque
moque

[nɔk]

-nock
schnock

-noque
chinoque
manoque
schnoque
sinoque

[jɔk]

-ïoque
baïoque

[vjɔk]

vioc
vioc

[njɔk]

-nioc
manioc

——— **[ɔkt]** ———

[dɔkt]

docte
docte

——— **[ɔks]**[1] ———

[pɔks]

-pox
cow-pox

[tɔks]

-tox
intox

[bɔks]

(-)box
box
juke-box

boxe
boxe

[dɔks]

-doxe
hétérodoxe
orthodoxe
paradoxe

[lɔks]

[flɔks]

phlox
phlox

[ʀɔks]

-rochs
aurochs

[nɔks]

-nox
inox

-noxe
équinoxe

——— **[ɔkl]** ———

[sɔkl]

socle
socle

[nɔkl]

-nocle
binocle
monocle

——— **[ɔkʀ]** ———

ocre
ocre

[jɔkʀ]

[djɔkʀ]

-diocre
médiocre

——— **[ɔb]**[2] ———

[kɔb]

cob
cob

[gɔb]

(-)gobe
engobe
gobe

---

1. Ajouter les pers. 1, 2, 3, 6 de l'ind. et du subj. prés. et la pers. 2 de l'impér. prés. du v. *boxer*.
2. Ajouter les pers. 1, 2, 3, 6 de l'ind. et du subj. prés. et la pers. 2 de l'impér. prés. des v. en *-ober*.

gobbe
gobbe

dérobe
enrobe
garde-robe
orobe
robe

[RɔbR]

robre
robre

[fɔb]

-phobe
androphobe
anglophobe
claustrophobe
francophobe
gallophobe
germanophobe
hydrophobe
prêtrophobe
xénophobe

[pRɔb]

probe
probe

[pRɔbR]

-probre
opprobre

[kRɔb]

-crobe
microbe

─────**[ɔd]**[1]─────

(-)ode
géode
inféode
ode
triode

[ʒɔb]

[nɔb]

(-)job
job
larme-de-Job

-nob
snob

[pɔd]

─────**[ɔbl]**─────

-pode
antipode
apode
arthropode
brachiopode
céphalopode
décapode
épode
gastéropode
gastropode
lycopode
mégapode
myriapode

[lɔb]

[nɔbl]

lob
lob

(-)noble
garde-noble
noble

(-)lobe
épilobe
lobe

[nɔbl]

[glɔb]

-gnoble
ignoble
vignoble

(-)globe
englobe
globe

─────**[ɔbR]**─────

[tɔbR]

[tɔd]

[Rɔb]

-tobre
octobre

-tode
cestode
custode
platode

rob
rob

[sɔbR]

(-)robe
arrobe

sobre
sobre

-thode
cathode
méthode
penthode

───────

1. Ajouter les pers. 1, 2, 3, 6 de l'ind. et du subj. prés. et la pers. 2 de l'impér. prés. des v. en *-oder*.

[kɔd]

(-)code
code
diacode

[gɔd]

(-)gode
gode
pagode

[fɔd]

-phod
éphod

[sɔd]

-sode
rhapsode

[vɔd]

-vode
voïvode

[zɔd]

-sode
épisode

-xode
exode

[Rɔd]

-rode
aleurode
corrode
érode

[tRɔd]

-trode
électrode
tétrode

[bRɔd]

(-)brode
brode
rebrode

[mɔd]

(-)mode
accommode
commode
incommode
malcommode
mode
raccommode

[nɔd]

-node
anode
saint-synode
synode

[jɔd]

iode
iode

yod
yod

[Rjɔd]

-riode
période

——— **[ɔg]**[1] ———

[bɔg]

bog
bog

bogue
bogue

[dɔg]

-dog
bulldog
hot-dog

(-)dogue
bouledogue
dogue

[gɔg]

(-)gogue(s)
cholagogue
démagogue
emménagogue
gogues
mystagogue
pédagogue
sialagogue
synagogue

[vɔg]

vogue
vogue

[lɔg]

-logue
analogue
anthropologue
apologue
archéologue
astrologue
cancérologue
cardiologue
catalogue
chrysologue
climatologue
criminologue
décalogue
dermatologue
dialectologue
diabétologue
dialogue
égyptologue
endocrinologue
épilogue
ethnologue
éthologue

---

1. Ajouter les pers. 1, 2, 3, 6 de l'ind. et du subj. prés. et la pers. 2 de l'impér. prés. des v. en -oguer.

futurologue
gastro-entérologue
géologue
gérontologue
graphologue
gynécologue
hématologue
homologue
idéologue
lexicologue
météorologue
monologue
musicologue
mythologue
nécrologue
néologue
œnologue
ornithologue
philologue
phrénologue
politicologue
prologue
psychologue
radiologue
sinologue
sismologue
sociologue
stomatologue
toxicologue
urologue
vulcanologue
zoologue

[glɔg]

-glogue
églogue

[Rɔg]

(-)rogue
pirogue
rogue

[dRɔg]

drogue
drogue

[gRɔg]

grog
grog

[mɔg]

-mog
smog

————**[ɔgR]**————

ogre
ogre

[dɔgR]

dogre
dogre

————**[ɔgm]**————

[dɔgm]

dogme
dogme

————**[ɔf]**[1]————

[off]

off
off

[tɔf]

-toffe
étoffe

[kɔf]

-kov
kalachnikov

[sɔf]

çof
çof

[ʃɔf]

-schof
bischof

[zɔf]

-s-off
sous-off

-sophe
philosophe
théosophe

[lɔf]

(-)lof
lof
ouolof

lofe
lofe

[glɔf]

-glof
kouglof

[Rɔf]

[pRɔf]

prof
prof

[tRɔf]

-trophe
anastrophe
antistrophe
apostrophe
catastrophe
limitrophe

---

1. Ajouter les pers. 1, 2, 3, 6 de l'ind. et du subj. prés. et la pers. 2 de l'impér. prés. des v. *étoffer, lofer, apostropher* et *philosopher*.

pédotrophe
strophe

———[ɔft]———

[lɔft]

loft
loft

———[ɔfl]———

[Rɔfl]

-rofle
girofle

———[ɔfR]¹———

offre
offre

[kɔfR]

(-)*coffre*
coffre
encoffre

[zɔfR]

-soffre
mésoffre

———[ɔs]²———

(-)*os*
os
[a-ɔs]
naos
pronaos

[pɔs]

-pos
atropos
campos
quipos

[tɔs]

-thos
ithos
pathos

[kɔs]

-chos
colchos

-coce
précoce

-cos
trabucos

(-)*cosse*
cosse
écosse

[bɔs]

-bos
ovibos

boss
boss

(-)*bosse*
bosse
cabosse
embosse
ronde-bosse

[dɔs]

-doce
sacerdoce

[gɔs]

-goce
négoce

-gos
logos

gosse
gosse

[zɔs]

-sosse
désosse

[lɔs]

-loce
véloce

-los
crapulos
tholos

-losse
colosse
molosse

[plɔs]

-plos
péplos

[glɔs]

-glosse
buglosse
cynoglosse
hypoglosse
isoglosse
ophioglosse

---

1. Ajouter les pers. 1, 2, 3, 6 de l'ind. et du subj. prés. et la pers. 2 de l'impér. prés. des v. *coffrer*
et *encoffrer*.
2. Ajouter les pers. 1, 2, 3, 6 de l'ind. et du subj. prés. et la pers. 2 de l'impér. prés. des v. en *-osser*
[ɔ-se] et du v. *nocer*.

343

[RɔS]

-roce
féroce

-ros
anthocéros
couros
éros
extra-muros
intra-muros
mégacéros
paros
rhinocéros
saros
toros (plazza de)

(-)rosse
carrosse
jarosse
rosse

[tRɔS]

-troce
atroce

-tros
albatros

[kRɔS]

(-)cross
bicross
cross
cyclo-cross
motocross
vélocross

(-)crosse
crosse
porte-crosse

[bRɔS]

(-)brosse
balai-brosse
brosse
tapis-brosse

[dRɔS]

drosse
drosse

[mɔS]

-mos
cosmos
thermos

[nɔS]

noce
noce

-nos
albinos
custodi-nos
mérinos
salvanos
tétanos

[jɔS]

[pjɔS]

-pios
asclépios

[njɔS]

-nios
amnios

———— **[ɔst]**[1] ————

host
host

ost
ost

[pɔst]

-post
compost
ex post

(-)poste(s)
aposte
avant-poste
déposte
imposte
malle-poste
multiposte
poste
postes
riposte
timbre-poste
voiture-poste
wagon-poste

[tɔst]

toast
toast

toste
toste

[kɔst]

-causte
holocauste

-coste
accoste
anacoste

[Rɔst]

-roste
staroste

[mɔst]

-moste
harmoste

[nɔst]

-nost
glasnost

-noste
anagnoste

---

1. Ajouter les pers. 1, 2, 3, 6 de l'ind. et du subj. prés. et la pers. 2 de l'impér. prés. des v. en *-oster*.

344

[jɔst]

[Rjɔst]

-rioste
périoste

―――――[ɔstR]―――――

[RɔstR]

(-)*rostre*
conirostre
lamellirostre
rostre
tenuirostre

―――――[ɔsk]―――――

osque
osque

[jɔsk]

[kjɔsk]

kiosque
kiosque

―――――[ɔsm]―――――

[kɔsm]

-cosme
macrocosme
microcosme

―――――[ɔʃ]¹―――――

hoche
hoche

-oche
brioche

[pɔʃ]

(-)*poche(s)*
empoche
poche
rempoche
vide-poches

[tɔʃ]

-toche
fantoche
patoche
pétoche

-tosch
mackintosch

[kɔʃ]

-coach
mail-coach

(-)*coche*
coche
décoche
encoche
ricoche
sacoche

[bɔʃ]

(-)*boche*
bamboche
boche
caboche
rabiboche

[dɔʃ]

-doche(s)
badoche
belle-doche
bidoche
caldoche
fardoches
synecdoche

[vɔʃ]

-voche
bavoche

[zɔʃ]

-soche
basoche

[lɔʃ]

(-)*loche*
aristiloche
effiloche
filoche
galoche
loche
taloche
valoche

[klɔʃ]

cloche
cloche

[flɔʃ]

floche
floche

[Rɔʃ]

(-)*roche*
abri-sous-roche
arroche
déroche
enroche
roche

[pRɔʃ]

(-)*proche*
approche

―――――――――

1. Ajouter les pers. 1, 2, 3, 6 de l'ind. et du subj. prés. et la pers. 2 de l'impér. prés. des v. en *-ocher*.

345

proche
rapproche
reproche

[tRɔʃ]

troche
troche

[kRɔʃ]

(-)*croche*
accroche
anicroche
bancroche
croche
décroche
double-croche
raccroche

[bRɔʃ]

(-)*broche*
broche
débroche
embroche
tournebroche

[vRɔʃ]

-*vroche*
gavroche

[mɔʃ]

moche
moche

[nɔʃ]

-*noche*
épinoche
flânoche
médianoche

[ɲɔʃ]

-*gnoche*
pignoche

[jɔʃ]

-*lloche*
guilloche
mailloche

[pjɔʃ]

(-)*pioche*
pelle-pioche
pioche

[mjɔʃ]

mioche
mioche

——————[ɔːv]¹ ——————

ove
ove

[lɔːv]

love
love

[nɔːv]

-*nove*
innove
quinquenove

——————[ɔːʒ]² ——————

[tɔːʒ]

(-)*toge*
épitoge
toge

[dɔːʒ]

doge
doge

[gɔːʒ]

-*goge*
paragoge

[lɔːʒ]

(-)*loge*
déloge
éloge
eucologe
horloge
loge
martyrologe
ménologe
nécrologe

[Rɔːʒ]

-*roge*
arroge
déroge
interroge
proroge

[bRɔːʒ]

-*broge*
abroge
allobroge
subroge

——————[ɔl]³ ——————

-*ol*
schéol

---

1. Ajouter les pers. 1, 2, 3, 6 de l'ind. et du subj. prés. et la pers. 2 de l'impér. prés. des v. *innover* et *lover*.
2. Ajouter les pers. 1, 2, 3, 6 de l'ind. et du subj. prés. et la pers. 2 de l'impér. prés. des v. en -*oger*.
3. Ajouter les pers. 1, 2, 3, 6 de l'ind. et du subj. prés. et la pers. 2 de l'impér. prés. des v. en -*oler* et -*oller*.

triol
vitriol

-ole
[i-ɔl]
affriole
cabriole
cambriole
centriole
gaudriole
vitriole

[e-ɔl]
alvéole
aréole
auréole
créole
faséole
fléole
lauréole
malléole
nivéole
nucléole
roséole
rubéole

[pɔl]

-pole
acropole
bibliopole
coupole
décapole
hélépole
interpole
mégalopole
métropole
monopole
nécropole
pharmacopole
pentapole
technopole

-polle
équipolle

[tɔl]

-thol
menthol

-tol
aristol

bristol
eucalyptol
naphtol

-tole
capitole
diastole
étole
extrasystole
pactole
périsystole
pistole
rafistole
scatole
stole
systole

-toll
atoll

[kɔl]

-c-hall
music-hall

(-)col
cache-col
capiscol
caracol
col
gaïacol
glycol
hausse-col
licol
torcol

-cole
accole
agricole
apicole
arboricole
avicole
barbacole
bricole
caracole
cavernicole
christocole
cœlicole
cordicole
dyscole
école
horticole
ignicole
morticole

oléicole
ostréicole
piscicole
protocole
racole
récole
régnicole
séricicole
sylvicole
vinicole
viticole

(-)colle
chrysocolle
colle
décolle
encolle
glycocolle
ichtyocolle
ostéocolle
recolle

-cool
alcool
dialcool
pèse-alcool

[bɔl]

-ball
football

(-)bol
bol
cobol
ras-le-bol
sex-symbol

-bole
amphibole
carambole
criobole
discobole
embole
faribole
guibole
hyperbole
métabole
obole
parabole
péribole
rocambole
symbole
taurobole

347

-bolle
guibolle

[dɔl]

dol
dol

-dole
cadole
farandole
girandole
gondole
idole
indole
mendole

[gɔl]

-gol
argol
collargol
ergol
mogol
mongol
protargol

-gole
dégringole
espingole
mongole
rigole

[fɔl]

fol
fol

-fole
affole
batifole
raffole

(-)folle
archifolle
fofolle
folle

[sɔl]

(-)sol
aérosol

corossol
entresol
girasol
hydrosol
lithosol
parasol
sol
sous-sol
tournesol

(-)sole
assole
boussole
console
dessole
rissole
sole

[vɔl]

(-)vol
antivol
convol
envol
sénevol
survol
vol

(-)vole
bénévole
convole
dévole
envole (s')
frivole
malévole
revole
vélivole
vole

[zɔl]

-sol
cortisol
crésol

-sole
camisole
désole
isole

-solle
grisolle

-zol
benzol
podzol

-zole
gazole
thiazole

[ʒɔl]

-geole
cageole
flageole
rougeole

-jole
cajole

[Rɔl]

-rol
cholestérol
glycérol
pomerol

-role
azerole
banderole
barquerole
busserole
casserole
cicérole
dévirole
escarole
faverole
féverole
flammerole
fougerole
furole
genestrole
muserole
parole
pirole
porte-parole
profiterole
pyrole
rousserole
scarole
verderole
vérole
virole

348

roll
rock and roll

-rolle(s)
barcarolle
bouterolle
corolle
foirolle
fumerolle
girolle
lignerole
marolles
moucherolle
muserolle
rousserolle

[tʀɔl]

-trol
self-control

-trole
pétrole

troll
troll

trolle
trolle

[gʀɔl]

grole
grole

grolle
grolle

[mɔl]

(-)mol
bémol
formol
komsomol
mol
thymol

(-)mole
immole
mole
remole
samole

molle
molle

[nɔl]

-nol
cévenol
eugénol
méthanol
phénol
terpinol

-nole
canole
cévénole
somnole

[ɲɔl]

-gnol
campagnol
cerdagnol
espagnol
guignol
rossignol

-gnole
bagnole
brignole
carmagnole
chignole
croquignole
échantignole
espagnole
fignole
rossignole
torgnole

[jɔl]

-ïolle
tavaïolle

yole
yole

[tjɔl]

-tiole
bestiole
étiole
ostiole
pétiole

[bjɔl]

-biole
babiole
rabiole

[djɔl]

-diole
absidiole
étudiole

[fjɔl]

fiole
fiole

[sjɔl]

-ciole
luciole

-tiole
gratiole
pétiole

[ʃjɔl]

-chiole
bronchiole

[vjɔl]

viol
viol

viole
viole

[ljɔl]

-liole
foliole

[ʀjɔl]

-riole
artériole
bariole
carriole
dariole
gloriole
scariole
variole

349

-riolle
mariolle

[njɔl]

-niole
carniole
tourniole

[wɔl]

[twɔl]

-tual
negro-spiritual
spiritual

———**[ɔlt]**[1]———

[kɔlt]

colt
colt

-colte
récolte

[vɔlt]

(-)volt
électrovolt
kilovolt
millivolt
volt

(-)volte
archivolte
demi-volte
désinvolte
révolte
virevolte
volte

———**[ɔlk]**———

[fɔlk]

folk
folk

———**[ɔld]**[2]———

[bɔld]

-bold
kobold

[sɔld]

(-)solde
demi-solde
solde

———**[ɔlf]**———

[gɔlf]

golf
golf

golfe
golfe

———**[ɔls]**———

[ɥɔls]

[ʀɥɔls]

ruolz
ruolz

———**[ɔlsk]**———

[vɔlsk]

volsque
volsque

———**[ɔlv]**[3]———

[sɔlv]

-solve
absolve
dissolve

[vɔlv]

volve
volve

[zɔlv]

-solve
résolve

———**[ɔːʀ]**[4]———

(-)hors
au-dehors
bout-dehors
boute-hors
dehors
en-dehors
hors

(-)or
or

[e-ɔːʀ]
confiteor

[y-ɔːʀ]
cruor
fluor

---

1. Ajouter les pers. 1, 2, 3, 6 de l'ind. et du subj. prés. et la pers. 2 de l'impér. prés. des v. *récolter, révolter* et *volter.*
2. Ajouter les pers. 1, 2, 3, 6 de l'ind. et du subj. prés. et la pers. 2 de l'impér. prés. du verbe *solder.*
3. Ajouter la pers. 6 de l'ind. prés. et les pers. 1, 2, 3, 6 du subj. prés. des v. *absoudre, dissoudre* et *résoudre.*
4. Ajouter les pers. 1, 2, 3, 6 de l'ind. et du subj. prés. et la pers. 2 de l'impér. prés. des v. en *-aurer, -orer, -orrer* et *-iorer* ; − les pers. 1, 2, 3 de l'ind. prés. et la pers. 2 de l'imp. prés. des v. en (-)*mordre* et (-)*tordre.*

(-)ore(s)
ore(s)
[e-ɔR]
météore

[pɔ:R]

(-)porc
cul-de-porc
porc

(-)pore(s)
acospore
blastopore
bouche-pores
évapore
incorpore
macrospore
madrépore
millépore
pore
spore
zoospore

(-)port(s)
aéroport
altiport
apport
arrière-port
avant-port
déport
garde-port
héliport
hoverport
import
import-export
omnisports
passeport
port
rapport
report
sport
support
téléport
transport

[tɔ:R]

(-)taure
bucentaure
centaure
hippocentaure
restaure
taure

-thore
pléthore

-tor
alligator
castor
constrictor
birotor
butor
castor
demi-castor
escalator
imperator
médiator
mentor
monitor
nestor
phototransistor
portor
rotor
solicitor
stator
stentor
transistor

(-)tord
bitord
détord
distord
retord
tord

(-)tords
détords
retords
tords

(-)tore
drugstore
expectore
store
tore

(-)tors
détors
distors
retors
tors

(-)tort
nasitort
tort

[kɔ:R]

-chor
ichor

-chore
isochore

(-)cor
cor
décor
encor
salicor

-cord
accord
d'accord
désaccord
discord
raccord
record

-core
accore
décore
édulcore
encore
naucore
pécore
picore
score

(-)corps
anticorps
arrière-corps
avant-corps
bras-le-corps
corps
corps à corps
garde-corps
garde-du-corps
haut-le-corps
justaucorps
mi-corps (à)

(-)cors
cors
dix-cors
recors

351

-cort

accort

-bhorre

abhorre

-bor

tabor
vibor

(-)bord

abord
bâbord
bord
d'abord
débord
faux-bord
franc-bord
haut-bord
hors-bord
in-bord
plat-bord
rebord
sabord
tribord
vibord

(-)bore

arbore
bore
choke-bore
corrobore
élabore
ellébore

bort

bort

door

door
in door

-dor

condor
conquistador
corregidor
corridor
fructifor
labrador

lindor
matador
messidor
mirador
picador
stridor
tchador
thermidor
toréador

-d'or

bouton-d'or
mont-d'or

(-)dore

adore
commodore
dédore
dore
héliodore
inodore
lendore
mandore
odore
pandore
redore
surdore

(-)dors

dors
endors
rendors

(-)dort

dort
endort
rendort

-gor

angor

gord

gord

-gore

mandragore

for

for

(-)fore

fore
perfore

fors

fors

(-)fort

beaufort
coffre-fort
confort
contrefort
déconfort
effort
extrafort
fort
inconfort
pied-fort
porte-fort
raifort
réconfort
renfort
roquefort
terrefort

-phore

amphore
anaphore
canéphore
choéphore
cistophore
doryphore
électrophore
éphore
galactophore
lampadophore
métaphore
nécrophore
œnophore
phosphore
photophore
pyrophore
rhéophore
rhizophore
sémaphore
spermatophore
thermophore
zoophore

saur

saur

(-)*saure*
ichtyosaure
mégalosaure
plésiosaure
saure
téléosaure

-sor
essor
sponsor
tussor

(-)*sore*
massore
psore
sore
tussore

(-)*sors*
ressors
sors

(-)*sort(s)*
consort
consorts
réassort
ressort
sort

[ʃɔ:ʀ]

-chort
maillechort

shore
off shore

[vɔ:ʀ]

-vore
budgétivore
carnivore
dévore
énergivore
frugivore
fumivore
granivore
herbivore
ignivore
insectivore
omnivore

piscivore
vermivore

[zɔ:ʀ]

-saure
brontosaure
dinosaure
ichtyosaure
plésiosaure
stégosaure
tyrannosaure

-sor
nabuchodonosor
trésor

[ʒɔ:ʀ]

-jor
aide-major
état-major
major
sergent-major
tambour-major

[lɔ:ʀ]

(-)*laure*
laure
roquelaure

-lor
similor
technicolor

(-)*lord*
lord
milord

-lore
bicolore
colore
concolore
décolore
incolore
indolore
monocolore
multicolore
omnicolore
pylore
tricolore

unicolore
versicolore

(-)*lors*
alors
dès lors
lors

[plɔ:ʀ]

-plore
déplore
explore
implore

[klɔ:ʀ]

chlore
chlore

(-)*clore*
clore
déclore
éclore
enclore
forclore
reclore
renclore

-klore
folklore

[flɔ:ʀ]

-flor
mirliflor

(-)*flore*
déflore
flore
microflore
mirliflore
multiflore
passiflore
tubuliflore
uniflore

[ʀɔ:ʀ]

-rore
aurore
pérore

[mɔːʀ]

(-)*maure*
maure
sainte-maure
tête-de-maure

-*mor*
cyclamor

(-)*mord*
démord
mord
remord

(-)*mords*
démords
mords
remords

(-)*more*
claymore
matamore
more
remémore
sycomore

mors
mors

(-)*mort(s)*
croque-mort
ivre-mort
malemort
mort
trompe-la-mort
trompette-des-morts

[nɔːʀ]

-*nor*
athanor
ténor

nord
nord

-*nore*
déshonore
honore
infrasonore
insonore
lécanore
sonore
ultrasonore

[ɲɔːʀ]

-*gnor*
monsignor
signor

-*gnore*
ignore

-*ñor*
señor

[jɔːʀ]

[kjɔːʀ]

-*chior*
melchior

[fjɔːʀ]

fiord
fiord

[ljɔːʀ]

-*liore*
améliore

[ʀjɔːʀ]

-*riore*
détériore

[njɔːʀ]

-*nior*
junior
senior

[ɥɔːʀ]

[tɥɔːʀ]

-*tuor*
octuor
quatuor
septuor
sextuor

———**[ɔʀt]**[1]———

-*horte*
cohorte

-*orte*
aorte

[pɔʀt]

(-)*porte*
apporte
bateau-porte
cloporte
colporte
comporte
contre-porte
déporte
dessus-de-porte
emporte
exporte
importe
pas-de-porte
porte
porte-à-porte
rapporte
réexporte
réimporte
remporte
reporte
supporte
transporte
veine porte

[tɔʀt]

(-)*torte*
bistorte
retorte
torte

---

1. Ajouter les pers. 1, 2, 3, 6 de l'ind. et du subj. prés. et la pers. 2 de l'impér. prés. des v. en -*orter*.

[kɔʀt]

-corte
accorte
escorte

[fɔʀt]

(-)forte
colle-forte
conforte
déconforte
eau-forte
forte
main-forte
réconforte

[sɔʀt]

(-)sorte
sorte
ressorte

[ʃɔʀt]

(-)short
boxer-short
short

[vɔʀt]

-vorte
avorte

[zɔʀt]

-xhorte
exhorte

[mɔʀt]

(-)morte
feuille-morte
mainmorte
morte

———**[ɔʀtʃ]**———

[bɔʀtʃ]

borchtch
borchtch

———**[ɔʀk]**[1]———

orque
orque

[pɔʀk]

porque
porque

[tɔʀk]

(-)torque
détorque
extorque
rétorque
torque

[mɔʀk]

-morque
remorque
semi-remorque

———**[ɔʀb]**[2]———

(-)orbe
orbe
téorbe

[fɔʀb]

-phorbe
euphorbe

[sɔʀb]

(-)sorbe
absorbe
sanguisorbe
sorbe

[zɔʀb]

-sorbe
résorbe

———**[ɔʀd]**[3]———

horde
horde

orde
orde

[tɔʀd]

(-)torde
butorde
détorde
retorde
torde

[kɔʀd]

chorde
chorde

(-)corde
accorde
clavicorde
concorde
corde
décorde
désaccorde
discorde
heptacorde
manicorde
miséricorde
monocorde
octacorde

---

1. Ajouter les pers. 1, 2, 3, 6 de l'ind. et du subj. prés. et la pers. 2 de l'impér. prés. des v. en -orquer.
2. Ajouter les pers. 1, 2, 3, 6 de l'ind. et du subj. prés. et la pers. 2 de l'impér. prés. des v. absorber et résorber.
3. Ajouter les pers. 1, 2, 3, 6 de l'ind. et du subj. prés. et la pers. 2 de l'impér. prés. des v. en -order.

pentacorde
raccorde
recorde
tétracorde

──────[ɔRdR]──────

ordre
ordre

[mɔRg]

morgue
morgue

[bɔRd]

-board
funboard
skateboard
story-board

(-)*borde*
aborde
borde
déborde
reborde
saborde
transborde

[tɔRdR]

(-)*tordre*
détordre
distordre
retordre
tordre

──────[ɔRf]──────

[mɔRf]

-morphe
allélomorphe
amorphe
anthropomorphe
dimorphe
hétéromorphe
homéomorphe
isomorphe
mésomorphe
polymorphe
trimorphe
zoomorphe

[zɔRdR]

-sordre
désordre

-s-ordre
sous-ordre

[fɔRd]

-ford
brickford
hereford
oxford

[RɔRdR]

[tRɔRdR]

-trordre
contrordre

──────[ɔRS]² ──────

[tɔRS]

(-)*torse*
détorse
distorse
entorse
retorse
torse

[zɔRd]

-xorde
exorde

[mɔRdR]

(-)*mordre*
démordre
mordre
remordre

[mɔRd]

(-)*morde*
démorde
morde
remorde

[kɔRS]

-corce
écorce

──────[ɔRg]¹ ──────

corse
corse

[jɔRd]

[fjɔRd]

orgue
orgue

[dɔRg]

fjord
fjord

d'orgue
point d'orgue

[fɔRS]

(-)*force*(*s*)
efforce (s')

───────────

1. Ajouter les pers. 1, 2, 3, 6 de l'ind. et du subj. prés. et la pers. 2 de l'impér. prés. du v. *morguer*.
2. Ajouter les pers. 1, 2, 3, 6 de l'ind. et du subj. prés. et la pers. 2 de l'impér. prés. des v. en *-orcer*
et *-orser*.

force
forces
idée-force
renforce

——— [ɔRv]² ———

[tɔRv]

torve
torve

[vɔRs]

-vorce
divorce

[mɔRv]

morve
morve

[mɔRs]

-morce
amorce

morse
morse

——— [ɔRz] ———

[tɔRz]

-torze
quatorze

——— [ɔRsk] ———

[lɔRsk]

lorsque
lorsque

——— [ɔR3]³ ———

orge
orge

[gɔR3]

(-)gorge
arrière-gorge
coupe-gorge
dégorge
égorge
engorge
entr'égorge (s')
gorge
regorge
rengorge
rouge-gorge
soutien-gorge
sous-gorge

——— [ɔRʃ]¹ ———

[pɔRʃ]

porche
porche

[tɔRʃ]

torche
torche

[kɔRʃ]

(-)corche
corche
écorche

[fɔR3]

(-)forge
forge
reforge

[lɔR3]

-lorge
salorge

——— [ɔRl] ———

orle
orle

[dɔRl]

-dorle
mandorle

——— [ɔRm]⁴ ———

orme
orme

[kɔRm]

corme
corme

[dɔRm]

(-)dorme
dorme
endorme
rendorme

[fɔRm]

(-)forme
aériforme
bacciforme
chloroforme
conforme
cruciforme
cunéiforme

---

1. Ajouter les pers. 1, 2, 3, 6 de l'ind. et du subj. prés. et la pers. 2 de l'impér. prés. des v. *écorcher* et *torcher*.
2. Ajouter les pers. 1, 2, 3, 6 de l'ind. et du subj. prés. et la pers. 2 de l'impér. prés. du v. *morver*.
3. Ajouter les pers. 1, 2, 3, 6 de l'ind. et du subj. prés. et la pers. 2 de l'impér. prés. des v. en -*orger*.
4. Ajouter les pers. 1, 2, 3, 6 de l'ind. et du subj. prés. et la pers. 2 de l'impér. prés. des v. en -*ormer* ; − les pers. 1, 2, 3, 6 du subj. prés. des v. en *(-)dormir*.

357

déforme
difforme
filiforme
forme
fusiforme
haut-de-forme
informe
iodoforme
méforme
multiforme
ombelliforme
piriforme
pisciforme
plate-forme
protéiforme
reforme
réforme
superforme
théiforme
transforme
tubériforme
uniforme
vermiforme

[nɔʀm]

(-)*norme*

norme
énorme
multinorme

———— **[ɔʀn]**[1] ————

orne

orne

[tɔʀn]

-*torne*

litorne
malitorne
maritorne

[kɔʀn]

-*corn*

pop-corn

(-)*corne*

bicorne
capricorne
cavicorne
corne
décorne
écorne
encorne
lamellicorne
licorne
longicorne
salicorne
tricorne
unicorne

[bɔʀn]

(-)*borne*

aborne
borne
suborne

[dɔʀn]

-*dorne*

adorne
tadorne

[gɔʀn]

-*gorne*

bigorne
dagorne
flagorne

[sɔʀn]

-*xhorn*

saxhorn

[mɔʀn]

(-)*morne*

cromorne
morne

[jɔʀn]

[vjɔʀn]

viorne

viorne

[ljɔʀn]

-*liorne*

caliorne

———— **[ɔʀɲ]**[2] ————

[bɔʀɲ]

(-)*borgne*

borgne
éborgne

[lɔʀɲ]

lorgne

lorgne

———— **[ɔm]**[3] ————

hom

hom

homme

homme

hum

hum

-*um*
[i-ɔm]
atrium
yttrium

---

1. Ajouter les pers. 1, 2, 3, 6 de l'ind. et du subj. prés. et la pers. 2 de l'impér. prés. des v. en -*orner*.
2. Ajouter les pers. 1, 2, 3, 6 de l'ind. et du subj. prés. et la pers. 2 de l'impér. prés. des v. *éborgner* et *lorgner*.
3. Ajouter les pers. 1, 2, 3, 6 de l'ind. et du subj. prés. et la pers. 2 de l'impér. prés. des v. en -*ommer*.

[e-ɔm]
calcanéum
caséum
castoréum
linoléum
muséum
nymphéum
populéum
sérapeum
Te Deum

[a-ɔm]
capharnaum

[y-ɔm]
caput-mortuum
triduum
vacuum

-üm

[a-ɔm]
capharnaüm

[pɔm]

(-)*pomme*
pomme
vide-pomme

[tɔm]

(-)*tome*
anchilostome
chrysostome
craniotome
cyclostome
dichotome
épitome
lithotome
mélastome
pentatome
phlébotome
physostome
rhizostome
tome

tomme
tomme

-tum
adiantum
ad libitum
ad nutum

ageratum
arboretum
continuum
desideratum
dictum
erratum
factotum
factum
fatum
gnetum
opus incertum
post-partum
post-scriptum
postulatum
punctum
quantum
rectum
retentum
scrotum
scutum
septum
stratum
substractum
substratum
ultimatum

[kɔm]

-come
vidrecome

comme
comme

-cum
cæcum
molluscum
vade-mecum
veni-mecum

[bɔm]

-bum
album
sébum

[dɔm]

-d'homme
prud'homme

-dom
condom

-dome
lithodome
majordome
opisthodome

-dum
carborundum
dum-dum
mémorandum
oppidum
pallidum
pedum
référendum
sédum

[gɔm]

(-)*gomme*
dégomme
gomme
rogomme

-gum
bégum
chewing-gum
sagum
targum

[sɔm]

(-)*somme*(*s*)
assomme
bête de somme
consomme
somme
sommes

-sum
dextrorsum
opossum
pensum

[vɔm]

-vome
ignivome

[lɔm]

-lom
chilom
slalom

-lome
condylome
papillome
tricholome

-lum
curriculum
coagulum
flagellum
parabellum
pilum
réticulum
spéculum
vélum

[plɔm]

-plum
péplum

[glɔm]

glome
glome

[Rɔm]

-rome
athérome
ruine-de-Rome

-rhomme
surhomme

rhum
rhum

-rum
arum
décorum
forum
labarum
lactosérum
pittosporum
quorum
sérum
variorum

[tRɔm]

-trom
malstrom

[kRɔm]

-crum
sacrum

[dRɔm]

-drome
autodrome
cynodrome
hippodrome
palindrome
prodrome
vélodrome

[gRɔm]

-grom
pogrom

[mɔm]

-mome
amome
cardamome
cinnamome

-mum
maximum
minimum
optimum
summum

[nɔm]

-nhomme
bonhomme

-nome
agoranome
agronome
astronome
autonome
deutéronome
econome
gastronome
gnome
métronome

(-)*nomme*
dénomme
nomme
renomme
surnomme

-num
duodénum
galbanum
jejunum
laudanum
magnum
plénum
sternum

[jɔm]

-lhomme
gentilhomme

[pjɔm]

-pium
opium

[djɔm]

-dium
compendium
iridium
médium
odium
palladium
podium
picridium
radium
scandium
sodium

[sjɔm]

-cium
calcium
silicium

-tium
consortium

[zjɔm]

-sium
césium

360

magnésium
symposium

[ljɔm]

-lium
épithélium
hélium
mycélium
pallium
penicillium
thallium

[Rjɔm]

-rium
aquarium
auditorium
columbarium
critérium
delphinarium
frigidarium
funérarium
imperium
mégathérium
planétarium
préventorium
sanatorium
solarium
tépidarium
triforium
vélarium
vivarium

-ryum
baryum

[njɔm]

-nium
aluminium
géranium
harmonium
minium
omnium
pandémonium
triclinium
uranium
zirconium

——— **[ɔn]**[1] ———

-honne
mahonne

-on
péon

-one
bryone

[pɔn]

-pone
lapone
lithopone

-ponne
caponne
chaponne
cramponne
enjuponne
friponne
harponne
laponne
pomponne
pouponne
tamponne

[tɔn]

-tomne
automne

-ton
badminton
charleston
newton
stilton

-tone
acétone
allochtone
atone
autochtone
cétone
détone
écotone

histone
lactone
monotone
peptone
syntone

(-)tonne
barytonne
bâtonne
bétonne
boutonne
bretonne
cantonne
capitonne
cartonne
chantonne
cotonne
cretonne
déboutonne
dépelotonne
détonne
embâtonne
entonne
festonne
gloutonne
gueuletonne
kilotonne
lettonne
mégatonne
mistonne
mitonne
moutonne
pelotonne
piétonne
reboutonne
tâtonne
testonne
teutonne
tonne

[kɔn]

-cone
chacone
scone
silicone
zircone

(-)conne
braconne
chaconne

---

1. Ajouter les pers. 1, 2, 3, 6 de l'ind. et du subj. prés. et la pers. 2 de l'impér. prés. des v. en *-oner* et *-onner*.

conne
gasconne

[bɔn]

-bone
carbone
radiocarbone
trombone

(-)*bonne*
abonne
bobonne
bombonne
bonbonne
bonne
charbonne
désabonne
louise-bonne
toute-bonne
vagabonne

[dɔn]

-done
acotylédone
belladone
dicotylédone
madone
méthadone
monocotylédone

(-)*donne*
abandonne
adonne (s')
amidonne
bondonne
bourdonne
coordonne
débondonne
donne
entre-donne (s')
espadonne
fredonne
maldonne
ordonne
pardonne
redonne
réordonne
subordonne

[gɔn]

-gone
archégone
corégone
décagone
dodécagone
ennéagone
épigone
gorgone
hendécagone
heptagone
hexagone
isogone
octogone
oogone
pentadécagone
pentagone
polygone
sporogone
tétragone
trigone

(-)*gonne*
bougonne
dragonne (à la)
dragonne
fourgonne
gonne
jargonne
parangonne
patagonne

[fɔn]

-fonne
bouffonne
chiffonne
griffonne
plafonne

-phone
allophone
anglophone
aphone
arabophone
audiophone
bigophone
dictaphone
électrophone
francophone
germanophone
grammophone
graphophone

hispanophone
homophone
lusophone
magnétophone
mégaphone
mélophone
microphone
russophone
saxophone
taxiphone
téléphone
vibraphone
xylophone

[sɔn]

-çonne
brabançonne
caparaçonne
désarçonne
étançonne
étronçonne
façonne
garçonne
maçonne
poinçonne
rançonne
soupçonne
tronçonne

-son
kyrie eleison

(-)*sonne*
assonne
chansonne
consonne
coursonne
dissonne
écussonne
empoissonne
frissonne
hérissonne
moissonne
nourrissonne
oursonne
personne
pèse-personne
polissonne
rempoissonne
sonne

-xon
klaxon

-*xone*
axone

-*xonne*
anglo-saxonne
saxonne

[ʃɔn]

-*chonne*
berrichonne
bichonne
bouchonne
cochonne
drôlichonne
encapuchonne
folichonne
louchonne
mâchonne
maigrichonne
ronchonne
torchonne

[vɔn]

-*vonne*
esclavonne
savonne
slavonne

[zɔn]

-*sone*
cortisone
osone

-*sonne*
arraisonne
assaisonne
bisonne
blasonne
cloisonne
déraisonne
déssaisonne
empoisonne
emprisonne
foisonne
frisonne
grisonne
liaisonne
raisonne
résonne
tisonne

-*zone*
amazone
canzone
evzone
ozone

-*zonne*
gazonne
regazonne

[ʒɔn]

-*geonne*
badigeonne
bourgeonne
drageonne
ébourgeonne
pigeonne
sauvageonne

[lɔn]

-*lon*
epsilon
upsilon

-*lone*
chélone

-*lonne*
aiglonne
ballonne
boulonne
colonne
déboulonne
échelonne
entre-colonne
étalonne
félonne
galonne
jalonne
pilonne
statue-colonne
talonne
vallonne
wallonne

[klɔn]

clone
clone

[blɔn]

-*blonne*
houblonne

[glɔn]

-*glonne*
aiglonne

[flɔn]

-*flonne*
bufflonne

[Rɔn]

-*ron*
mégaron

-*rone*
aleurone
androstérose
aurone
calcarone
lazzarone
neurone
progestérone
testostérone

-*ronne*
baronne
beauceronne
biberonne
bûcheronne
chaperonne
couronne
déchaperonne
découronne
enchaperonne
environne
éperonne
fanfaronne
fleuronne
huronne
laideronne
laronne
luronne
maronne
percheronne
quarteronne
ronronne
vigneronne

[tRɔn]

-trone
matrone
minestrone

-tronne
patronne
plastronne
poltronne

[kRɔn]

-cron
omicron

-chrone
asynchrone
géosynchrone
héliosynchrone
isochrone
synchrone
tautochrone

[dRɔn]

-dronne
escadronne
godronne
goudronne

[mɔn]

-mone
anémone
argémone
cinnamone
crémone
démone
époumone
hormone
mormone
ramone

[nɔn]

non
sine qua non

(-)none(s)
annone
anone
ionone
none

nones
roténone

(-)nonne
ânonne
canonne
nonne
pet-de-nonne

[ɲɔn]

-gnone
bignone

-gnonne
bourguignonne
compagnonne
désenguignonne
enguignonne
grognonne
maquignonne
mignonne
rognonne

-ñon
cañon

[jɔn]

-llonne
aiguillonne
bâillonne
bouillonne
brouillonne
carillonne
nasillonne
négrillonne
papillonne
réveillonne
sillonne
tatillonne
tourbillonne
vermillonne

-yonne
crayonne
rayonne

[pjɔn]

(-)pionne
championne

espionne
pionne

[tjɔn]

-tionne
questionne

[bjɔn]

-bionne
gabionne

[sjɔn]

-sionne
émulsionne
impressionne
passionne
pensionne
soumissionne

-tionne
actionne
additionne
affectionne
ambitionne
cautionne
collationne
conditionne
confectionne
mentionne
mixtionne
perfectionne
pétitionne
précautionne
proportionne
révolutionne
sanctionne

[zjɔn]

-sionne
approvisionne
occasionne

[ljɔn]

-glione
veglione

lionne
lionne

[mjɔn]

-mione
hémione

───[ɔɲ]¹───

hogne
hogne

[pɔɲ]

pogne
pogne

[kɔɲ]

(-)cogne
cogne
recogne
rencogne

[gɔɲ]

-gogne
bourgogne

cigogne
gigogne
vergogne
vigogne

[zɔɲ]

-sogne
besogne

[Rɔɲ]

(-)rogne
carogne
charogne
rogne

[tRɔɲ]

trogne
trogne

[gRɔɲ]

grogne
grogne

[fRɔɲ]

-frogne
refrogne
renfrogne

[vRɔɲ]

-vrogne
ivrogne

───[ɔj]───

[bɔj]

(-)boy
boy
cow-boy
play-boy

[gɔj]

goy
goy

───

1. Ajouter les pers. 1, 2, 3, 6 de l'ind. et du subj. prés. et la pers. 2 de l'impér. prés. des v. en *-ogner*.

[o]

───── [o] ─────

(-)*au*
au

[i-o]
atriau
fabliau
nobliau

[e-o]
fléau
préau
ypréau

[y-o]
gluau
gruau

-*aud*
bliaud

aulx
aulx

(-)*aux*
aux

[e-o]
boréaux
féaux
fléaux
idéaux
nivéaux
nucléaux
pirinéaux
réaux
trachéaux
unguéaux

eau
eau

-*hau*

[y-o]
huhau

(-)*haut*
haut

[a-o]
là-haut

[ə-o]
contre-haut (en)
passe-haut
rehaut

(-)*ho*
ho
oho

-*hot*
cahot

(-)*o*
o

[i-o]
brio
clio
imbroglio
maigrio
motu proprio
proprio
trio

[e-o]
bande-vidéo
gratis pro Deo
météo
paréo
rodéo
ronéo
stéréo
vidéo

[a-o]
cacao
calao
ciao
dao

dazibao
macao

[ɔ-o]
zoo

ô
ô

(-)*os*
os (des)

[a-o]
chaos

-*ot*

[i-o]
griot
maigriot

[a-o]
cahot

[po]

-*paud*
crapaud

-*paux*
archiépiscopaux
épiscopaux
grippaux
municipaux
papaux
principaux
syncopaux

(-)*peau(x)*
appeau
brise-copeaux
carpeau
chapeau
copeau

coupeau
drapeau
empeau
harpeau
oripeau
peau
pipeau
porte-drapeau
porte-chapeaux
rampeau
sans-peau
troupeau

-po
a tempo
campo
da capo
diapo
pipo
quipo
sipo
tempo
topo
typo

-pos
à-propos
avant-propos
campos
dispos
propos
repos

(-)pot
cache-pot
capot
chassepot
clapot
flipot
fouille-au-pot
galipot
hochepot
muchepot (à)
pot
tallipot
tripot

-pôt
dépôt
entrepôt
impôt
suppôt

[to]

(-)tau
étau
tau

(-)taud
costaud
courtaud
pataud
pétaud
rustaud
taud

-taut
quartaut

(-)taux
aéropostaux
azimutaux
brutaux
capitaux
comportementaux
comtaux
congénitaux
continentaux
costaux
cristaux
cubitaux
dentaux
départementaux
dialectaux
digitaux
dotaux
étaux
expérimentaux
fœtaux
fondamentaux
frontaux
génitaux
gouvernementaux
hiataux
hôpitaux
instrumentaux
intercostaux
maritaux
mentaux
métaux
monumentaux
occidentaux
occipitaux
orbitaux
orientaux
ornementaux
parastataux
pariétaux

piédestaux
postaux
postnataux
prénataux
prévôtaux
quintaux
rectaux
sacerdotaux
sacramentaux
sagittaux
surtaux
taux
totaux
transcendentaux
transcontinentaux
vantaux
végétaux
ventaux
vitaux
zénithaux

-teau
bateau
bluteau
bonneteau
boqueteau
cailleteau
céteau
chanteau
chapiteau
château
coteau
couteau
diableteau
écriteau
éléphanteau
enfaîteau
faîteau
flûteau
fouteau
fronteau
gâteau
hosteau
linteau
listeau
liteau
loqueteau
louveteau
manteau
marmenteau
marteau
plateau
pointeau
porte-couteau
portemanteau

poteau
râteau
serpenteau
têteau
tourteau
tréteau
venteau

-te-eau
morte-eau

-tho
litho

-to
ab irato
aggiornamento
agitato
allégretto
alto
animato
appassionato
aristo
asiento
auto
ayuntamiento
bel canto
campo santo
cogito
concerto
contralto
de facto
dito
divertimento
duetto
édito
espéranto
ex abrupto
ex-voto
ghetto
graffito
gruppetto
hecto
hosto
incognito
in petto
in-quarto
ipso facto
koto
lamento
larghetto
lave-auto
legato
lento
liberum-veto

libretto
loto
magnéto
mémento
mezzotinto
moderato
ostinato
osto
oto
pachto
patito
photo
pizzicato
porto
presto
pronunciamiento
putto
quartetto
quarto
quattrocento
quintetto
quinto
recto
risoluto
risotto
roman-photo
rubato
safari-photo
salto
san-benito
sexto
sfumato
shinto
sostenuto
staccato
subito
tenuto
terzetto
tiento
toto
veto
vibrato
vomito
zigoto

-tot
cuistot
hottentot
laptot
paletot

(-)tôt
aussitôt
bientôt

plutôt
sitôt
tantôt
tôt

[ko]

-caud
boucaud
moricaud
tacaud

-caut
boucaut
boursicaut
panicaut

-caux
afocaux
amicaux
ammoniacaux
anticléricaux
archiducaux
arsenicaux
basilicaux
beylicaux
bocaux
buccaux
cæcaux
cervicaux
chirurgicaux
cléricaux
cloacaux
corticaux
dominicaux
ducaux
fécaux
fiscaux
focaux
grammaticaux
grand-ducaux
inamicaux
intertropicaux
lexicaux
locaux
matriarcaux
médicaux
monacaux
musicaux
obstétricaux
ombilicaux
parafiscaux
paramédicaux
pascaux

368

patriarcaux
pontificaux
radicaux
stomacaux
subtropicaux
syndicaux
thériacaux
tropicaux
verticaux
vésicaux
vocaux
zodiacaux

-cho
écho

-cko
gecko
jocko

-co
arbico
banco
baraco
barranco
bico
bosco
caraco
coco
cocorico
coquerico
croco
déco
delco
dico
disco
fiasco
flamenco
franco
guanaco
hocco
illico
jaco
moco
monaco
osso-buco
poco
poco a poco
qu'ès-aco
rococo
secco
siroco
sirocco
tampico

trabucco
turco

-cot
abricot
accot
asticot
bécot
bicot
boscot
boucot
bourricot
boursicot
calicot
charcot
chicot
coquelicot
écot
escot
fricot
haricot
jacot
massicot
persicot
picot
subrécot
surcot
tacot
tarabiscot
tricot

-cquot
jacquot

-ko
shako

-quo
ex æquo
quiproquo
statu quo

[bo]

(-)bau
bau
harbau
kérabau
surbau

(-)baud
baud
clabaud
ribaud

(-)baux
baux
globaux
procès-verbaux
tribaux
verbaux

(-)beau
barbeau
beau
bec-de-corbeau
bleu-barbeau
corbeau
escabeau
flambeau
lambeau
rocambeau
tombeau

-bo
bobo
collabo
colombo
combo
gombo
jumbo
lavabo
mambo
nélombo
nelumbo
placebo
turbo

(-)bot
abot
bot
cabot
chabot
crabot
elbot
escarbot
étambot
galibot
jabot
nabot
paquebot
pied-bot
portrait-robot
poulbot
rabot
rebot
robot
sabot
turbot

[do]

-dau
landau

-daud
attrape-lourdaud
badaud
lourdaud
sourdaud

-daux
absidaux
caudaux
colloïdaux
ellipsoïdaux
féodaux
hélocoïdaux
hémorroïdaux
modaux
nodaux
ovoïdaux
pyramidaux
rhomboïdaux
sinusoïdaux
sphénoïdaux
sphéroïdaux
spiroïdaux
synodaux
trapézoïdaux

-deau
bandeau
bardeau
batardeau
bedeau
brigandeau
cadeau
canardeau
chaudeau
cordeau
faisandeau
fardeau
fricandeau
guideau
guindeau
hirondeau
morvandeau
outardeau
pelardeau
pintadeau
radeau
renardeau
rideau

rondeau
serdeau

d'eau
château d'eau
jet d'eau
poule d'eau

-deaux
bordeaux

(-)do
ab absurdo
accelerando
aficionado
aïkido
albédo
amontillado
boldo
calando
carbonado
clodo
commando
commodo
concedo
crado
credo
crescendo
decrescendo
desperado
diminuendo
do
dodo
eldorado
escudo
fado
glissando
grossomodo
hebdo
ido
incommodo
judo
libido
lido
mikado
ordo
pseudo
quasimodo
rallentando
rinforzando
ritardando
ritornando
rondo
scherzando
secundo
sforzando

smorzando
tornado
torpédo
urédo
zapateado

(-)dos
ados
dos
endos
extrados
gratte-dos
intrados
lave-dos
parados
surdos

-dot
bardot
cradot
péridot

-dow
bow-window
sandow

[go]

-gau
burgau

-gaud
attrape-nigaud
nigaud
saligaud
trigaud

-gaut
nilgaut

-gaux
château-Margaux
conjugaux
égaux
extra-légaux
frugaux
illégaux
inégaux
jugaux
légaux
madrigaux
margaux
médico-légaux

pharyngaux
tergaux
théologaux
vagaux

-gho
sorgho

(-)*go*
albugo
alter ego
asiago
avion-cargo
bingo
bongo
cargo
conjungo
dingo
ego
embargo
ergo
érucago
fandango
farrago
frigo
go (tout de)
gogo
gogo (à)
gringo
hidalgo
imago
impétigo
indigo
intertrigo
largo
lentigo
logo
lumbago
marengo
mungo
pongo
prurigo
solidago
tango
vertigo
virago
vulgo

-got
argot
berlingot
bigot
bousingot
cagot
ergot

escargot
fagot
flingot
gigot
larigot
ligot
lingot
magot
margot
marigot
mégot
mendigot
ostrogot
parigot
ragot
sergot
tire-larigot (à)

-goths
ostrogoths
wisigoths

-guo
distinguo

[fo]

-faud
échafaud

(-)*faut*
défaut
faut
gerfaut

(-)*faux*
faux
porte-à-faux
récifaux

-feau
girafeau
tuffeau

-fe-eau
chauffe-eau

-fo
info
transfo

-phaux
nymphaux
triomphaux

-pho
xipho

[so]

-çao
curaçao

-çaux
provençaux

-ceau
arceau
berceau
cerceau
éfourceau
faisceau
jouvenceau
lionceau
manceau
monceau
morceau
panonceau
pinceau
ponceau
pourceau
puceau
rinceau
souriceau

-sau
tussau

-sault
marsault
meursault

(-)*saut*
assaut
goussaut
ressaut
saut
soubresaut
sursaut
tressaut

-saux
abyssaux
amensaux
bursaux
colossaux
commensaux
dorsaux

371

transversaux
universaux
vassaux

(-)sceau(x)
cylindre-sceau
faisceau
garde des sceaux
sceau

(-)seau
aisseau
arbrisseau
asseau
bécasseau
boisseau
casseau
coulisseau
cuisseau
erseau
gerseau
marseau
paisseau
plumasseau
rousseau
ruisseau
saute-ruisseau
seau
tasseau
trousseau
vaisseau
verseau
vermisseau
vousseau

-so
calypso
corso
ex-professo
in-extenso
lasso
peso
verso

(-)sot
cuissot
sot

-xaux
coxaux
paradoxaux

préfixaux
suffixaux

-xo
oxo
saxo

[ʃo]

-chau
touchau

(-)chaud
chaud
réchaud

(-)chaut
artichaut
chaut (peu me)

(-)chaux
chaux
déchaux
feld-maréchaux
maréchaux
sénéchaux

-cho
facho
gaspacho
gaucho
macho
poncho
quebracho
rancho

-chot
bachot
cachot
louchot
manchot

-chow
chow-chow

-show
one man-show
talk-show

[vo][1]

vau
vau

(-)vaut
équivaut
prévaut
revaut
vaut

(-)vaux
chevaux
conjonctivaux
équivaux
estivaux
gingivaux
médiévaux
nervaux
ogivaux
prévaux
revaux
rivaux
travaux
uvaux
vaux

(-)veau
baliveau
biveau
caniveau
caveau
cerveau
claveau
cuveau
écheveau
godiveau
hâtiveau
javeau
maniveau
mou de veau
niveau
nouveau
pied-de-veau
renouveau
ris de veau
soliveau
top niveau
vassiveau
veau

-ve-eau
vive-eau

1. Ajouter les pers. 1, 2, 3 de l'ind. prés. et la pers. 2 de l'impér. prés. des v. en (-)valoir.

-vo
ab ovo
bravo
centavo
espressivo
ex vivo
in-octavo
in vivo
octavo
provo

vos
vos

-vot
dévot
indévot
pavot
pivot
pleuvot

-vôt
prévôt

[zo]

-saux
basaux
causaux
nasaux
pluricausaux
sinusaux

-seau(x)
biseau
ciseau
ciseaux
closeau
damoiseau
fuseau
houseau
manoréseau
museau
naseau
oiseau
pied-d'oiseau
pontuseau
réseau
roseau
tréseau

-so
affettuoso

amoroso
arioso
aviso
doloroso
furioso
gracioso
maestoso
mafioso
maso
peso
queusot

-zeau
gerzeau

-zo
chorizo
corozo
intermezzo
mezzo
ouzo
pupazzo
scherzo
zozo

zoo
zoo

[ʒo]

-geau
tourangeau

-geaud
limougeaud
rougeaud

-geot
cageot
clos-vougeot
pageot

-jo
banjo
barjo
dojo
jojo

[lo]

-laud
salaud
soûlaud

-law
outlaw

-leau
bouleau
daleau
doleau
merleau
pileau
rouleau
tuileau

-l'eau
vau-l'eau (à)

-lo
amerlo
antihalo
calo
chulo
dactylo
diabolo
écolo
ex nihilo
gallo
gigolo
halo
hello
kilo
lolo
mégalo
méli-mélo
mélo
métallo
modulo
mollo
pédalo
philo
piccolo
polo
populo
prolo
rigolo
silo
solo
sténodactylo
stylo
travelo
trémolo
vélo
water-polo

-lô
allô

-lop
galop
salop

los
los

(-)*lot*
amerlot
angelot
ballot
bellot
bibelot
bimbelot
boulot
brûlot
bulot
caboulot
cachalot
calot
camelot
charlot
ciboulot
cubilot
culot
dalot
délot
falot
gallot
goulot
grelot
halot
hulot
îlot
javelot
lot
matelot
mélilot
merlot
miquelot
mulot
ocelot
palot
perlot
pilot
poulot
rigollot
rollot
soûlot
surmulot
velot

-low
bungalow
marshmallow
slow

[plo]

(-)*plot*
complot
plot
rotoplot

[klo][1]

(-)*clos*
clos
déclos
éclos
enclos
forclos
huis clos
mi-clos

-clot
déclot
éclot
enclot

(-)*clôt*
clôt
déclôt
éclôt
enclôt
reclôt

-klo
folklo

[blo]

-bleau
arc-doubleau
câbleau
doubleau
fableau
fontainebleau
simbleau
tableau
troubleau

-blot
câblot

hublot
moblot
simblot

[glo]

-glo
réglo

-glot
sanglot
trainglot

[flo]

flot
flot

-flow
cash-flow

[ʀo]

-rau
sarrau

-raud
faraud
maraud
miraud
noiraud
taraud

-raut
héraut

-raux
amiraux
amoraux
antisudoraux
antiviraux
apparaux
architecturaux
aspiraux
auguraux
auroraux
bilatéraux
caporaux

---

1. Ajouter les pers. 1, 2, 3 de l'ind. prés., la pers. 2 de l'impér. prés. et le part. passé masc. des v. en -*clore*.

374

carcéraux
caricaturaux
catarrhaux
collatéraux
confédéraux
conjecturaux
contre-amiraux
coraux
corporaux
cruraux
décemviraux
doctoraux
électoraux
équilatéraux
fédéraux
fémoraux
floraux
généraux
gutturaux
huméraux
humoraux
immoraux
inauguraux
intersidéraux
latéraux
libéraux
littéraux
littoraux
minéraux
moraux
multilatéraux
muraux
neuraux
numéraux
oraux
pastoraux
pectoraux
picturaux
pleuraux
pluraux
pondéraux
préceptoraux
préfectoraux
presbytéraux
professoraux
puerpéraux
rectoraux
rostraux
rudéraux
ruraux
scripturaux
sculpturaux
sidéraux
soupiraux
spiraux
successoraux

temporaux
triumviraux
tumoraux
unilatéraux
vespéraux
vice-amiraux
viraux
viscéraux

-reau

bandereau
barreau
bigarreau
bihoreau
blaireau
bordereau
bourreau
bureau
carreau
champoreau
fourreau
godelureau
gouttereau
grimpereau
hachereau
hâtereau
hobereau
hottereau
jottereau
lapereau
maquereau
mâtereau
méreau
moreau
passereau
pastoureau
poétereau
poireau
ramereau
sautereau
sureau
taureau
terreau
tombereau
tourtereau
vipereau
volereau

rhô

rhô

-ro

apéro
banderillero
boléro

brasero
buen-retiro
caballero
cachetero
camaro
carbonaro
cicéro
douro
enduro
faro
figaro
fuero
guérillero
haro
in utero
lamparo
libero
miro
numéro
paro
pifferaro
romancero
sombrero
torero
toro
vocero
zéro
zingaro

-rop

sirop

-ros

héros
suros

(-)*rot(s)*

chérot
fiérot
frérot
garrot
lérot
livarot
pérot
pierrot
purot
rot
tarots

rôt

rôt

[pʀo]

pro

pro

[tʀo]

-traux

ancestraux
arbitraux
astraux
austraux
cadastraux
centraux
chapitraux
claustraux
diamétraux
géométraux
lustraux
magistraux
mitraux
orchestraux
spectraux
théâtraux
ventraux
vitraux

-tro

bistro
in vitro
maestro
métro
rétro
vespétro

trop

trop

(-)trot

bistrot
trot

[kʀo]

-craux

sacraux
sépulcraux

-cro

accro
macro
micro
velcro

(-)croc

accroc
croc
escroc
raccroc

[bʀo]

-braux

cérébraux
intervertébraux
palpébraux
septembraux
vertébraux

broc

broc

-brot

chabrot

[dʀo]

-draux

cathédraux

-dreau

perdreau

-dro

cuadro

[gʀo]

grau

grau

-graux

intégraux

-gro

allégro
negro
vomito negro

(-)gros

demi-gros
gros
regros

[fʀo]

-fro

afro

[vʀo]

-vraut

levraut

-vreau

chevreau
couleuvreau
ouvreau

-vrot

poivrot

[mo]

-mau

esquimau

-maud

grimaud

(-)maux

anévrismaux
animaux
anomaux
anormaux
aromaux
baptismaux
brumaux
centésimaux
décimaux
duodécimaux
émaux
fermaux
gemmaux
hiémaux
infinitésimaux
lacrymaux
maux
maximaux
minimaux
normaux
optimaux
paranormaux
paroxysmaux
quadragésimaux
rhumatismaux
thermaux
vicésimaux

-meau

chalumeau
chameau
chrémeau
enclumeau
gémeau
gentilhommeau

grumeau
hameau
jumeau
ormeau
plumeau
pommeau
quadrijumeau
rameau
trijumeau
trumeau

-mo

altissimo
bravissimo
chromo
decimo
dolcissimo
dynamo
ecce homo
fortissimo
pianissimo
pneumo
prestissimo
primo
pro domo
promo
septimo
sumo
ultimo

(-)*mot*

bon-mot
demi-mot (à)
guillemot
marmot
mot
mot (en un)
mot-à-mot

[**no**]

-nau

carnau
chénau
senau
unau

-naud

finaud
grippeminaud
penaud
péquenaud
quinaud

-naut

monaut

-naux

abdominaux
anaux
arsenaux
artisanaux
automnaux
banaux
biennaux
canaux
cantonaux
cardinaux
cérébro-spinaux
chenaux
communaux
confessionnaux
coronaux
cyclonaux
décagonaux
décanaux
décennaux
diaconaux
diagonaux
diurnaux
doctrinaux
fanaux
finaux
gastro-intestinaux
germinaux
heptagonaux
hexagonaux
hivernaux
hormonaux
infernaux
inguinaux
intercommunaux
internationaux
interrégionaux
intestinaux
isagonaux
journaux
latitudinaux
libidinaux
longitudinaux
machinaux
marginaux
matinaux
matutinaux
médicinaux
méridionaux
mikadonaux
multinationaux
nationaux

neuronaux
nominaux
obsidionaux
octogonaux
officinaux
ordinaux
originaux
orthogonaux
patronaux
pénaux
pentagonaux
paraphernaux
phénoménaux
polygonaux
pronominaux
quadriennaux
quinquennaux
racinaux
régionaux
rénaux
séminaux
septennaux
septentrionaux
sincipitaux
spinaux
subliminaux
surrénaux
terminaux
tribunaux
triennaux
uninominaux
urinaux
vaccinaux
vaginaux
vénaux
vernaux
vicennaux
vicinaux
virginaux
zonaux

-neau

anneau
baleineau
banneau
bessonneau
bigorneau
bobineau
carneau
cerneau
chaponneau
chemineau
chéneau
chêneau
citerneau

colineau
créneau
dindonneau
étourneau
fauconneau
fourneau
friponneau
gogueneau
grianneau
haut-fourneau
haveneau
héronneau
jambonneau
lanterneau
larronneau
mangonneau
mâtineau
meneau
moineau
organeau
panneau
paonneau
pigeonneau
pineau
pruneau
ramponneau
saumoneau
tonneau
traîneau
tyranneau
vanneau

-no

a giorno
andantino
calino
cappucino
casino
chicano
chrono
concertino
domino
duettino
forte-piano
gitano
guano
in plano
kakemono
kimono
kino
ladino
lino
meccano
mezzo-soprano

mono
phono
pianino
piano
plano
porno
sono
soprano
sténo
ténorino

nô
nô

-nod
palinod
pernod

nos
nos

-not(s)
bobinot
canot
cheminot
colinot
croquenot
godenot
goguenots
huguenot
jeannot
jeunot
linot
minot
pecnot
péquenot
pinot
traminot

[ɲo]

-gnaux
signaux

-gneau
agneau
cigogneau

-gnot
pagnot
solognot

[jo]

-ïaut
taïaut

-llaud
cabillaud

-llo
caudillo
cigarillo

-llot
aiguillot
billot
cabillot
caillot
crapouillot
godillot
grillot
grouillot
maillot
paillot
parpaillot
pouillot
vieillot

-yau
aloyau
boyau
coyau
hoyau
joyau
noyau
tord-boyau
tuyau

-yaut
tayaut

-yaux
déloyaux
loyaux
royaux
tord-boyaux

-yot
fayot
guyot

[pjo]

-piaux
marsupiaux

(-)piot
loupiot
piot
salopiot

[tjo]

-tiau(x)
affutiaux
bestiau
flutiau

-tio
patio

-tiot
petiot

[kjo]

-chiaux
brachiaux

[bjo]

-biaux
adverbiaux
labiaux
proverbiaux
tibiaux

-biot
rabiot

[djo]

-diaux
absidiaux
allodiaux
cordiaux
médiaux
mondiaux
prandiaux
précordiaux
présidiaux
primordiaux
radiaux

-dio
audio
radio
studio

-diot
estradiot
idiot

[fjo]

-fiot
fafiot
rafiot

[sjo]

-ciaux
antisociaux
asociaux
commerciaux
cruciaux
faciaux
féciaux
interraciaux
officiaux
provinciaux
raciaux
sociaux
solsticiaux
spéciaux

-cio
capriccio
rancio

-siaux
paroissiaux

-tiaux
abbatiaux
comitiaux
impartiaux
initiaux
martiaux
nuptiaux
partiaux
pénitentiaux
prénuptiaux
primatiaux
sapientiaux
spatiaux

-tio
ratio
tertio

-xiaux
équinoxiaux

[ʃjo]

-chiaux
branchiaux
bronchiaux

chiot
chiot

-cio
capriccio
carpaccio

[vjo]

-viaux
alluviaux
conviviaux
diluviaux
fluviaux
joviaux
pluviaux
synoviaux
triviaux

-viot
gaviot

[zjo]

-sio
deusio

[ʒjo]

-giaux
collégiaux

-gio
adagio
agio

[ljo]

-glio
imbroglio

-liaux
épithéliaux
familiaux
filiaux

-lio
folio
hélio
in-folio
polio

-liot
foliot
pouliot

[ʀjo]

-riau
matériau
vipériau

-riaux
armoriaux
censoriaux
consistoriaux
curiaux
dictatoriaux
directoriaux
éditoriaux
équatoriaux
extraterritoriaux
fériaux
immémoriaux
impériaux
inquisitoriaux
mariaux
matériaux
mémoriaux
monitoriaux
notariaux
partenariaux
salariaux
seigneuriaux
sénatoriaux
territoriaux
tinctoriaux
vicariaux

(-)rio
a contrario
imprésario

oratorio
rio
scénario

-riot
chariot
compère-loriot
loriot
timariot

[mjo]

-mio
daïmio

[njo]

-niaud
corniaud

-niaux
antimoniaux
canoniaux
cérémoniaux
coloniaux
domaniaux
géniaux
matrimoniaux
moniaux
patrimoniaux
testimoniaux

-nio
fonio

[wo]

[kwo]

-quaw
squaw

quo
statu quo

[gwo]

-guaux
linguaux

[ɥo]

[dɥo]

(-)duo
duo
triduo

————[o:p]————

[to:p]

(-)taupe
hypotaupe
taupe

[go:p]

gaupe
gaupe

————[o:t]¹————

haute
haute

hôte
hôte

ôte
ôte

[to:t]

-tôte
maltôte

[ko:t]

-coat
autocoat
duffel-coat
trench-coat

(-)côte(s)
côte

---

1. Ajouter les pers. 1, 2, 3, 6 de l'ind. et du subj. prés. et la pers. 2 de l'impér. prés. des v. en -auter et -eauter, et des v. *dépiauter, tuyauter* et *ôter*.

380

entrecôte
garde-côtes
mi-côte (à)
Pentecôte

[bo:t]

-*boat*
cat-boat
ferry-boat
house-boat
ice-boat
steamboat

[fo:t]

(-)*faute*
faute
sans-faute

[so:t]

(-)*saute*
ressaute
saute
sursaute
tressaute

[zo:t]

-*seaute*
biseaute

[no:t]

-*naute*
aéronaute
aquanaute
argonaute
astronaute
cosmonaute
océanaute
spationaute

[jo:t]

-*yaute*
tuyaute

[pjo:t]

-*piaute*
dépiaute

———**[o:tʃ]**———

[ko:tʃ]

(-)*coatch*
coatch
mail-coatch

———**[o:tʀ]**[1]———

autre
autre

[po:tʀ]

-*peautre*
épeautre

-*pôtre*
apôtre

[ko:tʀ]

côtre
côtre

[vo:tʀ]

vautre
vautre

vôtre
vôtre

[no:tʀ]

(-)*nôtre*
nôtre
patenôtre

———**[o:k]**———

-*hawk*
tomahawk

[lo:k]

[glo:k]

glauque
glauque

[ʀo:k]

rauque
rauque

[wo:k]

[kwo:k]

-*ke-walk*
cake-walk

———**[o:b]**[2]———

aube
aube

[do:b]

daube
daube

———**[o:d]**[3]———

[po:d]

-*paude*
crapaude

---

1. Ajouter les pers. 1, 2, 3, 6 de l'ind. et du subj. prés. et la pers. 2 de l'impér. prés. du v. *vautrer*.
2. Ajouter les pers. 1, 2, 3, 6 de l'ind. et du subj. prés. et la pers. 2 de l'impér. prés. des v. *dauber* et *endauber*.
3. Ajouter les pers. 1, 2, 3, 6 de l'ind. et du subj. prés. et la pers. 2 de l'impér. prés. des v. en -*auder* et du v. *rôder*.

[to:d]

(-)*taude*

costaude
courtaude
pataude
rustaude
taude

[ko:d]

-*caude*

moricaude

[bo:d]

-*baude*

billebaude (à la)
clabaude
ribaude
thibaude

[do:d]

-*daude*

badaude
bedaude
lourdaude
sourdaude

[go:d]

(-)*gaude*

gaude
margaude
nigaude
saligaude
trigaude

[fo:d]

-*faude*

échafaude

[ʃo:d]

(-)*chaude(s)*

chaude

échaude
gorges-chaudes
main-chaude

[vo:d]

-*vaude*

galvaude
marivaude
ravaude

[ʒo:d]

-*geaude*

limougeaude
rougeaude

[lo:d]

(-)*laude(s)*

laudes
salaude

[klo:d]

-*claude*

reine-claude

[blo:d]

blaude

blaude

[ʀo:d]

-*raude*

émeraude
faraude
maraude
miraude
noiraude
taraude

[fʀo:d]

fraude

fraude

[mo:d]

-*maude*

esquimaude
grimaude

[no:d]

-*naude*

baguenaude
chiquenaude
finaude
minaude
penaude
péquenaude
quinaude

——————**[o:f]**[1]——————

[bo:f]

baufe

baufe

beauf

beauf

[so:f]

sauf

sauf

[ʃo:f]

(-)*chauffe*

chauffe
échauffe
réchauffe
surchauffe

——————**[o:fʀ]**[2]——————

[go:fʀ]

gaufre

gaufre

---

1. Ajouter les pers. 1, 2, 3, 6 de l'ind. et du subj. prés. et la pers. 2 de l'impér. prés. des v. en -*auffer*.
2. Ajouter les pers. 1, 2, 3, 6 de l'ind. et du subj. prés. et la pers. 2 de l'impér. prés. du v. *gaufrer*.

─────── **[oːs]**[1] ───────

-os
[e-oːs]
taconeos
[a-oːs]
naos
pronaos

(-)hausse
antihausse
hausse
rehausse

[poːs]

-pos
atropos
campos
guipos

[toːs]

-thos
benthos
ithos
pathos

[koːs]

causse
causse

-ckhaus
blockhaus

(-)cos
cos
trabucos

[boːs]

-bos
ovibos

[doːs]

-dos
calvados

(-)dosse
adosse
dosse
endosse

[goːs]

gauss
gauss

gausse
gausse

-gos
azygos
logos

[foːs]

(-)fausse
défausse
fausse

(-)fosse
basse-fosse
cul-de-basse-fosse
fosse

[soːs]

(-)sauce
gâte-sauce
laurier-sauce
sauce

[ʃoːs]

(-)chausse(s)
bas-de-chausses
chausse
chausses
déchausse

haut-de-chausses
rechausse

[zoːs]

-xauce
exauce

-xhausse
exhausse

[loːs]

(-)los
crapulos
heimatlos
los

[ploːs]

-plos
péplos

[ʀoːs]

-rhausse
surhausse

-ros
couros
éros
extra-muros
intra-muros
paros
plaza de toros
rhinocéros
saros

[tʀoːs]

-tros
albatros

[gʀoːs]

(-)grosse
engrosse
grosse

---

1. Ajouter les pers. 1, 2, 3, 6 de l'ind. et du subj. prés. et la pers. 2 de l'impér. prés. des v. *exaucer, saucer, adosser, endosser* et *engrosser* et des v. en -*ausser*.

383

[mo:s] ——————**[o:ʃ]**² —————— **[ʃo:v]**

-mos

cosmos

thermos

[bo:ʃ]

-bauche

débauche

ébauche

embauche

chauve

chauve

[no:s]

-nos

albinos

custodi-nos

mérinos

salvanos

tétanos

[go:ʃ]

(-)gauche

gauche

tourne-à-gauche

[mo:v]

(-)mauve

guimauve

mauve

——————**[o:vʀ]**——————

[jo:s]

[ljo:s]

-lios

alios

[fo:ʃ]

fauche

fauche

[po:vʀ]

pauvre

pauvre

[njo:s]

-nios

amnios

[vo:ʃ]

-vauche

chevauche

——————**[o:z]**⁴——————

(-)ose

ose

[e-o:z]

apothéose

emphythéose

mononucléose

——————**[o:st]**¹——————

[to:st]

toast

toast

——————**[o:v]**³——————

[ko:v]

-côve

alcôve

[po:z]

(-)pause

andropause

ménopause

mésopause

pause

[ko:st]

-causte

holocauste

hypocauste

[fo:v]

fauve

fauve

[lo:st]

-lauste

balauste

[so:v]

sauve

sauve

(-)pose

adipose

appose

compose

décompose

---

1. Ajouter les pers. 1, 2, 3, 6 de l'ind. et du subj. prés. et la pers. 2 de l'impér. prés. du v. *toaster*.
2. Ajouter les pers. 1, 2, 3, 6 de l'ind. et du subj. prés. et la pers. 2 de l'impér. prés. des v. en *-aucher* et le v. *côcher*.
3. Ajouter les pers. 1, 2, 3, 6 de l'ind. et du subj. prés. et la pers. 2 de l'impér. prés. du v. *sauver*.
4. Ajouter les pers. 1, 2, 3, 6 de l'ind. et du subj. prés. et la pers. 2 de l'impér. prés. des v. en *(-)oser*.

dépose
dispose
entrepose
expose
hypotypose
impose
indispose
interpose
juxtapose
oppose
pose
prédispose
prépose
présuppose
propose
recompose
réimpose
repose
superpose
suppose
surimpose
transpose

[to:z]

-tose
dermatose
exostose
fibromatose
hématose
kératose
lactose
leucocytose
myxomatose
parasitose
phagocytose
pneumatose
ptose

-tôse
ventôse

[ko:z]

cause
ayant cause
cause

-chose
psychose

-cose
glucose

métempsycose
mycose
narcose
psittacose
silicose
viscose

-khoz
kolkhoz
sovkhoz

[bo:z]

-bose
jambose
thrombose

[do:z]

(-)dose
apodose
dose
mucoviscidose
overdose
surdose

[fo:z]

-phose
anamorphose
gomphose
métamorphose

[ʃo:z]

(-)chose
chose
grand-chose
pas-grand-chose
quelque chose

[vo:z]

-vôse
nivôse

[lo:z]

-lose
alose

ankylose
brucellose
cellulose
colibacillose
furonculose
salmonellose
tuberculose

[plo:z]

-plose
explose

[klo:z]

clause
clause

(-)close
close
déclose
éclose
enclose
forclose
mi-close
reclose

[glo:z]

glose
glose

[ʀo:z]

-rhose
cirrhose

(-)rose
amaurose
arrose
artériosclérose
athérosclérose
chlorose
couperose
laurier-rose
morose
ostéoporose
passerose
rose
saccharose
sclérose

385

[pʀoːs]

prose
prose

[tʀoːz]

-throse
amphiarthrose
arthrose
coxarthrose
lombarthrose

-trose
dartrose
dextrose
sinistrose

[kʀoːz]

-crose
nécrose
radionécrose

[bʀoːz]

-brose
fibrose

[vʀoːz]

-vrose
aponévrose
névrose

[moːz]

-mose
anastomose
ecchymose
enchymose
endosmose
exosmose
osmose

[noːz]

-nose
albuminose

cyanose
gnose
mélanose
trichinose

[joːz]

[bjoːz]

-biose
symbiose

[djoːz]

-diose
grandiose

[vjoːz]

-viôse
pluviôse

[ljoːz]

-liose
scoliose

[ɥoːz]

[tɥoːz]

-tuose
virtuose

———**[oːʒ]**[1]———

auge
auge

[toːʒ]

-tauge
patauge

[boːʒ]

bauge
bauge

[soːʒ]

sauge
sauge

[ʒoːʒ]

jauge
jauge

———**[oːl]**[2]———

hall
hall

[poːl]

-paule
épaule

pôle
pôle

[toːl]

taule
taule

(-)*tôle*
entôle
tôle

[koːl]

-caule
acaule

-c-hall
music-hall

---

1. Ajouter les pers. 1, 2, 3, 6 de l'ind. et du subj. prés. et la pers. 2 de l'impér. prés. des v. *bauger (se)*, *jauger* et *patauger*.
2. Ajouter les pers. 1, 2, 3, 6 de l'ind. et du subj. prés. et la pers. 2 de l'impér. prés. des v. en *-auler* et *-ôler*.

khôl
khôl

[bo:l]

-ball
base-ball
basket-ball
football
medicine-ball
punching-ball
volley-ball

[do:l]

dôle
dôle

[go:l]

gaule
gaule

(-)goal
drop-goal
goal

[so:l]

saule
saule

[ʒo:l]

geôle
geôle

-jôle
enjôle

[ʀo:l]

(-)rôle
enrôle
rôle

[tʀo:l]

(-)trôle
contrôle
trôle

[kʀo:l]

crawl
crawl

[dʀo:l]

drôle
drôle

[fʀo:l]

frôle
frôle

[mo:l]

môle
môle

[jo:l]

[pjo:l]

piaule
piaule

[mjo:l]

miaule
miaule

[njo:l]

niôle
niôle

[ɲo:l]

gnole
gnole

[wo:l]

[two:l]

-tual
negro-spiritual
spiritual

———— **[o:m]**[1] ————

heaume
heaume

home
home

ohm
ohm

[po:m]

(-)paume
empaume
paume

-pome.
lipome

[to:m]

(-)tome
atome
hématome
scotome
stéatome
tome

-tôme
fantôme
symptôme

[ko:m]

-chome
trachome
trichome

1. Ajouter les pers. 1, 2, 3, 6 de l'ind. et du subj. prés. et la pers. 2 de l'impér. prés. des v. en *-aumer* et du v. *chômer*.

-come
glaucome
sarcome

[bo:m]

(-)*baume*
baume
embaume

bôme
bôme

[do:m]

(-)*dôme*
dôme
radôme

[so:m]

-saume
psaume

[ʃo:m]

(-)*chaume*
chaume
déchaume

chôme
chôme

[zo:m]

-zome
rhizome

[lo:m]

-le home
mobile home

-lome
staphylome

[plo:m]

-plôme
diplôme

[Ro:m]

-r-home
motor-home

-rôme
arôme

[kRo:m]

(-)*chrome*
chrome
mercurochrome
monochrome
polychrome
trichrome

[bRo:m]

(-)*brome*
brome
fibrome

[dRo:m]

-drome
aérodrome
autodrome
boulodrome
cosmodrome
cynodrome
hippodrome
palindrome
prodrome
syndrome
vélodrome

drôme
drôme

[mo:m]

môme
môme

[no:m]

-nome
adénome
carcinome
gnome

-nôme
binôme
monôme
polynôme
trinôme

[jo:m]

-llaume
guillaume

-llome
papillome

-yaume
royaume

[djo:m]

-diome
idiome

[sjo:m]

-xiome
axiome

——— **[o:n]**[1] ———

aune
aune

aulne
aulne

[ko:n]

-cone
silicone

---

1. Ajouter les pers. 1, 2, 3, 6 de l'ind. et du subj. prés. et la pers. 2 de l'impér. prés. des v. *auner, détrôner, prôner, sauner* et *trôner.*

388

(-)cône
cône
icône

[fo:n]

(-)faune
avifaune
faune

[so:n]

saune
saune

[go:n]

-gone
décagone
heptagone
hexagone
octogone
pentagone
polygone

[zo:n]

-sone
cortisone

(-)zone
amazone

evzone
ozone
zone

[ʒo:n]

(-)jaune
béjaune
fièvre jaune
jaune
nain jaune

[lo:n]

-lône
pylône

[klo:n]

(-)clone
anticyclone
clone
cyclone

[ʀo:n]

-rhône
côtes-du-rhône

-rone
neurone

[pʀo:n]

prône
prône

[tʀo:n]

(-)trône
détrône
trône

[kʀo:n]

-chrone
asynchrone
géosynchrone
héliosynchrone
isochrone
synchrone

crosne
crosne

[mo:n]

-mone
hormone

-mône
aumône

[u]

─────── **[u]** ───────

août
août

hou
hou hou

houe
houe

-hout
racahout

houx
houx

(-)*ou*
ou

[a-u]
miaou

où
où

[pu]

(-)*pou*
papou
pou
ripou

-poue
papoue

pouls
pouls

-poux
époux
tripoux

[tu][1]

-tou
bantou
itou
lalaïtou
manitou
matou
pistou
tatou
toutou

(-)*toue*
bantoue
tatoue
toue

tous
tous

(-)*tout*
antitout
atout
attrape-tout
brise-tout
brûle-tout
fait-tout
fourre-tout
mange-tout
mêle-tout
partout

passe-partout
risque-tout
surtout
touche-à-tout
tout
va-tout

toux
toux

[ku][2]

(-)*cou*
casse-cou
cou
coucou
coupe-cou
licou
rocou
roucou
torcou

(-)*coud*
coud
découd
recoud

-coue
secoue

(-)*coup*
à-coup
après-coup
beaucoup
contre-coup
coup
sur le coup
tout à coup
tout d'un coup

─────────────

1. Ajouter les pers. 1, 2, 3, 6 de l'ind. et du subj. prés. et la pers. 2 de l'impér. prés. des v. *tatouer* et *touer*.
2. Ajouter les pers. 1, 2, 3, 6 de l'ind. et du subj. prés. et la pers. 2 de l'impér. prés. des v. en *-couer* ; − les pers. 1, 2, 3 de l'ind. prés. et la pers. 2 de l'impér. prés. des v. *coudre, découdre* et *recoudre*.

390

(-)coût
coût
surcoût

[bu]¹

-bou
bambou
boubou
caribou
hibou
tabou

(-)boue
boue
emboue
garde-boue
topinamboue

bous
bous

(-)bout
about
bout
debout
embout
marabout
passe-debout
rebout
runabout
vent-debout

[du]²

-dou
amadou
guilledou
hindou
nandou
padou
roudou

roudoudou
vaudou

-doub
radoub

(-)doue
amadoue
doue
gadoue
hindoue
indoue
padoue
vaudoue

(-)doux
aigre-doux
doux
redoux
saindoux
tout doux

[gu]³

-gou
bagou
cagou
grigou
sagou
télougou

-goue
engoue
fagoue

-gout
bagout
égout
tout-à-l'égout

(-)goût
arrière-goût
avant-goût
dégoût

goût
haut-goût
ragoût

[fu]⁴

(-)fou
archifou
fou
foufou
garde-fou
gorfou

-foue
bafoue

[su]⁵

saoul
saoul

(-)sou
cabassou
grippe-sou
sans-le-sou
sou
tire-sou

soue
soue

soûl
soûl

(-)sous
absous
au-dessous
ci-dessous
dessous
dissous

---

1. Ajouter les pers. 1, 2, 3, 6 de l'ind. et du subj. prés. et la pers. 2 de l'impér. prés. du v. *embouer* ;
   — les pers. 1, 2, 3 de l'ind. prés. et la pers. 2 de l'impér. prés. des v. *bouillir, débouillir* et *rebouillir.*
2. Ajouter les pers. 1, 2, 3, 6 de l'ind. et du subj. prés. et la pers. 2 de l'impér. prés. des v. *amadouer* et *douer.*
3. Ajouter les pers. 1, 2, 3, 6 de l'ind. et du subj. prés. et la pers. 2 de l'impér. prés. du v. *engouer.*
4. Ajouter les pers. 1, 2, 3, 6 de l'ind. et du subj. prés. et la pers. 2 de l'impér. prés. du v. *bafouer* ;
   — les pers. 1, 2, 3 de l'ind. prés. et la pers. de l'impér. prés. du v. *foutre.*
5. Ajouter les pers. 1, 2, 3 de l'ind. prés. et la pers. 2 de l'impér. prés. et le part. passé masc. des v. *absoudre* et *dissoudre.*

par-dessous
sous

-*sout*
absout
dissout

[ʃu]¹

(-)*chou*
cachou
chabichou
coupe-chou
chou
chouchou
mandchou
porte-chou
vertuchou

-*chouc*
caoutchouc

-*choue*
échoue
mandchoue

-*choux*
coupe-choux
portechoux

[vu]²

(-)*voue*
avoue
désavoue
dévoue
voue

(-)*vous*
entrevous
garde-à-vous
rendez-vous
vous

[zu]³

-*sou*
bisou
grisou
vesou

-*sous*
résous

-*sout*
résout

(-)*zou*
canezou
vezou
zazou
zou
zouzou

[ʒu]⁴

-*jou*
acajou
bijou
cajou
carcajou
joujou
sajou
sapajou

(-)*joue*
abajoue
bajoue
déjoue
joue
rejoue

joug
joug

-*jout*
ajout
rajout

[lu]⁵

-*lou*
andalou
bourdalou
cantalou
filou
gabelou
loulou
marlou
pilou
zoulou

(-)*loue*
alloue
loue
reloue
sous-loue

(-)*loup*
cantaloup
chien-loup
gueule-de-loup
loup
patte-de-loup
pet-de-loup
pied-de-loup
saut-de-loup
tête-de-loup
vesse-de-loup

-*loux*
gabeloux
jaloux

[klu]

(-)*clou*
arrache-clou
avant-clou
chasse-clou
clou
tête-de-clou
tire-clou

---

1. Ajouter les pers. 1, 2, 3, 6 de l'ind. et du subj. prés. et la pers. 2 de l'impér. prés. des v. *échouer, déchouer* et *déséchouer.*
2. Ajouter les pers. 1, 2, 3, 6 de l'ind. et du subj. prés. et la pers. 2 de l'impér. prés. des v. en (-)*vouer.*
3. Ajouter les pers. 1, 2, 3 de l'ind. prés. et la pers. 2 de l'impér. prés. du v. *résoudre.*
4. Ajouter les pers. 1, 2, 3, 6 de l'ind. et du subj. prés. et la pers. 2 de l'impér. prés. des v. *jouer, déjouer* et *rejouer.*
5. Ajouter les pers. 1, 2, 3, 6 de l'ind. et du subj. prés. et la pers. 2 de l'impér. prés. des v. en (-)*louer.*

(-)*cloue*
cloue
décloue
désencloue
encloue
recloue

[**glu**]

-*gloo*
igloo

-*glou*
glouglou
iglou

[**flu**]

flou
flou

(-)*floue*
floue
renfloue

[**Ru**]¹

-*rou*
garou
gourou
kangourou
loup-garou
mérou
tourlourou
verrou

(-)*roue(s)*
bouteroue
chasse-roue
désenroue
deux-roues
enroue
roue

(-)*roux*
courroux
roux

[**pRu**]

prou
peu ou prou
prou

proue
proue

[**tRu**]

(-)*trou*
avant-trou
bouche-trou
trou
trou-trou

troue
troue

[**kRu**]

-*crou*
contre-écrou
écrou

[**bRu**]

brou
brou

-*broue*
ébroue
rabroue

brout
brout

[**fRu**]

-*frou*
froufrou

froue
froue

[**mu**]²

mou
mou

(-)*moud*
émoud
moud
remoud
rémoud

mouds
mouds

moue
moue

-*mous*
remous

(-)*moût*
moût
pèse-moût
surmoût

[**nu**]³

-*nou*
genou
gnou
minou
nounou

(-)*noue*
dénoue
noue
renoue

(-)*nous*
burnous
nous

---

1. Ajouter les pers. 1, 2, 3 6 de l'ind. et du subj. prés. et la pers. 2 de l'impér. prés. des v. *rouer*, *désenrouer* et *enrouer*.
2. Ajouter les pers. 1, 2, 3 de l'ind. prés. et la pers. 2 de l'impér. prés. des v. *émoudre*, *moudre*, *remoudre* et *rémoudre*.
3. Ajouter les pers. 1, 2, 3, 6 de l'ind. et du subj. prés. et la pers. 2 de l'impér. prés. des v. *nouer*, *dénouer* et *renouer*.

[ju]

-llou
caillou
pousse-caillou

-you
bayou
voyou
youyou

[pju]

-piou
pioupiou

piu
piu

[kju]

-cue
barbecue

[dju]

-diou
cadédiou
mildiou

[fju]

few
happy few

[vju]

-view
interview

[nju]

-niou
biniou

———**[up]**[1]———

houp
houp

(-)*houppe*
éhouppe
houppe

[pup]

poupe
poupe

[tup]

(-)*toupe*
détoupe
étoupe
presse-étoupe
toupe

[kup]

-coop
scoop

(-)*coupe*
coupe
coupe-coupe
découpe
entrecoupe
recoupe
soucoupe
surcoupe

[sup]

soupe
soupe

[lup]

-loop
sloop

(-)*loupe*
chaloupe

entourloupe
loupe
touloupe

[Rup]

(-)*roupe*
roupe
taroupe

[tRup]

(-)*troupe*
attroupe
troupe

[kRup]

croup
croup

croupe
croupe

[gRup]

group
group

(-)*groupe*
groupe
intergroupe

———**[upl]**[2]———

[kupl]

(-)*couple*
accouple
couple
découple
désaccouple

[supl]

(-)*souple*
ensouple
souple

---

1. Ajouter les pers. 1, 2, 3, 6 de l'ind. et du subj. prés. et la pers. 2 de l'impér. prés. des v. en *-ouper* et *-oupper*.
2. Ajouter les pers. 1, 2, 3, 6 de l'ind. et du subj. prés. et la pers. 2 de l'impér. prés. des v. en *-oupler*.

──────**[ut]**[1]──────

-out
raout

août
août

[put]

-put
input
output

[tut]

-tout
stout

toute
somme toute
toute

[kut]

-cout
boy-scout
scout

-coute(s)
écoute
écoutes (aux)

coûte
coûte

[but]

-boot
snow-boot

(-)boute
arc-boute
boute
contre-boute
reboute

[dut]

(-)doute
doute
redoute
sans doute

[gut]

(-)goûte
dégoûte
goûte
ragoûte
regoûte

(-)goutte(s)
compte-gouttes
dégoutte
égoutte
goutte
goute-à-goutte
stilligoutte

[fut]

(-)foot
baby-foot
barefoot
foot

[sut]

(-)soute
absoute
dissoute
soute

[zut]

-soute
résoute

-zout
mazout

[ʃut]

-choute
caoutchoute

shoot
shoot

[vut]

(-)voûte
envoûte
voûte

[ʒut]

(-)joute
ajoute
joute

[lut]

-loute
filoute
veloute

[klut]

cloute
cloute

[glut]

-gloute
glougloute

[Rut]

raout
raout

-root
arrow-root

rout
rout

(-)route
autoroute

---

1. Ajouter les pers. 1, 2, 3, 6 de l'ind. et du subj. et la pers. 2 de l'impér. prés. des v. en *-outer* et *-outter* ; − la pers. 6 de l'ind. prés. et les pers. 1, 2, 3, 6 du subj. prés. du v. *foutre*.

banqueroute
déroute
fausse-route
pont-route
rail-route
restoroute
route

[kRut]

-croute
choucroute

(-)croûte
casse-croûte
croûte
écroûte
encroûte

[bRut]

broute
broute

[fRut]

-froute
froufroute

[mut]

-mout
vermout

-moute
moumoute

-mouth
mammouth
vermouth

[nut]

-nout
knout

[jut]

-lloute
cailloute

————**[uts]**————

[buts]

boots
boots

-boutz
kiboutz

————**[utʃ]**————

[putʃ]

putsch
putsch

————**[utʀ]**¹————

outre
outre
d'outre en outre

[putʀ]

(-)poutre
bipoutre
poutre

[kutʀ]

(-)coutre
accoutre
coutre
raccoutre

[butʀ]

boutre
boutre

[futʀ]

(-)foutre
contrefoutre (se)
foutre
jean-foutre

[lutʀ]

loutre
loutre

[jutʀ]

youtre
youtre

————**[uk]**²————

[tuk]

touc
touc

touque
touque

[buk]

-book
flock-book
herd-book
press-book
stud-book

bouc
bouc

-bouk
chibouk

1. Ajouter les pers. 1, 2, 3, 6 de l'ind. et du subj. prés. et la pers. 2 de l'impér. prés. des v. *accoutrer,*
outrer et *raccoutrer*.
2. Ajouter les pers. 1, 2, 3, 6 de l'ind. et du subj. prés. et la pers. 2 de l'impér. prés. des v. en
-ouquer.

(-)*bouque*
bouque
chibouque
débouque
embouque

[suk]

(-)*souk*
nansouk
souk

souque
souque

[zuk]

-*zouk*
bachi-bouzouk

[luk]

(-)*look*
look
new-look

-*louk*
mamelouk

-*louque*
felouque

-*luk*
mameluk

[pluk]

plouc
plouc

[muk]

-*mouk*
kalmouk

——— **[ukl]**[1] ———

[bukl]

(-)*boucle*
boucle
déboucle
escarboucle
reboucle

——— **[ub]**[2] ———

[tub]

-*toub*
mektoub

[dub]

-*doub*
radoub

-*doube*
adoube
radoube

[ʀub]

-*roube*
caroube

——— **[ubl]**[3] ———

[dubl]

(-)*double*
dédouble
double
gras-double

redouble
rendouble

[ʀubl]

(-)*rouble(s)*
chiroubles
rouble

[tʀubl]

trouble
trouble

——— **[ud]**[4] ———

[kud]

(-)*coude*
accoude (s')
coude

[bud]

boude
boude

[fud]

-*food*
fast-food

[sud]

(-)*soude*
consoude
dessoude
ressoude
soude

---

1. Ajouter les pers. 1, 2, 3, 6 de l'ind. et du subj. prés. et la pers. 2 de l'impér. prés. des v. *boucler,
   débloucler* et *reboucler*.
2. Ajouter les pers. 1, 2, 3, 6 de l'ind. et du subj. prés. et la pers. 2 de l'impér. prés. des v. *adouber*
   et *radouber*.
3. Ajouter les pers. 1, 2, 3, 6 de l'ind. et du subj. prés. et la pers. 2 de l'impér. prés. des v. en
   -*oubler*.
4. Ajouter les pers. 1, 2, 3, 6 de l'ind. et du subj. prés. et la pers. 2 de l'impér. prés. des v. en -*ouder*.

[Rud]

-roud
baroud

——— [udR]¹ ———

[pudR]

(-)poudre
coton-poudre
dépoudre
poudre
saupoudre

[kudR]

(-)coudre
coudre
découdre
prêt-à-coudre
recoudre

[fudR]

(-)foudre
foudre
parafoudre
wagon-foudre

[sudR]

-soudre
absoudre
dissoudre

[zudR]

-soudre
résoudre

[mudR]

(-)moudre
émoudre

moudre
remoudre
rémoudre

——— [ug] ———

[fug]

fougue
fougue

[ʒug]

joug
joug

——— [ugR] ———

[bugR]

bougre
bougre

[lugR]

lougre
lougre

——— [uf]² ———

ouf
ouf

[puf]

(-)pouf
patapouf
pouf

(-)pouffe
épouffe (s')
pouffe

[tuf]

-touf
patatouf

(-)touffe
étouffe
touffe

[kuf]

couffe
couffe

[buf]

(-)bouffe
bouffe
opéra-bouffe

[duf]

-douf
chadouf

[luf]

[pluf]

plouf
plouf

[Ruf]

(-)rouf
barouf
rouf

[pRuf]

-proof
waterproof

---

1. Ajouter les pers. 1, 2, 3, 6 de l'ind. et du subj. prés. et la pers. 2 de l'impér. prés. des v. *dépoudrer, poudrer* et *saupoudrer.*
2. Ajouter les pers. 1, 2, 3, 6 de l'ind. et du subj. prés. et la pers. 2 de l'impér. prés. des v. en *-oufer* et *-ouffer.*

[bʀuf]

-broufe
esbroufe

[nuf]

-nouf
chnouf

-nouff
schnouff

[ɲuf]

-gnouf
pignouf

————**[ufl]**[1]————

[tufl]

-toufle
emmitoufle
mistoufle
pantoufle

[sufl]

(-)*souffle*
essouffle
souffle

-soufle
boursoufle

[ʀufl]

-roufle
baroufle
maroufle

[mufl]

moufle
moufle

————**[ufʀ]**[2]————

[gufʀ]

(-)*gouffre*
engouffre
gouffre

[sufʀ]

souffre
souffre

(-)*soufre*
ensoufre
soufre

————**[us]**[3]————

(-)*housse*
drap-housse
housse

[pus]

(-)*pouce*
pouce
quart-de-pouce

(-)*pousse*
entre-pousse (s')
pousse
pousse-pousse
repousse

[tus]

tous
tous

tousse
tousse

[kus]

-cous
couscous

-cousse
recousse
rescousse
secousse

[bus]

-bousse
éclabousse

[dus]

(-)*douce*
aigre-douce
douce
taille-douce

[gus]

-gous
négous

(-)*gousse*
gousse
gargousse

[lus]

[blus]

blousse
blousse

---

1. Ajouter les pers. 1, 2, 3, 6 de l'ind. et du subj. prés. et la pers. 2 de l'impér. prés. des v. en *-oufler* et *-ouffler*.
2. Ajouter les pers. 1, 2, 3, 6 de l'ind. et du subj. prés. et la pers. 2 de l'impér. prés. des v. *engouffrer, ensoufrer* et *soufrer* ; − les pers. 1, 2, 3, 6 de l'ind. et du subj. prés. et la pers. 2 de l'impér. prés. du v. *souffrir*.
3. Ajouter les pers. 1, 2, 3, 6 de l'ind. et du subj. prés. et la pers. 2 de l'impér. prés. des v. en *-ousser* et du v. *courroucer*.

[glus]

glousse
glousse

[ʀus]

-rouce
courrouce

(-)rousse
garousse
jarousse
lune rousse
rousse

[tʀus]

(-)trousse
détrousse
retrousse
trousse

[bʀus]

(-)brousse
brousse
cambrousse
rebrousse
taxi-brousse

[fʀus]

frousse
frousse

[mus]

(-)mousse
émousse
frimousse
mousse
pamplemousse
trémousse

[nus]

-nous
burnous

————**[ust]**————

oust
oust

[gust]

-gouste
langouste
mangouste

————**[uʃ]**[1]————

-ouch
chaouch

[tuʃ]

(-)touche
cartouche
retouche
sainte-nitouche
touche
touche-touche (à)

[kuʃ]

(-)couche
accouche
couche
découche
multicouche
recouche
sous-couche

[buʃ]

-bouch
tarbouch

(-)bouche
abouche
arrière-bouche
babouche

bouche
bouche-à-bouche
croque-bouche
croquembouche
débouche
embouche
mouille-bouche
rebouche
rince-bouche
tarbouche

[duʃ]

(-)douche
douche
piédouche

[suʃ]

(-)souche
essouche
souche

[luʃ]

louche
louche

[ʀuʃ]

-rouch
farouch

-rouche
effarouche
farouche

[muʃ]

(-)mouche(s)
attrape-mouche
bateau-mouche
chasse-mouche(s)
émouche
escarmouche
gobe-mouche(s)
mouche

---

1. Ajouter les pers. 1, 2, 3, 6 de l'ind. et du subj. prés. et la pers. 2 de l'impér. prés. des v. en *-oucher*.

oiseau-mouche
patte-de-mouche
tue-mouches

[nuʃ]

-nouche
manouche

———— **[u:v]**[1] ————

[ku:v]

couve
couve

[du:v]

douve
douve

[lu:v]

louve
louve

[flu:v]

flouve
flouve

[Ru:v]

[pRu:v]

(-)*prouve*
approuve
désapprouve
éprouve
improuve
prouve
reprouve
réprouve

[tRu:v]

(-)*trouve*
controuve
retrouve
trouve

———— **[u:vR]**[2] ————

ouvre
ouvre

[kuv:R]

(-)*couvre*
couvre
découvre
recouvre

[Ruv:R]

rouvre
rouvre

[tRu:vR]

-trouve
entrouvre

———— **[u:z]**[3] ————

[pu:z]

-pouse
épouse

[tu:z]

-touse
partouse
ventouse

[ku:z]

(-)*couse*
couse
découse
recouse

[bu:z]

(-)*bouse*
arbouse
bouse

-bouze
barbouze

[du:z]

(-)*douze*
douze
in-douze

[gu:z]

-gouse
toungouse

[lu:z]

-louse
andalouse
farlouse
jalouse
pelouse

[blu:z]

blouse
blouse

blues
blues

1. Ajouter les pers. 1, 2, 3, 6 de l'ind. et du subj. prés. et la pers. 2 de l'impér. prés. des v. en *-ouver*.
2. Ajouter les pers. 1,2, 3, 6 de l'ind. et du subj. et la pers. 2 de l'impér. prés. des v. *ouver* et *recouvrer* ; — les pers. 1, 2, 3, 6 de l'ind. et du subj. prés. et la pers. 2 de l'impér. prés. des v. en *-vrir*.
3. Ajouter les pers. 1, 2, 3, 6 de l'ind. et du subj. prés. et la pers. 2 de l'impér. prés. des v. en *-ouser* ; — la pers. 6 de l'ind. prés. et les pers. 1, 2, 3, 6 du subj. prés. des v. *coudre, découdre* et *recoudre*.

[Ru:z]

[gRu:z]

grouse
grouse

[mu:z]

-mouse
talmouse

———— [u:ʒ]¹ ————

[bu:ʒ]

bouge
bouge

[gu:ʒ]

gouge
gouge

[vu:ʒ]

vouge
vouge

[Ru:ʒ]

(-)*rouge*
carouge
infra-rouge
peau-rouge
rouge

———— [ul]² ————

houle
houle

[pul]

pool
pool

(-)*poule*
ampoule
nid-de-poule
pied-de-poule
poule
poule (chair de)
poule (cul de)

[tul]

-toul
capitoul

[kul]

cool
baba cool
cool

(-)*coule*
coule
coule (à la)
découle
écoule
roucoule

[bul]

-boul
maboul

(-)*boule(s)*
blackboule
boule
ciboule
déboule
éboule (s')
maboule
passe-boules
saboule
traboule

boulle
boulle

[dul]

-doul
redoul

[gul]

(-)*goule*
barigoule
cagoule
débagoule
engoule
farigoule
goule

[ful]

(-)*foule*
foule
refoule

[sul]

saoul
saoul

saoule
saoule

soûl
soûl

-soule
dessoule

(-)*soûle*
dessoûle
soûle

[ʒul]

joule
joule

---

1. Ajouter les pers. 1, 2, 3, 6 de l'ind. et du subj. prés. et la pers. 2 de l'impér. prés. du v. *bouger*.
2. Ajouter les pers. 1, 2, 3, 6 de l'ind. et du subj. prés. et la pers. 2 de l'impér. prés. des v. en *-ouler* ; − la pers. 6 de l'ind. prés. et les pers. 1, 2, 3, 6 du subj. prés. des v. *émoudre, moudre, remoudre* et *rémoudre*.

402

[Rul]

(-)*roule*
déroule
enroule
roule

[kRul]

(-)*croule*
croule
écroule (s')

[mul]

-*moul*
tamoul

(-)*moule*
émoule
moule
remoule
rémoule
semoule
surmoule
vermoule (se)

[jul]

[fjul]

fioul
fioul

fuel
fuel

───── **[ulp]** ─────

[pulp]

poulpe
poulpe

[kulp]

coulpe
coulpe

───── **[ult]** ─────

[sult]

soulte
soulte

[mult]

moult
moult

───── **[ulk]** ─────

[fulk]

foulque
foulque

───── **[u:R]**[1] ─────

hourd
hourd

-*our*
giaour

[pu:R]

(-)*pour*
kippour
pour

[tu:R]

(-)*tour*
alentour
atour

autour
contour
détour
demi-tour
entour
non-retour
pourtour
retour
tour
tour à tour
vautour

tourd
tourd

(-)*toure*
toure
pastoure

-*tours*
alentours
atours
compte-tours

[ku:R]

(-)*cour*
arrière-cour
avant-cour
basse-cour
cour
haute-cour

-*coure*
accoure
concoure
discoure
encoure
parcoure
recoure
secoure

(-)*courre*
courre
laissé-courre
laisser-courre

(-)*cours*
accours

───────────

1. Ajouter les pers. 1, 2, 3, 6 de l'ind. et du subj. prés. et la pers. 2 de l'impér. prés. des v. en -*ourer*
et *ourrer* ; − les pers. 1, 2, 3, 6 de l'ind. et du subj. prés. et la pers. 2 de l'impér. prés. des v. en
-courir ; − la pers. 3 de l'ind. prés. du v. *sourdre*.

403

concours
cours
décours
discours
encours
en-cours
parcours
recours
secours

(-)*court*

accourt
concourt
court
discourt
encourt
entre-secourt (s')
parcourt
recourt
secourt

[bu:ʀ]

-*bour*

calambour
calembour
labour
rambour
tambour
topinambour

-*boure*

laboure

(-)*bourg*

bourg
brandebourg
faubourg
fribourg

(-)*bourre*

bourre
débourre
rembourre
tire-bourre

-*bours*

débours
rebours

[du:ʀ]

-*dour*

cavalcadour

mastigadour
pandour
pompadour
rocamadour
tandour
troubadour

[gu:ʀ]

gourd

gourd

goure

goure

[fu:ʀ]

(-)*four*

carrefour
chaufour
cul-de-four
four
petit-four

fourre

fourre

[su:ʀ]

-*sour*

ksour

sourd

sourd

[vu:ʀ]

-*voure*

bravoure
savoure

[ʒu:ʀ]

(-)*jour*

abat-jour
ajour
avant-jour
belle-de-jour
bonheur-du-jour

bonjour
contre-jour
demi-jour
faux-jour
jour
séjour

-*joure*

ajoure

-*jours*

toujours

[lu:ʀ]

(-)*lourd*

balourd
lourd
mi-lourd

loure

loure

-*lours*

passe-velours
velours

[ʀu:ʀ]

[kʀu:ʀ]

-*croure*

macroure

[mu:ʀ]

-*mour(s)*

amour
humour
mamours
pomme d'amour
saint-amour

mourre

mourre

[nu:ʀ]

-*noure*

anoure

404

———[uʀpʀ]¹———

[puʀpʀ]

(-)*pourpre*
empourpre
pourpre

———[uʀt]²———

-ourt
yaourt

[tuʀt]

tourte
tourte

[kuʀt]

(-)*courte*
courte
écourte

[guʀt]

-ghourt
yoghourt

———[uʀk]———

hourque
hourque

———[uʀb]³———

[tuʀb]

tourbe
tourbe

[kuʀb]

(-)*courbe*
contre-courbe
courbe
recourbe

[buʀb]

(-)*bourbe*
bourbe
débourbe
désembourbe
embourbe

[fuʀb]

fourbe
fourbe

———[uʀd]⁴———

hourde
hourde

[puʀd]

-pourde
lampourde

[buʀd]

(-)*bourde*
bourde
lambourde

[guʀd]

(-)*gourde*
esgourde
gourde

[suʀd]

sourde
sourde

[luʀd]

(-)*lourde*
balourde
coquelourde
falourde
happelourde
lourde
palourde

———[uʀdʀ]———

[suʀdʀ]

sourdre
sourdre

———[uʀg]———

[fuʀg]

fourgue
fourgue

———[uʀs]⁵———

ours
ours

ourse
ourse

[kuʀs]

(-)*course*
course
mi-course (à)

---

1. Ajouter les pers. 1, 2, 3, 6 de l'ind. et du subj. prés. et la pers. 2 de l'impér. prés. du v. *empourprer*.
2. Ajouter les pers. 1, 2, 3, 6 de l'ind. et du subj. prés. et la pers. 2 de l'impér. prés. du v. *écourter*.
3. Ajouter les pers. 1, 2, 3, 6 de l'ind. et du subj. prés. et la pers. 2 de l'impér. prés. des v. en *-ourber*.
4. Ajouter les pers. 1, 2, 3, 6 de l'ind. et du subj. prés. et la pers. 2 de l'impér. prés. des v. *bourder* et *hourder*.
5. Ajouter les pers. 1, 2, 3, 6 de l'ind. et du subj. prés. et la pers. 2 de l'impér. prés. des v. *débourser*, *embourser* et *rembourser*.

[buʀs]

(-)bourse
bourse
coupe-bourse
débourse
embourse
rembourse

[suʀs]

(-)source
radio-source
ressource
source

———— [uʀʃ]¹ ————

[furʃ]

(-)fourche
affourche
désaffourche
enfourche
fourche

———— [uʀʒ] ————

[kuʀʒ]

courge
courge

———— [uʀl]² ————

ourle
ourle

———— [uʀm]³ ————

[tuʀm]

-turm
landsturm

[guʀm]

gourme
gourme

[fuʀm]

fourme
fourme

[juʀm]

[ʃjuʀm]

(-)chiourme
chiourme
garde-chiourme

———— [uʀn]⁴ ————

[tuʀn]

(-)tourne
atourne
bistourne
chantourne
contourne
détourne
retourne
ristourne
tourne

[fuʀn]

-fourne
défourne
enfourne

[ʒuʀn]

-journe
ajourne
réajourne
séjourne

———— [um] ————

[pum]

-poom
spoom

poum
poum

[tum]

-toum
pantoum

[kum]

-koum
lokoum

[bum]

(-)boom
baby-boom
boom

(-)boum
badaboum
boum
surboum

[gum]

goum
goum

[zum]

zoom
zoom

[lum]

[blum]

bloom
bloom

[ʀum]

-room
dressing-room
grill-room
living-room
show-room

[gʀum]

groom
groom

———**[un]**———

[tun]

-toon
cartoon

[dun]

-doune
doudoune

[gun]

-gun
shogun

[ʃun]

-choun
pitchoun

[lun]

-loon
saloon

[klun]

clown
clown

[mun]

-moun
simoun

-moune
scoumoune

———**[unt]**———

[kunt]

-count
discount

———**[und]**———

[pund]

-pound
compound

[ʀund]

round
round

———**[uŋ]**———

[tuŋ]

-toung
shantoung

———**[uj]**[1]———

houille
houille

ouille
ouille

[puj]

(-)pouille(s)
dépouille
épouille
fripouille
papouille
pouille(s)

[tuj]

(-)touille
bistouille
carabistouille
chatouille
patouille
ratatouille
tatouille
touille
tripatouille

[kuj]

couille
couille

[buj]

(-)bouille
barbouille
bouille
bourbouille
carambouille
débarbouille
écrabouille
gribouille
pot-bouille
tambouille

---

1. Ajouter les pers. 1, 2, 3, 6 de l'ind. et du subj. prés. et la pers. 2 de l'impér. prés. des v. en *-ouiller* ; — la pers. 6 de l'ind. prés. et les pers. 1, 2, 3, 6 du subj. prés. des v. *bouillir, débouillir* et *rebouillir*.

[duj]

(-)*douille*
andouille
bredouille
douille
gadouille
niquedouille

[guj]

(-)*gouille*
gargouille
gouille
magouille

[fuj]

(-)*fouille*
affouille
bafouille
farfouille
fouille

[suj]

(-)*souille*
arsouille
souille

[zuj]

-*zouille*
gazouille

[ʀuj]

-*rouil*
verrouil

(-)*rouille*
antirouille
dérouille
enrouille
rouille
verrouille

[tʀuj]

(-)*trouille*
citrouille
patrouille
trouille

[bʀuj]

(-)*brouille*
bisbrouille
brouille
débrouille
embrouille

[dʀuj]

-*drouille*
vadrouille

[gʀuj]

grouille
grouille

[muj]

(-)*mouille*
mouille
pattemouille

[nuj]

-*nouil*
fenouil

(-)*nouille*
agenouille
cornouille
grenouille
homme-grenouille
nouille
quenouille

[y]

[y]

eu
eu

eue
eue

-hu
copahu
dahu
tohu-bohu

(-)*hue*
cohue
hue

-hut
bahut
chahut

[py]¹

(-)*pu*
corrompu
crépu
grappu
incorrompu
ininterrompu
interrompu
lippu
pu
repu
rompu
trapu

(-)*pue*
f. fém. de cert. mots
  en -*pu*
conspue
pue
repue

pus
pus

(-)*put*
put
reput

pût
pût

[ty]²

(-)*tu*
abattu
battu
cantu
cogne-fétu
combattu
courbatu
court-vêtu
de auditu
débattu
dévêtu
ébattu
fétu
foutu
francatu
hotu
impromptu

in situ
pattu
pentu
pointu
proprio motu
rabattu
revêtu
têtu
tortu
tu
turlututu
tutu
vertu
vêtu

(-)*tue*
f. fém. de cert. mots
  en -*tu*
accentue
battue
constitue
débattue
déshabitue
désinfatue
destitue
effectue
évertue
habitue
infatue
institue
laitue
perpétue
ponctue
prostitue
reconstitue
restitue
situe
statue

---

1. Ajouter les pers. 1, 2, 3, 6 de l'ind. et du subj. prés. et la pers. 2 de l'impér. prés. des v. *conspuer* et *puer* ; − les pers. 1, 2, 3 du passé simple, la pers. 3 du subj. imp., le part. passé masc. et, pour *repaître*, fém. des v. *pouvoir* et *repaître* ; − le part. passé, masc. et fém., des v. *corrompre*, *interrompre* et *rompre*.
2. Ajouter les pers. 1, 2, 3, 6 de l'ind. et du subj. prés. et la pers. 2 de l'impér. prés. des v. en (-)*tuer* ; − les pers. 1, 2, 3 du passé simple, la pers. 3 du subj. imp. et le part. passé, masc. et fém., du v. *taire* ; − le part. passé, masc. et fém., des v. *battre* et *vêtir*.

substitue
tortue
tue

-tus

contus
détritus
obtus

(-)tut

hors-statut
institut
statut
substitut
tut

tût

tût

[ky]¹

(-)cu

accu
cocu
convaincu
cu
écu
invaincu
survécu
tapecu
vaincu
vécu

-cue

f. fém. de cert. mots
 en *-cu*
barbecue
évacue
promiscue

(-)cul

acul
bacul
casse-cul
cucul
cul

gratte-cul
peigne-cul
tapecul
tape-cul
tire-au-cul
torche-cul

-cut

revécut
survécut
vécut

-cût

revécût
survécût
vécût

[by]²

(-)bu

barbu
bu
embu
fourbu
herbu
imbu
rebu
tribu
urubu
zébu

-bue

f. fém. de cert. mots
 en *-bu*
attribue
barbue
contribue
distribue
écobue
herbue
rétribue

-bus

abus
cabus
obus

(-)but

attribut
but
but-à-but
début
rebut
tribut

bût

bût

[dy]³

(-)du

appendu
ardu
assidu
attendu
bien entendu
capendu
compte rendu
condescendu
confondu
correspondu
court-pendu
décidu
défendu
démordu
dépendu
descendu
détendu
détordu
distendu
distordu
dodu
du
entendu
épandu
éperdu
étendu
fendu
fondu
hypertendu
hypotendu
inattendu
individu

---

1. Ajouter les pers. 1, 2, 3, 6 de l'ind. et du subj. prés. et la pers. 2 de l'impér. prés. du v. *évacuer* ;
 – les pers. 1, 2, 3 du passé simple, la pers. 3 du subj. imp. et le part. passé, masc. et fém., des
 v. *revivre, survivre* et *vivre* ; – le part. passé, masc. et fém., des v. *convaincre* et *vaincre* .
2. Ajouter les pers. 1, 2, 3, 6 de l'ind. et du subj. prés. et la pers. 2 de l'impér. prés. des v. en *-buer*
 [bɥe] ; – les pers. 1, 2, 3 du passé simple, la pers. 3 du subj. imp. et le part. passé, masc. et fém.,
 des v. *boire* et *emboire*.
3. Ajouter les pers. 1, 2, 3, 6 de l'ind. et du subj. prés. et la pers. 2 de l'impér. prés. du v. *graduer* ;
 – les pers. 1, 2, 3 du passé simple, la pers. 3 du subj. imp. et le part. passé, masc. et fém., des
 v. *devoir* et *redevoir* ; – le part. passé, masc. et fém., des v. en *-andre, -endre, -ondre* et *-rdre*.

indu
inétendu
invendu
malentendu
mordu
morfondu
pendu
perdu
pondu
pourfendu
prétendu
redescendu
refendu
refondu
remordu
rendu
répandu
repondu
reperdu
répondu
résidu
retendu
retondu
retordu
revendu
sous-entendu
sous-tendu
surfondu
survendu
suspendu
tendu
tondu
tordu
urdu
vendu

(-)*dû*
dû
redû

(-)*due*
f. fém. de cert. mots
  en -*du*
due
étendue
fondue
gradue
prétendue

redue
tendue

(-)*dut*
dut
redut

dût
dût

[gy]¹

-*gu*
aigu
ambigu
bégu
contigu
exigu
subaigu
suraigu

-*guë*
f. fém. de cert. mots
  en -*gu*
arguë
besaiguë
bisaiguë
ciguë

[fy]²

-*fu*
griffu
touffu

-*fue*
griffue
touffue

(-)*fus*
confus
diffus
fus
infus
profus
refus

(-)*fut*
fut
raffut

(-)*fût*
affût
affût (à l')
fût

[sy]³

-*çu*
aperçu
conçu
déçu
imperçu
inaperçu
moins-perçu
perçu
préconçu
reçu
trop-perçu

-*çue*
f. fém. de cert. mots
  en -*çu*

-*çut*
aperçut
conçut
déçut
perçut
reçut

-*çût*
aperçût
conçût
déçût
perçût
reçût

(-)*su*
bossu
cossu
fessu
insu (à l')
issu

---

1. Ajouter les pers. 1, 2, 3, 6 de l'ind. et du subj. prés. et la pers. 2 de l'impér. prés. des v. *arguer* et *rédarguer*.
2. Ajouter les pers. 1, 2, 3 du passé simple et la pers. du subj. imp. du v. *être*.
3. Ajouter les pers. 1, 2, 3, 6 de l'ind. et du subj. prés. et la pers. 2 de l'impér. prés. des v. *bossuer, ressuer* et *suer* ; − les pers. 1, 2, 3 du passé simple, la pers. 3 du subj. imp. et le part. passé, masc. et fém., des v. en -*cevoir* et du v. *savoir*.

411

jiu-jitsu
lato sensu
moussu
ossu
pansu
stricto sensu
su
tissu

(-)sue
f. fém. de cert. mots
   en -su [sy]
bossue
issue
massue
ressue
sangsue
sue

(-)sus
au-dessus
ci-dessus
dessus
pardessus
sus (en)

sut
sut

sût
sût

[ʃy][1]

(-)chu
barbichu
branchu
chu
crochu
déchu
échu
fichu
fourchu
grinchu
moustachu

(-)chue
f. fém. de cert. mots
   en -chu

(-)chut
chut
déchut
échut

(-)chût
chût
déchût
échût

[vy][2]

(-)vu
déjà-vu
dépourvu (au)
entrevu
imprévu
m'as-tu-vu
pourvu
prévu
revu
vu

(-)vue
f. fém. de cert. mots
   en -vu
bévue
boulevue (à la)
brise-vue
contre-vue
entrevue
garde-vue
longue-vue
point de vue
revue
vue

-vut
dépourvut
pourvut

-vût
dépourvût
pourvût

[zy][3]

-su
cousu
décousu
de visu
recousu

-sue
cousue
décousue
recousue

-sus
Jésus

-zut
bizut

[ʒy]

j'eus
j'eus

(-)jus
court-jus
jus
verjus

[ly][4]

(-)lu
absolu
bienvoulu
chevelu
dévolu
dissolu
élu
émoulu

---

1. Ajouter les pers. 1, 2, 3 du passé simple, la pers. 3 du subj. imp. et le part. passé, masc. et fém., des v. *choir, déchoir* et *échoir*.
2. Ajouter les pers. 1, 2, 3 du passé simple, la pers. 3 du subj. imp. et le part. passé, masc. et fém., des v. *dépourvoir* et *pourvoir* ; − le part. passé, masc. et fém., des v. *prévoir, revoir* et *voir*.
3. Ajouter le part. passé, masc. et fém., des v. *coudre, découdre* et *recoudre*.
4. Ajouter les pers. 1, 2, 3, 6 de l'ind. et du subj. prés. et la pers. 2 de l'impér. prés. des v. en *-luer* [lɥe] ; − les pers. 1, 2, 3 du passé simple, la pers. 3 du subj. imp., le part. passé masc. et, lorsqu'il existe, fém. des v. en *-loir*, (-)*lire* et (-)*moudre* et du v. *résoudre* ; − les pers. 1, 2, 3 du passé simple et la pers. 3 du subj. imp. des v. *absoudre* et *dissoudre*.

équivalu
fallu
farfelu
goulu
hurluberlu
impollu
irrésolu
lanturlu
lu
lulu
malvoulu
mamelu
merlu
moulu
palu
patte-pelu
pelu
perlu
poilu
prévalu
râblu
réélu
relu
remoulu
rémoulu
résolu
revalu
révolu
tolu
valu
velu
vermoulu
voulu

-lue
f. fém. de cert. mots
en *-lu*
berlue
dilue
éberlue
évalue
évolue
moins-value
patte-pelue
plus-value
pollue
salue

-lus
palus
talus

(-)*lut*
chalut
élut
émoulut
équivalut
fallut
lut
moulut
port-salut
prévalut
réélut
relut
remoulut
rémoulut
résolut
revalut
salut
valut
voulut

(-)*lût*
élût
lût

[ply][1]

(-)*plu*
complu
déplu
plu

(-)*plus*
plus
surplus
surplus (au)

(-)*plut*
complut
déplut
plut

(-)*plût*
complût
déplût
plût

[kly][2]

-clu
conclu
exclu

-clue
conclue
exclue

-clus
ci-inclus
conclus
exclus
inclus
perclus
reclus

-clut
conclut
exclut
inclut

-clût
conclût
exclût
inclût

[bly][3]

-blu
râblu

[gly][4]

(-)*glu*
ergo-glu
glu

---

1. Ajouter les pers. 1, 2, 3 du passé simple, la pers. 3 du subj. imp. et le part. passé, masc. et fém.,
des v. *plaire, complaire* et *déplaire* ; − la pers. 3 des mêmes modes et temps et le part. passé du
v. *pleuvoir*.
2. Ajouter les pers. 1, 2, 3, 6 de l'ind. et du subj. prés., la pers. 2 de l'impér. prés., les pers. 1, 2, 3
du passé simple, la pers. 3 du subj. imp. et le part. passé, masc. et fém., des v. *conclure, exclure,
inclure* et *occlure* (le part. passé fém. étant excepté cependant pour ces deux derniers verbes) ; −
le part. passé masc. du v. *reclure*.
3. Ajouter les pers. 1, 2, 3, 6 de l'ind. et du subj. prés. et la pers. 2 de l'impér. prés. du v. *abluer*.
4. Ajouter les pers. 1, 2, 3, 6 de l'ind. et du subj. prés. et la pers. 2 de l'impér. prés. des v. *dégluer,
engluer* et *gluer*.

(-)*glue*

déglue
englue
glue

[fly][1]

-*flu*

joufflu
mafflu
melliflu
superflu

(-)*flue*

afflue
flue
influe
joufflue
mafflue
melliflue
reflue
superflue

(-)*flux*

afflux
flux
influx
reflux

[ʀy][2]

(-)*ru*

accouru
apparu
bourru
comparu
concouru
couru
discouru
disparu
encouru
féru
jabiru
parcouru

paru
recouru
reparu
ru
secouru

(-)*rue*

f. fém. de cert. mots
   en -*ru*
charrue
grand-rue
morue
queue-de-morue
rue
verrue

-*rut*

accourut
apparut
comparut
concourut
courut
discourut
disparut
encourut
mourut
parcourut
recourut
reparut
secourut

-*rût*

accourût
apparût

[pʀy]

-*prue*

sprue

[tʀy][3]

-*tru*

malotru
ventru

-*true(s)*

désobstrue
menstrues
obstrue
ventrue

-*trus*

abstrus
intrus

[kʀy][4]

(-)*cru*

accru
cru
décru
écru
recru
surcru

(-)*crû*

crû
recrû

(-)*crue*

accrue
crue
décrue
recrue

(-)*crut*

accrut
crut
décrut
recrut

(-)*crût*

accrût
crût
décrût
recrût

---

1. Ajouter les pers. 1, 2, 3, 6 de l'ind. et du subj. prés. et la pers. 2 de l'impér. prés. des v. *affluer, fluer, influer* et *refluer*.
2. Ajouter les pers. 1, 2, 3, 6 de l'ind. et du subj. prés. et la pers. 2 de l'impér. prés. du v. *ruer* ;
   — les pers. 1, 2, 3 du passé simple, la pers. 3 du subj. imp. et le part. passé, masc. et fém., des v. en *(-)courir* et *(-)paraître* et du v. *mourir* (le part. passé, masc. et fém., de ce dernier v. excepté).
3. Ajouter les pers. 1, 2, 3, 6 de l'ind. et du subj. prés. et la pers. 2 de l'impér. prés. des v. *désobstruer* et *obstruer*.
4. Ajouter les pers. 1, 2, 3, 6 de l'ind. et du subj. prés. et la pers. 2 de l'impér. prés. du v. *décruer* ;
   — les pers. 1, 2, 3 du passé simple, la pers. 3 du subj. imp. et le part. passé, masc. et fém., des v. en (-)*croire* et (-)*croître*.

[bʀy]

(-)bru
bru
membru

[dʀy]

dru
dru

drue
drue

[gʀy]

-gru
congru
incongru

(-)grue
congrue
coquecigrue
grue
incongrue
ponton-grue

[my]¹

(-)mu
ému
mu
promu

mû
mû

(-)mue
commue
émue
mue
promue
remue
transmue

-mus
camus

(-)mut
émut
mut
promut

(-)mût
émût
mût
promût

[ny]²

(-)nu
abstenu
advenu
appartenu
avenu
bienvenu
biscornu
charnu
chenu
circonvenu
codétenu
connu
contenu
continu
contrevenu
convenu
cornu
détenu
devenu
discontinu
disconvenu
entretenu
grenu
inconnu
ingénu
intervenu
maintenu
malvenu
méconnu
menu
microgrenu
non avenu
nu
obtenu
parvenu

porte-menu
prévenu
provenu
reconnu
redevenu
ressouvenu
retenu
revenu
saugrenu
soutenu
souvenu
subvenu
tenu
ténu
trotte-menu
venu

(-)nue
f. fém. de cert. mots
    en -nu
atténue
avenue
bienvenue
continue
cornue
déconvenue
dénue
détenue
diminue
discontinue
éternue
exténue
inconnue
ingénue
insinue
maintenue
nue
prévenue
retenue
revenue
survenue
tenue
venue

-nut
canut
connut
méconnut
reconnut

---

1. Ajouter les pers. 1, 2, 3 du passé simple, la pers. 3 du subj. imp. et le part. passé, masc. et fém., des v. *émouvoir, mouvoir* et *promouvoir.*
2. Ajouter les pers. 1, 2, 3 du passé simple, la pers. 3 du subj. imp. et le part. passé, masc. et fém., des v. *connaître, méconnaître* et *reconnaître* ; − le part. passé, masc. et fém., des v. en *(-)tenir* et *(-)venir.*

415

-nût
connût
méconnût
reconnût

[jy]

-llu
feuillu

——— **[yp]**[1] ———

huppe
huppe

[kyp]

-cupe
occupe
préoccupe
réoccupe

[dyp]

dupe
dupe

[ʒyp]

(-)jupe
jupe
minijupe

[ʀyp]

[dʀyp]

drupe
drupe

——— **[ypt]** ———

[ʀypt]

[bʀypt]

-brupt
abrupt

-brupte
abrupte

——— **[ypl]**[2] ———

[typl]

-tuple
centuple
octuple
quintuple
septuble
sextuple

[kypl]

-cuple
décuple

[ʀypl]

[dʀypl]

-druple
quadruple

[nypl]

-nuple
nonuple

——— **[ypʀ]** ———

[typʀ]

-tupre
stupre

——— **[yt]**[3] ———

ut
ut

-hute
cahute
chahute

hutte
hutte

[pyt]

-put
cajeput
comput
occiput
préciput
sinciput

(-)pute
ampute
compute
députe
dispute
impute
pute
répute
suppute

[kyt]

-cut
uppercut

1. Ajouter les pers. 1, 2, 3, 6 de l'ind. et du subj. prés. et la pers. 2 de l'impér. prés. des v. en *-uper*.
2. Ajouter les pers. 1, 2, 3, 6 de l'ind. et du subj. prés. et la pers. 2 de l'impér. prés. des v. en *-upler*.
3. Ajouter les pers. 1, 2, 3, 6 de l'ind. et du subj. prés. et la pers. 2 de l'impér. prés. des v. en *-uter*, *-ûter* et *-utter* ; — la pers. 5 du passé simple de tous les v. à passé simple en *-us* à la pers. 1 : [py] *pouvoir, repaître*, [tu] *taire*, [ky] *(-)vivre*, [by] *(-)boire* [dy] *(-)devoir*, [fy] *être*, [sy] *-cevoir, savoir*, [ʃy] *(-)choir*, [ly] *(-)lire, -loir, (-)moudre, absoudre, dissoudre, résoudre*, [ply] *(-)plaire, pleuvoir*, [kly] *-clure*, [ʀy] *] *(-)courir, (-)paraître, mourir*, [kʀy] *(-)croire, (-)croître*, [my] *(-)mouvoir*, [ny] *(-)connaître*.

-cute
charcute
cuscute
discute
exécute
percute
persécute
répercute

[byt]

(-)*but*
but
en-but
scorbut

(-)*bute*
bute
culbute
débute
haquebute
rebute
saquebute
tribute

butte
butte
butte (être en)

[gyt]

-gut
catgut

-gutte
gomme-gutte

[fyt]

-fute
réfute

-fûte
affûte

fûtes
fûtes

[syt]

-sute
hirsute

[ʃyt]

chut
chut

(-)*chute*
chape-chute
chute
parachute
rechute

[zyt]

zut
zut

[ʒyt]

(-)*jute*
cajute
jute
verjute

[lyt]

lut
lut

(-)*lute*
délute
lute
volute

luth
luth

-luthe
anacoluthe

(-)*lutte*
lutte
turlutte

[blyt]

blute
blute

[flyt]

flûte
flûte

[ʀyt]

rut
rut

[tʀyt]

-tre-ut
contre-ut

[kʀyt]

-crute
recrute
scrute

[bʀyt]

brut
brut

brute
brute

[myt]

-mut
azimut

(-)*mute*
mute
permute

-muth
bismuth

[nyt]

-nute
Cocotte-Minute
minute

417

——————**[yk]**[1]——————

[pyk]

-*pück*
volapück

[tyk]

-*tuc*
stuc

(-)*tuque*
fétuque
stuque
tuque

[byk]

-*buque*
sambuque

[dyk]

(-)*duc*
aqueduc
archiduc
bolduc
caduc
duc
gazoduc
grand-duc
mal caduc
oléoduc
stéréoduc
viaduc

-*duque*
caduque
éduque
heiduque

[syk]

suc
suc

[lyk]

-*luck*
mameluck

-*luque*
noctiluque
reluque
ulluque

[ʀyk]

-*ruque*
galéruque
perruque

[tʀyk]

truc
truc

truque
truque

[nyk]

(-)*nuque*
couvre-nuque
eunuque
nuque

——————**[yks]**[2]——————

[lyks]

lux
fiat lux
lux

luxe
luxe

——————**[ykʀ]**[3]——————

[sykʀ]

sucre
sucre

[lykʀ]

(-)*lucre*
involucre
lucre

——————**[yb]**[4]——————

[pyb]

pub
pub

[tyb]

tub
tub

(-)*tube*
entube
titube
tube

[kyb]

(-)*cube*
archicube
cube
incube
succube

[byb]

bube
bube

[ʒyb]

-*jube*
jujube

---

1. Ajouter les pers. 1, 2, 3, 6 de l'ind. et du subj. prés. et la pers. 2 de l'impér. prés. des v. en -*uquer*.
2. Ajouter les pers. 1, 2, 3, 6 de l'ind. et du subj. prés. et la pers. 2 de l'impér. prés. du v. *luxer*.
3. Ajouter les pers. 1, 2, 3, 6 de l'ind. et du subj. prés. et la pers. 2 de l'impér. prés. du v. *sucrer*.
4. Ajouter les pers. 1, 2, 3, 6 de l'ind. et du subj. prés. et la pers. 2 de l'impér. prés. des v. en -*uber*.

418

[Ryb]

-rube
marrube

──── **[ybl]**¹ ────

[fybl]

-fuble
affuble

[zybl]

-suble
chasuble

[lybl]

-luble
dissoluble
hydrosoluble
indissoluble
insoluble
irrésoluble
liposoluble
résoluble
soluble

[Rybl]

[tRybl]

truble
truble

──── **[ybR]**² ────

[kybR]

-cubre
élucubre

[gybR]

-gubre
lugubre

[lybR]

-lubre
insalubre
salubre

──── **[yd]**³ ────

[tyd]

-tude
altitude
amplitude
aptitude
assuétude
attitude
béatitude
certitude
cistude
complétude
consimilitude
décrépitude
désuétude
dissimilitude
étude
exactitude
finitude
foultitude
gratitude
habitude
hébétude
inaptitude
incertitude
incomplétude
inexactitude
infinitude
ingratitude
inhabitude
inquiétude
lassitude
latitude
longitude
magnitude
mansuétude
multitude
négritude
platitude
plénitude

promptitude
quiétude
rectitude
servitude
similitude
solitude
sollicitude
turpitude
vicissitude

[byd]

bude
bude

[syd]

sud
sud

-sude
exsude
transsude

[lyd]

-lude
collude
élude
interlude
prélude

[Ryd]

rude
rude

[pRyd]

prude
prude

[myd]

-mud
talmud

---

1. Ajouter les pers. 1, 2, 3, 6 de l'ind. et du subj. prés. et la pers. 2 de l'impér. prés. du v. *affubler*.
2. Ajouter les pers. 1, 2, 3, 6 de l'ind. et du subj. prés. et la pers. 2 de l'impér. prés. du v. *élucubrer*.
3. Ajouter les pers. 1, 2, 3, 6 de l'ind. et du subj. prés. et la pers. 2 de l'impér. prés. des v. en -*uder*.

[nyd]

-nude
dénude

———**[yg]**[1]———

[tyg]

thug
thug

[fyg]

(-)*fugue*
contre-fugue
fugue

[ʒyg]

-jugue
conjugue
subjugue

———**[ygl]**———

[bygl]

bugle
bugle

[mygl]

-mugle
remugle

———**[yf]**[2]———

[pyf]

puf
puf

[tyf]

tuf
tuf

-tufe
tartufe

-tuffe
tartuffe

[ʀyf]

[tʀyf]

truffe
truffe

———**[yfl]**[3]———

[byfl]

(-)*buffle*
buffle
crapaud-buffle

[syfl]

-suffle
insuffle

[myfl]

mufle
mufle

———**[ys]**[4]———

(-)*us*
us (et coutumes)

[i-ys]
nauplius
olibrius

[e-ys]
aureus
calceus
clipeus
coléus
hippeus
iléus
nucléus
pileus
uraeus

[y-ys]
lituus

[pys]

(-)*puce*
capuce
épuce
prépuce
puce

-pus
artocarpus
campus
corpus
habeas corpus
lupus
opus

[tys]

-thus
épicanthus
ichtus

---

1. Ajouter les pers. 1, 2, 3, 6 de l'ind. et du subj. prés. et la pers. 2 de l'impér. prés. des v. *conjuguer* et *subjuguer*.
2. Ajouter les pers. 1, 2, 3, 6 de l'ind. et du subj. prés. et la pers. 2 de l'impér. prés. du v. *truffer*.
3. Ajouter les pers. 1, 2, 3, 6 de l'ind. et du subj. prés. et la pers. 2 de l'impér. prés. du v. *insuffler*.
4. Ajouter les pers. 1, 2, 3, 6 de l'ind. et du subj. prés. et la pers. 2 de l'impér. prés. des v. *épucer*, *sucer*, *ressucer* et *laïusser* ; — les pers. 1, 2, 6 du subj. imp. de tous les v. à passé simple en *-us* à la pers. 1 : [py] *pouvoir*, *repaître*, [ty] *taire*, [ky] (-)*vivre*, [by] (-)*boire*, [dy] (-)*devoir*, [fy] *être*, [sy] *-cevoir*, *savoir*, [ʃy] (-)*choir*, [ly] (-)*lire*, *-loir*, (-)*moudre*, *absoudre*, *dissoudre*, *résoudre*, [ply] (-)*plaire*, *pleuvoir*, [kly] *-clure*, [ʀy] *(-)*courir*, (-)*paraître*, *mourir*, [kʀy] (-)*croire*, (-)*croître*, [my] (-)*mouvoir*, [ny] (-)*connaître*.

420

-tuce

astuce

-tus

agnus-castus
altostratus
cactus
cirrostratus
cubitus
cunnilinctus
décubitus
détritus
eucalyptus
fœtus
fructus
habitus
hiatus
ictus
infarctus
lotus
motus
nimbo-stratus
prospectus
quitus
raptus
rictus
sanctus
sixtus
stratus
tractus

[kys]

-chus

tylanchus

-cus

africus
autofocus
blocus
crocus
diplodocus
ficus
fucus
hibiscus
locus
mordicus
mucus
pecus
vulgum pecus

[bys]

(-)bus

abribus
airbus

autobus
bibliobus
bibus
bus
choléra-morbus
cumulo-nimbus
gibus
in naturalibus
in partibus
jacobus
microbus
minibus
nimbus
omnibus
oribus
pedibus
quibus
rasibus
rébus
syllabus
thrombus
trolleybus

[dys]

-dus

bifidus
fondus
gradus
nodus

[gys]

(-)gus

aberdeen-angus
argus
asparagus
cunnilingus
fongus
gus
négus
pagus
profanum vulgus
tragus
valgus

-gusse

gugusse

[fys]

-phus

tophus
typhus

[sys]

(-)suce

ressuce
suce

(-)sus

byssus
collapsus
consensus
cossus
cursus
en sus
excursus
lapsus
processus
prolapsus
sus
versus

-xus

plexus

[vys]

-vus

favus
nævus

[zys]

-sus

crésus
numerus clausus
rhésus
usus

[ʒys]

-jus

de cujus

[lys]

-lus

altocumulus
angélus
aspergillus
carolus
cirrocumulus
convolvulus

cumulus
embolus
oculus
palus
phallus
populus
stimulus
strato-cumulus
tumulus
vitellus
volvulus

[plys]

plus
plus

[ʀys]

-rus
acarus
arbovirus
chorus
cirrus
garus
humérus
papyrus
rétrovirus
thésaurus
ultravirus
urus
utérus
varus
virus

(-)russe
biélorusse
russe

[mys]

-mus
committimus
gaudeamus
humus
hypothalamus
non possumus
nystagmus
orémus
thalamus

thymus
trismus
vidimus

(-)musse
aumusse
musse

[nys]

-nus
acinus
anus
bonus
cheveu-de-Vénus
clonus
cosinus
in manus
minus
pandanus
prunus
sabot-de-Vénus
sinus
terminus
tonus
vénus

[ɲys]

-gnus
agnus

[jys]

-ïus
laïus

[djys]

-dius
médius
modius
radius

[ʀjys]

-rius
stradivarius

──── **[yst]**[1] ────

[tyst]

-tuste
vétuste

[kyst]

-custe
locuste

[byst]

(-)buste
arbuste
buste
flibuste
robuste
tarabuste

[dyst]

(-)duste
aduste
duste

[gyst]

-guste
auguste
déguste

[ʒyst]

(-)juste
ajuste
désajuste
injuste
juste
rajuste

[ʀyst]

[tʀyst]

truste
truste

1. Ajouter les pers. 1, 2, 3, 6 de l'ind. et du subj. prés. et la pers. 2 de l'impér. prés. des v. en *-uster*.

[kʀyst]

-cruste
incruste

[fʀyst]

fruste
fruste

———— **[ystʀ]**[1] ————

[kystʀ]

-custre
lacustre

[lystʀ]

(-)*lustre*
balustre
délustre
illustre
lustre
palustre

[plystʀ]

-plustre
aplustre

[ʀystʀ]

rustre
rustre

———— **[ysk]**[2] ————

[bysk]

busc
busc

(-)*busque*
busque

débusque
embusque

[fysk]

-fusque
offusque

[ʒysk]

jusque
jusque

[ʀysk]

[tʀysk]

-trusque
étrusque

[bʀysk]

(-)*brusque*
brusque
lambrusque

[fʀysk]

frusques
frusques

[lysk]

-lusque
mollusque

[mysk]

musc
musc

musque
musque

———— **[yskl]** ————

[myskl]

muscle
muscle

———— **[yʃ]**[3] ————

huche
huche

[pyʃ]

(-)*puche*
capuche
puche

[byʃ]

(-)*buche*
buche
débuche
rembuche
trébuche

(-)*bûche*
bûche
embûche

[ʒyʃ]

(-)*juche*
déjuche
juche

[lyʃ]

-luche
breluche
coqueluche
faluche
fanfreluche
freluche

1. Ajouter les pers. 1, 2, 3, 6 de l'ind. et du subj. prés. et la pers. 2 de l'impér. prés. des v. en *-ustrer*.
2. Ajouter les pers. 1, 2, 3, 6 de l'ind. et du subj. prés. et la pers. 2 de l'impér. prés. des v. en *-usquer*.
3. Ajouter les pers. 1, 2, 3, 6 de l'ind. et du subj. prés. et la pers. 2 de l'impér. prés. des v. en *-ucher* et *-ûcher*.

greluche
merluche
paluche
peluche

[plyʃ]

-pluche(s)
épluche
pluches

[ʀyʃ]

(-)ruche
perruche
ruche

[tʀyʃ]

(-)truche
autruche
truche

[kʀyʃ]

cruche
cruche

[bʀyʃ]

-bruche
lambruche

[dʀyʃ]

-druche
baudruche

[nyʃ]

-nuche
guenuche

———**[y:v]**[1]———

[ty:v]

-tuve
étuve

[ky:v]

(-)cuve
cuve
décuve
encuve

[dy:v]

-duve
réduve

[ly:v]

-luve
maniluve

[fly:v]

-fluve
effluve
interfluve

———**[y:z]**[2]———

use
use

[py:z]

-puse
empuse

[ty:z]

-tuse
contuse
obtuse

[ky:z]

-cuse
accuse

excuse
incuse
récuse

[by:z]

(-)buse
abuse
arquebuse
buse
cambuse
désabuse

[dy:z]

-duse
méduse

[fy:z]

(-)fuse
confuse
diffuse
fuse
infuse
profuse
refuse
transfuse

[zy:z]

-suse
désuse
mésuse

[ly:z]

[kly:z]

(-)cluse
cluse
écluse
incluse
occluse

---

1. Ajouter les pers. 1, 2, 3, 6 de l'ind. et du subj. prés. et la pers. 2 de l'impér. prés. des v. en *-uver*.
2. Ajouter les pers. 1, 2, 3, 6 de l'ind. et du subj. prés. et la pers. 2 de l'impér. prés. des v. en *(-)user*.

percluse
recluse

bus-je
bus-je

──────[yl]²──────

[pyl]

[Ry:z]

(-)*ruse*
céruse
ruse

[fy:ʒ]

-fuge
calcifuge
calorifuge
centrifuge
fébrifuge
hydrofuge
ignifuge
lucifuge
refuge
subterfuge
transfuge
vermifuge

-pule
copule
crapule
cupule
manipule
papule
scrupule
stipule
tipule

[tRy:z]

-truse
abstruse
intruse

(-)*pull*
pull
sous-pull

[dRy:z]

druse
druse

[tyl]

-tule
capitule
congratule
ergastule
fistule
intitule
mutule
noctule
notule
ovule
plantule
postule
pustule
récapitule
rotule
sextule
spatule
sportule
tarentule

[ʒy:ʒ]

[my:z]

(-)*muse*
amuse
camuse
cornemuse
muse

(-)*juge*
adjuge
déjuge (se)
juge
préjuge

[ny:z]

[ly:ʒ]

-*nuse*
canuse
hypothénuse

(-)*luge*
déluge
luge

──────[y:ʒ]¹──────

[Ry:ʒ]

eus-je
eus-je

[gRy:ʒ]

tulle
tulle

(-)*gruge*
égruge
gruge

[kyl]

[by:ʒ]

[my:ʒ]

-cul
accul
calcul
recul

(-)*buge*
buge
grabuge

muge
muge

1. Ajouter les pers. 1, 2, 3, 6 de l'ind. et du subj. prés. et la pers. 2 de l'impér. prés. des v. en -*uger*.
2. Ajouter les pers. 1, 2, 3, 6 de l'ind. et du subj. prés. et la pers. 2 de l'impér. prés. des v. en -*uler* et -*ûler*.

425

-cule

abacule
accule
adminicule
animalcule
articule
auricule
bascule
bouscule
calcule
calicule
canalicule
canicule
caroncule
circule
clavicule
conventicule
corpuscule
craticule
crépuscule
cuticule
denticule
désarticule
diverticule
duriuscule
écule
édicule
éjacule
émascule
facule
fascicule
fébricule
fécule
follicule
forficule
funicule
gesticule
groupuscule
hercule
homoncule
immatricule
indicule
inocule
lenticule
macromolécule
macule
majuscule
matricule
minuscule
molécule
monticule
onguicule
opercule
opuscule
panicule

particule
pécule
pédicule
pédoncule
pellicule
perpendicule
pont-bascule
portioncule
principicule
radicule
recule
renoncule
réticule
ridicule
spécule
tentacule
testicule
tubercule
utricule
véhicule
ventricule
vésicule

-culle

cuculle

-kul

karakul

[byl]

-bul

bulbul

-bule

acétabule
affabule
conciliabule
confabule
déambule
démantibule
fabule
fibule
funambule
globule
infibule
lobule
mandibule
noctambule
préambule
somnanbule
tintinnabule
vestibule

bull

bull

bulle

bulle
papier bulle

[dyl]

-dule

acidule
adule
bidule
camaldule
cédule
crédule
glandule
hiérodule
incrédule
module
nodule
ondule
pendule
ridule

[gyl]

-gule

coagule
jugule
mergule
point-virgule
régule
spergule
virgule

[fyl]

-fule

infule
scrofule

[syl]

-sul

consul
proconsul
vice-consul

-sule

capsule
péninsule

426

[vyl]

-*vule*
ovule
uvule
valvule

[zyl]

-*sule*
clausule
ésule

-*zule*
luzule

[ʒyl]

jules
jules

[lyl]

-*lule*
cellule
encellule
gélule
libellule
pilule
pullule
repullule
ulule

[ʀyl]

-*rule*
aspérule
curule
férule
home rule
mérule
sporule

[bʀyl]

brûle
brûle

[myl]

-*mul*
cumul

(-)*mule*
accumule
cumule
dissimule
émule
formule
limule
mule
plumule
simule
stimule

[nyl]

nul
nul

-*nule*
annule
antennule
campanule
canule
granule
lunule
pinnule
ranule
veinule

nulle
nulle

[jyl]

iule
iule

———— **[ylp]**[1] ————

[pylp]

pulpe
pulpe

[kylp]

-*culpe*
disculpe
inculpe

———— **[ylt]**[2] ————

[pylt]

-*pulte*
catapulte

[kylt]

-*culpte*
sculpte

(-)*culte*
ausculte
culte
inculte
occulte

[dylt]

-*dult*
indult

-*dulte*
adulte

[sylt]

-*sulte*
consulte
insulte
jurisconsulte
sénatus-consulte

[zylt]

-*sulte*
résulte

---

1. Ajouter les pers. 1, 2, 3, 6 de l'ind. et du subj. prés. et la pers. 2 de l'impér. prés. des v. *disculper* et *inculper*.
2. Ajouter les pers. 1, 2, 3, 6 de l'ind. et du subj. prés. et la pers. 2 de l'impér. prés. des v. en -*ulter*.

-xulte
exulte

——— **[ylg]**[2] ———

[vylg]

[u-y:R]
enclouure
nouure

[mylt]

-vulgue
divulgue

hure
hure

-multe
tumulte

[mylg]

[py:R]

——— **[ylk]**[1] ———

-mulgue
promulgue

(-)*pur*
impur
pur

[kylk]

——— **[yls]**[3] ———

-culque
conculque
inculque

[pyls]

(-)*pure*
apure
coupure
crêpure
découpure
dépure
épure
étampure
guipure
impure
jaspure
pure
râpure
suppure
tapure

-pulse
compulse
expulse

[sylk]

-sulque
bisulque
trisulque

——— **[ylv]** ———

——— **[ylkR]** ———

ulve
ulve

[pylkR]

[vylv]

-pulcre
sépulcre

vulve
vulve

[ty:R]

-tur
admittatur
committitur
deleatur
exequatur
fluctuat nec mergitur
futur
imprimatur
kommandantur
ne varietur

——— **[y:R]**[4] ———

——— **[ylb]** ———

(-)*ure*
ure
[i-y:R]
pliure
striure

[bylb]

bulbe
bulbe

---

1. Ajouter les pers. 1, 2, 3, 6 de l'ind. et du subj. prés. et la pers. 2 de l'impér. prés. des v. *conculquer* et *inculquer.*
2. Ajouter les pers. 1, 2, 3, 6 de l'ind. et du subj. prés. et la pers. 2 de l'impér. prés. des v. *divulguer* et *promulguer.*
3. Ajouter les pers. 1, 2, 3, 6 de l'ind. et du subj. prés. et la pers. 2 de l'impér. prés. des v. *compulser* et *expulser.*
4. Ajouter les pers. 1, 2, 3, 6 de l'ind. et du subj. prés. et la pers. 2 de l'impér. prés. des v. en *-urer* et *urrer* ; — les pers. 6 du passé simple de tous les v. à passé simple en *-us* à la pers. 1 : [py] *pouvoir, repaître,* [ty] *taire,* [ky] (-)*vivre,* [by] (-)*boire,* [dy] (-)*devoir,* [fy] *être,* [sy] *-cevoir, savoir,* [ʃy] (-)*choir,* [ly] (-)*lire, -loir,* (-)*moudre, absoudre, dissoudre, résoudre,* [ply] (-)*plaire, pleuvoir,* [kly] *-clure,* [Ry] ***(-)*courir,* (-)*paraître, mourir,* [kRy] (-)*croire,* (-)*croître,* [my] (-)*mouvoir,* [ny] (-)*connaître.*

428

-ture

acupuncture
agriculture
agrumiculture
angusture
aperture
apiculture
appogiature
aquaculture
arboriculture
arcature
architecture
argenture
armature
aventure
aviculture
biture
bonne aventure
bouture
bulbiculture
cadrature
candidature
capilliculture
capture
caricature
carpiculture
ceinture
céréaliculture
cléricature
clôture
colature
conchyliculture
confiture
conjecture
conjoncture
contexture
contracture
courbature
couture
couverture
créature
culture
cuniculture
déchiqueture
déconfiture
dénature
denture
désinvolture
devanture
dictature
droiture
écriture
égoutture
électropuncture
emboîture

enture
facture
fermeture
filature
fioriture
floriculture
forfaiture
fortraiture
fourniture
fracture
friture
future
garniture
géniture
gratture
héliciculture
horticulture
immature
imposture
inculture
infrastructure
investiture
jointure
judicature
lecture
législature
lepture
ligature
littérature
maculature
magistrature
mandature
manufacture
mature
mâture
mésaventure
miniature
mixture
monoculture
monture
motoculture
moucheture
mouture
musculature
mytiliculture
nature
nomenclature
nonciature
nourriture
obture
oléiculture
ossature
ostréiculture
ouverture
parementure
pâture

peinture
penture
pisciculture
pointure
polyculture
portraiture
posture
pourriture
préfecture
prélature
préture
primogéniture
progéniture
projecture
puériculture
quadrature
questure
rature
rentraiture
réouverture
riziculture
roture
rudenture
rupture
sacrificature
sature
sculpture
sépulture
sériciculture
signature
sous-préfecture
stature
structure
substructure
superstructure
sursature
suture
sylviculture
tablature
tacheture
teinture
température
tenture
tessiture
texture
toiture
tonture
torture
triture
troncature
trufficulture
vergeture
vêture
vigneture
villégiature
viniculture

viticulture
voiture

[ky:R]

-cur
clair-obscur
obscur

(-)cure
arcure
cure
écure
manicure
manucure
mercure
obscure
pédicure
phœnicure
posture
procure
récure
sinécure

-qûre
piqûre
surpiqûre

[by:R]

(-)bure
bure
carbure
courbure
ébarbure
fourbure
garbure
hydrocarbure
plombure
recourbure

-burre
saburre

[dy:R]

dur
dur

(-)dure(s)
bordure
dessoudure

dure
échaudure
embordure
endure
évidure
froidure
gras-fondure
indure
iodure
ordure
procédure
soudure
verdure
vide-ordures
vidure

[gy:R]

-gur
kieselgur

-gure
augure
configure
défigure
envergure
figure
inaugure
ligure
pagure
transfigure

[fy:R]

fur
au fur (et à mesure)

-fure
biffure
chauffure
coiffure
échauffure
griffure
sulfure
surchauffure

-phure
phosphure

[sy:R]

-çure
enfonçure

enlaçure
fronçure
gerçure
glaçure
laçure
pinçure
rinçure

sur
sur

sûr
sûr

-sure
arrondissure
assure
blessure
blettissure
bouffissure
brouissure
brunissure
cassure
censure
chancissure
chaussure
commissure
cotissure
crépissure
damassure
déchaussure
éclaboussure
élargissure
embossure
enchâssure
épissure
finissure
fissure
flétrissure
fourbissure
fressure
froissure
matelassure
meurtrissure
moisissure
morsure
noircissure
plissure
polissure
pressure
rancissure
rassure
ratissure
retassure

430

roussissure
salissure
scissure
sertissure
ternissure
tissure
tonsure
vernissure
vomissure
voussure

sûre
sûre

-surre
susurre

-xure
flexure
luxure

[ʃy:ʀ]

-chure
bavochure
bouchure
brochure
contre-hachure
ébréchure
écorchure
effilochure
embouchure
emmanchure
enchevauchure
enfléchure
enfourchure
enguichure
épluchure
guillochure
hachure
mâchure
mouchure
panachure
trochure

[vy:ʀ]

-vure
bavure
élevure
emblavure
engravure
enjolivure
enlevure

gélivure
gravure
héliogravure
lavure
levure
nervure
photogravure
pyrogravure
rivure
zincogravure

[zy:ʀ]

-sure
alésure
baisure
brasure
brisure
césure
croisure
cynosure
décousure
démesure
demi-mesure
ébrasure
embrasure
enclosure
évasure
fraisure
frisure
fur et à mesure (au)
incisure
masure
mesure
mesure (à)
présure
usure

-zur
azur

-zure
azure

[ʒy:ʀ]

-geure
bringeure
gageure
mangeure
vergeure

(-)*jure*
abjure

adjure
conjure
injure
jure
parjure
parjure (se)

[ly:ʀ]

-lure(s)
accolure
allure
annelure
avalure
barbelure
bariolure
bosselure
boursouflure
brûlure
cannelure
carrelure
chapelure
chevelure
ciselure
collure
coulure
craquelure
crénelure
crêpelure
criblure
démêlures
dentelure
désenflure
dessalure
écalure
écartelure
échauboulure
effilure
encastelure
encolure
engelure
engrêlure
ensellure
faufilure
fêlure
filure
foulure
galure
gelure
gravelure
grivelure
grumelure
mantelure
molure
moulure

431

niellure
peinturlure
pelure
perlure
râtelures
roulure
salure
silure
talure
tavelure
tellure
tubulure
turelure
vermiculure
vermoulure
voilure

[ply:R]

-plure
triplure

[kly:R]

-clure
conclure
exclure
inclure
occlure
raclure
reclure
sarclure

[bly:R]

-blure
criblure
doublure
encablure
entablure
rablure

[gly:R]

-glure
réglure

[fly:R]

-flure
boursouflure
désenflure
enflure

éraflure
soufflure

[Ry:R]

-rure
bigarrure
carrure
chamarrure
chlorure
cirure
déchirure
dorure
embourrure
ferrure
fluorure
forure
fourrure
glairure
moirure
mordorure
nerf-férure
parure
serrure
tétrachlorure

[pRy:R]

-prure
diaprure

[tRy:R]

-trure
enchevêtrure
nitrure

[kRy:R]

-crure
ancrure
échancrure
nacrure

[bRy:R]

-brure
cambure
marbrure
membrure
zébrure

[fRy:R]

-frure
épaufrure
gaufrure

[vRy:R]

-vrure
couvrure
givrure

[my:R]

(-)mur
contremur
fémur
mur

mûr
mûr

(-)mure
amure
armure
bromure
claquemure
contremure
démure
emmure
empaumure
entamure
étamure
fumure
lémure
limure
mure
murmure
palmure
paumure
ramure
saumure

mûre
mûre

[ny:R]

-nure
cernure
charnure
chinure
cyanure
damasquinure

écharnure
écornure
effanure
engrenure
enluminure
entournure
glanure
grenure
léonure
lunure
panure
rainure
ruinure
tenure
tournure
vannure
veinure

[ɲy:ʀ]

-gnure(s)
égratignure
encoignure
peignures
rognure

[jy:ʀ]

-llure
écaillure
effeuillure
émaillure
entaillure
éraillure
feuillure
maillure
mouillure
rouillure
souillure

-yure(s)
balayures
enrayure
nettoyure
rayure
revoyure

[sjy:ʀ]

sciure
sciure

-xyure
oxyure

[ʃjy:ʀ]

chiure
chiure

[ljy:ʀ]

(-)liure
demi-reliure
liure
paliure
reliure
surliure

[mjy:ʀ]

myure
myure

[njy:ʀ]

-niure
arséniure

————[yʀp]¹————

[tyʀp]

turpe
turpe

[zyʀp]

-surpe
usurpe

————[yʀk]²————

[tyʀk]

(-)turc
jeune-turc
turc

turque
turque

[fyʀk]

-furque
bifurque

[zyʀk]

-zurque
mazurque

————[yʀb]————

[tyʀb]

(-)turbe
masturbe
perturbe
turbe

————[yʀd]————

[kyʀd]

kurde
kurde

[syʀd]

-surde
absurde

————[yʀf]————

[turf]

turf
turf

---

1. Ajouter les pers. 1, 2, 3, 6 de l'ind. et du subj. prés. et la pers. 2 de l'impér. prés. du v. *usurper*.
2. Ajouter les pers. 1, 2, 3, 6 de l'ind. et du subj. prés. et la pers. 2 de l'impér. prés. du v. *bifurquer*.

——— **[yʀv]**[1] ———

[kyʀv]

-curve
incurve

——— **[yʀʒ]**[2] ———

urge
urge

[pyʀʒ]

(-)purge
épurge
expurge
purge
repurge

[tyʀʒ]

-turge
dramaturge
thaumaturge

[syʀʒ]

-surge
insurge (s')

[jyʀʒ]

[mjyʀz]

-miurge
démiurge

——— **[yʀl]**[3] ———

hurle
hurle

[kyʀl]

curle
curle

——— **[yʀn]** ———

urne
urne

[tyʀn]

(-)turne
nocturne
taciturne
turne

-thurne
cothurne

[byʀn]

-burn
chadburn

[jyʀn]

[djyʀn]

diurne
diurne

——— **[ym]**[4] ———

hume
hume

[tym]

-thume
anthume
posthume

-tume
accoutume
amertume
apostume
bitume
costume
coutume
désaccoutume
raccoutume (se)
réaccoutume

[kym]

-cume
écume

[gym]

-gume(s)
coupe-légumes
hache-légumes
légume

[fym]

(-)fume
enfume
fume
parfume

fûmes
fûmes

[sym]

-sume
assume
consume

---

1. Ajouter les pers. 1, 2, 3, 6 de l'ind. et du subj. prés. et la pers. 2 de l'impér. prés. du v. *incurver*.
2. Ajouter les pers. 1, 2, 3, 6 de l'ind. et du subj. prés. et la pers. 2 de l'impér. prés. des v. en *-urger*.
3. Ajouter les pers. 1, 2, 3, 6 de l'ind. et du subj. prés. et la pers. 2 de l'impér. prés. des v. en (-)*humer* et *-umer* ; — la pers. 4 du passé simple de tous les v. à passé simple en -us à la pers. 1 : [py] *pouvoir*, *repaître*, [ty] *taire*, [ky] (-)*vivre*, [by] (-)*boire*, [dy] (-)*devoir*, [fy] *être*, [sy] *-cevoir*, *savoir*, [ʃy] (-)*choir*, [ly] (-)*lire*, *-loir*, (-)*moudre*, *absoudre*, *dissoudre*, *résoudre*, [ply] (-)*plaire*, *pleuvoir*, [kly] *-clure*, [ʀy] *(-)courir*, (-)*paraître*, *mourir*, [kʀy] (-)*croire*, (-)*croître*, [my] (-)*mouvoir*, [ny] (-)*connaître*.

434

[zym]

-*shume*
transhume

-*xhume*
exhume

[lym]

-*lume*
allume
rallume
volume

[plym]

(-)*plume*
déplume
emplume
essuie-plume
plume
porte-plume
remplume

[klym]

-*clume*
enclume

[glym]

glume
glume

[Rym]

(-)*rhume*
désenrhume
enrhume
rhume

[bRym]

(-)*brume*
brume
embrume

[gRym]

(-)*grume*
agrume
grume

[nym]

-*nhume*
inhume

———— **[yn]**[1] ————

une
une

hune
hune

[tyn]

-*tune*
fortune
importune
infortune
inopportune
opportune
pétune

thune
thune

[kyn]

-*cune*
aucune
chacune
lacune
pécune
rancune

-*qu'une*
quelqu'une

[byn]

-*bune*
tribune

[dyn]

dune
dune

[gyn]

-*gune*
lagune

[lyn]

(-)*lune*
alune
demi-lune
falune
lune
poisson-lune

[Ryn]

rune
rune

[pRyn]

prune
prune

[bRyn]

brune
brune

[myn]

-*mune*
commune

———— **[yɲ]**[2] ————

[pyɲ]

-*pugne*
impugne
répugne

---

1. Ajouter les pers. 1, 2, 3, 6 de l'ind. et du subj. prés. et la pers. 2 de l'impér. prés. des v. en -*uner*.
2. Ajouter les pers. 1, 2, 3, 6 de l'ind. et du subj. prés. et la pers. 2 de l'impér. prés. des v. *impugner* et *répugner*.

435

[ø]

[ø]

euh
euh

(-)*eux*
eux

[i-ø]
industrieux
oublieux

[e-ø]
caséeux
nauséeux

[y-ø]
monstrueux

heu
heu

œufs
œufs

[pø]¹

peu
peu

peuh
peuh

(-)*peut*
peut
sauve-qui-peut

(-)*peux*
adipeux
loupeux

peux
polypeux
pompeux
pulpeux
râpeux
sirupeux

[tø]

-*teux*
acéteux
alimenteux
anthraciteux
aphteux
argenteux
azoteux
boiteux
bronchiteux
cahoteux
caillouteux
calamiteux
caoutchouteux
capiteux
cémenteux
chichiteux
clapoteux
comateux
convoiteux
coûteux
croûteux
disetteux
douteux
duveteux
écouteux
eczémateux
emphysémateux
érysipélateux
exanthémateux
fibromateux
filamenteux
galetteux
gâteux

goûteux
goutteux
graniteux
graphiteux
grisouteux
honteux
juteux
kysteux
laiteux
ligamenteux
loqueteux
marmiteux
maupiteux
médicamenteux
miteux
motteux
nécessiteux
œdémateux
pâteux
pesteux
péteux
piteux
pituiteux
quinteux
raboteux
rebouteux
sarmenteux
schisteux
séléniteux
souffreteux
tomenteux
tourmenteux
vaniteux
velouteux
venteux

-*theux*
matheux

[kø]

(-)*queue*
courte-queue

---

1. Ajouter les pers. 1, 2, 3, de l'ind. prés. du v. *pouvoir*.

demi-queue
fouette-queue
hochequeue
paille-en-queue
porte-queue
queue
rouge-queue
tête-à-queue
trousse-queue

(-)queux

aqueux
belliqueux
laqueux
maître queux
muqueux
piqueux
queux
siliqueux
talqueux
variqueux
verruqueux
visqueux

[bø]

-beux

bourbeux
bulbeux
gibbeux
herbeux
tourbeux
verbeux

bœufs

bœufs

[dø]

(-)deux

cafardeux
cauchemardeux
deux
entre-deux
galvaudeux
hasardeux
hideux
lardeux
merdeux

six-quatre-deux (à la)
trois-deux
vingt-deux

[gø]

(-)gueux

fongueux
fougueux
gueux
périgueux
rugueux

[fø]

(-)feu

allume-feu
bateau-feu
boutefeu
cessez-le-feu
contre-feu
coupe-feu
couvre-feu
eau-de-feu
enfeu
feu
garde-feu
pare-feu
pique-feu
pot-au-feu

feue

feue

(-)feux

boutefeux
couvre-feux
feux
garde-feux
suiffeux

[sø]

(-)ceux

ceux
chanceux
glaceux
iceux
malchanceux
ponceux

ronceux
siliceux

-seux

angoisseux
crasseux
gneisseux
graisseux
gypseux
interosseux
mousseux
osseux
paresseux
pisseux
poisseux

-zeux

quartzeux

[ʃø]

-cheux

avalancheux
coquelucheux
fâcheux
faucheux
flacheux
gâcheux
grincheux
mécheux
pelucheux
rocheux

[vø][1]

-veu

arrière-neveu
aveu
cheveu
désaveu
neveu
petit-neveu

(-)veut

reveut
veut

(-)veux

arrière-neveux
aveux

---

1. Ajouter les pers. 1, 2, 3 de l'ind. prés. et la pers. 2 de l'impér. prés. des v. *vouloir* et *revouloir*.

baveux
cheveux
désaveux
hypernerveux
morveux
nerveux
neveux
saliveux
sèche-cheveux
verveux
veux

vœu

vœu

[zø]

-seux

ardoiseux
boiseux
bouseux
cornemuseux
glaiseux
gréseux
oiseux
vaseux

-zeux

gazeux

[ʒø]

-geux

avantageux
courageux
désavantageux
fangeux
liégeux
marécageux
moyenâgeux
neigeux
nuageux
ombrageux
orageux
outrageux
partageux

(-)jeu

enjeu
franc-jeu

hors-jeu
jeu

(-)jeux

enjeux
jeux

[lø]

(-)leu

alleu
franc-alleu
leu
queue leu leu (à la)
schleu

-leux

anguleux
argileux
bileux
bulleux
calculeux
calleux
cauteleux
celluleux
cérébelleux
claveleux
crapuleux
fabuleux
fielleux
fistuleux
flosculeux
frauduleux
frileux
furonculeux
galeux
glanduleux
globuleux
granuleux
gratteleux
graveleux
grêleux
grumeleux
houleux
huileux
lamelleux
lobuleux
médulleux
méticuleux
mielleux
miraculeux
moelleux

musculeux
nébuleux
noduleux
papilleux
papuleux
pelliculeux
onduleux
pileux
populeux
pustuleux
rubéoleux
scandaleux
scrofuleux
scrupuleux
striduleux
tuberculeux
tubéreux
tubuleux
varioleux
vasculeux
vésiculeux
vielleux
villeux

[plø][1]

pleut

pleut

[klø]

-cleux

cercleux

[blø]

(-)bleu

bas-bleu
bleu
col-bleu
corbleu
cordon-bleu
maugrebleu
morbleu
palsembleu
parbleu
sacrebleu
têtebleu
ventrebleu
vertubleu

bleue

bleue

---

1. Ajouter la pers. 3 de l'ind. prés. et la pers. 2 de l'impér. prés. du v. *pleuvoir*.

-bleux
sableux

[Rø]

-reux
amoureux
artérioscléreux
aventureux
bienheureux
butyreux
cadavéreux
cancéreux
chaleureux
chloreux
cireux
coléreux
cul-terreux
dangereux
désireux
doucereux
douloureux
ferreux
foireux
généreux
glaireux
heureux
ichoreux
langoureux
liquoreux
macareux
malheureux
mercureux
miséreux
nidoreux
onéreux
peureux
phosphoreux
pierreux
plantureux
pleureux
pondéreux
poreux
poussiéreux
rigoureux
savoureux
scléreux
séreux
soporeux
squirreux
stuporeux
sulfureux

tartareux
tellureux
terreux
tubéreux
ulcéreux
valeureux
vaporeux
véreux
vigoureux
vireux

-rheux
catarrheux

[pRø]

(-)*preux*
lépreux
preux

[tRø]

-treux
chartreux
dartreux
désastreux
goitreux
malencontreux
nitreux
plâtreux
salpêtreux
tartreux
théâtreux
vitreux

[kRø]

(-)*creux*
chancreux
creux
ocreux
songe-creux

[bRø]

-breu
hébreu

-breux
fibreux
hébreux

nombreux
ombreux
scabreux
ténébreux

[dRø]

-dreux
cendreux
filandreux
poudreux

[gRø]

-greux
pellagreux

[fRø]

(-)*freux*
affreux
freux

[vRø]

-vreux
cuivreux
fiévreux
givreux

[mø][1]

-meu
émeu

(-)*meut*
émeut
meut

-meux
antivenimeux
bitumeux
brumeux
chromeux
crémeux
écumeux
fameux
fumeux
gommeux
plumeux

---

1. Ajouter les pers. 1, 2, 3 de l'ind. prés. et la pers. 2 de l'impér. prés. des v. *émouvoir* et *mouvoir*.

rameux
spumeux
squameux
venimeux

[nø]

-neu
pneu

-neux
albumineux
alumineux
angineux
antivénéneux
antivermineux
bitumineux
boutonneux
breneux
bruineux
buissonneux
cartilagineux
cartonneux
caverneux
cérumineux
charbonneux
chitineux
cotonneux
couenneux
crayonneux
épineux
érugineux
faramineux
farcineux
farineux
ferrugineux
floconneux
fuligineux
gangreneux
gazonneux
gélatineux
glutineux
goudronneux
haillonneux
haineux
jardineux
lacuneux
laineux
lamineux
lanugineux
légumineux
libidineux
limoneux
lumineux
marneux
matineux

membraneux
migraineux
molletonneux
moutonneux
mucilagineux
oléagineux
pharamineux
phlegmoneux
poissonneux
précautionneux
prurigineux
rancuneux
résineux
rubigineux
ruineux
sablonneux
savonneux
soupçonneux
stanneux
tendineux
urineux
veineux
vénéneux
vermineux
vertigineux
vineux
violoneux
volumineux

(-)nœud
entre-nœud
nœud

[ɲø]

-gneux
besogneux
cagneux
dédaigneux
grogneux
hargneux
khâgneux
ligneux
montagneux
rogneux
saigneux
soigneux
teigneux
vergogneux

[jø]

-ïeu
caïeu
camaïeu

-ïeux
aïeux
bisaïeux
caïeux
camaïeux
trisaïeux

-lleux
broussailleux
cafouilleux
chatouilleux
croustilleux
écailleux
guenilleux
houilleux
lentilleux
merveilleux
morbilleux
orgueilleux
pailleux
papilleux
périlleux
pointilleux
pouilleux
rocailleux
rouilleux
saut périlleux
sourcilleux
vétilleux

-yeu
moyeu

(-)yeux
crayeux
ennuyeux
giboyeux
joyeux
moyeux
soyeux
yeux

[pjø]

(-)pieu
épieu
pieu

440

(-)*pieux*
copieux
épieux
pieux
roupieux

[tjø]

-*thieu*
fesse-mathieu

[kjø]

-*quieux*
obséquieux

[bjø]

-*bieux*
scabieux

[djø]

(-)*dieu*
adieu
demi-dieu
denier-à-Dieu
dieu
fête-Dieu
hôtel-dieu
mordieu
pardieu
prie-dieu
sacredieu
tudieu

(-)*dieux*
adieux
compendieux
demi-dieux
dieux
dispendieux
fastidieux
insidieux
mélodieux
miséricordieux
odieux
radieux
studieux

[fjø]

fieu
fieu

-*fieux*
mafieux

[sjø]

(-)*cieux*
artificieux
astucieux
audacieux
avaricieux
capricieux
cieux
consciencieux
délicieux
disgracieux
fallacieux
gracieux
inofficieux
insoucieux
irrévérencieux
judicieux
licencieux
malgracieux
malicieux
officieux
pernicieux
précieux
révérencieux
sentencieux
silencieux
soucieux
spacieux
spécieux
suspicieux
tendancieux
vicieux

-*sieu*
essieu

-*sieur(s)*
messieurs
monsieur

-*sieux*
chassieux

-*tieux*
ambitieux
captieux
contentieux
dévotieux
facétieux

factieux
infectieux
minutieux
prétentieux
séditieux
superstitieux

-*xieux*
anxieux

[vjø]

(-)*vieux*
envieux
pluvieux
rouvieux
vieux

[ʒjø]

-*gieux*
antireligieux
areligieux
contagieux
élogieux
irréligieux
litigieux
prestigieux
prodigieux
religieux
spongieux

[ljø]

(-)*lieu*
chef-lieu
courlieu
juste-milieu
lieu
milieu
non-lieu
richelieu
tonlieu

(-)*lieue*
banlieue
lieue

(-)*lieux*
bilieux
chefs-lieux
courlieux
lieux
milieux

441

[ʀjø]

-rieux

curieux
furieux
glorieux
impérieux
incurieux
inglorieux
injurieux
laborieux
luxurieux
mystérieux
sérieux
victorieux

[mjø]

mieux

mieux
tant mieux

[njø]

-nieux

acrimonieux
arsénieux
calomnieux
cérémonieux
harmonieux
hernieux
ignominieux
impécunieux
ingénieux
inharmonieux
insomnieux
parcimonieux
pécunieux
sanieux

[wø]

[bwø]

boueux

boueux

[nwø]

noueux

noueux

[ɥø]

[tɥø]

-tueux

affectueux
anfractueux
défectueux
délictueux
difficultueux
fastueux
flatueux
fluctueux
fructueux
halitueux
impétueux
incestueux
infructueux
irrespectueux
majestueux
montueux
onctueux
présomptueux
respectueux
sinueux
somptueux
spiritueux
talentueux
tempétueux
torrentueux
tortueux
tumultueux
vertueux
voluptueux
vultueux

[sɥø]

-xueux

flexueux
luxueux

[nɥø]

-nueux

sinueux

———— **[ø:t]**[1] ————

[pø:t]

-peute

ergothérapeute

kinésithérapeute
phytothérapeute
psychothérapeute
radiothérapeute
thérapeute

[kø:t]

queute

queute

[mø:t]

(-)meute

ameute
émeute
meute

[lø:t]

[blø:t]

bleute

bleute

[ʀø:t]

-reute

choreute

[jø:t]

[pjø:t]

pieute

pieute (se)

[zjø:t]

zieute

zieute

---

1. Ajouter les pers. 1, 2, 3, 6 de l'ind. et du subj. prés. et la pers. 2 de l'impér. prés. des v. *ameuter,*
bleuter et *queuter.*

442

─────── **[ø:tR]**[1] ───────

[fø:tR]

(-)*feutre*
calfeutre
carton-feutre
crayon-feutre
stylo-feutre
feutre

[lø:tR]

[plø:tR]

pleutre
pleutre

[nø:tR]

neutre
neutre

─────── **[ø:k]** ───────

[tø:k]

-*teuque*
pentateuque

[lø:k]

-*leuque*
phaleuque

─────── **[ø:d]** ───────

[lø:d]

leude
leude

─────── **[ø:s]** ───────

[lø:s]

-*leuce*
phaleuce

[lø:s]

-*leus*
basileus

─────── **[ø:z]**[2] ───────

-*euse*
[i-ø:z]
crieuse
industrieuse
oublieuse
plieuse
trieuse
[e-ø:z]
caséeuse
nauséeuse
[y-ø:z]
monstrueuse

[pø:z]

-*peuse*
adipeuse
attrapeuse
campeuse
chipeuse
coupeuse
décapeuse
découpeuse
dupeuse
enveloppeuse
estampeuse
frappeuse
galopeuse
grimpeuse
kidnappeuse
loupeuse

pipeuse
polypeuse
pompeuse
pulpeuse
râpeuse
sirupeuse
soupeuse
stoppeuse
tapeuse
trompeuse

[tø:z]

-*teuse*
abatteuse
acéteuse
acheteuse
acteuse
affronteuse
affûteuse
agioteuse
ajusteuse
alimenteuse
anthraciteuse
aphteuse
apprêteuse
argenteuse
arpenteuse
azoteuse
barboteuse
basketteuse
batteuse
boiteuse
bonimenteuse
boulotteuse
boursicoteuse
brocanteuse
bronchiteuse
bruiteuse
cahoteuse
caillouteuse
caoutchouteuse
calamiteuse
capiteuse
carotteuse
cémenteuse
chahuteuse
chanteuse
chichiteuse
chuchoteuse

---

1. Ajouter les pers. 1, 2, 3, 6 de l'ind. et du subj. prés. et la pers. 2 de l'impér. prés. des v. *calfeutrer* et *feutrer*.
2. Ajouter les pers. 1, 2, 3, 6 de l'ind. et du subj. prés. et la pers. 2 de l'impér. prés. des v. *creuser* et *gueuser*.

443

clapoteuse
colporteuse
comateuse
complimenteuse
comploteuse
compteuse
conteuse
convoiteuse
coûteuse
croûteuse
débiteuse
déserteuse
discuteuse
disetteuse
disputeuse
dompteuse
douteuse
duveteuse
dynamiteuse
écouteuse
eczémateuse
emphysémateuse
emprunteuse
enquêteuse
entremetteuse
épateuse
éreinteuse
ergoteuse
érysipélateuse
escamoteuse
étiqueteuse
exanthémateuse
exploiteuse
fibromateuse
filamenteuse
flatteuse
flirteuse
fouetteuse
fricoteuse
friteuse
fureteuse
galetteuse
gâteuse
goûteuse
goutteuse
graniteuse
graphiteuse
grignoteuse
grisouteuse
guetteuse
honteuse
insulteuse
jaboteuse
juteuse
kysteuse
laiteuse

loqueteuse
lutteuse
marmiteuse
maupiteuse
médicamenteuse
menteuse
mijoteuse
miteuse
monteuse
nécessiteuse
œdémateuse
pâteuse
pelleteuse
pesteuse
péteuse
piteuse
pituiteuse
planteuse
pointeuse
porteuse
poursuiteuse
prêteuse
profiteuse
prometteuse
quêteuse
quinteuse
rabatteuse
raboteuse
radoteuse
rapporteuse
rebouteuse
recruteuse
riveteuse
rouspéteuse
saboteuse
sarmenteuse
sauteuse
schisteuse
séléniteuse
solliciteuse
souffreteuse
sulfateuse
tomenteuse
tourmenteuse
tricoteuse
tripoteuse
trotteuse
vaniteuse
velouteuse
venteuse
visiteuse

-theuse

matheuse

[kø:z]

-queue

aqueuse
belliqueuse
calqueuse
chroniqueuse
critiqueuse
croqueuse
escroqueuse
laqueuse
moqueuse
muqueuse
pique-niqueuse
piqueuse
plastiqueuse
politiqueuse
remorqueuse
siliqueuse
talqueuse
tiqueuse
trafiqueuse
truqueuse
variqueuse
verruqueuse
visqueuse

-keuse

polkeuse

[bø:z]

-beuse

bourbeuse
bulbeuse
ébarbeuse
enrobeuse
flambeuse
galbeuse
gibbeuse
gobeuse
herbeuse
tourbeuse
verbeuse

[dø:z]

-deuse

baladeuse
boudeuse
bradeuse
brodeuse
cafardeuse
cardeuse

444

cascadeuse
chiadeuse
clabaudeuse
dévideuse
emmerdeuse
épandeuse
fraudeuse
frondeuse
galvaudeuse
gardeuse
grondeuse
hasardeuse
hideuse
liardeuse
maraudeuse
marchandeuse
merdeuse
mordeuse
persuadeuse
plaideuse
pondeuse
quémandeuse
raccommodeuse
radeuse
ravaudeuse
réprimandeuse
revendeuse
rôdeuse
soldeuse
sondeuse
tondeuse
tordeuse
vendeuse

[gø:z]

(-)*gueuse*

blagueuse
dragueuse
épilogueuse
fongueuse
fougueuse
fugueuse
gueuse
harangueuse
ligueuse
rugueuse

[fø:z]

-*feuse*

agrafeuse
bluffeuse
bouffeuse

chauffeuse
coiffeuse
esbrouffeuse
gaffeuse
piaffeuse
suiffeuse

[sø:z]

-*ceuse*

berceuse
chanceuse
farceuse
fonceuse
glaceuse
malchanceuse
noceuse
perceuse
placeuse
ponceuse
rinceuse
ronceuse
siliceuse
suceuse
surfaceuse

-*seuse*

angoisseuse
applaudisseuse
avertisseuse
bâtisseuse
bénisseuse
blanchisseuse
bosseuse
brasseuse
brunisseuse
caresseuse
casseuse
connaisseuse
convertisseuse
crasseuse
danseuse
définisseuse
dégraisseuse
dresseuse
écosseuse
emboutisseuse
embrasseuse
encaisseuse
envahisseuse
finisseuse
fouisseuse
fournisseuse
garnisseuse
gneisseuse

graisseuse
guérisseuse
gypseuse
interosseuse
jouisseuse
lisseuse
masseuse
mousseuse
osseuse
ourdisseuse
paresseuse
passeuse
penseuse
pervertisseuse
pisseuse
plisseuse
poisseuse
polisseuse
potasseuse
punisseuse
ramasseuse
rapetasseuse
redresseuse
remplisseuse
repasseuse
rêvasseuse
rôtisseuse
tousseuse
valseuse
verseuse

[ʃø:z]

-*cheuse*

accoucheuse
accrocheuse
arracheuse
avalancheuse
bambocheuse
bêcheuse
brocheuse
bûcheuse
catcheuse
chauffeuse
chercheuse
coquelucheuse
coucheuse
décrocheuse
démarcheuse
effilocheuse
empêcheuse
éplucheuse
fâcheuse
faucheuse
flacheuse

445

gâcheuse
grincheuse
lâcheuse
lécheuse
loucheuse
lyncheuse
mâcheuse
marcheuse
mécheuse
pasticheuse
pêcheuse
pelucheuse
piocheuse
pleurnicheuse
pocheuse
prêcheuse
rabâcheuse
raccrocheuse
retoucheuse
rocheuse
tricheuse

[vø:z]

-veuse

baveuse
buveuse
couveuse
éleveuse
enjoliveuse
étuveuse
gaveuse
graveuse
hypernerveuse
laveuse
lessiveuse
leveuse
morveuse
nerveuse
receveuse
rêveuse
serveuse
suiveuse
trouveuse
verveuse
viveuse

[zø:z]

-seuse

aléseuse
amuseuse
analyseuse
ardoiseuse

arroseuse
baiseuse
baliseuse
boiseuse
briseuse
causeuse
confiseuse
coupeuse
couseuse
diseuse
écraseuse
empeseuse
faiseuse
fraiseuse
friseuse
glaiseuse
gréseuse
hypnotiseuse
liseuse
oiseuse
phraseuse
poseuse
raseuse
repriseuse
strip-teaseuse
vaseuse

-zeuse

gazeuse

[ʒø:z]

-geuse

arrangeuse
avantageuse
centrifugeuse
changeuse
courageuse
désavantageuse
fangeuse
liégeuse
logeuse
louangeuse
mangeuse
marécageuse
moyenâgeuse
nageuse
naufrageuse
neigeuse
nuageuse
ombrageuse
orageuse
outrageuse
partageuse
piégeuse

plongeuse
rageuse
ravageuse
rongeuse
saccageuse
singeuse
songeuse
tapageuse
vendangeuse
voltigeuse
voyageuse

[lø:z]

-leuse

anguleuse
argileuse
avaleuse
bileuse
bricoleuse
bulleuse
cabaleuse
cajoleuse
calleuse
cambrioleuse
cauteleuse
cérébelleuse
chialeuse
ciseleuse
claveleuse
colleuse
contrôleuse
crapuleuse
crawleuse
déceleuse
dérouleuse
écaleuse
emballeuse
enfileuse
enjôleuse
enrôleuse
enrouleuse
ensorceleuse
épileuse
fabuleuse
fielleuse
fignoleuse
fileuse
frauduleuse
frileuse
frôleuse
furonculeuse
galeuse
glanduleuse
globuleuse

goualeuse
granuleuse
graveleuse
grumeleuse
houleuse
huileuse
hurleuse
lamelleuse
lobuleuse
médulleuse
méticuleuse
mielleuse
miraculeuse
modeleuse
mœlleuse
mouleuse
musculeuse
nébuleuse
noduleuse
onduleuse
papilleuse
papuleuse
parleuse
pédaleuse
pelliculeuse
pétroleuse
pileuse
piocheuse
populeuse
pustuleuse
querelleuse
racleuse
racoleuse
râleuse
recéleuse
rigoleuse
rouleuse
rubéoleuse
scandaleuse
scrofuleuse
scrupuleuse
striduleuse
toileuse
trembleuse
tuberculeuse
tubéreuse
tubuleuse
varioleuse
vasculeuse
veilleuse
ventileuse
vésiculeuse
vielleuse
villeuse
vitrioleuse
voleuse

[klø:z]

-*cleuse*
sarcleuse

[blø:z]

-*bleuse*
assembleuse
câbleuse
cribleuse
hâbleuse
rassembleuse
sableuse
scrabbleuse
trembleuse
troubleuse

[glø:z]

-*gleuse*
jongleuse
régleuse
étrangleuse

[flø:z]

-*fleuse*
écornifleuse
persifleuse
renifleuse
ronfleuse
siffleuse
souffleuse

[ʀø:z]

-*reuse*
accapareuse
amoureuse
artérioscléreuse
assureuse
avant-coureuse
aventureuse
bagarreuse
barreuse
bienheureuse
bourreuse
butyreuse
cadavéreuse
cancéreuse
catarrheuse

chaleureuse
chloreuse
cireuse
coléreuse
coureuse
dangereuse
désireuse
dévoreuse
discoureuse
doreuse
doucereuse
douloureuse
éclaireuse
essoreuse
étireuse
ferreuse
foireuse
foreuse
fourreuse
généreuse
glaireuse
heureuse
ichoreuse
jureuse
langoureuse
liquoreuse
malheureuse
mercureuse
mesureuse
miséreuse
moireuse
nidoreuse
onéreuse
péroreuse
peureuse
phosphoreuse
picoreuse
pierreuse
plantureuse
pleureuse
pondéreuse
poreuse
poussiéreuse
procureuse
rigoureuse
savoureuse
scléreuse
séreuse
soporeuse
squirreuse
stuporeuse
sulfureuse
tartareuse
tellureuse
terreuse
tireuse

447

tubéreuse
ulcéreuse
valeureuse
vaporeuse
vareuse
véreuse
vigoureuse
villégiatureuse
vireuse

[pʀø:z]

(-)preuse
lépreuse
preuse

[tʀø:z]

-treuse
chartreuse
dartreuse
désastreuse
goitreuse
malencontreuse
montreuse
nitreuse
plâtreuse
salpêtreuse
tartreuse
théâtreuse
titreuse
vitreuse

[kʀø:z]

(-)creuse
chancreuse
creuse
macreuse
massacreuse
ocreuse

[bʀø:z]

-breuse
encombreuse
équilibreuse
fibreuse
hébreuse
nombreuse
ombreuse
sabreuse
scabreuse
ténébreuse

[dʀø:z]

-dreuse
cendreuse
encadreuse
cendreuse
filandreuse
poudreuse
saupoudreuse

[fʀø:z]

-freuse
affreuse
offreuse

[gʀø:z]

-greuse
pellagreuse

[vʀø:z]

-vreuse
cuivreuse
fiévreuse
givreuse
livreuse
ouvreuse
sevreuse

[mø:z]

(-)meuse
affameuse
allumeuse
antivenimeuse
assommeuse
bitumeuse
brumeuse
charmeuse
chômeuse
chromeuse
crémeuse
déchaumeuse
dormeuse
écrémeuse
écumeuse
empaumeuse
endormeuse
escrimeuse
fameuse

fumeuse
gommeuse
imprimeuse
limeuse
parfumeuse
plumeuse
programmeuse
rameuse
rimeuse
semeuse
slalomeuse
spumeuse
squameuse
venimeuse

[nø:z]

-neuse
additionneuse
albumineuse
alumineuse
angineuse
antivénéneuse
approvisionneuse
baragouineuse
baratineuse
bétonneuse
bineuse
bougonneuse
boulonneuse
boutonneuse
breneuse
bruineuse
buissonneuse
butineuse
cartilagineuse
cartonneuse
caverneuse
cérumineuse
charbonneuse
chicaneuse
chitineuse
collectionneuse
combineuse
confectionneuse
cotonneuse
couenneuse
crâneuse
crayonneuse
débineuse
dépanneuse
devineuse
dîneuse
donneuse
écharneuse

effaneuse
égreneuse
empoisonneuse
engreneuse
enlumineuse
enquiquineuse
entraîneuse
entrepreneuse
épineuse
érugineuse
faneuse
faramineuse
farcineuse
farineuse
ferrugineuse
flagorneuse
flâneuse
floconneuse
fouineuse
fuligineuse
gangréneuse
gazonneuse
gélatineuse
gêneuse
glaneuse
glutineuse
goudronneuse
haillonneuse
haineuse
jardineuse
jeûneuse
lacuneuse
laineuse
lamineuse
lanugineuse
légumineuse
lésineuse
libidineuse
limoneuse
lumineuse
marneuse
matineuse
membraneuse
meneuse
migraineuse
moissonneuse
molletonneuse
moutonneuse
mucilagineuse
oléagineuse
papillonneuse
patineuse
pharamineuse
phlegmoneuse
poinçonneuse
poissonneuse

précautionneuse
preneuse
promeneuse
prurigineuse
questionneuse
raisonneuse
rancuneuse
randonneuse
repreneuse
résineuse
ricaneuse
ronchonneuse
rubigineuse
ruineuse
sablonneuse
savonneuse
sélectionneuse
sermonneuse
soupçonneuse
suborneuse
tendineuse
tourneuse
traîneuse
tronçonneuse
urineuse
veineuse
vénéneuse
vermineuse
vertigineuse
vineuse
volumineuse

[ɲøːz]

-gneuse
baigneuse
besogneuse
cagneuse
dédaigneuse
égratigneuse
empoigneuse
épargneuse
gagneuse
grogneuse
hargneuse
khâgneuse
ligneuse
lorgneuse
montagneuse
peigneuse
rogneuse
saigneuse
soigneuse
teigneuse

vergogneuse
visionneuse

[jøːz]

-lleuse
appareilleuse
automitrailleuse
bafouilleuse
bâilleuse
barbouilleuse
batailleuse
brailleuse
broussailleuse
cafouilleuse
carambouilleuse
chamailleuse
chatouilleuse
conseilleuse
corailleuse
croustilleuse
cueilleuse
écailleuse
écrivailleuse
effeuilleuse
épailleuse
fouilleuse
gaspilleuse
gazouilleuse
godilleuse
gouailleuse
gribouilleuse
guenilleuse
habilleuse
houilleuse
houspilleuse
lentilleuse
magouilleuse
maquilleuse
merveilleuse
mitrailleuse
morbilleuse
nasilleuse
orgueilleuse
pailleuse
papilleuse
périlleuse
piailleuse
pilleuse
pinailleuse
pointilleuse
pouilleuse
rabouilleuse
railleuse
rempailleuse
resquilleuse

rhabilleuse
ripailleuse
rocailleuse
rouilleuse
roupilleuse
scribouilleuse
sourcilleuse
tailleuse
teilleuse
travailleuse
tripatouilleuse
vadrouilleuse
veilleuse
vétilleuse

(-)*yeuse*

aboyeuse
balayeuse
bégayeuse
broyeuse
crayeuse
employeuse
ennuyeuse
essayeuse
essuyeuse
giboyeuse
hockeyeuse
joyeuse
larmoyeuse
nettoyeuse
payeuse
pourvoyeuse
relayeuse
rentrayeuse
soyeuse
tutoyeuse
volleyeuse
yeuse

[pjø:z]

(-)*pieuse*

copieuse
épieuse
photocopieuse
pieuse
roupieuse

[kjø:z]

-*kieuse*

skieuse

-*quieuse*

obséquieuse

[bjø:z]

-*bieuse*

scabieuse

[djø:z]

-*dieuse*

compendieuse
dispendieuse
fastidieuse
insidieuse
mélodieuse
miséricordieuse
odieuse
radieuse
studieuse

[fjø:z]

-*fieuse*

mafieuse

[sjø:z]

-*cieuse*

artificieuse
astucieuse
audacieuse
avaricieuse
capricieuse
consciencieuse
délicieuse
disgracieuse
fallacieuse
gracieuse
inofficieuse
insoucieuse
irrévérencieuse
judicieuse
licencieuse
malgracieuse
malicieuse
officieuse
pernicieuse
précieuse
révérencieuse
sentencieuse
silencieuse
soucieuse
spacieuse
spécieuse
suspicieuse

tendancieuse
vicieuse

scieuse

scieuse

-*sieuse*

chassieuse

-*tieuse*

ambitieuse
captieuse
contentieuse
dévotieuse
facétieuse
factieuse
infectieuse
minutieuse
prétentieuse
séditieuse
superstitieuse

-*xieuse*

anxieuse

[vjø:z]

-*vieuse*

envieuse
pluvieuse

[ʒjø:z]

-*gieuse*

antireligieuse
areligieuse
contagieuse
élogieuse
irréligieuse
litigieuse
prestigieuse
prodigieuse
religieuse
spongieuse

[ljø:z]

(-)*lieuse*

bilieuse
lieuse
relieuse

[ʀjø:z]

(-)*rieuse*
curieuse
furieuse
glorieuse
impérieuse
incurieuse
inglorieuse
injurieuse
laborieuse
luxurieuse
marieuse
mystérieuse
parieuse
rieuse
sérieuse
victorieuse

[njø:z]

-*nieuse*
acrimonieuse
arsénieuse
calomnieuse
cérémonieuse
harmonieuse
hernieuse
ignominieuse
impécunieuse
ingénieuse
inharmonieuse
insomnieuse
parcimonieuse
pécunieuse
sanieuse

[wø:z]

[bwø:z]

boueuse
boueuse

[ʒwø:z]

joueuse
joueuse

[lwø:z]

loueuse
loueuse

[nwø:z]

noueuse
noueuse

[ɥø:z]

[tɥø:z]

(-)*tueuse*
affectueuse
anfractueuse
défectueuse
délictueuse
difficultueuse
fastueuse
flatueuse
fluctueuse
fructueuse
habitueuse
impétueuse
incestueuse
infructueuse
irrespectueuse
majestueuse
montueuse
onctueuse
présomptueuse
respectueuse
somptueuse
spiritueuse
talentueuse
tempétueuse
torrentueuse
tortueuse
tueuse
tumultueuse
vertueuse
voluptueuse
vultueuse

[sɥø:z]

-*xueuse*
flexueuse
luxueuse

[lɥø:z]

-*lueuse*
pollueuse
salueuse

[mɥø:z]

-*mueuse*
remueuse

[nɥø:z]

-*nueuse*
éternueuse
sinueuse

——————**[ø:l]**——————

[pø:l]

peul
peul

[vø:l]

veule
veule

[mø:l]

meule
meule

——————**[ø:m]**——————

[ʀø:m]

-*reume*
empyreume

[nø:m]

neume
neume

——————**[ø:n]**[1]——————

[ʒø:n]

jeûne
jeûne

[œ]

[œp]

[kœp]

-ck-up
check-up
pick-up

[dœp]

-d-up
hold-up

[lœp]

-lup
gallup

[nœp]

-n-up
pin-up

[œpl]

[pœpl]

(-)*peuple*
dépeuple
peuple
repeuple

[œb]

[pœb]

pub
pub

[tœb]

tub
tub

[kœb]

-cub
piper-cub

[lœb]

[klœb]

(-)*club*
aéroclub
ciné-club
club
fan-club
jockey-club
night-club
vidéoclub
yacht-club

[œbl]

[tœbl]

-teuble
esteuble

[mœbl]

(-)*meuble*
démeuble
garde-meuble
immeuble
meuble
remeuble

[œg]

[bœg]

bug
bug

[œgl]

[bœgl]

beugle
beugle

[vœgl]

-veugle
aveugle
désaveugle

[mœgl]

meugle
meugle

[œf]

œuf
œuf

[tœf]

-teuf
éteuf
teuf-teuf

[bœf]

-beuf
elbeuf

452

(-)*bœuf*
arrête-bœuf
bœuf
foie-de-bœuf
garde-bœuf
langue-de-bœuf
œil-de-bœuf
pique-bœuf

[mœst]

must
must

─────── **[œʃ]** ───────

[lœʃ]

[vœf]

veuf
veuf

[blœʃ]

blush
blush

[flœ:v]

(-)*fleuve*
fleuve
roman-fleuve

[Rœ:v]

[pRœ:v]

(-)*preuve*
contre-épreuve
épreuve
preuve

[lœf]

[flœʃ]

[blœf]

flush
flush

bluff
bluff

[Rœʃ]

rush
rush

─────── **[œ:v]**[1] ───────

[pœ:v]

peuve
peuve

[bRœ:v]

-*breuve*
abreuve

[mœ:v]

(-)*meuve*
émeuve
meuve

[nœf]

(-)*neuf*
dix-neuf
neuf

─────── **[œst]** ───────

[fœst]

-*fast*
breakfast

[vœ:v]

veuve
veuve

[nœ:v]

(-)*neuve*
neuve
terre-neuve

─────── **[œ:vR]**[2] ───────

œuvre
œuvre

[Rœst]

[lœ:v]

[tRœst]

(-)*trust*
antitrust
brain-trust
trust

[plœ:v]

pleuve
pleuve

[dœ:vR]

-*d'œuvre*
chef-d'œuvre
grand-œuvre
hors-d'œuvre
main-d'œuvre
pied d'œuvre

───────────

1. Ajouter la pers. 6 de l'ind. prés. et les pers. 1, 2, 3, 6 du subj. prés. des v. *mouvoir* et *émouvoir*,
  − les pers. 3, 6 du subj. prés. du v. *pleuvoir* ; − la pers. 6 de l'ind. prés. du v. *pouvoir*.
2 Ajouter les pers. 1, 2, 3, 6 de l'ind. et du subj. prés. et la pers. 2 de l'impér. prés. des v. *désœuvrer,*
  œuvrer et *manœuvrer*.

453

[zœ:vʀ]

-sœuvre
désœuvre

[lœ:vʀ]

-leuvre
couleuvre

[nœ:vʀ]

-nœuvre
manœuvre

[jœ:vʀ]

[pjœ:vʀ]

pieuvre
pieuvre

——— **[œl]**[1] ———

[tœl]

-teule
éteule

[bœl]

-bble
scrabble

[gœl]

-gle
single

(-)*gueule(s)*
amuse-gueule
bégueule
brûle-gueule

casse-gueule
dégueule
égueule
engueule
gueule
gueules

[sœl]

-ceul
linceul

seul
seul

seule
seule

[vœl]

veule
veule

[mœl]

meule
meule

[ɲœl]

-gneul
épagneul
ligneul

-gneule
cargneule
épagneule

[jœl]

-ïeul
aïeul
bisaïeul
glaïeul
trisaïeul

-ïeule
aïeule
bisaïeule
trisaïeule

-lleul
filleul
tilleul

-lleule
filleule

——— **[œ:ʀ]**[2] ———

-eur
[i-œ:ʀ]
crieur
grand prieur
oublieur
plieur
prieur
trieur
[e-œ:ʀ]
agréeur
gréeur
[u-œ:ʀ]
floueur
[y-œ:ʀ]
flueur

-eure
[i-œ:ʀ]
prieure

heur
heur

(-)*heure*
demi-heure
heure

heurt
heurt

---

1. Ajouter les pers. 1, 2, 3, 6 de l'ind. et du subj. prés. et la pers. 2 de l'impér. prés. des v. en *-euler* ; — la pers. 6 de l'ind. prés. du v. *vouloir*.
2. Ajouter les pers. 1, 2, 3, 6 de l'ind. et du subj. prés. et la pers. 2 de l'impér. prés. des v. en *-eurer*, *-eurrer*, *-œurer* et du v. *mourir*.

[pœ:ʀ]

-per

clipper
chopper
cowper
flipper
skipper
stepper

(-)peur

attrapeur
auto-stoppeur
campeur
chipeur
coupeur
découpeur
dupeur
enveloppeur
estampeur
frappeur
galopeur
gouapeur
grimpeur
jappeur
kidnappeur
peur
pipeur
pompeur
sapeur
soupeur
steppeur
stoppeur
stupeur
tapeur
torpeur
trappeur
trompeur
vapeur

[tœ:ʀ]

-ter

baby-sitter
canter
computer
cutter
drifter
gauleiter
globe-trotter
hunter
reporter
scooter
sprinter
squatter

starter
sweater

-teur

[i-tœ:ʀ]

accréditeur
appariteur
auditeur
citeur
codébiteur
compartiteur
compétiteur
compositeur
créditeur
débiteur
définiteur
dynamiteur
éditeur
expéditeur
géniteur
graffiteur
inhibiteur
inquisiteur
lithotriteur
moniteur
partiteur
profiteur
provéditeur
répartiteur
répétiteur
schlitteur
serviteur
solliciteur
transpositeur
visiteur

[ɥi-tœ:ʀ]

bruiteur
poursuiteur

[ip-tœ:ʀ]

conscripteur
descripteur
inscripteur
prescripteur
proscripteur
scripteur
souscripteur
téléscripteur
transcripteur
souscripteur

[ik-tœ:ʀ]

constricteur
contradicteur
licteur

[is-tœ:ʀ]

pisteur
whisteur

[e-tœ:ʀ]

affréteur
excréteur
fréteur
péteur
préteur
propréteur
rhéteur
rouspéteur
sécréteur

[ɛ-tœ:ʀ]

apprêteur
basketteur
bienfaiteur
bretteur
brouetteur
émetteur
enquêteur
entremetteur
guetteur
malfaiteur
metteur
prêteur
prometteur
quêteur
racketteur
traiteur
transmetteur

[wɛ-tœ:ʀ]

fouetteur

[ɛp-tœ:ʀ]

accepteur
concepteur
intercepteur
percepteur
précepteur
récepteur

[ɛk-tœ:ʀ]

bissecteur
collecteur
connecteur
convecteur
correcteur
déflecteur
détecteur
directeur
dissecteur
éjecteur
électeur

455

érecteur
injecteur
inspecteur
lecteur
objecteur
présélecteur
projecteur
prosecteur
prospecteur
protecteur
recteur
réflecteur
secteur
sélecteur
vecteur
vivisecteur

[ɛs-tœ:ʀ]
lesteur
questeur

[ɛl-tœ:ʀ]
velteur

[ɛʀ-tœ:ʀ]
déserteur

[a-tœ:ʀ]
abatteur
accélérateur
acclamateur
accompagnateur
accumulateur
accusateur
adaptateur
adjudicateur
administrateur
admirateur
adorateur
adulateur
aérateur
agitateur
alternateur
amateur
amplificateur
animateur
annotateur
approbateur
argumentateur
armateur
aspirateur
assimilateur
augmentateur
batteur
blasphémateur
buccinateur
calculateur

captateur
carburateur
castrateur
centralisateur
certificateur
circulateur
citateur
civilisateur
classeur
classificateur
coagulateur
codécimateur
collaborateur
collateur
collimateur
colonisateur
commentateur
communicateur
commutateur
compensateur
compilateur
condensateur
conformateur
congélateur
conjurateur
consécrateur
conservateur
consignateur
consolateur
consommateur
conspirateur
contemplateur
continuateur
coopérateur
corrélateur
créateur
cultivateur
curateur
dateur
décimateur
déclamateur
déclinateur
décolorateur
décorateur
dégustateur
délateur
démobilisateur
démonstrateur
démoralisateur
démultiplicateur
démystificateur
dénégateur
dénominateur
dépravateur
déprédateur
désapprobateur

désolateur
désorganisateur
dessinateur
destinateur
détonateur
dévastateur
dévorateur
dictateur
diffamateur
dilapidateur
dispensateur
dissertateur
dissimulateur
dissipateur
distillateur
divinateur
divulgateur
dominateur
donateur
édificateur
éditeur
éducateur
éjaculateur
élévateur
éliminateur
émancipateur
émulateur
énumérateur
épurateur
équateur
estimateur
évacuateur
évangélisateur
évaporateur
évocateur
exagérateur
examinateur
excavateur
excitateur
expérimentateur
expirateur
explicateur
explorateur
exportateur
exterminateur
extirpateur
fabricateur
fabulateur
falsificateur
fascinateur
fécondateur
fédérateur
filateur
fixateur
flagellateur
flatteur

fomentateur
fondateur
formateur
fornicateur
frelateur
fumigateur
généralisateur
générateur
gesticulateur
glorificateur
glossateur
gratteur
herborisateur
humidificateur
idéalisateur
illuminateur
illustrateur
imitateur
immolateur
importateur
imprécateur
improbateur
improvisateur
incinérateur
incitateur
incubateur
indicateur
informateur
inhalateur
innovateur
inoculateur
inséminateur
inspirateur
installateur
instaurateur
instigateur
interpellateur
interpolateur
interprétateur
interrogateur
intimidateur
investigateur
invocateur
irrigateur
isolateur
justificateur
laudateur
législateur
libérateur
liquidateur
littérateur
machinateur
manipulateur
médicateur
migrateur
minéralisateur

modérateur
modificateur
modulateur
moralisateur
multiplicateur
mystificateur
narrateur
navigateur
négateur
nomenclateur
nominateur
normalisateur
notateur
novateur
numérateur
objurgateur
oblitérateur
observateur
obturateur
opérateur
orateur
orchestrateur
ordinateur
ordonnateur
organisateur
oscillateur
ostentateur
pacificateur
percolateur
perforateur
perturbateur
planificateur
pondérateur
prédateur
prédicateur
préparateur
présentateur
préservateur
prestidigitateur
prévaricateur
proclamateur
procréateur
procurateur
profanateur
programmateur
promulgateur
pronateur
propagateur
prosateur
provocateur
pulvérisateur
purificateur
qualificateur
quantificateur
rabatteur
radiateur

réalisateur
réanimateur
récapitulateur
récitateur
réclamateur
récriminateur
rectificateur
récupérateur
réformateur
réfrigérateur
réfutateur
régénérateur
régulateur
rémunérateur
rénovateur
réorganisateur
réparateur
réprobateur
résonateur
restaurateur
révélateur
revendicateur
rotateur
sacrificateur
salvateur
sanctificateur
scarificateur
scintillateur
scrutateur
sécateur
sectateur
sénateur
sensibilisateur
séparateur
simplificateur
simulateur
spectateur
spéculateur
stabilisateur
stérilisateur
stimulateur
stucateur
subrogateur
supinateur
surgélateur
tabulateur
taxateur
téléspectateur
temporisateur
tentateur
testateur
totalisateur
tour-opérateur
transformateur
translateur
transmutateur

triomphateur
unificateur
usurpateur
utilisateur
vaporisateur
vénérateur
ventilateur
vérificateur
versificateur
vexateur
vibrateur
violateur
vocalisateur
vociférateur
vulgarisateur
zélateur

[ja-tœ:ʀ]

abréviateur
amodiateur
annonciateur
appréciateur
aviateur
calomniateur
conciliateur
dénonciateur
dépréciateur
expiateur
gladiateur
initiateur
médiateur
négociateur
propitiateur
réconciliateur
spoliateur
villégiateur

[wa-tœ:ʀ]

exploiteur
moiteur

[ap-tœ:ʀ]

capteur

[ak-tœ:ʀ]

abstracteur
acteur
chiropracteur
contacteur
contrefacteur
détracteur
exacteur
extracteur
facteur
infracteur
réacteur
rédacteur

torréfacteur
tracteur
turboréacteur

[as-tœ:ʀ]

bourse-à-pasteur
pasteur

[ɑ-tœ:ʀ]

empâteur
gâteur
tâteur

[ɔ-tœ:ʀ]

automoteur
bachoteur
barboteur
bimoteur
boursicoteur
boycotteur
caboteur
canoteur
carotteur
chipoteur
chuchoteur
comploteur
cyclomoteur
décrotteur
emberlificoteur
ergoteur
escamoteur
fagoteur
flotteur
fricoteur
frotteur
globe-trotteur
gobeloteur
jaboteur
locomoteur
marmotteur
moteur
noteur
numéroteur
peloteur
promoteur
raboteur
radoteur
riboteur
roteur
saboteur
siroteur
tricoteur
tripoteur
trotteur
turbomoteur
vélomoteur

[jɔ-tœ:ʀ]

agioteur
folioteur
rioteur

[ɔk-tœ:ʀ]

docteur

[ɔs-tœ:ʀ]

composteur
imposteur

[ɔʀ-tœ:ʀ]

colporteur
comporteur
escorteur
gros-porteur
porteur
rapporteur
reporteur
supporteur
transporteur
triporteur

[o-tœ:ʀ]

auteur
coauteur
fauteur
hauteur
sauteur

[u-tœ:ʀ]

douteur
écouteur
jouteur
rebouteur

[y-tœ:ʀ]

buteur
chahuteur
coadjuteur
cotuteur
discuteur
disputeur
distributeur
exécuteur
flûteur
instituteur
interlocuteur
lutteur
percuteur
persécuteur
recruteur
tuteur

[yp-tœ:ʀ]

corrupteur
interrupteur
rupteur

[yk-tœ:R]
abducteur
adducteur
conducteur
constructeur
destructeur
ducteur
inducteur
instructeur
introducteur
producteur
réducteur
reproducteur
séducteur
traducteur
[ys-tœ:R]
ajusteur
rajusteur
[yl-tœ:R]
agriculteur
apiculteur
aquaculteur
arboriculteur
aviculteur
capilliculteur
consulteur
horticulteur
insulteur
motoculteur
ostréiculteur
pisciculteur
riziculteur
sculpteur
séariciculteur
sériciculteur
sériculteur
sylviculteur
viticulteur
[ə-tœ:R]
acheteur
crocheteur
fureteur
sauveteur
[œR-tœ:R]
flirteur
[ɛ̃-tœ:R]
éreinteur
feinteur
[wɛ̃-tœ:R]
appointeur
pointeur
[ɛ̃k-tœ:R]
extincteur

[ɑ̃-tœ:R]
apesanteur
argenteur
arpenteur
bonimenteur
brocanteur
chanteur
codétenteur
complimenteur
décanteur
détenteur
enchanteur
inventeur
lenteur
menteur
pesanteur
planteur
puanteur
senteur
vanteur
[ɑ̃p-tœ:R]
contempteur
rédempteur
[ɔ̃-tœ:R]
affronteur
compteur
conteur
dompteur
escompteur
monteur
raconteur
[ɔ̃k-tœ:R]
acupuncteur
conjoncteur
disjoncteur
[œ̃-tœ:R]
emprunteur

[kœ:R]

(-)cœur
accroche-cœur
cœur
contrecœur
crève-cœur
haut-le-cœur
rai-de-cœur
rancœur
Sacré-Cœur
sans-cœur

-cœure
écœure

chœur
chœur
enfant de chœur

-cker
cracker
knicker
rocker

-ker
bookmaker
pacemaker
quaker
shaker
speaker

-keur
polkeur

-queur
arnaqueur
braqueur
chiqueur
chroniqueur
claqueur
craqueur
critiqueur
croqueur
démarqueur
disséqueur
escroqueur
extorqueur
liqueur
marqueur
matraqueur
moqueur
pèse-liqueur
pique-niqueur
piqueur
plaqueur
plastiqueur
politiqueur
pronostiqueur
remorqueur
rhétoriqueur
sophistiqueur
stoqueur
tiqueur
trafiqueur
traqueur

trinqueur
triqueur
troqueur
truqueur
vainqueur

[bœ:ʀ]

(-)*beur*

beur
daubeur
flambeur
gobeur
labeur
plombeur
radoubeur
tombeur

(-)*beurre*

babeurre
beurre

[dœ:ʀ]

-der

feeder
leader
outsider

-deur

abordeur
accordeur
ambassadeur
ardeur
baladeur
bardeur
baroudeur
blondeur
boudeur
bradeur
brodeur
cafardeur
candeur
cardeur
cascadeur
chapardeur
chiadeur
clabaudeur
codeur
commandeur
débardeur
décideur
décodeur
défendeur

demandeur
dépendeur
descendeur
détendeur
dévideur
emmerdeur
émondeur
encodeur
entendeur
épandeur
étendeur
fadeur
fendeur
fondeur
fraudeur
froideur
frondeur
gambadeur
gardeur
glandeur
grandeur
grondeur
hideur
impudeur
laideur
liardeur
lourdeur
maraudeur
marchandeur
mordeur
odeur
pendeur
plaideur
pondeur
pourfendeur
profondeur
pudeur
quémandeur
raccommodeur
raideur
ravaudeur
regardeur
répondeur
revendeur
rôdeur
roideur
rondeur
sondeur
soudeur
splendeur
strideur
taraudeur
tendeur
tiédeur
tondeur
transbordeur

trimardeur
vendeur
verdeur

d'heure

quart d'heure

[gœ:ʀ]

-ger

bootlegger
burger
hamburger
jogger

-geur

joggeur

-gueur

blagueur
bourlingueur
brigueur
dialogueur
dragueur
drogueur
élagueur
épilogueur
fugueur
harangueur
langueur
largueur
ligueur
longueur
rigueur
tangueur
vigueur
vogueur
zingueur

[fœ:ʀ]

-feur

bluffeur
bouffeur
brifeur
chauffeur
coiffeur
esbroufeur
gaffeur
greffeur
piaffeur
réchauffeur

surfeur
touffeur

[sœːʀ]

-ceur

amorceur
annonceur
berceur
dépeceur
douceur
effaceur
enfonceur
farceur
fonceur
lanceur
minceur
noceur
noirceur
placeur
recommenceur
suceur
traceur

-seur

abaisseur
abrutisseur
adoucisseur
aéroglisseur
affranchisseur
agrandisseur
agresseur
amasseur
amortisseur
antidépresseur
applaudisseur
ascenseur
assesseur
avertisseur
avilisseur
bâtisseur
bénisseur
blanchisseur
bosseur
brasseur
brosseur
brunisseur
casseur
censeur
chasseur
chausseur
classeur
compresseur
concasseur
condenseur
confesseur

connaisseur
convertisseur
crosseur
curseur
damasseur
danseur
décompresseur
défenseur
dégraisseur
démolisseur
détrousseur
dresseur
durcisseur
écosseur
embrasseur
encaisseur
encenseur
enchérisseur
endosseur
enfouisseur
engraisseur
engrosseur
entasseur
envahisseur
épaisseur
équarrisseur
extenseur
fesseur
fidéjusseur
finasseur
finisseur
fléchisseur
fouisseur
fourbisseur
fournisseur
fricasseur
gausseur
glisseur
graisseur
grosseur
guérisseur
herseur
hydroglisseur
hypertenseur
hypotenseur
immunodépresseur
intercesseur
inverseur
investisseur
jacasseur
jouisseur
laïusseur
libre-penseur
lisseur
lotisseur
maître-penseur

masseur
microprocesseur
noircisseur
nourrisseur
obsesseur
offenseur
oppresseur
ourdisseur
passeur
penseur
pervertisseur
pétrisseur
pisseur
plisseur
polisseur
possesseur
pourchasseur
précurseur
prédécesseur
professeur
propulseur
punisseur
ralentisseur
ramasseur
rapetasseur
ravisseur
recenseur
redresseur
régisseur
repasseur
ressasseur
rêvasseur
rôtisseur
rousseur
sertisseur
successeur
surenchérisseur
suspenseur
tenseur
tisseur
tousseur
transgresseur
tresseur
trousseur
turbocompresseur
turbopropulseur
valseur
vasseur
vavasseur
vernisseur
verseur
vesseur
vibromasseur

(-)sœur

belle-sœur

consœur
sœur

-xer

mixer

-xeur

boxeur
indexeur
malaxeur
mixeur

[ʃœ:ʀ]

-cheur

accoucheur
accrocheur
afficheur
aguicheur
arracheur
bambocheur
bêcheur
blancheur
brocheur
bûcheur
catcheur
chercheur
coucheur
cracheur
débaucheur
découcheur
décrocheur
défricheur
démarcheur
dénicheur
détacheur
doucheur
écorcheur
embaucheur
emmancheur
émoucheur
empêcheur
éplucheur
escarmoucheur
faucheur
féticheur
fraîcheur
gâcheur
lâcheur
lécheur
licheur
loucheur
lyncheur

mâcheur
marcheur
martin-pêcheur
moucheur
nicheur
pasticheur
pécheur
pêcheur
percheur
pignocheur
piocheur
pleurnicheur
prêcheur
rabâcheur
raccrocheur
retoucheur
toucheur
tricheur

-shire

yorkshire

[vœ:ʀ]

-veur

baveur
buveur
défaveur
éleveur
encaveur
enjoliveur
enleveur
faveur
ferveur
gaveur
graveur
laveur
lessiveur
leveur
paveur
photograveur
receveur
releveur
rêveur
sauveur
saveur
serveur
suiveur
trousseur
trouveur
viveur

-weur

intervieweur

[zœ:ʀ]

-seur

abuseur
aiguiseur
allégoriseur
amuseur
analyseur
apprivoiseur
arroseur
attiseur
baiseur
baliseur
biaiseur
briseur
causeur
chamoiseur
climatiseur
confiseur
contrefaiseur
cornemuseur
croiseur
dévaliseur
diffuseur
diseur
diviseur
dogmatiseur
écraseur
empeseur
entreposeur
épouseur
exorciseur
faiseur
friseur
gloseur
herboriseur
hypnotiseur
imposeur
jaseur
latiniseur
liseur
magnétiseur
moraliseur
nébuliseur
occiseur
oseur
paraphraseur
peseur
phraseur
pindariseur
polariseur
poseur
prédiseur
priseur

462

proviseur
pulvériseur
raseur
rediseur
rétroviseur
réviseur
roseur
septembriseur
superviseur
synchroniseur
synthétiseur
téléviseur
temporiseur
thésauriseur
toiseur
transvaseur
viseur

-sheure

désheure

-zer

blazer
bulldozer
freezer
schnauzer

[ʒœ:ʀ]

-ger

challenger
manager

-geur

arrangeur
bridgeur
centrifugeur
challengeur
changeur
chargeur
déchargeur
déménageur
échangeur
égorgeur
forgeur
fourrageur
gageur
grugeur
jaugeur
jugeur
largeur
logeur
louangeur
mangeur

mélangeur
mitigeur
nageur
naufrageur
partageur
pataugeur
piégeur
plongeur
purgeur
rageur
ravageur
rongeur
rougeur
saccageur
singeur
songeur
tapageur
treillageur
vendangeur
vengeur
verbiageur
vidangeur
voltigeur
voyageur

-jeur

majeur

-jeure

majeure

[lœ:ʀ]

-ler

best-seller
dealer
filler
hurdler
spoiler
thriller

(-)*leur(s)*

affileur
avaleur
bateleur
batifoleur
botteleur
bricoleur
brûleur
cabaleur
cabrioleur
cajoleur
cambrioleur
carreleur

cavaleur
chaleur
chandeleur
chialeur
ciseleur
colleur
contrôleur
couleur
crawleur
démouleur
dérouleur
douleur
effileur
emballeur
émouleur
enfileur
enjôleur
enrôleur
enrouleur
ensorceleur
entôleur
épileur
fignoleur
fileur
footballeur
fouleur
franc-fileur
frôleur
gabeleur
goualeur
griveleur
haleur
handballeur
haut-parleur
hurleur
javeleur
leur
marteleur
miauleur
modeleur
monopoleur
mouleur
nielleur
niveleur
non-valeur
oiseleur
pâleur
parleur
pédaleur
pétroleur
pique-fleurs
pileur
querelleur
racoleur
râleur
râteleur

ravaleur
receleur
rémouleur
rigoleur
roucouleur
rouleur
saleur
scelleur
souffre-douleur
souleur
tonneleur
tréfileur
valeur
vielleur
violeur
voleur

leurre
leurre

-lheur
malheur
porte-malheur
traîne-malheur

-le heure
male heure (à la)

[plœ:R]

(-)*pleur*
ampleur
coupleur
pleur

(-)*pleure*
chantepleure
pleure

pleurs
pleurs

[klœ:R]

-cleur
gicleur
racleur
sarcleur

[blœ:R]

-bleur
ambleur

assembleur
câbleur
cribleur
doubleur
dribbleur
hâbleur
rassembleur
sableur
scrabbleur
trembleur

[glœ:R]

-gleur
étrangleur
jongleur
régleur

[flœ:R]

(-)*fleur(s)*
chou-fleur
écornifleur
fleur
gifleur
gonfleur
mille-fleurs
persifleur
renifleur
ronfleur
siffleur
souffleur

(-)*fleure*
affleure
effleure
fleure

[Rœ:R]

-rer
führer

-reur
accapareur
acquéreur
assureur
avant-coureur
bagarreur
barreur
cireur
cohéreur
coureur
cureur

démarreur
dévoreur
discoureur
doreur
éclaireur
écureur
empereur
encadreur
enterreur
erreur
étireur
ferreur
flaireur
foreur
fourreur
franc-tireur
fureur
goureur
horreur
jureur
laboureur
mesureur
moireur
pâtureur
peintureur
péroreur
picoreur
pleureur
procureur
saule pleureur
terreur
tireur

[tRœ:R]

-treur
châtreur
chronométreur
enregistreur
éventreur
métreur
montreur
remontreur

[kRœ:R]

-creur
encreur
massacreur

[bRœ:R]

-breur
équilibreur
marbreur

464

sabreur
timbreur
vibreur

[dʀœ:ʀ]

-dreur
encadreur

[gʀœ:ʀ]

-greur
aigreur
dénigreur
hongreur
maigreur

[fʀœ:ʀ]

-freur
bâfreur
chiffreur
coffreur
déchiffreur
gaufreur
offreur

[vʀœ:ʀ]

-vreur
couvreur
découvreur
dégivreur
délivreur
livreur
ouvreur

[mœ:ʀ]

-mer
boomer
drummer
steamer
trimmer

-meur
affameur
allumeur
arrimeur
assommeur
charmeur
chômeur
clameur

dîmeur
dormeur
écumeur
embaumeur
endormeur
escrimeur
étameur
fumeur
humeur
imprimeur
limeur
non-fumeur
parfumeur
primeur
programmeur
rameur
rétameur
rimeur
rumeur
semeur
slalomeur
tumeur

(-)meure
demeure
meure

meurs
meurs

meurt
meurt

mœurs
mœurs

[nœ:ʀ]

-ner
container
coroner
cosy-corner
crooner
designer
home-liner
liner
schooner
sparring-partner
tuner

-neur(s)
affineur
ânonneur

approvisionneur
avionneur
badigeonneur
baragouineur
baratineur
berneur
bineur
blasonneur
bouquineur
bougonneur
bourdonneur
butineur
camionneur
carillonneur
chicaneur
chineur
chourineur
collectionneur
coltineur
confectionneur
corneur
crâneur
crayonneur
damasquineur
débineur
dégaineur
démineur
dépanneur
déshonneur
devineur
dîneur
donneur
empoisonneur
endoctrineur
enlumineur
enquiquineur
entraîneur
entrepreneur
entreteneur
étalonneur
faneur
flagorneur
flâneur
fouineur
gêneur
glaneur
goudronneur
gouverneur
grand-veneur
griffonneur
harponneur
honneur
jalonneur
jargonneur
jeûneur

465

lamaneur
lamineur
lésineur
maçonneur
meneur
mineur
moissonneur
papillonneur
patelineur
patineur
plafonneur
planeur
porte-conteneurs
potineur
preneur
promeneur
prôneur
questionneur
raffineur
raisonneur
ramoneur
rançonneur
randonneur
repreneur
ricaneur
ronchonneur
satineur
scanneur
sélectionneur
sermonneur
sonneur
souteneur
suborneur
tambourineur
tamponneur
tanneur
tâtonneur
teneur
tisonneur
tourneur
traîneur
vanneur
veneur

-neure

mineure

-nheur

bonheur
porte-bonheur

[nœ:R]

-gneur

baigneur

barguigneur
égratigneur
éteigneur
gagneur
grogneur
lorgneur
monseigneur
peigneur
pince-monseigneur
rogneur
saigneur
seigneur
soigneur

[jœ:R]

-lleur

aiguilleur
appareilleur
artilleur
avitailleur
bafouilleur
bailleur
bâilleur
barbouilleur
batailleur
bouilleur
bousilleur
brailleur
bredouilleur
brétailleur
brouilleur
cafouilleur
carambouilleur
chamailleur
conseilleur
contre-torpilleur
corailleur
criailleur
cueilleur
débrouilleur
dérailleur
détailleur
discutailleur
disputailleur
écailleur
échenilleur
écrivailleur
émailleur
empailleur
farfouilleur
ferrailleur
fouilleur
fusil-mitrailleur
gaspilleur

gazouilleur
godailleur
godilleur
gouailleur
grappilleur
gribouilleur
habilleur
houilleur
houspilleur
intrigailleur
magouilleur
maquilleur
médailleur
meilleur
mitrailleur
mouilleur
nasilleur
orpailleur
outilleur
pailleur
patrouilleur
piailleur
pilleur
pinailleur
railleur
ravitailleur
rempailleur
resquilleur
rimailleur
ripailleur
rocailleur
roupilleur
scribouilleur
tailleur
tirailleur
torpilleur
travailleur
tripatouilleur
vadrouilleur
veilleur
vétilleur

-lleure

meilleure

-lleurs

ailleurs
d'ailleurs

-yer

destroyer
stayer

-yeur
aboyeur
balayeur
bayeur
bégayeur
broyeur
charroyeur
convoyeur
corroyeur
embrayeur
employeur
envoyeur
essayeur
faux-monnayeur
fossoyeur
frayeur
giboyeur
grasseyeur
guerroyeur
hockeyeur
hongroyeur
langueyeur
larmoyeur
layeur
mareyeur
monnayeur
pagayeur
payeur
pourvoyeur
relayeur
rentrayeur
tutoyeur
volleyeur
voyeur

[pjœ:R]

-pieur
copieur
épieur

[kjœ:R]

-kieur
skieur

[sjœ:R]

scieur
scieur

sieur
sieur

[ʃjœ:R]

chieur
chieur

[zjœ:R]

-sieurs
plusieurs

[ljœ:R]

(-)lieur
lieur
relieur

[Rjœ:R]

(-)rieur
antérieur
citérieur
extérieur
inférieur
intérieur
marieur
parieur
postérieur
rieur
supérieur
ultérieur

-rieure
antérieure
citérieure
extérieure
inférieure
intérieure
postérieure
prieure
supérieure
ultérieure

[njœ:R]
-nieur
ingénieur
manieur
renieur

[wœ:R]

[twœ:R]
(-)toueur
tatoueur
toueur

[bwœ:R]

(-)boueur
boueur
éboueur

[dwœ:R]

-doueur
amadoueur

[ʒwœ:R]

joueur
joueur

[lwœ:R]

loueur
loueur

[ɥœ:R]

[tɥœ:R]

tueur
tueur

[sɥœ:R]

sueur
sueur

[lɥœ:R]

(-)lueur
lueur
pollueur

[Rɥœ:R]

rueur
rueur

[mɥœ:R]

-mueur
remueur

467

——— [œʀt]¹ ———

(-)heurte
aheurte (s')
heurte

[ʃœʀt]

-shirt
sweat-shirt
tee-shirt

[lœʀt]

[flœʀt]

fleurte
fleurte

flirt
flirt

——— [œʀtʀ] ———

[mœʀtʀ]

meurtre
meurtre

——— [œʀk] ———

[bœʀk]

beurk
beurk

[wœʀk]

-work
patchwork

——— [œʀf] ———

[tœʀf]

turf
turf

[sœʀf]

(-)surf
surf
windsurf

[mœʀf]

-murf
smurf

——— [œʀs] ———

[mœʀs]

moeurs
mœurs

[nœʀs]

nurse
nurse

——— [œʀl] ———

[gœʀl]

(-)girl
call-girl
cover-girl
girl
script-girl
taxi-girl

——— [œʀn] ———

[bœʀn]

-burn
auburn
chadburn

——— [œn]² ———

[ʒœn]

(-)jeune
déjeune
jeune

——— [œntʃ] ———

[pœntʃ]

punch
punch

[lœntʃ]

lunch
lunch

[ʀœntʃ]

[bʀœntʃ]

brunch
brunch

——— [œj]³ ———

œil
œil

---

1. Ajouter les pers. 1, 2, 3, 6 de l'ind. et du subj. prés. et la pers. 2 de l'impér. prés. des v. *heurter* et *aheurter* (s').
2. Ajouter les pers. 1, 2, 3, 6 de l'ind. et du subj. prés. et la pers. 2 de l'impér. prés. du v. *déjeuner*.
3. Ajouter les pers. 1, 2, 3, 6 de l'ind. et du subj. prés. et la pers. 2 de l'impér. prés. des v. en -*euiller* ; − les pers. 1, 2, 3, 6 de l'ind. et du subj. prés. et la pers. 2 de l'impér. prés. des v. *accueillir, cueillir* et *recueillir* ; − les pers. 1, 2, 3, 6 du subj. prés. et la pers. 2 de l'impér. prés. des v. *vouloir* et *revouloir*.

[tœj]

-teuil
fauteuil

[kœj]

-cueil
accueil
cercueil
écueil
recueil

(-)cueille
accueille
cueille
recueille

[dœj]

(-)deuil
demi-deuil
deuil

-deuille
endeuille

d'œil
clin d'œil

[gœj]

-gueil
bourgueil
orgueil

[fœj]

(-)feuil
cerfeuil
feuil

(-)feuille(s)
chèvrefeuille
défeuille
effeuille
enfeuille (s')
feuille
mille-feuille
perce-feuille
portefeuille
quatre-feuilles
quintefeuille
tiercefeuille

[sœj]

seuil
seuil

[vœj]

veuille
veuille

[lœj]

-l'œil
tape-à-l'œil
trompe-l'œil

[ʀœj]

-reuil
écureuil

[tʀœj]

treuil
treuil

[bʀœj]

breuil
breuil

[vʀœj]

-vreuil
bouvreuil
chevreuil

469

$[\tilde{\epsilon}]$

─────── [ɛ̃] ───────

hein
hein

-en
[i-ɛ̃]
hanovrien
ombrien

[e-ɛ̃]
achéen
arachnéen
araméen
céruléen
chaldéen
chananéen
coréen
cyclopéen
dahoméen
éburnéen
égéen
élyséen
européen
galiléen
ghanéen
guadeloupéen
guinéen
herculéen
hyperboréen
iduméen
lycéen
manichéen
marmoréen
méditerranéen
nazaréen
néméen
nietzschéen
paludéen

panaméen
phlégréen
phocéen
prométhéen
pygméen
pyrénéen
sabéen
sadducéen
transpyrénéen
vendéen

$[p\tilde{\epsilon}]^1$

(-)pain
copain
gagne-pain
grille-pain
massepain
pain

-paing
parpaing

(-)peint
dépeint
peint
repeint

(-)pin
alpin
aubépin
auverpin
calepin
canepin
chopin
cisalpin
clampin
crépin

crispin
escarpin
galopin
grappin
lapin
lopin
lupin
orpin
pépin
perlimpinpin
philippin
pin
pitchpin
poupin
rampin
rapin
rupin
saint-crépin
sapin
supin
tapin
taupin
transalpin
turlupin
vulpin
youpin

$[t\tilde{\epsilon}]^2$

-taim
étaim

(-)tain
aquitain
auscitain
bellifontain
certain
châtain
étain

─────────────

1. Ajouter les pers. 1, 2, 3 de l'ind. prés., la pers. 2 de l'impér. prés. et le part. passé masc. des v. *peindre, dépeindre* et *repeindre*.
2. Ajouter les pers. 1, 2, 3 de l'ind. prés., la pers. 2 de l'impér. prés. et le part. passé masc. des v. *teindre, atteindre, déteindre, éteindre, reteindre* ; − les pers. 1, 2, 3 du passé simple et la pers. 3 du subj. imp. des v. en (-)*tenir*.

hautain
huitain
incertain
lointain
lusitain
métropolitain
mussipontain
napolitain
plantain
puritain
putain
sacristain
samaritain
septain
tain
tibétain
trentain
tripolitain
ultramontain
valdôtain
vingtain

(-)*teint*

atteint
déteint
éteint
reteint
teint

-*thain*

élisabéthain

thym

thym

-*tin*

adamantin
argentin
augustin
avertin
ballotin
baratin
barbotin
béguin
bénédictin
biscotin
bisontin
bottin
bouquetin
brigantin
buffletin
bulletin
buratin
butin
byzantin

cabotin
cadratin
calotin
cassetin
catin
célestin
chambertin
chevrotin
chicotin
clandestin
claque-patin
crétin
crottin
cucurbitin
culottin
destin
diablotin
diamantin
éléphantin
enfantin
fagotin
festin
florentin
fortin
fretin
galantin
gazetin
gratin
hutin
ignorantin
intestin
laborantin
lamantin
latin
levantin
libertin
lutin
margotin
matin
mâtin
mutin
palatin
pantin
patin
philistin
picotin
piétin
pilotin
plaisantin
potin
purotin
quadratin
ragotin
réveille-matin
roquentin
rotin

saint-florentin
satin
scrutin
serpentin
strapontin
tableautin
tétin
théatin
tintin
tourmentin
travertin
trottin
turbotin
valentin
valet-à-patin

-*tinct*

dictinct
indistinct
instinct

[kɛ̃]

-*cain*

africain
américain
armoricain
dominicain
franciscain
marocain
mexicain
publicain
républicain
vulcain

-*kin*

nankin
pékin

-*quain*

jamaïquain

-*quin*

algonquin
arlequin
baldaquin
bouquin
brodequin
casaquin
coquin
cornet à bouquin
cranequin
faquin
frusquin

471

lambrequin
majorquin
mannequin
marasquin
maroquin
mesquin
minorquin
palanquin
pasquin
péquin
ramequin
requin
rouquin
saint-frusquin
sequin
taquin
troussequin
trusquin
turquin (bleu)
ver-coquin
vilebrequin

[bɛ̃]

(-)*bain*

aubain
bain
chauffe-bain
cubain
sortie-de-bain
suburbain
thébain
urbain

-*bin*

aubin
bambin
bec-de-corbin
carabin
chérubin
colombin
concubin
corbin
gobin
jacobin
lambin
larbin
maghrébin
maugrabin
rabbin
robin

rosalbin
sabin
turbin

[dɛ̃]

daim

daim

-*dain*

andain
dédain
mondain
soudain

-*den*

bigouden

-*din*

andin
anodin
badin
baladin
baudin
bernardin
blondin
boudin
citadin
cité-jardin
comtadin
dandin
gandin
girondin
gourdin
gradin
gredin
grenadin
grillardin
grondin
incarnadin
jardin
ladin
muscadin
ondin
paladin
périgourdin
radin
ragondin
rez-de-jardin
rondin

smaragdin
vertugadin

[gɛ̃]

(-)*gain*

gain
regain

-*guin*

béguin
consanguin
doguin
sanguin

[fɛ̃][1]

(-)*faim*

abat-baim
coupe-faim
crève-la-faim
faim
malefaim
mate-faim
meurt-de-faim

-*fain*

génovéfain
rifain

feint

feint

(-)*fin(s)*

afin
aiglefin
aigrefin
bec-fin
biffin
coffin
confins
couffin
demi-fin
églefin
enfin
fin
puffin
superfin
surfin

---

1. Ajouter les pers. 1, 2, 3 de l'ind. prés., la pers. 2 de l'impér. prés. et le part. passé masc. du v. *feindre*.

-phin
dauphin
séraphin

[sɛ̃]¹

(-)*ceint*
ceint
enceint

-cin
barbe-de-capucin
buccin
capucin
clavecin
farcin
larcin
médecin
porcin
punicin
ricin
succin
vaccin

-cinct
succinct

cinq
cinq

-saim
essaim

(-)*sain*
horsain
malsain
sain

(-)*saint*
sacro-saint
saint
Toussaint

(-)*sein*
dessein
sein

(-)*seing*
blanc-seing
contreseing
seing

-sin
abyssin
agassin
assassin
bassin
boucassin
brassin
coussin
crapoussin
dessin
fantassin
horsin
marcassin
matassin
messin
mocassin
organsin
oursin
poussin
roussin
spadassin
tocsin
tracassin
traversin

[ʃɛ̃]

-chain
prochain

-chin
crachin
machin

[vɛ̃]²

(-)*vain*
couvain
douvain
écrivain
levain
neuvain
sylvain
transylvain

vain
vain (en)

(-)*vainc*
convainc
vainc

-veint
aveint

(-)*vin*
alevin
alvin
angevin
bovin
brandevin
chauvin
devin
divin
échevin
éparvin
lie-de-vin
nervin
octavin
ovin
pèse-vin
poitevin
pot-de-vin
provin
ravin
sac-à-vin
tâte-vin
vin

(-)*vingt(s)*
quatre-vingts
quinze-vingts
six-vingts
vingt

vint
vint

[zɛ̃]

-sain
archidiocésain
diocésain

---

fusain
toulousain

-sin

argousin
armoisin
basin
bousin
chasse-cousin
circonvoisin
cousin
garde-magasin
limousin
magasin
raisin
sarrasin
voisin

-xain

sixain

(-)zain

dizain
douzain
onzain
sizain
zain

-zin

muezzin
zinzin

[ʒɛ̃]¹

geint

geint

-gin

engin
frangin
sauvagin
vagin

[lɛ̃]

-lain

chapelain

châtelain
poulain
vilain

(-)lin

alcalin
aquilin
archipatelin
boulin
câlin
capitolin
carlin
carolin
chevalin
cipolin
colin
corallin
crancelin
craquelin
cristallin
drelin drelin
escalin
esterlin
félin
fifrelin
filin
francolin
fridolin
gibelin
gobelin
grelin
grimelin
gris de lin
hyalin
kaolin
kremlin
lin
malin
manuélin
masculin
merlin
moulin
opalin
orphelin
pangolin
papalin
patelin
pralin
ravelin
revolin

ripolin
saint-marcellin
saint-paulin
salin
sérancolin
sibyllin
solin
staphylin
trivelin
vélin
vitellin
zeppelin
zinzolin

[plɛ̃]²

plain

plain

(-)plaint

complaint (se)
plaint

(-)plein

plein
terre-plein
trop-plein

-plin

tremplin

[klɛ̃]

(-)clin

clin
déclin
enclin

[glɛ̃]

-glin

saint-glinglin (à la)

[ʀɛ̃]

-rain

airain
contemporain

---

1. Ajouter les pers. 1, 2, 3 de l'ind. prés., la pers. 2 de l'impér. prés. et le part. passé masc. du v. *geindre*.
2. Ajouter les pers. 1, 2, 3 de l'ind. prés., la pers. 2 de l'impér. prés. et le part. passé masc. du v. *plaindre*.

forain
lorrain
merrain
montpelliérain
nourrain
parrain
riverain
souterrain
souverain
suzerain
terrain

(-)rein

rein
serein

-rhin

outre-Rhin

-rin

adultérin
azurin
bourrin
burin
chien marin
florin
galurin
gorgerin
ivoirin
loup marin
mandarin
marin
mathurin
navarin
orin
pâturin
pèlerin
pulvérin
purin
purpurin
romarin
saccharin
savarin
serin
sous-marin
surin
tamarin

tambourin
tarin
tartarin
taurin
transtévérin
utérin
vacherin
vipérin
vérin

[pʀɛ̃]

-preint

empreint
épreint

-prin

caprin
cyprin
pourprin

[tʀɛ̃][1]

(-)train

arrière-train
avant-train
boute-en-train
chartrain
entrain
quatrain
train
train-train

-traint

contraint
précontraint

-treint

astreint
étreint
restreint

-trin

citrin
lutrin
pétrin

[kʀɛ̃][2]

craint

craint

(-)crin

crin
crincrin
écrin
sucrin

[bʀɛ̃]

(-)brin

brin
colubrin

[dʀɛ̃]

drain

drain

-drin

alexandrin
flandrin
malandrin
mandrin
sanhédrin

[gʀɛ̃]

(-)grain

grain
gros-grain
passe-tout-grain
stil-de-grain

-grin

boulingrin
chagrin
monténégrin
pérégrin

[fʀɛ̃][3]

-frain

refrain

1. Ajouter les pers. 1, 2, 3 de l'ind. prés., la pers. 2 de l'impér. prés. et le part. passé masc. des v. *astreindre, contraindre, étreindre* et *restreindre* ; — les pers. 1, 2, 3 de l'ind. prés., la pers. 2 de l'impér. prés. et le part. passé masc. des v. *empreindre* et *épreindre*.
2. Ajouter les pers. 1, 2, 3 de l'ind. prés., la pers. 2 de l'impér. prés. et le part. passé masc. du v. *craindre*.
3. Ajouter les pers. 1, 2, 3 de l'ind. prés., la pers. 2 de l'impér. prés. et le part. passé masc. du v. *enfreindre*.

(-)*frein*
chanfrein
frein
garde-frein
serre-frein
servofrein

-*freint*
enfreint

[mɛ̃]

(-)*main(s)*
appuie-main
après-demain
arrière-main
avant-main
baisemain
bonne-main
cousin germain
demain
essuie-main
face-à-main
gallo-romain
germain
humain
inhumain
lave-mains
lendemain
main
romain
roumain
sèche-mains
sous-main
surhumain
surlendemain
tournemain (en un)

maint
maint

-*men*
examen

-*min*
avant-chemin
benjamin
bramin
carmin
chemin

cumin
duralumin
gamin
jasmin
ormin
parchemin

[nɛ̃]

(-)*nain*
nain
nonnain

-*nin*
bénin
canin
féminin
fescennin
franc-funin
funin
hennin
léonin
menin
saturnin
sultanin
tanin
tannin
venin

[jɛ̃]

-*ien*
[e-jɛ̃]
plébéien
pompéien
véien

-*ïen*
[a-jɛ̃]
biscaïen
hawaïen
kafkaïen
païen

-*yen*
[wa-jɛ̃]
citoyen
concitoyen
doyen

mitoyen
moyen
troyen

[pjɛ̃]

-*pien*
carpien
éthiopien
olympien
œdipien

[tjɛ̃][1]

-*thien*
corinthien
pythien

(-)*tien*
antichrétien
chrétien
entretien
étouffe-chrétien
judéo-chrétien
kantien
maintien
néochrétien
soutien
tien

(-)*tiens*
abstiens
appartiens
contiens
détiens
entretiens
maintiens
obtiens
retiens
soutiens
tiens

[bjɛ̃]

(-)*bien*
bien
colombien
combien
danubien
lesbien
microbien
nubien

---

1. Ajouter les pers. 1, 2, 3 de l'ind. prés. et la pers. 2 de l'impér. prés. des v. en (-)*tenir*.

476

précolombien
pubien

-byen
libyen

[djɛ̃]

-dien
acadien
amérindien
ange-gardien
arcadien
canadien
comédien
euclidien
gardien
gordien
hollywoodien
indien
lydien
mastoïdien
méridien
ophidien
proboscidien
quotidien
rachidien
rhodien
saoudien
scaldien
tchadien
tragédien

[fjɛ̃]

-fien
chérifien

-phien
delphien
philadelphien

[sjɛ̃]

-cien
académicien
alsacien
ancien
aristotélicien
arithméticien
balzacien

batracien
cartomancien
chiromancien
cistercien
clinicien
copernicien
dialecticien
électricien
électronicien
esthéticien
fabricien
francien
galicien
hydraulicien
informaticien
languedocien
logicien
magicien
mathématicien
mauricien
mécanicien
métaphysicien
métricien
milicien
musicien
nécromancien
néo-platonicien
omnipraticien
oniromancien
opticien
patricien
péripatéticien
pharmacien
phéacien
phénicien
physicien
platonicien
politicien
polytechnicien
praticien
pythagoricien
rhétoricien
sélacien
statisticien
stoïcien
sulpicien
tacticien
technicien
théoricien

-scien
amphiscien
périscien

(-)sien
jurassien
métatarsien
parnassien
paroissien
prussien
sien
tarsien

-tien
aoûtien
béotien
capétien
dalmatien
égyptien
haïtien
helvétien
kantien
laotien
lastien
lilliputien
lutétien
martien
tahitien
taïtien
tribunitien
vénitien

[ʃjɛ̃]

(-)chien
autrichien
basochien
cabochien
chien
maître-chien
tue-chien

[vjɛ̃][1]

-vien
antédiluvien
avien
bolivien
cracovien
diluvien
jovien
pavlovien
pelvien
péruvien
terre-neuvien

---

1. Ajouter les pers. 1, 2, 3 de l'ind. prés. et la pers. 2 de l'impér. prés. des v. en (-)*venir*.

varsovien
vésuvien

viens

viens

(-)*vient*
avient
mésavient
va-et-vient
vient

[zjɛ̃]

-*sien*

ambrosien
arlésien
artésien
beauvaisien
calaisien
cambrésien
cartésien
caucasien
clunisien
dionysien
douaisien
étésien
eurasien
falaisien
indonésien
milésien
parisien
pharisien
polynésien
rabelaisien
salésien
silésien
tournaisien
tunisien
vénusien

-*zien*

hertzien

[ʒjɛ̃]

-*gien*

argien
cambodgien
carlovingien
carolingien
carolorégien
chirurgien
coccygien

collégien
fuégien
géorgien
laryngien
mérovingien
norvégien
pélagien
pélasgien
pharyngien
phrygien
stygien
théologien
vosgien

[ljɛ̃]

-*lien*

australien
brésilien
chilien
cornélien
délien
élien
éolien
étolien
gaullien
hégélien
israélien
italien
julien
lien
mongolien
normalien
ouralien
pascalien
régalien
salien
sicilien
somalien
stendhalien
thessalien
tyrolien
vénézuélien
virgilien
westphalien

[ʀjɛ̃]

(-)*rien*

aérien
agrarien
algérien
arien
assyrien
asturien

bactérien
baudelairien
césarien
cimmérien
coronarien
dorien
elzévirien
épicurien
faubourien
galérien
grammairien
grégorien
historien
hitlérien
icarien
illyrien
ivoirien
jupitérien
képlérien
lémurien
ligurien
luthérien
oratorien
ovarien
phalanstérien
presbytérien
prétorien
prolétarien
propre-à-rien
rien
saharien
saurien
sénatorien
shakespearien
sibérien
silurien
syrien
terrien
thermidorien
transsaharien
transsibérien
tyrien
vaurien
végétarien
vénérien
voltairien
wagnérien
zéphyrien

-*ryen*

aryen

[mjɛ̃]

(-)*mien*

bohémien

mien
samien
simien
vietnamien

[**njɛ̃**]

-*nien*

abyssinien
alcyonien
appolinien
aquitanien
arménien
athénien
augustinien
ausonien
babylonien
bourbonien
byronien
calédonien
californien
chélonien
chtonien
cicéronien
crânien
daltonien
dardanien
darwinien
décathlonien
dévonien
draconien
essénien
estonien
huronien
ionien
iranien
jordanien
lacédémonien
laconien
lamartinien
liburnien
lituanien
livonien
londonien
lusitanien
macédonien
mauritanien
méonien
messénien
napoléonien
newtonien
océanien
palestinien

plutonien
poméranien
pyrrhonien
racinien
saint-simonien
saturnien
socinien
stalinien
touranien
tritonien
tyrrhénien
ukrainien
vulcanien

[**wɛ̃**]

oint

oint

[**pwɛ̃**]

-*poin*

talapoin

(-)*poing*

coup-de-poing
poing
shampoing

(-)*point*

appoint
brûle-pourpoint (à)
contrepoint
embonpoint
mal-en-point
point
pourpoint
rond-point

[**twɛ̃**]

-*touin*

tintouin

[**kwɛ̃**]

(-)*coin*

coin
coin-coin
recoin

coing

coing

[**bwɛ̃**]

-*bouin*

babouin

[**dwɛ̃**]

-*douin*

bédouin

[**gwɛ̃**]

-*gouin*

baragouin
maringouin
pingouin
sagouin

[**fwɛ̃**]

(-)*foin*

foin
sainfoin

-*fouin*

chafouin

[**swɛ̃**]

soin

soin

-*souin*

marsouin

[**zwɛ̃**]

-*soin*

besoin

[**ʒwɛ̃**][1]

-*join*

benjoin

1. Ajouter les pers. 1, 2, 3 de l'ind. prés., la pers. 2 de l'impér. prés. et le part. passé masc. des v. en
(-)*joindre*.

joins
joins

(-)*joint(s)*
adjoint
ci-joint
conjoint
disjoint
enjoint
joint
rejoint
serre-joints

[lwɛ̃]

loin
loin

-*louin*
malouin
milouin

[ʀwɛ̃]

[gʀwɛ̃]

groin
groin

[mwɛ̃]

-*moin*
témoin

(-)*moins*
moins
néanmoins

[ɥɛ̃]

[sɥɛ̃]

suint
suint

[ʒɥɛ̃]

juin
juin

——— **[ɛ̃:p]**[1] ———

[gɛ̃:p]

guimpe
guimpe

[ʀɛ̃:p]

[gʀɛ̃:p]

(-)*grimpe*
grimpe
regrimpe

——— **[ɛ̃:pl]** ———

[sɛ̃:pl]

simple
simple

——— **[ɛ̃:t]**[2] ———

[pɛ̃:t]

(-)*peinte*
dépeinte
peinte
repeinte

pinte
pinte

[tɛ̃:t]

(-)*teinte*
atteinte
demi-teinte
déteinte
éteinte

reteinte
teinte

(-)*tinte*
aquatinte
tinte

tîntes
tîntes

[kɛ̃:t]

(-)*quinte*
coloquinte
quinte

[bɛ̃:t]

-*binthe*
térébinthe

[fɛ̃:t]

feinte
feinte

[sɛ̃:t]

(-)*ceinte*
ceinte
enceinte
préceinte

-*cinthe*
hyacinthe
jacinthe

(-)*sainte*
sacro-sainte
sainte

-*sinthe*
absinthe

---

1. Ajouter les pers. 1, 2, 3, 6 de l'ind. et du subj. prés. et la pers. 2 de l'impér. prés. des v. *grimper, guimper* et *regrimper.*
2. Ajouter les pers. 1, 2, 3, 6 de l'ind. et du subj. prés. et la pers. 2 de l'impér. prés. des v. en -*einter* et -*inter* ; − la pers. 5 du passé simple des v. en (-)*tenir* et (-)*venir* ; − le part. passé fém. des v. en -*aindre*, -*eindre* et (-)*oindre*.

[vɛ̃:t]

vîntes
vîntes

[ʒɛ̃:t]

geinte
geinte

[lɛ̃:t]

[plɛ̃:t]

(-)*plainte*
complainte
plainte

plinthe
plinthe

[Rɛ̃:t]

-*rinthe*
labyrinthe

[pRɛ̃:t]

-*preinte*(s)
empreinte
épreintes

[tRɛ̃:t]

-*trainte*
contrainte
précontrainte

-*treinte*
astreinte
étreinte
restreinte
retreinte

[kRɛ̃:t]

crainte
crainte

[fRɛ̃:t]

(-)*freinte*
enfreinte
freinte

[mɛ̃:t]

mainte
mainte

-*minthe*
helminthe

[jɛ̃:t]

[njɛ̃:t]

-*niente*
farniente

[wɛ̃:t]

ointe
ointe

[pwɛ̃:t]

(-)*pointe*
appointe
chasse-pointe
contre-pointe
courtepointe
demi-pointe
désappointe
épointe
pointe
trépointe

[kwɛ̃:t]

-*cointe*
accointe (s')

[ʒwɛ̃:t]

(-)*jointe*
adjointe

conjointe
disjointe
enjointe
jointe
rejointe

[ɥɛ̃:t]

[sɥɛ̃:t]

suinte
suinte

[ʃɥɛ̃:t]

chuinte
chuinte

———[ɛ̃:tR]¹———

[pɛ̃:tR]

peintre ʳ
peintre

[sɛ̃:tR]

(-)*cintre*
cintre
décintre
plein cintre

———[ɛ̃:k]²———

[pɛ̃:k]

pinck
pinck

pinque
pinque

---

1. Ajouter les pers. 1, 2, 3, 6 de l'ind. et du subj. prés. et la pers. 2 de l'impér. prés. des v. *cintrer* et *décintrer*.
2. Ajouter les pers. 1, 2, 3, 6 de l'ind. et du subj. prés. et la pers. 2 de l'impér. prés. des v. *requinquer* et *trinquer*.

[kɛ̃:k]

-quinque
requinque

[sɛ̃:k]

cinq
cinq

scinque
scinque

[vɛ̃:k]

(-)vainque
convainque
vainque

[ʀɛ̃:k]

-rynque
ornithorynque

[tʀɛ̃:k]

trinque
trinque

———**[ɛ̃:kt]**———

[tɛ̃:kt]

-tinct
distinct
indistinct

-tincte
distincte
indistincte

———**[ɛ̃:ks]**———

[fɛ̃:ks]

-phinx
sphinx

[lɛ̃:ks]

lynx
lynx

[ʀɛ̃:ks]

-rinx
syrinx

-rynx
larynx
pharynx

[mɛ̃:ks]

-minx
phorminx

———**[ɛ̃:kʀ]**———

[vɛ̃:kʀ]

(-)vaincre
convaincre
vaincre

———**[ɛ̃:b]**[1]———

[ʒɛ̃:b]

-gimbe
regimbe

[lɛ̃:b]

limbe(s)
limbe
limbes

[ʀɛ̃:b]

-rymbe
corymbe

[nɛ̃:b]

nimbe
nimbe

———**[ɛ̃:bʀ]**[2]———

[tɛ̃:bʀ]

(-)timbre
contre-timbre
timbre

[zɛ̃:bʀ]

-symbre
sisymbre

———**[ɛ̃:d]**[3]———

inde
inde

[dɛ̃:d]

d'inde
cochon d'Inde
coq d'Inde

dinde
dinde

[gɛ̃:d]

guinde
guinde

---

1. Ajouter les pers. 1, 2, 3, 6 de l'ind. et du subj. prés. et la pers. 2 de l'impér. prés. des v. *nimber* et *regimber*.
2. Ajouter les pers. 1, 2, 3, 6 de l'ind. et du subj. prés. et la pers. 2 de l'impér. prés. du v. *timbrer*.
3. Ajouter les pers. 1, 2, 3, 6 de l'ind. et du subj. prés. et la pers. 2 de l'impér. prés. des v. *guinder*, *scinder* et *rescinder*.

[sɛ̃:d]

(-)scinde
rescinde
scinde

[zɛ̃:d]

zend
zend

[lɛ̃:d]

[blɛ̃:d]

(-)blende
blende
hornblende
pechblende

blinde
blinde

[ʀɛ̃:d]

[bʀɛ̃:d]

brindes
brindes

———— [ɛ̃:dʀ]¹ ————

[pɛ̃:dʀ]

(-)peindre
dépeindre
peindre
repeindre

[tɛ̃:dʀ]

(-)teindre
atteindre
déteindre
éteindre

ratteindre
reteindre
teindre

[fɛ̃:dʀ]

feindre
feindre

[sɛ̃:dʀ]

(-)ceindre
ceindre
enceindre

[vɛ̃:dʀ]

-veindre
aveindre

[ʒɛ̃:dʀ]

geindre
geindre

gindre
gindre

[lɛ̃:dʀ]

-lindre
cylindre
monocylindre

[plɛ̃:dʀ]

(-)plaindre
complaindre (se)
plaindre

[ʀɛ̃:dʀ]

[pʀɛ̃:dʀ]

-preindre
empreindre
épreindre

[tʀɛ̃:dʀ]

-traindre
contraindre

-treindre
astreindre
étreindre
restreindre

[kʀɛ̃:dʀ]

craindre
craindre

[fʀɛ̃:dʀ]

-freindre
enfreindre

[wɛ̃:dʀ]

oindre
oindre

[pwɛ̃:dʀ]

poindre
poindre

[ʒwɛ̃:dʀ]

(-)joindre
adjoindre
conjoindre
déjoindre
disjoindre
enjoindre
joindre
rejoindre

[mwɛ̃:dʀ]

moindre
moindre

---

1. Ajouter les pers. 1, 2, 3, 6 de l'ind. et du subj. prés. et la pers. 2 de l'impér. prés. du v. *cylindrer*.

—————— [ɛ̃:g]¹ ——————

[tɛ̃:g]

-tingue
bastingue
distingue
métingue

[dɛ̃:g]

dengue
dengue

(-)dingue
cradingue
dingue
mandingue
poudingue
ribouldingue
sourdingue

[zɛ̃:g]

zinc
zinc

-zingue
berzingue (à tout,
    à toute)
brindezingue
mannezingue

[ʒɛ̃:g]

-jingue
moujingue

[lɛ̃:g]

(-)lingue
bilingue
burlingue
camerlingue
carlingue

élingue
étalingue
lingue
monolingue
multilingue
plurilingue
ralingue
talingue
trilingue
unilingue

[flɛ̃:g]

flingue
flingue

[ʀɛ̃:g]

-ringue
meringue
seringue

[tʀɛ̃:g]

-tringue
bastringue

[bʀɛ̃:g]

bringue
bringue

[gʀɛ̃:g]

gringue
gringue

[fʀɛ̃:g]

fringue
fringue

[mɛ̃:g]

-mingue
ramingue

—————— [ɛ̃:gl]² ——————

[pɛ̃:gl]

-pingle
épingle

[sɛ̃:gl]

(-)cingle
cingle
recingle

single
single

[ʀɛ̃:gl]

[tʀɛ̃:gl]

tringle
tringle

—————— [ɛ̃:gʀ] ——————

[pɛ̃:gʀ]

pingre
pingre

[lɛ̃:gʀ]

-lingre
malingre

—————— [ɛ̃:f]³ ——————

[lɛ̃:f]

lymphe
lymphe

---

1. Ajouter les pers. 1, 2, 3, 6 de l'ind. et du subj. prés. et la pers. 2 de l'impér. prés. des v. en
-inguer.
2. Ajouter les pers. 1, 2, 3, 6 de l'ind. et du subj. prés. et la pers. 2 de l'impér. prés. des v. cingler,
épingler et tringler.
3. Ajouter les pers. 1, 2, 3, 6 de l'ind. et du subj. prés. et la pers. 2 de l'impér. prés. du v. paranympher.

[nɛ̃:f]

(-)*nymphe*
nymphe
paranymphe

———[ɛ̃:fʀ]¹———
[wɛ̃:fʀ]

[gwɛ̃:fʀ]

goinfre
goinfre

———[ɛ̃:s]²———
[pɛ̃:s]

(-)*pince*
pince
repince

[tɛ̃:s]

tinsse
tinsse

[dɛ̃:s]

-*dens*
labadens

[vɛ̃:s]

-*vince*
évince
province

vinsse
vinsse

[ʒɛ̃:s]

gens
gens

[ʀɛ̃:s]

rince
rince

[pʀɛ̃:s]

prince
prince

[gʀɛ̃:s]

grince
grince

[mɛ̃:s]

-*mens*
delirium tremens

(-)*mince*
émince
mince

[wɛ̃:s]

[kwɛ̃:s]

coince
coince

[gwɛ̃:s]

-*goinces*
badigoinces

———[ɛ̃:ʃ]³———
[gɛ̃:ʃ]

guinche
guinche

[ʀɛ̃:ʃ]

[gʀɛ̃:ʃ]

grinche
grinche

———[ɛ̃:z]———

[kɛ̃:z]

quinze
quinze

———[ɛ̃:ʒ]⁴———

[tɛ̃:ʒ]

tins-je
tins-je

[fɛ̃:ʒ]

-*phinge*
sphinge

[sɛ̃:ʒ]

singe
singe

[vɛ̃:ʒ]

vins-je
vins-je

[lɛ̃:ʒ]

(-)*linge*
lave-linge

---

1. Ajouter les pers. 1, 2, 3, 6 de l'ind. et du subj. prés. et la pers. 2 de l'impér. prés. du v. *goinfrer*.
2. Ajouter les pers. 1, 2, 3, 6 de l'ind. et du subj. prés. et la pers. 2 de l'impér. prés. des v. en -*incer* et -*oincer* ; — les pers. 1, 2, 6 du subj. imp. des v. en (-)*tenir* et (-)*venir*.
3. Ajouter les pers. 1, 2, 3, 6 de l'ind. et du subj. prés. et la pers. 2 de l'impér. prés. du v. *lyncher*.
4. Ajouter les pers. 1, 2, 3, 6 de l'ind. et du subj. prés. et la pers. 2 de l'impér. prés. des v. *linger* et *singer*.

linge
sèche-linge

[vɛ̃ːʀ]

vinrent
vinrent

[jɛ̃ːʒ]

[ʀɛ̃ːʒ]

[tjɛ̃ːʒ]

-ringe
syringe

tiens-je
tiens-je

—————[ɛ̃ːm]² —————

[mɛ̃ːʒ]

[vjɛ̃ːʒ]

[tɛ̃ːm]

-minge
phorminge

viens-je
viens-je

tînmes
tînmes

—————[ɛ̃ːʀ]¹—————

[nɛ̃ːʒ]

[tɛ̃ːʀ]

[vɛ̃ːm]

-ninge(s)
méninge(s)
remue-méninges

tinrent
tinrent

vînmes
vînmes

---

1. Ajouter la pers. 6 du passé simple des v. en (-)*tenir* et (-)*venir*.
2. Ajouter la pers. 4 du passé simple des v. en (-)*tenir* et (-)*venir*.

$[\tilde{\alpha}]$

————— $[\tilde{\alpha}]^1$ —————

(-)*an*
an

[e-ɑ̃]
lettre-océan
océan
péan

[ɔ-ɑ̃]
samoan

-and
[i-ɑ̃]
chateaubriand
friand

[y-ɑ̃]
truand

-ans
[e-ɑ̃]
céans
léans

-ant
[i-ɑ̃]
châteaubriant
dépliant
expropriant
pliant
priant
suppliant

[e-ɑ̃]
béant
bienséant
échéant

fainéant
géant
malséant
mécréant
messéant
néant
séant
suppléant

[y-ɑ̃]
bruant
concluant
excluant
gluant
tonitruant

en
en

-ent
[i-ɑ̃]
client

[y-ɑ̃]
affluent
confluent
congruent
défluent
diffluent
effluent
fluent
influent

(-)*han*
ahan
han
hi-han

$[p\tilde{\alpha}]^2$

(-)*pan*
chenapan
empan
pan
pan pan
patapan
sampan
sapan
tarpan
trépan
tympan
zizipanpan

-pand
épand
répand

-pands
épands
répands

-pang
sampang

-pant
antidérapant
autotrempant
clopin-clopant
constipant
cooccupant
corrompant
coupant
crispant
décapant
dégrippant
dopant
enveloppant

---

1. Ajouter le part. prés. des v. en *-éer, -blier, (-)plier, (-)crier, (-)prier, (-)trier, (-)clouer, (-)flouer, -brouer, -crouer, (-)trouer, -bluer, (-)fluer, (-)gluer, (-)truer* et des v. *interviewer, frouer, conclure, exclure* et *inclure*.
2. Ajouter le part. prés. des v. en *-per* et (-)*rompre* ; − les pers. 1, 2, 3 de l'ind. prés. et la pers. 2 de l'impér. prés. des v. en *-pandre, (-)pendre* et du v. *repentir*.

frappant
galopant
grimpant
handicapant
interrompant
lampant
occupant
participant
pimpant
préoccupant
rampant
rompant
sacripant
tapant

paon

paon

(-)*pend*

append
dépend
pend
suspend

-*pens*

dépens
guet-apens
repens
suspens

-*pent*

arpent
langue-de-serpent
repent (se)
serpent

[tɑ̃][1]

(-)*tan*

antan (d')
autant
bantoustan
cabestan
cafetan
caftan
capitan
charlatan
entan
flétan
gitan

mahométan
mangoustan
masulipatan
mitan
occitan
orang-outan
orviétan
sultan
tan
tartan
titan

-*tang*

étang
mustang
orang-outang

(-)*tant*

abattant
à bout portant
acceptant
actant
admettant
adoptant
agitant
arc-boutant
argumentant
assistant
attristant
autant
autoportant
battant
bien portant
broutant
cahotant
caquetant
chantant
chevrotant
chuintant
clapotant
clignotant
cliquetant
combattant
commettant
compromettant
comptant
concertant
concomitant
confortant
consentant
consistant
constant

consultant
contestant
contractant
contrastant
contrefaisant
contre-manifestant
contristant
cousant
coûtant
crachotant
crépitant
culbutant
débattant
débilitant
débitant
débutant
déconcertant
dégoûtant
dégouttant
démentant
démettant
déroutant
désinfectant
dévêtant
dilatant
distant
ébattant
éclatant
écoutant
égrotant
embêtant
émettant
encroûtant
entêtant
entremettant
envoûtant
épatant
équidistant
éreintant
esquintant
étant
exaltant
excitant
exécutant
existant
exorbitant
expectant
exploitant
fébricitant
flottant
frisottant
froufroutant

---

1. Ajouter le part. prés. des v. en *-ter*, *-*tir*, (-)*battre*, (-)*mettre* et des v. *être* et *foutre* ; — les pers. 1, 2, 3 de l'ind. prés. et la pers. 2 de l'impér. prés. des v. en (-)*tendre*.

grelottant
habitant
haletant
hébétant
hésitant
humectant
hydratant
impatientant
important
incitant
inconsistant
inconstant
inexistant
infectant
inquiétant
insistant
instant
insultant
irritant
maître-assistant
mal portant
manifestant
mentant
méritant
mettant
militant
miroitant
montant
mutant
nictitant
nonobstant
octant
omettant
palpitant
papillotant
partant
percutant
permutant
persécutant
persistant
pivotant
portant
pourtant
préexistant
pressentant
prestant
profitant
promettant
protestant
rabattant
ragoûtant
ravigotant
rebattant

rebutant
récitant
réconfortant
remettant
remontant
repartant
repentant
représentant
résistant
ressentant
ressortant
restant
résultant
revêtant
révoltant
sanglotant
sautant
sentant
sextant
sortant
soumettant
sous-traitant
subsistant
suintant
surexcitant
tant
tentant
tourmentant
traitant
transmutant
tremblotant
végétant
vêtant
voletant
votant

taon

taon

(-)*temps*

contretemps
deux-temps
entre-temps
longtemps
mi-temps
passe-temps
plein-temps
printemps
quatre-temps
temps
temps (à)

-t'en

passe-t'en
va t'en

(-)*tend*

attend
détend
distend
entend
étend
prétend
retend
sous-tend
tend

-tent

compétent
content
impénitent
impotent
incompétent
intermittent
latent
malcontent
mécontent
omnipotent
patent
pénitent
rémittent
ventripotent

[kɑ̃][1]

camp

aide de camp
camp
maréchal de camp
mestre de camp

-can

anglican
boucan
bouracan
caïmacan
cancan
carcan
décan
encan
french cancan
gallican
pélican
pemmican

---

1. Ajouter le part. prés. des v. en *-quer*, *-cquer*, *-ker* et des v. *convaincre* et *vaincre*.

489

rubican
toscan
toucan
volcan

-*cant*

capricant
claudicant
communicant
convaincant
coruscant
fabricant
formicant
intoxicant
mordicant
peccant
prédicant
provocant
radicant
sécant
suffocant
urticant
vacant
vésicant

(-)*kan*

astrakan
kan

khan

khan

quand

quand

(-)*quant*

attaquant
choquant
claquant
clinquant
craquant
croquant
délinquant
estomaquant
flanquant
manquant
marquant
offusquant
paniquant
piquant

pratiquant
quant
trafiquant
vainquant

-*quent*

conséquent
conséquent (par)
éloquent
fréquent
grandiloquent
inconséquent
subséquent

[bɑ̃][1]

(-)*ban*

arrière-ban
ban
caban
forban
galhauban
hauban
oliban
pléban
porte-hauban
raban
risban
ruban
scriban
traban
turban

banc(s)

banc
char à bancs

-*bant*

absorbant
barbant
brabant
désherbant
flambant
probant
retombant
surplombant
titubant
tombant

[dɑ̃][2]

dam

dam

(-)*dan*

bigourdan
cardan
cerdan
cispadan
ramadan
redan
sedan
soudan
transpadan

(-)*dans*

au-dedans
dans
dedans

-*dant*

abondant
accédant
accommodant
adjudant
ascendant
attendant
cédant
cependant
coïncidant
commandant
concordant
condescendant
contendant
contondant
correspondant
corrodant
débordant
défendant
dégradant
dépendant
descendant
discordant
emmerdant
excédant
fécondant
fendant
fondant
gambadant
godant
grondant

1. Ajouter le part. prés. des v. en -*ber*.
2. Ajouter le part. prés. des v. en -*der*, -*andre*, -*endre*, -*ondre*, -*erdre*, -*ordre*.

guindant
incommodant
indépendant
intendant
intimidant
invalidant
malentendant
mandant
mordant
obsédant
outrecuidant
oxydant
pédant
pendant
perdant
pétaradant
plaidant
possédant
prétendant
redondant
regardant
répondant
résidant
rétrocédant
superintendant
surabondant
surintendant
tendant
tordant
transcendant
trépidant

(-)dent(s)

accident
adent
antécédent
ardent
bident
brèche-dent
buisson-ardent
chiendent
claquedent
coïncident
confident
cure-dents
décadent
dent
dissident
évident

excédent
imprudent
impudent
incident
non-résident
occident
précédent
président
protège-dents
prudent
redent
résident
strident
surdent
trident
vice-président

[gɑ̃]¹

-gan

cadogan
cardigan
catogan
guingan
origan
ouragan
ptarmigan
slogan
toboggan
vigan
yatagan

-gand

brigand

(-)gant

adragant
arrogant
défatigant
délégant
divagant
élégant
extravagant
fatigant
flamingant
fringant
gant
inélégant
interrogant

intrigant
navigant
suffragant
wallingant
zigzagant

-ghan

afghan

-guent

onguent

[fɑ̃]²

-fan

fanfan

-fant(s)

bon enfant
bouffant
chauffant
coiffant
ébouriffant
échauffant
enfant
étouffant
infant
olifant
petits-enfants
piaffant

faon

faon

(-)fend

défend
fend
pourfend
refend

-phant

éléphant
oliphant
triomphant

[sɑ̃]³

-çant

agaçant

---

1. Ajouter le part. prés. des v. en -guer.
2. Ajouter le part. prés. des v. en -fer et -pher ; − les pers. 1, 2, 3, de l'ind. prés. et la pers. 2 de l'impér. prés. des v. en (-)fendre.
3. Ajouter le part. prés. des v. en -cer, -scer, -ser [se], -xer, -ir, -aître, -oître et des v. bruire et maudire ; − les pers. 1, 2, 3 de l'ind. prés. et la pers. 2 de l'impér. prés. des v. en -scendre et *(-)sentir.

avançant
commençant
commerçant
engonçant
enlaçant
exerçant
glaçant
grimaçant
grinçant
menaçant
perçant
remplaçant
traçant

-cens

encens

(-)*cent*

accent
adjacent
cent
décent
indécent
innocent
jacent
munificent
pour-cent
récent
réticent
sous-jacent
subjacent
sus-jacent

-san

bressan
persan

(-)*sang*

demi-sang
pur-sang
sang

sans

sans

-sant

abaissant
abasourdissant
abâtardissant
abêtissant
aboutissant
abrutissant
adoucissant
affadissant

affaiblissant
agissant
ahurissant
alanguissant
alourdissant
amaigrissant
amincissant
amollissant
amortissant
angoissant
aplatissant
apparaissant
appauvrissant
appétissant
assainissant
asservissant
assortissant
assoupissant
assourdissant
assujettissant
attendrissant
avilissant
bénissant
bien-pensant
blanchissant
blémissant
blessant
blondissant
bondissant
bouleversant
bruisant
caressant
cassant
cessant
chassant
chaussant
comparaissant
compatissant
connaissant
coulissant
croissant
croupissant
dansant
décroissant
délassant
dépassant
désobéissant
disparaissant
dispersant
divertissant
dressant
ébahissant
éblouissant
éclaircissant
embarrassant
embellissant

empuantissant
enrichissant
envahissant
épaississant
épanouissant
étourdissant
faiblissant
finissant
fléchissant
flétrissant
fleurissant
florissant
fracassant
frémissant
gémissant
glapissant
glissant
gloussant
grandissant
grossissant
harassant
hennissant
impuissant
incessant
intéressant
issant
jaillissant
jaunissant
jouissant
languissant
lassant
méconnaissant
meurtrissant
moussant
mugissant
mûrissant
naissant
nourrissant
obéissant
offensant
oppressant
paissant
pâlissant
paraissant
passant
pensant
pourrissant
pressant
puissant
pulsant
rafraîchissant
ragaillardissant
rajeunissant
ramollissant
ravissant
reconnaissant

réfléchissant
réjouissant
renaissant
renversant
repaissant
reparaissant
repoussant
resplendissant
ressortissant
retentissant
rougissant
rugissant
saisissant
salissant
stressant
tout-puissant
vagissant
verdissant
versant
vieillissant

-scend

condescend
descend
redescend

-scent

acescent
adolescent
alcalescent
arborescent
azurescent
coalescent
concupiscent
convalescent
dégénérescent
déhiscent
déliquescent
effervescent
efflorescent
érubescent
évanescent
flavescent
fluorescent
frutescent
incandescent
indéhiscent
luminescent
opalescent
phosphorescent

pubescent
recrudescent
reviviscent
rubescent
sénescent
spumescent
tumescent
turgescent

(-)*sens*

consens
pressens
ressens
sens

(-)*sent*

absent
consent
pressent
ressent
sent

-xan

texan

-xant

relaxant
vexant

[ʃɑ̃]¹

(-)*champ*

champ
contrechamp
sur-le-champ

-chand

marchand

(-)*chant*

aguichant
alléchant
approchant
attachant
brochant
chant
chevauchant
contre-chant

couchant
déchant
desséchant
détachant
effarouchant
empêchant
fichant
marchant
méchant
penchant
plain-chant
relâchant
sachant
tachant
tâchant
touchant
tranchant
trébuchant

[vɑ̃]²

(-)*van*

cravan
divan
van

-vant

activant
adjuvant
aggravant
arrivant
au-devant
auparavant
avant
captivant
ci-devant
crevant
décevant
démotivant
dépravant
desservant
devant
dissolvant
dorénavant
émouvant
en-avant
énervant
éprouvant
estivant
levant

---

1. Ajouter le part. prés. des v. en *-cher*.
2. Ajouter le part. prés. des v. en *-ver*, **-vir*, *-voir* (*dépourvoir, entrevoir, pourvoir, prévoir, revoir* et *voir* exceptés), (-)*boire*, *-crire*, *-soudre*, (-)*suivre* et (-)*vivre* ; − les pers. 1, 2, 3 de l'ind. prés. et la pers. 2 de l'impér. prés. des v. en (-)*vendre*.

motivant
mouvant
passavant
poursuivant
récidivant
résolvant
salivant
savant
servant
solvant
suivant
survivant
vivant

(-)vend
revend
survend
vend

(-)vent
abat-vent
abrivent
auvent
avent
brise-vent
connivent
contrevent
convent
coupe-vent
couvent
engoulevent
évent
fervent
moulin-à-vent
paravent
plein-vent
porte-vent
souvent
tête à l'évent
tourne-vent
tue-vent
vent
vol-au-vent

[zɑ̃]¹

-san
artisan
courtisan
faisan
mosan

parmesan
partisan
paysan
pisan
valaisan

-sant
agonisant
amusant
anarchisant
apaisant
arabisant
archaïsant
aromatisant
besant
bien-disant
bienfaisant
blasant
blousant
brisant
causant
cautérisant
charabiaïsant
communisant
complaisant
composant
contredisant
contrefaisant
cotisant
cousant
crétinisant
cuisant
culpabilisant
décousant
défaisant
démoralisant
dépaysant
déplaisant
déposant
déshumanisant
désodorisant
déstabilisant
dévalorisant
dramatisant
dynamisant
écrasant
électrisant
épuisant
érotisant
esthétisant
exposant
fascisant

favorisant
faisant
féminisant
fertilisant
fusant
gauchisant
généralisant
germanisant
gisant
globalisant
grisant
gueusant
hébraïsant
hellénisant
hispanisant
imposant
infantilisant
insuffisant
italianisant
japonisant
judaïsant
jusant
latinisant
luisant
malfaisant
malplaisant
marxisant
médisant
méprisant
moins-disant
moralisant
neutralisant
opposant
paralysant
patoisant
pénalisant
pesant
plaisant
posant
prédisant
proposant
rasant
recousant
refaisant
reluisant
reposant
rhumatisant
satisfaisant
sclérosant
sécurisant
séduisant
soi-disant

---

1. Ajouter le part. prés. des v. en -ser [ze], *-sir [ziːʀ], -aire [ceux en (-)traire exceptés], -ire [ceux en (-)rire et maudire exceptés] et -uire (bruire excepté).

494

stabilisant
stérilisant
suffisant
surfaisant
sympathisant
taisant
ténorisant
terrorisant
tranquillisant
traumatisant
valorisant
virilisant

-sent

omniprésent
présent

-zan

alezan
balzan
ramazan
tarzan

-xempt

exempt

[ʒɑ̃]¹

-geant

affligeant
arrangeant
assiégeant
changeant
copartageant
décourageant
dérangeant
dérogeant
désobligeant
dirigeant
encourageant
engageant
enrageant
exigeant
ignifugeant
intransigeant
mangeant
obligeant
outrageant
partageant
plongeant
rageant

regorgeant
rongeant
voltigeant

gens

gens

(-)*gent*

abstergent
agent
argent
astringent
bouton-d'argent
constringent
contingent
convergent
corbeille-d'argent
cotangent
détergent
diligent
divergent
émergent
entregent
étoile-d'argent
gent
indigent
indulgent
inintelligent
intelligent
négligent
réfringent
régent
restringent
résurgent
sergent
tangent
urgent
vif-argent

[lɑ̃]²

-lan

bilan
brelan
capelan
catalan
chambellan
chambrelan
élan
éperlan

hulan
merlan
milan
mosellan
myrobolan
ortolan
palan
portulan
uhlan
verlan

-land

chaland
éland
goéland
maryland

-lant

affolant
affriolant
allant
ambulant
appelant
ballant
bêlant
branlant
brimbalant
brûlant
camp volant
canulant
cerf-volant
chancelant
circulant
coagulant
collant
consolant
coulant
croulant
déferlant
démêlant
désolant
désopilant
emballant
ensorcelant
étincelant
filant
flagellant
flageolant
floculant
foulant
galant
gesticulant

---

1. Ajouter le part. prés. des v. en -*ger*.
2. Ajouter le part. prés. des verbes en -*ler* [le], -*loir*, et du v. *moudre*.

gondolant
harcelant
horripilant
hurlant
isolant
jubilant
miaulant
mirobolant
modulant
moulant
mutilant
nonchalant
ondulant
oscillant
pantelant
parlant
passe-volant
pétulant
pont volant
postulant
râlant
régalant
roucoulant
roulant
ruisselant
rutilant
salant
scintillant
sibilant
soûlant
stimulant
stipulant
stridulant
trémulant
vacillant
vigilant
volant
voulant

(-)*lent*

ambivalent
corpulent
dolent
équipollent
équivalent
excellent
féculent
flatulent
indolent
insolent

lent
non-violent
opulent
pestilent
plurivalent
polyvalent
pulvérulent
purulent
relent
sanguinolent
somnolent
succulent
talent
truculent
turbulent
violent
virulent

[plɑ̃][1]

(-)*plan*

arrière-plan
avant-plan
biplan
monoplan
plan
rataplan

(-)*plant*

complant
gros-plant
implant
plant

[klɑ̃][2]

(-)*clan*

bataclan
clan
matriclan
patriclan

[blɑ̃][3]

(-)*blanc*

blanc
bouillon-blanc
cul-blanc
de but en blanc

fer-blanc
jean-le-blanc
mont-blanc

-*blant*

accablant
beau semblant
dissemblant
doublant
faux-semblant
meublant
redoublant
ressemblant
semblant
tremblant
troublant

[glɑ̃][4]

-*glan*

raglan

gland

gland

-*glant*

aveuglant
beuglant
cinglant
sanglant

[flɑ̃][5]

flan

flan

(-)*flanc*

bat-flanc
flanc
tire-au-flanc

-*flant*

époustouflant
gonflant
ronflant
sifflant
soufflant

1. Ajouter le part. prés. des v. en -*pler*.
2. Ajouter le part. prés. des v. en -*cler*.
3. Ajouter le part. prés. des v. en -*bler*.
4. Ajouter le part. prés. des v. en -*gler*.
5. Ajouter le part. prés. des v. en -*fler*.

[vlɑ̃]

vlan

vlan

[Rɑ̃][1]

-ran

alcoran
andorran
cisjuran
coran
cormoran
gourgouran
jaseran
joran
transjuran
tyran
vétéran

-rand

tisserand

rang

rang

-rant

aberrant
accourant
acquérant
agglomérant
altérant
améliorant
aspirant
atterrant
attirant
azurant
belligérant
bourrant
carburant
cobelligérant
colorant
comburant
comparant
concourant
conquérant
considérant
conspirant
contre-courant
coopérant

corroborant
courant
déchirant
déclarant
décolorant
déférant
délibérant
délirant
demeurant
demeurant (au)
dénaturant
déodorant
dépoussiérant
désaltérant
désespérant
déshonorant
dévorant
discourant
durant
éclairant
écœurant
édulcorant
effarant
encourant
endurant
enquérant
errant
essorant
exaspérant
exhilarant
expectorant
expirant
exubérant
figurant
fulgurant
garant
gérant
hilarant
ignorant
inopérant
inspirant
intempérant
intolérant
itinérant
malodorant
maréchal-ferrant
marrant
mourant
murmurant
odorant
odoriférant
orant

parant
parcourant
perforant
persévérant
pleurant
prépondérant
protubérant
quérant
rassurant
recourant
réfrigérant
requérant
restaurant
réverbérant
secourant
sidérant
soupirant
tempérant
tirant
tolérant
vociférant
wagon-restaurant
warrant

(-)*rend*

différend
rend
révérend

-reng

hareng

-rent(s)

adhérent
afférent
apparent
beaux-parents
cohérent
concurrent
déférent
différent
grands-parents
inapparent
incohérent
indifférent
inhérent
intercurrent
interférent
irrévérent
occurrent
parent

---

1. Ajouter le part. prés. des v. en voy. + *-rer* et *-rir* ; − les pers. 1, 2, 3 de l'ind. prés. et la pers. 2 de l'impér. prés. du v. *rendre*.

497

récurrent
référent
torrent
transparent

[pʀɑ̃]¹

(-)prend
apprend
comprend
déprend
désapprend
entreprend
éprend (s')
méprend (se)
prend
reprend
surprend

[tʀɑ̃]²

-tran
estran
trantran

-trant
entrant
filtrant
frustrant
impétrant
pénétrant
récalcitrant
rentrant

[kʀɑ̃]³

(-)cran
cran
écran
page-écran
télécran

-crant
consacrant

massacrant
sacrant
sucrant

[bʀɑ̃]⁴

(-)bran
bran
halbran

-brant
abracadabrant
célébrant
délébrant
encombrant
équilibrant
nombrant
térébrant
vibrant

[dʀɑ̃]⁵

-dran
balandran
cadran

[gʀɑ̃]⁶

-gran
bougran
mazagran

(-)grand
grand
mère-grand
supergrand

-grant
déflagrant
dénigrant
émigrant
flagrant
fragrant

immigrant
intégrant
migrant

[fʀɑ̃]⁷

-fran
safran

franc
franc

-frant
offrant
souffrant

[vʀɑ̃]⁸

-vrant
couvrant
découvrant
enivrant
entrouvrant
givrant
navrant
ouvrant
recouvrant
rouvrant

[mɑ̃]⁹

-man
aman
antiroman
birman
bonne-maman
bosseman
caïman
cinéroman
desman
doliman
dolman
drogman

1. Ajouter le part. prés. des v. en -prer ; — les pers. 1, 2, 3, de l'ind. prés. et la pers. 2 de l'impér. prés. des v. en (-)prendre.
2. Ajouter le part. prés. des v. en -trer.
3. Ajouter le part. prés. des v. en -crer.
4. Ajouter le part. prés. des v. en -brer.
5. Ajouter le part. prés. des v. en -drer.
6. Ajouter le part. prés. des v. en -grer.
7. Ajouter le part. prés. des v. en -frer et *-frir.
8. Ajouter le part. prés. des v. en -vrer et *-vrir.
9. Ajouter le part. prés. des v. en -mer et *-mir ; — les pers. 1, 2, 3 de l'ind. prés. et la pers. 2 de l'impér. prés. du v. mentir.

firman
gallo-roman
grand-maman
hetman
iman
landamman
maman
musulman
ottoman
photo-roman
rhéto-roman
roman
talisman
toman
trucheman
turcoman

-mand

allemand
anglo-normand
flamand
gourmand
normand
romand

-mant

aimant
alarmant
amant
assommant
calmant
charmant
comprimant
consumant
crémant
déformant
déprimant
désarmant
diamant
diffamant
dirimant
dormant
écumant
endormant
enthousiasmant
fermant
flamant
fumant
infamant
nécromant
opprimant
performant
réclamant
réprimant
transhumant

(-)*mens*
démens
mens

(-)*ment*(*s*)
agissements
appointements
errements
ossements
porte-documents
ment

[i-mã]
aliment
appariement
apparîment
assentiment
assortiment
balbutiement
bâtiment
blanchiment
boniment
châtiment
ciment
compartiment
compliment
condiment
crucifiement
déliement
dépliement
désassortiment
détriment
dissentiment
émaciement
étourdiment
fourniment
gentiment
hardiment
impoliment
indéfiniment
infiniment
joliment
licenciement
liniment
maniement
orpiment
pépiement
piment
pliement
poliment
pressentiment
quasiment
ralliement
rapatriement
rappariement
rassasiement

rassortiment
réassortiment
régiment
remaniement
remerciement
reniement
repliement
résilliement
ressentiment
rudiment
sédiment
sentiment
uniment

[ig-mã]
pigment

[e-mã]

affectionnément
agrément
aisément
assurément
aveuglément
carrément
cément
censément
clément
commodément
communément
complément
conformément
confusément
considérément
crément
décidément
dégréement
délibérément
dément
démesurément
densément
désagrément
désespérément
désordonnément
déterminément
diffusément
disproportionnément
effrontément
égaiement
élément
énormément
exagérément
excrément
expressément
figurément
forcément

499

gaiement
gréement
immensément
immodérément
importunément
impunément
inclément
incommodément
inconsidérément
indéterminément
indivisément
inespérément
inopinément
inopportunément
instantanément
intensément
isolément
malaisément
mesurément
modérément
momentanément
nommément
obscurément
obstinément
oligo-élément
opportunément
outrément
passionnément
posément
précisément
prématurément
privément
profondément
profusément
proportionnément
sacrément
sensément
séparément
serrément
simultanément
spontanément
subordonnément
supplément
uniformément
véhément

[ε-mɑ̃]

bégaiement
braiment
déblaiement
délaiement
égaiement
enraiement
étaiement
gaiement
paiement

remblaiement
vraiment
zézaiement

[εg-mɑ̃]

segment

[εʀ-mɑ̃]

ferment
serment

[a-mɑ̃]

abondamment
antécédemment
apparemment
ardemment
arrogamment
bienveillamment
brillamment
bruyamment
calament
compétemment
complaisamment
concurremment
confidemment
consciemment
conséquemment
constamment
coulamment
couramment
décemment
dégoutamment
dépendamment
déplaisamment
désobligeamment
différemment
diligemment
dolemment
effrayamment
élégamment
éloquemment
éminemment
épatamment
étonnamment
évidemment
excellemment
exorbitamment
extravagamment
fervemment
filament
firmament
fréquemment
galamment
ignoramment
impatiemment
impertinemment
imprudemment

impudemment
incessamment
incidemment
incompétemment
inconsciemment
inconséquemment
inconstamment
indécemment
indépendamment
indifféremment
indolemment
indulgemment
inélégamment
inintelligemment
innocemment
insciemment
insolemment
insouciamment
instamment
insuffisamment
intelligemment
irrévéremment
languissamment
ligament
linéament
méchamment
médicament
négligemment
nonchalamment
notamment
nuitamment
obligeamment
opulemment
patiemment
pertinemment
pesamment
pétulamment
plaisamment
précédemment
précipitamment
pressamment
prudemment
puamment
puissamment
récemment
révéremment
savamment
sciemment
subséquemment
suffisamment
surabondamment
tempérament
testament
turbulemment
vaillamment

vigilamment
violemment

[wa-mɑ̃]

aboiement
apitoiement
atermoiement
broiement
chatoiement
côtoiement
coudoiement
déploiement
dévoiement
festoiement
flamboiement
foudroiement
fourvoiement
jointoiement
larmoiement
louvoiement
nettoiement
ondoiement
ploiement
poudroiement
redéploiement
rejointoiement
reploiement
rougeoiement
rudoiement
tournoiement
tutoiement
verdoiement
vouvoiement

[ag-mɑ̃]

fragment

[aʀ-mɑ̃]

sarment

[ɔ-mɑ̃]

comment
froment
moment

[og-mɑ̃]

augment

[u-mɑ̃]

clouement
dénouement
dévouement
ébrouement
échouement
engouement
enjouement
enrouement
frouement
nouement

renflouement
renouement
secouement
secoûment

[uʀ-mɑ̃]

tourment

[y-mɑ̃]

absolument
ambigument
argument
assidûment
congrûment
continûment
crûment
dénuement
dissolument
document
dûment
émolument
engluement
éperdument
éternuement
fichument
goulûment
incongrûment
indûment
ingénument
instrument
irrésolument
jument
monument
nuement
nûment
prétendument
remuement
résolument
tégument
ténuement

[ə-mɑ̃]

abaissement
abandonnement
abasourdissement
abâtardissement
abattement
abêtissement
abjectement
abolissement
abominablement
abonnement
abornement
abouchement
aboutement
aboutissement
abrègement

abreuvement
abruptement
abrutissement
absorbement
abstractivement
abstraitement
absurdement
abusivement
académiquement
accablement
accaparement
accessoirement
accidentellement
acclimatement
accolement
accommodement
accompagnement
accomplissement
accotement
accouchement
accoudement
accouplement
accourcissement
accortement
accoutrement
accrochement
accroissement
accroupissement
acculement
acharnement
acheminement
achèvement
achoppement
acoquinement
acquiescement
acquittement
âcrement
acrimonieusement
activement
actuellement
adéquatement
adjectivement
administrativement
admirablement
admirativement
adorablement
adossement
adoubement
adoucissement
adroitement
adverbialement
affablement
affadissement
affaiblissement
affairement
affaissement

affalement
affectueusement
affermissement
affinement
affirmativement
affleurement
affolement
affouillement
affranchissement
affrètement
affreusement
affrontement
affublement
agacement
agencement
agenouillement
agilement
agrandissement
agréablement
agressivement
agrestement
aheurtement
ahurissement
aigrement
aigrissement
aiguisement
aimablement
ajournement
ajustement
alanguissement
aléatoirement
alertement
alignement
alitement
allaitement
allèchement
allégement
allégoriquement
allègrement
allongement
allusivement
alourdissement
alphabétiquement
alternativement
altièrement
amaigrissement
ambitieusement
aménagement
amendement
amenuisement
amèrement
ameublement
ameublissement
amiablement
amicalement
amincissement

amoindrissement
amollissement
amoncellement
amortissement
amoureusement
amphibologiquement
amplement
amusement
analogiquement
analytiquement
anarchiquement
anatomiquement
anciennement
anéantissement
angéliquement
annuellement
anoblissement
ânonnement
anonymement
anormalement
antérieurement
anxieusement
apaisement
aplanissement
aplatissement
apostoliquement
apparentement
appartement
appauvrissement
appesantissement
applaudissement
appointement
appontement
apprivoisement
approbativement
approfondissement
approvisionnement
approximativement
âprement
apurement
arasement
arbitrairement
arbitralement
aristocratiquement
arithmétiquement
armement
arrachement
arraisonnement
arrangement
arrentement
arrondissement
arrosement
artificiellement
artisanalement
artificieusement
artistement

artistiquement
assagissement
assainissement
assaisonnement
assèchement
assemblement
asservissement
assolement
assombrissement
assoupissement
assouplissement
assourdissement
assouvissement
assujettissement
astronomiquement
astucieusement
atrocement
attachement
attendrissement
attentivement
atterrissement
attiédissement
attifement
attisement
attouchement
attroupement
aucunement
audacieusement
augustement
austèrement
authentiquement
automatiquement
autoritairement
autrement
auxiliairement
avachissement
avancement
avantageusement
avènement
aventureusement
avertissement
aveuglement
aveulissement
avidement
avilissement
avitaillement
avortement
babillement
bâillement
bâillonnement
baisement
baissement
balancement
ballonnement
ballottement

banalement
bannissement
baraquement
barbarement
barbotement
barrissement
bassement
battement
béatement
bégayement
béguètement
bêlement
bellement
bénévolement
bénignement
benoîtement
bercement
bernement
bestialement
bêtement
beuglement
biaisement
bigrement
bizarrement
blanchement
blanchissement
blêmissement
blèsement
boisement
boitement
boitillement
bombardement
bombement
bondissement
bonnement
bossellement
bouchonnement
bouclement
bouffonnement
bougonnement
bougrement
bouillonnement
bouleversement
bourdonnement
bourgeoisement
bourgeonnement
boursouflement
braillement
bramement
branchement
brandillement
branlement
braquement
brasillement
bravement
bredouillement

brièvement
brisement
brouillement
broutement
bruissement
brûlement
brunissement
brusquement
brutalement
burlesquement
cahotement
caillement
calmement
calomnieusement
cambrement
campement
candidement
canoniquement
cantonnement
capablement
capitulairement
capricieusement
captieusement
caquètement
carillonnement
casernement
cassement
casuellement
catégoriquement
catholiquement
cauteleusement
cautionnement
cavalièrement
cérémonieusement
certainement
chaleureusement
chambardement
chamboulement
chancellement
changement
chantonnement
chantournement
chargement
charitablement
charnellement
chastement
chatouillement
chaudement
chavirement
cheminement
chèrement
chétivement
chevalement
chevaleresquement
chevauchement
chevrotement

chichement
chiffonnement
chimériquement
chouettement
chrétiennement
chroniquement
chronologiquement
chuchotement
chuintement
cillement
cinquièmement
circulairement
cisaillement
cisèlement
civilement
civiquement
clairement
clandestinement
clappement
clapotement
claquement
classement
classiquement
cléricalement
clignement
clignotement
cliquètement
clochement
cloisonnement
coassement
collectivement
collégialement
collement
collusoirement
colossalement
comblement
comiquement
commandement
commencement
comparativement
compendieusement
complètement
comportement
concrètement
conditionnellement
conditionnement
confidentiellement
confinement
confortablement
congénitalement
conjecturalement
conjointement
conjugalement
connaissement
consciencieusement
consécutivement

consentement
considérablement
constitutionnellement
consubstantiellement
consulairement
contentement
contentieusement
continuellement
contournement
contradictoirement
contremandement
convenablement
conventionnellement
conventionnement
conventuellement
convertissement
convulsivement
copieusement
coquettement
cordialement
corporellement
correctement
corrélativement
couardement
couinement
coulissement
courageusement
couronnement
courtement
courtoisement
coûteusement
couvinement
couvrement
crachement
crachotement
craintivement
crânement
crapuleusement
craquèlement
craquement
craquètement
crédulement
crépitement
creusement
criaillement
criminellement
crissement
croassement
croisement
croulement
croupissement
croustilleusement
cruellement
culturellement
cumulativement
cupidement

curablement
curieusement
cyniquement
damnablement
dandinement
dangereusement
débâclement
débandement
débarquement
débilement
déblaiement
déboisement
déboîtement
débonnairement
débordement
débouchement
débouquement
déboursement
déboutement
débranchement
débridement
débrouillement
débroussaillement
débusquement
décampement
déchaînement
déchargement
déchaussement
déchiffrement
déchirement
décisivement
déclassement
déclenchement
décochement
décollement
décourageusement
découronnement
décrassement
décréditement
décrochement
décroisement
décroissement
dédaigneusement
dédommagement
dédouanement
dédoublement
défavorablement
défectueusement
défensivement
défèrement
déferlement
défilement
définitivement
défoncement
défoulement
défrichement

défroncement
dégagement
dégonflement
dégorgement
dégoulinement
dégourdissement
dégouttement
dégrèvement
dégrisement
dégrossissement
déguerpissement
déguisement
déhanchement
déharnachement
délabrement
délaissement
délassement
délectablement
délicatement
délicieusement
délogement
déloyalement
démanchement
démantèlement
démembrement
déménagement
démeublement
démocratiquement
démonstrativement
déniaisement
dénigrement
dénivellement
dénombrement
département
dépassement
dépavement
dépaysement
dépècement
dépérissement
dépeuplement
déplacement
déplorablement
déportement
dépotement
dépouillement
déracinement
déraillement
déraisonnablement
déraisonnement
dérangement
déréglement
dérisoirement
dernièrement
dérochement
dérouillement
déroulement

désabonnement
désagréablement
désappointement
désarmement
désastreusement
désavantageusement
descellement
désenchantement
désencombrement
désensorcellement
désespérément
déshonnêtement
désillusionnement
désintéressement
désistement
désœuvrement
désossement
despotiquement
dessaisissement
dessalement
dessèchement
desserrement
dessolement
détachement
déterrement
détestablement
détournement
détraquement
détrônement
détroussement
deuxièmement
dévalement
devancement
développement
déversement
dévissement
dévoilement
dévotement
dévotieusement
dextrement
diablement
diaboliquement
diagonalement
dialectiquement
diamétralement
diantrement
difficilement
dignement
directement
discernement
disciplinairement
discourtoisement
discrètement
disertement
disgracieusement
dispendieusement

dissemblablement
distancement
distinctement
distraitement
distributivement
diversement
divertissement
divinement
dixièmement
docilement
doctement
doctoralement
dogmatiquement
domestiquement
doublement
doucement
doucereusement
doucettement
douillettement
douloureusement
douteusement
douzièmement
dramatiquement
droitement
drôlement
dubitativement
durablement
durcissement
durement
ébahissement
ébattement
ébaudissement
éblouissement
éboulement
ébourgeonnement
ébranchement
ébranlement
ébrasement
ébrèchement
ébruitement
écarquillement
écartèlement
écartement
ecclésiastiquement
échappement
échauffement
échelonnement
éclaboussement
éclaircissement
éclairement
éclatement
écœurement
économiquement
écorchement
écoulement
écrabouillement

écrasement
écroulement
effacement
effarement
effarouchement
effectivement
effeuillement
efficacement
effilement
effleurement
effondrement
effritement
effroyablement
également
égarement
égoïstement
égorgement
égouttement
élancement
élargissement
élogieusement
éloignement
émargement
emballement
embarquement
embaumement
embellissement
embêtement
emboîtement
embouquement
embranchement
embrasement
embrassement
embrigadement
embrouillement
émerveillement
émiettement
emmaillotement
emmanchement
emmêlement
emmerdement
emménagement
empaillement
empalement
empâtement
empattement
empêchement
emphatiquement
empiècement
empierrement
empiètement
empilement
empiriquement
emplacement
empoisonnement
empoissonnement

emportement
empotement
empressement
emprisonnement
empuantissement
encadrement
encaissement
encanaillement
encaquement
encastrement
encavement
encensement
encerclement
enchaînement
enchantement
enchérissement
enchevêtrement
enchifrènement
enclavement
enclenchement
encombrement
encorbellement
encouragement
encrassement
encroûtement
endettement
endiguement
endommagement
endormissement
endossement
endurcissement
énergiquement
énervement
enfaîtement
enfantement
enfermement
enfièvrement
enfoncement
enfouissement
enfournement
engagement
engendrement
engloutissement
engoncement
engourdissement
engraissement
engrangement
engravement
engueulement
enharnachement
énigmatiquement
enivrement
enjambement
enjôlement
enjolivement
enlacement

enlaidissement
enlèvement
enlisement
enneigement
ennoblissement
ennuyeusement
enquiquinement
enracinement
enregistrement
enrichissement
enrobement
enrochement
enrôlement
enroulement
ensablement
enseignement
ensemencement
ensevelissement
ensoleillement
ensorcellement
entablement
entassement
entendement
entérinement
enterrement
entêtement
entichement
entièrement
entoilement
entortillement
entraînement
entrebâillement
entrecolonnement
entrecroisement
entrelacement
envahissement
envasement
enveloppement
envieusement
environnement
envolement
envoûtement
épaississement
épamprement
épanchement
épanouissement
éparpillement
épatement
épaulement
épierrement
épisodiquement
épluchement
épouvantablement
épouvantement
épuisement
épurement

équarrissement
équipement
équitablement
éraflement
éraillement
éreintement
érotiquement
errements
escarpement
espacement
essentiellement
essoufflement
esthétiquement
estompement
établissement
étalement
étanchement
éternellement
étêtement
étincellement
étiolement
étirement
étoilement
étonnement
étouffement
étourdissement
étrangement
étranglement
étrécissement
étroitement
évangéliquement
évanouissement
évasement
évasivement
événement
éventuellement
évidement
évidemment
évincement
évitement
exactement
exaucement
exceptionnellement
excessivement
exclusivement
exécrablement
exemplairement
exhaussement
exhaustivement
expéditivement
expérimentalement
expertement
explicitement
expressivement
exquisement
extérieurement

externement
extrajudiciairement
extraordinairement
extrêmement
extrinsèquement
fabuleusement
facétieusement
fâcheusement
facilement
façonnement
facticement
facultativement
fadement
faiblement
fallacieusement
falotement
fameusement
familièrement
fanatiquement
fantasquement
fantastiquement
fastidieusement
fastueusement
fatalement
faussement
fautivement
favorablement
fébrilement
fendillement
féodalement
fermement
férocement
ferrement
fertilement
feulement
fichtrement
fictivement
fidèlement
fiduciairement
fièrement
fiévreusement
figement
figurativement
filement
filialement
finalement
financement
financièrement
finement
fixement
flatteusement
fléchissement
flegmatiquement
flottement
foisonnement
folâtrement

follement
foncièrement
fonctionnement
fondamentalement
fondement
forcement
formellement
formidablement
fortement
fortuitement
fouettement
fougueusement
fouillement
fourmillement
fournissement
foutrement
fractionnement
fraîchement
franchement
franchissement
frappement
fraternellement
frauduleusement
fredonnement
frémissement
frénétiquement
frètement
frétillement
frileusement
frissonnement
frivolement
froidement
froissement
frôlement
froncement
frottement
froufroutement
fructueusement
frugalement
fugitivement
funèbrement
funestement
furieusement
furtivement
fusionnement
futilement
gaillardement
gargouillement
garnement
gauchement
gauchissement
gauloisement
gazonnement
gazouillement
gémissement
généralement

généreusement
génialement
géométriquement
gercement
giclement
gigantesquement
gisement
glapissement
glissement
globalement
glorieusement
gloussement
gloutonnement
gondolement
gonflement
gouvernement
gracieusement
graduellement
graillement
grammaticalement
grandement
graphiquement
grassement
grasseyement
grattement
gratuitement
gravement
grésillement
grièvement
grignotement
grincement
grognement
grondement
grossièrement
grossissement
grotesquement
grouillement
groupement
habilement
habillement
habituellement
haineusement
halètement
happement
harassement
harcèlement
hargneusement
harmonieusement
harmoniquement
harnachement
harponnement
hasardeusement
hâtivement
haussement
hautainement
hautement

hebdomadairement
hébergement
hébétement
hennissement
héréditairement
hérissement
hermétiquement
héroïquement
hersement
heureusement
heurtement
hideusement
hiérarchiquement
hiératiquement
historiquement
hochement
hôlement
honnêtement
honorablement
honteusement
horizontalement
horriblement
hospitalièrement
hostilement
huitièmement
hululement
humainement
humblement
humidement
hurlement
hygiéniquement
hyperboliquement
hypocritement
hypothétiquement
idéalement
identiquement
idiotement
ignoblement
ignominieusement
illégalement
illégitimement
illicitement
illisiblement
illogiquement
illusoirement
imbécilement
immanquablement
immatériellement
immédiatement
immodestement
immoralement
immortellement
immuablement
imparfaitement
impartialement
impassiblement

impeccablement
impénétrablement
impérativement
imperceptiblement
impérialement
impérieusement
impersonnellement
imperturbablement
impétueusement
impitoyablement
implacablement
implicitement
improprement
impudiquement
impulsivement
impurement
inachèvement
inassouvissement
incertainement
incestueusement
incivilement
inclusivement
incommutablement
incomparablement
incompatiblement
incomplètement
incompréhensiblement
inconcevablement
inconfortablement
inconsolablement
inconstitutionnellement
incontestablement
incorrectement
incorrigiblement
incroyablement
incurablement
indéfectiblement
indélicatement
indéniablement
indévotement
indiciblement
indignement
indirectement
indiscrètement
indiscutablement
indispensablement
indissolublement
indistinctement
individuellement
indivisiblement
indocilement
indubitablement
industrieusement
inébranlablement
ineffablement
ineffaçablement

inefficacement
inégalement
inéluctablement
ineptement
inépuisablement
inévitablement
inexactement
inexorablement
inexplicablement
inexprimablement
inextricablement
infailliblement
infatigablement
inférieurement
infernalement
infidèlement
inflexiblement
infructueusement
ingénieusement
inhabilement
inhumainement
inimitablement
inintelligiblement
iniquement
initialement
injurieusement
injustement
inlassablement
innombrablement
inoffensivement
inopinément
inoubliablement
insatiablement
insensiblement
inséparablement
insidieusement
insipidement
instinctivement
insupportablement
intarissablement
intégralement
intègrement
intelligiblement
intempestivement
intensivement
intentionnellement
intérieurement
interminablement
internement
intimement
intolérablement
intraitablement
intrépidement
intrinsèquement
intuitivement
inutilement

invalidement
invariablement
inversement
investissement
invinciblement
inviolablement
invisiblement
involontairement
invraisemblablement
ironiquement
irréconciliablement
irréductiblement
irréfutablement
irrégulièrement
irréligieusement
irrémédiablement
irrémissiblement
irréparablement
irréprochablement
irrésistiblement
irrévérencieusement
irrévocablement
isolement
itérativement
jacassement
jaillissement
jalonnement
jalousement
jappement
jaunissement
jésuitiquement
jeunement
jonchement
journellement
jovialement
joyeusement
judaïquement
judiciairement
judicieusement
jugement
jurement
juridiquement
justement
juvénilement
laborieusement
lâchement
laconiquement
laidement
laïquement
lamentablement
lancement
lancinement
langoureusement
lapement
largement
lascivement

latéralement
lavement
lèchement
légalement
légèrement
légitimement
lentement
lestement
libéralement
librement
licencieusement
licitement
lisiblement
littérairement
littéralement
localement
logement
logiquement
lointainement
longitudinalement
longuement
lotissement
louablement
louchement
lourdement
loyalement
lubriquement
lucidement
lugubrement
lumineusement
luxueusement
luxurieusement
lyriquement
mâchement
machiavéliquement
machinalement
mâchonnement
magiquement
magistralement
magnanimement
magnifiquement
maigrement
majestueusement
maladivement
maladroitement
malencontreusement
malgracieusement
malhabilement
malheureusement
malhonnêtement
malicieusement
malignement
malproprement
mandement
manifestement
manquement

manuellement
maritalement
marmottement
massivement
matériellement
maternellement
mathématiquement
matinalement
maussadement
mécaniquement
mécontentement
médiatement
médicalement
médiocrement
mélancoliquement
mélodieusement
mêmement
mémorablement
ménagement
mensongèrement
mensuellement
mentalement
méprisablement
mercenairement
méritoirement
merveilleusement
mesquinement
métaphoriquement
métaphysiquement
méthodiquement
méticuleusement
meuglement
miaulement
mielleusement
mièvrement
mignardement
mignonnement
militairement
minablement
ministériellement
minutieusement
miraculeusement
mirifiquement
miroitement
misérablement
miséricordieusement
modernement
modestement
modiquement
moelleusement
moindrement
mollement
monacalement
monarchiquement
mondainement
mondialement

monotonement
monstrueusement
moralement
morcellement
mordillement
mortellement
mouillement
moutonnement
mouvement
moyennement
mugissement
mûrement
mûrissement
musellement
musicalement
mutuellement
mystérieusement
mystiquement
naïvement
nantissement
narquoisement
nasalement
nasillement
nasillonnement
nasonnement
nationalement
naturellement
nécessairement
négativement
nerveusement
nettement
neutralement
neuvièmement
niaisement
nivellement
noblement
nocturnement
noircissement
nolisement
nominativement
normalement
notablement
notoirement
nouvellement
nuisiblement
nullement
numériquement
objectivement
obligatoirement
obliquement
obrepticement
obscurcissement
obséquieusement
occasionnellement
occultement
oculairement

odieusement
offensivement
officiellement
officieusement
oisivement
onctueusement
onzièmement
opiniâtrement
oppressivement
orageusement
oralement
oratoirement
orbiculairement
ordinairement
ordonnancement
orgueilleusement
originairement
originalement
originellement
ornement
ossements
ostensiblement
outillement
outrageusement
ouvertement
pacifiquement
paisiblement
palissadement
palpablement
pansement
papillonnement
papillotement
paraboliquement
parachèvement
paradoxalement
parcellement
parcimonieusement
pareillement
parement
paresseusement
parfaitement
parlement
parlementairement
partialement
particulièrement
partiellement
passablement
passagèrement
passement
passionnellement
passivement
pastoralement
paternellement
pathétiquement
patriarcalement
patriotiquement

pauvrement
pavement
pavoisement
payement
pécuniairement
pédantesquement
pédestrement
penchement
péniblement
pensivement
percement
perceptiblement
péremptoirement
perfectionnement
perfidement
périlleusement
périodiquement
pernicieusement
perpendiculairement
perpétuellement
personnellement
persuasivement
perversement
pervertissement
pétillement
petitement
pétitionnement
peuplement
peureusement
philosophiquement
physiquement
piaffement
piaillement
piaulement
picotement
piétement
piétinement
piètrement
pieusement
pincement
pissement
piteusement
pitoyablement
pittoresquement
pivotement
placement
placidement
plaintivement
plantureusement
plastiquement
platement
platoniquement
plausiblement
pleinement
pleurnichement
plissement

poétiquement
pointement
politiquement
pompeusement
ponctuellement
pontificalement
populairement
portement
positivement
postérieurement
pourrissement
poussivement
pratiquement
préalablement
précairement
précautionneusement
précieusement
précocement
préférablement
prélèvement
préliminairement
premièrement
présentement
présomptueusement
pressement
prestement
prétentieusement
préventivement
primitivement
primordialement
princièrement
principalement
privativement
probablement
problématiquement
processionnellement
prochainement
prodigieusement
professionnellement
profitablement
progressivement
prolixement
prolongement
promptement
prophétiquement
proportionnellement
proprement
prosaïquement
prosternement
proverbialement
providentiellement
provignement
provincialement
provisoirement
publiquement
pudiquement

puérilement
puisement
pullulement
purement
qualitativement
quantitativement
quatorzièmement
quatrièmement
quellement
quinzièmement
quotidiennement
rabaissement
racinement
raccomodement
raccordement
raccourcissement
racornissement
radicalement
radoucissement
raffermissement
raffinement
rafraîchissement
rageusement
raidissement
raisonnablement
raisonnement
rajeunissement
rajustement
râlement
ralentissement
rallongement
ramollissement
rampement
rancissement
rançonnement
rangement
rapetissement
rapidement
rapiécement
rapprochement
rarement
rasement
rassemblement
rationnellement
rationnement
rattachement
ravalement
ravinement
ravisement
ravissement
ravitaillement
rayonnement
réarmement
reboisement
rebondissement
rebroussement

recèlement
recensement
rechargement
réchauffement
rechignement
réciproquement
récolement
recollement
recommencement
recoquillement
recoupement
recouvrement
recrutement
recueillement
reculement
redoublement
redressement
réellement
réfléchissement
refouillement
refoulement
refrognement
refroidissement
règlement
réglementairement
regonflement
regorgement
régressivement
regroupement
régulièrement
rehaussement
rejaillissement
relâchement
relativement
relèvement
religieusement
remarquablement
rembarquement
remboîtement
rembourrement
remboursement
rembrunissement
rembuchement
rempiècement
remplacement
renchérissement
rendement
renflement
renfoncement
renforcement
renfrognement
rengagement
rengorgement
reniflement
renoncement
renouvellement

renseignement
renversement
repavement
repeuplement
replacement
repoussement
résonnement
respectablement
respectivement
respectueusement
resplendissement
resserrement
rétablissement
retardement
retentissement
retirement
retranchement
rétrécissement
rétrospectivement
retroussement
révérencieusement
reversement
revêtement
rêveusement
revirement
révolutionnairement
ricanement
richement
ridiculement
rigidement
rigoureusement
risiblement
rituellement
robustement
romanesquement
rompement
ronchonnement
rondement
ronflement
rongement
ronronnement
roucoulement
rougissement
roulement
roussissement
royalement
rudement
rugissement
ruissellement
rustiquement
rutilement
sabordement
saccagement
sacramentalement
sacramentellement
sacrement

sacrilègement
sadiquement
sagement
saignement
sainement
saintement
saisissement
salement
salubrement
salutairement
sanglotement
sapement
sarcastiquement
sardoniquement
satiriquement
sautillement
sauvagement
savoureusement
scandaleusement
scellement
sceptiquement
schématiquement
scientifiquement
scintillement
scolastiquement
scrupuleusement
sèchement
secondairement
secondement
secrètement
sectionnement
séculièrement
séditieusement
seizièmement
sélectivement
semblablement
semestriellement
sempiternellement
sensiblement
sensuellement
sententieusement
sentimentalement
septièmement
sérieusement
serrement
servilement
seulement
sévèrement
sexuellement
sifflement
sifflotement
signalement
silencieusement
simplement
sincèrement
singulièrement

sinistrement
sixièmement
sobrement
socialement
soigneusement
solennellement
solidairement
solidement
solitairement
sommairement
somptueusement
sordidement
sottement
soubassement
soucieusement
soudainement
soufflement
soulagement
soulèvement
soupçonnement
soupèsement
souplement
sourdement
sournoisement
sous-vêtement
soutènement
souterrainement
souverainement
spacieusement
spasmodiquement
spécialement
spécieusement
spécifiquement
sphériquement
spirituellement
splendidement
sporadiquement
stationnement
stérilement
stoïquement
strictement
studieusement
stupidement
suavement
subalternement
subitement
subjectivement
sublimement
subrepticement
subsidiairement
substantiellement
substantivement
subtilement
subversivement
successivement
succinctement

sucement
suintement
superbement
superficiellement
supérieurement
superlativement
superstitieusement
supportablement
suprêmement
surbaissement
sûrement
surhaussement
surnaturellement
survêtement
susurrement
symboliquement
symétriquement
synchroniquement
synthétiquement
systématiquement
tacitement
tamponnement
tapageusement
tapotement
taquinement
tardivement
tarissement
tassement
tâtement
tâtonnement
tellement
témérairement
temporairement
temporellement
tenacement
tenaillement
tendencieusement
tendrement
ténébreusement
ternissement
terrassement
terriblement
textuellement
théâtralement
théologiquement
théoriquement
tièdement
tiédissement
tiercement
timidement
tintement
tiraillement
tolérablement

tortillement
tortueusement
totalement
tourbillonnement
tournement
toussotement
tracement
traditionnellement
tragiquement
traitement
traîtreusement
tranquillement
transbordement
transfèrement
transitoirement
transvasement
transversalement
travestissement
trébuchement
treizièmement
tremblement
tremblotement
trémoussement
trépassement
trépignement
tressaillement
trimbalement
triomphalement
triplement
tristement
trivialement
troisièmement
trompeusement
trottinement
truchement
tumultuairement
tumultueusement
typiquement
tyranniquement
ultérieurement
ululement
unanimement
uniquement
universellement
usuellement
usurairement
utilement
vachement
vacillement
vagissement
vaguement
vainement
valablement

valeureusement
validement
vallonnement
vaniteusement
vaporeusement
vastement
véhémentement
vêlement
veloutement
vénalement
véniellement
verbalement
verbeusement
verdissement
véridiquement
véritablement
versement
vertement
verticalement
vertueusement
vêtement
vicieusement
victorieusement
vieillissement
vigoureusement
vilainement
vilement
vindicativement
vingtièmement
violemment
virement
virginalement
virilement
virtuellement
viscéralement
visiblement
visuellement
vitement
vivement
vocalement
voilement
volontairement
voltigement
voluptueusement
vomissement
voracement
vraisemblablement
vrombissement
vulgairement
zézaiement
zozotement

-nan

cisrhénan
nanan
rhénan
transrhénan

-nand

ordinand

-nant

acoquinant
agglutinant
aiguillonnant
aliénant
alternant
appartenant
assassinant
assonant
attenant
avenant
avoisinant
bassinant
bedonnant
bidonnant
bouillonnant
bourdonnant
bourgeonnant
bretonnant
carême-prenant
carillonnant
chagrinant
claironnant
concernant
consonant
consternant
contenant
contrevenant
convenant
covenant
culminant
déclinant
déterminant
détonant
détonnant
discriminant
dissonant
dominant
donnant
émotionnant

empoisonnant
emprisonnant
engrenant
enquiquinant
entraînant
entreprenant
environnant
étonnant
fascinant
foisonnant
fonctionnant
frissonnant
fulminant
gênant
gouvernant
grisonnant
guignonnant
hallucinant
hibernant
hivernant
impressionnant
inconvenant
intervenant
lancinant
lésinant
lieutenant
maintenant
malsonnant
manant
moyennant
opinant
ordinant
ordonnant
papillonnant
passionnant
pérennant
pigeonnant
planant
ponant
prédéterminant
prédominant
prenant
préopinant
prévenant
provenant
rayonnant
résonant
résonnant
revenant
ricanant
ruminant
sonnant

sous-lieutenant
soutenant
stagnant
surprenant
survenant
tannant
tâtonnant
tenant
tonnant
tourbillonnant
tournant
tout-venant
traînant
venant

-nent

abstinent
continent
déponent
éminent
immanent
imminent
impertinent
incontinent
permanent
pertinent
prééminent
proéminent
rémanent
sous-continent
suréminent

[ɲɑ̃]²

-gnan

frontignan
gnangnan
magnan
perpignan

-gnant

astreignant
complaignant
contraignant
empoignant
enseignant
épargnant
feignant
gagnant
joignant
plaignant

---

1. Ajouter le part. prés. des v. en -ner, *-nir et (-)prendre.
2. Ajouter le part. prés. des v. en -gner, -aindre, -eindre et (-)oindre.

514

poignant
prégnant
régnant
répugnant
saignant
soignant

[jɑ̃][1]

-llan
castillan
sévillan

-llant
accueillant
assaillant
babillant
baillant
bienveillant
bouillant
brillant
croustillant
défaillant
démaquillant
détaillant
émoustillant
faux-brillant
feuillant
fourmillant
frétillant
gazouillant
grouillant
malveillant
mouillant
pétillant
saillant
sautillant
scintillant
sémillant
surveillant
taillant
tressaillant
vacillant
vaillant

-yant
aboyant

apitoyant
attrayant
ayant
bégayant
blondoyant
broyant
bruyant
chatoyant
clairvoyant
croyant
distrayant
effrayant
égayant
ennuyant
entrevoyant
faux-fuyant
flamboyant
foudroyant
fuyant
gouleyant
grasseyant
guerroyant
imprévoyant
incroyant
larmoyant
nettoyant
non-croyant
non-voyant
ondoyant
oyant
payant
poudroyant
pourvoyant
prévoyant
rougeoyant
seyant
tournoyant
trayant
verdoyant
voyant

[pjɑ̃][2]

-pient
excipient
récipient

[tjɑ̃][3]

tian
tian

-tiant
amnistiant

[bjɑ̃][4]

-biant
ambiant

[djɑ̃][5]

-dian
gardian
médian
radian

-diant
étudiant
irradiant
mendiant
radiant

-dient
expédient
ingrédient

[fjɑ̃][6]

-fian
ruffian

-fiant
amplifiant
bêtifiant
confiant
crucifiant
défiant
démystifiant
dulcifiant
édifiant
fluidifiant
fortifiant
fructifiant
gélifiant

---

1. Ajouter le part. prés. des v. en *-ller, -yer, *-llir*, (-)*choir*, (-)*croire*, (-)*fuir*, (-)*seoir*, (-)*traire* et des
v. *dépourvoir, entrevoir, pourvoir, prévoir, revoir, voir.*
2. Ajouter le part. prés. des v. en *-pier.*
3. Ajouter le part. prés. des v. en *-tier* [tje].
4. Ajouter le part. prés. des v. en *-bier.*
5. Ajouter le part. prés. des v. en *-dier.*
6. Ajouter le part. prés. des v. en *-fier* et *-phier.*

gratifiant
horrifiant
insignifiant
justifiant
lénifiant
liquéfiant
lubrifiant
méfiant
mortifiant
mystifiant
plastifiant
pétrifiant
purifiant
qualifiant
raréfiant
rubéfiant
sanctifiant
signifiant
stupéfiant
tonifiant
terrifiant
vivifiant

[sjɑ̃]¹

-ciant
alliciant
insouciant
négociant
officiant

-cient
coefficient
déficient
efficient

sciant
sciant

-scient
conscient
escient
inconscient
omniscient
prescient
subconscient

-tiant
balbutiant

-tient
impatient
patient
quotient

-xiant
asphyxiant

[ʃjɑ̃]

chiant
chiant

[vjɑ̃]²

-vian
pluvian

[zjɑ̃]³

-siant
anesthésiant
rassasiant

[ʒjɑ̃]⁴

-giant
privilégiant

[ljɑ̃]⁵

(-)*liant*
conciliant
défoliant
exfoliant
humiliant
liant

-lient
émollient

[ʀjɑ̃]⁶

-rian
nigérian
parian

(-)*riant*
cariant
contrariant
invariant
luxuriant
riant
souriant
variant

-rient
orient

[mjɑ̃]⁷

-miant
anémiant

[njɑ̃]⁸

-nian
banian
fenian

-niant
communiant

-nient
inconvénient

-nyan
kenyan

[wɑ̃]⁹

houant
houant

1. Ajouter le part. prés. des v. en -cier, -tier [sje] et -xier.
2. Ajouter le part. prés. des v. en -vier.
3. Ajouter le part. prés. des v. en -sier [zje] et -zier.
4. Ajouter le part. prés. des v. en -gier.
5. Ajouter le part. prés. des v. en -voy. + lier.
6. Ajouter le part. prés. des v. en -voy. + rier.
7. Ajouter le part. prés. des v. en -mier.
8. Ajouter le part. prés. des v. en (-)nier.
9. Ajouter le part. prés. du v. houer.

[pwã]

-pouan
capouan

[twã][1]

-touan
mantouan

-touant
tatouant

[kwã][2]

-couant
secouant

[bwã][3]

-bouant
embouant

[dwã][4]

-douan
cordouan
padouan

-douant
amadouant

[gwã][5]

-gouant
engouant

[fwã][6]

-fouant
bafouant

[ʃwã][7]

chouan
chouan

-chouant
échouant

[vwã][8]

-vouant
avouant

[ʒwã][9]

jouant
jouant

[lwã][10]

louant
louant

[ʀwã][11]

rouan
rouan

rouant
rouant

[nwã][12]

nouant
nouant

[ɥã][13]

-huant
chat-huant

[pɥã][14]

puant
puant

[tɥã][15]

(-)tuant
constituant
fluctuant
reconstituant
tuant

[kɥã][16]

-cuant
évacuant

[bɥã][17]

-buant
attribuant

[dɥã][18]

-duant
graduant

---

1. Ajouter le part. prés. des v. en (-)*touer*.
2. Ajouter le part. prés. des v. en -*couer*.
3. Ajouter le part. prés. des v. en -*bouer*.
4. Ajouter le part. prés. des v. en -*douer*.
5. Ajouter le part. prés. des v. en -*gouer*.
6. Ajouter le part. prés. des v. en -*fouer*
7. Ajouter le part. prés. des v. en -*chouer*.
8. Ajouter le part. prés. des v. en -*vouer*.
9. Ajouter le part. prés. des v. en -*jouer*.
10. Ajouter le part. prés. des v. en -voy. + *louer*.
11. Ajouter le part. prés. des v. en -voy. + *rouer*.
12. Ajouter le part. prés. des v. en -*nouer*.
13. Ajouter le part. prés. du v. *huer*.
14. Ajouter le part. prés. des v. en -*puer*.
15. Ajouter le part. prés. des v. en -*tuer*.
16. Ajouter le part. prés. des v. en -*cuer*.
17. Ajouter le part. prés. des v. en -*buer*.
18. Ajouter le part. prés. des v. en -*duer*.

[gɥɑ̃][1]

-guant
arguant

[sɥɑ̃][2]

suant
suant

[ʒɥɑ̃]

juan
don Juan

[lɥɑ̃][3]

-luant
dépolluant
diluant
polluant

[ʀɥɑ̃][4]

ruant
ruant

[mɥɑ̃][5]

-muant
remuant

[nɥɑ̃][6]

-nuant
atténuant
exténuant
insinuant

——— **[ɑ̃:p]**[7] ———

hampe
hampe

[pɑ̃:p]

pampe
pampe

[tɑ̃:p]

-tampe
estampe
étampe

tempe
tempe

[kɑ̃:p]

(-)campe
campe
décampe
escampe
hippocampe

[vɑ̃:p]

vamp
vamp

[lɑ̃:p]

(-)lampe
cul-de-lampe
lampe

[ʀɑ̃:p]

rampe
rampe

[tʀɑ̃:p]

(-)trempe
détrempe
retrempe
trempe

[kʀɑ̃:p]

crampe
crampe

——— **[ɑ̃:pl]**[8] ———

ample
ample

[tɑ̃:pl]

(-)temple
contemple
temple

[zɑ̃:pl]

-xemple
contre-exemple
exemple

——— **[ɑ̃:pʀ]**[9] ———

[pɑ̃:pʀ]

(-)pampre
épampre
pampre

---

1. Ajouter le part. prés. des v. en *-guer* [gɥe].
2. Ajouter le part. prés. des v. en *-suer* [sɥe].
3. Ajouter le part. prés. des v. en *-voy.* + *luer*.
4. Ajouter le part. prés. des v. en *-voy.* + *ruer*.
5. Ajouter le part. prés. des v. en *-muer*.
6. Ajouter le part. prés. des v. en *-nuer*.
7. Ajouter les pers. 1, 2, 3, 6 de l'ind. et du subj. prés. et la pers. 2 de l'impér. prés. des v. en *-amper* et *-emper*.
8. Ajouter les pers. 1, 2, 3, 6 de l'ind. et du subj. prés. et la pers. 2 de l'impér. prés. du v. *contempler*.
9. Ajouter les pers. 1, 2, 3, 6 de l'ind. et du subj. prés. et la pers. 2 de l'impér. prés. du v. *épamprer*.

518

——— **[ã:t]**[1] ———

(-)ante

ante

[i-ã:t]

criante
dépliante
expropriante
pliante
suppliante

[e-ã:t]

béante
bienséante
fainéante
géante
malséante
séante
suppléante

[y-ã:t]

concluante
gluante
obstruante
tonitruante

(-)ente

ente

[j-ã:t]

cliente

[y-ã:t]

affluente
confluente
congruente
diffluente
effluente
fluente
influente

hante

hante

[pã:t]

(-)pante

antidérapante
constipante
corrompante
coupante
crispante

décapante
dégrippante
dopante
enveloppante
frappante
galopante
grimpante
handicapante
interrompante
lampante
occupante
pante
participante
pimpante
préoccupante
rampante
rompante
tapante

(-)pente

arpente
charpente
contre-pente
parapente
pente
remonte-pente
serpente
soupente
suspente

[tã:t]

(-)tante

abattante
acceptante
adoptante
agitante
assistante
attristante
autoportante
battante
bien portante
broutante
cahotante
caquetante
chantante
chevrotante
chuintante
clapotante
clignotante
cliquetante

combattante
commettante
compromettante
comptante
concertante
concomittante
confortante
consentante
consistante
constante
consultante
contestante
contractante
contrastante
contre-manifestante
contristante
crachotante
crépitante
culbutante
débattante
débilitante
débitante
débutante
déconcertante
dégoûtante
dégouttante
démentante
démettante
déroutante
désinfectante
dévêtante
dilatante
dilettante
distante
éclatante
écoutante
égrotante
embêtante
émettante
encroûtante
entêtante
entremettante
envoûtante
épatante
équidistante
éreintante
esquintante
exaltante
excitante
exécutante
existante
exorbitante

---

1. Ajouter les pers. 1, 2, 3, 6 de l'ind. et du subj. prés. et la pers. 2 de l'impér. prés. des v. en *-anter*, *(-)enter* et *-empter* ; − la pers. 6 de l'ind. prés. et les pers. 1, 2, 3, 6 du subj. prés. des v. en **-entir*.

519

expectante
exploitante
fébricitante
flottante
frisottante
frottante
froufroutante
grand-tante
grelottante
habitante
haletante
hébétante
hésitante
humectante
hydratante
impatientante
importante
incitante
inconsistante
inconstante
inexistante
infectante
inquiétante
insistante
insultante
irritante
maître-assistante
mal portante
manifestante
mentante
méritante
militante
miroitante
montante
mutante
nécessitante
nictitante
octante
omettante
palpitante
papillotante
partante
percutante
permutante
persécutante
persistante
pivotante
préexistante
pressentante
prestante
profitante
promettante
protestante
rabattante
ragoûtante
ravigotante

rebattante
rebutante
récitante
réconfortante
remontante
repentante
représentante
résistante
ressentante
ressortante
restante
résultante
revêtante
révoltante
sanglotante
sautante
sentante
septante
sortante
sous-traitante
subsistante
suintante
surexcitante
tante
tentante
tourmentante
traitante
transmutante
tremblotante
végétante
vêtante
voletante
votante

(-)*tente*

attente
compétente
contente
détente
entente
impénitente
impotente
incompétente
intente
intermittente
latente
mécontente
mésentente
omnipotente
patente
pénitente
rémittente
sustente
tente
ventripotente

[kɑ̃:t]

-*cante(s)*

alicante
bacante
brocante
capricante
claudicante
communicante
convaincante
consacrante
coruscante
cosécante
décante
fabricante
formicante
intoxicante
mordicante
peccantes (humeurs)
prédicante
provocante
radicante
sécante
suffocante
tocante
urticante
vacante
vésicante

-*canthe*

acanthe
pyracanthe

-*quante*

aliquante
attaquante
choquante
cinquante
claquante
clinquante
craquante
croquante
délinquante
estomaquante
flanquante
manquante
marquante
offusquante
paniquante
piquante
pratiquante
trafiquante

520

conséquente
éloquente
fréquente
grandiloquente
inconséquente
subséquente

[bɑ̃:t]

-*bante*

absorbante
barbante
corybante
désherbante
flambante
probante
retombante
surplombante
titubante
tombante

[dɑ̃:t]

-*dante*

abondante
accommodante
andante
ascendante
attendante
cédante
coïncidante
commandante
concordante
condescendante
contendante
contondante
correspondante
corrodante
débordante
décadante
défendante
dégradante
dépendante
descendante
discordante
emmerdante
excédante
fécondante
fendante
fondante
gambadante
godante

grondante
guindante
incommodante
indépendante
intendante
intimidante
invalidante
malentendante
mandante
mordante
obsédante
outrecuidante
oxydante
pédante
pendante
perdante
pétaradante
plaidante
possédante
prétendante
redondante
regardante
répondante
résidante
rétrocédante
surabondante
surintendante
tendante
tordante
transcendante
trépidante

-*dente*

ardente
coïncidente
confidente
décadente
dissidente
édente
endente
évidente
excédente
imprudente
incidente
précédente
présidente
prudente
résidente
stridente

[gɑ̃:t]

-*gante*

adragante

arrogante
défatigante
délégante
divagante
élégante
extravagante
fatigante
flamingante
fringante
inélégante
intrigante
navigante
wallingante
zigzagante

[fɑ̃:t]

-*fante*

bouffante
chauffante
coiffante
ébouriffante
échauffante
étouffante
infante
piaffante

fente

fente

-*phante*

hiérophante
sycophante
triomphante

[sɑ̃:t]

-*çante*

agaçante
avançante
berçante
commençante
commerçante
engonçante
enlaçante
exerçante
glaçante
grimaçante
grinçante
menaçante
perçante
remplaçante
traçante

522

frutescente
incandescente
indéhiscente
lactescente
luminescente
opalescente
phosphorescente
pubescente
putrescente
recrudescente
reviviscente
rubescente
sénescente
spumescente
tumescente
turgescente

(-)sente

absente
consente
pressente
ressente
sente

-xante

relaxante
soixante
vexante

[ʃɑ̃:t]

(-)chante

aguichante
alléchante
approchante
attachante
brochante
chante
chevauchante
couchante
desséchante
détachante
effarouchante
marchante
méchante
penchante
relâchante
tachante
tâchante
touchante
tranchante
trébuchante

[vɑ̃:t]

(-)vante

activante
adjuvante
aggravante
arrivante
captivante
crevante
décevante
démotivante
dépravante
desservante
dissolvante
émouvante
énervante
épouvante
éprouvante
estivante
motivante
mouvante
poursuivante
récidivante
résolvante
salivante
savante
servante
suivante
survivante
vante
vivante

(-)vente

après-vente
connivente
évente
fervente
invente
location-vente
mévente
revente
sirvente
survente
télévente
vente

[zɑ̃:t]

-sante

agonisante
amusante
anarchisante
apaisante
arabisante

archaïsante
aromatisante
bien-disante
bienfaisante
blasante
blousante
brisante
causante
cautérisante
cicatrisante
communisante
complaisante
composante
contredisante
contrefaisante
cotisante
cousante
crétinisante
cuisante
culpabilisante
décousante
défaisante
démoralisante
dépaysante
déplaisante
déposante
déshumanisante
désodorisante
déstabilisante
dévalorisante
dramatisante
dynamisante
écrasante
électrisante
épuisante
érotisante
esthétisante
exposante
fascisante
favorisante
féminisante
fertilisante
fusante
gauchisante
généralisante
germanisante
gisante
globalisante
grisante
gueusante
hébraïsante
hellénisante
hispanisante
imposante
infantilisante
insuffisante

523

italianisante
japonisante
judaïsante
jusante
latinisante
luisante
malfaisante
malplaisante
marxisante
médisante
méprisante
moralisante
neutralisante
opposante
paralysante
patoisante
pénalisante
pesante
plaisante
rasante
recousante
reluisante
reposante
rhumatisante
satisfaisante
sclérosante
sécurisante
séduisante
stabilisante
stérilisante
suffisante
sympathisante
ténorisante
terrorisante
tranquillisante
traumatisante
valorisante
virilisante

-sente

omniprésente
présente
représente

-xempte

exempte

[ʒɑ̃:t]

jante

jante

-geante

affligeante
arrangeante

assiégeante
changeante
copartageante
décourageante
dérangeante
dérogeante
désobligeante
dirigeante
encourageante
engageante
enrageante
exigeante
ignifugeante
intransigeante
obligeante
outrageante
partageante
plongeante
rageante
regorgeante
rongeante
voltigeante

(-)gente

abstergente
argente
astringente
constringente
contingente
convergente
cotangente
désargente
détergente
diligente
divergente
émergente
gente
indigente
indulgente
inintelligente
intelligente
négligente
réargente
réfringente
régente
restringente
résurgente
sous-tangente
tangente
urgente

[lɑ̃:t]

-lante

affolante

affriolante
ambulante
appelante
atlante
ballante
bêlante
branlante
brimbalante
brûlante
calante
canulante
chancelante
coagulante
collante
consolante
coulante
croulante
déferlante
démêlante
désolante
désopilante
emballante
ensorcelante
étincelante
filante
flagellante
flageolante
floculante
foulante
galante
gesticulante
gondolante
goualante
gueulante
guignolante
harcelante
horripilante
hurlante
isolante
jubilante
miaulante
mirobolante
modulante
moulante
mutilante
nonchalante
ondulante
oscillante
pantelante
parlante
pétulante
postulante
râlante
régalante
roucoulante
roulante

524

ruisselante
rutilante
sibilante
soûlante
stimulante
stipulante
stridulante
trémulante
vigilante
volante

(-)*lente*
ambivalente
corpulente
dolente
équipollente
équivalente
excellente
flatulente
indolente
insolente
lente
non-violente
opulente
pestilente
plurivalente
polyvalente
pulvérulente
purulente
quérulente
sanguinolente
somnolente
succulente
truculente
turbulente
violente
virulente

[plɑ̃:t]

(-)*plante*
déplante
implante
plante
replante
supplante
transplante

[blɑ̃:t]

-*blante*
accablante
doublante
meublante

redoublante
ressemblante
tremblante
troublante

[glɑ̃:t]

-*glante*
aveuglante
beuglante
cinglante
ensanglante
sanglante

[flɑ̃:t]

-*flante*
époustouflante
gonflante
ronflante
sifflante
soufflante

[ʀɑ̃:t]

-*rante*
aberrante
accourante
acquérante
agglomérante
altérante
amarante
améliorante
amirante
aspirante
atterrante
belligérante
bourrante
cobelligérante
colorante
comburante
comparante
concourante
conquérante
considérante
conspirante
coopérante
corroborante
courante
déchirante
déclarante
décolorante
déférante
délibérante

délirante
demeurante
dénaturante
désaltérante
désespérante
déshonorante
dévorante
discourante
éclairante
écœurante
édulcorante
effarante
endurante
enquérante
errante
exaspérante
exhilarante
expectorante
expirante
exubérante
figurante
fulgurante
garante
gérante
gourante
hilarante
ignorante
inopérante
inspirante
intempérante
intolérante
itinérante
main courante
malodorante
marrante
mourante
murmurante
naturante
odorante
odoriférante
orante
parante
perforante
persévérante
pleurante
prépondérante
protubérante
quarante
rassurante
réfrigérante
requérante
réverbérante
secourante
sidérante
soupirante
suppurante

525

tempérante
tolérante
torturante
trente-et-quarante
vétérante
vociférante

(-)*rente*

adhérente
adurente
afférente
apparente
cohérente
concurrente
déférente
différente
incohérente
indifférente
inhérente
intercurrente
irrévérente
occurrente
parente
récurrente
réfrigérente
rente
révérente
tarente
tempérente
transparente

[tʀɑ̃:t]

-*trante*

entrante
filtrante
frustrante
impétrante
pénétrante
récalcitrante
rentrante

trente

trente

[kʀɑ̃:t]

-*crante*

massacrante
sucrante

[bʀɑ̃:t]

-*brante*

abracadabrante

célébrante
encombrante
équilibrante
vibrante

[gʀɑ̃:t]

-*grante*

déflagrante
dénigrante
émigrante
flagrante
fragrante
immigrante
intégrante
migrante

[fʀɑ̃:t]

-*frante*

offrante
souffrante

[vʀɑ̃:t]

-*vrante*

couvrante
découvrante
enivrante
givrante
navrante
ouvrante
recouvrante
rouvrante

-**[mɑ̃:t]**

(-)*mante*

aimante
alarmante
amante
assommante
calmante
charmante
consumante
déformante
déprimante
désarmante
diffamante
dirimante
dominante
dormante
écumante
endormante

enthousiasmante
fermante
fumante
imprimante
infamante
mante
opprimante
performante
réclamante
transhumante

(-)*mente*

agrémente
alimente
argumente
assermente
augmente
cémente
cimente
clémente
commente
complimente
démente
documente
enrégimente
expérimente
fermente
fomente
fragmente
inclémente
instrumente
lamente
médicamente
mente
mouvemente
ornemente
parlemente
passemente
pimente
réglemente
tourmente
véhémente

menthe

menthe

[nɑ̃:t]

-*nante*

acoquinante
agglutinante
aiguillonnante
aliénante
alternante

appartenante
assassinante
assonante
attenante
avenante
avoisinante
bassinante
bedonnante
bidonnante
bouillonnante
bourdonnante
bourgeonnante
bretonnante
carillonnante
chagrinante
claironnante
consonante
consternante
contenante
contrevenante
convenante
culminante
déclinante
déterminante
détonante
détonnante
discriminante
dissonante
dominante
donnante
émotionnante
empoisonnante
emprisonnante
engrenante
enquiquinante
entraînante
entreprenante
environnante
étonnante
fascinante
foisonnante
fonctionnante
frissonnante
fulminante
gênante
gouvernante
grisonnante
hallucinante
hibernante
hivernante
impressionnante
inconvenante
intervenante
lancinante
lésinante
lieutenante

malsonnante
manante
nonante
papillonnante
passionnante
pérennante
pigeonnante
planante
prédéterminante
prédominante
prenante
préopinante
prévenante
provenante
rayonnante
résonante
résonnante
revenante
ricanante
rossinante
ruminante
sonnante
stagnante
surprenante
survenante
tannante
tâtonnante
tenante
tonnante
tourbillonnante
tournante
traînante

-nente

abstinente
continente
déponente
éminente
immanente
imminente
impertinente
incontinente
permanente
pertinente
prééminente
proéminente
rémanente
suréminente

[ɲɑ̃:t]

-gnante

astreignante
complaignante
contraignante

empoignante
enseignante
épargnante
feignante
gagnante
geignante
joignante
plaignante
poignante
prégnante
régnante
répugnante
saignante
soignante

[jɑ̃:t]

-llante

accueillante
amouillante
assaillante
babillante
bienveillante
bouillante
brillante
croustillante
défaillante
détaillante
démaquillante
émoustillante
fourmillante
frétillante
gazouillante
grouillante
malveillante
mouillante
pétillante
saillante
sautillante
scintillante
sémillante
surveillante
tressaillante
vacillante
vaillante

-yante

aboyante
apitoyante
attrayante
bégayante
blondoyante
broyante
bruyante
chatoyante

clairvoyante
croyante
distrayante
effrayante
égayante
ennuyante
flamboyante
foudroyante
fuyante
gouleyante
grasseyante
guerroyante
imprévoyante
incroyante
larmoyante
nettoyante
non-croyante
non-voyante
ondoyante
payante
pourvoyante
prévoyante
rougeoyante
seyante
tournoyante
verdoyante
voyante

[tjã:t]

amnistiante

[bjã:t]

-biante
ambiante

[djã:t]

-diante
adiante
étudiante
médiante
mendiante
radiante

-diente
expédiente

[fjã:t]

-fiante
amplifiante
bêtifiante

confiante
crucifiante
défiante
démystifiante
dulcifiante
édifiante
fluidifiante
fortifiante
fructifiante
gélifiante
gratifiante
horrifiante
insignifiante
justifiante
lénifiante
liquéfiante
lubrifiante
méfiante
mortifiante
pétrifiante
purifiante
qualifiante
raréfiante
rubéfiante
sanctifiante
signifiante
stupéfiante
terrifiante
tonifiante
vivifiante

fiente
fiente

[sjã:t]

-ciante
alliciante
insouciante
négociante
officiante

-ciente
déficiente
efficiente

sciante
sciante

-sciente
consciente
inconsciente
omnisciente

presciente
subconsciente

-tiante
balbutiante

-tiente
impatiente
patiente

-xiante
asphyxiante

[ʃjã:t]

chiante
chiante

[zjã:t]

-siante
anesthésiante
rassasiante

[ʒjã:t]

-giante
privilégiante

[ljã:t]

(-)*liante*
conciliante
défoliante
exfoliante
humiliante
liante

-lianthe
hélianthe

-liente
émolliente

[ʀjã:t]

(-)*riante*
cariante
contrariante
invariante
luxuriante
riante
souriante
variante

-rianthe
périanthe

-riente
désoriente
oriente
parturiente

[mjɑ̃:t]

-miante
amiante

[njɑ̃:t]

-niante
communiante

[wɑ̃:t]

houante
houante

[twɑ̃:t]

-touante
tatouante

[kwɑ̃:t]

-couante
secouante

[bwɑ̃:t]

-bouante
embouante

[dwɑ̃:t]

-douante
amadouante

[gwɑ̃:t]

-gouante
engouante

[fwɑ̃:t]

-fouante
bafouante

[ʃwɑ̃:t]

-chouante
échouante

[vwɑ̃:t]

-vouante
avouante

[ʒwɑ̃:t]

jouante
jouante

[lwɑ̃:t]

louante
louante

[ʀwɑ̃:t]

-rouante
enrouante

[nwɑ̃:t]

nouante
nouante

[ɥɑ̃:t]

[pɥɑ̃:t]

puante
puante

[tɥɑ̃:t]

(-)tuante
constituante
reconstituante
tuante

[kɥɑ̃:t]

-cuante
évacuante

[sɥɑ̃:t]

suante
suante

[lɥɑ̃:t]

-luante
dépolluante
diluante
éberluante
polluante

[ʀɥɑ̃:t]

ruante
ruante

[mɥɑ̃:t]

-muante
remuante

[nɥɑ̃:t]

-nuante
atténuante
exténuante
insinuante

———**[ɑ̃:ts]**———

[vɑ̃:ts]

-wanz
breitschwanz

[ʀɑ̃:ts]

ranz
ranz

529

antre
antre

entre
entre

manque
manque

[sã:tR]

[tã:k]

tank
tank

-tanque
pétanque

——— [ã:kR]³ ———

(-)*centre*
avant-centre
centre
concentre
décentre
épicentre
métacentre

[bã:k]

(-)*banque*
banque
débanque
embanque
eurobanque
salanque
saltimbanque

ancre
ancre

encre
encre

[kã:kR]

cancre
cancre

[ʃã:tR]

(-)*chantre*
chantre
préchantre

[lã:k]

-lanque
calanque
palanque

[ʃã:kR]

(-)*chancre*
chancre
échancre

[vã:tR]

[plã:k]

(-)*ventre*
bas-ventre
éventre
ventre

planque
planque

[zã:kR]

-sancre
désancre

[flã:k]

(-)*flanque*
efflanque
flanque

——— [ã:b]⁴ ———

[Rã:tR]

ambe
ambe

rentre
rentre

[jã:tR]

[Rã:k]

[gã:b]

[djã:tR]

[fRã:k]

(-)*gambe*
gambe
ingambe
viole de gambe

diantre
diantre

franque
franque

---

1. Ajouter les pers. 1, 2, 3, 6 de l'ind. et du subj. prés. et la pers. 2 de l'impér. prés. des v. en (-)*entrer*.
2. Ajouter les pers. 1, 2, 3, 6 de l'ind. et du subj. prés. et la pers. 2 de l'impér. prés. des v. en -*anquer*.
3. Ajouter les pers. 1, 2, 3, 6 de l'ind. et du subj. prés. et la pers. 2 de l'impér. prés. des v. en (-)*ancrer* et du v. *encrer*.
4. Ajouter les pers. 1, 2, 3, 6 de l'ind. et du subj. prés. et la pers. 2 de l'impér. prés. des v. *enjamber* et *flamber*.

[ʒɑ̃:b]

(-)*jambe*
croc-en-jambe
enjambe
entrejambe
jambe
mi-jambe (à)

[lɑ̃:b]

[flɑ̃:b]

flambe
flambe

[Rɑ̃:b]

-*rambe*
dithyrambe

[jɑ̃:b]

iambe
iambe

ïambe
ïambe

[ljɑ̃:b]

-*lïambe*
cholïambe

[Rjɑ̃:b]

-*rïambe*
chorïambe

[mjɑ̃:b]

-*mïambe*
mimïambe

——— **[ɑ̃:bl]**[1] ———

amble
amble

[sɑ̃:bl]

(-)*semble*
assemble
désassemble
ensemble
rassemble
ressemble
semble
sous-ensemble

[Rɑ̃:bl]

[tRɑ̃:bl]

tremble
tremble

——— **[ɑ̃:bR]**[2] ———

ambre
ambre

[tɑ̃:bR]

-*tembre*
septembre

[kɑ̃:bR]

cambre
cambre

[sɑ̃:bR]

-*cembre*
décembre

[ʃɑ̃:bR]

(-)*chambre*
antichambre
chambre
grand-chambre

[vɑ̃:bR]

-*vembre*
novembre

[ʒɑ̃:bR]

-*gembre*
gingembre

[mɑ̃:bR]

(-)*membre*
démembre
membre
remembre

——— **[ɑ̃:d]**[3] ———

-*ande*
[i-ɑ̃:d]
affriande
friande
[y-ɑ̃:d]
truande

-*hende*
[e-ɑ̃:d]
appréhende

[pɑ̃:d]

(-)*pende*
appende

---

1. Ajouter les pers. 1, 2, 3, 6 de l'ind. et du subj. prés. et la pers. 2 de l'impér. prés. des v. en -embler et du v. *ambler*.
2. Ajouter les pers. 1, 2, 3, 6 de l'ind. et du subj. prés. et la pers. 2 de l'impér. prés. des v. en (-)*ambrer* et -*embrer*.
3. Ajouter les pers. 1, 2, 3, 6 de l'ind. et du subj. prés. et la pers. 2 de l'impér. prés. des v. en -*ander* et -*ender* ; − les pers. 1, 2, 3, 6 du subj. prés. des v. en -*andre* et -*endre* [ceux en (-)*prendre* exceptés].

dépende
pende
suspende
vilipende

[tɑ̃:d]

-*tand*
stand

(-)*tende*
attende
détende
distende
entende
étende
prétende
retende
sous-entende
tende

[kɑ̃:d]

-*cande*
multiplicande
scande

[bɑ̃:d]

(-)*bande*
bande
contrebande
débande
entre-bande
passe-bande
plate-bande
rebande
salbande
sarabande

-*bende*
prébende

[dɑ̃:d]

-*dende*
dividende

[gɑ̃:d]

-*gande*
brigande

dégingande
propagande

[fɑ̃:d]

(-)*fende*
défende
fende
pourfende
refende

[sɑ̃:d]

-*scende*
condescende
descende
redescende

[ʃɑ̃:d]

-*chande*
marchande

[vɑ̃:d]

-*vande*
lavande

(-)*vende*
provende
revende
survende
vende

[zɑ̃:d]

-*sande*
faisande

[ʒɑ̃:d]

-*gende*
légende

[lɑ̃:d]

(-)*land*
hinterland
homeland

land
maryland
no man's land
portland
shetland

(-)*lande*
achalande
chalande
désachalande
guirlande
hollande
houppelande
lande

-*lendes*
calendes

[glɑ̃:d]

glande
glande

[ʀɑ̃:d]

rand
rand

-*rande*
girande
jurande
opérande

(-)*rende*
rende
révérende

[bʀɑ̃:d]

brande
brande

[fʀɑ̃:d]

-*frande*
offrande

[gʀɑ̃:d]

grande
grande

[mɑ̃:d]

(-)*mande*
allemande
amande
anglo-normande
commande
contremande
décommande
demande
flamande
gourmande
limande
mande
normande
quémande
radiocommande
recommande
redemande
réprimande
romande
servocommande
télécommande

-*mende*
amende
commende
émende

[jɑ̃:d]

[vjɑ̃:d]

(-)*viande*
hache-viande
presse-viande
viande

——— **[ɑ̃:dʀ]**[1] ———

-*andre*
oléandre
polyandre

[pɑ̃:dʀ]

-*pandre*
épandre
répandre

(-)*pendre*
appendre
dépendre
pendre
rependre
scolopendre
suspendre

[tɑ̃:dʀ]

(-)*tendre*
attendre
détendre
distendre
entendre
étendre
prétendre
retendre
sous-entendre
sous-tendre
tendre

[fɑ̃:dʀ]

(-)*fendre*
défendre
fendre
pourfendre
refendre

-*phandre*
scaphandre

[sɑ̃:dʀ]

cendre
cendre

(-)*sandre*
cassandre
palissandre
sandre

-*scendre*
condescendre
descendre
redescendre

[vɑ̃:dʀ]

(-)*vendre*
mévendre
revendre
survendre
vendre

[zɑ̃:dʀ]

-*sandre*
misandre

[ʒɑ̃:dʀ]

(-)*gendre*
engendre
gendre

[lɑ̃:dʀ]

-*landre*
bélandre
calandre
filandre
malandre

[klɑ̃:dʀ]

-*clandre*
esclandre

[ʀɑ̃:dʀ]

rendre
rendre

[pʀɑ̃:dʀ]

(-)*prendre*
apprendre
comprendre
déprendre (se)
désapprendre
entreprendre
éprendre (s')

1. Ajouter les pers. 1, 2, 3, 6 de l'ind. et du subj. prés. et la pers. 2 de l'impér. prés. des v. *calandrer* et *engendrer*.

533

méprendre (se)
payer-prendre
prendre
rapprendre
réapprendre
reprendre
surprendre

[mɑ̃:dʀ]

-mandre
salamandre

[nɑ̃:dʀ]

-nandre
monandre

[jɑ̃:dʀ]

[ljɑ̃:dʀ]

-lyandre
polyandre

[ʀjɑ̃:dʀ]

-riandre
coriandre

——— **[ɑ̃:g]**[1] ———

[tɑ̃:g]

-tang
rotang

(-)*tangue*
spatangue
tangue

[kɑ̃:g]

(-)*cangue*
cangue
écangue

[bɑ̃:g]

(-)*bang*
bang
big-bang

[dɑ̃:g]

dengue
dengue

[gɑ̃:g]

(-)*gang*
antigang
gang
watergang

gangue
gangue

[sɑ̃:g]

-sangue
caquesangue
exsangue

-seng
ginseng

[lɑ̃:g]

-lang
slang

(-)*langue*
abaisse-langue
langue
métalangue

[ʀɑ̃:g]

-rang
boomerang

-rangue
harangue
marangue
varangue

[mɑ̃:g]

mangue
mangue

——— **[ɑ̃:gl]**[2] ———

(-)*angle*
angle
[i-ɑ̃:gl]
triangle

[tɑ̃:gl]

-tangle
acutangle
rectangle
trirectangle

-tengle
rotengle

[sɑ̃:gl]

sangle
sangle

[ʀɑ̃:gl]

[tʀɑ̃:gl]

-trangle
étrangle

[mɑ̃:gl]

mangle
mangle

---

1. Ajouter les pers. 1, 2, 3, 6 de l'ind. et du subj. prés. et la pers. 2 de l'impér. prés. des v. *haranguer* et *tanguer*.
2. Ajouter les pers. 1, 2, 3, 6 de l'ind. et du subj. prés. et la pers. 2 de l'impér. prés. des v. *dessangler*, *étrangler* et *sangler*.

—————[ɑ̃:gʀ]—————

[lɑ̃:gʀ]

(-)langre(s)
langres
palangre

—————[ɑ̃:fl]¹—————

enfle
enfle

[zɑ̃:fl]

-senfle
désenfle

[ʀɑ̃:fl]

renfle
renfle

—————[ɑ̃:fʀ]—————

[kɑ̃:fʀ]

camphre
camphre

—————[ɑ̃:s]²—————

-ance(s)
[i-ɑ̃:s]
oubliance
[e-ɑ̃:s]
béance
bienséance
condoléances
créance

déchéance
doléance
échéance
malséance
mécréance
messéance
perméance
préséance
récréance
séance
suppléance
surséance

anse
anse

-ence
affluence
confluence
congruence
diffluence
effluence
influence

hanse
hanse

[pɑ̃:s]

panse
panse

(-)pense(s)
compense
dépense
dispense
impenses
pense
récompense
repense
suspense

[tɑ̃:s]

(-)tance
accointance
admittance

assistance
becquetance
capacitance
circonstance
concomitance
conductance
consistance
constance
cuistance
distance
équidistance
importance
inadvertance
inconsistance
inconstance
inductance
insistance
instance
jactance
laitance
non-assistance
partance
persistance
pitance
portance
prestance
quittance
réactance
repentance
résistance
rouspétance
sous-traitance
stance
subsistance
substance
tance

-tence
appétence
coexistence
compétence
existence
impénitence
impotence
inappétence
incompétence
inexistence
intermittence
latence
non-existence

---

1. Ajouter les pers. 1, 2, 3, 6 de l'ind. et du subj. prés. et la pers. 2 de l'impér. prés. des v. *désenfler*, *enfler* et *renfler*.
2. Ajouter les pers. 1, 2, 3, 6 de l'ind. et du subj. prés. et la pers. 2 de l'impér. prés. des v. en *-ancer*, *-anser*, *-encer* et *-enser*.

535

omnipotence
pénitence
potence
préexistence
prépotence
rémittence
sentence

-tense
intense

[kɑ̃:s]

-cance
vacance

-kaans
afrikaans

-quance
délinquance

-quence
conséquence
éloquence
fréquence
grandiloquence
inconséquence
radiofréquence
séquence
vidéofréquence

[bɑ̃:s]

-bance
bombance

[dɑ̃:s]

-dance
abondance
ascendance
concordance
condescendance
correspondance
dépendance
descendance
discordance
guidance
indépendance
interdépendance

intendance
outrecuidance
redondance
surabondance
surintendance
tendance
transcendance

(-)danse
danse
contredanse

-dence
cadence
coïncidence
confidence
crédence
décadence
dissidence
évidence
imprudence
incidence
jurisprudence
présidence
providence
prudence
résidence
stridence
vice-présidence

(-)dense
condense
dense

[gɑ̃:s]

-gance
arrogance
élégance
extravagance
inélégance
manigance

ganse
ganse

[fɑ̃:s]

-fance
enfance

-fense
autodéfense
défense
offense

[sɑ̃:s]

-cence
décence
indécence
innocence
licence
magnificence
munificence
réticence

cens
cens

-cense
accense
encense
recense

-sance
conjouissance
connaissance
croissance
décroissance
désobéissance
excroissance
glissance
impuissance
jouissance
méconnaissance
naissance
obéissance
puissance
reconnaissance
réjouissance
renaissance
superpuissance
toute-puissance

-scence
acescence
adolescence
alcalescence
arborescence
calorescence
coalescence
concupiscence
convalescence

dégénérescence
déhiscence
déliquescence
effervescence
efflorescence
évanescence
fluorescence
incandescence
inflorescence
intumescence
lactescence
luminescence
marcescence
obsolescence
phosphorescence
pubescence
putrescence
recrudescence
régénérescence
réminiscence
résipiscence
reviviscence
sénescence
tumescence
turgescence

-sence

absence
essence
quintessence

(-)*sens*

bon sens
contresens
double-sens
faux-sens
non-sens
sens

[ʃɑ̃:s]

(-)*chance*

chance
malchance
male chance

[vɑ̃:s]

-vance

avance
chevance
devance
inobservance

mouvance
observance
redevance
survivance

-vence

connivence
jouvence

[zɑ̃:s]

-sance

aisance
autosuffisance
bienfaisance
déplaisance
insuffisance
luisance
malfaisance
médisance
nuisance
plaisance
suffisance
usance

-sence

omniprésence
présence

[ʒɑ̃:s]

-geance

allégeance
dérogeance
désobligeance
engeance
intransigeance
obligeance
vengeance

-gence

agence
astringence
contingence
convergence
diligence
divergence
émergence
exigence
indigence
indulgence
inintelligence
intelligence

mésintelligence
négligence
réfringence
régence
résurgence
tangence
urgence

[lɑ̃:s]

(-)*lance*

ambulance
balance
contre-balance
élance
lance
nonchalance
pétulance
relance
rutilance
vigilance

-lence

ambivalence
corpulence
équipollence
équivalence
excellence
féculence
flatulence
indolence
insolence
non-violence
opulence
pestilence
précellence
pulvérulence
purulence
silence
somnolence
succulence
truculence
turbulence
valence
violence
virulence

[blɑ̃:s]

-blance

dissemblance
invraisemblance
ressemblance
vraisemblance

[Rɑ̃ːs]

(-)rance
aberrance
assurance
attirance
belligérance
désespérance
endurance
errance
espérance
exubérance
fragrance
fulgurance
garance
gérance
ignorance
intempérance
intolérance
persévérance
prépondérance
protubérance
rance
tempérance
tolérance
vétérance

-rence
adhérence
apparence
carence
circonférence
cohérence
concurrence
conférence
déférence
déshérence
différence
florence
incohérence
indifférence
inférence
ingérence
inhérence
interférence
irrévérence
non-ingérence
occurrence
préférence
récurrence
référence
révérence
transparence

[tRɑ̃ːs]

-trance
maistrance
outrance
remontrance

transe
transe

[bRɑ̃ːs]

-brance
remembrance

[gRɑ̃ːs]

-grance
flagrance
fragrance

[fRɑ̃ːs]

-france
souffrance

[vRɑ̃ːs]

-vrance
délivrance
navrance

[mɑ̃ːs]

-mance
accoutumance
contre-performance
désaccoutumance
dormance
nécromance
performance
romance
transhumance

manse
manse

-mence
clémence
commence
démence
ensemence
inclémence
recommence
semence
véhémence

(-)mense
immense
mense

[nɑ̃ːs]

-nance
alternance
appartenance
assonance
consonance
contenance
convenance
décontenance
disconvenance
dissonance
dominance
finance
inconvenance
lieutenance
maintenance
ordonnance
prédominance
prévenance
provenance
résonance
soutenance
souvenance
survenance

-nence
abstinence
continence
désinence
éminence
immanence
imminence
impertinence
incontinence
permanence
pertinence
prééminence
proéminence
rémanence

[ɲɑ̃:s]

-gnance
prégnance
répugnance

[jɑ̃:s]

-ïence
faïence

-llance
bienveillance
brillance
défaillance
malveillance
mouillance
surveillance
vaillance

-yance
clairvoyance
croyance
imprévoyance
incroyance
prévoyance
voyance

[pjɑ̃:s]

-pience
sapience

[bjɑ̃:s]

-biance
ambiance

[djɑ̃:s]

-diance
radiance

-dience
audience
obédience

[fjɑ̃:s]

(-)fiance
confiance
défiance
fiance
insignifiance
méfiance

[sjɑ̃:s]

-ciance
insouciance

-cience
déficience
efficience

(-)science
conscience
inconscience
omniscience
prescience
pseudoscience
science

-tience
impatience
patience

[vjɑ̃:s]

-viance
déviance

[ljɑ̃:s]

-liance
alliance
mésalliance

-lience
résilience

[ʀjɑ̃:s]

-riance
covariance
invariance

luxuriance
variance
vicariance

-rience
expérience
inexpérience

[ɥɑ̃:s]

[mɥɑ̃:s]

muance
muance

[nɥɑ̃:s]

nuance
nuance

——————[ɑ̃:ʃ]¹——————

anche
anche

hanche
hanche

[pɑ̃:ʃ]

-panche
épanche

penche
penche

[tɑ̃:ʃ]

(-)tanche
étanche
tanche

[bɑ̃:ʃ]

(-)banche
banche
orobanche

---

1. Ajouter les pers. 1, 2, 3, 6 de l'ind. et du subj. prés. et la pers. 2 de l'impér. prés. des v. en *-ancher* et *-encher*.

[vɑ̃:ʃ]

-*vanche*
revanche

-*venche*
pervenche

[lɑ̃:ʃ]

-*lanche*
avalanche
palanche
paravalanche

[plɑ̃:ʃ]

(-)*planche*
palplanche
planche

[klɑ̃:ʃ]

-*clanche*
éclanche

(-)*clenche*
clenche
déclenche
enclenche

[blɑ̃:ʃ]

blanche
blanche
carte blanche

[flɑ̃:ʃ]

flanche
flanche

[ʀɑ̃:ʃ]

ranch
ranch

ranche
ranche

[tʀɑ̃:ʃ]

(-)*tranche*
retranche
tranche

[bʀɑ̃:ʃ]

(-)*branche*
branche
ébranche

[fʀɑ̃:ʃ]

franche
franche

[mɑ̃:ʃ]

(-)*manche*
démanche
dimanche
emmanche
endimanche
manche
outre-Manche
romanche
transmanche

——— **[ɑ̃:v]** ———

[sɑ̃:v]

sanve
sanve

——— **[ɑ̃:vʀ]** ———

[ʃɑ̃:vʀ]

chanvre
chanvre

——— **[ɑ̃:ʒ]**[1] ———

ange
ange

[tɑ̃:ʒ]

-*tange*
fontange

[kɑ̃:ʒ]

cange
cange

-*change*
archange

-*kenge*
alkékenge

[dɑ̃:ʒ]

-*dange*
vendange
vidange

[fɑ̃:ʒ]

(-)*fange*
alfange
fange

[sɑ̃:ʒ]

-*sange*
essange

[ʃɑ̃:ʒ]

(-)*change*
change
échange
libre-échange
rechange

---

1. Ajouter les pers. 1, 2, 3, 6 de l'ind. et du subj. prés. et la pers. 2 de l'impér. prés. des v. en -*anger* et -*enger*.

[vɑ̃ːʒ]

venge
venge

[zɑ̃ːʒ]

-sange
losange
mésange
parasange

[lɑ̃ːʒ]

(-)*lange*
boulange
lange
mélange
phalange

-lenge
challenge

[Rɑ̃ːʒ]

(-)*range*
arrange
dérange
orange
range

sporange

[tRɑ̃ːʒ]

-trange
étrange

[gRɑ̃ːʒ]

(-)*grange*
engrange
grange

[fRɑ̃ːʒ]

(-)*frange*
effrange
frange

[mɑ̃ːʒ]

(-)*mange*
démange
mange

[wɑ̃ːʒ]

[lwɑ̃ːʒ]

louange
louange

————[ɑ̃ːl]¹————

[Rɑ̃ːl]

[bRɑ̃ːl]

(-)*branle*
branle
chambranle
ébranle

————[ɑ̃ːR]————

[ʒɑ̃ːR]

genre
genre

————[ɑ̃ːw]————

[tɑ̃ːw]

-tão
sertão

1. Ajouter les pers. 1, 2, 3, 6 de l'ind. et du subj. prés. et la pers. 2 de l'impér. prés. des v. *branler* et *ébranler*.

[ɔ̃]

(-)*on*

on

[i-ɔ̃]

agrion
amphitryon
bryon
embryon
ganglion
histrion
septentrion
ténébrion
trublion
vibrion

[e-ɔ̃]

accordéon
bandonéon
caméléon
éon
Fréon
iléon
napoléon
néon
odéon
orphéon
panthéon
péon

[a-ɔ̃]

lycaon
machaon
pharaon

[ɔ-ɔ̃]

épiploon

[y-ɔ̃]

gruon

-*ons*

[i-ɔ̃]

couvrions
dénombrions
offrions
oublions
ouvrions
souffrions

ont

ont

[pɔ̃]²

-*pon*

cache-tampon
capon
chapon
colin-tampon
coupon
crampon
crépon
croupon
fripon
harpon
japon
jupon
lapon
nippon
pépon

pin-pon
pompon
poupon
tampon
tapon
tarare-pompon
tarpon

(-)*pond*

correspond
pond
répond

-*pons*

corrompons
interrompons
répons
rompons

(-)*pont(s)*

deux-ponts
entrepont
faux-pont
lave-pont
pont
trois-ponts

[tɔ̃]³

(-)*thon*

berthon
python
thon

---

1. Ajouter la pers. 4 de l'ind. et de l'impér. prés. des v. en -*éer*, -*blier*, (-)*plier*, (-)*crier*, (-)*prier*, (-)*trier*, (-)*clouer*, (-)*flouer*, -*brouer*, -*crouer*, (-)*trouer*, (-)*bluer*, (-)*fluer*, (-)*gluer*, -*truer* et des v. *frouer* et *interviewer* ; — la pers. 4 de l'ind. imp. et du subj. prés. des v. en -*bler*, -*cler*, -*fier*, -*gler*, -*pler*, -*brer*, -*crer*, -*drer*, -*frer*, -*grer*, -*prer*, -*trer* ; — la pers. 4 du cond. prés. des v. en (-)*tenir*, (-)*venir*, -*loir*, -*andre*, -*aindre*, -*endre*, -*eindre*, -*ondre*, (-)*oindre*, -*ordre*, -*oudre*, (-)*battre*, (-)*mettre*, (-)*perdre*, (-)*rompre* et du. v. *sourdre*.
2. Ajouter la pers. 4 de l'ind. et de l'impér. prés. des v. en -*per* et des v. *corrompre*, *interrompre* et *rompre*.
3. Ajouter la pers. 4 de l'ind. et de l'impér. prés. des v. en -*ter*, *-*tir*, (-)*battre* et (-)*mettre*.

(-)*ton(s)*

avorton
banneton
baralipton
baryton
bâton
béton
boston
bouton
breton
brise-béton
brocheton
caneton
canton
capiston
capiton
carton
centon
charleston
charreton
chaton
chatterton
chiton
clocheton
corton
coton
creton
croton
croupetons (à)
croûton
demi-ton
deuton
dicton
ducaton
esponton
factoton
fenton
feston
feuilleton
fiston
frégaton
friton
fronton
fulmicoton
giton
glouton
goton
gueuleton
hanneton
hoqueton
jarnicoton
jeton

krypton
laiton
letton
liston
marmiton
martin-bâton
maton
micheton
mirliton
mironton
miroton
miston
miton
moineton
molleton
mousqueton
mouton
œilleton
oxyton
paneton
panneton
paroxyton
pâton
peloton
peton
phaéton
photomaton
photon
pied-de-mouton
piéton
piqueton
piston
piton
plancton
planton
pluton
ponton
porte-mousqueton
presse-bouton
proparoxyton
proton
raton
rejeton
rhyton
ripaton
rogaton
roman-feuilleton
santon
saut-de-mouton
saute-mouton
séton
singleton

tâtons (à)
teston
téton
teuton
tire-bouton
ton
tonton
toton
triton
veston
vireton

-*t-on*

qu'en-dira-t-on

(-)*tond*

retond
tond

-*tons*

battons
mettons

[kɔ̃][1]

(-)*con*

acon
bacon
balcon
basilicon
boucon
catholicon
chicon
cocon
con
faucon
flacon
flocon
gascon
hélicon
lexicon
mâcon
ostracon
salpicon
zircon

-*cond*

fécond
infécond
rubicond

---

1. Ajouter la pers. 4 de l'ind. et de l'impér. prés. des v. en -*cquer, -ker* et -*quer* et des v. *vaincre* et *convaincre*.

543

-cons
abscons

-quons
convainquons
vainquons

[bɔ̃]¹

(-)bon
ambon
barbon
bon
bonbon
bourbon
bubon
charbon
coupe-jambon
gibbon
jambon
revenant-bon

(-)bond
bond
faux-bond
furibond
moribond
nauséabond
pudibond
rebond
vagabond

[dɔ̃]²

dom
dom

(-)don
abandon
amidon
automédon
bastidon
bedon
bidon
bombardon
bondon
bourdon

boustrophédon
brandon
bridon
cardon
céladon
chardon
chétodon
comédon
cordon
corindon
cotylédon
croque-lardon
dindon
don
dondon
édredon
espadon
faridondon
faux-bourdon
fredon
gardon
guerdon
guéridon
guidon
iguanodon
lardon
myrmidon
pardon
pyramidon
rigodon
sindon
tendon

dont
dont

[gɔ̃]³

-cond
second

-gon
angon
argon
bougon
dragon
estragon
fourgon
harpagon

jargon
lagon
martagon
parangon
perdrigon
sang-de-dragon
sang-dragon
vessigon
wagon

gond
gond

[fɔ̃]⁴

-fon
bouffon
carafon
chiffon
girafon
greffon
griffon

(-)fond(s)
à-fonds
bas-fond
bien-fonds
confond
demi-fond
fond
fonds
haut-fond
morfond
plafond
profond
refond
tire-fond
tréfonds

font
font

fonts
fonts

1. Ajouter la pers. 4 de l'ind. et de l'impér. prés. des v. en -ber.
2. Ajouter la pers. 4 de l'ind. et de l'impér. prés. des v. en -der -andre, -endre, -ondre, -erdre et -ordre.
3. Ajouter la pers. 4 de l'ind. et de l'impér. prés. des v. en -guer.
4. Ajouter la pers. 4 de l'ind. et de l'impér. prés. des v. en -fer et en -pher.

-phon
siphon
thermosiphon
typhon

$$[s\tilde{\jmath}]^1$$

-çon
arçon
brabançon
caleçon
caparaçon
caveçon
charançon
cheval-arçon
cheval-d'arçon
colimaçon
contrefaçon
écoinçon
enfançon
estramaçon
étançon
façon
franc-maçon
garçon
glaçon
hameçon
jurançon
leçon
limaçon
maçon
malfaçon
palançon
pinçon
plançon
poinçon
rançon
sous-façon
séneçon
soupçon
suçon
tierçon
tronçon

(-)son(s)
abat-sons
bande-son
basson
besson
boisson

boule de son
bourson
buisson
caisson
calisson
canasson
casson
chanson
chausson
contrebasson
cosson
courson
cresson
cuisson
échanson
écusson
frisson
hérisson
housson
infrason
maudisson
moisson
molasson
mousson
nourrisson
ourson
pacson
paillasson
paisson
palisson
pâtisson
pinson
poisson
polisson
salisson
saucisson
son
tache de son
taisson
tenson
tesson
ultrason
unison

sont
sont

-xon
anglo-saxon
Klaxon
paxon

saxon
taxon

$$[\int\tilde{\jmath}]^2$$

-chon
alluchon
autruchon
balluchon
barbichon
berrichon
bichon
blanchon
bouchon
bourrichon
cabochon
califourchon (à)
capuchon
cochon
coqueluchon
cornichon
cruchon
drôlichon
fanchon
fauchon
folichon
fourchon
godichon
greluchon
louchon
maigrichon
manchon
nichon
pâlichon
patachon
pochon
polochon
queue-de-cochon
ratichon
reblochon
reverchon
ronchon
tire-bouchon
torchon

$$[v\tilde{\jmath}]^3$$

-von
esclavon
octavon

---

1. Ajouter la pers. 4 de l'ind. et de l'impér. prés. des v. en *-cer, -scer, -ser* [se], *-xer, -aître, -oître, -ir* et des v. *bruire* et *maudire*.
2. Ajouter la pers. 4 de l'ind. et de l'impér. prés. des v. en *-cher*.
3. Ajouter la pers. 4 de l'ind. et de l'impér. prés. des v. en *-ver, *-vir, -voir* (*dépourvoir, entrevoir, pourvoir, prévoir, revoir, voir* exceptés), *(-)boire, -crire, -soudre, (-)suivre* et *(-)vivre* ; − la pers. 6 de l'ind. prés. du v. *aller*.

545

porte-savon
savon
slavon
vont
vont

[zɔ̃]¹

-*son(s)*
antipoison
arrière-saison
artison
avalaison
bison
blason
blouson
calaison
cargaison
cervaison
cloison
combinaison
commémoraison
comparaison
conjugaison
contrepoison
couvaison
crevaison
cueillaison
cuvaison
déclinaison
décuvaison
défeuillaison
défloraison
démangeaison
demi-saison
déraison
diapason
échauffaison
effeuillaison
effloraison
épiaison
exhalaison
fanaison
fauchaison
fenaison
feuillaison
floraison
flottaison
foison

frison
frondaison
fumaison
garnison
grenaison
grison
guérison
harangaison
inclinaison
intersaison
liaison
livraison
lunaison
maison
maqueraison
mémoraison
méson
montaison
morte-saison
nouaison
nuaison
oison
olivaison
oraison
ouvraison
pâmoison
paraison
pendaison
péroraison
peson
petites-maisons
plumaison
poison
pondaison
prochaison
poutraison
préfloraison
préfoliaison
prison
quatre-saisons
raison
recombinaison
saison
salaison
saunaison
semaison
siglaison
sison
terminaison
tison

toison
tomaison
tondaison
trahison
venaison
vison

-*sons*
avisons
cousons
taisons

-*zon*
dugazon
gazon
horizon
scazon
transhorizon

[ʒɔ̃]²

-*geon*
badigeon
bourgeon
clergeon
cœur-de-pigeon
drageon
écourgeon
escourgeon
esturgeon
fromageon
gorge-de-pigeon
haubergeon
pigeon
plongeon
sauvageon
surgeon

-*geons*
plongeons

-*jon*
donjon
goujon

(-)*jonc*
ajonc
jonc

---

1. Ajouter la pers. 4 de l'ind. et de l'impér. prés. des v. en -*ser* [ze], -*zer*, *-sir* [ziːʀ], -*aire* [ceux en (-)*traire* et *braire* exceptés], (-)*coudre*, -*ire* [ceux en (-)*rire*, -*crire* et *maudire* exceptés] et -*uire* (*bruire* excepté).
2. Ajouter la pers. 4 de l'ind. et de l'impér. prés. des v. en -*ger*.

-lon(s)

aiglon
apollon
aquilon
ballon
belon
boulon
caquelon
chalon
chamelon
colon
côlon
décathlon
diachylon
échelon
épulon
étalon
félon
filon
foulon
frelon
gallon
galon
gonfalon
grêlon
heptathlon
jalon
mamelon
marteau-pilon
melon
merlon
meulon
moellon
pantalon
pentathlon
pilon
poêlon
reculons (à)
salon
scabellon
selon
soûlon

stolon
tailleur-pantalon
talon
triathlon
vallon
violon
wallon

(-)long

barlong
long
oblong
scieur de long
tout au long

-lons

valons
voulons

[plɔ̃]²

(-)plomb

aplomb
aplomb (d')
fil à plomb
plomb
surplomb

-plons

décuplons

[klɔ̃]³

-clons

sarclons

[blɔ̃]⁴

-blon

doublon
houblon
riblon

sablon
tromblon

blond

blond

-blong

oblong

-blons

doublons

[glɔ̃]⁵

-glon

aiglon

-glons

étranglons

[flɔ̃]⁶

-flon

bufflon
flonflon
mouflon

-flons

gonflons

[ʀɔ̃]⁷

(-)romps

corromps
interromps
romps

(-)rompt

corrompt
interrompt
rompt

---

1. Ajouter la pers. 4 de l'ind. et de l'impér. prés. des v. en *-ler, -loir* et *(-)moudre.*
2. Ajouter la pers. 4 de l'ind. et de l'impér. prés. des v. en *-pler.*
3. Ajouter la pers. 4 de l'ind. et de l'impér. prés. des v. en *-cler.*
4. Ajouter la pers. 4 de l'ind. et de l'impér. prés. des v. en *-bler.*
5. Ajouter la pers. 4 de l'ind. et de l'impér. prés. des v. en *-gler.*
6. Ajouter la pers. 4 de l'ind. et de l'impér. prés. des v. en *-fler.*
7. Ajouter la pers. 4 de l'ind. et de l'impér. prés. des v. en *-rer* et **-rir* ; — les pers. 4 et 6 du futur simple des v. en *-er, -ir, *-ir, -ire, -aire,* (-)*clore, -clure* et des v. *avoir, dépourvoir, entrevoir, pourvoir, pouvoir, prévoir, ravoir, revoir, savoir, voir, asseoir, rasseoir, surseoir, accroire, croire, décroire, mécroire, boire.*

-ron
aileron
aoûteron
augeron
aviron
baron
beauceron
biberon
boujaron
bourgeron
bûcheron
ceinturon
chaperon
charron
chauffe-biberon
chiron
ciron
clairon
coron
cuilleron
culeron
environ
éperon
fanfaron
fleuron
forgeron
fumeron
giron
glouteron
grateron
héron
huron
jaseron
juron
laideron
laiteron
lamperon
larron
liseron
longeron
luron
macaron
mancheron
marron
mascaron
moucheron
mouron
mousseron

napperon
paleron
paturon
percheron
perron
potiron
puceron
quarteron
ronron
saleron
tâcheron
tierceron
toron
touron
vairon
vigneron

(-)rond
girond
quart-de-rond
rond

-rons
acquérons
aimerons
conquérons
courons
enquérons
environs
irons
mourons
requérons
retirons
verrons

-ront
acquerront
aimeront
conquerront
courront
enquerront
iront
mourront
requerront
verront

[pR 5̃]¹

prompt
prompt

-pron
capron

-prons
romprons

-pront
rompront

[tR 5̃]²

-tron
bêtatron
citron
cyclotron
électron
étron
guêtron
kénotron
litron
mitron
natron
neutron
patron
phytotron
plastron
poltron
presse-citron
quercitron

tronc
tronc

-trons
croîtrons
montrons

-tront
croîtront

[kR 5̃]³

-cron
micron

---

1. Ajouter la pers. 4 de l'ind. et de l'impér. prés. des v. en -prer ; − les pers. 4 et 6 du futur simple des v. en (-)rompre.
2. Ajouter la pers. 4 de l'ind. et de l'impér. prés. des v. en -trer ; − les pers. 4 et 6 du futur simple des v. en -aître, (-)battre, (-)croître, (-)mettre et du v. foutre.
3. Ajouter la pers. 4 de l'ind. et de l'impér. prés. des v. en -crer ; − les pers. 4 et 6 du futur simple des v. vaincre et convaincre.

-crons
vaincrons

-cront
vaincront

[bʀɔ̃]¹

-brons
dénombrons

[dʀɔ̃]²

-dron
chaudron
escadron
godron
goudron
philodendron
rhododendron
tendron

-drons
tiendrons
voudrons

-dront
tiendront
voudront

[gʀɔ̃]³

-gron
tigron

-grons
dénigrons

[fʀɔ̃]⁴

-frons
offrons
souffrons

(-)front
affront
front

[vʀɔ̃]⁵

-vron
chevron
levron
poivron

-vrons
couvrons
ouvrons

-vront
recevront

[mɔ̃]⁶

(-)mon
armon
artimon
démon
flegmon
germon
giraumon
gnomon
goémon
ichneumon
limon
mon
mormon
palémon
phlegmon
poumon
saumon
sceau-de-Salomon
sermon
télamon
timon

-mons
dormons
endormons
rendormons

(-)mont
amont
avant-mont
mont
piémont
rodomont

[nɔ̃]⁷

(-)nom
crénom
nom
prénom
prête-nom
pronom
renom
surnom

(-)non
alganon
ânon
cabanon
canon
chaînon
fanon
gonfanon
guenon
lanternon
linon
menon
minon
non
pennon
renon
sinon
tenon
tympanon
xénon

---

1. Ajouter la pers. 4 de l'ind. et de l'impér. prés. des v. en *-brer*.
2. Ajouter la pers. 4 de l'ind. et de l'impér. prés. des v. en *-drer* ; − les pers. 4 et 6 du futur simple des v. en *-andre, -aindre, -endre, -eindre, -ondre, -oindre, -oudre, -rdre*, (-)*tenir*, (-)*venir*, (-)*valoir*, (-)*vouloir*.
3. Ajouter la pers. 4 de l'ind. et de l'impér. prés. des v. en *-grer*.
4. Ajouter la pers. 4 de l'ind. et de l'impér. prés. des v. en *-frer, -phrer* et **-frir*.
5. Ajouter la pers. 4 de l'ind. et de l'impér. prés. des v. en *-vrer* et **-vrir* ; − les pers. 4 et 6 du futur simple des v. en *-cevoir*, (-)*devoir*, (-)*mouvoir*, (-)*pleuvoir*, (-)*suivre* et (-)*vivre*.
6. Ajouter la pers. 4 de l'ind. et de l'impér. prés. des v. en *-mer* et **-mir*.
7. Ajouter la pers. 4 de l'ind. et de l'impér. prés. des v. en *-ner* et **-nir*.

-nons

détenons
parvenons
prenons
revenons
tenons
venons

[ɲɔ̃]¹

(-)gnon

bourguignon
brugnon
champignon
chignon
compagnon
estagnon
gnon
grignon
grognon
guignon
lorgnon
lumignon
maquignon
mignon
moignon
oignon
pignon
pognon
quignon
rognon
salignon
sauvignon
tignon
trognon
troufignon
ville-champignon

-gnons

craignons
geignons

[jɔ̃]²

ion

ion

-llon(s)

aiguillon
ardillon
avocaillon
bâillon
barbillon
barillon
bataillon
béquillon
billon
boquillon
botillon
bouillon
bourbillon
bourdillon
bouteillon
bouvillon
brouillon
carillon
carpillon
cavaillon
cendrillon
châtillon
corbillon
cornillon
cotillon
couillon
court-bouillon
crampillon
crémaillon
croisillon
curaillon
durillon
échantillon
écouvillon
écrivaillon
émerillon
étoupillon
étranguillon
étrésillon
faucillon
fransquillon
goupillon
graillon
grappillon
grésillon
grillon
guenillon

haillon
maillon
médaillon
microsillon
modillon
moinillon
moraillon
morillon
moussaillon
négrillon
noblaillon
oisillon
oreillon
orillon
paillon
papillon
pavillon
penaillon
pendillon
picaillons
portillon
postillon
raidillon
réveillon
rillons
roupillon
seillon
sémillon
sillon
souillon
tardillon
tatillon
taupe-grillon
taurillon
tenaillon
tortillon
toupillon
touraillon
tourbillon
tourillon
vermillon

-llons

accueillons
assaillons
cueillons
défaillons
grillons
recueillons
tressaillons

1. Ajouter la pers. 4 de l'ind. et de l'impér. prés. des v. en -gner, -aindre, -eindre et -oindre.
2. Ajouter la pers. 4 de l'ind., du subj. et de l'impér. prés. ainsi que de l'ind. imp. des v. en -ller, -yer, (-)choir, (-)croire, (-)fuir, (-)seoir, (-)traire et des v. ouïr, dépourvoir, entrevoir, pourvoir, prévoir, revoir et voir ; — la pers. 4 de l'ind. imp. et du subj. prés. des v. en -ier, -ouer, -uer, -clure, *-llir et des v. rire et sourire ; — la pers. 4 du subj. et de l'impér. prés. des v. avoir et être ; — la pers. 4 de l'impér. prés. du v. vouloir.

-*llions*
accueillions
assaillions

-*yon*
amphitryon
bryon
clayon
crayon
embryon
hayon
layon
playon
pleyon
porte-crayon
rayon
sabayon
sayon
taille-crayon
tayon
trayon

-*yons*
asseyons
croyons
fuyons
trayons
voyons

-*yions*
croyions
fuyions
voyions

[pjɔ̃][1]

(-)*pion*
apion
arpion
champion
croupion
espion
lampion

morpion
pion
scorpion
tartempion
usucapion

-*pions*
corrompions
interrompions
rompions

[tjɔ̃][2]

-*tion*
admixtion
adustion
antrustion
autogestion
autosuggestion
bastion
brution
cogestion
combustion
congestion
décongestion
démixtion
digestion
gestion
immixtion
indigestion
ingestion
mixtion
précombustion
postcombustion
question
suggestion
ustion

-*tions*
battions
mettions

-*tyon*
amphictyon

[kjɔ̃][3]

-*chion*
ischion

-*quions*
convainquions
vainquions

[bjɔ̃][4]

(-)*bion*
bion
gabion

[djɔ̃][5]

-*dion*
collodion
ludion
manichordion

[gjɔ̃][6]

-*guions*
briguions

[fjɔ̃][7]

(-)*fion*
escoffion
fion
troufion

(-)*fions*
biffions
fions

-*phions*
paraphions

1. Ajouter la pers. 4 de l'ind. et de l'impér. prés. des v. en -*pier* ; − la pers. 4 de l'ind. imp. et du subj. prés. des v. en -*per* et (-)*rompre*.
2. Ajouter la pers. 4 de l'ind. imp. et de l'impér. prés. des v. en -*tier* [tje] ; − la pers. 4 de l'ind. imp. et du subj. prés. des v. en -*ter*, *-*tir*, (-)*battre* et (-)*mettre*.
3. Ajouter la pers. 4 de l'ind. et du subj. prés. des v. en -*ker* et -*quer* et des v. *convaincre* et *vaincre*.
4. Ajouter la pers. 4 de l'ind. imp. et du subj. prés. des v. en -*ber*.
5. Ajouter la pers. 4 de l'ind. et de l'impér. prés. des v. en -*dier* ; − la pers. 4 de l'ind. imp. et du subj. prés. des v. en -*der*, -*andre*, -*endre* [ceux en (-)*prendre* exceptés], -*ondre*, -*erdre* et -*ordre*.
6. Ajouter la pers. 4 de l'ind. imp. et du subj. prés. des v. en -*guer*.
7. Ajouter la pers. 4 de l'ind. et de l'impér. prés. des v. en -*fier* ; − la pers. 4 de l'ind. imp. et du subj. prés. des v. en -*fer* et -*pher*.

[sjɔ̃]¹

-cion

succion
suspicion

-cions

soucions

-cyon

alcyon

scion

scion

-sion

abstersion
accession
admission
agression
animadversion
appréhension
ascension
aspersion
aversion
avulsion
bouton-pression
cession
commission
compassion
compréhension
compression
compromission
compulsion
concession
concussion
confession
contorsion
conversion
convulsion
cursion
décompression
demi-pension
démission
dépossession
dépression
détorsion
digression
dimension

discursion
discussion
dispersion
dissension
distension
distorsion
diversion
émersion
émission
émulsion
éversion
évulsion
excursion
expansion
expression
expulsion
extension
extorsion
extraversion
fidéjussion
fission
hypertension
hypotension
immersion
impression
impulsion
incompréhension
incursion
insoumission
intercession
intermission
interversion
intromission
introversion
inversion
jam-session
jussion
manumission
mersion
mission
mulsion
non-agression
obsession
omission
oppression
passion
pension
percussion
permission
perversion

possession
précession
préhension
pression
prétermission
procession
profession
progression
promission
propension
propulsion
pulsion
réadmission
recension
récession
reconversion
régression
réimpression
rémission
répercussion
répréhension
répression
répulsion
rétorsion
retransmission
rétrocession
rétrogression
rétropropulsion
rétroversion
réversion
révulsion
scansion
scission
sécession
session
soumission
submersion
subversion
succession
succussion
suppression
surimpression
suspension
télétransmission
tension
thermopropulsion
torsion
transgression
transmission
version
vidéotransmission

---

1. Ajouter la pers. 4 de l'ind. et de l'impér. prés. des v. en -cier, -tier [sje] et -xier ; − la pers. 4 du subj. imp. de tous les verbes ; − la pers. 4 de l'ind. imp. et du subj. prés. des v. en -cer, -ser [se], -xer, -ir, -aître, (-)croître et du v. maudire ; − la pers. 4 du subj. prés. du v. faire.

-sions

blâmassions
connussions
fassions
finissions
paissions
tinssions
vinssions

-tion(s)

[i-sjɔ̃]

abolition
acquisition
addition
admonition
ambition
apparition
appétition
apposition
attrition
audition
autopunition
bipartition
coalition
coédition
coercition
cognition
compétition
composition
condition
contre-proposition
contrition
décomposition
définition
déglutition
démolition
dentition
dénutrition
déperdition
déposition
disparition
disposition
disquisition
dormition
ébullition
édition
érudition
exhibition
expédition
exposition
extradition
finition
ignition
imbibition
imposition

inanition
indisposition
inhibition
inquisition
interposition
intuition
juxtaposition
malnutrition
monition
munition
nutrition
opposition
partition
parturition
perdition
perquisition
pétition
photocomposition
pole-position
position
prédisposition
prémonition
préposition
présupposition
prétérition
prohibition
punition
réapparition
récognition
recomposition
reddition
rédhibition
réédition
réexpédition
réimposition
répartition
répétition
réquisition
sédition
superposition
superstition
supposition
tradition
transition
transposition
tripartition
volition

[ɥi-sjɔ̃]

intuition

[ip-sjɔ̃]

circonscription
conscription
description

inscription
prescription
proscription
rescription
scription
souscription
suscription
transcription

[ik-sjɔ̃]

addiction
admixtion
affliction
bénédiction
constriction
contradiction
conviction
démixtion
déréliction
diction
éviction
fiction
friction
immixtion
indiction
interdiction
juridiction
malédiction
miction
prédiction
restriction
science-fiction
vaso-constriction

[e-sjɔ̃]

complétion
concrétion
déplétion
discrétion
excrétion
indiscrétion
réplétion
sécrétion
sujétion

[ɛp-sjɔ̃]

acception
aperception
conception
contraception
déception
exception
interception
intussusception
obreption
perception

préconception
réception
subreption
susception

[ɛk-sjɔ̃]
abjection
affection
bissection
circonspection
collection
confection
convection
correction
défection
déjection
désaffection
désinfection
détection
dilection
direction
dissection
éjection
élection
érection
hypercorrection
imperfection
incorrection
infection
injection
inspection
insurrection
interjection
intersection
introspection
jection
lection
objection
perfection
porrection
prédilection
présélection
projection
prospection
protection
rection
réélection
réfection
résection
résurrection
section
sélection
surprotection
trissection
vivisection

[ɛʀ-sjɔ̃]
assertion
désertion
insertion

[a-sjɔ̃]
cation
dation
nation
ration

[ak-sjɔ̃]
abstraction
action
attraction
autosatisfaction
caléfaction
coaction
contraction
contrefaction
décontraction
détraction
diffraction
distraction
effraction
exaction
extraction
faction
fraction
inaction
infraction
interaction
liquéfaction
madéfaction
maléfaction
olfaction
putréfaction
raréfaction
réaction
rédaction
réfraction
rétraction
rétroaction
satisfaction
soustraction
stupéfaction
taction
torréfaction
traction
transaction
tuméfaction

[ɑ-sjɔ̃]
abdication
aberration
abjuration

ablactation
ablation
abnégation
abomination
abrogation
accélération
acceptation
acclamation
acclimatation
accommodation
acculturation
accumulation
accusation
activation
actualisation
adaptation
adjudication
adjuration
administration
admiration
admonestation
adoration
adulation
adultération
aération
affabulation
affectation
affirmation
africanisation
agglomération
agglutination
aggravation
agitation
agnation
agrégation
aimantation
alcoolisation
aliénation
alimentation
allégation
allitération
allocation
alphabétisation
altération
altercation
ambulation
amélioration
ampliation
amplification
amputation
animation
annihilation
annotation
annulation
anticipation
appellation

554

approbation
appropriation
approximation
arabisation
arbitration
arborisation
argumentation
aromatisation
arrestation
arriération
articulation
aseptisation
aspiration
assignation
assimilation
association
atomisation
attestation
augmentation
aurification
auscultation
authentification
automation
autorégulation
autorisation
balkanisation
béatification
bifurcation
biodégradation
bonification
calcification
calcination
canalisation
canonisation
capitalisation
capitation
capitulation
captation
caractérisation
carbonisation
carburation
carnation
cassation
castramétation
castration
cautérisation
célébration
cémentation
centralisation
cessation
champagnisation
chaptalisation
christianisation
cicatrisation
cinération

circonvallation
circulation
citation
civilisation
clarification
classification
claudication
claustration
climatisation
clochardisation
coagulation
codification
cogitation
cognation
cohabitation
collaboration
collation
collectivisation
collocation
colonisation
coloration
commémoration
commisération
communication
commutation
compensation
compilation
complication
compulsation
computation
concentration
concrétisation
condamnation
condensation
confabulation
confédération
configuration
confirmation
confiscation
conflagration
conformation
confortation
confrontation
congélation
conglobation
conglutination
congratulations
congrégation
conjuration
connotation
consécration
conservation
considération
consignation
consolation

consolidation
consommation
conspiration
constatation
constellation
constipation
consultation
contamination
contemplation
contestation
contre-indication
contrevallation
conversation
convocation
coopération
cooptation
coordination
copulation
corporation
corrélation
corroboration
cotation
cotisation
création
crémation
créolisation
crépitation
crétinisation
crispation
cristallisation
culmination
cumulation
curation
damnation
dation
déambulation
débilitation
décalcification
décantation
décapitation
décélération
décentralisation
décérébration
décimation
déclamation
déclaration
déclination
décollation
décolonisation
décoloration
déconcentration
décongélation
déconsidération
décortication
décoration

défalcation
défécation
défenestration
déflagration
déflation
défloration
déforestation
déformation
dégénération
déglutination
dégoûtation
dégradation
dégustation
déification
délation
délectation
délégation
délibération
délimitation
délinéation
démarcation
démobilisation
démocratisation
démonétisation
démonstration
démoralisation
démotivation
démultiplication
démystification
démythification
dénaturalisation
dénégation
dénivellation
dénomination
dénonciation
dénotation
dénudation
dépénalisation
dépilation
déploration
dépopulation
déportation
dépravation
déprécation
déprédation
dépuration
députation
dérivation
dérogation
désacralisation
désaffectation
désagrégation
désapprobation
désarticulation
désassignation

désertification
désignation
désinformation
désintégration
désintoxication
désoccupation
désolation
désorganisation
désorientation
desquamation
dessiccation
déstabilisation
destination
détérioration
détermination
détestation
détonation
dévalorisation
dévastation
diffamation
dilacération
dilapidation
dilatation
discrimination
disculpation
dislocation
dispensation
disqualification
dissémination
dissertation
dissimulation
dissipation
distillation
divagation
diversification
divination
divinisation
divulgation
documentation
domestication
domination
donation
dotation
dramatisation
dubitation
dulcification
duplication
édification
éducation
édulcoration
égalisation
éjaculation
élaboration
électrification
électrisation

élévation
élimination
élongation
élucidation
élucubration
émanation
émancipation
émasculation
embarcation
embrocation
émigration
émulation
énervation
énucléation
énumération
épellation
épilation
épuration
équation
équitation
éradication
érotisation
éructation
estimation
évagation
évangélisation
évaporation
éventration
évocation
exacerbation
exagération
exaltation
exaspération
excavation
excitation
exclamation
excommunication
excusation
exécration
exfoliation
exhalation
exhérédation
exhortation
exhumation
exonération
exorcisation
expatriation
expectoration
expérimentation
expiration
explication
explicitation
exploitation
exportation
expropriation
exsudation

extériorisation
extermination
extirpation
extrapolation
extravasation
exulcération
exultation
fabrication
fabulation
falsification
familiarisation
fascination
fécondation
fédération
félicitations
féminisation
fermentation
fertilisation
figuration
fixation
flagellation
fluidification
focalisation
fomentation
fondation
formation
formication
formulation
fornication
fortification
fragmentation
francisation
fraternisation
fréquentation
fructification
frustration
fulguration
fulmination
fumigation
fustigation
gémination
gemmation
généralisation
génération
germanisation
germination
gestation
gesticulation
glorification
globalisation
gradation
graduation
gratification
gravitation
gustation
habitation

hallucination
harmonisation
herborisation
hésitation
hibernation
homologation
horripilation
hospitalisation
humectation
humidification
hydratation
idéalisation
idéation
identification
illumination
illustration
imagination
imbrication
imitation
immatriculation
immigration
immobilisation
immodération
immolation
immortification
immunisation
impétration
implantation
implication
imploration
importation
imprécation
imprégnation
impréparation
improbation
improvisation
imputation
inadaptation
inaliénation
inapplication
inauguration
incantation
incarcération
incarnation
incinération
incitation
inclination
inconsidération
incorporation
incrimination
incrustation
incubation
inculpation
indemnisation
indétermination
indication

indignation
individualisation
induration
infamation
infantilisation
inféodation
infestation
infiltration
infirmation
inflammation
inflation
information
informatisation
ingurgitation
inhalation
inhumation
innervation
innovation
inobservation
inoculation
inondation
insémination
insensibilisation
insolation
insonorisation
inspiration
installation
instauration
instigation
instillation
instrumentation
insubordination
insufflation
intégration
intensification
intercalation
intériorisation
interpellation
interpolation
interprétation
interrogation
intimation
intimidation
intonation
intoxication
intronisation
invalidation
investigation
invitation
invocation
ionisation
irisation
irrigation
irritation
irroration
isolation

jubilation
justification
lacération
lactation
laïcisation
lamentation
lapidation
légalisation
légation
législation
légitimation
lévitation
libation
libéralisation
libération
libration
licitation
limitation
liquidation
localisation
lubrification
lustration
luxation
macération
machination
maculation
madérisation
magnétisation
majoration
malformation
malversation
manducation
manifestation
manipulation
marginalisation
mastication
matérialisation
maturation
médication
méditation
mécanisation
médiatisation
mémorisation
mensuration
mithridatisation
migration
mobilisation
modération
modernisation
modification
modulation
momification
moralisation
mortification
motivation
multiplication

musculation
mutation
mutilation
mystification
narration
natation
nation
nationalisation
naturalisation
navigation
négation
neutralisation
nidation
nidification
nomination
non-figuration
non-prolifération
normalisation
notation
notification
novation
numération
numérotation
nutation
objectivation
objurgation
oblation
obligation
oblitération
obnubilation
obsécration
observation
obstination
obturation
occultation
occupation
officialisation
offuscation
ondulation
opacification
opération
optimalisation
orchestration
ordination
organisation
orientation
ornementation
oscillation
ossification
ostentation
ovalisation
ovation
ovulation
oxydation
oxygénation
pacification

pagination
palpation
palpitation
panification
participation
passation
paupérisation
pénalisation
pénétration
pérégrination
perforation
permutation
perpétration
personnification
perturbation
pétrification
pigmentation
planification
plantation
polarisation
pondération
population
postulation
précipitation
préconisation
prédation
prédestination
prédétermination
prédication
prélation
préméditation
préoccupation
préparation
présentation
préservation
prestation
prestidigitation
prévarication
privation
privatisation
probation
proclamation
procréation
procuration
profanation
programmation
prolifération
prolongation
promulgation
pronation
propagation
prorogation
prosternation
prostration
protestation
provocation

publication
pullulation
pulsation
pulvérisation
purgation
purification
qualification
radicalisation
ramification
ratification
ratiocination
rationalisation
ration
réalisation
réanimation
réassignation
récapitulation
récitation
réclamation
recommandation
réconfortation
récréation
récrimination
rectification
récupération
récusation
réduplication
réédification
rééducation
réformation
réfrigération
réfutation
régénération
régionalisation
réglementation
régularisation
régulation
réhabilitation
réincarnation
réinstallation
réintégration
réitération
relation
relativisation
relaxation
relégation
relocation
rémunération
rénovation
rentabilisation
réordination
réorganisation
réparation
repopulation
représentation
réprobation
reptation

réputation
réservation
résignation
respiration
responsabilisation
restauration
rétractation
rétrogradation
réunification
revaccination
revalorisation
révélation
revendication
réverbération
révocation
rogations
rotation
rumination
sacralisation
salivation
saltation
salutation
salvation
sanctification
saturation
scarification
scintillation
sécularisation
sédimentation
segmentation
ségrégation
sémination
sensation
sensibilisation
séparation
séquestration
sidération
signification
simplification
simulation
solennisation
solidification
sollicitation
sommation
sophistication
sous-location
spécialisation
spécification
spéculation
sputation
stabilisation
stagnation
standardisation
station
stérilisation
stigmatisation
stillation

stimulation
stipulation
strangulation
stratification
stridulation
structuration
stylisation
subdélégation
sublimation
subordination
subornation
subrogation
subtilisation
sudation
suffocation
superfétation
supination
supplantation
supplication
suppuration
supputation
surélévation
surérogation
surexcitation
surgélation
suscitation
sustentation
symbolisation
synchronisation
synthonisation
tarification
taxation
temporisation
tentation
térébration
tergiversation
thésaurisation
titillation
titubation
totalisation
transfiguration
transformation
translation
transmigration
transmutation
transpiration
transplantation
transportation
transsubstantiation
transsudation
trémulation
trépanation
trépidation
triangulation
tribulations
trituration
ulcération

unification
uniformisation
universalisation
urbanisation
urtication
usurpation
utilisation
vacation
vaccination
vacillation
validation
valorisation
valse-hésitation
vaporation
vaporisation
vaticination
végétation
vendication
vénération
ventilation
verbalisation
verbération
vérification
versification
vésication
vexation
vibration
vinification
violation
visitation
visualisation
vitrification
vitupération
vivification
vocalisation
vocation
vocifération
volatilisation
votation
vulcanisation
vulgarisation

[ja-sjɔ̃]

abréviation
affiliation
amodiation
annonciation
appréciation
aviation
conciliation
consubstantiation
défoliation
dépréciation
déviation
différenciation
dissociation

distanciation
domiciliation
émaciation
énonciation
excoriation
expiation
filiation
foliation
glaciation
humiliation
initiation
irradiation
médiation
négociation
prononciation
propitiation
radiation
réconciliation
renonciation
répudiation
résiliation
scintillation
spoliation
titillation
vacillation
variation
viciation

[wa-sjɔ̃]

adéquation
inadéquation
liquation
péréquation

[ɥa-sjɔ̃]

atténuation
continuation
dévaluation
discontinuation
évacuation
évaluation
exténuation
fluctuation
graduation
infatuation
insinuation
perpétuation
ponctuation
situation

[ɔp-sjɔ̃]

adoption
option

[ɔRp-sjɔ̃]

absorption
résorption

[ɔk-sjɔ̃]

coction
concoction
décoction

[ɔR-sjɔ̃]

demi-portion
disproportion
portion
proportion

[o-sjɔ̃]

acquit-à-caution
caution
commotion
dévotion
émotion
indévotion
invotion
locomotion
lotion
motion
notion
potion
précaution
prémotion
prénotion
promotion

[y-sjɔ̃]

ablution
absolution
allocution
attribution
circonlocution
circonvolution
comparution
consécution
constitution
contre-révolution
contribution
dépollution
destitution
dévolution
dilution
diminution
dissolution
distribution
électrocution
élocution
évolution
exécution
hydrocution
inexécution
institution
interlocution
involution

irrésolution
locution
parution
persécution
pollution
prostitution
reconstitution
redistribution
résolution
restitution
rétribution
révolution
solution
substitution
télédistribution

[yp-sjɔ̃]
corruption
éruption
interruption
irruption
ruption

[yk-sjɔ̃]
abduction
adduction
circumduction
conduction
construction
déduction
désobstruction
destruction
duction
induction
instruction
introduction
obstruction
production
reconduction
reconstruction
réduction
reproduction
séduction
struction
subduction
substruction
superproduction
surproduction
traduction

[ɛ̃k-sjɔ̃]
distinction
extinction

[ɑ̃-sjɔ̃]
abstention
attention
circonvention
contention
contravention
convention
détention
inattention
intention
intervention
invention
manutention
mention
non-intervention
obtention
prétention
prévention
reconvention
rétention
subvention

[ɑ̃p-sjɔ̃]
ademption
coemption
emption
exemption
péremption
préemption
rédemption

[ɑ̃k-sjɔ̃]
sanction

[ɔ̃p-sjɔ̃]
assomption
consomption
présomption

[ɔ̃k-sjɔ̃]
adjonction
componction
conjonction
disjonction
extrême-onction

fonction
injonction
jonction
onction
ponction

-xion
annexion
complexion
connexion
crucifixion
déconnexion
désannexion
flexion
fluxion
génuflexion
inflexion
irréflexion
réflexion

-xions
annexions

[ʃjɔ̃]¹

-chions
attachions

[vjɔ̃]²

-vion(s)
alluvion
avion
hydravion
porte-avions

-vions
absolvions
vivions
écrivions
servions
suivions
vivions

---

1. Ajouter la pers. 4 de l'ind. imp. et du subj. prés. des v. en -cher ; − la pers. 4 de l'ind. et de l'impér. prés. du v. *chier* ; − la pers. 4 du subj. prés. du v. *savoir*.
2. Ajouter la pers. 4 de l'ind. et de l'impér. prés. des v. en -vier ; − la pers. 4 de l'ind. imp. et du subj. prés. des v. en -ver, *-vir*, -crire, -soudre, (-)suivre, (-)vivre, -voir (*dépourvoir, entrevoir, pourvoir, prévoir, revoir, voir* exceptés) et du v. *boire* ; − la pers. 4 de l'ind. imp. du v. *savoir*.

[zjɔ̃]¹

-sion

adhésion
affusion
allusion
circoncision
cohésion
collision
collusion
concišion
conclusion
confusion
contusion
corrosion
décision
dérision
désillusion
diffusion
dissuasion
division
éclosion
effusion
élision
érosion
évasion
excision
exclusion
explosion
extravasion
forclusion
fusion
illusion
implosion
imprécision
imprévision
incision
inclusion
incohésion
indécision
indivision
infusion
intrusion
invasion

lésion
occasion
occlusion
perfusion
persuasion
précision
prévision
profusion
provision
radiotélévision
réclusion
rescision
révision
subdivision
suffusion
supervision
surfusion
télévision
transfusion
vision

-sions

cousions
taisions

-zion

chalazion

[ʒjɔ̃]²

-gion

contagion
irréligion
légion
région
religion

[ljɔ̃]³

(-)lion

ardélion
billion

dent-de-lion
fourmi-lion
galion
gamélion
lion
million
pied-de-lion
quatrillion
quintillion
rébellion
saint-émilion
sextillion
tabellion
talion
trillion
verspertilion

-lions

valions
voulions

[ʀjɔ̃]⁴

-rion

alérion
brimborion
centurion
chorion
curion
décurion
hipparion
horion
morion
porion
psaltérion
satyrion

(-)rions

acquérions
courions
mourions
rions
sourions

1. Ajouter la pers. 4 de l'ind. et de l'impér. prés. des v. en -sier [zje] et -zier ; − la pers. 4 de l'ind. imp. et du subj. prés. des v. en -ser [ze], -zer, *-sir [zi:ʀ], -aire [ceux en (-)traire et braire exceptés], -ire [ceux en (-)rire, -crire et maudire exceptés], -uire (bruire excepté), (-)clore et (-)coudre.
2. Ajouter la pers. 4 de l'ind. et de l'impér. prés. des v. en -gier ; − la pers. 4 de l'ind. imp. et du subj. prés. des v. en -ger.
3. Ajouter la pers. 4 de l'ind. et de l'impér. prés. des v. en -lier ; − la pers. 4 de l'ind. imp. et du subj. prés. des v. en -ler, -loir et (-)moudre et des v. aller et raller.
4. Ajouter la pers. 4 du cond. prés. des v. en -er, -ir, *-ir, -ire, (-)clore, -clure et des v. avoir, être, dépourvoir, entrevoir, pourvoir, pouvoir, prévoir, ravoir, revoir, savoir, voir, asseoir, rasseoir, surseoir, accroire, croire, décroire, mécroire, boire ; − la pers. 4 de l'ind. et de l'impér. prés. des v. en -rier et des v. rire et sourire ; − la pers. 4 de l'imp. et du subj. prés. des v. en -rer et *-rir.

562

[mjɔ̃]¹

-mion
camion
endymion

-mions
dormions
endormions
rendormions

[njɔ̃]²

-nion
anion
communion
désunion
dominion
fanion
opinion
porte-fanion
postcommunion
réunion
trait d'union
union

-nions
prenions
tenions
venions

-nyon
canyon

[wɔ̃]

houons
houons

[twɔ̃]³

-touons
tatouons

[kwɔ̃]⁴

-couons
secouons

[bwɔ̃]

-bouons
embouons

[dwɔ̃]⁵

-douons
amadouons

[gwɔ̃]

-gouons
engouons

[fwɔ̃]

-fouons
bafouons

[ʃwɔ̃]⁶

-chouons
échouons

[vwɔ̃]⁷

-vouons
avouons

[ʒwɔ̃]⁸

jouons
jouons

[lwɔ̃]⁹

louons
louons

[Rwɔ̃]¹⁰

rouons
rouons

[nwɔ̃]¹¹

nouons
nouons

[ɥɔ̃]¹²

huons
huons

[pɥɔ̃]¹³

puons
puons

---

1. Ajouter la pers. 4 de l'ind. et du subj. prés. des v. en -mier ; − la pers. 4 de l'ind. imp. et du subj. prés. des v. en -mer et (-)dormir.
2. Ajouter la pers. 4 de l'ind. et de l'impér. prés. des v. en -nier ; − la pers. 4 de l'ind. imp. et du subj. prés. des v. en -ner, *-nir et (-)prendre.
3. Ajouter la pers. 4 de l'ind. et de l'impér. prés. du v. touer.
4. Ajouter la pers. 4 de l'ind. et de l'impér. prés. des v. en -couer.
5. Ajouter la pers. 4 de l'ind. et de l'impér. prés. du v. douer.
6. Ajouter la pers. 4 de l'ind. et de l'impér. prés. des v. déchouer et déséchouer.
7. Ajouter la pers. 4 de l'ind. et de l'impér. prés. des v. en (-)vouer.
8. Ajouter la pers. 4 de l'ind. et de l'impér. prés. des v. déjouer et rejouer.
9. Ajouter la pers. 4 de l'ind. et de l'impér. prés. des v. en voy. + louer.
10. Ajouter la pers. 4 de l'ind. et de l'impér. prés. des v. désenrouer et enrouer.
11. Ajouter la pers. 4 de l'ind. et de l'impér. prés. des v. dénouer et renouer.
12. Ajouter la pers. 4 de l'ind. et de l'impér. prés. du v. huer.
13. Ajouter la pers. 4 de l'ind. et de l'impér. prés. du v. conspuer.

[tɥɔ̃]¹

tuons
tuons

[kɥɔ̃]

-cuons
évacuons

[bɥɔ̃]²

-buons
embuons

[dɥɔ̃]

-duons
graduons

[gɥɔ̃]

-guons
arguons

[sɥɔ̃]³

suons
suons

[lɥɔ̃]⁴

-luons
évaluons

[Rɥɔ̃]

ruons
ruons

[mɥɔ̃]⁵

muons
muons

[nɥɔ̃]⁶

-nuons
éternuons

———[ɔ̃:p]⁷———

[pɔ̃:p]

(-)*pompe*
autopompe
bateau-pompe
clysopompe
motopompe
pompe
psychopompe

[tɔ̃:p]

-tompe
estompe

[Rɔ̃:p]

(-)*rompe*
corrompe
interrompe
rompe

[tRɔ̃:p]

(-)*trompe*
détrompe
trompe

———[ɔ̃:pR]———

(-)*rompre*
corrompre
interrompre
rompre

———[ɔ̃:t]⁸———

honte
honte

[pɔ̃:t]

ponte
ponte

[tɔ̃:t]

(-)*tonte*
retonte
tonte

[kɔ̃:t]

-chonte
archonte

(-)*compte*
acompte
compte
décompte
escompte
laissé-pour-compte
mécompte
précompte
recompte

---

1. Ajouter la pers. 4 de l'ind. et de l'impér. prés. des v. en (-)*tuer*.
2. Ajouter la pers. 4 de l'ind. et de l'impér. prés. des v. en *-buer*.
3. Ajouter la pers. 4 de l'ind. et de l'impér. prés. des v. *bossuer* et *ressuer*.
4. Ajouter la pers. 4 de l'ind. et de l'impér. prés. des v. en *-luer*.
5. Ajouter la pers. 4 de l'ind. et de l'impér. prés. des v. en (-)*muer*.
6. Ajouter la pers. 4 de l'ind. et de l'impér. prés. des v. en *-nuer*.
7. Ajouter les pers. 1, 2, 3, 6 de l'ind. et du subj. prés. et la pers. 2 de l'impér. prés. des v. en *-omper*.
8. Ajouter les pers. 1, 2, 3, 6 de l'ind. et du subj. prés. et la pers. 2 de l'impér. prés. des v. en *-ompter* et *-onter*.

(-)*comte*
comte
vicomte

(-)*conte*
conte
raconte

[dɔ̃ːt]

dompte
dompte

-*donte*
mastodonte

[fɔ̃ːt]

(-)*fonte*
fonte
refonte

[ʒɔ̃ːt]

junte
junte

[Rɔ̃ːt]

(-)*ronte*
géronte
ronte

[pRɔ̃ːt]

prompte
prompte

[fRɔ̃ːt]

-*fronte*
affronte
confronte

[mɔ̃ːt]

(-)*monte*
démonte
monte
remonte
surmonte

——— [ɔ̃ːtR]¹ ———

[kɔ̃ːtR]

(-)*contre*
basse-contre
ci-contre
contre
encontre
encontre (à l')
haute-contre
malencontre
rencontre
surcontre

[mɔ̃ːtR]

(-)*montre*
bracelet-montre
contre-la-montre
démontre
montre
porte-montre
remontre

——— [ɔ̃ːk]² ———

onc
onc

oncques
oncques

onques
onques

[kɔ̃ːk]

(-)*conque*
conque
quelconque ⬦
quiconque

[dɔ̃ːk]

(-)*donc*
adonc
donc

[ʒɔ̃ːk]

jonque
jonque

[Rɔ̃ːk]

[tRɔ̃ːk]

tronque
tronque

[nɔ̃ːk]

nunc
hic et nunc

——— [ɔ̃ːkl] ———

oncle
oncle

[pɔ̃ːkl]

-*poncle*
siponcle

[tɔ̃ːkl]

-*toncle*
pétoncle

---

1. Ajouter les pers. 1, 2, 3, 6 de l'ind. et du subj. prés. et la pers. 2 de l'impér. prés. des v. en
-*ontrer*.
2. Ajouter les pers. 1, 2, 3, 6 de l'ind. et du subj. prés. et la pers. 2 de l'impér. prés. du v. *tronquer*.

[bɔ̃:kl]

-*boncle*
carboncle

[ʀɔ̃:kl]

-*roncle*
furoncle

───── **[ɔ̃:b]**[1] ─────

[tɔ̃:b]

(-)*tombe*
hécatombe
outre-tombe (d')
retombe
tombe

[kɔ̃:b]

(-)*combe*
catacombe
combe
incombe
succombe

[bɔ̃:b]

(-)*bombe(s)*
bombe
calbombe
lance-bombes
superbombe

[lɔ̃:b]

(-)*lombe(s)*
colombe
lombes
palombe

[plɔ̃:b]

(-)*plombe*
déplombe
plombe
surplombe

[ʀɔ̃:b]

rhombe
rhombe

[tʀɔ̃:b]

trombe
trombe

───── **[ɔ̃:bl]**[2] ─────

omble
omble

[kɔ̃:bl]

(-)*comble*
archicomble
comble
de fond en comble

───── **[ɔ̃:bʀ]**[3] ─────

hombre
hombre

ombre
ombre

[kɔ̃:bʀ]

-*combre(s)*
concombre
décombres

désencombre
encombre
scombre

[sɔ̃:bʀ]

sombre
sombre

[nɔ̃:bʀ]

(-)*nombre*
dénombre
nombre
pénombre
surnombre

───── **[ɔ̃:d]**[4] ─────

onde
onde

[pɔ̃:d]

(-)*ponde*
corresponde
ponde
réponde

[tɔ̃:d]

(-)*tonde*
retonde
rotonde
tonde

[kɔ̃:d]

-*conde*
faconde
féconde
inféconde
rubiconde

───────────

1. Ajouter les pers. 1, 2, 3, 6 de l'ind. et du subj. prés. et la pers. 2 de l'impér. prés. des v. en -*omber*.
2. Ajouter les pers. 1, 2, 3, 6 de l'ind. et du subj. prés. et la pers. 2 de l'impér. prés. du v. *combler*.
3. Ajouter les pers. 1, 2, 3, 6 de l'ind. et du subj. prés. et la pers. 2 de l'impér. prés. des v. en -*ombrer*.
4. Ajouter les pers. 1, 2, 3, 6 de l'ind. et du subj. prés. et la pers. 2 de l'impér. prés. des v. en
  -*onder* ; − les pers. 1, 2, 3, 6 du subj. prés. des v. en -*ondre*.

[bɔ̃:d]

(-)*bonde*
abonde
bonde
débonde
furibonde
moribonde
nauséabonde
pudibonde
surabonde
vagabonde

[dɔ̃:d]

-*donde*
redonde

[gɔ̃:d]

-*conde*
seconde
-*gonde*
dévergonde

[fɔ̃:d]

(-)*fonde*
confonde
fonde
morfonde
profonde
refonde

[sɔ̃:d]

(-)*sonde*
ballon-sonde
fusée-sonde
radiosonde
sonde

[lɔ̃:d]

[blɔ̃:d]

blonde
blonde

[Rɔ̃:d]

(-)*ronde*
aronde
demi-ronde
gironde
queue-d'aronde
ronde

[gRɔ̃:d]

gronde
gronde

[fRɔ̃:d]

fronde
fronde

[mɔ̃:d]

(-)*monde(s)*
demi-monde
émondes
immonde
intermonde
mappemonde
monde
osmonde
quart-monde
tiers-monde

[nɔ̃:d]

-*nonde*
inonde

———[ɔ̃:dR]¹———

[pɔ̃:dR]

(-)*pondre*
correspondre
entre-répondre (s')
pondre
répondre

[tɔ̃:dR]

(-)*tondre*
retondre
surtondre
tondre

[kɔ̃:dR]

-*chondre*
périchondre

-*condre*
hypocondre

[fɔ̃:dR]

(-)*fondre*
confondre
fondre
morfondre (se)
parfondre
refondre

[mɔ̃:dR]

-*mondre*
semondre

———[ɔ̃:g]²———

[pɔ̃:g]

-*pong*
ping-pong

[tɔ̃:g]

-*tongue*
diphtongue
triphtongue

[gɔ̃:g]

gong
gong

---

1. Ajouter les pers. 1, 2, 3, 6 de l'ind. et du subj. prés. et la pers. 2 de l'impér. prés. du v. *effondrer*.
2. Ajouter les pers. 1, 2, 3, 6 de l'ind. et du subj. prés. et la pers. 2 de l'impér. prés. du v. *diphtonguer*.

[sɔ̃:g]

-song
folksong

[ʃɔ̃:g]

-chong
sou-chong

[ʒɔ̃:g]

-jong
mah-jong

[lɔ̃:g]

(-)longue
barlongue
longue

[blɔ̃:g]

-blongue
oblongue

[ʀɔ̃:g]

-rong
sarong

——— [ɔ̃:gl]¹ ———

ongle
ongle

[ʒɔ̃:gl]

jongle
jongle

jungle
jungle

——— [ɔ̃:gʀ]² ———

hongre
hongre

[kɔ̃:gʀ]

congre
congre

——— [ɔ̃:f]³ ———

-omphe
triomphe

[gɔ̃:f]

(-)gomphe
chrysogomphe
gomphe

[ʀɔ̃:f]

romphe
romphe

[gʀɔ̃:f]

gromphe
gromphe

——— [ɔ̃:fl]⁴ ———

[gɔ̃:fl]

(-)gonfle
dégonfle
gonfle
regonfle

[ʀɔ̃:fl]

ronfle
ronfle

——— [ɔ̃:s]⁵ ———

once
once

[pɔ̃:s]

(-)ponce
pierre-ponce
ponce
raiponce

-ponse
bulletin-réponse
carte-réponse
coupon-réponse
réponse

[kɔ̃:s]

-conce
quinconce

-cons
abscons

-conse
absconse
sconse

[gɔ̃:s]

-gonce
engonce

---

1. Ajouter les pers. 1, 2, 3, 6 de l'ind. et du subj. prés. et la pers. 2 de l'impér. prés. du v. *jongler*.
2. Ajouter les pers. 1, 2, 3, 6 de l'ind. et du subj. prés. et la pers. 2 de l'impér. prés. du v. *hongrer*.
3. Ajouter les pers. 1, 2, 3, 6 de l'ind. et du subj. prés. et la pers. 2 de l'impér. prés. du v. *triompher*.
4. Ajouter les pers. 1, 2, 3, 6 de l'ind. et du subj. prés. et la pers. 2 de l'impér. prés. des v. en -*onfler*.
5. Ajouter les pers. 1, 2, 3, 6 de l'ind. et du subj. prés. et la pers. 2 de l'impér. prés. des v. en -*oncer*.

[fɔ̃ːs]

(-)fonce
défonce
enfonce
fonce
renfonce

[ʀɔ̃ːs]

ronce
ronce

[fʀɔ̃ːs]

(-)fronce
défronce
fronce

[mɔ̃ːs]

-monce
semonce

mons
mons

[nɔ̃ːs]

(-)nonce
annonce
bande-annonce
dénonce
énonce
internonce
nonce
prononce
renonce

[jɔ̃ːs]

[pjɔ̃ːs]

pionce
pionce

──────[ɔ̃ːstʀ]──────

[mɔ̃ːstʀ]

monstre
monstre

──────[ɔ̃ːʃ]¹──────

[pɔ̃ːʃ]

ponche
ponche

punch
punch

[ʒɔ̃ːʃ]

jonche
jonche

[ʀɔ̃ːʃ]

[tʀɔ̃ːʃ]

tronche
tronche

[bʀɔ̃ːʃ]

bronche
bronche

──────[ɔ̃ːz]²──────

onze
onze

[bɔ̃ːz]

bonze
bonze

[gɔ̃ːz]

gonze
gonze

[ʀɔ̃ːz]

[bʀɔ̃ːz]

bronze
bronze

──────[ɔ̃ːʒ]³──────

[pɔ̃ːʒ]

-ponge
éponge
serviette-éponge
tissu-éponge

[kɔ̃ːʒ]

conge
conge

[sɔ̃ːʒ]

(-)songe
mensonge
songe

-xonge
axonge

[lɔ̃ːʒ]

(-)longe
allonge
élonge
forlonge

1. Ajouter les pers. 1, 2, 3, 6 de l'ind. et du subj. prés. et la pers. 2 de l'impér. prés. des v. *broncher* et *joncher*.
2. Ajouter les pers. 1, 2, 3, 6 de l'ind. et du subj. prés. et la pers. 2 de l'impér. prés. du v. *bronzer*.
3. Ajouter les pers. 1, 2, 3, 6 de l'ind. et du subj. prés. et la pers. 2 de l'impér. prés. des v. en *-onger*.

longe	[plɔ̃ːʒ]	[ʀɔ̃ːʒ]
plate-longe		
prolonge	(-)*plonge*	(-)*ronge*
rallonge	plonge	oronge
surlonge	replonge	ronge

[œ̃]

―――――[œ̃]―――――

un
quatre-cent-vingt et un
un
vingt et un

[tœ̃]

-tun
importun
inopportun
opportun
pétun

[kœ̃]

-cun
aucun
chacun

-qu'un
quelqu'un

[bœ̃]

-bun
tribun

[fœ̃]

-fum
brûle-parfum
parfum

-funt
défunt

[zœ̃]

s-uns
quelques-uns

[ʒœ̃]

jeun
jeun (à)

-jun
cajun

[lœ̃]

-lun
alun
falun

[ʀœ̃]

[pʀœ̃]

-prun
nerprun

-prunt
emprunt

[bʀœ̃]

(-)brun
brun
embrun

[mœ̃]

-mun
auto-immun
commun
immun

―――――[œ̃:p]―――――

[lœ̃:p]

lump
lump

―――――[œ̃:t]¹―――――

[fœ̃:t]

-funte
défunte

[ʃœ̃:t]

shunt
shunt

[ʒœ̃:t]

junte
junte

―――

1. Ajouter les pers. 1, 2, 3, 6 de l'ind. et du subj. prés. et la pers. 2 de l'impér. prés. du v. *emprunter*.

[ʀæ̃:t]

[pʀæ̃:t]

-prunte

emprunte

[fæ̃:k]

funk
funk

[næ̃:k]

nunc
hic et nunc

————[æ̃:gl]————

jungle
jungle

————[æ̃:ʃ]¹————

————[æ̃:k]————

[pæ̃:k]

punk
punk

————[æ̃:bl]————

humble
humble

[læ̃:ʃ]

lunch
lunch

---

1. Ajouter les pers. 1, 2, 3, 6 de l'ind. et du subj. prés. et la pers. 2 de l'impér. prés. du v. *luncher*.

Composition MCP, Fleury-les-Aubrais
Imprimerie LA TIPOGRAFICA VARESE - S.p.A.
Dépôt légal : mai 1998
Imprimé en Italie (*Printed in Italy*)
340914.01 - Mai 1998